国家973计划“以量-效关系为主的经典名方相关基础研究”项目

方药量效学

第2版

仝小林　主编

科学出版社

北京

内 容 简 介

《方药量效学》是国家973计划“以量-效关系为主的经典名方相关基础研究”项目的重要科技成果之一。针对方药量效关系这一影响中医临床疗效的重大问题，本书从文献、中药学、药理学、药物化学、代谢组学、系统生物学、临床评价、中医临床各方面实践等多学科、多角度进行了系统的阐述，对方药量效学的主要内容、研究方法及研究成果进行了总结。全书内容分两部分：总论部分包括了方药量效学的概念、研究范畴、研究进展以及目前该领域存在的关键问题；各论部分主要介绍“以人为本体”的方药用量策略、“以药为本体”的剂量规律、方药量效关系的影响因素及多学科交叉应用等方面的内容，此外，还专辟章节详细探讨了用量策略的临床实践，并附多家医案以飨读者。

本书适合于中医学、中药学等专业的各级中医临床医师及医学生阅读。

图书在版编目（CIP）数据

方药量效学／仝小林主编．—2版．—北京：科学出版社，2014.12
ISBN 978-7-03-042727-4

Ⅰ．方…　Ⅱ．仝…　Ⅲ．方剂学　Ⅳ．R289

中国版本图书馆CIP数据核字（2014）第288783号

责任编辑：刘　亚　郭海燕　曹丽英／责任校对：韩　杨
责任印制：赵　博／封面设计：范璧合

科学出版社 出版
北京东黄城根北街16号
邮政编码：100717
http://www.sciencep.com
三河市春园印刷有限公司印刷
科学出版社发行　各地新华书店经销
*
2015年1月第　一　版　开本：787×1092　1/16
2024年7月第九次印刷　印张：28 1/4
字数：649 000
定价：118.00元
（如有印装质量问题，我社负责调换）

《方药量效学》编委会

主　编　仝小林

副主编　王跃生　傅延龄　连凤梅　徐国良　饶平凡
赵林华　姬航宇　王　松

编　委　（以下按姓氏汉语拼音排序）

蔡坤坐　陈弘东　陈欣燕　程先宽　杜建强
范吉平　高　萌　郭　敬　郭　允　韩佳瑞
何莉莎　黄飞剑　焦拥政　金　川　柯李晶
李　敏　李　梢　刘　安　刘　峰　刘桂芳
刘建平　刘起华　刘文科　刘宇政　罗　辉
马　融　穆兰澄　彭智平　仇　菲　饶　毅
宋　佳　宋　军　苏　浩　孙　鑫　孙玉雯
唐仕欢　田佳星　王咖伯　王丽霞　王　帅
王婷婷　韦姗姗　魏惠珍　文　谨　吴义春
肖小河　谢晚晴　杨常泉　杨洪军　杨　琳
杨玲玲　于　波　于　淼　余日跃　袁名泽
张家成　张　旭　张　岩　赵立平　赵锡艳
周丽波　周　强　朱葛馨　朱明峰

李　序

孙思邈曰：人命至重，有贵千金，一方济之，德逾于此！犹言方药活人之功也。自古国医著术，奚啻万千，济世经方，代有出焉，后学习之，按方投剂，愈者恒多，然效之信，若风吹云者，非明其量则不能致之也。吴鞠通之论方药也，尝谓：药必中病而后可，病重药轻，见病不愈，反生疑惑；病轻药重，伤及无辜，又系医者之大戒。量之于效，可谓至要也。惜仲景以降，传世之作，理、法、方、药咸备者恒多，精研药量者鲜矣闻也。今中国中医科学院广安门医院仝小林教授大作《方药量效学》付梓之际，于余索序，展读之余，乃慨后生之可畏也。小林教授乃我国早年中医博士，学贯中西，临证卅载，不仅在糖尿病、代谢综合征的研究上颇有建树，更于用药剂量上大胆探索，数年之间，蔚然成行，诚开方药量效研究之鸿蒙也。

方药剂量之迷失，已越千年，其间诸说并起，头绪万千，以讹传讹，转入歧途，不可复问，唯借现代科技方可探其端倪。是编也，示例经方，引入"剂量阈"、"治疗窗"之概念，研究方药用量与疗效的关系，寻找实现临床最大疗效时的最佳剂量，以期从"量"的角度补中医"理"、"法"、"方"、"药"之未备，丰富"辨证论治"之内涵，以提高中医之疗效，挽国术之颓势也。编中所列，旨在示读者以方法，后学参照，补其未备，亦为国医功臣也。《左传》云：太上有立德，其次有立功，其次有立言。小林教授之作也，即所以立功立德，其言而当，非功德而何？

中国工程院院士　李连达

2012年9月3日

周　序

世界卫生组织在《迎接21世纪的挑战》报告中指出,21世纪的医学将从“疾病医学”向“健康医学”发展,从群体治疗向个体治疗转化。随着“个体化治疗”思想的逐步渗入,群体治疗忽略患者个体差异,千人一药、千人一量、对症下药的弊端日益显现,量体裁衣、因人施治、对人下药的“个体化医学”应运而生,迅速成为当今医学研究的热点。

然“个体化医学”对中医来讲并不是一个新事物,中医学自仲景始两千多年一直采取的就是这种个体化的医学模式,其在临证中四诊合参、三因制宜,形成了一套理、法、方、药齐备,科学严谨的辨证论治体系。中国中医科学院广安门医院仝小林教授就是这种个体化医学的实践者,在他近30年的临证中,确保辨证论治准确的前提下,更强调方药的剂量。其所编《方药量效学》一书更是凝结了其本人及弟子数年之心血,书中“以人为本体”的方药用量策略,提出了“病、证、方、药”是影响用量最主要的因素。而“因病施量、因证施量、因方施量、因药施量”是临证最基本的用量策略。其总结的“中病即止”、“以知为度”、“佐药控制”、“蚕食递增”等用量法则,在羽翼前论的同时,又为后学示方法、列准绳,可谓详备。仝小林教授的研究成果不仅引领中医走向量化时代,更使中医个体化医学模式的内容变得丰富,补“辨证论治、理法方药”之未备,诚医界津梁,患者慈航也,乐为之序!

中国工程院院士

2012年9月7日

第2版自序

辨证论治,是中医理论之精髓。理、法、方、药,是辨证论治之核心。然在理、法、方、药确定之后,什么是决定疗效的关键呢?量!故古有中医不传之秘在于药量之说,或曰:传方传药不传量。也就是说,量是决定疗效的关键。

以往辨证论治的研究,主要集中在理、法、方、药上,而对量的研究较少,以至于临证数十载,辨证纯熟,而疗效平平,特别是面对急、危、重、难,常觉力不从心,这也是许多中医备感困惑之处。因此,我们说,辨证论治的核心内容:理、法、方、药之后,必须加一个字:量!即:理、法、方、药、量。

没有一定的量,就没有一定的质,也就没有一定的效。对量的运控能力,是衡量一个医生临床水平的重要尺度,能把握症、证、病之进退,精准的遣方施量,是一个医生成熟的标志。治病是一门艺术,是在治病的方式方法上,表现出的创造性和有效性,是突破常规的卓越,而用量策略是治疗艺术的集中体现。

临床上常常看到,有些医生,无论何病,无论病之轻重、长短,汤药一贯到底,所开处方之药味,均是二三十味,所用药量,均在10~15g,一律两煎,早晚分服。殊不知,汤者荡也,丸者缓也,该汤则汤,该丸(丸、散、膏、丹)则丸,岂能包打?方有大小,急危重难,短程应用,疗效第一,药少而精,药专力宏,宜用“精方”,调理预防,长期服用,安全第一,宜用“围方”,药味岂能无差?药分三品,有毒无毒,大毒小毒,用量岂能伯仲?急病快攻,首剂加倍,一日数服,以知为度,慢病蚕食,一日两服,累积获效,服法岂能一律?可见,临证用汤用丸,药味用多用寡,剂量用大用小,服药一日几次,均关乎量,亦均关乎效,大有讲究。

中医是与西医不同的人体科学认知方式,它的方法论源自中国古代哲学。和西药的量效关系研究相比,方药量效关系研究,是一个巨大的工程。它不仅要研究科学层面的剂量阈,还必须研究哲学和艺术层面的随证施量;它涉及现有的医疗规范、药典法律,也涉及传统的用药习惯。合理用量,需要广大医药工作者乃至多学科的共同努力,需要许许多多医生在临床各科进行广泛实践和积极探索。值得一提的是:在急危重症的抢救上,能否突破药典剂量,发挥医生的主观能动性,因病、因证、因势,因人、因地、因时,据效用量,疗效第一,而不是明哲保身,但求无过。这是个涉及医疗制度、法律、伦理的问题,也是关乎一个医生的医魂、医德、医道、医术的问题。医者,仁术也,非德厚者不能任;医者,仙术也,非智高者不能透;医者,霸术也,非胆识者不能为;医者,心术也,非识人者不能全;医者,艺术也,非圆融者不能巧;医者,诡术也,非笃信者不能治。

方药量效关系研究,是一个全新的领域,有太多太多的问题需要解决,可谓是一片"蓝海"。它将开启一扇窗门,揭开疗效之秘;它将丰富辨证论治的内涵,在科学与哲学、艺术之间架起一座桥梁;它将成为一个新的学科,为医学和药学、中医和西医、基础和临床乃至多学科合作,搭建一个平台;它将引领中医,走向量化时代。

本书分为总论和各论两大部分。总论阐述了方药量效学的概念、研究范畴、研究进展及目前该领域存在的关键问题和研究策略;各论又分为九个部分,包括"以人为本体"的方药用量策略、"以药为本体"的剂量规律、方药量效关系的影响因素、方药量效学研究的科学方法体系、多学科交叉在方药量效学研究中的应用、方药量效学中的用量安全性问题、方药量效学中的药材节约问题、临床实践中的方药用量策略、不同剂量古今医案赏析,在第1版的基础上,结合近年来973计划"以量-效关系为主的经典名方相关基础研究"项目组的部分研究工作进展,从文献、中药学、药理学、药物化学、代谢组学、系统生物学、临床评价、中医临床各方面实践等多学科、多角度、系统地总结和归纳了方药量效学的主要内容、研究方法及成果。本书不仅包括方药量效学的理论认识及科学研究,还收录了多家医案,以达理论与实践互参之目的。

在本书即将出版之际,我要特别感谢科技部基础司领导,对我们研究的关注和大力支持。张先恩司长,要我们把研究的思路,投稿给《前沿科学》杂志,彭以祺副司长,多次亲临973课题组,听取我们的汇报并给予悉心指导;特别感谢,以李振吉局长为首的973中医专项专家组,为课题的立项、研究方案的确立,倾注了极大的心血,为我们指明了研究的方向;特别感谢在研究中给予我们指导的王永炎院士、吴咸中院士、张伯礼院士、刘昌孝院士、李连达院士、李大鹏院士、丁健院士、周宏灏院士;特别感谢以王跃生、傅延龄、徐国良、饶平凡、连凤梅、焦拥政教授为核心的研究团队,为本研究所作出的艰苦努力和卓有成效的工作;特别感谢科学出版社为本书的出版倾注了大量的心血。最后,我们还要感谢民政部、中华中医药学会,批准我们成立了方药量效研究分会;感谢世界中医药学会联合会,批准我们成立了方药量效研究专业委员会,以汇聚一大批海内外各个领域的专家,共同为方药量效研究贡献力量。
我们有理由相信,方药量效研究,必将为提高中医疗效做出重大贡献。

全小林

2012年正月十五写于知行斋

2014年6月22日修改

目　录

总　论

目前，中医药的发展存在许多问题，然而，最根本的还是疗效问题！为提高中医药疗效，国家先后立项资助方和药多个领域的研究，我们的同行亦为此做出了不懈的努力，取得了有目共睹的成绩。

中医临床是一个有方、有药、有量的辨证思维过程。现阶段，合理选方、合理用药的理论及相关研究已较系统。自古有云："中医不传之秘在药量"，亦说明方药剂量直接关乎中医药的临床疗效。但是，长期以来，由于对方药剂量理论缺乏深入、系统的研究，使其始终停留在传统、模糊的描述与概括阶段，一直未取得突破性进展，在临床合理选择剂量、安全有效用药方面仍缺乏科学支撑和理论依据，因此，方药量效关系研究的滞后，已经成为制约提高中医药的临床疗效的突出而关键的科学问题之一。迷失的经方本原剂量、过于保守的中药剂量阈、未成系统的方药剂量理论已经在一定程度上影响了中医临床医生的识量和用量水平。

量效关系研究的目的，是阐明药物剂量与疗效之间的关系，为新药研发、剂型评价、临床用药提供重要的依据。从量效关系中可以得到阈剂量（最小有效量）和治疗窗（产生治疗效应的药物浓度范围）等重要参数。但对于效应成分不清晰的中医方药，量效关系研究还是一个崭新的课题。方药量效学可谓是一门新学科，其研究范围涉及很广，从基础到临床，从医学到药学；其研究目的是合理用量。因此，开展方药量效关系的研究，解开剂量这一中医不传之秘，将推动中医药进入"量化时代"，是提高中医药临床疗效的重要途径之一。

第一章　方药量效学概述

第一节　方药量效学的概念

一、方药量效学的概念

方药量效学是以中医理论为指导，通过研究方药剂量与疗效的关系、规律、影响因素、临床合理用量及用量安全等，探索方药剂量理论的一门学科。它是中医药学的重要组成部分，其内容包括“以人为本体”的用量策略及“以药为本体”的剂量规律等内容。

“量效关系”是源自西医化学药物研究的名词，即药物必须达到一定的剂量，才能发挥药效作用。量效关系是在一定范围内药物的剂量（或浓度）增加或减少时，药物的效应随之增强或减弱，这种关系是确定临床用药剂量的基础[1]。药物的剂量、血药浓度和临床效应之间有着直接的关系，大多数药物在一定剂量范围内，量与效应成正比关系。一个新的药品，由于没有人体应用的验证，其有效性和安全性均是未知数。为最大限度确保用药的有效性和安全性，必须在临床研究指导下，对其量效关系进行审慎和科学的探索。

诚然，化学药的量效关系有清楚的定义和成熟的研究模式，然而中药复方与成分明确的化学药物相比，其量效关系具有更加复杂的特点。方药量效关系研究包括两大部分内容，第一是“以人为本体”的用量策略，第二是“以药为本体”的剂量规律。在方药量效关系中，方的决定者是医生，医生随证施量的策略更接近于一种具有哲学性和艺术性的思辨，是人类“神”的活动过程，可归属于形而上的哲学范畴；而药是一种有科学物质基础的有“形”的物质，与医生随证施量策略相对应，可归属于形而下的范畴。因此，做到医与药的统一、形与神的统一在方药量效关系研究中尤为重要！

二、“量”的概念及“量”的传递

方药中与“效”相关的“量”是影响临床疗效的关键因素之一，但是由于古代历史条件的局限性以及药材质量和度量衡的不统一性，前人对“量”的阐释未能全面深入。在现代医疗条件下我们应当“发皇古义，融会新知”，对量的概念和“传递”进行深入的挖掘剖析，以便更好地指导临床实践。

（一）量的概念

“量（liàng）”原意指“数的多少”。《中药学》[2]教材对剂量的定义是中药临床应用时的分量，主要指明了每味药的成人一日量，其次指方剂中每味药之间的比较分量，也即相对剂量。有研究指出,方药中与"效"相关的"量"是一个具有多层次含义的复杂概念,其主体主要涵盖了处方量、饮片量、煎出量、摄入量、吸收量五个方面[3];而中药的临床药量应当具有处方药味构成数量、每味药的具体分量、调剂和加工后的获得量、最终服用量等[4];或可理解为单味药的治疗用量、药物间的相对用量、药物的实际利用量等[5]。

从不同角度出发,方药的"量"的确有多个层次:从药材角度,包括中药有效成分的含量等;从处方角度,包括整方剂量、单味药剂量、药物之间的配伍量、服量等;从调剂角度,包括处方的调剂量等;从煎煮角度,包括有效成分煎出量等;从药代动力学角度,包括生物利用度、血药浓度等。

1. 有效成分含量

(1)中药的产地与采收:绝大部分的中药均来源于天然的植物、动物或矿物。《中药学》[2]教材援引《用药法象》指出:"凡诸草木昆虫,产之有地;根叶花实,采之有时。失其地则性味少异,失其味则气味不全。"可见,优质的中药材与其产地、采收等关系密切。我国地大物博,有着复杂的地形地貌和自然环境,东西南北各地的气候、光照、水土等都存在较大差异,造就了我国药用资源的多样性和地域性,这也是古今从事中医药行业的劳动者十分重视"道地药材"的原因。道地药材,又称地道药材,是优质纯真药材的专有名词,指历史悠久、产地适宜、品种优良、产量宏丰、炮制考究、疗效突出、带有地域特点的药材[2]。如四大怀药地黄、牛膝、山药、菊花等:正所谓"用药必依土地,所以治十得九。"道地药材所含有效成分比其他非道地药材要高,如果以次充好,就会直接影响中药材的药效,从而影响质量效果[6]。

《千金翼方·卷一》[7]谓:"夫药采取,不知时节,……,虽有药名,终无药实",明确指出了采收与中药品质的密切关系。现代研究发现不同季节,药物中有效成分的含量不同,如人参皂苷以8月含量最高,麻黄生物碱秋季含量最高等[2]。

(2)中药的炮制对保障药效、用药安全、制剂和调剂都有重要的意义:炮制可以纯净药材,保证质量,区分等级;矫味、矫臭,便于服用;降低毒副作用,保证安全用药;增强药物功能,提高临床疗效;改变药物性能,扩大应用范围等,如延胡索醋制能增强活血止痛的功效,淫羊藿用羊脂炒后能增强补肾助阳的作用[2]。

2. 处方量

从临床合理用量角度来看,医生最关注的"量",应该是处方的"量",即辨证结束后书写在处方笺上的量。从表面上看,处方量是组成处方的每一味药物的剂量(单味药剂量);同时,也体现了药物之间的相对剂量(配伍剂量)和整首处方的总剂量(整方剂量);此外,根据医嘱中对服药方法的要求,还体现了方药的"服量"。

(1)单味药剂量:指处方中每一味药物的剂量。目前,对临床方药用量的规定,无论教材或《《中华人民共和国药典》(简称《中国药典》)》均是对单味药剂量的规定。一般情况下,"大剂量(或重剂)"、"小剂量(或轻剂)"、"大剂量用药"、"超药典剂量用药"等描述,都是指处方中单味药物的剂量。因此,单味药剂量是研究合理用量最直接的“指标”。

(2) 配伍剂量:指方剂中药物与药物之间的相对用量。组成药物完全相同的处方,药物剂量的比例不同,其主治功效可能会有巨大差异。如治疗“太阳中风”的桂枝汤与治疗“奔豚”的桂枝加桂汤,两方药物组成完全相同(桂枝、芍药、甘草、生姜、大枣),前方的药物配伍剂量是3∶3∶2∶3∶12枚,后方是5∶3∶2∶3∶12枚。若中药剂量配伍比例不准确,则会打乱中药配伍的严谨法度,降低整体疗效[8]。

配伍剂量正确可提高方药疗效,还可具有“减毒”作用。对巴豆和桔梗的配伍研究[9]表明,巴豆配伍桔梗的剂量比例是1∶3时,其减毒作用最佳。可见,在临床合理用量中,要慎重考虑药物与药物之间剂量的比例。

(3) 整方剂量:指整首处方所有药物剂量的总和。有两个影响因素:单味药剂量和处方的药味数。整方剂量是医生临证处方时最容易忽略的量,但是整方剂量中隐藏了两个重要概念“精方”与“围方”。药味较少、单味药剂量较大的处方被称为“精方”,经方就是其典型代表;而药味较多、单味药物剂量偏小的处方被称为“围方”,一般“急病单病用精方,慢病合病用围方”[10]。有研究[11]对《伤寒杂病论》中的汤剂与现代处方汤剂进行比较,发现经方平均用药仅4.81味,而现代处方平均用药15.52味,然而,若以1两折合13.8g,经方与现代处方整方剂量的差别没有统计学意义。可见,精方与围方在整方剂量上有可能没有区别。

(4) 服量:“服量”是临床合理用量不能忽略的概念。傅延龄[12]教授提出了“每服量(一服量)”、“日服量”、“总服量”的概念,认为服量控制着方药对人体的作用强度和作用时间。我们认为“预服量”也是服量的一种,如《伤寒论》桃花汤“日三服,若一服愈,余勿服”,即一日服药3次(3次的总服量即为预服量),如果服1次(每服量)后病情就好转了,其余2次无需再服。

3. 调剂量

调剂量,指饮片在调剂过程中的实际称量重量。若药房调配量与处方量误差太大,轻则影响疗效,重则可能因药量改变导致“药源性疾病”。造成饮片量误差的因素主要有两方面:第一是称量工具误差,国内称量中药的工具主要是以克为最小单位的戥秤,克以下则无法精确称量。第二是人工操作误差,包括对戥秤的操作误差[13];调剂过程中的主观估量、“抓药”代称误差等,均是造成配方总量或单剂量不准确,导致处方功能、主治发生变化的原因[14]。饮片量有误差,不仅会影响临床疗效,甚至会产生毒副作用。如马钱子,其治疗量与中毒量非常接近,剂量不精准会产生毒性,甚则危及生命。因此,尽可能减少误差是中药调剂中亟须解决的问题,中药小包装在提高配方准确度方面有一定优势[15],可以推广应用。

4. 煎出量

中药在煎煮过程中的加水量、煎煮时间、煎煮次数、煎煮火候等都会对有效成分煎出量产生影响。中药煎煮,不仅是有效成分溶出的过程,而且是药物中各种生理活性成分进行化学反应,重新整合的过程[16]。正确把握影响煎出量的因素,对提高有效成分的煎出量和临床疗效有重要的意义。

(1) 煎煮时间:古人认为“药,有可以久煮者,有不可久煮者”。根据药物所含成分及气味、质地不同,汤剂的煎煮时间有所不同[17]。尤其是对于一些特殊煎法的中药材,煎煮时间不足,其药物成分不易溶出;煎煮时间过久则会破坏或失去药物的某些成分[18]。

(2) 煎煮次数:药物有效成分煎出量与煎煮次数并不完全成正相关关系,某些药材(如大黄),多次煎煮会破坏其有效成分,影响效果[19]。

(3) 加水量:李时珍言:“剂多水少,则药味不出;剂少水多,又煎耗药力。”现代研究发现[20],在煎取量一定的情况下,加水量的多少对煎出液质量的影响非常明显,因此,煎煮药物的加水量应视药物的具体用量及质地而定。

(4) 煎煮火候:也是影响药物有效成分煎出量的重要因素。中药煎煮时,一般先用武火将药液快速煮沸,然后用文火慢慢煎煮,即李时珍所谓“先武后文,如法服之,未有不效者”。

5. 摄入量

摄入量的多少与疾病性质、给药途径、服用方法等相关。急危重症宜频服或顿服,以便集中药力,迅速发挥药效,如十枣汤顿服使攻逐水饮力量峻猛,独参汤或参附汤等救急药也要求顿服与频服并举。

此外,为提高局部对药物的摄入量,病位在口咽部者多含服,使药物能够在病灶处多停留一段时间,作用病所,如治疗咽中生疮之苦酒汤要求“少少含咽之”[21]。某些药物要一日三服,四服甚至五六服,其目的是通过反复给药,短时间内提高机体对药物的摄入量,达到迅速驱邪外出的目的,如桂枝汤,“又不汗,后服小促其间,半日许,令三服尽。若病重者,一日一夜服,周时观之”。其他给药途经如外洗、外敷、静脉滴注等法的摄入量亦视具体疾病而定。

6. 吸收量

吸收是指药物自给药部位进入血液循环的过程。实验表明,在一定范围内增大用药剂量对提高药效有一定促进作用[22~24]。

另外,患者的个体差异会影响中药吸收量。由于服用药物后,并非完全能够进入血液循环,部分药物在体内经代谢后,以原型和代谢物的形式随粪便和尿液排出体外[25],还有些药物甚至不经任何代谢直接以原型随粪便和尿液排出体外。因此,了解药物的代谢产物量,也有助于临床用药时药物剂量的确定。

(二)“量”的传递

中医方药中与“效”相关的“量”的概念具有丰富内涵,然而,该“量”与实际作用于人体靶器官的化学物质的量存在一定偏差。“量”的传递过程可以理解为从处方量到饮片量、煎出量、摄入量再到吸收量的过程,研究各种“量”之间的折算关系,可以使临床处方量更接近于实际作用于靶器官的化学物质的量,从而可减少因饮片量、煎出量、摄入量、吸收量等的不规范性或不确定性及其他不可预见性因素所产生的偏差。

“量”在传递过程中,各环节都会受到相关因素的影响,临床用药应综合考虑各影响因素带来的偏差,包括饮片调剂精准,煎煮时间、次数、加水量及火候适宜,服用方法得当等,并在相对安全和不浪费药材资源的前提下,因时、因地、因人制宜,加减权衡,随证施量。

三、剂量变化对疗效的影响

剂量的变化会对疗效产生影响,然而并不代表剂量与疗效成正比,剂量越大、疗效就越好。在化学药量效关系的研究中,不同的量效关系,呈现出不同的曲线,如直方双曲线、S形曲线、U形曲线[26,27]等。我们认为,从方药角度,剂量变化会对疗效产生以下四种影响。

(一)量变致平

量变致平指在某一剂量范围内,方药用量增加时疗效相应提高,然而,超过该剂量范围,即使再增加用量,疗效也不会发生变化。提醒临床医生,使用具有此类量效关系的方药时,不要一味加大剂量以求提高疗效,要在一定范围内选择恰当的用量,既可节省药材资源,又可确保疗效。

(二)量变致新

量变致新指在某一剂量范围内,方药主要用于治疗某种疾病;而随着剂量的改变,方药的主治发生了变化,即在一个新的剂量范围内,该方药治疗另一种疾病的疗效更好。

1. 单味药的量变致新

就单味药而言,许多药物均具有在不同用量范围内,治疗不同疾病的特点。如国医大师朱良春先生经验[28],用益母草调经活血一般用9~15g,利水消肿需大量,用90~120g时疗效最佳;又如2010年版《中国药典》在麦芽的【用量与用法】中规定麦芽常用10~15g,回乳炒用60g。

2. 整方的量变致新

对整方而言,经方中药物组成完全相同而剂量不同的方剂就是量变致新的典型代表,又可分为五种情况。

(1)君药剂量变化,整方功效改变:半夏泻心汤、甘草泻心汤:两方仅炙甘草剂量不同,其余完全相同(表1-1)。半夏泻心汤以半夏为君药,降逆消痞,治疗痞满、呕吐、肠鸣下利;甘草泻心汤由半夏泻心汤加重甘草用量而成,重用炙甘草4两为君药以补中和胃,治疗“下利日数十行,谷不化,腹中雷鸣,心下痞硬,干呕,心烦不安”。半夏泻心汤与甘草泻心汤的配伍剂量说明,改变君药的剂量,可完全改变整方的主治功效。

表 1-1 半夏泻心汤、甘草泻心汤的剂量比较

	半夏	黄芩	干姜	人参	炙甘草	黄连	大枣
半夏泻心汤	0.5 升	3 两	3 两	3 两	3 两	1 两	12 枚
甘草泻心汤	0.5 升	3 两	3 两	3 两	4 两	1 两	12 枚

(2) 君臣药剂量比例改变,整方功效改变

1) 桂枝汤、桂枝加桂汤、桂枝加芍药汤:三方均由桂枝、芍药、炙甘草、生姜、大枣组成,均为汤剂,从表 1-2 中可见三首方剂中佐药(炙甘草、生姜、大枣)的剂量完全相同,仅君、臣药(桂枝、芍药)剂量比例有所改变。就桂枝与芍药的比例而言,桂枝汤为 1∶1,桂枝加桂汤为 5∶3,桂枝加芍药汤为 1∶2。桂枝辛温、芍药酸寒,桂枝汤中桂、芍用量相同,两者配伍,相辅相成以调和营卫。桂枝加桂汤增加了桂枝的用量,治疗奔豚,重用 5 两桂枝以温通心阳,即可解肌通阳,又可平冲降逆,桂枝加芍药汤与桂枝汤比较,桂枝剂量不变,倍用芍药,用 6 两桂枝为君,治疗"腹满时痛"。

表 1-2 与桂枝汤组成相同的药物剂量比较

	桂枝汤	桂枝加桂汤	桂枝加芍药汤
桂枝	3 两	5 两	3 两
芍药	3 两	3 两	6 两
炙甘草	2 两	2 两	2 两
生姜	3 两	3 两	3 两
大枣	12 枚	12 枚	12 枚

2) 桂枝去芍药加附子汤和桂枝附子汤:两方的药物组成完全相同,仅桂枝和炮附子的剂量不同(表 1-3),两方主治迥异。桂枝附子汤治疗风寒湿痹着于肌表,身体疼痛,重用炮附子 3 枚,配伍 4 两桂枝,以温经散寒逐湿;桂枝去芍药加附子汤中炮附子和桂枝的量均小于桂枝附子汤,治疗太阳表虚证兼恶寒、胸满、脉微,桂附合用温经复阳。

表 1-3 桂枝去芍药加附子汤、桂枝附子汤的剂量比较

	桂枝	炙甘草	生姜	大枣	炮附子
桂枝去芍药加附子汤	3 两	2 两	3 两	12 枚	1 枚
桂枝附子汤	4 两	2 两	3 两	12 枚	3 枚

3) 小承气汤,厚朴三物汤、厚朴大黄汤:三方药物组成完全相同(表 1-4),剂量配比完全不同,功效主治各异。小承气汤在三方中药量最轻,主治燥屎阻塞,痞满重燥热轻者;厚朴三物汤中厚朴、枳实的用量在三方中最大,行气之力最强,泻下之功最弱,主治胀重于积之腹满证;厚朴大黄汤中大黄用量最多,6 两大黄荡涤胃肠,三药合用行气消痞通便,治疗支饮兼腹满大便秘结。从三方的剂量配比可见,痞满重者,厚朴、枳实的用量较大;若需荡涤胃肠之热以通便,则可重用大黄。

表 1-4　与小承气汤组成相同的药物剂量比较

	酒大黄	厚朴	枳实
小承气汤	4 两	2 两	大者 3 枚
厚朴三物汤	大黄 4 两	8 两	5 枚
厚朴大黄汤	大黄 6 两	1 尺	4 枚

从以上三组方剂的药物剂量配比来看,改变君臣药的剂量比例,可完全改变整个方剂的主治功效。

(3) 近似等比例改变君臣药剂量,整方功效可增强或减弱:四逆汤治疗阴盛阳虚之四肢厥逆,用附子配干姜温肾回阳、温中散寒;通脉四逆汤是四逆汤倍干姜、重用附子而成,温阳驱寒之力更强,用以破阴回阳,可治疗阴盛于内、格阳于外之脉微欲绝。四逆汤与通脉四逆汤的配伍剂量(表 1-5)提示,近似等比例增加或减少整方中主要药物的剂量,可加强或减弱原方的功效。

表 1-5　四逆汤、通脉四逆汤的剂量比较

	炙甘草	干姜	生附子
四逆汤	2 两	1.5 两	1 枚
通脉四逆汤	2 两	3 两	大者 1 枚

(4) 剂型改变,整方功效可增强或减弱:抵当汤与抵当丸的药物组成完全相同(表 1-6),然而主要药物的剂量不同,剂型也不同。“汤者,荡也”,抵当汤是破血逐瘀之峻剂,治疗蓄血重证;抵当丸证较抵当汤证病势较缓,尤在泾认为“此其人必有不可不攻,而又有不可峻攻之势”,故该方将抵当汤中水蛭、虻虫的剂量减少 1/3,桃仁剂量增加 1/4,大黄用量不变,汤改为丸,一剂制 4 丸,每次服 1 丸,为峻药缓攻之法。“丸者,缓也”,抵当丸为水煮丸,连汤带渣服,作用较缓慢。抵当汤与抵当丸的配伍剂量提示,首先,可通过改变方药的剂型和服量来控制整方剂量,尤其适用于功效峻猛之方;其次,病有缓急,病势急,方中主要药物的用量可大,剂型首选汤剂,病势缓,可酌情减量,剂型可改为丸剂。

表 1-6　抵当汤、抵当丸的剂量比较

	水蛭	虻虫	桃仁	大黄
抵当汤	30 个	30 个	20 个	酒大黄 3 两
抵当丸	20 个	20 个	25 个	3 两

(5) 合方用药,调整剂量:此两方是桂枝汤与麻黄汤的合方,药物组成完全相同,但是所有药物的剂量均不相同(表 1-7)。桂枝麻黄各半汤是桂枝汤与麻黄汤各取 1/3 的药量合方而成,该方发汗之力比桂枝汤稍强,较麻黄汤缓和,是发汗轻剂,解表不伤正。桂枝二麻黄一汤中,桂枝汤的量比桂枝麻黄各半汤增加 1 倍,麻黄汤用量减少,因此发汗之力更小,可称微发其汗。桂枝麻黄各半汤、桂枝二麻黄一汤的配伍剂量,从整方角度而

言,调整药物的剂量比例,可减弱或增强原方的主要功效,如"发汗"等;从合方用药角度而言,合方不是几个方剂所有药物和剂量的简单叠加,应根据需要,选择适当的药物剂量比例,才能使合方充分发挥所需功效。

表 1-7 桂枝麻黄各半汤、桂枝二麻黄一汤的剂量比较

	桂枝	芍药	生姜	炙甘草	麻黄	大枣	杏仁
桂枝麻黄各半汤	1.67 两	1.00 两	1.00 两	1.00 两	1.00 两	4 枚	24 枚
桂枝二麻黄一汤	1.70 两	1.25 两	1.25 两	1.10 两	0.67 两	5 枚	16 枚

(三) 量变致反

量变致反指由剂量改变产生的药物双向调节作用。双向调节作用[29]指通过药物作用调节机体在病理过程中的亢进或低下状态,使机体的反应恢复正常的一种效应。影响方药双向调节作用的因素有许多[30],如入药部位、有效成分含量、配伍、炮制等,然剂量也是重要影响因素之一。

1. 单味药的量变致反

量变致反在单味中药常见。如甘草,1 ~ 2g 起调和作用;5 ~ 10g 补脾益气、润肺止咳、缓急止痛;若用至 30g 以上可导致水肿、高血压病、低血钾等假醛固酮增多症[31]。川芎[30]小剂量兴奋子宫,大剂量使子宫痉挛,进一步加大剂量则使子宫麻痹而完全停止收缩。白术常规剂量能健脾止泻,大剂量(30 ~ 50g)则能通便[32]。黄连,少量应用(1 ~ 3g)有健胃作用,故生姜泻心汤、甘草泻心汤中都少佐黄连,降逆和胃、开结消痞。黄连[33]味苦,小剂量服用通过味觉分析器的兴奋,提高食欲中枢的兴奋性,并能反射性地引起胃液分泌增加而呈现健胃作用。当大剂量应用时(9g 以上)反而损伤脾胃。黄芪 15g 以下能升血压,30g 以上则能降低血压[34]。又如人参干燥浸膏,20mg/kg 连用 3d 可增强学习记忆能力,但剂量增大,效果反而降低[29]。柴胡对水负荷的大鼠灌服 400mg/kg,能抑制排尿,大剂量 800mg/kg 则能促进排尿[30]。厚朴煎液对家兔、豚鼠及小鼠离体肠管活动,低浓度有兴奋作用,高浓度则转为抑制[30]。

2. 整方的量变致反

复方中也存在由剂量改变产生的双向调节作用。如芍药甘草汤[35]低浓度可刺激胃肠蠕动,高浓度抑制胃肠蠕动。大剂量的大承气汤可使感染模型小鼠的胸腺指数、脾指数及血清溶血素生成减少,而中、小剂量组则使之增高[36]。

(四) 量变致毒

量变致毒指方药剂量超过一定范围后,产生毒副作用的现象。如一妇女由于闭经服用益母草 200g,造成多脏器出血性休克、急性肾衰竭,抢救无效死亡[37];又如常用中成药牛黄解毒片,成人日用量 9 片,有人擅自增加服用量为成人量的 3 倍,造成砷盐中毒[37]。

剂量与方药的疗效和毒性密切相关,为确保临床用量安全,应遵循服药不宜过量、时间不宜过长的原则。若需长期服药,还应定期检测相关安全性指标,如肝肾功能、心电图等。

第二节　方药量效学的研究范畴

方药量效学研究包括两个重要的范畴,第一是以医生对疾病状态把握(神)为前提的随证施量规律,即“以人为本体”的用量策略;第二是以机体对方药反应度(形)为根据的剂量阈科学内涵,即“以药为本体”的剂量规律。随证施量可归属哲学层面,是形而上的,是医生把握的“度”;剂量阈可归属科学层面,是形而下的,是机体反应的“衡”。在方药量效关系中,随证施量又包括“病量效”和“证(症)量效”关系,而剂量阈包括“方量效”和“药量效”关系。

此外,研究方药量效学,需要掌握两杆秤。第一杆秤是“证(量)方(量)效(量)”关系:证量是秤盘,方量是秤砣,方量的范围(方量阈)是秤杆。“方量”主要由形而上的随证施量规律确定,在证量(秤盘)确定的前提下,选多重方量(秤砣)是形而上的事;在秤砣确定的前提下,找到秤杆的最佳位置(方量阈)和合理范围(治疗窗:方量范围),是形而下的事。第二杆秤是“方(量)效(量)毒(量)”关系:方量是秤盘,毒量是秤砣,效(量)是秤杆。方量(秤盘重)毒量(秤砣)小则方量阈(准星靠外)宽;反之则窄(准星向内)。概括而言即:

方量君药定,证量主症先;
效量患为主,毒量分急缓。

一、“以医为本体”的用量策略

1. 用量策略

用量策略指医生为追求最大疗效,通过长期思考和总结得出的最佳用量方案的集合。从理论研究层面,通过文献收集、整理,数据挖掘等方法,对古人及现代医生的方药用量经验进行系统梳理和挖掘,总结方药“随证施量”的规律,形成“以医为本体”的方药剂量理论。

2. 病量效和证量效

(1) 病量效:主要研究如何根据疾病的变化调整方药用量,或根据疗效调整方药用量的策略。

(2) 证量效:主要研究如何根据症状(或证候)变化调整方药用量,或根据患者体质情况调整方药用量的策略。

二、“以药为本体”的剂量规律

1.“以药为本体”的剂量规律研究

从科学内涵层面,以临床疗效评价为中心,采用现代科学技术,临床与实验相结合,系统深入地研究方药剂量规律，阐释中药方剂“治疗窗”、“剂量阈”的科学内涵，形成“以药为本体”的方药剂量理论。

2.“治疗窗”和“剂量阈”

（1）治疗窗：每一味中药或每个中药复方有很多的适应证，对每一个适应证的药物用量是不同的，对某个适应证所采用的不同剂量就构成了这味中药的某个适应证的治疗窗。

（2）剂量阈：中药剂量不是一个固定的值，而是一个范围，在治疗不同疾病、或在不同处方中，药物的剂量是不同的，这个范围就称为中药的剂量阈。

（3）治疗窗和剂量阈的关系：治疗窗要比剂量阈窄，也就是说每味中药或中药复方的剂量阈是包含了该药或复方中很多适应证的治疗窗。换言之，也就是说每味药或一个中药复方只有一个剂量阈，但可能会有多个针对不同治疗目标的治疗窗。治疗窗是针对不同的治疗目标或症候群所采用的最佳剂量范围，剂量阈是指中药或中药复方的总体的最佳治疗剂量范围，包含多个治疗窗。

3. 方量效和药量效

（1）方量效：主要研究在一定剂量范围内，整方剂量的变化对方药治疗疾病效应的影响。

（2）药量效：主要研究单味药物的量效关系，及单味药物在复方中的量效关系。

三、方药量效关系的影响因素

方药用量受到许多因素的影响，包括药材产地及质量、药物炮制、药性、方药的剂型和煎煮，患者的年龄、性别、体质，疾病的轻重缓急，患者服药后的反应，甚至患者所在地域，发病季节等[2,38~41]。

参考文献

[1] 江明性. 药理学. 第4版. 北京：人民卫生出版社，1996. 35~36

[2] 高学敏. 中药学. 北京：中国中医药出版社，2002. 42~43，13，14，16~17

[3] 张岩，焦拥政，刘峰，等. 方药中与“效”相关的“量”的概念解析. 中医杂志，2011，52(21)：1813~1815

[4] 黄开泰. 对中医临床药理决策的思考. 中医杂志，2007，48(1)：79~80

[5] 秦华珍，刘磊，王晓倩，等. 中药剂量与量效关系的思考. 四川中医，2011，29(6)：48~49

[6] 黄洋水. 影响中药药效主要原因的初步探讨. 海峡药学，2011，23(8)：220~221

[7] 孙思邈. 千金翼方·卷一. 北京：人民卫生出版社，1983. 11

[8] 常唯智. 中药用量变化对方剂配伍的影响. 辽宁中医杂志，2011，38(6)：1077~1078

[9] 林彦君，傅超美. 基于不同剂量比的巴豆配伍桔梗“减毒”作用机制探讨. 中国实验方剂学杂志，2011，17(13)：178~181

[10] 仝小林，刘文科，焦拥政，等. 论精方与围方. 中国中医药报，2011-6-10(004)

[11] 程先宽，韩振蕴，范吉平，等.《伤寒杂病论》汤剂与3509首现代汤剂药物、用量比较. 北京中医药大学学报，2006，29(7)：445~447

[12] 傅延龄，杨琳，宋佳，等. 论方药的服量. 中医杂志，2011，52(1)：8~11

[13] 杨艳玲,焦志鹏,张昌才. 当前中药饮片质量与调剂误差问题分析与对策. 医药导报,2002,21(11):739～740
[14] 姚晓丹. 中药调配中影响临床疗效的因素分析. 中国社区医师,2009,11(7):7
[15] 金玉琴,木海鸥. 中药饮片定量小包装的利弊分析. 中国药业,2010,19(24):79～80
[16] 王亚红,张瑞芳,王雅哲. 影响中药复方汤剂药效的因素及中药复方汤剂发展前景. 药学服务与研究,2004,4(1):77～79
[17] 黄海英. 试述中药汤剂的科学煎煮方法. 实用中医药杂志, 2011,27(2):134～135
[18] 刘峰,穆兰澄,仝小林. 煎煮过程对中药复方汤剂临床效果影响的因素分析. 中国中医药信息杂志,2009,16(7):111～112
[19] 冯惠英. 中药煎煮时间、次数与药效关系的研究. 药品评价,2004,1(5):394～395
[20] 张晓平. 大剂量与中、低剂量中药复方汤剂煎出率比较. 中国药业,2007,16(12):54～55
[21] 王自有,张建新,樊晓明. 给服中药应注意时效性. 中医儿科杂志,2006,2(4):42～43
[22] 郑卫红,陈超,钱京萍. 复方细辛镇痛作用的量效关系和急性毒性研究. 新疆中医药,2003,21(4):10～12
[23] 金晶,郑操,林丽,等. 青皮对大鼠急性四氯化碳肝损伤保护作用的量效关系. 时珍国医国药,2007,18(12):2977～2978
[24] 钱智磊,李欢,朱华旭,等. 黄连解毒汤中指标性成分药动学与药效学相关性的初步研究. 中国实验方剂学杂志,2011,17(11):132～138
[25] 李彧,赵春杰. 药物代谢在中药研究中的应用概况与展望. 海峡药学,2009,21(1):10～12
[26] 杨世杰,王怀良. 药理学. 北京:人民卫生出版社,2001. 8
[27] 刘秀英,胡怡秀. 毒理学默认量效关系模型的重新审视. 国外医学・卫生学分册,2008,35(05):257～263
[28] 朱良春. 中药用量与作用之关系. 中医药通报,2007,6(5):7～11
[29] 宋超. 中药"双向调节"作用探析. 首都医药,2010,12(下):33～34
[30] 郭东艳. 中药双向调节作用的影响因素. 陕西中医学院学报,2000,23(3):48
[31] 沈映君. 中药药理学. 上海:上海科学技术出版社,1997
[32] 陈素碧. 影响中药双向调节作用的因素. 云南中医学院学报,1996,19(4):21～22
[33] 李宝军,于长江. 浅谈中药的双向性调节. 中国实用医药,2008,3(5):96～97
[34] 薛红卫,周超凡. 方药的双向调节作用及其临床应用. 上海中医药杂志,2010,44(10):16～17
[35] 杨悦娅. 芍药甘草汤的应用于药理研究. 中医药研究,1991,2(2):47
[36] 张京玲. 大承气汤及大黄对小鼠免疫功能影响的初探. 中国实验临床免疫学杂志,1996,8(6):32
[37] 陈家鼎,年莉. 中药产生毒性的五大因素. 黑龙江中医药,2011,(4):54～55
[38] 古求知,柳长华. 古方今用剂量问题探索. 辽宁中医药大学学报,2011,13(9):111～112
[39] 秦晔中. 对影响中药剂量准确性因素的探讨. 实用医技杂志,2006,13(5):772
[40] 南艳宏. 影响中药剂量的几个因素. 中外医学研究,2011,9(22):75～76
[41] 陶有青,边玉麟. 中药量效关系理论及临床应用初探. 安徽中医学院学报,2006,25(3):1～2

第二章　方药量效关系研究进展

第一节　化学药量效关系研究进展

剂量研究是确保化学药临床安全、有效应用的重要研究之一,由于剂量与疗效的密切关系,量效关系研究是化学药剂量相关研究中最基本、最常见的组成部分。“量效关系”(dose-effect relationship)指药物药理效应的强弱与其剂量大小或浓度高低呈一定关系[1]。量效关系研究是确定临床用药剂量的基础,一种新药,由于缺乏应用于人体的经验,为了最大限度地确保临床用药的有效和安全,必须在临床前研究中对量效关系进行审慎和科学的探索[2]。现就化学药量效关系研究的基本概念、研究意义、研究内容和方法等综述如下。

一、化学药量效关系研究的基本概念

量效关系研究涉及药理学和毒理学的多个基本概念。

(一) 量反应与质反应[1]

量效关系是药理效应与剂量大小间的关系,药理效应按性质可分为量反应和质反应两种情况:①效应的强弱呈连续性量的变化,称为量反应;②如果药理效应不是随药物剂量或浓度的增减呈连续性量的变化,而表现为反应性质的变化,称为质反应,以阳性或阴性、全或无的方式表现。化学药的剂量越大,所致的量反应强度应该越大,或出现的质反应发生率应该越高。

(二) 量效曲线

表示量效关系的曲线即为量效曲线,即以药理效应的强度为纵坐标,药物剂量或浓度为横坐标作图[1]。不同的量效关系,呈现出不同的曲线,如传统的直方双曲线、S 形曲线、U 形曲线[1,3]等;也有更加优化的曲线模型,如以累积正态分布函数拟合 S 形剂量效应曲线等[4]。

根据量效关系曲线可得出以下概念:

(1) 斜率:量效曲线在效应量的 16% ~84% 区段大致呈直线,该段直线与横坐标夹角的正切值即为量效曲线的斜率。斜率大的药物说明药量的微小变化即可引起效应的明显改变。在质反应量效曲线,斜率还反映阳性反应的离散性,即个体差异,斜率陡的药物反应个体差异较小。

(2) 最小有效量或最小有效浓度(阈剂量或阈浓度):能引起效应的最小药量或最小

药物浓度。

(3) 半数有效量(ED_{50}):在量反应中指能引起50%最大反应强度的药量;在质反应中指引起50%实验对象出现阳性反应时的药量。如效应为死亡,则称为半数致死量(LD_{50})。

(4) 治疗指数(TI):药物的安全性与其ED_{50}的大小成反比,与LD_{50}成正比,一般常以药物的LD_{50}与ED_{50}的比值称为治疗指数,用以表示药物的安全性。但如果某药物的量效曲线与其剂量毒性曲线不平行,则TI值不能完全表示药物安全性的差异,故有人用LD_5与ED_{95}值或LD_1与ED_{99}之间的距离表示药物的安全性。

(5) 最大效应(效能):随着剂量或浓度的增加,药理效应也随之增加,当效应增加到最大程度后,即使再增加剂量或浓度,效应也不再继续增强,这一药理效应的极限称为最大效应或效能。

(6) 个体差异:药理效应的个体差异普遍存在,当药量相同时,不同动物的反应强度有差异;反之,反应强度相同时,不同个体也不一定都接受了相等的药量。因此,量效曲线上的某个点是在该条件时一组实验动物产生效应的平均值。

(7) 效价强度:用于作用性质相同的药物之间等效剂量的比较,达到等效时所用药量较小者效价强度大,所用药量大者效价强度大。

(三) 量效关系中与毒性相关的概念

量效关系是毒理学的中心法则,致死剂量[5]是量效关系研究不能忽视的重要概念。

(1) 绝对致死剂量(LD_{100}):化学药物引起受试对象全部死亡所需要的最低剂量或浓度。若再降低剂量,就有存活者。但由于个体差异,受试群体中总是有少数高耐受性或高敏感性的个体,故LD_{100}常有很大的波动性。

(2) 最小致死剂量(MLD或LD_1):化学药物引起受试对象中的个别成员出现死亡的剂量,理论上讲,低于此剂量即不能引起死亡。

(3) 最大耐受剂量(MTD或LD_0):化学药物不引起受试对象出现死亡的最高剂量,如高于该剂量即可出现死亡。与LD_{100}的情况相似,LD_0也受个体差异影响,存在很大的波动性。因此,LD_0与LD_{100}常作为急性毒性试验中选择剂量范围的依据。

(4) 半数致死剂量(LD_{50}):化学药物引起一半受试对象出现死亡所需要的剂量,又称致死中量。LD_{50}是评价药物急性毒性大小最重要的参数,也是进行急性毒性分级的基础标准。化学药物的急性毒性越大,其LD_{50}的数值越小。

二、化学药量效关系研究的意义和目的

(一) 量效关系研究的意义

药物研究的最终目的是希望其能安全有效地在临床使用,因此,了解药物剂量、血药浓度及其有效性和不良反应之间的关系对于每个患者能安全有效地用药是十分重要的。

1. 量效关系研究在药物研发过程中的重要意义

人用药品注册技术要求国际协调会(ICH)和食品和药物管理局(FDA)指导原则详

细地阐述了量效关系研究是评价药物安全性和有效性的必要组成部分，在药物开发中是不可或缺的[6]。

有研究者提出了量效关系研究新药研发过程中的重要意义[7]：第一，为Ⅲ期临床试验确定合理的给药剂量和给药方案，加快研发进程，节约资源；第二，是评价药物安全性和有效性的必须内容，为新药注册管理部门作出科学判断提供了重要依据；第三，量效关系研究资料对每个患者安全有效用药十分重要，有助于确定恰当的初始剂量及最大剂量，是药物注册撰写说明书的重要内容。

2. 量效关系研究在个体化治疗中的重要意义

现代医学开始日益关注个体化治疗[8]。由于存在个体差异，同样的药物剂量在治疗不同患者时不一定产生相同的效应，因此，《药理学》[9]教材指出在制订一个药物的合理治疗方案时，要根据患者的具体情况对剂量进行调整，并提出了制订调整药物剂量的个体化治疗方案的步骤。

（二）量效关系研究的目的

量效关系研究的目的在于探寻安全、有效的临床用药剂量范围。对药物研发而言，量效关系研究贯穿于研发的整个过程。有研究者认为[2]，量效关系研究的目的就在于早期剂量探索性研究，Ⅰ期临床试验主要用于确定最大耐受剂量，Ⅱ期临床试验主要用于建立药物对哪种疾病有何种效应，以及在什么剂量下出现该效应，最终确定目标剂量，为Ⅲ期临床疗效评价试验的设计提供依据。因此，Ⅱ期临床试验就必须设计与对照组效应不同的剂量组，从中确定最小有效剂量或其他目标剂量，从而估计量效关系曲线的特征。也有研究者认为[10]量效关系研究还应确定出最大效应的剂量范围。

三、化学药量效关系研究的内容和方法

（一）量效关系研究的基本方法

ICH 指导原则在“药品注册所需的量效关系资料”中提出了量效关系研究常见的四种方法[6,7]。

1. 平行量效关系研究

随机分为若干个固定剂量组（随机平行量效关系研究）的设计概念简单，使用广泛且有效。固定剂量指最终剂量或维持剂量；研究对象可直接给予该剂量，或逐渐调至该剂量（通过预定的“强制的”调节方案）。最终剂量均应维持足够的时间，才能进行量效关系的比较。平行量效关系研究能得出群体的平均量效关系，而非个体量效曲线的分布。

2. 交叉量效关系研究

若药物起效很快且治疗结束后研究对象迅速回到基线状态，如果反应并非不可逆（治愈或死亡），或患者疾病相当稳定，则采用不同剂量的随机多重交叉研究。该方法可

估计出个体量效曲线的分布，也可得出群体平均量效曲线，与平行分组设计的比较，它要求的样本量较小。该设计存在的问题包括若过多的样本无法按方案完成研究，会产生数据分析的偏倚；单样本研究时间过长；不肯定的滞后作用；第一阶段剂量干预后病所有样本间基本情况的可比性；研究期间不同剂量组的相互作用等。

3. 强制剂量调节研究

所有研究对象接受一系列逐渐上升的剂量。该方法需要的样本量少，通过延长研究时间，可用于研究较大的剂量范围。此设计方法能帮助平行量效研究选择剂量。但其显著缺点是无法将由剂量增加而引起的效应与治疗时间增加及药物蓄积作用引起的效应区别开。

4. 非强制剂量调节研究（安慰剂对照调节至终点）

研究对象的剂量需递增至出现某种好的或坏的反应。最适用于反应迅速且非不可逆的事件。该方法需要样本较少，能同时提供群体及个体的量效关系资料。然而，该方法易造成时间和剂量引起效应间的混淆，在不良反应的量效关系研究时也会出现一定的问题。

（二）药物动力学、药理学及毒理学中量效关系的研究内容和方法

在开展临床研究之前，需要通过非临床药物动力学、药理学及毒理学等研究药物的量效关系。

1. 药物动力学中的量效关系

药物在血液中的浓度较剂量更能正确反映药理效应强度[11]。通过测定血药浓度求出有关动力学参数，预测药物在体内的疗效，有助于提高疗效[12]。

药物动力学建立了米氏方程、Hill 方程、与药效学相结合的链式模型（PK-PD link model）等来研究血药浓度与药理效应的关系[12]。

2. 药理学中的量效关系

药理学中有丰富的量效关系内容，包括多个与量效关系及量效关系曲线相关的概念和数学模型，还提出了受体占领学说、速率学说、二态模型学说、能动学说等量效关系理论学说[13]。常见的数学模型包括线性、对数线性、S 形最大效应模型和最大效应模型[14]等。

3. 毒理学中的量效关系

量效关系是毒理学的中心法则。对化学药物的急性毒性试验和长期毒性试验中的给药剂量水平，都有明确的规定[15,16]。

过去，毒理学家普遍认为“阈值”是量效关系的基本特征，暴露量超过阈值就可引起效应，低于阈值则不出现作用。但是，在药物危险度评估中，研究者[17]发现不良反应与剂

量的关系可分为两类：一是不良反应与阈值相关的“阈值效应”；二是在任何暴露水平下都存在不良反应的“非阈值效应”。因此，在毒理学量效关系模型研究方面，毒物兴奋-抑制量效关系模型(Hormesis)的提出向传统的阈值量效模型、低剂量线性模型发起了挑战，有望成为危险度评价中缺省(默认)的量效关系模型[3]。

(三)临床研究中的量效关系研究内容和方法

临床研究最重要的内容之一就是寻找合适的用药剂量和方案。新药研究中量效关系研究贯穿于Ⅰ～Ⅳ期临床试验中，每期有不同的研究目的[18]：Ⅰ期临床主要进行剂量与耐受性及代谢特点的研究，Ⅱ期临床为进一步试验估计剂量，Ⅲ期临床可确定量效关系，通过Ⅳ期临床试验调整临床给药剂量。

1. Ⅰ期临床试验

Ⅰ期临床首要关注的是受试者的安全问题，因此，初始剂量的确定必须非常慎重[7]。初始剂量的确定方法有：①改良的 Blachwell 法、Dollery 法、改良的 Fibonacci 法是几种传统的确定初始剂量的方法；②美国 FDA 提出可根据未观测到的不良反应剂量(NOAEL)计算人体初始剂量[19]；③欧洲药物评审组织(EMEA)推荐采用最小预期生物效应水平法(MABEL)来确定高风险产品的人初始剂量[20]。

在研究剂量递增方案时首先考虑安全性因素，预先估计适宜的最大给药剂量，确定好终止试验的标准，还必须判定起始剂量、药理效应与毒性剂量三者间的距离。

2. Ⅱ期临床试验

Ⅱ期临床的重要目标之一是确定给药剂量和方案，包含了临床研究中最重要和最多的量效关系研究[7]。

Ⅱ期临床试验常用的量效关系研究方法[2,6,18,21,22]：①平行量效设计是Ⅱ期临床试验中应用最广的方法之一。②对于有较宽有效剂量，且起效快，治疗疾病不是不可逆转事件的药物研究，可采用选择性或固化可变剂量设计。③同时估计个体和群体间的量效关系，可选择交叉量效设计。④ICH E8 提出Ⅱ期临床试验可采用多种方法，早期研究可用强制剂量调节设计，初步估计药物的量效关系，后期可采用平行量效设计，进一步确定量效关系[23]。⑤自适应设计：传统设计方法在实际应用中可能面临设置剂量均过高或过低的问题。剂量过高，会增加不良反应发生率；剂量过低，无法得到有效性结论，会导致试验失败。由于自适应设计允许根据正在进行中试验的前期信息调整后续试验，而不破坏试验的整体性，该方法可用于量效关系的临床研究[24]。

3. Ⅲ期临床试验[2]

Ⅲ期临床是疗效确证性研究，其剂量及剂量组的设计应参照Ⅱ期临床试验的结果。如果Ⅱ期临床已经获得了充分可信的量效关系研究结果，则Ⅲ期临床试验只需要设计一个剂量组，如果Ⅱ期临床关于量效关系的结果可信度不高，则Ⅲ期临床应设计一个以上的剂量组。

4. 最小有效剂量和最大安全剂量的确定

药品临床研究的一个主要目标是识别药物的最小有效剂量，目前，对最小有效剂量的识别已提出了多种检验方法，如 Hsu 和 Berger 提出的假设各剂量组间方差齐的逐步置信区间法[25]；也有学者[26]利用 Stein 两阶段抽样法，改良了上述逐步置信区间方法，可在无任何限制的条件下识别最小有效剂量。

寻找最大安全剂量也是药物临床试验的重要目标[27]，现阶段一般根据已有标准进行多组给药试验，在根据既定方法和共识计算药物的最大安全剂量。有学者认为[28]现行方法不能根据最新试验数据及时调整模型参数，无法得到最佳结果，提出了基于连续重新评估的方法来寻找最大安全剂量。

（四）定量药理学

定量药理学是近年来在传统的药物动力学基础上形成的新学科，通过研究和利用数学及统计模型，寻找、理解和预测药物的药代动力学和药效学的行为特征，并量化这些行为信息的不确定性，使药物研发进程和药物治疗中基于数据的决策合理化[29]。量效关系分析是定量药理学的主要内容之一，通过数理分析计算量反应、质反应、时反应药效的定量指标[30]。Busulfex 被 FDA 批准联合用于治疗成人慢性髓性白血病造血肝细胞移植前骨髓消融的案例就证明了定量药理学在量效关系研究中的重要性。研究通过建立模型，进行 1000 次模拟，确定了儿童患者的剂量方案，并且该使用说明未经过直接的临床试验验证，就列入了药品说明书[31]。因此，有研究者[31]指出定量药理学在影响药物审批决策、药品说明书的确定与修订、临床试验方案建议、QT 试验设计与分析等方面，具有重要的意义。

综上所述，目前，化学药量效关系的研究已较为完善，在量效关系相关概念、理论学说、研究方法和应用等方面已形成了较为完善的体系。同时，量效关系研究已贯彻到药物研发的整个过程中，是确定临床用药剂量和给药方案的重要环节。

从理论上讲，量效关系研究的目的是为了找到精确的临床用药剂量和给药方案，但实际上是很难做到的。由于个体差异的存在，没有任何一个规定剂量能够适合所有患者。此外，由于临床研究的干预时间有限，样本量有限，设计的缺陷等，化学药的量效关系研究仍是一种探索性研究，不能获得十分确定的临床用药量信息。

尽管如此，量效关系研究仍然是临床用药剂量探索最重要的研究之一。为减小量效关系研究结果的偏倚，应重视人体药代动力学研究的剂量设计和结果分析，为后续给药剂量和给药方案提供重要依据；在确保安全的前提下，可设计三个或以上剂量组，选择较大的剂量范围进行临床研究，有利于发现所有临床意义的差别；同时在不同性别、年龄等人群中开展研究，减少个体差异造成的影响。

第二节 方药量效关系研究进展

目前，中医药的发展存在许多问题，然而，最根本的还是疗效问题！“中医不传之秘在药量”,方药的剂量直接关乎中医药临床疗效。因此,近年来对方药剂量的研究也逐渐成为了中医药研究的重点和热点之一。

一、方药量效关系研究现状

(一) 方药量效关系的研究思路探讨

经方是方药量效关系研究的最佳载体[32,33]。对量效关系的研究不仅包括单味药,也包括药对、复方,尤其是君药、臣药、佐使药的量效关系[34]。此外“药对”是方剂配伍的精华,以药对为切入点,也是揭示量效关系的重要研究方向之一[35]。

1. 方药量效关系研究的不同层次

对方药剂量的研究可分为两部分[32],“形而上”哲学层面的研究和“形而下”科学层面的研究。在哲学层面,系统梳理古今方药剂量经验,总结方药“随证施量”规律,形成“以人为本体”的剂量理论;在科学层面,以临床疗效评价为中心,与实验结合,阐释方剂“治疗窗”、“剂量阈”的科学内涵,量化中医“辨证用量”的过程,明确每一药、每一方在某个治疗窗内的剂量阈[36],形成“以药为本体”的方药剂量理论。

对量效关系的理论研究(哲学层面)又可分为七个方面[37]:经方本原剂量考证、方药剂量发展历史、证-量-效关系、方剂结构、方药量效关系影响因素、随证施量原则、临床用量控制策略研究等。有研究者[38]从中药量效与阴阳观、藏泻观、归属观、毒性观、整体观五个方面推断出量效的分布如“山”字曲线,大辛、大热或大苦、大寒的药在“山”两边,凉、缓药在“山”中央,在脏“藏”为补的药物用量较少,在腑为“泻”的药物用量偏大,主归某经的药物用量适宜即可取效,次归某经的药物需足量或大量才可见效。对科学层面的研究,有学者[39]提出了研究中药量效(毒)关系的两种思路:①通过考察动物最低有效剂量、最大安全剂量,再转换为人用剂量的“治疗窗”摸查法;②比照功效或作用相似的西药,对中药进行生物效价测定的生物效价比测法。也有研究者[40]以虚实证作为分析典型方药效应系统的纲领,关联方剂不同评价体系的效应评价与同一作用对象的动态特征与综合作用,以双二时段特征表述,分别绘制出表征证候转归效应和表征疾病疗效的量-效曲线,并建立量-时-效数学模型。

2. 方药量效关系研究应综合集成现有科学技术手段和成果

方药量效关系研究的起点不能过高,应遵循由简到繁、由易到难的科学方法[41]。研究必须结合临床,以病证为前提,应该个性化,以功效为出发点,逐一研究,这是一项浩大的工程,单靠某个团队、单位是不能完成的[42]。研究[43]应收集、归纳、评估方剂量效关系研究的全部文献,综合构建基于循证医学理念的多源信息量化分级数据库。以临床研究为主、实验研究为基础,收集中药化学、代谢组学、药代动力学等数据,利用复杂分析方法,阐明影响方药量效关系的重要因素;最终总结提炼基于现代研究成果的方药剂量理论,为临床合理剂量、安全有效的用药提供科学支撑和理论依据。可通过生物效应与物质基础相关性研究,用药剂量、时间与药效、毒效关系的研究,诠释临床疗效的中药量效关系,可作为中药及方剂整体量效关系科学认识的重要途径[44]。针对当前方药量效关系研究的疗效评价只能定性、难以定量的现状,有研究者[45]提出以代谢组学技术作为方药整体疗效评价的方法,追踪代谢组在疾病发展中及药物干预过程中的变化,研究方药量效关系。

(二)方药量效关系的临床研究

国内目前已有对方药量效关系临床研究的报道(表2-1)。

表2-1　方药量效关系临床研究举例

研究方法	方药	治疗疾病	分组	样本量/人数	结果
随机对照	葛根芩连汤(整方)[46]	2型糖尿病	大、中、小剂量	54	大剂量疗效较好
随机对照	大黄附子细辛汤(整方)[47]	慢性肾衰竭	大、小剂量	30	大剂量疗效较好
随机对照	黄芪桂枝五物汤(整方)[48]	糖尿病周围神经病变	大、小剂量	68	大剂量疗效较好
随机对照	胰活散(整方)[49]	2型糖尿病	大、小剂量	120	大剂量疗效较好
随机对照	厚朴三物汤(配方颗粒)[50]	腹腔镜胆囊切除术后肠功能恢复	大、小剂量,空白对照	57	大剂量疗效较好
随机对照	补阳还五汤(君药黄芪)[51]	慢性脑供血不足	黄芪15g、30g、60g、120g	150	疗效与黄芪剂量呈正相关
随机对照	补阳还五汤(君药黄芪)[52]	中风后遗症	黄芪60g、120g	66	大剂量组疗效较好
随机对照	银丹心脑通软胶囊(中成药)[53]	冠心病心绞痛	2、4、6粒	90	4粒能较快缓解冠心病心绞痛
随机对照	苦参素胶囊(中成药)[54]	慢性乙型肝炎	高、低剂量,对照组	73	疗效与剂量呈正相关
单病例随机对照	牛黄降压胶囊(中成药)[55]	轻中度高血压病	高、低剂量	11	高剂量组疗效优于低剂量组
随机对照	丹参注射液(中药注射剂)[56]	病毒性肝纤维化	治疗组10ml、20ml、30ml,对照组	168	抗纤维化疗效与剂量正相关
随机对照	丹参注射液(中药注射剂)[57]	慢性病毒性肝纤维化	治疗组10ml、20ml、30ml,对照组	142	抗纤维化疗效与剂量正相关
随机对照	丹参注射液(中药注射剂)[58]	输卵管阻塞性不孕	治疗组6ml、10ml、14ml,对照组	200	10ml组疗效最佳,过低、过高剂量均影响输卵管通畅率
随机对照	参附注射液(中药注射剂)[59]	急性心肌梗死	治疗组20ml/d、40ml/d,对照组	110	40ml剂量作用最优
临床观察	大承气汤(整方)[60]	脊柱术后或脊柱外伤所致腹胀、大便困难	大剂量	96	疗效显著

就方法而言,目前方药量效关系的临床研究主要采用了随机对照的方法,也有临床

观察，还有研究者尝试单病例对照等方法探索方药的量效关系，然而，盲法（尤其是双盲法）鲜有报道。就样本量而言，尤其是口服汤剂的量效关系研究，样本量较少。就研究对象而言，对中成药或中药注射液的量效关系研究开展较多，可参考《药物临床试验管理规范》（GCP）进行研究，而对临床常用的复方汤剂的量效关系研究较少，对整方量效关系的研究又多于对君药或药物不同剂量配伍的量效关系研究。

因此，复方量效关系临床研究的主要方向，是通过临床研究探寻古方发挥最佳疗效的用量，起效最小剂量和最大耐受量，找出其治疗窗；研究可分为两个阶段：①初级阶段研究整方及君药的量效关系；②高级阶段研究不同剂量水平配伍的复方量效关系[61]。

（三）方药量效关系的实验研究

与方药量效关系的临床研究比较，实验研究更为常见。不乏对中药有效成分、单味药、复方汤剂、中成药、中药注射剂、外用药等量效关系研究的报道。

对中药有效成分的量效、时效、量毒关系研究，如对地肤子皂苷抗过敏作用的量效关系研究[62]，人参皂苷 R_d 对脊髓缺血性损伤保护作用的量效关系研究[63]等；对单味中药的实验研究，如吴茱萸的时效、量效关系研究[64]，有毒中药附子的量效关系研究[65]等；对中药复方的研究，包括整方量效，不同剂量配伍量效、时效，拆方、合方与疗效等不同研究[66]，如当归芍药散治疗痛经的量效关系研究[67]，三子养亲汤平喘的量效关系研究[68]等。

可见，与临床研究比较，量效关系的实验研究方法更加成熟。此外，除量效关系外，实验研究还可探讨药物的时效、量毒等关系，这些都是临床研究难以完成的，在药物的研究或新药研发过程中，必须通过实验研究进行补充。

因此，对中药量效关系的实验研究可从以下几方面进行[69]：①研究单味药在不同剂量的药理效应差别；②可按西药的实验方法，对有效成分明确的单味中药进行相应参数的实验；③以药对的配伍为重点，研究药物配伍后的药理效应差别及不同剂量的药理效应；④选择经典名方，研究复方的中药用量。

（四）方药剂量相关的数据挖掘研究

数据挖掘是利用数据来建立一些模式，再利用这些模式来描述数据特征及关系。了解这些特征及关系可以帮助研究者做预测，以利决策参考。许多学者曾对数据挖掘做过定义[70]：Frawley，Piatesky-Shapiro，Matheus 等认为数据挖掘是从数据库中挖掘出潜在的、前所未知的且很可能非常有用的信息的过程。

目前，数据挖掘技术已经被用于探讨方药的量效关系，主要是用于研究方书类或医案类文献中方药的用量规律等（表 2-2）。

表 2-2 方药剂量相关数据挖掘研究举例

研究对象	研究目的	研究方法	结果
《伤寒论》经方[71]	根据易学象数关系理论探讨经方用药剂量与功效的关系	Logistic 回归，配对 χ^2 检验等	经方剂量与“汗和下消吐清温补”八法有一定相关性
《金匮要略》高频使用药物[72]	研究药物剂量与功效的关系，绘制量效关系曲线	频数统计（描述性统计）	药物常用量相对集中，用量与功效存在相关性

续表

研究对象	研究目的	研究方法	结果
周仲瑛病案[73]	从量效角度探讨名老中医治疗哮喘的用药特色	加权层次聚类	大部分药物用量为常规用量，也有低于或高于常规剂量应用的药物
《伤寒论》甘草的用量[74]	通过甘草剂量分层，研究不同剂量甘草及与之配伍的药物，探讨甘草剂量与功效的关系	频数统计，分层聚类	甘草的剂量与功效有一定相关性
基本方、桂枝汤类方、四君子汤类方中芍药剂量[75]	揭示白芍剂量与功效间的关系	模糊关联规则	白芍剂量与功效有一定的关系
《伤寒论》、《金匮要略》[76]	比较两书中常用药物剂量的异同	描述性统计	两书中常用药物的平均、常用剂量、剂量分布区间等基本相同
曹颖甫医案[77]	研究曹氏常用药物的剂量特点，并与经方进行比较	描述性统计	曹氏方药用量基本符合经方"一两折合一钱"的用法
使用黄芪的医案[78]	研究黄芪的临床用量分布特点，剂量与功效的关系及与其配伍的药物	关联规则，百分位数法（描述性统计）	黄芪临床用量比《中国药典》规定偏大，大剂量使用与活血化瘀关系较密切
李东垣脾胃方[79]	研究方药用量规律，配伍与功效的关系	频数统计，聚类分析	通过分类发现李东垣脾胃方中药物的确有补气、升阳、除湿、泻火的特点
《中医大辞典·方剂分册》脾胃方中的白术药物[80]	研究白术药对中的白术与配伍药之间剂量的关系	关联规则	白术与其他药物配伍时，有正相关和负相关两种情况
《方剂大辞典》、《方剂学》中的有效验方[81]	研究药物配伍的剂量规律	关联规则	药对间的剂量有正相关、负相关、不相关三种情况

方药剂量的数据挖掘，尤其是对中医古代方剂剂量规律的挖掘，必须以数据规范化为前提，制定剂量转换的标准，建立转换的规则，设计可实现批处理的自动转换程序[82]，才可能完成海量方药数据的剂量相关挖掘研究。

在药对的量效关系研究中，聚类分析和模糊关联规则符合方药的特点，挖掘出的知识具有较高正确率[83]。对方药剂量相关数据挖掘研究中存在的问题，有研究者[84]指出：目前量效关系研究的计算或模拟方法多借鉴化学药研究的方法，适用于单成分、单靶点、影响因素简单的情况，尚无针对中医药复杂关系的处理方法，因此，处理高纬度、低自由度、缺失值多、定量指标和定性指标混杂的数学计算方法，将成为方药量效数据挖掘研究的客观需求。

（五）不同剂量的临床实践

回顾中医药漫长的发展历程中，中医方药剂量的应用可用"误、乱、惑"概括[85]：对经方本源剂量的认识不一，正误难辨。因此，中医各家应用经方的临床用量各有特点，方药用量的大小、处方药味数的多寡，均有较大差异。

1. 制方大小——精方与围方

以处方药味多寡而言，古今医家大体可分为两类[86]，一类组方药味精简，可称为精方，一类组方药多而广，可称围方。

精方“药少而精、药专力宏”[86]。证候病机要素构成简单，病势危急，需要单刀直入扭转疾病的主要方面时，处方药味数可少而精[87]。我国现存的汉代及汉代以前的方药，大部分具有“药少而精”的特点。《五十二病方》成书与西汉初年之前，是迄今为止我国发现的较早的医学方书。全书总计 280 方，其中一半以上为单味药方，组成药物最多的方剂也仅 7 味，反映了早期的方剂形式[88]。20 世纪 70 年代出土的《武威汉代医简》（以下简称《汉简》）是我国早期的医药著作，其成书年代可追溯至汉代早期。《汉简》记载了 30 多个方剂，少则两、三味药，多达十五味药[89]。张仲景经方可谓是精方的代表，今天仍在临床广泛应用。

围方“药多而广”，一般十几至 30 几味，多种药物组合，各自发挥其功用，功效全面[86]。证候病机要素构成复杂，需要综合考虑才能扭转病势时，处方药味数可较多[87]。宋代及宋代以后的方书，如《太平惠民和剂局方》等记载了许多药味多而剂量轻的围方，如《太平惠民和剂局方·卷五》之大山蓣丸就由 22 味药组成，又如《宣明论方·卷三》的防风通圣散由 17 味药组成。

对制方大小，《内经》认为“所治为主，适大小为制”。国医大师裘沛然[90]先生指出：“能以最简便的方法治好疾病，是大家所希望的，也是最理想的事。但是，一药一病或一方一病能解决问题的，毕竟不多……对某些顽固性疾病或疑难危重病症，思路可以广一些，用药可以复杂一些……处方应该从病情的简单和复杂来考虑，不应从繁与简来判断。”

2. 药量轻重——重剂与轻剂

从药物剂量而言，处方有重剂和轻剂之分。有以“重剂起沉疴”的学派，如火神派[91]；也有擅用“轻剂释顽疾”的医家，如近代名医蒲辅周先生[92]；又如清代名医叶天士，对脾胃病的治疗提倡勿重剂。然重剂与轻量各有适应证，仅执其一必失偏颇[93]。

对药量的轻重，《内经》云：“治有轻重，适其致所”。国医大师朱良春先生[94]指出：中药用量的决定，要从多方面考虑，它发挥新的作用或起到特定疗效时，必须突破常用剂量；但是，疗效的高低与否决定于药证是否切合，合则奏效，小剂量亦能愈病。

（六）对用量经验的总结

用量的经验，有单味药的用量经验、单个或某类方剂的用量经验，治疗某种疾病的用量经验等。如对单味药的用量经验如柴胡[95]微量则升清（6g 以内），中量则疏达（6～30g），大量则发散（大于 30g）。白术[96]利气消胀用 30～60g，利水消肿用 60～90g，若利血消癥可用 90～120g，甚或 150g。对某种疾病的用量经验，如有研究者探讨了治疗肾脏病的用量策略[97]：中病即止、原量维持，病有轻重、分期定量，禀赋体质，辨而调量，质地煎煮、三焦分治，药毒伤肾、慎而制之，君、臣、佐、使、七情调和、位异量变等。还有研究者[98,99]总结了中药剂量选择的依据，包括药性：药性峻猛用量轻，药性平和用量重；病情：急病、新病用量宜大，慢病、久病用量宜小；体质等。

不难发现，方药用量经验的内容十分丰富，然而，目前这些经验多散在于各家论述中，缺乏全面、系统的整理。

（七）其他

1. 经方剂量考证

经方是群方之祖，是方药剂量研究的重要载体，对其本源剂量的考证，一直是剂量相关研究的热点之一。目前，对经方本源剂量的考证方法众多，然考证结果不一。

以临床经验为参考[100,101]，或通过对神农秤[102]、药秤[103,104]、出土度量衡器[105~107]、出土货币[108]、经方药物实际重量测量[109]、药物煎煮法推算[110]等方法，后世有以仲景1两折合今1～1.6g[102]、3g[100,101]、6.96g[103]、7.8g[104]、13.75g[105,111]、13.92g[108]、15.6g[106,109,110,112]等。

2. 方药临床用量的安全性研究

确保用药安全，是临床的第一要务。由于“大剂量”用药（超《中国药典》剂量）的存在，就有必要探讨超量用药与不良事件的相关性。有研究[113]指出目前超剂量使用中药的原因包括治疗急危重症，因人、因时、因地制宜，中药材质量下降、煎煮质量下降、人为因素等；并提出了中药安全性研究的对策：区别排病反应与不良事件，开展方药剂量安全性的系统研究，建立方药剂量安全性评价方法体系和检测平台等。

二、方药量效关系研究存在的问题

目前，方药剂量相关关系研究主要存在三大问题。

（一）经方剂量传承认识不统一，临床剂量应用差别较大

自《伤寒杂病论》问世后，对其剂量单位折算标准的争论就从未停止。尽管目前学术界认为1两折合13.75～15.6g更接近历史原貌，然而完全以1两折合13～15g在临床应用经方的医生也并不多见。中医在剂量的应用上可谓百花齐放，造就了方药的剂量“灵活多变”的特点。而目前临床对用药剂量大小、处方药味数的多寡，均有巨大差异，难以取得统一的意见。

（二）方药剂量理论散在分布于古今文献之中，尚未形成理论体系

古今医药学家在长期实践中，对方药剂量有不少认识，但这些认识散在于诸家论著之中，还有不少未形诸文字，仍停留在临床医生师徒受授之中。如方药的“用量策略”，即不同疾病，方药用量何时增减、如何增减也是莫衷一是，缺乏系统研究；中医汤剂、煮散、服散、丸剂等不同剂型，方药剂量也不相同，但是如何使用，也没有统一规律。这些论著及经验并未经过系统的整理及提炼，因而临床上缺乏系统的剂量理论的指导。

（三）研究模式尚不成熟，技术方法有待集成

随着科学技术的发展，许多先进的技术手段逐渐引入量效关系的研究中，研究者

从临床研究、文献研究、数据挖掘、药物化学及药理学等各个角度分别对量效关系进行了阐释，然而由于这些研究手段各自有不尽完备之处，研究缺乏的系统性和综合性；此外，化学药研究模式和现有的单纯文献、临床研究模式不能完全满足临床需要。因此，中药量效关系的研究始终缺乏一个国际公认并适合中医药自身特点的研究模式和技术方法体系。

综上所述，在理、法、方、药确定之后，量是决定中医药疗效的关键。在中医辨证论治确定之后，方药剂量与配比对于疗效的实现至关重要。既往对辨证论治的研究，主要集中在理法方药上，对量的研究较少，造成了中医“量效”研究与传承中存在较多的误解、混乱与困惑，在临床上也常有临证数十载，辨证纯熟而疗效平平的情况，尤其对急、危、重症和疑难疾病，常觉力不从心。可见，目前方药量效研究的不足，阻碍了中医疗效的提高。

针对方药剂量研究存在的三大问题，应从临床评价研究，药效物质研究、药效学研究，文献研究及数据挖掘等多方面展开进一步的剂量相关研究，最终建立以临床疗效评价为中心、实验研究和文献研究相结合的多学科方药量效关系研究模式。

第三节　方药临床用量现状调查分析

目前，中医在剂量的应用上可谓百花齐放，造就了方药剂量“灵活多变”的特点。且临床对用药剂量大小、处方药味数的多寡，均有巨大差异，尚难取得统一意见。本节分别对来源不同的现代临床处方的单味药剂量和整方剂量进行横断面调查和分析。

一、对现代临床处方单味药剂量的调查

1. 葛根芩连汤、麻杏甘石汤、大承气汤主要药物的用量横断面调查

抽取了某三甲中医院2年内门诊信息采集系统中所有科室的口服汤剂处方。筛选出含葛根、黄芩、黄连、麻黄、杏仁、石膏、大黄、厚朴、芒硝、枳实等10种药物的方剂。(注：10种药物是国家973计划项目“以量-效关系为主的经典名方相关基础研究”三个示范方剂葛根芩连汤、麻杏甘石汤、大承气汤的主要组成药物)统计10种药物的最大剂量、最小剂量和平均剂量；药物的处方数及超过《中国药典》规定最大剂量处方所占的比例。

共筛选有效处方811 739首。统计结果如下：

(1) 10种药物的最小用量都在1g附近，而最大用量均大于50g，葛根等药物的最大用量大于100g。

(2) 10种药物的剂量阈值(剂量阈值=最大剂量-最小剂量)均大于50g，除石膏外是《中国药典》规定剂量阈值的5倍以上。《中国药典》中，除石膏外9种药物的剂量阈值均小于15g(葛根5g、黄芩7g、黄连3g、麻黄8g、杏仁5g、石膏45g、大黄12g、厚朴7g、芒硝6g、枳实7g)。

(3) 10种药物均有超《中国药典》规定最大用量的处方，其中黄连超《中国药典》用量处方最多，占82%，石膏最少，占0.4%。

(4) 葛根(18.6g)、黄芩(11.76g)、黄连(7.58g)、枳实(13.06g)、厚朴(11.84g)的平均用量均超过《中国药典》规定最大用量(葛根 15g、黄芩 10g、黄连 5g、枳实 10g、厚朴 10g)。

2. 对现代临床处方单味药用量的文献研究

通过对现代临床处方单味药用量相关文献的汇总分析,发现现代处方单味药的用量有三个特点:

(1) 在常规用量之外,大小剂量并存。对小剂量,有“轻可去实”之说[114],有研究中指出“轻剂”(剂量轻微、小于常规的用量)可治疗中、下焦病变、乃至妇科疾病[115]。小剂量在临床获效并不少见,如蔡氏总结小剂量肉桂(3~5g)与其他药物配伍使用,具有四两拨千斤的妙用[116]。对大剂量,“火神派”就是临床应用的代表。“火神派”擅长大剂量使用附子,起始剂量可为 20~30g,最大可用至 100g 以上[117]。临床也有用大剂量制附子(60~120g,先煎、久煎)治疗难治性哮喘[118],重用川芎 30~100g 治疗偏头痛的报道[119]。

(2) 单味药用量有增大趋势、超《中国药典》或教材规定用量的现象较为普遍。邢氏[120]指出 2005 年版《中国药典》与 1963 年版《中国药典》共同收录的 313 种药物中,有 165 种的剂量发生了变化,其中剂量增大的中药饮片有 137 种(83.03%),规定药物的最大、最小剂量均增大的药物占了 44.77%。经文献检索发现,临床超《中国药典》规定用量的现象是普遍存在的。具调查,处方中所有药物的剂量均完全符合《中国药典》规定的处方符合率极低(5/1250)[121],超《中国药典》用量处方所占比例有 89%[122],70%[123];单味药超量处方数占 4.2%~52%[124],0.5%~96.1%[125],0.54%~98.89%[126],0.11%~99.06%[127]等。有毒药物的超《中国药典》用量现象也存在,彭氏[128]调查发现,19 种毒性药物在 53.4% 的处方中用量超过《中国药典》规定。与教科书《中药学》比较,研究者通过调查 38 496 张中医处方,发现全部处方中药物的剂量普遍大于《中药学》的规定[129]。

(3) 提倡“合理用量”。王永炎院士[130]指出:“重剂与轻剂都有优势,也都有局限性,只有临证时在需要应用重剂时能做到‘重剂起沉疴’,在需要应用轻剂时又能做到‘轻量释顽疾’,方能不失偏颇。”

二、对现代临床处方整方剂量的调查分析

1. 对某三甲医院口服汤剂处方整方用量的横断面调查

随机抽取某三甲医院一年内门诊及住院病历口服汤剂处方,共 593 946 诊次。统计所有处方的药味数和整方剂量。

研究结果如下:

(1) 所有处方的平均药味数为 14.64 味。最少 1 味,最多 34 味。

(2) 所有处方的平均整方剂量为 206.18g。存在整方剂量大于 800g 的处方。

2. 对现代名老中医处方整方用量的横断面调查

随机抽取结构化名老中医门诊信息采集系统数据库中的全部名老中医(40 位)处

方,共54 146诊次。统计所有处方的药味数和整方剂量。

研究结果如下:

(1)所有处方平均药味数为(12.13±5.27)味,平均药味数集中(中位数)在13味。

(2)所有处方的整方剂量平均值为(178.17±118.06)g,中位数为174g。

3. 对现代临床处方单味药整方用量的文献研究

程氏[131]对我国不同地区处方的药味数和整方用量进行了调查,并与经方比较,结果显示《伤寒论》、《金匮要略》中的221首经方单方的平均药味数为4.81味,以1两折合13.8g计算,205首经方的整方平均剂量为228.9g;北京地区现代临床处方的平均药味数为14.93味,整方剂量为195.19g;河南地区平均药味数14.06味,整方剂量226.88g;上海地区平均药味数17.87味,整方剂量272.76g。在大样本现代处方用量的调查中,平均整方用量有234.54g(平均药味数15.52味)[132]、223g(15.6味)[125]、198g(17味)[124]、188.3g(15味)[127],还有调查指出,现代处方的平均药味数为19味,其中大部分方剂的整方用量为200~250g[123]。

可见,与经方比较,现代临床处方的药味数明显增多,整方用量与经方差别不大,经计算可知现代处方单味药的平均剂量(整方用量/药味数)小于经方中单味药的平均用量。

三、对国医大师经方验案整方剂量的分析

研究截止2011年底出版的《国医大师临床经验实录》丛书及《跟名师学临床系列丛书》(共25本)[133~157]中收录的国医大师公开发表的经方验案。将上述29本书籍中的所有处方进行筛选,筛选出药物组成和剂量均完整的口服汤剂经方1005首,涉及国医大师17位,《伤寒论》及《金匮要略》经方100余首。采用描述性统计方法,计算所有纳入经方的单剂药味数及整方剂量。

结果显示:

国医大师经方验案,单剂平均(10.83±4.09)味药物,11味药物组成的处方最常见(图2-1),共134方(13.3%)。平均整方剂量为(127.43±70.24)g,最小15g,最大678g。

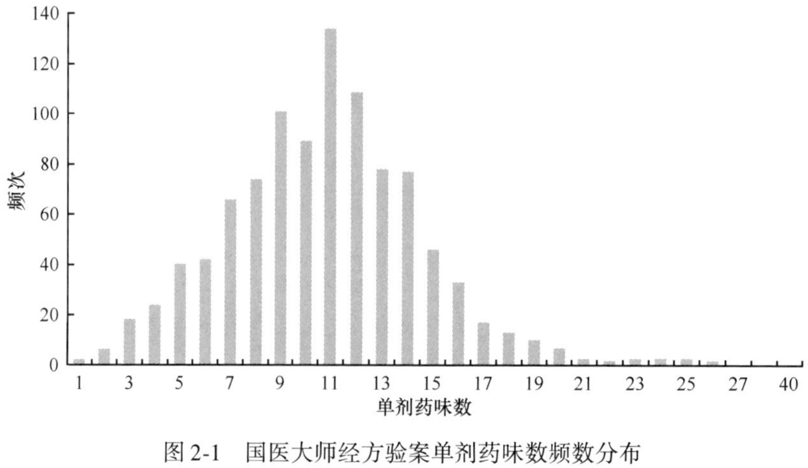

图2-1 国医大师经方验案单剂药味数频数分布

四、对不同数据来源方药用量的比较分析

1. 经方药少而精、药专力宏

由表2-3可见，就药味而言，经方与现代处方比较，药味较少；国医大师应用经方及现代名老中医处方的单剂药味数虽比经方多，但仍明显少于现代临床处方的药味数。就药量而言，现代大部分临床处方的整方平均药量大于国医大师应用经方及现代名老中医处方的药量；国医大师单味药的平均用量最小。经方原方的单剂平均药味数是现代处方（某三甲医院门诊处方）的1/4～1/3，而整方剂量两者差别不大。

比较后不难发现，张仲景经方原方的药物组成最少，但每味药的剂量最大，经方药味精简、配伍精良，适合于病势危急，需要单刀直入扭转疾病的主要方面时应用[158]。

表2-3　经方原文与其他处方的用量比较

	样本量	单剂平均药味数	整方平均剂量	单味药平均剂量
经方原文[18]	221	4.81	228.9(205首口服汤剂,1两=13.8g)	47.59(205首口服汤剂)
国医大师经方验案	1005	10.83	127.43	11.77
现代名老中医处方	54 146	12.13	178.17	14.69
某三甲医院处方	593 946	14.64	206.18	14.08

注：药味数的单位为味，药物剂量的单位是克(g)。

2. 扩大中药剂量阈，提高方药临床疗效

以上研究显示，经方15种常用药物、国医大师经方验案15种常用药物、现代处方中葛根芩连汤、麻杏甘石汤、大承气汤主要药物的剂量阈值均大于《中国药典》规定的剂量阈值。

根据中医“异病同治”理论，同一方剂可用于治疗不同疾病，在治疗不同疾病、或者治疗同一疾病然而患者的年龄、性别不同时，该方剂中药物的剂量就可能不同，因此，方药剂量不是一个固定的值，而是一个范围。有学者提出[36]方药的治疗窗是针对不同治疗目标所采用的最佳剂量范围，同一方药可能会有多个针对不同治疗目标的治疗窗。可见，药物用量范围的宽与窄，与疗效密切相关，过于狭窄的剂量范围难以涵盖该药物治疗不同疾病的全部有效剂量，会限制临床处方最佳剂量的选择，影响疗效。相对《中国药典》规定，经方本源剂量与临床实际用量，均具有更宽的剂量范围。因此，扩大中药的剂量阈值，有利于提高方药临床疗效。

参考文献

[1] 杨世杰，王怀良. 药理学. 北京：人民卫生出版社，2001. 8
[2] 张春茂，夏结来，王素珍，等. 新药临床试验量效关系研究的设计与分析方法评价. 中国新药杂志，2009，18(20)：1930～1934
[3] 刘秀英，胡怡秀. 毒理学默认量效关系模型的重新审视. 国外医学·卫生学分册，2008，35(05)：257～263
[4] 陈智勇，刘波，邓杰. 剂量效应曲线的累积正态分布拟合. 华西药学杂志，2007(01)：62～64
[5] 王心如，周宗灿. 毒理学基础. 北京：人民卫生出版社，2003. 20～21

[6] ICH Topic E4. Dose-response information to support drug registration. 1994-11
[7] 杨进波. 创新性药物临床试验剂量和给药方案的探索和确定. 中国临床药理学与治疗学, 2008,13(8):841 ~ 846
[8] Mcleod HL, Evans WE. Pharmacogenomics: unlocking the human genome for better drug therapy. Ann Rev Pharmacol Toxicol,2001,41:101 ~ 121
[9] 杨宝峰,苏定冯,周宏灏. 药理学. 第7版. 北京:人民卫生出版社,2008. 24
[10] Ivanova A., Bolognese JA., Perevozskaya I. Adaptive dose finding based on t-statistic for dose-response trials. Statist Med, 2008, 27(10):1581 ~ 1592
[11] 王永铭,李端. 临床药理学. 第3版. 上海:复旦大学出版社,2004. 33
[12] 魏树礼,张强. 生物药剂学与药物动力学. 北京:北京大学医学出版社,2004. 129
[13] 杨世杰,杨宝峰,颜光美,等. 药理学. 北京:人民卫生出版社,2010. 7 ~ 9
[14] Derendorf H, Meibohm B. Modeling of pharmacokinetic/pharmacodynamic (PK/PD) relationships: concepts and perspectives. Pharm Res, 1996, 16(2):176 ~ 185
[15]《化学药物急性毒性试验技术指导原则》课题研究组. 化学药物急性毒性试验技术指导原则. 2005-03
[16]《化学药物长期毒性研究技术指导原则》课题研究组. 化学药物长期毒性研究技术指导原则(第二稿). 2004-03-01
[17] 姚欣,姜华,张晓芳,等. 药物危险度评估策略及展望. 中国新药杂志,2011,20(19):1856 ~ 1860
[18] 郑青山,孙瑞元. 新药临床研究的可变剂量设计. 中国临床药理学与治疗学,2005,10(4):479 ~ 480
[19] FDA. Estimating the maximum safe starting dose in initial clinical trials for therapeutics in adult healthy volunteers. http://www.fda.gov/cder/guidauce/inder.htm. 2005-07-06
[20] EMEA. Guideline on requirements for first-in-man clinical trials for potential high-risk medicinal products. 2007-03-22
[21] 金丕焕,邓伟. 临床试验. 上海:复旦大学出版社,2004. 93 ~ 98
[22] 苏炳华,何清波,姚晨. 新药临床试验统计分析新进展. 上海:上海科学技术文献出版社,2000. 30 ~ 39
[23] ICH Topic E 8. General Considerations for Clinical Trials. 1998-03
[24] Chow SC., Chang GM. Adaptive Design Methods in Clinical Trials. United States of America: Chapman & Hall/CRC, 2007:89 ~ 105
[25] Hsu J C, Berger R L. Stepwise confidence intervals without multiplicity adjustment for dose-response and toxicity studies. J Amer Statist Assoc,1999,94(446):468 ~ 482
[26] 唐晓清,王汉兴. 识别药物最小有效剂量的逐步方法. 药物评价研究,2010,33(1):58 ~ 62
[27] Tao J, Shi N Z, Guo J H, et al. Stepwise procedures for the identification of minimum effective dose with unknown variances. Statist Probab Lett,2002,57(2):121 ~ 131
[28] 刘念祖,王汉兴,唐晓清,等. 基于连续重新评估方法寻找药物的最大安全剂量. 药物评价研究,2011,34(6):425 ~ 427
[29] Ette E I, Willianms P J. Pharmacometrics: The Science of Quantitative Pharmacology. New York: Wiley-InterScience, 2007
[30] 孙瑞元. 定量药理学. 北京:人民卫生出版社,1987. 5
[31] 李认书,朱永宏,孙鹤. 定量药理学在美国FDA药品审批决策中的应用. 中草药,2010,41(12):2095 ~ 2098
[32] 仝小林,王跃生,傅延龄,等. 方药量效关系研究思路探讨. 中医杂志,2001,51(11):965 ~ 967
[33] 范吉平,程先宽. 经方剂量折算研究述评. 中华中医药杂志,2011,26(1):7 ~ 11
[34] 范欣生,段金廒,王中越,等. 中药量效关系特征问题的探讨. 中华中医药杂志,2009,24(03):270 ~ 274
[35] 唐于平,段金廒,郭盛,等. 药对量效关系研究的认识与思考. 南京中医药大学学报,2009,25(1):21 ~ 23
[36] 于淼,韩佳瑞,焦拥政,等. 中药及中药复方剂量阈、治疗窗的构建及思考. 中医杂志,2011,52(20):1793 ~ 1794
[37] 傅延龄,蔡坤坐,宋佳. 方药量效关系文献与理论研究思考. 北京中医药大学学报,2010,33(9):601 ~ 605
[38] 姚映芷,尹刚,范欣生. 中药量效关系基本规律探讨. 南京中医药大学学报,2009,25(1):10 ~ 12
[39] 肖小河,鄢丹,金城,等. 突破中药传统用量局限,提高中医药临床疗效. 中国中药杂志,2008,33(3):229 ~ 232
[40] 段金廒,吴勉华,范欣生,等. 中医方药量-效关系科学问题的探讨. 南京中医药大学学报,2010,26(01):1 ~ 6

[41] 李子午,侯美卿,刘进宝. 试谈方药量效关系研究思路. 世界中西医结合杂志,2011,6(9):816~818
[42] 秦华珍,刘磊,王晓倩,等. 中药剂量与量效关系的思考. 四川中医,2011,29(6):48~49
[43] 范吉平,程先宽. 经方剂量折算研究述评. 中华中医药杂志,2011,26(1):7~11
[44] 段金廒,范欣生,宿树兰,等. 中药及方剂量效关系的研究进展与思考. 南京中医药大学学报,2009,25(4):241~245
[45] 邓海山,段金廒,尚尔鑫,等. 代谢组学的研究现状及其在方剂量效关系中的应用. 国际药学研究杂志,2009,36(3):198~203
[46] Tong Xiaolin, Zhao Linhua, Lian Fengmei et al. Clinical Observations on the Dose-effect Relationship of Gegen Qin Lian Decoction on 54 Out-patients with Type 2 Diabetes. Journal of Traditional Chinese Medicine,2011,31(1):56~59
[47] 李燕敏,占永立,连凤梅,等. 不同剂量大黄附子细辛汤治疗慢性肾衰竭疗效对比观察. 中医杂志,2011(24):2106~2108
[48] 宋风林,贾锐馨,李国永,等. 黄芪桂枝五物汤治疗糖尿病周围神经病变临床量-效-毒研究. 辽宁中医药大学学报,2011,13(4):50~51
[49] 李显辉,林书珩,张桂芬. 胰活散临床治疗2型糖尿病的量效关系评价. 天津中医药,2010,27(6):454~455
[50] 李伟. 厚朴三物配方颗粒促进腹腔镜胆囊切除术后肠功能恢复的适应证候和量效关系研究. 南京中医药大学博士论文,2010
[51] 杨文斌,马世民,王艳萍,等. 应用不同剂量黄芪的补阳还五汤治疗慢性脑供血不足临床观察. 中国中医药信息杂志,2011,18(5):7~9
[52] 谢裕华,陈超. 不同黄芪剂量的补阳还五汤对中风后遗症患者外周血 ESR、PCV 及 ηb 水平的影响. 新中医,2007,39(06):23~24
[53] 马冬. 银丹心脑通软胶囊治疗冠心病心绞痛量效时效的临床观察. 临床医药实践杂志,2008,1(17):826~829
[54] 秦莉. 苦参素胶囊抗病毒治疗慢性乙型肝炎的量效关系. 中医研究,2009,(07):25~26
[55] 王辉,陈静,商洪才. 单病例随机对照试验设计在中医药临床研究的探索与实践. 中华中医药杂志,2010,(11):1823~1828
[56] 王中甫,王静雅. 不同剂量丹参注射液抗肝纤维化的疗效比较. 中西医结合研究,2011,3(3):113~117
[57] 张桂芳. 丹参注射液抗肝炎肝纤维化效果的量效研究. 甘肃中医学院学报,2010,(04):19~22
[58] 梁伟华,严英,郭真真,等. 丹参注射液介入再通治疗输卵管阻塞性不孕的量效关系初步研究. 中药新药与临床药理,2010,(04):443~445
[59] 李泽恩. 不同剂量参附注射液治疗急性心肌梗死(ST段上抬型)并发左心衰的临床研究. 新中医,2006,38(06):19~20
[60] 黄向春,徐军辉,赵光辉. 大剂量大承气汤治疗脊柱术后或脊柱外伤所致腹胀、大便困难96例. 中医药临床杂志,2011,23(11):979
[61] 罗辉,刘建平. 中药复方剂量效应关系临床研究的思考. 中国中西医结合杂志,2011,31(6):832~836
[62] 由宝昌,刘建萍,张晓晖,等. 地肤子皂苷抗过敏作用的量效及构效关系. 浙江农业科学,2010,(03):669~671
[63] 马丽,陈宇,桑韩飞,等. 人参皂苷 R_d 对兔脊髓缺血性损伤保护作用的量效关系研究. 中华神经外科疾病研究杂志,2010,(05):422~426
[64] 周绮,张茜,金若敏. 吴茱萸致小鼠肝毒性时效、量效关系研究. 中国实验方剂学杂志,2011,(09):232~235
[65] 范丽丽,郑作文,杨柯,等. 毒性中药附子量效关系的实验研究. 四川中医,2011,(05):53~57
[66] 于淼,焦拥政,仝小林,等. 中药复方实验研究量效关系的进展与思考. 中医杂志,2011,52(17):1517~1520
[67] 华永庆,谢海棠,段金廒,等. 当归芍药散治疗痛经的方药量效关系研究. 中国临床药理学与治疗学,2009,(05):557~563
[68] 冯宝民,周德,段礼新,等. 三子养亲汤平喘量效关系的研究. 大连大学学报,2006,(06):56~58
[69] 黄璐琦,唐仕欢,杨洪军. 论中药用量的特点及研究的关键点. 中医杂志,2009,50(3):203~205
[70] Frawley W. J., S. G. Paitetsky, C. J. Matheus. Knowledge discovery in databases: an overview. Communications of the ACM, 1996,39:1~34
[71] 李晔. 关于《伤寒论》中药物用量规律的分析. 首都医科大学学报,2010,31(3):412~415
[72] 尚尔鑫,范欣生,段金廒,等.《金匮要略》方药用量与功效变化的探讨. 南京中医药大学学报,2009,25

(1):13~16
[73] 李文林,郭立中,吴勉华,等. 层次聚类法对周仲瑛哮喘病案方药量效关系的研究. 南京中医药大学学报,2009,25(1):17~20
[74] 杨学,孔祥亮,岳小强.《伤寒论》甘草量效探微. 中西医结合学报,2009,7(3):268~272
[75] 丁维. 基于数据挖掘技术的中医方药量效关联研究. 成都中医药大学硕士论文,2007
[76] 何丽清,傅延龄.《伤寒论》与《金匮要略》常用药物剂量比较与分析. 中医杂志,2011,52(22):1954~1955
[77] 邓秀雯,傅延龄. 曹颖甫常用药剂量的统计分析. 中华中医药杂志,2011,26(11):2537~2539
[78] 陈仁波,张明明,张志强,等. 基于数据挖掘的黄芪临床用量及相关应用分析. 环球中医药,2011,4(6):438~441
[79] 蒋永光,胡波,陈云慧,等. 东垣脾胃方用药规律的计量分析. 成都中医药大学学报,2007,30(3):61~64
[80] 宋姚屏,李昆,吴孟旭,等. 药对剂量的关联分析初探. 辽宁中医杂志,2006,33(9):1095~1096
[81] 刘娟,蒋永光,刘伟,等. 中药药对剂量配伍的数据分析研究. 山东中医杂志,2006,25(5):340~341
[82] 陈颖,韩佩玉,曹莉. 中医古方剂量的数据规范化自动处理方法初探. 中医杂志,2005,46(12):942~943,947
[83] 袁楠,金晖,田玲,等. 基于聚类和模糊关联规则的中医药对量效分析. 计算机应用研究,2009,26(1):59~61
[84] 尚尔鑫,段金廒,唐于平. 基于计算模拟的中药及方剂量效关系研究方法概述. 中国中医药信息杂志,2010(S1):120~123
[85] 仝小林. 方药量效心悟. 中国中医药报,2009-12-30(004)
[86] 仝小林,刘文科,焦拥政,等. 论精方与围方. 中国中医药报,2011-06-10(004)
[87] 黄开泰. 对中医临床药量决策的思考. 中医杂志,2007,48(1):79~80
[88] 严季澜,顾植山. 中医文献学. 北京:中国中医药出版社,2002.97
[89] 张定华,孙其斌. 从《武威汉简》看仲景学说. 甘肃中医,1996,9(2):6~7
[90] 裘沛然. 甘苦由来试后知——论药味繁多复杂的方剂. 上海中医药杂志,1985(7):3~5
[91] 李楠,万芳. 浅谈中医"火神派". 中国中医基础医学杂志,2011,17(10):1066~1067
[92] 董松泉,李寅. 从蒲辅周用附子及温法的规律谈对火神派的思考. 内蒙古中医药,2008,(6):23~24
[93] 王永炎,张启明,于东林. "重剂起沉疴"与"轻量释顽疾"辨析. 中医杂志,2011,52(19):1645~1646
[94] 朱良春. 中药用量与作用之关系. 中医药通报,2007,6(5):7~11
[95] 王旺,杨学. 柴胡量效规律探讨. 浙江中医药大学学报,2010,34(6):807~809
[96] 朱树宽. 重用白术治疗肝硬化. 新中医,2006,38(8):64~65
[97] 毕礼明,朱东云,马济佩. 中医治疗肾脏病复方中的药物剂量特点研究. 北京中医药大学学报,2011,34(10):711~713
[98] 马垚,李伟. 中药剂量选择及对临床疗效的影响探讨. 中外医疗,2010,(15):141
[99] 陶有青,边玉麟. 中药量效关系理论及临床应用初探. 安徽中医学院学报,2006,25(03):1~2
[100] 成都中医学院. 伤寒论讲义. 上海:上海科学技术出版社,1964.30
[101] 李培生. 伤寒论讲义. 上海:上海科学技术出版社,1985.228
[102] 王伊明. 为古方权量正本清源. 北京中医学院学报,1986,9(2):10~11
[103] 中医研究院. 伤寒论语译. 北京:人民卫生出版社,1974.8
[104] 朱文惠. 张仲景古方称量考. 中医杂志,1996,(12):756
[105] 丘光明,邱隆,杨平. 中国科学技术史·度量衡卷. 北京:科学出版社,2001.217
[106] 柯雪帆,赵章忠,张玉萍,等.《伤寒论》和《金匮要略》中的药物剂量问题. 上海中医药杂志,1983,(12):36~38
[107] 贾文成.《伤寒论》和《金匮要略》用药剂量初考. 辽宁中医杂志,1985,(4):38~39
[108] 吴承洛. 中国度量衡史. 上海:商务印书馆,1957.73
[109] 畅达,郭广义.《伤寒论》药物中非衡器计量的初探. 中成药研究,1985,(8):44~45
[110] 李玉胜,李丰年,尚晓东,等. 经方剂量及煎服方法研讨. 中国民间疗法,2000,8(9):4~5
[111] 程先宽,韩振蕴,陈志刚,等.《伤寒杂病论》剂量折算研究思路探讨. 北京中医药大学学报,2006,29(1):11~13
[112] 仝小林,穆兰澄,姬航宇,等.《伤寒论》药物剂量考. 中医杂志,2009,50(4):368~372
[113] 韦姗姗,焦拥政,王丽霞,等. 超量使用中药安全性的研究对策与思考. 中医杂志,2011(19):1623~1626
[114] 季蓓,董福轮,魏铁力. 轻可去实刍议. 中医杂志,2009,50(11):1050~1051
[115] 张玉波,关淑芳,魏婷婷. 试论轻可去实与临床应用. 中华中医药杂志,2006,21(7):415~416

[116] 蔡志敏,李岩,郭健. 浅析小剂量肉桂在方剂中的作用. 天津中医药,2011,28(6):484～485
[117] 张存悌. 火神派的经方法度. 辽宁中医杂志,2011,38(2):350～351
[118] 史锁芳. 运用大剂量附子治疗难治性哮喘体会. 世界中医药,2011,6(6):500～502
[119] 杨德义. 大剂量川芎为主辨证治疗偏头痛 137 例. 上海中医药杂志,2011,25(12):38～39
[120] 邢晓娟. 中药处方超剂量应用利与弊分析. 现代医药卫生,2011,27(14):2175
[121] 程京艳,张贵君. 中医临床处方用药剂量的安全性调查. 辽宁中医杂志,2011,38(2):326～327
[122] 宋小军. 部分中草药用量与中国药典差异的探讨. 中成药,2002,24(9):707～709
[123] 路绪文,刘晋华,尤卿,等. 16888 个中药汤剂处方分析与讨论. 药学实践杂志,1996,14(1):54～55
[124] 陈晓红. 2003 年我院中医处方用药量调查. 中医药临床杂志,2004,16(4):356～357
[125] 张小平. 4500 张中医处方用药量分析. 黑龙江中医药,2004,(3):47～48
[126] 邱风邹,张斯汉,陆燕萍. 超《中国药典》中药处方剂量分析. 中外医疗,2010,(23):9～11
[127] 陆燕萍,苏焕鹏,邱风邹. 我院 4905 张中药处方调查分析. 中外医疗,2008,(20):102～103
[128] 彭佳军,魏秀玲. 分析我院中药处方中有毒药物剂量应用. 中国药物滥用防治杂志,2011,17(5):300～301
[129] 张志胜,罗新强,吕贵林,等. 38496 张中医处方的统计分析. 贵阳医学院学报,2000,25(2):193～194
[130] 王永炎,张启明,于东林. “重剂起沉疴”与“轻量释顽疾”辨析. 中医杂志,2011,52(19):1645～1646
[131] 程先宽,范吉平,余海滨,等. 不同地区医院处方与经方药味、用量比较. 世界科学技术-中医药现代化,2006,8(2):44～47
[132] 程先宽,韩振蕴,范吉平,等.《伤寒杂病论》汤剂与 3509 首现代汤剂药物、用量比较. 北京中医药大学学报,2006,29(7):445～447
[133] 贺普仁,谢新才,王桂玲. 国医大师临床经验实录・国医大师贺普仁. 北京:中国医药科技出版社,2011
[134] 唐由之,邱礼新,巢国俊,等. 国医大师临床经验实录・国医大师唐由之. 北京:中国医药科技出版社,2011
[135] 颜乾麟. 国医大师临床经验实录・国医大师颜德馨. 北京:中国医药科技出版社,2011
[136] 朱良春,吴少祯. 国医大师临床经验实录・国医大师朱良春. 北京:中国医药科技出版社,2011
[137] 周仲瑛. 国医大师临床经验实录・国医大师周仲瑛. 北京:中国医药科技出版社,2011
[138] 邓铁涛,刘小斌,郑洪. 国医大师临床经验实录・国医大师邓铁涛. 北京:中国医药科技出版社,2011
[139] 李振华,李郑生,郭淑云,等. 国医大师临床经验实录・国医大师李振华. 北京:中国医药科技出版社,2011
[140] 任继学,南征. 国医大师临床经验实录・国医大师任继学. 北京:中国医药科技出版社,2011
[141] 颜正华,吴嘉瑞,张冰,等. 国医大师临床经验实录・国医大师颜正华. 北京:中国医药科技出版社,2011
[142] 张灿岬,吴少祯. 国医大师临床经验实录・国医大师张灿岬. 北京:中国医药科技出版社,2011
[143] 杨金生. 国医大师临床经验实录・国医大师程莘农. 北京:中国医药科技出版社,2011
[144] 李艳,李济仁. 国医大师临床经验实录・国医大师李济仁. 北京:中国医药科技出版社,2011
[145] 陆广莘. 国医大师临床经验实录・国医大师陆广莘. 北京:中国医药科技出版社,2011
[146] 张佩青. 国医大师临床经验实录・国医大师张琪. 北京:中国医药科技出版社,2011
[147] 班胜,黎敏,李莉. 国医大师临床经验实录・国医大师班秀文. 北京:中国医药科技出版社,2011
[148] 王松坡,吴少祯. 国医大师临床经验实录・国医大师张镜文. 北京:中国医药科技出版社,2011
[149] 杨俐,李翔. 国医大师临床经验实录・国医大师郭子光. 北京:中国医药科技出版社,2011
[150] 邓铁涛. 跟名师学临床系列丛书・邓铁涛. 北京:中国医药科技出版社,2010
[151] 何任. 跟名师学临床系列丛书・何任. 北京:中国医药科技出版社,2010
[152] 焦树德. 跟名师学临床系列丛书・焦树德. 北京:中国医药科技出版社,2010
[153] 周仲瑛. 跟名师学临床系列丛书・周仲瑛. 北京:中国医药科技出版社,2010
[154] 颜德馨. 跟名师学临床系列丛书・颜德馨. 北京:中国医药科技出版社,2010
[155] 张琪. 跟名师学临床系列丛书・张琪. 北京:中国医药科技出版社,2010.
[156] 班秀文. 跟名师学临床系列丛书・班秀文. 北京:中国医药科技出版社,2010
[157] 祝谌予. 跟名师学临床系列丛书・祝谌予. 北京:中国医药科技出版社,2010
[158] 仝小林,刘文科,焦拥政,等. 论精方与围方. 中国中医药报,2011-06-10(004)

第三章　方药量效学研究的关键问题和策略

方药量效关系研究与中医药临床疗效密切相关，与西医相比，方药量效关系有自身的特点，如何进行中医方药量效关系的研究？是否能照搬西药量效关系的研究模式？本文将对中医方药量效关系研究的关键问题、难点和研究策略等进行初步探讨。

第一节　方药量效学研究的关键问题

一、方药量效关系与临床疗效

疗效是中医生存的命脉，提高临床疗效必然是方药量效关系研究的根本目的之一，也是研究的关键问题。因此，国家重点基础研究发展计划(973 计划)立项资助了中医行业第一个以临床为主的研究课题——“以量-效关系为主的经典名方相关基础研究”。研究首先通过临床疗效评价验证几个示范方药的临床疗效，证实量效关系的存在，得出粗略的量效理论，并通过药理、药学、汤药煎剂超分子结构等研究进一步探讨其科学内涵，从而形成“以药为本体”的剂量规律。同时选取古今文献，对现代临床医师进行访谈，通过相应的横断面调查、数据挖掘等手段和方法，提炼出“以人为本体”的方药用量策略，从而初步构建系统的方药剂量理论。本研究的临床部分，拟验证和初步探索汤剂、颗粒剂、中药注射液等不同剂型复方治疗内科、外科、儿科等不同疾病的量效关系。

(一) 从单病例谈方药量效关系

治疗不同疾病，对其疗效不能简单地用有效和无效来判定，还应考虑起效的快与慢，疗效的强与弱，疗效持续时间的长和短等。经过长期临床实践，我们认为方药量效关系确实存在，从以下仝小林教授的 3 则病案就能体会到剂量对疗效的影响。

> 患者王某是一个 17 岁的女孩，父母花费重金送她到北京学画，一日花费逾千元。夏季炎热，王某夜间入睡后未关闭空调，次日晨起周身疼痛不适、头痛、头晕、无汗出、咽痛、无发热，诊断为感冒。王某父母希望女儿尽快复课，要求医生药到病除。根据患者病情，仝小林教授用经方麻黄汤加减治疗：
>
> 生麻黄 24g　杏仁 24g　桂枝 60g　白芍 60g　炙甘草 30g　金银花 60g　芦根 120g　藿香 24g(后下)
>
> 每日 1 剂，水煎，分 4 次服。患者服药 1 剂后，周身微微汗出，诸症消失，感冒霍然而愈；次日上方诸药剂量减一半，分 4 次再服，巩固疗效。

普通感冒为自限性疾病，一般七日左右自愈，而患者家属提出快速治愈的要求，因此医生加大了发汗解表药物的剂量。该处方所有药物的剂量均超过2010年版《中国药典》规定的药物最大用量。君药生麻黄，功在发汗散寒，其剂量24g是《中国药典》规定最大用量9g的2.7倍。若按中医院校教科书经方1两折合3g，《伤寒论》麻黄汤原方麻黄3两、桂枝2两，麻、桂分别只能用9g和6g，很难在短时间内起到发汗散寒之效。同时，本处方的服药方法并非早晚各服1次，而是分4次服，观察患者汗出的情况，病情缓解后中病即减、中病即止，避免大剂量麻黄发汗太过、损伤正气。本病案体现了大剂量与"兵贵神速"的量效关系，中病即减、中病即止及分温频服的用量策略也提高了大剂量用药的安全性。

全小林教授早年治疗流行性出血热的病例

患者吴某，32岁，男性，入院时已出现眼眶痛、腹痛、腰痛、少尿、精神委靡，醉酒貌，球结膜充血、水肿Ⅲ°、两腋下皮肤及软腭黏膜可见出血点、肾区叩痛阳性等症状和体征，诊断为流行性出血热(重度)。入院后，西医常规治疗效果不佳，第4日病情急剧恶化，体温升至40℃，狂躁欲起，目直骂詈、不识亲疏，多人按压不住。后心率升至150次/分钟，全身皮肤发绀，尿闭，病情危重。中药处方予清热凉血、重镇安神的方1和清热化痰的方2，联合峻下逐水之十枣汤和中成药鲜竹沥水、紫雪散以涤痰开窍。方1重用大生地200g、生石膏粉300g(先煎)、生龙牡各100g(先煎)，中午服方1一剂、下午服方2两剂，配合十枣汤2剂，全天服紫雪散9支、鲜竹沥生姜汁大半碗，次日患者病情好转，体温降至38.3℃，心率114次/分，喘憋明显减轻，面部发绀转红，神清语明，24h尿量增至3100ml。病势松动、乘胜追击，调整处方大生地用量增至400g、生石膏粉用量调为200g、加用北沙参100g。又服加减后的方1两剂、方2一剂，累计一日内服用生地800g、石膏400g。至23点，患者心率降至86次/分，呼吸平稳，安静入睡。入院第7d，热毒之势已退，原方减量继进，病愈。

《中国药典》规定生地、石膏的最大用量分别是15g和60g，然而对于重度流行性出血热这样的急危重症，15g生地和60g石膏极难撼动病势，故以重剂顿挫，胆大心细，嘱患者频频服药，密切观察病情，中病即减，提高用药安全。

患者贺某，男性，58岁，患糖尿病8年，1年前出现双下肢麻木疼痛、逐渐加重，诊断为糖尿病周围神经病变，西医治疗效果不理想。患者双下肢疼痛剧烈如刀割，伴麻木发凉，夏月仍需穿两条厚长裤，行走困难，每日仅能步行200m左右，严重影响睡眠，几度欲自杀。肌电图检查发现双侧运动神经传导速度减慢，提示双下肢神经性损害。处方予乌头汤合黄芪桂枝五物汤加减，其中制川草乌用量各30g(先煎8h)，服药2个月，下肢疼痛麻木减轻30%左右。效不更方，然病情缓解不明显故调整剂量，制川草乌用量增至各60g(先煎8h)、黄芪90g。患者连续服上方6个月，双下肢疼痛、麻木、发凉症状基本消失，每日可步行3000m。病情好转，将制川草乌减为各30g，继服2个月，下肢疼痛、麻木症状消失，肌电图明显改善。服药期间患者未出现心悸、胸闷、胸痛等心脏不适症状，肝肾功能检查未见异常。

制川草乌是有毒中药，辛、甘、大热，有较强的补火助阳、散寒逐湿之效，《中国药典》规定的最大剂量是15g。糖尿病并发周围神经病变是一种慢性疑难病，目前西医尚缺乏有效的治疗手段，本病例重用制川草乌最大120g/d，体现了以重剂起沉疴的用量策略。初始制川草乌日用量60g，后加至120g，病情好转后减为60g，亦符合中医随证施量的用量规律。

（二）从临床研究谈方药量效关系

在葛根芩连汤不同剂量组治疗54例2型糖尿病（湿热内蕴证）的临床观察中，我们发现3个月后不同剂量组控制血糖的整体疗效不同，高中低剂量组降糖的有效率分别为80%、47%和33%。高中低剂量组平均降低糖化血红蛋白1.79%、0.66%和0.12%，高剂量组与其他两个组比较有显著性差异（$P<0.01$）。三组患者服药前后肝、肾功能均无明显变化，高剂量组1例患者服药后胃痛，改为餐后服药胃痛消失，中剂量组1例患者出现便秘。本研究初步证实了葛根芩连汤治疗2型糖尿病（湿热内蕴证）存在量效关系，高剂量组的疗效优于其他剂量组，无明显不良反应。

二、方药量效关系研究中的继承与创新

中医历经几千年的发展，对量有了一定认识，前辈和同行在经方剂量考证、随证施量策略、方药量效关系的方法学研究等方面取得了初步成果，充分继承现有成果是本研究的基础。但是，经方本源剂量的考证多停留在文献上，缺乏临床实际应用；方药剂量理论散在分布于古今文献中，尚未形成体系；方药量效关系的药学研究多采用化学药研究模式，其结论难以指导中医临床；总而言之，方药量效关系研究尚缺乏成熟的模式，继承已经不能完全满足当代方药量效关系研究的需求，因此，如何在继承中创新已成为本研究的关键问题。我们认为方药量效关系的研究首先应从思路上创新，以临床为核心，从临床出发，选择药少而精、效专力宏的经方为研究对象；其次，方法和技术手段的创新，多学科、多层次、多技术的结合将有助于方药量效关系研究的进一步深入。

第二节　方药量效学研究的难点

经方大家曹颖甫先生在《经方实践录》中谈到剂量："麻黄一钱、桂枝一钱、炙草八分、杏仁三钱。佐景按：此吾师早年之方也，观其药量之轻，可以证矣。师近日所疏麻桂之量，常在三五钱之间。因是一剂即可愈疾。师常诏余侪曰：予之用大量，实由渐逐而加来，非敢以人命为儿戏也。夫轻剂愈疾也缓，重量愈疾也速。医者以愈病为职者也，然则与之用重量，又岂得已也哉？……恽先生苦读《伤寒论》有年，及用轻剂麻黄汤，尚且绕室踌躇，足见医学之难。"由于中医方药复杂性的特点，量效关系研究仍将面对许多难题。以下将从临床角度初步探讨最为困扰方药量效关系研究的五个难点。

一、药物剂量阈

剂量阈指中药的剂量范围。为什么剂量阈是方药量效关系研究的难点？目前《中国药典》对大部分药物的剂量范围规定过于严格，多数药物的剂量阈均在10g以内，《中国药典》是法典，其剂量规定具有法律效应，然而，临床我们发现常用量并不一定是最大有效量，《中国药典》规定量大多是安全量，却不一定是最佳有效量。药物的起效量是多少、最佳有效量是多少、出现毒副作用的剂量是多少？都是剂量阈研究的问题。

由于药物的功效、药性、毒性、疾病性质、病程长短、患者体质等差异，药物的剂量阈会有一个较宽的范围。就药性、毒性而言，中国第一部本草著作《神农本草经》（以下简称《本经》）将药物分为上中下三品，其中上品“无毒，多服、久服不伤身”，中品无毒或有小毒，下品才是有明显毒性的药物。我们对《伤寒论》使用的85种中药按三品分类法进行统计，其中上品27种，占38.03%，中品23种，占32.39%，下品只有14种，占29.58%。以《本经》药物三品分类法为理论依据，上品药的剂量阈应该较宽。按照2002年《卫生部公布药食同源物品可用于保健食品物品名单》进行统计，《伤寒论》中属于药食同源的药物占32%，属于保健品的药物占21%，这些药物也应该有较宽的剂量阈。

我们通过1321例门诊有效病例初步探索了黄连治疗2型糖尿病的剂量阈。黄连治疗2型糖尿病最常用剂量为30g、15g和45g。黄连用量与患者空腹血糖（FBG）有相关性，FPG<7mmol/L常用黄连15g，7mmol/L≤FPG<10mmol/L黄连多用30g，若FPG≥10mmol/L黄连多用30～60g。黄连苦寒，长期大剂量服用是否伤胃？在研究中我们发现黄连降糖常与干姜（生姜）配伍，干姜辛温可制约黄连苦寒之性，黄连剂量在15～30g时干姜用量为6～9g。《中国药典》规定黄连的剂量阈是2～5g，然而急性毒性实验证明尽管单味黄连有毒，其无毒剂量相当于人日用量45g的24倍左右，同时复方葛根芩连汤（含黄连45g）未发现毒性，提示黄连存在较宽的剂量阈。《本经》认为黄连是上品药，在治疗糖尿病时，黄连的用量也远远大于《中国药典》规定的用量上限5g。

通过统计门诊5600张使用经方的处方，常用药物的剂量阈均较宽，如黄连3～120g（《中国药典》2～5g）、黄芩9～60g（《中国药典》3～9g）、知母9～60g（《中国药典》6～12g）、水蛭1.5～30g（《中国药典》1.5～3g）、制川乌3～60g（《中国药典》1.5～3g）、桂枝6～45g（《中国药典》3～9g）、酸枣仁15～180g（《中国药典》9～15g），可见《中国药典》规定的剂量阈确实有一定局限性，只应作为临床参考而非法规。

二、大剂量的临床应用

小剂量或常规剂量安全性高，临床应用广泛，积累了丰富的经验；然大剂量由于超出《中国药典》范围，临床应用需承担较大风险，故其使用不如常规剂量广，大部分医生缺乏大剂量用药的临床经验，更不敢轻易尝试。因此，在量效关系研究中，大剂量用药成为研究者关注的焦点，更是研究的难点。

为证明大剂量黄连的降糖疗效，我们进行了一种大剂量黄连（30g）降糖复方的临床研究，研究对象是250例初治肥胖2型糖尿病（胃肠实热证）患者，用2型糖尿病的一线降糖药二甲双胍为对照，观察清热降浊方的疗效。治疗12周后，该方降低糖化血红蛋白（HbA1c）1.67%，疗效与二甲双胍相当；降低总胆固醇（CHO）0.45mmol/L，三酰甘油（TG）0.78mmol/L，疗效优于二甲双胍；清热降浊方不良事件发生率为2.44%，而二甲双胍是8.26%，可见大剂量黄连的降糖复方有较好的安全性。

我们统计了某三甲医院门诊千余张处方超《中国药典》用量的情况，其中川乌超过3g（《中国药典》最大用量）的处方占99.1%，黄芩超过9g的占98.8%，黄连超过5g的占97.9%，葛根超过15g的占84.6%。笔者也总结了大剂量用药的临床经验，如黄芪治痿，

4 两(60g)起步;黄连消糖,卅克(30g)基本;枣仁安眠,最大百八(180g);乌头止痛,8 两(120g)口麻欲吐,效毒两刃等。

我们提倡经方大剂量,是针对特定的病情——急危重症,特定的阶段——急性发作,使用大剂量来扼制病势、控制病情、迅速起效,中病即减、中病即止,随后改用丸散调理,正所谓合理用药在病情,大小剂量两相宜。

在笔者编写的《重剂起沉疴》代序中,王永炎院士指出:“临证重理法以指导组方遣药,既要重视‘邪侵正’,也要关注‘正胜邪’,依据病证救治的需求而设置重剂与轻剂的运用。”“‘沉疴’当用重剂,针对危笃重症需防顷刻间病势突变,对急重症,关键是要迅速扭转病势,一两剂间化险为夷,以冀生还的希望。”“谈及重剂起沉疴,并非忽视轻剂的作用。当正邪双方势力严重失衡,病邪偏盛时,自然需用重剂;而双方势均力敌时,轻剂则可收四两拨千斤之效。”吴咸中院士认为:“根据病重药重,病轻药轻的原则,经方大剂量用药不宜普遍用于多种疾病,应用于危急重症的特定阶段,目的在于扼制病势,控制病情,迅速起效;还应中病即减,应止即止。随后转为常用量治疗,大小剂量相宜。”国医大师朱良春先生提出:“中药用量的决定,是要从多方面来考虑,要它发挥新的作用或起到特定的疗效时,就必须突破常用剂量,打破顾虑,才能达到目的。当然也不能因为增大剂量,可以加强药效,就忽视小剂量的作用,形成滥用大剂量的偏向,如大处方,药味多而乱,既浪费药材,增加病人的负担,更对机体有损,这是必须防止的一个倾向。并且具体应用大剂量时还必须随症施量,不能简单草率,以免偾事。”几位前辈均肯定了大剂量存在的合理性和治疗沉疴痼疾之优势,同时也明确了不能草率使用大剂量,还应做到随证施量。

大剂量充分考验了医生识量和用量的水平,什么时候用大剂量?怎样提高大剂量用药的安全?都需要进行深入探索。同样在《重剂起沉疴》代序中,王永炎院士提出:“治疗疑难重症,本是中医之特色优势,而当今中医有逐渐失去阵地的忧虑。究其缘由,中医疗效难以提高是导致其在疑难重症面前缺乏自信的关键原因。”我们经长期临床实践认为突破方药常规剂量可能是提高中医药治疗疑难重症的有效途径之一。

三、方药用量策略

对临床医生而言,仅掌握量效理论的知识是无法满足临床需要的,方药量效关系的研究成果最终都将转化并总结为用量的策略指导临床,告诉医生如何用量才最安全、最有效。

通过既往的研究,我们初步概括了以下用量策略:根据病情合理用药是处方的基本原则,该大则大、该小则小,随病施量、随症施量,大小剂量,各得所宜;大量小量、柔道霸道,各领风骚,霸药斩关夺门取捷效,小剂轻舟飞渡有妙用。临床上药物剂量的大小要因人因时因地制宜,如病情重者宜大,轻浅者宜小,药质轻者宜小,质重者宜大,急病大其治,慢病小其治,慢病发作期大其治,缓解期小其治,下焦大其治,上焦病小其治,病实体壮者大其治,病弱体虚者小其治,等;大其治者,以汤荡之,小其治者,以丸散膏丹调之,此大剂小剂之概略也。

用量策略之所以是研究的难点,在于医生用量的思维过程是一种“悟性”,难以提炼更难以统一，进一步探索用量策略的研究方法将是方药量效关系研究的重点。

四、方药量效关系研究中的复方疗效评价

疗效评价是临床研究的重要组成部分，量效关系研究的成果能否最终转化到临床，必须通过过疗效评价这一关。但是，与成分明确的化学药物相比，复方量效关系更加复杂，复方的量不是一味药的剂量，而是君、臣、佐、使多味药的量，也是君、臣、佐、使的相对量（用药比例）；复方的量并非一成不变，而是根据病情变化而变化；复方的效不能简单概括为有效和无效，更应包括效的强与弱、起效的快与慢、效果持续的短与长等。面对方药复杂变化的量和多方面的效，如何评价量效关系临床研究的疗效？能不能全盘采纳西医疗效评价的方法？尚待深入探讨。

五、经方本原剂量考证

经方是东汉名医张仲景《伤寒杂病论》之方，被后世誉为“群方之组”，然其本源剂量却迷失在历史长河中，成为一宗悬案，现有将经方 1 两折合 1g、3g、9g、13.75g、15.625g 等，令人莫衷一是。

经方是我们进行量效关系研究的切入点，经方本原剂量考证可谓本研究的基石。目前经方本源剂量研究仍处于“惑、缺、乱”的状态：剂量传承存在误区、理论体系未成体系、临床应用剂量混乱。由于汉代距今已 1700 余年，度量衡发生了巨大变化，缺乏证据级别高的出土文物和文献记载，经方本原剂量尚难定论。望今后能集文献、考古、计量等领域学者之合力，取得剂量考证的突破。

第三节　方药量效学的研究思路和策略

一、方药量效学的研究思路

1. 建立以临床疗效评价为中心、与实验研究和文献研究相结合的多学科为基础的方药量效关系研究模式

中医治病讲求的是通过理、法、方、药、量、护等环节落实到临床，如果量效关系研究脱离临床，缺乏证、症、病的对应性，则中药量效关系研究就成为了空话。临床研究直接反映了在实际应用中方剂的量效关系，是评价中药用量制订合理性的最佳和最终方法，然而临床疗效评价由于周期长、费用高、伦理学等问题，很难设立更多的剂量组，全面系统地展现方药量效关系，故应建立以临床疗效评价为中心，结合药理、药效学研究作为依据，探索最佳剂量范围，阐释“量”和“效”的科学内涵，以文献研究为基础，总结分析历代中医临床用药经验，凝炼、完善中医方药剂量理论，以指导临床和实验研究。

以临床研究作为桥梁，结合现在的化学药理研究和文献研究，引入现代数学技术方法、计算机技术及数据挖掘技术，以期全面系统地展现方剂量效关联，建立能够有效沟通

“量”与“效”的研究方法将是方药量效关系研究的趋势和必然。

2. 方药剂量理论的系统研究与总结是方药量效关系研究的必然趋势

方药剂量是辨证遣方后的重要步骤,是疗效实现的重要影响因素。由于目前中医方药剂量理论缺乏系统、内涵模糊,其对临床实践的指导非常局限,也制约了方药的开发及其产业化。因此,科学地阐释方药量效关系及其影响因素,系统地研究、总结和提炼方药剂量理论对于提高中医方药的临床疗效,指导临床合理选择剂量,安全有效地用药具有重要的意义。

方药剂量理论体系应包含两方面内容,“以药为本体”的剂量理论,反映的是药物与机体作用的客观结果。即阐释方药剂量与病证效应变化关系及其影响因素的作用规律,当证、方确定后,其方药的“量”是决定“效”的关键因素,并有其最佳的剂量范围,可表述为“剂量阈”。“以医为本体”的剂量理论,反映的是医生的主观能动作用。即以医生追求最佳疗效为目的,视病情而调整用量的规律及策略,可概括为“随证施量”。

综合集成现有科学技术手段和成果,以有效经方为载体,验证“随证施量”规律的有效性及安全性,为实验研究和理论研究提供支撑;从科学内涵层面,以临床疗效评价为中心,采用现代科学技术,临床与实验相结合,对中医方药量-效理论,进行系统深入地研究,阐释中药方剂“治疗窗”、“剂量阈”的科学内涵,形成“以药为本体”的方药剂量理论。在理论研究层面,用数据抽提及挖掘等方法,对古人及现代医者的方药剂量经验进行系统梳理,总结方药“随证施量”规律,形成“以医为本体”的方药剂量理论;在综合集成实验研究和理论研究成果的基础上,构建方药剂量理论体系,为临床合理选择剂量、安全有效地用药提供科学支撑和理论依据。这不但能促进方剂理论的进一步完善,而且对于整个中医药基础理论的全面发展,对于中医药现代化、带动中药相关产业的发展、促使中医药走向国际市场,都具有积极的推动作用。

二、方药量效学的研究策略

在方药量效关系的研究过程中,应坚持以下几个研究策略。

(1) 临床策略:以临床研究为核心,以提高临床疗效为主要目标。

(2) 经方策略:以药少而精、效专力宏的经方为切入点,作为量效关系研究的示范方剂。

(3) 多学科合作策略:努力集合医学、药学、系统生物学、循证医学、统计学、数学、物理学、化学、历史等多学科人才力量,集思广益。

(4) 转化医学模式的应用:引入转化医学模式,提高方药量效关系研究的应用价值。

(5) 在量效关系研究中遵循安全性与有效性的统一,探索安全范围内的最佳有效剂量。

各　论

第四章　“以医为本体”的方药用量策略

清代医家王清任指出:“药味要紧,分量更要紧”[1]。从古至今,剂量问题争议颇多,既有李东垣等以用药轻灵见长者,又有祝味菊等擅用重剂者。重剂有其功,轻剂有其妙,大小剂量两相宜。方药剂量的变化在临床上是十分复杂的,中医临证遣方用药有着明显的“剂量梯度”——对同一首方剂临床用量的把握,不同的医生可能存在较大差异;甚至同一位医生在不同情况下应用同一个方剂的剂量也会有所不同。可见,临床存在着以经验为主导的“随证施量策略”,即“以人为本体”的用量策略。用量策略是方药剂量理论的重要组成部分,也是考量医生临床水平的重要标准。当辨证、选方、用药确定后,合理用量是疗效的关键所在。量效关系研究的成果最终都将转化为可用于指导临床的用量策略,即形成最安全、最有效的临床用量方案。因此,方药用量策略将成为方药量效关系研究的重点。

百度百科对“策略”一词进行了以下定义:策略是为了实现某一目标,预先根据可能出现的问题,制订出若干对应的方案,并且,在实现该目标的过程中,根据形势发展和变化,制订出新的方案;或根据形势的发展和变化,选择相应的方案,最终实现初始目标。根据“策略”的定义,我们认为“以人为本体的用量策略”,也可以称为“随证施量策略”,是医生对患者、疾病及病情的精确判断后,给出的用量对策,即在确定方药组成后,决定或调整处方中每味药物的剂量及药物之间所用剂量的比例,以期在安全的前提下取得最快、最好的疗效。

第一节　论方药用量策略

在辨证准确、药材质量具有保障的前提下,病、证、方、药是影响用量最主要的因素。“因病施量、因证施量、因方施量、因药施量”是临证最基本的用量策略。详述如下。

一、因病施量

病,指疾病的种类及病势。因病施量具体包含“随病施量”和“因势施量”两方面内容。

(一) 随病施量

疾病是决定用量的重要因素之一,不同疾病药物的用量可能不同,如发热时柴胡用大量以退热,气虚下陷时,柴胡小剂量配伍他药可有升提之效。黄连调治脾胃病,一般用1.5~9g足矣,其目的不在苦寒清热,而是与他药配伍以收辛开苦降之功,盖脾胃乃中焦枢纽，气机通畅为治疗根本之一。如苏叶黄连汤，治疗湿热呕恶，黄连仅用1g左右；而黄连治疗糖尿病，一般用15～45g，血糖过高时甚至可用至90g或120g，专取其清火泄热解毒之功。另外，用制川乌、制草乌治疗痹症疼痛时剂量宜大，方能显止痛之功。

（二）因势施量

根据病势的轻重缓急决定药物用量。一般病势急重，用量宜大；病势缓，病情轻，用量宜小。吴鞠通言“治外感如将，治内伤如相”，因外感病，其来疾，其变速，病势较急，故治外感“兵贵神速，机圆法活，去邪务尽，善后务细，盖早平一日，则人少受一日之害”。内伤病，其来渐、其势缓，故治内伤“坐镇从容，神机默运，无德可见，而人登寿域”。不仅提示了外感病与内伤病的不同治疗原则，也提示了不同病势决定不同治则，因而用药策略不同。危笃重症，需防顷刻间病势突变，故而对急重症，关键是要迅速扭转病势，一两剂间化险为夷，以冀生还的希望，用量往往要大，方能力挽狂澜。如少阴病三急下，用大黄四两、厚朴半斤、芒硝三合急下以存阴，防止阴津枯竭；通脉四逆汤证，阳微欲亡，故以附子大者1枚、干姜3两急以回阳通脉救逆。而病势和缓者，病情相对稳定，甚至较长一段时间内不会发生变化，故用量亦可平缓，求缓慢之中而渐收其功。如肝硬化，在较长一段时间内病情平稳，治疗取效亦非朝夕之事，需抽丝剥茧，故宜以和缓剂量长期调理。

孙思邈在《千金要方》中说：“病轻用药须少，疴重用药即多。”[2]通常对于比较轻微的病症，药物用量宜小；对于严重的病症，药物用量宜大。例如，《伤寒论》对于太阳表郁轻证，用桂枝麻黄各半汤、桂枝二越婢一汤、桂枝二麻黄一汤，就是因为病症比较轻微，所以使用很小的药量。张仲景对柴胡桂枝汤症的治疗也是如此。“伤寒六、七日，发热微恶寒，支节烦痛，微呕，心下支结，外证未去者，柴胡桂枝汤主之。”凡此种种，都是张仲景给我们垂示良好范例。

综上所述，“因病施量”的策略可概括为需要长期调理的慢性病、上焦病、轻浅的疾病，正邪相当，或病邪轻浅，小剂量用药即可收四两拨千斤之效，治疗这类疾病剂量宜小；而危重症、沉疴痼疾、病邪深重的疾病，一般邪实盛或正气虚极，故剂量宜大，正所谓以重剂起沉疴，小量则杯水车薪，恐于事无补。

二、因证施量

证，包括症状、体征、指标、体质、年龄、性别等。因证施量又包含“随症施量”和“因人施量”两部分内容。

（一）随症施量

根据症状的轻重或变化决定用量。一般，同一疾病，症状轻者，用量宜轻，症状重者，用量宜重。《伤寒论》中大青龙汤证、小青龙汤证均有表寒症状，然大青龙汤证“脉浮紧”、“身疼痛”、“不汗出”等表寒症状较小青龙汤证更重，故大青龙汤麻黄用6两，而小青龙汤麻黄用3两。而药物组成相同的处方，由于治疗症状不同，同一药物剂量也会不同。如厚朴三物汤、厚朴大黄汤和小承气汤，三者药物组成相同，均为厚朴、大黄、枳实，但厚朴三物汤证以痛而闭症状突出,故以厚朴、枳实为君,行气除满为主,方用厚朴8两、枳实5枚、大黄4两;小承气汤证以便秘为主症,故以大黄为君,泻下荡积,方用大黄4两、厚朴2两、枳实3枚;而厚朴大黄汤证以胸满症状为主,治疗更偏重理气,故以厚朴1尺为君,大黄6两、枳实4枚为臣。

又比如甘草一物,如果用于利咽喉、治咳喘、抗过敏,用量要适当增大。对抗心律失常、腹泻,其用量更大,往往需要用到15g以上。赤芍药一物,根据汪承柏医生的经验,如果是治疗重症肝炎,其用量要达到90g甚至120g。川芎治疗头痛时,其用量往往需要用到15g甚至30g。用半夏治疗失眠往往需要用30g或60g甚至90g以上。土茯苓治疗梅毒、淋病、湿疣、衣原体和病毒等引起的性病要用到100g才能有效。葛根治疗项背强痛、颈椎病一般需要用到30g或60g甚至以上。白术治疗寒湿腰痛、止带下,要用30g或更大的剂量。

(二)因人施量

临证用量应因人而异,根据患者的性别、年龄、体质等因素做到个体化用量。一般情况下,对老人、小儿的用量要小于中青年,老人用量一般为青年人2/3,3~6岁小儿用量为成人量1/3,6~12岁为成人量1/2。体质强壮者,耐受力强,用量宜大;体质虚弱者,不胜药力,故用量宜小。对孕产妇用药,剂量更应谨慎。

患者的体质强弱、年龄、性别、状态等,也是临床决定药物用量应该考虑的因素。对此前贤多有论述。张仲景就提到对强人、羸人的不同,药物用量宜有区别。宋《圣济总录》中有言:“凡服药多少,要与病人气血相依,盖人之禀受本有强弱;又贵贱苦乐,所养不同,岂可以一概论。”[3]明·吴又可也说:“凡年高之人,最忌剥削。设投承气,以一当十;设用参术,十不抵一。盖老年荣卫枯涩,几微之元气易耗而难复也。不比少年气血生机甚捷,其气勃然,但得邪气一除,正气随复。所以老年慎泻,少年慎补。”[4]

三、因方施量

方,包括制方大小及处方剂型。因方施量包含“因制方大小施量”和“因剂型施量”两方面内容。

1. 因制方大小施量

制方大者,药味繁多,作用广泛,适合慢性病调理,用量宜小;制方小者,药味精简,作用集中,适合治疗急危重症,用量宜大。

2. 因剂型施量

剂型不同,用量不同。一般汤剂用量较大,煮散次之,丸散(服散)膏丹,用量较小。

四、因药施量

药,包括药性、药物功效、方药配伍、服药反应及服药方法等。因此,因药施量包括“因君臣佐使药而施量”。“因药性、药效施量”、“因配伍施量”、“因服药反应施量”、“因服法施量”四部分内容。

(一) 因君臣佐使药而施量

方剂是由君臣佐使结构组成。主病之谓君,佐君之谓臣。在一个复方里,对主治病症发挥主要治疗作用的药物是君药,而协助君药发挥治疗作用的药物是臣药。一般而言,在一定范围内,如果增加君药的用量,方剂的主要作用会得到加强。例如,王清任创制的补阳还五汤重用黄芪 4 两(约 150g)为君药来治疗气虚血瘀性质的中风偏瘫;经方小柴胡汤重用柴胡为君,其用量为半斤(约 110g),以解少阳之邪;白虎汤重用君药石膏 1 斤(约 220g)以清阳明大热。泽泻汤重用君药泽泻 5 两(69g)以降饮化浊等。另外,当方剂的药物组成相同,改变药物的剂量比例,分别以不同的药物为君,君药重用,方剂的主要作用即发生变化。例如,《伤寒论》、《金匮要略》有几个药物组成相同而主要功效不同、主症各异的方剂,如小承气汤、厚朴三物汤和厚朴大黄汤,此三方皆由大黄、厚朴、枳实三味药物组成,但三味药物的用量不同,君药不同,主治病证亦不同。小承气汤用大黄 4 两(55. 2g)、枳实 3 枚(约合 6. 9g)、厚朴 2 两(27. 6g)。重用君药大黄,主治阳明腑实证,功在泻热通便、消痞除满。厚朴三物汤以厚朴为君,重用 8 两(110. 4g)、枳实 5 枚(约合 11. 5g)、大黄 4 两(55. 2g),主治气机阻滞、腹满痛秘之证,功在行气通便。厚朴大黄汤用厚朴 6 两(82. 8g)、大黄 6 两(82. 8g)、枳实 4 枚(约合 9. 2g),重用君药厚朴的量,主治支饮胸满、腹满便秘之证,功在开胸治饮。

方剂结构中还存在“复君”和“复臣”的形式。所谓复君,是指一首方剂具有两味或两味以上的君药。所谓复臣,是指一首方剂具有两味或两味以上的臣药。“君二臣四,偶之制也。君二臣三,奇之制也。君二臣六,偶之制也。”[5]有一些复方的君药可能是一组药物,单独看每味药的量并不大,但把一组君药的用量合起来,用量就大了,因此也属于另一种形式的重用君药。不过也要注意,在一首方剂中,并非剂量最大的药物就一定是君药,因为决定一首方剂中药物君臣佐使关系的还不是药物的用量,决定哪一味或哪几味药物是君药的不是它们的用量,而是它们在该方剂中所发挥的作用。例如,十枣汤,它的君药为芫花,其用量仅为 1/3 钱匕(约为 0. 17g),甘遂和大戟为臣药,而大枣,虽然它的用量为 10 枚(约 40g),但它也只是一味佐药。

(二) 因药性、药效施量

一种药物有多效,欲取何种功效决定于其所治疾病。如半夏 1 两降逆止呕,2 两安神催眠。另外,以《神农本草经》药物三品分类法为据,中药有上、中、下三品之分,类似上品的药物多为药食同源药物,可多服久服,亦无大害,如山药;类似中品的药物无毒或有毒,具补养及治疗疾病之功效,用量可酌情放宽,如半夏;类似下品的药物多有毒或药性峻猛,主治病,用量应谨慎。

此外,我国卫生部 2002 年公布的《卫生部关于进一步规范保健食品原料管理的通知》收录了部分可用于食品(或保健食品)的药物(“既是食品又是药品的物品名单”、“可用于保健食品的物品名单”、“保健食品禁用物品名单”)。对于此类既是食品又是药品的药物,临床用量可较宽泛,如酸枣仁治疗失眠可用至 180g 等。

（三）因配伍施量

君药剂量改变，君臣药剂量改变，整方近似比例调整药物剂量，均会对原方的功效产生影响，或完全改变，或增强减弱。此外，不少毒性或偏性药物经适当配伍可降低毒性、纠正偏性。

（四）因服药反应施量

临床常需根据患者服药后的反应调整用量，如“不效增量”、“中病即止”或“中病即减”等。

（五）因服法施量

处方用量较大者，可分多次服，使每次平均服药量不至过大，可保持一定的血药浓度。服药方法决定了每次服药量和总服药量。故方药服用量与疗效关系密切[6]，如一剂药分多次频服，尤其是应用一些毒剧药，如马钱子，每次服量仅0.3～0.6g，或一些危重症，如胃瘫呕吐，少量多次频服，此种服药方法亦有试药之意，而且保证了较高的血药浓度。或处方药物剂量一般，但是一日内服多剂，总服量相对大得多，如桂枝汤，“病重者，一日一夜服，周时观之。服一剂尽，病证犹在者，更作服。若汗不出，乃服至二三剂。”这种服药方法多见于解表剂，目的在于集中药力顿挫病势，一旦邪祛七八，即减少或停止服药，所以临证时应考虑一日服多剂的可能斟酌每剂剂量。

五、临证用量的基本原则

（一）中病即止（或中病即减）原则

针对外感病用药及一些毒剧药的应用，病邪祛之七八即减药或停药，防止过剂伤正，保证安全。

（1）中病即止。以祛邪为主治疗某些外感病或急性病时，若已达到预期疗效，如热退、汗出、小便得利、大便得通等，应及时停药。中病即止的药物用量控制方法既可以用于把握临床用药的安全性，也可以用于把握临床用药的有效性。中病即止既是一个用药原则，也是一个操作方法。中病即止主要用于含有峻猛药物的药方，多为汗、吐、下等攻邪之剂。根据预期的方药作用效果，或得汗，或得吐，或得利下，即停止服药，以防过剂伤正。例如，《伤寒论》栀子豉汤“得吐者，止后服”。大陷胸汤“得快利，止后服”。大承气汤、小承气汤“若更衣者，勿服之”。牡蛎泽泻散“小便利，止后服”。采用中病即止的药物用量控制方法可以避免不良后果的出现，如大青龙汤“一服汗者，停后服”。如果汗出之后，仍然继续服药，则可能导致“汗多亡阳遂虚，恶风，烦躁，不得眠”等不良后果。

（2）中病即减。待病情缓解后，可逐渐减量。有三种方法：①在原处方中按照配比直接减少药物剂量；②改变剂型，由作用较强的汤剂改为作用较缓的丸剂；③减少服量，将一剂药分2日或3日服用。医生如考虑到病情较重，发展较快，为了立即遏制病势，治疗伊始就必须用足够大的，甚至是超常规的药量。待病势缓解之后，即应逐渐减少药量。再有一种情况是在使用有一定毒性的方药时，获效以后要逐渐减少药量，甚至停药。毒性越大,减量或停药越要早,此道理从《素问·五常政大论》所述即可领悟。该大论说:“大毒治病,十去其六;常毒治病,十去其七;小毒治病,十去其八;无毒治病,十去其九。谷肉果菜,食养尽之。无使过之,伤其正也。不尽,行复如法。”[5]即是说,用药毒性越大,停药宜越早,防止毒药伤正,应以谷肉果菜以扶正。还有一种情况是在一些内伤杂病过程中,人体自身胃气或正气不足,减少药物用量意在促进人体自身正气的自我恢复,防止用药过重加重人体负担。此外,在疾病基本痊愈以后,即逐渐减少药量,目的是为了巩固疗效,防止反复,为善后之法。

(二)“以知为度”原则

“知”指身体对所服药物有了积极的反应。一旦用药达“已知”,就应根据具体情况调整用量。以知为度的药物用量控制方法既可以用于把握临床用药安全性,也可以用于把握临床用药有效性的目的。所谓“以知为度”,其中“知”可以称之为知应,是指患者感知到的身体对所服药物的积极反应。《伤寒论》和《金匮要略》以服药后出现或小便通,或大便利,或腹中温,或患者自我感觉到的其他体内变化为“知”。例如,《伤寒论》麻子仁丸“饮服十丸,日三服,渐加,以知为度”。以知为度的“度”是一个调整服量的度,而不是停止服药的度。医者根据这个度,可能适当增加药量,也可能适当减少药量或服量,或者把药量维持在原有水平。例如,《伤寒论》言服理中丸,初服一丸,若“腹中未热”,是尚无知应,这时要增加服量,乃“益至三、四丸”,至患者腹中出现温热的感觉,便维持这一服量,直至疾病痊愈。

(三)首剂加倍原则

首剂加倍是西医临床中的概念,在中医临床中同样适用。对于一些急危重症,治疗重在扭转病势,故需重剂方能顿挫病邪,缓解危急。维持治疗一定时间待病情平稳后,再逐渐减量。

(四)蚕食原则

主要针对病情相对稳定的慢性病,病邪一时难以祛除,正邪相当,故以相对固定的小剂量长期缓慢调治,以求逐步瓦解病邪。正确的治疗一定会产生疗效,但并不总是立即产生疗效。作为临床医生,不要总是在没有见到明显效果时就增量,也不要在没有见到明显效果就更方。如果确信辨证与处方用药无误,那就应该守方。经过一段时间,使药物作用一点一点累积起来,就会出现显著的效果,直至完全治愈。例如,丸药久服就属于小量久服累积获效法。丸者,缓也。与汤药相比,丸药的日服量较小,一般来讲初服的效果并不明显,但是随着服药时间的延长,效果被累积起来而渐渐明显。有些病例服药多日也未出现明显效果,即使加大服量,还是不能显效。正如《备急千金要方》所言:“常须加意重复用药,药乃有力。”[7]这是因为疗效的产生既需要合适的方药剂量,也需要足够的作用时间。因为身体的功能恢复,甚至结构的变化,都需要足够的时间。累积获效的药物用量控制方法主要运用于内伤病、慢性病。内伤病,其来渐,其势缓,多见长期损伤,虚实夹杂,用药也是一个长期的过程,逐渐累积获效,不同于外感病邪祛病止,短期获效。

此外还有一种情况，正气太虚而邪实，祛邪恐正气不支，用药应当缓慢调扶正气，待正气逐渐恢复，再调整用药方向，其中正气恢复是一个缓慢的过程，需用药累积逐渐获效。

（五）递增原则

如果确认辨证与处方无误，但是效果不明显，可以考虑增加药量或服量，而且应该逐渐增加，而并不是陡然大增。“逐渐增量”和下述“逐渐减量”皆可视为“以知为度”方法的细化。逐渐增量可以通过直接增加处方用量实现，亦可通过缩短服药间隔时间来实现。例如，《伤寒论》桂枝汤，“若一服汗出病差，停后服，不必尽剂；若不汗，更服依前法；又不汗，后服小促其间，半日许，令三服尽”。如果病情较重，可以采用昼夜连续服2或3剂(6～9升)、6或9次的方法。又如，《金匮要略》乌头桂枝汤，采用“小剂量递增”的服法“初服二合。不知，即服三合。又不知，复加至五合”。这种服法既能治病，又能保证服药的安全性。再如，《金匮要略》乌头汤，乌头用量较大(5枚，重约18g)，煮取药液约合2升。为确保安全，初服仅7合(约140ml)。“不知，尽服之。”若患者服药后无不良反应，说明当前剂量是安全的。在这种情况下，即可加大第二次服量到将近1.3升(约260ml)(注：乌头以蜜2升煎取1升，其他四味药，以水3升，煎取1升，内蜜煎中，更煎。总药液将近2升，初服7合，不知，尽服之。所以二服不到1.3升)。乌头汤与乌头桂枝汤的服法虽然不同，然有异曲同工之妙。在使用有一定毒性的方药时，尤其需要注意逐渐增量原则。例如，《神农本草经》曰：“若用毒药疗病，先起如黍粟，病去即止，不去倍之，不去十之，取去为度。”[8]可见在用毒药治病时，应该极其审慎。

（六）“佐药控制”原则

临床用药为避免某些药物，尤其是主病之药的不良反应，常常用配以佐药来监制主病之药的弊端，因此，主药剂量调整时，一定要相应的调整佐药用量。

（七）调整服药间隔原则

临床治疗某些疾病，可通过改变服药间隔时间的方法来控制方药用量。

（八）“初始量—中量(维持量)—尾量”策略

很多病证由于病情复杂，病程缠绵，给药量要依据病情的变化随时进行调整。初始量、中量、尾量策略是临床上常用的一种中药用量控制方法。临床上很多疾病病情复杂，病情缠绵，病程较长，因此需要根据病情的变化随时变化用药。在疾病的初始阶段或者治疗的早期阶段药物用量宜轻；在疾病的发展阶段或者治疗的中间阶段药物用量可适当加重；在疾病的终末阶段或者治疗的收尾阶段药物用量宜轻。

在疾病的初始阶段或者治疗的早期阶段，或是邪气不甚，正气尚强，与外邪抗争，病势尚轻，病轻则药亦轻；或是邪气亢盛，当投峻剂，然正气不足而又须防止其正伤而邪陷；或是邪气虽然亢盛而初投不宜用量过大，恐其药与病相拒；或是应用有毒之品时，须防止身体耐受力较差的患者出现不良反应，都应该先用小剂量或者常规剂量做试探性或适应性治疗。

随着疾病的发展或者治疗的进展，或是初期用药未能抑制病势的发展，病情进一步加重；或是药已对症而病重药轻，不能完全遏制病势发展；或是机体已经能够适应药物，药与病合而已渐起效应，此时可乘胜追击，加大用药剂量以除其亢盛之邪势，此阶段是疾病治疗过程的主要阶段，也是最重要的阶段。

当到疾病的终末阶段或者治疗的收尾阶段时，病势已衰其大半，人体正气得以渐复。一者为适应其已衰之病势不可过行攻伐，一者为轻剂缓图以复其正气，此时可减少药物用量，用轻灵之剂攻其余邪而兼以扶正。还有一种情况是疾病末期，扶正的时候担心余邪未尽，助邪复燃，应小量试探性用药。例如，《温热论》指出："面色苍者，需要顾其津液，清凉到十分六七，往往热减身寒者，不可就云虚寒而投补剂，恐炉烟虽熄，灰中有火。"[9]阴虚火旺之人在湿热病治疗末期，即使疾病的某些症状随着用药有所减轻，还应该小量试探性用药，恐炉烟虽熄、灰中有火。

综上所述，在辨证准确、药材质量有保证的前提下，方药剂量取决于医生根据疾病种类、症状、病势以及患者体质等因素所采取的治疗策略。因此，大剂量有大剂量的合理性，而小剂量亦有其适用范围，临证时需要考虑以上多种因素，才能不失偏颇，做到大小剂量两相宜。

第二节 方药用量策略的研究思路探讨

一、方药用量策略的分类

方药用量策略有"隐性"策略和"显性"策略两大类。

（一）"显性"用量策略

"显性"用量策略指医生经过总结，明确提出的对方药临床用量的认识，以及用量（或变量）的具体方法，并且在文献中记录下来。如《伤寒论》通脉四逆汤方"干姜三两，强人可四两"，是张仲景提出的"因人施量"的具体方法；又如国医大师朱良春教授总结了多年临床经验，提出益母草等 10 种药物在治疗不同疾病时使用剂量不同[10]；傅延龄教授通过研究《伤寒杂病论》的服量，提出了以知为度、中病即止、递增（或递减）、累积获效等方药临床用量控制策略[6]，仝小林教授总结临床经验后提出了因病施量、因证施量、因方施量、因药施量等方药用量策略[11]。

（二）"隐性"用量策略

"隐性"用量策略指存在于医生头脑中的用量认识，然可能未经系统总结，或尚未形诸文字，不能从文献中直接反映出来的用量策略，此类型的用量策略多可通过分析医生的处方用量规律得出。如丁维等通过数据挖掘研究发现，白芍补血时大中小剂量都常用，然而若用白芍缓急止痛，均与大剂量对应[12]。

二、基于多层次文献挖掘的方药用量策略研究思路

（一）经方是方药用量策略研究的基础

经方，为历代中医经典名方的集中代表，特指医圣张仲景《伤寒杂病论》之方，其“药少而精、效专力宏、配伍精良、疗效确切”，因此，“精、专”两字最能概括经方的特点。“精”指经方的配伍精良，《伤寒论》112方，单方平均用药仅4.83味，而现代中医汤剂单剂处方药味数的范围约为《伤寒论》的3～5倍；“专”指经方每味药物的“主攻方向”均十分明确，单味药剂量相对现代明显偏大[13]。

前期研究已基本认定经方1两合今13.8～15.6g，最符合张仲景用量的原貌[14]。若按此剂量标准折算，与现行《中国药典》比较，经方可谓大剂量用药。张仲景用量是否孟浪？从《伤寒论》、《金匮要略》方后注对方药煎煮法、服法等细节的描述来看，包含了许多用量策略的内容，正是因为仲景谙熟方药的用量策略，才能十分准确地把握剂量。

经方经过了2700多年的临床实践，经方在剂量应用方面积累了极为丰富的应用经验。诸多不同剂量应用经方的实例，为“用量策略”的研究提供了广阔空间，是方药用量策略研究的最佳对象和方药用量策略池构建的基础。

（二）数据挖掘与文献聚类是方药用量策略研究的主要方法

1.“隐性”用量策略的研究方法——基于数据挖掘的用量特点研究

“隐性”的用量策略主要通过临床处方反应，因此数据挖掘技术适合对处方用量特点进行分析，包括单味药剂量、整方剂量、药物之间的配伍剂量。本研究采用描述性统计方法研究单味药剂量和整方剂量的特点，采用系统聚类方法研究方药的配伍剂量，将药-量-药物功效等结合，探索方药用量规律，总结出“隐性”的方药用量策略。

2.“显性”用量策略的研究方法——基于文献“聚类”的用量策略研究

“聚类分析”（clustering analysis）思想源于统计学，是一种将随机现象归类的统计学方法[15]。对文献的聚类研究，主要在文献检索领域开展。聚类检索就是在对文献进行自动标引的基础上，通过一定的聚类方法，计算出文献与文献间的相似度，并把相似度较高的文献集中在一起，形成多个不同的文献类。根据不同的聚类水平的要求，可形成不同聚类层次的类目体系。在这样的类目体系中，主题相近、内容相关的文献便聚在一起，而相异的则被区分开。现有的文献聚类方法大多是通过文献关键词来进行，也有学者提出了通过文献关键词和摘要进行加权的文献聚类方法[16]。

医生用量的思维过程属于经验的范畴，是一种“悟性”，难以提炼。文献“聚类”可以在无数“个性”中寻求“共性”，为总结归纳不同医生的经验提供了一种思路，即通过将经验中类似的词句集中起来，形成具有相同关键词的经验类别，再经医生判定，归纳成为具有共性的真实的临床经验。因此，文献“聚类”思想是研究以经验为主的用量策略的“有力武器”。

3. 多层次文献挖掘是方药用量策略研究的重要途径

方药用量策略研究可分为两个部分(图 4-1):第一部分是对《伤寒论》及《金匮要略》原文的研究;第二部分是对后世医生经方验案的研究。

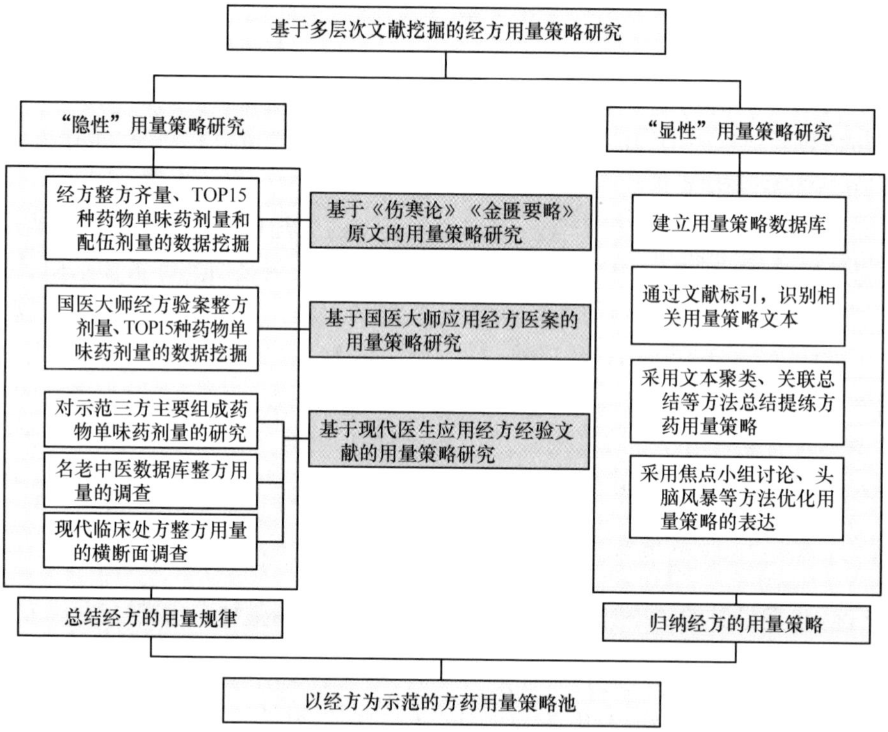

图 4-1 技术路线

(1) 第一部分:《伤寒论》及《金匮要略》原文的用量策略研究。

《伤寒论》与《金匮要略》合称《伤寒杂病论》,两书合并不过 10 余万字,可谓字字珠玑。张仲景详细记录了 200 余首处方的药物组成和剂量,这些方剂是经方原文"隐性"用量策略的主要研究对象;此外,仲景不惜笔墨,多次对方药的用量方法进行描述,如去桂加白术汤"附子三枚恐多,虚弱家及产妇,宜减服之"。这样的描述是指导医生用量的宝贵经验,因此,对《伤寒论》和《金匮要略》原文中"变量"和"用量"记载的整理挖掘,就是经方原文"显性"用量策略的组成部分。对经方原方用量特点的研究和经方原文用量策略的归纳形成了方药用量策略研究的第一个部分。

(2) 第二部分:后世医生经方验案的研究。个案最能体现处方用量的多变性和复杂性,是记录方药用量策略的宝贵经验。《伤寒论》及《金匮要略》原文虽然对经方的"用量"及"变量"作了阐述,但是后世医生究竟是怎样用量的?是否遵照了张仲景的用量经验?也是方药用量策略研究必须关注的问题。因此,本研究的第二部分,拟挖掘国医大师、现代名老中医公开发表的经方验案文献,并与第一部分的研究结果对照,补充方药用量策略。此部分研究又可分为两层:

1）第一层：国医大师经方验案的用量策略研究。国医大师应用经方的经验，是除《伤寒论》、《金匮要略》原文外，方药用量策略研究最重要的组成部分，能够代表现代医生继承和发展仲景经方用量策略的最高水平。

2）第二层：现代名老中医经方验案的用量策略研究。除国医大师外，部分现代名老中医也常用经方。现代名老中医的人数较国医大师多，从数据挖掘的角度来看，普遍性更强，样本量更大。

（三）构建以经方为示范的方药用量策略池

方药用量策略池是研究获得的所有方药用量策略的集合，是在研究过程中逐步形成和优化的。策略池中的条目包含了上述研究形成的全部“隐性”和“显性”的方药用量策略，但并非简单地罗列，而是采用“聚类”思想“合并同类项”整理归纳将所有原始条目，初步形成若干条方药用量策略；通过专家咨询或问卷等方法对策略池中的条目进行权重赋值，判定每一个条目在用量策略中的应用价值，同时可应用头脑风暴、德尔菲法等对用量策略的表述方式进行优化。最终形成的方药用量策略池可作为临床医生处方用量的重要参考。

第三节 经方的用量策略

一、《伤寒论》及《金匮要略》原文中的用量策略

《伤寒杂》[17]、《金匮要略》[18]原文，除外对治疗的疾病、方药组成、药物剂量、煎服法、药后调护等进行了详细地描述外，尤其在方后注中，还有许多关于如何“用量”、“变量”的记载，这些记载是经方最根本、最能体现张仲景本意的用量方法，是研究“用量策略”的宝贵资料。

基于“文献聚类分析”思想，经过对《伤寒论》及《金匮要略》原文中“量”的描述进行挖掘，提炼出经方的用量策略。

（一）经方用量策略的原始条目

标识出《伤寒论》及《金匮要略》中所有与“用量”、“量变”等相关的原文，作为经方用量策略的原始条目。根据原始条目描述“量”的不同内容，在条目中选择最能表达该条“用量策略”内涵的一个或多个词，作为本原始条目的关键词。

《伤寒论》和《金匮要略》分别有42首及71首方剂包含了对“用量”或“变量”等的描述，绝大多数经方用量策略的原始条目出自以上方剂的方后注中（表4-1、表4-2）。

表4-1 《伤寒论》原文用量策略的原始条目及关键词

处方	原始条目	关键词	对关键词的描述
桂枝汤	温覆令一时许，遍身漐漐微似有汗者益佳，	微汗	服药后应出现的表现
	不可令如水流漓，病必不除	汗如水流漓	服药后不应出现的表现
	若一服汗出病瘥，停后服，不必尽剂	汗出	停止服药的表现

续表

处方	原始条目	关键词	对关键词的描述
	若不汗，更服依前法	不汗	应继续服药的表现
	又不汗，后服小促其间，半日许，令三服尽	不汗	应继续服药的表现
	若病重者，一日一夜服，周时观之。服一剂尽，病证犹在者，更作服	病重	需调整用量的病势
		病证犹在	应继续服药的表现
	若汗不出，乃服至二三剂	汗不出	应继续服药的表现
桂枝加葛根汤	温服一升，覆取微似汗，不须啜粥	微汗	服药后应出现的表现
桂枝去桂加茯苓白术汤	温服一升，小便利则愈	小便利	停止服药的表现
四逆汤	强人可大附子一枚，干姜三两	强人	需调整用量的患者体质
葛根汤	温服一升，覆取微似汗	微汗	服药后应出现的表现
葛根加半夏汤	温服一升，覆取微似汗	微汗	服药后应出现的表现
麻黄汤	覆取微似汗，不须啜粥	微汗	服药后应出现的表现
大青龙汤	温服一升，取微似汗	微汗	服药后应出现的表现
	一服汗出，停后服	汗出	停止服药的表现
	若复服，汗多亡阳遂虚，恶风烦躁，不得眠也	恶风烦躁，不得眠	服药过量的表现
桂枝加厚朴杏子汤	温服一升，覆取微似汗	微汗	服药后应出现的表现
五苓散	日三服，多饮暖水，汗出愈	汗出	停止服药的表现
栀子豉汤	得吐者，止后服	吐	停止服药的表现
栀子甘草豉汤	得吐者，止后服	吐	停止服药的表现
栀子生姜豉汤	得吐者，止后服	吐	停止服药的表现
栀子厚朴汤	得吐者，止后服	吐	停止服药的表现
栀子干姜汤	得吐者，止后服	吐	停止服药的表现
小柴胡汤	若渴，去半夏，加人参，合前成四两半	渴	需调整药量的症状
柴胡加芒硝汤	分温再服，不解更作	不解更作	应继续服药的表现
桃核承气汤	日三服，当微利	微利	服药后应出现的表现
桂枝加桂汤	今加桂满五两，所以加桂者，以能泄奔豚气也	奔豚气	需调整药量的疾病
抵当汤	不下，更服	不下	应继续服药的表现
大陷胸丸	煮取一升，温顿服之，一宿乃下，如不下，更服，取下为效	不下	应继续服药的表现
		下	停止服药的表现
大陷胸汤	温服一升，得快利止后服	快利	停止服药的表现
白散	强人半钱匕，羸者减之	强人，羸者	需调整用量的患者体质
柴胡桂枝干姜汤	温服一升，日三服，初服微烦，复服汗出便愈	微烦	服药时会出现的表现
		汗出	停止服药的表现
十枣汤	强人服一钱匕，羸人服半钱，温服之	强人，羸者	需调整用量的患者体质
	若下少，病不除者，明日更服，加半钱，得快下利后，糜粥自养	快下利	停止服药的表现
		下少	应继续服药的表现

续表

处方	原始条目	关键词	对关键词的描述
瓜蒂散	不吐者,少少加,得快吐乃止	不吐	应继续服药的表现
		快吐	停止服药的表现
去桂加白术汤	初一服,其人身如痹,半日许复服之,三服都尽,其人如冒状,勿怪,此以附子、术、并走皮内,逐水气未得除,故使之耳	身痹,人如冒状	服药时会出现的表现
	附子三枚恐多也,虚弱家及产妇,宜减服之	虚弱家,产妇	需调整用量的患者体质
甘草附子汤	初服得微汗则解,能食	微汗,能食	服药后应出现的表现
	汗止复烦者,将服五合	烦	服药后不应出现的表现,调整用量
	恐一升多者,宜服六七合为始	恐一升多者	医生或患者对药量的担心,调整用量
大承气汤	分温再服,得下,余勿服	下	停止服药的表现
小承气汤	初服当更衣,不尔者,尽饮之,若更衣者,勿服之	不下	应继续服药的表现
		下	停止服药的表现
茵陈蒿汤	小便当利,尿如皂荚汁状,色正赤,一宿腹减,黄从小便去也	小便利,色正赤,如皂角汁	停止服药的表现
		腹减	停止服药的表现
麻子仁丸	饮服十丸,日三服,渐加,以知为度	渐加	逐渐加量的描述
桃花汤	日三服,若一服愈,余勿服	一服愈	停止服药的表现
苦酒汤	少少含咽之,不差,更作三剂	不差	应继续服药的表现
真武汤	若呕者,去附子,加生姜,足前为半斤	呕	需调整药量的症状
通脉四逆汤	干姜三两,强人可四两	强人	需调整用量的患者体质
乌梅丸	先食饮服十丸,日三服,稍加至二十丸	稍加	逐渐加量的描述
麻黄升麻汤	分温三服,相去如炊三斗米顷,令尽汗出愈	汗出	停止服药的表现
白头翁汤	温服一升,不愈,更服一升	不愈	应继续服药的表现
理中丸	腹中未热,益至三四丸,然不及汤	腹中热	服药后应出现的表现
	渴欲得水者,加术,足前成四两半	渴欲得水	需调整药量的症状
	腹中痛者,加人参,足前成四两半	腹中痛	需调整药量的症状
	寒者,加干姜,足前成四两半	寒	需调整药量的症状
通脉四逆加猪胆汁汤	干姜三两,强人可四两	强人	需调整用量的患者体质
枳实栀子豉汤	温分再服,覆令微似汗	微汗	服药后应出现的表现
牡蛎泽泻散	小便利,止后服	小便利	停止服药的表现

表 4-2 《金匮要略》原文用量策略的原始条目及关键词

处方	原始条目	关键词	对关键词的描述
大承气汤	分温再服,得下止服	下	停止服药的表现
瓜蒌桂枝汤	分温三服,取微汗;汗不出,食顷,啜热粥发之	微汗	服药后应出现的表现

续表

处方	原始条目	关键词	对关键词的描述
麻黄加术汤	覆取微似汗	微汗	服药后应出现的表现
麻黄杏仁薏苡甘草汤	温服,有微汗,避风	微汗	服药后应出现的表现
防己黄芪汤	服后当如虫行皮中,从腰下如冰,后坐被上,又以一被绕腰以下,温令微汗瘥	虫行皮中	服药时会出现的表现
		腰下如冰	服药时会出现的表现
		微汗	服药后应出现的表现
白术附子汤	分温三服。一服觉身痹,半日许再服,三服都尽	身痹	服药时会出现的表现
	其人如冒状勿怪,即是术、附并走皮中,逐水气未得除故耳	如冒状	服药时会出现的表现
甘草附子汤	温服一升,日三服。初服得微汗,则解能食	微汗	服药后应出现的表现
		能食	服药后应出现的表现
	汗出复烦者,服五合	烦	服药后不应出现的表现,调整用量
	恐一升多者,宜服六七合为妙	恐一升多	医生或患者对药量的担心,调整用量
百合地黄汤	中病勿更服,大便常如漆	中病	停止服药的表现
		大便如漆	服药过量的表现
百合滑石散	当微利,则止服,热则除	微利	停止服药的表现
升麻鳖甲汤	煮取一升,顿服之;老小再服,取汗	老小	需调整用量的患者年龄
		汗	服药后应出现的表现
白虎加桂枝汤	温服,汗出愈	汗出	停止服药的表现
蜀漆散	温疟加蜀漆半分,临发时服一钱匕。(寒疟)未发前,以浆水服半钱匕	温疟,寒疟	需调整药量的证候
乌头汤	煮取一升,……,服七合;不知,尽服之	不知	应继续服药的表现
桔梗汤	煮取一升,分温再服,则吐脓血也	吐脓血	服药时会出现的表现
小青龙加石膏汤	煮取三升,强人服一升,羸者减之,二、三服	强人,羸者	需调整用量的患者体质
	小儿服四合	小儿	需调整用量的患者年龄
赤石脂圆	先食服一丸,日三服,不知稍加服	不知	应继续服药的表现
茯苓杏仁甘草汤	温服一升,日三服,不差更服	不差	应继续服药的表现
赤丸	不知稍增之,以知为度	不知	应继续服药的表现
厚朴三物汤	煮取三升,温服一升,以利为度	利	停止服药的表现
大黄附子汤	煮取二升,分温三服;若强人煮取二升半,分温三服	强人	需调整用量的患者体质
	服后如人行四五里,进一服	如人行四五里(汗)	服药时会出现的表现,继续服药
厚朴七物汤	寒多者,加生姜至半斤(生姜五两)	寒多	需调整用量的病势
乌头煎	取二升,强人服七合,弱人服五合	强人,弱人	需调整用量的患者体质

续表

处方	原始条目	关键词	对关键词的描述
	不差明日更服，不可一日再服	不差	应继续服药的表现
		不可一日再服	一日最大剂量的描述
当归生姜羊肉汤	若寒多者，加生姜成一斤（生姜五两）	寒多	需调整用量的病势
乌头桂枝汤	令得一升，初服二合；不知，即服三合；又不知，复加至五合。其知者如醉状	不知，又不知	应继续服药的表现
		如醉状	服药时会出现的表现
	得吐者为中病	吐	停止服药的表现
瓜蒂散	不吐者少加之	不吐	应继续服药的表现
	以快吐为度而止	快吐	停止服药的表现
麻子仁丸	饮服十丸，日三，以知为度	知	停止服药的表现
甘草干姜茯苓白术汤	分温三服，腰中即温	温	服药后应出现的表现
五苓散	日三服，多饮暖水，汗出愈	汗出	服药后应出现的表现
茯苓桂枝白术甘草汤	分温三服，小便则利	小便利	服药后应出现的表现
防己椒目葶苈大黄丸	先食饮服一丸，日三服，稍增	稍增	逐渐加量的描述
十枣汤	强人服一钱匕，羸人服半钱，平旦温服之	强人，羸人	需调整用量的患者体质
	不下者，明日更服半钱	不下	应继续服药的表现
	得快利后，糜粥自养	快利	停止服药的表现
大青龙汤	温服一升，取微似汗	微似汗	服药后应出现的表现
木防己加茯苓芒硝汤	分温再服，微利则愈	微利	停止服药的表现
瓜蒌瞿麦丸	不知，增至七八丸	不知	应继续服药的表现
	以小便利，腹中温为知	小便利，腹中温	服药后应出现的表现
枳实白术汤	煮取三升，分温三服。腹中软即当散也	腹中软	服药后应出现的表现
桂枝去芍药加麻黄附子细辛汤	分温三服。当汗出如虫行皮中即愈	汗出如虫行皮中	停止服药的表现
甘草麻黄汤	煮取三升，温服一升，重覆汗出，不汗再服，慎风寒	汗出	服药后应出现的表现
		不汗	应继续服药的表现
杏子汤	温服一升，得汗止服	汗	停止服药的表现
黄芪芍药桂枝苦酒汤	当心烦，服至六七日乃解	心烦	服药时会出现的表现
桂枝加黄芪汤	温覆取微汗，若不汗更服	微汗	服药后应出现的表现
		不汗	应继续服药的表现
茵陈蒿汤	小便当利，尿如皂角汁状，色正赤，一宿腹减，黄从小便去也	小便利，如皂角汁，色正赤；腹减	服药后应出现的表现

续表

处方	原始条目	关键词	对关键词的描述
硝石矾石散	病随大小便去,小便正黄,大便正黑,是候也	小便正黄,大便正黑	服药后应出现的表现
四逆汤	强人可大附子一枚,干姜三两(附子一枚,干姜一两半)	强人	需调整用量的患者体质
生姜半夏汤	止,停后服(似喘不喘,似呕不呕,似哕不哕)	止	停止服药的表现
文蛤汤	温服一升,汗出即愈	汗出	停止服药的表现
橘皮汤	下咽则愈	下咽	停止服药的表现
小承气汤	分温二服,得利则止	利	停止服药的表现
白头翁汤	温服一升,不愈更服	不愈	应继续服药的表现
桃花汤	日三服,若一服愈,余勿服	愈	停止服药的表现
桂枝汤	遍身漐漐微似有汗益佳,不可令如水流漓	微汗	服药后应出现的表现
		汗如水淋漓	服药后不应出现的表现
	若一服汗出病差,停后服	汗出病差	停止服药的表现
栀子豉汤	温进一服,得吐则止	吐	停止服药的表现
薏苡附子败酱散	小便当下	小便下	服药后应出现的表现
大黄牡丹汤	有脓当下,如无脓当下血	下脓,下血	服药后应出现的表现
王不留行散	小疮即粉之,大疮但服之	小疮,大疮	需调整用量的病势
甘草粉蜜汤	温服一升,差即止	瘥	停止服药的表现
乌梅丸	先食饮,服十丸,日三服,稍加至二十丸	稍加	逐渐加量的描述
桂枝茯苓丸	每日食前服一丸,不知,加至三丸	不知	应继续服药的表现
芎归胶艾汤	温服一升,日三服,不差更作	不瘥	应继续服药的表现
当归贝母苦参丸	饮服三丸,加至十丸	加至	逐渐加量的描述
葵子茯苓散	小便利则愈	小便利	停止服药的表现
白术散	心下毒痛,倍加川芎	心下毒痛	需调整用量的症状
	已后渴者,大麦粥服之,病虽愈,服之勿置	已后渴	需继续服药的表现
下瘀血汤	顿服之,新血下如豚肝	下血	服药后应出现的表现
竹叶汤	分温三服,温复使汗出	汗出	服药后应出现的表现
	颈项强,用大附子一枚	颈项强	需调整用量的症状
竹皮大丸	有热者,倍白薇	热	需调整用量的症状
大黄甘遂汤	煮取一升,顿服之,其血当下	下血	服药后应出现的表现
矾石丸	如枣核大,内脏中,剧者,再内之	剧者	需调整用量的病势
红蓝花酒	顿服一半,未去再服	未去	应继续服药的表现
肾气丸	梧子大,酒下十五丸,加至二十五丸,日再服	加	逐渐加量的描述
四时加减柴胡饮子			根据季节变化调整用量
长服诃黎勒丸	如桐子大,酒饮二十丸,加至三十丸	加	逐渐加量的描述
三物备急丸	如未瘥,更与三丸,当腹中鸣,即吐下,便瘥	未瘥	需继续服药的表现
		腹中鸣	服药时会出现的表现
		吐下	停止服药的表现

（二）对经方用量策略原始条目的聚类分析

以关键词为基础，将关键词相同或相似的原始条目集合分成相似的对象类，对不同对象类进行标号及命名；分析不同对象类中频繁地同时出现的关键词，根据需要，进一步聚类，整理总结前一次聚类后形成的对象类，最终形成若干条经方用量策略的初级条目。

剔除《伤寒论》及《金匮要略》中重复的方剂，共 99 首方剂包括经方用量策略的原始条目，提取出 162 个关键词。采用“文献聚类”思想，将内容相似的关键词逐步聚类，结果如下。

1. 第一次聚类（表 4-3）

依据原始条目中的关键词是否包含对“用量”或“变量”的描述进行聚类，《伤寒论》及《金匮要略》原文的用量策略原始条目可分为两个大类：直接描述“量”的条目和间接影响“量”的条目。

（1）第一大类：直接描述“量”的条目，共 80 个关键词。此类原始条目用相关词语直接记述了如何用量或如何变量，如“若渴，去半夏，加人参，合前成四两半”、“不吐者，少少加”、“干姜三两，强人可四两”等。

此外，原始条目对“量”的描述又包括“药量”和“服量（或用量）”两种。

“药量”指一首经方中组成药物的剂量。《伤寒论》及《金匮要略》中对直接调整“药量”的描述较少，有 11 次，如“寒多者，加生姜至半斤”、“强人可大附子一枚，干姜三两”等。另有一首方剂对调整药量的描述不在方后注中，而是在方药中，提出了“根据季节调整药物用量”的四时加减柴胡饮子。

“服量”[6]即一服量，指一次服用的药量。原始条目无论是对服量还是药量的变化进行阐述，此条目都属于第一类。《伤寒论》及《金匮要略》中对调整“服量”的描述较多，有 49 次，如“饮服十丸，日三服，渐加，以知为度”等。

（2）第二大类：间接影响“量”的条目，共 82 个关键词。该类条目没有明显的词语告诉医生如何调整用量，但是，此类条目中对服药后，患者病情即将好转或痊愈时应该出现的症状，如“初服微烦，复服汗出便愈”、“小便当利，尿如皂荚汁状，色正赤，一宿腹减，黄从小便去也”。提醒医生如果患者服药后出现了所描述的症状，应该考虑减少药量或及时停药。

2. 第二次聚类

（1）对第一大类条目的第二次聚类（表 4-3）：依据原始条目中的关键词表达“增加用量”或“减用剂量”的不同含义，对第一大类原始条目进行第二次聚类，将直接描述“量”的条目分成三组：

1）表达“增加用量”的原始条目，共 50 个关键词。该组条目包括描述“继续服药”和“增加药量（或服量）”两部分内容。描述“继续服药”的条目如“若不汗，更服依前法”等，描述“增加药量（或服量）”的条目如“今加桂满五两，所以加桂者，以能泄奔豚气也”等。

2）表达“减少用量”的原始条目，共 28 个关键词。该组条目包括描述“减少药量（或服量)”和“停药”两方面内容。表述“减少药量(或服量)”的条目如“恐一升多者,宜服六七合为始” 等,表述“停药”的条目如“停后服,不必尽剂”等。

3)描述其他用量策略的原始条目,共8个关键词,包括调整一日内服药频次、调整两次服药的间隔时间、改变剂型、改变给药途径、控制一日最大服量等方法来调整方药的用量。

表4-3 《伤寒论》及《金匮要略》原文的用量策略聚类分析

第一次聚类	第二次聚类		代表方剂	代表条目
直接描述量的条目	增加用量	继续服药	桂枝汤、柴胡加芒硝汤、抵当汤、大陷胸丸、瓜蒂散、甘草附子汤、小承气汤、苦酒汤、白头翁汤、乌头汤、茯苓杏仁甘草汤、赤丸、乌头煎、乌头桂枝汤、甘草麻黄汤、桂枝加黄芪汤、芎归胶艾汤、白术散、矾石丸、红蓝花酒	“若不汗,更服依前法。”“若病重者,一日一夜服,周时观之。”“不解更作。”“不下,更服。”“不吐者,少少加”“汗止复烦者,将服五合。”“已后渴者,大麦粥服之,病虽愈,服之勿置。”“剧者,再内之”
		增加药量或服量	四逆汤、小柴胡汤、桂枝加桂汤、十枣汤、麻子仁丸、真武汤、通脉四逆汤、乌梅丸、理中丸、通脉四逆加猪胆汁汤、赤石脂丸、大黄附子汤、厚朴七物汤、当归生姜羊肉汤、防己椒目葶苈大黄丸、瓜蒌瞿麦丸、桂枝茯苓丸、当归贝母苦参丸、白术散、竹叶汤、竹皮大丸、肾气丸、长服诃黎勒丸、三物备急丸	“强人可大附子一枚,干姜三两。”“若渴,去半夏,加人参,合前成四两半。”“加桂满五两。”“下少,病不除者,明日更服,加半钱。”“饮服十丸,日三服,渐加,以知为度。”“先食饮服十丸,日三服,稍加至二十丸。”“寒者,加干姜,足前成四两半。”“腹中未热,益至三四丸”“如未差,更与三丸”
	减少用量	停药	桂枝汤、大青龙汤、栀子豉汤、栀子甘草豉汤、栀子生姜豉汤、栀子厚朴汤、栀子干姜汤、大陷胸汤、瓜蒂散、大承气汤、小承气汤、桃花汤、牡蛎泽泻散、百合地黄汤、百合滑石散、杏子汤、生姜半夏汤、甘草粉蜜汤	“得吐者,止后服。”“得快利止后服。”“若一服愈,余勿服。”“小便利,止后服。”“得汗止服”
		减少药量或服量	白散、十枣汤、去桂加白术汤、甘草附子汤、小青龙加石膏汤、乌头煎	“羸者减之。”“附子三枚恐多也,虚弱家及产妇,宜减服之。”“恐一升多者,宜服六七合为始。”“羸者减之,二、三服。”“小儿服四合”
	其他	调整服药频次或时间	桂枝汤、升麻鳖甲汤、蜀漆散	“又不汗,后服小促其间,半日许,令三服尽。”“煮取一升,顿服之;老小再服”“温疟加蜀漆半分,临发时服一钱匕。(寒疟)未发前,以浆水服半钱匕”
		改变剂型或给药途径	理中丸、王不留行散	“腹中未热,益至三四丸,然不及汤。”“小疮即粉之,大疮但服之”
		控制一日最大服量	乌头煎	“不瘥明日更服,不可一日再服”
	特殊方剂		四时加减柴胡饮子	根据季节调整药量

续表

<table>
<tr><th>第一次聚类</th><th colspan="2">第二次聚类</th><th>代表方剂</th><th>代表条目</th></tr>
<tr><td rowspan="4">间接影响量的条目</td><td rowspan="2">服药后的正常反应</td><td>服药后应该出现的反应</td><td>桂枝汤、桂枝加葛根汤、葛根汤、葛根加半夏汤、麻黄汤、大青龙汤、桂枝加厚朴杏子汤、桃核承气汤、柴胡桂枝干姜汤、枳实栀子豉汤、瓜蒌桂枝汤、防己黄芪汤、升麻鳖甲汤、白虎加桂枝汤、甘草干姜茯苓白术汤、茯苓桂枝白术甘草汤、薏苡附子败酱散、竹叶汤</td><td>“遍身漐漐微似有汗者益佳。”“当微利。”“初服微烦”、“取汗”、“腰中即温”、“小便则利”</td></tr>
<tr><td>疾病即将痊愈的反应</td><td>桂枝去桂加茯苓白术汤、五苓散、大陷胸丸、柴胡桂枝干姜汤、十枣汤、甘草附子汤、茵陈蒿汤、麻黄升麻汤、麻黄加术汤、麻黄杏仁薏苡甘草汤、厚朴三物汤、乌头桂枝汤、木防己加茯苓芒硝汤、枳实白术汤、文蛤汤、橘皮汤、葵子茯苓散</td><td>“汗出愈。”“取下为效。”“小便当利，尿如皂荚汁状，色正赤，一宿腹减，黄从小便去也。”“微利则愈”、“腹中温为知”、“下咽则愈。”“小便利则愈”</td></tr>
<tr><td colspan="2">服药后看似异常实为正常的反应</td><td>去桂加白术汤、防己黄芪汤、白术附子汤、桔梗汤、大黄附子汤、乌头桂枝汤、桂枝去芍药加麻黄附子细辛汤、黄芪芍药桂枝苦酒汤、桂枝加黄芪汤、硝石矾石散、大黄牡丹汤、下瘀血汤、大黄甘遂汤、三物备急丸</td><td>“初一服，其人身如痹，半日许复服之，三服都尽，其人如冒状，勿怪”“服后当如虫行皮中，从腰下如冰”“一服觉身痹，半日许再服，三服都尽。其人如冒状勿怪。”“分温再服，则吐脓血也。”“服后如人行四五里，进一服。”“其知者如醉状。”“当汗出如虫行皮中即愈。”“当心烦，服至六七日乃解。”“病随大小便去，小便正黄，大便正黑”“有脓当下，如无脓当下血。”“顿服之，新血下如豚肝。”“其血当下”“当腹中鸣，即吐下，便瘥”</td></tr>
<tr><td colspan="2">服药后的异常反应</td><td>大青龙汤、百合地黄汤</td><td>“若复服，汗多亡阳遂虚，恶风烦躁，不得眠也。”“中病勿更服，大便常如漆”</td></tr>
</table>

（2）对第二大类条目的第二次聚类（表4-3）：依据原始条目中的关键词表达“服药后出现的不同反应”，对第二大类原始条目进行第二次聚类，将间接影响“量”的条目分成三组：

1）“服药后出现的正常反应”，即服药后应该出现的症状或疾病即将痊愈时出现的症状，见到此类症状时可考虑减少方药用量，或停药。如“温令微汗瘥”、“得吐者为中病”等。

2）“服药后出现的看似异常，实为正常的反应”，即服药后出现某些症状，看似异常，却是正常的反应，此时不必减少方药用量，可守方。如“服后当如虫行皮中，从腰下如冰”等。

3）“服药后出现的异常反应”，即服药后不应该出现的症状，可考虑为服药过量，应及时停药。如“不可令（汗）如水流漓，病必不除”、“若复服，汗多亡阳遂虚，恶风烦躁，不得眠也”等。

3. 第三次聚类(表4-4)

第二次聚类发现,经方原文对剂量变化的描述有"增量"、"减量"等,依据原始条目中描述"改变用量原因"的关键词,对原始条目进行第三次聚类。"改变用量的原因"可以直接回答"何时变量"的问题,是用量策略的重要内容。因此,经第三次聚类,形成了基于《伤寒论》及《金匮要略》原文的经方用量策略初级条目,共9条,分别是随病施量、随症施量、因势施量、因人施量、因药施量、因剂型施量、因服药后反应施量、因服药方法施量、因季节施量。

表4-4 《伤寒论》及《金匮要略》原文的经方用量策略初级条目

用量策略	代表方剂	代表条目
随病施量	蜀漆散、桂枝加桂汤	"温疟加蜀漆半分,临发时服一钱匕。(寒疟)未发前,以浆水服半钱匕" "今加桂满五两,所以加桂者,以能泄奔豚气也"
随症施量	小柴胡汤、甘草附子汤、真武汤、理中丸、白术散、竹叶汤、竹皮大丸	"若渴,去半夏,加人参,合前成四两半。""汗止复烦者,将服五合。""若呕者,去附子,加生姜,足前为半斤。""渴欲得水者,加术,足前成四两半。""腹中痛者,加人参,足前成四两半。""寒者,加干姜,足前成四两半。""心下毒痛,倍加川芎。""已后渴者,大麦粥服之,病虽愈,服之勿置。""颈项强,用大附子一枚"
因势施量	桂枝汤、厚朴七物汤、当归生姜羊肉汤、王不留行散、矾石丸	"若病重者,一日一夜服,周时观之。""寒多者,加生姜至半斤。""小疮即粉之,大疮但服之。""剧者,再内之"
因人施量	四逆汤、白散、十枣汤、去桂加白术汤、通脉四逆汤、通脉四逆加猪胆汁汤、升麻鳖甲汤、小青龙加石膏汤、大黄附子汤、乌头煎	"强人可大附子一枚,干姜三两。""强人半钱匕,羸者减之。""强人服一钱匕,羸人服半钱""附子三枚恐多也,虚弱家及产妇,宜减服之。""老小再服""煮取三升,强人服一升,羸者减之""小儿服四合。""煮取二升,分温三服;若强人煮取二升半,分温三服。""强人服七合,弱人服五合"
因药施量	主要指重用有大毒的药物附子、乌头等的系列方剂,如乌头煎	"不差明日更服,不可一日再服"
因剂型施量	抵当汤与抵当丸、大陷胸汤与大陷胸丸、理中汤与理中丸	"腹中未热,益至三四丸,然不及汤。(理中丸方后注)"
因服药后反应施量	桂枝汤、大青龙汤、栀子豉汤、栀子甘草豉汤、栀子生姜豉汤、栀子厚朴汤、栀子干姜汤、柴胡加芒硝汤、抵当汤、大陷胸丸、大陷胸汤、十枣汤、瓜蒂散、大承气汤、小承气汤、麻子仁丸、桃花汤、苦酒汤、白头翁汤、牡蛎泽泻散、百合地黄汤、百合滑石散、乌头汤、赤石脂丸、茯苓杏仁甘草汤、赤丸、乌头桂枝汤、瓜蒌瞿麦丸、甘草麻黄汤、杏子汤、桂枝加黄芪汤、生姜半夏汤、甘草粉蜜汤、桂枝茯苓丸、红蓝花酒、三物备急丸	"若不汗,更服依前法。""一服汗出,停后服。""得吐者,止后服。""不解更作""不下,更服。""不吐者,少少加,得快吐乃止。""渐加,以知为度。""小便利,止后服。""不知,即服三合;又不知,复加至五合。其知者如醉状"

续表

用量策略	代表方剂	代表条目
因服药方法施量	桂枝汤、升麻鳖甲汤、小青龙加石膏汤、乌头煎	“后服小促其间，半日许，令三服尽。”“煮取一升，顿服之；老小再服，取汗。”“煮取三升，强人服一升，羸者减之，二三服。”“不瘥明日更服，不可一日再服”
因季节施量	四时加减柴胡饮子	

（三）对《伤寒论》、《金匮要略》原文用量策略的总结

上述形成的9条用量策略，反映出经方临证用量的灵活性和复杂性，患者体质、年龄、性别、疾病、证候、症状、季节等均是影响药物剂量的因素，医生处方时应对其进行充分考虑。张仲景对临床用量的控制，除了直接调整处方药物的剂量外，更多是通过嘱咐患者根据病情调整服药量。

《伤寒论》及《金匮要略》的原文，尤其在方后注中，直接包含了许多关于用量的内容；从密切观察患者服药后的病情变化来调整方药用量角度而言，现代医生对用量的关注已远不及仲景，对用量策略的体会也不及仲景深刻，然而剂量对疗效的重要性却是不容忽视的。在辨证准确前提下，合理用量是提高疗效的重要途径。从原文探索经方的用量策略是对张仲景用量理论研究的第一步。

二、国医大师应用经方的用量策略

检索中国知网（CNKI）中以国医大师姓名和经方为关键词的文献；手工检索《伤寒名医验案精选》[19]、《金匮名医验案精选》[20]等书，收集国医大师应用经方的验案。采用文献聚类思想分析国医大师经方验案中与用量相关的条目，提取类似的信息，归纳出若干条用量策略。

国医大师经方验案中的用量策略：共纳入22位国医大师的验案近300例。其中65则验案对用量及用量变化进行了描述，涉及36首经方，15位国医大师。总结出6条用量策略：因服药后反应施量、因症施量、因势施量、因配伍施量、因人施量、因服药方法施量。分述如下。

1. 因服药后反应施量

共筛选出50条与本用量策略相关的条目，举例说明详见表4-5。

根据患者服药后的不同反应，增加或减少剂量。一般服药后疾病向愈，然尚未达到目标，可趁胜追击，加大用量；增加药量的方式有直接增加方药中单味药物的剂量，也可以继续服药来增大剂量。若服药后，病情明显好转，可减少剂量；减量时也可直接减少方药中单味药的剂量或改变剂型，以丸剂代替汤剂，缓其药性、巩固疗效。

表 4-5 "因服药后反应施量"策略的代表条目

处方	文献标识	用量策略说明
白虎加桂枝汤	诸症基本消失,以上方 10 剂配制蜜丸口服,以善其后[21]	改变剂型(汤剂改丸剂),显效减量,巩固疗效
蜀漆散	"服一方未吐,翌日乃作。""常山用量至 30g,无呕吐等不适反应,疟予截止。以后仍给常山用量 12g"[20]	不效加量(服量);显效减量,巩固疗效
防己地黄汤	初诊用重用黄芪 70g,制附子 20g,服药后脚肿已消,仍心累,肢凉。守法守方,加大黄芪和附子用量,黄芪 80g、制附子 30g[22]	乘胜追击,加大用量
桂枝芍药知母汤	初诊制川、草乌各 8g,二诊药后尚未奏效,苔脉同前,此非矢不中的,乃力不及鹄也,上方之制川草、乌改为各 12g。三诊药后关节冷痛明显减轻,疼痛已能忍受,药既获效,率由旧章[23]	乘胜追击,加大用量;病情缓解,减轻用量
桂枝芍药知母汤	诸症好转后,上方配制蜜丸,口服,以善其后[21]	改变剂型(汤剂改丸剂),减少药量,巩固疗效
抵当汤合葶苈大枣泻肺汤	治疗肺性脑病,初诊葶苈子 30g,大黄 9g。服药后"方药颇合病机,病势已衰,乃小其制而进。"前方改葶苈子 15g、大黄 6g[24]	病情缓解,减轻用量
厚朴三物汤	全腹剧痛,大便不通。重用厚朴 40g、川军 5g,服药后排出少量褐色黏液便,腹满痛减轻,入夜复痛。复诊厚朴减至 15g,去川军[25]	病情缓解,减轻用量
黄土汤	"服药后所患皆减而停药"[26]	中病即止
大黄牡丹汤	治疗盲肠炎,初诊生大黄 12g、芒硝 9g,服药后腹仍痛,再诊大黄加至 15g,芒硝 12g,服后下黑黄稀粪。三诊药量略减[20]	乘胜追击,加大用量;病情缓解,减轻用量
桂枝茯苓丸	"嘱服药后若无别病,可停药,以饮食调理之,后遂愈"[27]	中病即止
麻黄杏仁甘草石膏汤	治疗肺炎,初诊生石膏 30g,药后汗出较畅,便难已爽,减生石膏为 15g[28]	病情缓解,减轻用量
麻黄附子细辛汤	治疗慢性咳嗽,初诊麻黄 4.5g、附子 4.5g、细辛 3g,咳喘较平,并能平卧,咯痰量亦减,仍宗前旨加量,以速其效,附子改为 9g,细辛 4.5g、麻黄 6g[24]	乘胜追击,加大用量(按:"细辛为通阳化饮平喘之要药,喘息甚时非此不克,量必重用,一般用 4.5g,喘剧者可用至 9g 以上")
麻黄附子细辛汤	唯先天不足,较为难治,宜守方。遂将附子改为川乌,乌蛇肉加至 12g;用药又达 21 剂,关节痛减,类风湿因子阴性,减制川乌为 6g[29]	乘胜追击,加大用量;病情缓解,减轻用量
小柴胡汤	治疗黄疸,初用茵陈三钱,显效后加至五钱,服药 12 剂后黄疸渐退,茵陈减至三钱[27]	乘胜追击,加大用量;病情缓解,减轻用量
大柴胡汤	治疗急性胰腺炎胃腑实热内结,初诊用大黄 10g,服药后大便正常,诸症好转,去大黄,"恐苦寒伤胃"[30]	中病即止
柴胡桂枝汤	"药后全身汗出,已觉热退身安,腹部与胁部亦无不适感,遂以前方减量再服一剂小和之"[27]	病情缓解,减轻用量,继服巩固疗效

续表

处方	文献标识	用量策略说明
大承气汤	“大便通,便质偏稀,恐过下伤正,故停用大黄、玄明粉,以补脾润肠为主”[31]	中病即止
小承气汤	服上方1剂,大便剧下,停滞之物,尽行排出,腹部胀痛亦解。“一战成功,不必再战”[27]	中病即止
桃核承气汤	治疗慢性肾炎,腰酸乏力,尿血,初诊桃仁20g、大黄10g、赤芍20g,服3剂,肉眼血尿消失,大便日2次,去赤芍,大黄减至7.5g[32]	病情缓解,减轻用量
半夏泻心汤	治疗反胃、恶心、呕吐。初诊用黄芩10g,服药后反胃除、未呕吐,黄芩减半[33]	病情缓解,减轻用量
半夏泻心汤	治疗“胃窦部浅表性胃炎”,初诊黄连3g、干姜3g,复诊诸症好转,唯诉口干、苔淡黄腻,去干姜[34]	病情缓解,减轻用量
白虎加人参汤	治疗产后高热,重用石膏60g,热退后,换方调养[35]	中病即止
五苓散	治疗膀胱癌术后,肾盂积水,初诊猪茯苓各15g,后加至20g[36]	趁胜追击,加大用量
当归四逆散	本案一诊、二诊、三诊未用附片、干姜而无显效,四诊、五诊加附片(6g加至10g,缓解后减至5g)、干姜(5g加至6g),六诊又加鹿角片,层层加码,稳中求进,补而不燥[37]	逐渐加量,撼动病势
当归四逆汤	治疗寒性月经不调,初诊用炮干姜6g,服18剂后腹冷痛减轻,月经来潮,去辛温大热之炮姜,加生姜3片,以防久用化热伤阴[38]	中病即止

2. 因症施量

共筛选出10条与本用量策略相关的条目,举例说明详见表4-6。

“因症施量”可理解为“见是症,用是药”,如高热可用石膏清热解肌、腹痛加白芍以止痛等。在治疗过程中,若某症状减轻,同时出现了新的症状,可随症加减用药和药量。

表4-6　“因症施量”策略的代表条目

处方	文献标识	用量策略说明
厚朴三物汤	产后乳痈并发肠结。全腹胀满疼痛难忍,呕吐,大便秘结。重用厚朴40g,加枳核、橘核各50g[39]	不应拘泥于产后之应,故用“有此病则用此药”之法。重用厚朴、橘核等行气导滞散满
柴胡桂枝干姜汤	治疗乙肝,初诊黄芩6g、桂枝10g,服药后胁下胀痛基本消失,下肢乏力、微寒,桂枝加至12g、黄芩减为5g[40]	胁下胀痛基本消失,故黄芩减量;然微寒、下肢乏力则增加桂枝剂量
甘草泻心汤	治疗口唇溃疡,亦见于外阴部,证类狐惑病。“方中甘草生用,且量较大,旨在清热解毒”[41]	重用甘草清热解毒
甘草泻心汤	治疗白塞综合征,口腔、阴部溃疡反复发作。生甘草重用至50g[42]	重用甘草清热解毒
白虎加人参汤	产后高热,重用石膏60g[43]	见高热,以大剂石膏清热解肌
四逆散	治疗肾结石绞痛,重用白芍30g[43]	重用白芍缓急止痛
理中丸	治疗顽固性便秘,便秘8年,1周左右不大便,腹胀,久用泻下攻伐之剂,脾胃大伤。理中丸改为汤,重用生白术50g[44]	重用白术健脾益气

续表

处方	文献标识	用量策略说明
真武汤	治疗风湿性心脏病,胸腔积液。初诊茯苓10g,白芍、桂枝各12g,白术20g等,服药1周小便增多,水肿消退,但因利水过快,渐现心阴不足,心神不宁之象。上方减温阳利水药,加入益气养阴安神之品[40]	根据症状变化减量
附子汤	二诊时加重白术剂量,因病者腰部酸重,所谓"湿胜则重"。《金匮要略》痹证凡兼"重"症者,多用白术[45]	用白术健脾利湿
炙甘草汤	治疗室性早搏,心悸,炙甘草用至30g。[46]以炙甘草汤为主方加减化裁,桂枝用量曾达30g[47]	重用炙甘草、桂枝温通心阳

3. 因势施量

共筛选出6条与本用量策略相关的条目,举例说明详见表4-7。

病有轻有重,病势危重、药量可大,以重剂起沉疴;病势轻,药量可相对较轻。

表4-7 "因势施量"策略的代表条目

处方	文献标识	用量策略说明
防己地黄汤	生地黄宜重用至60g,取其既可养血,又能除血痹[48]	重用生地黄,治疗风心之痹痛,系风寒湿之邪深伏,导致心脉痹闭,经脉不通,血行不畅之故
厚朴三物汤	全腹剧痛,大便不通。重用厚朴40g、川军5g[25]	病势重,药量重
桃核承气汤	治疗流行性出血热,热毒壅盛,弥漫三焦,血瘀水停,以泻下通瘀为法。初诊生大黄30g、芒硝24g、桃仁12g、淮牛膝12g、鲜生地60g、大麦冬20g、猪苓30g、泽泻12g、白茅根30g[35]	病势急重,以重剂起沉疴
抵当汤	治疗脑梗死,"肠腑瘀热较为突出,故用药从生、熟大黄到生大黄,用量从5g直到15g,才使热清瘀消,病情稳定"[35]	病重药重
抵当汤合葶苈大枣泻肺汤	治疗肺性脑病,昏迷。方用抵当汤合葶苈大枣泻肺汤加减。初诊大黄9g、葶苈子30g、半夏30g等[24]	病重药重
真武汤	治疗先天性心脏病,全身浮肿,下肢肿甚。用真武汤合生脉散加减,重用黄芪60g,复诊浮肿尽消,小便增加诸症缓解,减黄芪到40g。后浮肿2次反复,黄芪量在60～80g调整。茯苓白术在15～20g调整[49]	病势重药重,病势减轻药量减轻

4. 因配伍施量

共筛选出3条与本用量策略相关的条目,举例说明详见表4-8。

方药中的药物除了有绝对剂量,还有相对剂量,即配伍剂量。一般君药剂量大于臣、佐、使药;或为了制约某种药物的偏性,佐制药的剂量也应作出相应调整,如为避免苦寒伤胃,若增大苦寒药用量,相应地可增加辛热药的剂量,以佐制苦寒。

表 4-8　“因配伍施量”策略的代表条目

处方	文献标识	用量策略说明
侯氏黑散	“侯氏黑散之以菊花为君，其量数倍于他药，必按原方比例用之，方能捷效。仲景方不传之秘，极多在剂量比例上欤！”[50]	君药量大
桂枝芍药知母汤	“附子虽可扶阳，而终为辛热之药，为防其劫阴，遂将知母与白芍用量亦加大”[27]	附子剂量增加，同时反佐药白芍、知母剂量随之增加
附子泻心汤	“在运用一般寒、热、攻、补药无效的情况下，采用反击逆从法往往能收到意外之效。例如在治疗寒盛阳微病症的温热重剂中加入少量苦寒之药”[43]	调整用量，以促其效

5. 因人施量

共筛选出 2 条与本用量策略相关的条目，举例说明详见表 4-9。

体质虚弱及年老者，不可重伐。

表 4-9　“因人施量”策略的代表条目

处方	文献标识	用量策略说明
小柴胡汤	“本方用量较轻者，以体本虚弱，邪亦不甚重，既可轻取，不可重伐。夫用药如用兵，若强虏顽敌，非具扛鼎之力，雷霆之势，安能制胜，若弱体微邪，轻取可也”[27]	体虚者不宜重剂
当归四逆散	“本案原非感染热毒所致，唯因年老阳衰，寒结阴凝，气血运行不畅，经脉不通，不可用大剂攻毒破瘀之药”[27]	年老者不宜重剂

6. 因服药方法施量

共筛选出 1 条与本用量策略相关的条目，举例说明详见表 4-10。

增加服药频次以加大方药用量。

表 4-10　“因服药方法施量”策略的代表条目

处方	文献标识	用量策略说明
蜀漆散	第三日于上午 4 时、8 时各服 1 剂，常山用量至 30g[20]	增加服药频率以增大用量

经归纳，国医大师经方验案可形成 6 条用量策略，与《伤寒论》、《金匮要略》原文中总结的用量策略一致。可见，国医大师使用经方的用量策略与张仲景的用量策略是一脉相承的，国医大师在临床用量时，充分考虑到了疾病、患者、药物的特点，真正做到了“随证施量”。

三、现代名老中医应用经方的用量策略

通过文献研究方法，通过对多位现代名老中医应用经方的经验总结，挖掘出一部分

用量策略。

搜索文献以中国知网(CNKI)为来源,发表时间为2000年1月1日至2010年12月8日,搜索库为中国学术期刊网络出版总库、中国重要会议论文全文数据库以及中国重要报纸全文数据库,目标文献主题为"经方"合并"经验",中英文扩展检索。从库中筛选包含经方用量策略相关内容的文章,对其中有关用量策略的文字进行标注,提取标注信息并进行总结归纳。

(一) 现代名老中医经方验案中的用量策略

共检索文献473篇,筛选出有关用量策略的文献110篇。初步总结出7条用量策略[52]。

1. 证对效显、中病减量

文献中共有23篇医案出现中病显效后,药物减量的情况,占调查文献总数的20%。其中全方各药均减量者2篇,单味药减量者21篇,涉及药物18味,详见表4-11。

表4-11 "证对效显、中病减量"的代表文献

病证	方剂	效果	减量药物	初始剂量	减后剂量	参考文献
糖尿病肾病	真武汤	小便量转常,腰酸减轻	猪苓	20	15	彭万年运用经方治疗糖尿病肾病经验
胁痛	厚朴三物汤	胁痛大减	枳实	15	10	于荣经方治验3则
产后高热	白虎加人参汤	心烦热大减,汗出减少,身热减轻	知母	10	5	经方的变通应用
头晕	泽泻汤	头晕目眩大减	泽泻	30	15	尹宗强经方治验3则
痛风早期肾损害	六味地黄汤	肾功指标好转	土茯苓	30	15	关建国治疗痛风早期肾损害经验总结
产后高热	白虎加人参汤	心烦热大减,身热减轻	石膏	60	30	经方的变通应用
血管神经性头痛	白虎汤	头痛减轻,心烦未见,舌苔转为薄黄	石膏	50	30	石膏类经方治验举隅
神经性头痛	竹叶石膏汤	心烦口渴减轻,考虑脾虚	石膏	40	30	石膏类经方治验举隅
消渴发热	白虎加人参汤	发热烦躁明显减轻	石膏	40	20	段富津活用经方辨治消渴验案2则
胁痛	厚朴三物汤	大便通,恶心止	生大黄	15	12	于荣经方治验3则
下焦蓄血	桃核承气汤	小腹不适减,大便量多,已成条状	生大黄	10	6	阴斌教授应用经方治验3则
失眠	柴胡加龙骨牡蛎汤	大便好转,睡眠明显改善	生大黄	10	6	张俊杰经方治验5则
阑尾炎周围脓肿	大黄牡丹汤	腹痛好转,大便通畅	生大黄	10	5	经方救治急症验案三则
急性胆囊炎	大柴胡汤	大便由干结变不爽	生大黄	5	3	梁世绍老中医运用大柴胡汤经验介绍

续表

病证	方剂	效果	减量药物	初始剂量	减后剂量	参考文献
慢性肾炎阳性水肿		显效	肉桂	3	1～2	王少华主任医师运用含附子组方治疗慢性肾炎阳虚水肿经验介绍
斑秃	桂枝加龙骨牡蛎汤	头晕目眩大减	牡蛎	30	15	肖建桥经方治验4则
斑秃	桂枝加龙骨牡蛎汤	头晕目眩大减	龙骨	30	15	肖建桥经方治验4则
慢性浅表性胃炎	半夏厚朴汤	胃痛缓解，反酸除	龙骨	30	15	胃痛经方治验举隅
痹症	麻杏薏甘汤	病情缓解	黄芪	90	40	戴裕光教授治疗痹证经验
胁痛	厚朴三物汤	胁痛大减	厚朴	30	15	于荣经方治验3则
顽固性高热	桂枝加附子汤	体温降至正常，无明显恶风、汗出	桂枝	20	15	史载祥运用经方治疗顽固性高热经验
斑秃	桂枝加龙骨牡蛎汤	脱发已长新，眼部无发凉感，头晕目眩轻	桂枝	10	6	肖建桥经方治验4则
慢性肾炎阳性水肿		显效	附子	6～10	3～4	王少华主任医师运用含附子组方治疗慢性肾炎阳虚水肿经验介绍
痹症	麻杏薏甘汤	病情缓解	附子	15	10	戴裕光教授治疗痹证经验
中毒痢疾	附子汤	下痢减轻，血压恢复正常	附子	10	6	张慧岭经方治验2则
小儿阳虚久泻	四逆加人参汤	大便量从20～30次急减为1次	附子	10	6	张磊教授运用经方治疗疑难病举隅
慢性浅表性胃炎	半夏厚朴汤	胃痛缓解，反酸除	煅瓦楞子	30	15	胃痛经方治验举隅
小儿阳虚久泻	四逆加人参汤	大便量从20～30次急减为1次	党参	20	6	张磊教授运用经方治疗疑难病举隅
月经不调	当归芍药汤	月经量趋于正常	当归	15	10	陈瑞春医案遗稿
胃肠实热	大柴胡汤	上腹疼痛、恶心、呕吐都有缓解	柴胡	12	10	陈玉经方治验3则

聚类分析后显示，18种“中病后即需要减量”的药物以大黄、石膏、附子、桂枝此类大寒、大热、或有毒药物为主。因石膏性寒，大量应用此药易致胃寒，食欲受损，故但见阳明热退，则减石膏用量以防伤阴伤脾，可从40～60g减为20～30g；生大黄因可致泻下，当大便恢复正常，或次数增多时，大黄量需减，从10g减为6g者居多；附子、桂枝、肉桂均具辛甘火热之性，常服有伤阴之嫌。为扬长避短，既能发挥疗效，又不发生副作用，应中病后立即减量。可减为原剂量的2/3。故临床应用此类毒副作用较大的药物时需注意此规律。

2. 趁胜追击、显效加量

所查文献中，显示药物显效后加量者共14篇。占文献总数的13%，详见表4-12。

表 4-12 “趁胜追击、显效加量”的代表文献

病证	方剂	药效	药物	用量	药物	用量	药物	用量	药物	用量	参考文献
癃闭	补阳还五汤	药后语声稍强	黄芪	加量至60g							夏元清经方验案三则
消渴夜尿频数	瓜蒌瞿麦丸	夜尿减少，余症大减	生山药	50g 加至 60g							李发枝教授经方验案举隅
高热	甘草泻心汤合防己黄芪汤	发热退，但仍有勿寒怕风	制附子	15g 加至 20g							李发枝教授应用甘草泻心汤经验
痹证	桂枝加附子汤	诸症改善，但仍腰痛	三七	10g 加至 12g							李赛美教授运用经方经验介绍
噎膈	旋覆代赭汤	胃气渐复	生半夏	30g 加至 50g							刘嘉湘经方论治肿瘤验案
窦房结综合征	麻黄附子细辛汤	心悸、畏寒好转，心率加快	麻黄	10g 增至 15g	制附子	10g 增至20g	细辛	10g 增至20g	党参	10g 增至20g	罗陆一辨治病态窦房结综合征临证经验探析
窦房结综合征	麻黄附子细辛汤	心悸、畏寒好转，心率加快	麻黄	10g 增至 12g	制附子	10g 增至15g	细辛	10g 增至15g	人参	10g 增至15g	罗陆一教授运用伤寒论经方治疗心血管疾病经验介绍
胸痹	瓜蒌薤白半夏汤	胸闷痛减轻	赤芍	10g 加至 15g							毛德西教授应用经方辨治胸痹经验
糖尿病肾病	真武汤	双下肢浮肿明显减退	制附子	6g 加至 10g							彭万年经方治疗糖尿病肾病经验举要
高热	桂枝加附子汤	热势顿挫，但午后仍低热	制附子	10g 加至 15g	桂枝	15g 加至20g	白芍	15g 加至20g	生姜、大枣	15g 加至20g	史载祥运用经方治疗顽固性高热经验
痿证	四妙散	下肢较前有力，但仍有双足痛	生薏米	60g 加至 90g	黄芪	90g 加至120g					仝小林教授应用大剂量黄芪治疗痿证经验
呕逆	生姜泻心汤	症状减轻	半夏	15g 加至 20g	黄连	10g 加至15g	党参	15g 加至20g	茯苓	15g 加至20g	吴凤全教授用经方治呕逆临床经验举隅
心律失常	桂枝茯苓丸	心慌胸闷消失，面色黄黯	桃仁	10g 加至 15g	赤芍	10g 加至15g					心律失常经方方证对应论治体悟
尿频数	真武汤	夜尿减少，余症大减	制附子	6g 加至 10g							

聚类分析后显示,方证对应效显后,全方各药均加量者有4篇,其余为单味药物加量。共涉及19味药物。所涉及药物无明显规律性,但均对应还未完全缓解的某个症状,当药物显效后,需趁胜追击,加大剂量而使药物迅速达到根治的目的。

3. 病重药轻、不效加量

所查文献中有3篇提到用药后效果不显著者,须加大剂量后显效。

燥热过亢的高热不退,小剂白虎难平炎炎之势,然确认各证均为白虎汤证,揆度再三,改投大剂白虎汤,石膏重用至8两,方降病势[53]。肾气丸合桂枝加附子汤治疗汗证,药后症状改善不明显,舌脉如前。守方,改制附子6g为9g,天花粉、杜仲、牛膝、桑寄生均从15g加至为30g,服药后症状明显改善。

久病重病的患者,初始用小剂量药物,可能效果并不显著,这可能有两个原因,一为辨证不准,二为剂量不够,若医者自信辨证无误,则可守方加大药物剂量。当方证对应后,只有量与病情轻重有机配合,才能效果显著。故病重药轻时,需不效加量。

4. 组方配伍、比例关键

所查文献中共有9篇提到相对剂量的问题,占10%。

(1)半夏泻心汤。2篇文献提及方中黄连和干姜的比例是取效关键,下利重则减黄连重干姜,热象重则减干姜重黄连。

(2)旋覆代赭汤。郝万山教授曾精辟论述到,呃逆与噫气概念不同,若配方中旋覆花量重而代赭石量轻,则疗噫气不除;反之,旋覆花量轻而代赭石量重,则疗呃逆。

(3)黄连吴茱萸汤。寇瑞庭治疗呃逆时,方中两药比例由原来之6∶1改为2∶1,意在取吴茱萸速破逆上之冲气。(《寇瑞庭治疗呃逆临证经验》)

(4)麻杏石甘汤中。石膏量需5倍于麻黄,从而使辛温变成辛凉重剂。

(5)其他。李可老中医用半夏与姜之比例为等量,夏量增而姜量亦递增。(《浅谈李可老中医运用生半夏的临床体会》)唐祖宣教授在治老年性哮喘伴发咳即遗尿时强调甘草用量必大于干姜1倍(《唐祖宣运用温阳法的经验》)。仝小林教授在治疗痿症时,大量黄芪配合枳实,一升一降,使气机先降而后升,升降有序,且黄芪用量为枳实4倍,故意在补气升阳(《仝小林教授应用大剂量黄芪治疗痿证经》)。

可见,很多医家对药物的相对剂量较为重视。相对剂量体现了组方的法度和配伍规律,也反映了医家对于病机的把握。方剂功效的大小,无疑受到药物绝对剂量的影响,但方剂整体功效的发挥,却与药物间剂量比例的有重要关系。在仲景的《伤寒论》中,药味相同,而因比例不同,方名及功效随之变化的方剂不胜枚举,如桂枝汤中桂枝芍药之比为1∶1,为调和营卫剂,而桂枝芍药的比例调整为1∶2,则变为缓急止痛的桂枝加芍药汤了。故临床组方配伍时,药物比例应引起诸位医家重视。

5. 脾胃受损、老年体弱,药量宜轻

朱良春在专论适用轻量的病症时提到对于脾胃受损、年老体弱的患者,大剂量药物可能药过病所,耗伤正气。而所查文献中共4篇文章提示,大剂量寒凉之品不可用于脾胃受损患者。故临床对于脾胃受损及年老体弱患者，为避免耗伤正气，应注意小量用药，尤其要避免大剂量寒凉药物的应用。

6. 药准量大、直达病所

所查文献中55次提到了一些重用效显的单味中药，详见表4-13。

表4-13 “药准量大、直达病所”的代表文献

药名	大剂量用药时病情	用量/g	病案数/个
附子	肾阳虚，督脉寒	20~100	6
白芍	腹痛拘急	20~30	5
黄芪	需益气升提	45~80，可重用至500	4
生石膏	阳明热盛	40~200	4
炙甘草	纠正心律	15~60	3
茯苓	心悸水肿	30	2
甘草	缓急止痛	15	2
生地	通血脉	30~90	2
酸枣仁	眠差	30~90	2
枳壳	解痉止痛	30	2
白蒺藜	阳痿	30g	1
白芍	反复出现尿蛋白	大剂量	1
白术	腹部胀痛	30	1
半夏	顽固咳嗽	50	1
苍术	顽疾	30	1
大枣		30	1
干姜	安全剂量	100	1
甘遂	安全剂量	15	1
桂枝	顽疾	30	1
厚朴	顽固咳嗽	30	1
黄柏	顽疾	30	1
黄芪	痿症	120	1
麻黄	需发挥宣发之功	45	1
木通	顽疾	30	1
蒲公英	胃火盛	30	1
肉桂	慢性结肠炎	30	1
生姜	利水	30	1
菟丝子	梦遗	60	1
细辛	安全剂量	20~30	1
细辛	润肠	6~9	1
茵陈	清热利湿退黄	30~100	1
枳实	降逆止咳	60	1

聚类分析后显示，当治疗重病、急症，或顽固性疾病时，或对于久病肾阳虚的患者，显效药物要注意大剂量应用，这样才能直达病所，直折病邪。药物剂量较大时因超出药典剂量，应严格注意煎服方法，以免产生毒副作用。

（二）对现代名老中医经方案验用量策略的总结

临床使用经方，必须重视剂量，不论绝对剂量，还是相对剂量，在辨证准确的前提下，只有证、方、量相对，才能出现明显效果。现代医家在流行推崇大剂量的同时，仍有一部分医家应用轻灵小量而效果显著，这依据个人用药习惯而定，不可勉强。但不论何种，药味各剂量的轻重都是随证有不同的，若都小量至10g，或都大量至50g，也就失去了经方的魅力所在了。故临床用药时一定要把握以下策略，即：证对效显，中病减量；趁胜追击，显效加量；病重药轻，不效加量；组方配伍，注意比例；药准量大，直达病所；脾胃虚弱、年老体弱，剂量要小。另外，临床医生在不敢直接用大剂量药物的情况下，最好采用仲景所言“微量渐加，以知为度”的方法逐渐加量，这可解决根据病者个体差异性对用药剂量的承受能力去调节用药剂量的困难[54]。当然，所总结的6点用量策略仅出自于10年经方文献，但我们可从经方的用量策略普推到临床全方的用量策略，来更深一层挖掘探讨，近10年经方验案中的用量策略见表4-14。

表4-14　近10年经方验案中的用量策略

用量策略	文献量	涉及经方或药物举例
证对效显，中病减量	23篇	真武汤、厚朴三物汤、白虎加人参汤、泽泻汤、白虎汤、竹叶石膏汤、桃核承气汤、柴胡加龙骨牡蛎汤、大黄牡丹汤、大柴胡汤、桂枝加龙骨牡蛎汤、半夏厚朴汤、麻黄杏仁薏苡甘草汤、桂枝加附子汤、附子汤、四逆加人参汤、当归芍药汤
趁胜追击，显效加量	14篇	瓜蒌瞿麦丸、甘草泻心汤、防己黄芪汤、桂枝加附子汤、旋覆代赭汤、麻黄附子细辛汤、瓜蒌薤白半夏汤、真武汤、生姜泻心汤、桂枝茯苓丸
病重药轻，不效加量	3篇	白虎汤、肾气丸、桂枝加附子汤
组方配伍，比例关键	9篇	半夏泻心汤、旋覆代赭汤、黄连吴茱萸汤、麻黄杏仁甘草石膏汤、黄芪桂枝五物汤
脾胃受损，老年体弱，药量宜轻	4篇	
药准量大，直达病所	55篇	附子100g、生石膏200g、半夏50g、干姜100g、枳实60g等

可见，现代名老中医应用经方时，对药物用量做出了充分考虑。若将上述归纳的6条用量策略与《伤寒论》、《金匮要略》原文中的用量策略比较，现代名老中医经方验案体现了“因服药后反应施量”、“因配伍施量”、“因人施量”、“因病势施量”等经方用量策略。

参考文献

[1] 王清任. 医林改错. 北京：人民卫生出版社，1991. 55
[2] 孙思邈. 备急千金要方. 上海：上海科学技术出版社，2000. 35
[3] 赵佶. 圣济总录. 北京：人民卫生出版社，1962. 118
[4] 吴有性. 瘟疫论. 上海：上海科学技术出版社，1990. 40
[5] 王冰(注). 黄帝内经素问. 北京：人民卫生出版社，1963
[6] 傅延龄，杨琳，宋佳，等. 论方药的服量. 中医杂志，2011，52(1)：8～11
[7] 孙思邈. 备急千金要方. 上海：上海科学技术出版社，2000. 36
[8] 尚志钧. 神农本草经校注. 北京：学苑出版社，2008. 8
[9] 叶天士. 温热论. 北京：人民卫生出版社，2000. 17
[10] 朱良春. 中药用量与作用之关系. 中医药通报，2007，6(5)：7～11

[11] 仝小林,刘文科. 论方药用量策略. 中医杂志,2011,52(6):469~470
[12] 丁维. 基于数据挖掘技术的中医方药量效关联研究. 成都中医药大学,2007:27~28
[13] 仝小林,吴义春,姬航宇,等. 迷失的经方剂量. 2009,43(12):4~6
[14] 仝小林,穆兰澄,姬航宇,等.《伤寒论》药物剂量考. 中医杂志,2009,50(4):368~372
[15] 孙振球. 医学统计学. 第2版. 北京:人民卫生出版社,2002.398
[16] 魏建香,苏新宁. 基于关键词和摘要相关度的文献聚类研究. 情报学报,2009,28(2):220~224
[17] 张仲景. 伤寒论. 北京:人民卫生出版社,2005
[18] 吴谦. 御纂医宗金鉴(武英殿排版印本)·订正仲景全书·金匮要略注. 北京:人民卫生出版社,1963.200~322
[19] 陈明,张印生. 伤寒名医验案精选. 北京:学苑出版社,1998
[20] 陈明. 金匮名医验案精选. 北京:学苑出版社,2000.54,487
[21] 高杜光,刘建设. 路志正教授运用经方治疗风湿类病经验. 世界中西医结合杂志,2006,1(3):130~132
[22] 宋帮丽,傅春华,方芸芸,等. 郭子光治疗顽固性心力衰竭经验. 山东中医杂志,2008,27(9):630~631
[23] 朱婉华,张肖敏,蒋熙. 朱良春老中医治疗风寒湿性关节痛的经验. 黑龙江中医药,1986(8):1~2+8+56
[24] 颜新,夏韵,吴鸿洲. 颜德馨教授运用经方治疗顽疾的经验. 上海中医药杂志,1997(7):14~15
[25] 黄显达. 任继学教授治急症验案二则. 陕西中医,1985,6(12):545~546
[26] 韩天雄,孔令越,邢斌. 颜德馨运用温阳法治疗消化系统疾病的经验. 江苏中医药,2008,40(5):24~25
[27] 张灿玾,张增敏,张鹤鸣. 张灿玾医论医案纂要. 北京:科学出版社,2009.235,264,265,288,296,298,324
[28] 朱良春. 通利疗法在温热病中的应用. 中国医药学报,1996,11(3):52~55
[29] 路志正. 路志正医林集腋. 北京:人民卫生出版社,2009.41
[30] 李淑菊,张佩青,王今朝. 张琪临证抓主证的经验分析. 辽宁中医杂志,2007,34(9):1199~1200
[31] 高新颜,张冰,杨红莲. 颜正华教授应用通腑三法经验介绍. 新中医,2008,40(5):19~20
[32] 古凤江,张少麟. 张琪验案4则. 中医杂志,1997,38(3):148~149
[33] 杨利. 邓铁涛教授运用经方治验4则. 新中医,2004,36(6):11~12
[34] 王晓岩,曹学君. 周仲瑛胃病治验. 中国社区医师,2007,23(20):35~36
[35] 周仲瑛. 经方的变通应用. 继续医学教育,21(19):35~36
[36] 周学平,王志英. 周仲瑛肾病验案3则. 浙江中医杂志,1997,(10):470~471
[37] 陈四清. 当归四逆汤加减治雷诺病. 江苏中医药,2005,26(5):30~31
[38] 路志正. 变通当归四逆汤治痛经厥逆. 山西中医,1987,(2):4
[39] 南征,温学义. 任继学副教授治验二则. 吉林中医药,1983,(5):34
[40] 邱仕君. 邓铁涛医案与研究. 北京:人民卫生出版社,2009. 88,138
[41] 卢良威. 何任老师对金匮方的应用. 浙江中医药大学学报,1980,(4):19~21
[42] 易瑞云. 五种泻心汤的临床运用和体会. 广西中医药,1984,(2):25~27
[43] 周天寒. 郭子光应用经方验案. 实用中医药杂志,1994,(1):6~7
[44] 邱志济,朱建平,马璇卿. 朱良春治疗顽固便秘的廉验特色选析. 辽宁中医杂志,2003,30(11):867~868
[45] 王庆其. 裘沛然辨治少阴病的经验. 中国医药学报,1992,7(3):35~38
[46] 周文斌,尹克春,蒋丽媛. 邓铁涛调脾护心法治疗心悸的经验. 辽宁中医杂志,2005,32(8):758~760
[47] 裘沛然医案. 中医文献杂志,2002,(1):46
[48] 朱良春. 风心病证治初探. 湖南中医学院学报,1985,(1):18~20
[49] 郭子光. 心律失常的凭脉辨治. 成都中医药大学学报,1996,19(1):8~13
[50] 何任.《金匮》摭记(三). 上海中医药杂志,1984,(8):18~19
[51] 章进. 裘沛然教授治疗疑难病症八法应用举隅. 江苏中医药,2003,24(10):6~8
[52] 仇菲,焦拥政,仝小林,等. 基于文献聚类分析的经方临床用量策略研究. 世界中西医结合杂志,2011,6(8):645~648
[53] 胡向阳,张荣华.《经方实验录》白虎汤证医案辨析. 陕西中医,2008,29(6):701~702
[54] 张炳填,杨宏宝. 论仲景服药法的学术价值. 中国医药学报,2002,17(10):593~595

第五章 “以药为本体”的剂量规律

第一节 中药及复方剂量阈、治疗窗的构建及思考

中药是中医辨证论治理法方药四个重要环节中直接落实到临床疗效的关键环节，包括了药味的选择和药量的确定。长期以来多数医家强调了对药味选择的准确性，体现在偏重于中医辨证论治的鸿篇巨论，却往往忽视了具体药量的确定把握。诚然，药味的选择犹如定靶位的方向，这固然重要，但是药量的精准把握却譬如对靶位距离感的判断，决定了射靶的力道和技巧[1]。这也许是中药复方，尤其是经典名方，虽大多经过千百年来临床验证，临床疗效肯定，但其中奥妙难以清晰明了的直接原因。很多医家在行医数年，摸索前行中终于发现了问题的关键，从而慨叹：中药不传之秘在药量；药味要紧，分量更要紧；既可上下药力，亦可左右药效。因此，研究中药及中药复方剂量范围与规范、量效关系的问题是亟待解决的问题。

一、中药及复方量效关系的特点

任何药物均存在一定的量效关系，中药及中药复方的量效关系具有自身特殊性。实际上每味中药都包含着很多不同的成分，在分子层面上都相当于一个小的中药复方。而这样一个单味中药如同一个小中药复方以完整的个体形式作为一个单位参与了中药复方的组成。并且中药处方用量只是近似或相对准确，除少数毒性药物外，中药方剂中的用量并不要求十分精确，且用量波动范围较大，这也使得中药及其复方的量效关系变得不确定。而化学药物由于其成分单一，因此，具有较为精确的治疗窗，较为明确的量效曲线关系。所谓化学药物的治疗窗是指在产生治疗效应的最小浓度和最小致毒浓度之间的一个合理治疗区域（或称为治疗范围）。较为理想的治疗方案是维持药物的血浆浓度在治疗窗内。

中药及其复方的量效关系与化学药物准确的量效关系相比，其自身特点就决定了其量效关系的模糊性、复杂性，并且由于不能用化学药物的线性关系来描绘，增加了量效关系研究的难度，如很多有关中药的实验研究结果表明在一定范围内，剂量与疗效是呈正比的，即随着剂量的增加，疗效得到相应增加的结果[2]。但是研究发现，一部分中药复方虽然确实存在随着剂量的增加，效用增加的递增变化规律，但达到一定剂量后，效用并不伴随剂量的增加而增加[3]。而且随着构成复方的单味药剂量比的变化，所产生的疗效也不同[4]。存在着时间量效关系，即有时候某个剂量给某个时间量，不一定有效用变化，而剂量不变，时间量改变时，也许就会产生一定的量效关系[5]。

二、合理的剂量阈、治疗窗确定的必要性及其界定

正由于中药及其中药复方的模糊性、复杂性,使得中药及其复方的量效关系不仅仅通过一个曲线或图表等就能够说明的。而且由于其自身的特点,使得其剂量范围、治疗窗不能等同于化学药物的剂量范围及治疗窗,而两者又是构成中药及其复方的量效关系研究的重要因素,也不能用化学药物的剂量范围及治疗窗概念来清楚阐述,因此,对中药及其复方剂量范围、治疗窗的界定成为首要的和必要的关键。

通过长期的临床经验总结及针对于中药的量效关系,我们尝试提出了中药的治疗窗和剂量阈的概念,试图体现中药复方关于剂量的基本特点。

剂量是指中药在所处的方剂中,对应的病证所采取的药量,不同的病证所采用的药量是不同的,这里也包含了处方的辨证论治思想在里面,所以称之为剂量,而非简单的药量。提示研究剂量必须针对适应证才有意义。

每一味中药或每个中药复方有很多的适应证,对每一个适应证的药物用量是不同的,而对某个适应证所采用的不同剂量就构成了这味中药的某个适应证的治疗窗。而对每味中药或每个中药复方的多个适应证的多个治疗窗就构成了这味中药或中药复方的剂量阈。治疗窗要比剂量阈窄,也就是说每味中药或中药复方的剂量阈是包含了这味药或中药复方中很多适应证的治疗窗。换言之,也就是说每味药或一个中药复方只有一个剂量阈,但可能会有多个针对不同治疗目标的治疗窗,治疗窗之间可有交叉,也可有重叠。即治疗窗是针对不同的治疗目标或症候群所采用的最佳剂量范围,剂量阈是指中药或中药复方的总体的最佳治疗剂量范围,包含多个治疗窗。

对于中药复方的剂量阈和治疗窗,相对于单味中药而言,中药复方多是针对特定的治疗目标或症候群所组成的,因此,它的治疗靶向强,治疗窗阈往往较为明确,剂量域里包含的治疗窗相对少,对临床的指导意义也更大。

简而言之,中药或中药复方不同的治疗窗,在临床中针对中药在方剂中所能采用的有效剂量范围,就称之为剂量阈,在剂量阈里,存在着多个治疗窗,治疗窗的范围要比剂量阈窄。多数中药的剂量阈是小于等于其最小致毒量的,而个别中药还要大于最小致毒量,表现在突破了最小致毒量,在最小致毒量与最大应用量之间,运用了中药毒副作用来发挥中药独特的治疗作用的。

以吴鞠通"半夏一两降逆止呕,二两安神助眠"为例,阐释说明剂量域和治疗窗的含义:前人经验对于半夏降逆止呕是一个治疗目标,对应的剂量是 1 两左右,这是一个估算数,0.8 两、0.9 两、1.1 两、1.2 两都可能是治呕的一个剂量,那么治呕的剂量范围就是 0.8~1.1 两,也可能是 0.8~1.2 两,还可能是 0.9~1.2 两等,这是一个范围,而最佳范围就是半夏降逆止呕的治疗窗,而这正需要通过的实验、通过临床来量化、来证明。明确其治疗窗,从而更好地指导用药,达到量效最佳比。同理,对于半夏的另一个治疗目标安神助眠的最佳剂量范围可能是 1.8~2.1 两,也可能是 1.8~2.2 两等,这只是举例说明,半夏可能会存在的两个治疗窗,多个治疗窗就构成了剂量阈。

因此,对每一味中药及每一个中药复方可能会存在一个到多个的治疗窗,多个治疗

窗整体上就构成了一味中药或一个复方的剂量阈。

目前中药及复方的量效关系研究多是针对动物实验的研究，在临床上关于量效关系的研究力度还远远不够，而中药量效关系的研究是中药用量由经验积累走向现代医学客观化的重要桥梁，也是中药起效的关键因素，因此，加强实验和临床的研究，互相促进，能够加快量效关系研究的进程，指导临床用药。

虽然中药的毒副作用较少，安全系数较高。其中药用量在临床应用较为灵活，但是关于中药剂量如果没有一个客观化的标准，不能界定针对不同疾病的治疗窗，这将严重影响中药的疗效，并且很容易产生不良反应。

因此在今后的研究中也要从不同的疾病治疗目标出发，设立每一个中药或复方的剂量阈，并加强中药的安全性研究，着重为不同疾病、治疗目标或者综合征寻求最佳的治疗窗，能够使中药在中医辨证思想的指导下，进行量化，即在某一治疗窗内，多大的量起什么样的效，就是比较明确的，可衡量的，这样就能够有针对性地指导临床，有利于疾病的治疗和中药及其复方客观化的发展，也是中医药现代化所亟待解决的问题。

第二节　中药复方量效关系剂量阈研究方法探讨

中药复方量效关系是确定临床用药剂量的依据，是确保用药有效性和安全性的基础。然而量效关系受人体、药材等许多因素的影响[6]。中药复方量效研究的核心概念之一是随证施量的阐释，随证施量即医生以追求最佳疗效为目的，视病情而调整用量的策略及其规律，反映的是医生的主观能动作用，其内涵应隶属为“以医为本”的剂量理论。内容主要包括：因病施量、因证施量、因方施量、因药施量。中药复方量效关系研究的核心概念之二是“剂量阈”的研究，即“以药为本”的量效关系规律的探索，反映的是药物与机体相互作用的客观规律。即阐释方药剂量与病证效应变化关系及其影响因素的作用规律，当病、证、方、药确定后，其方药的“量”是决定“效”的关键因素，并有其最佳的剂量范围[7]。

（一）中药复方量效关系的关键科学问题

中药复方量效关系研究难度大，影响因素复杂，其关键科学问题可概括如下。

（1）中药复方量效关系是否客观存在，其存在的关系是什么？

（2）中药复方量效关系的科学内涵是什么？

（3）影响中药复方量效关系的关键因素有哪些？

（4）如何构建中药复方量效关系的剂量理论？

（二）中药复方量效关系“剂量阈”参数

中药复方量效关系影响因素复杂，但当病、证、方确定后，中药复方的量效关系便成为中药复方的客观属性，该属性可以用现代药理学的“剂量阈”参数来表述。中药复方量效关系的客观性，表明其仍遵守现代生命科学的两个量效关系方程：①平衡方程（又称质量作用定律）：药物产生的效是由药物的属性及其量决定，量是决定效的关键因素。

②守衡方程:药物产生的效是由其相关的受体和配基总浓度决定,并有效应的最大值[8]。这两个量效关系方程能较好阐明中药多成分、多靶点的作用。经饱和函数分析,作用复杂的中药复方的量效关系参数可以用相应的剂量阈表述。

半饱和剂量,或中位剂量($[D]_{0.5}$):用以测量效应对剂量的影响度(表观亲和力)。

最佳剂量阈范围($[D]_{0.8}\sim[D]_{0.2}$):测量饱和函数延续的剂量范围。它隐含如下假设:由于存在实验误差,不容易有效区别20%饱和与0%饱和,80%饱和与完全饱和。

剂量阈($[D]_{0.2}$):测量产生效应的剂量的阈值。

(三)中药复方量效关系的内涵

1. 中药复方量效关系中的“量”的内涵

中药复方的“量”有多层次的“量”,如中药复方存在处方量、饮片量、有效成分煎出量、有效成分入血量等。依据量效关系质量作用定律,中药复方的“量”可以用向量矩阵($[D]_m$)表述。向量又称矢量,指线性空间中的元素。矢量是具有方向的长度值,其方向和长度可以随着属性的改变而改变。方向相同的两矢量相加就可增加原矢量值,方向相反的两矢量相加就可减少原矢量值。$[D]_m$中,$m\geqslant1$,当$m=1$,$[D]_m$为整方量;当$m>1$时,$[D]_m$为多维整方饮片剂量的矢量,或$[D]_m$为多维有效成分煎出量或有效成分入血量等矢量。在量效关系研究中,向量矩阵($[D]_m$)引入了剂量变化的列n($[D]_{mn}$),向量矩阵($[D]_{mn}$)与靶点向量矩阵$[R]_i$(R为靶点,i为靶点的维数)作用,部分矢量相加可增强中药复方的疗效;相反,有些矢量相加反而减弱疗效,甚至出现相反的作用。这些矢量之间相互影响、相互错杂,从而决定了中药量效关系的复杂性。

2. 中药复方量效关系中的“效”的内涵

中药复方多成分、多靶点的作用,决定了中药复方效应的复杂性。当病、证、方、药确定后,中药复方药的效仍然是个复杂性问题。中药复方效应有整体效、器官效、分子效等。中医临床用四诊诊断疾病,遣方施药,也用四诊评价疗效,此评价即为整体效。在器官层次评价中药复方的效即为器官效,如大承气汤治疗肠梗阻时,以肠的粘连度为效应指标。以基因、蛋白、代谢物等分子指标为效应评价则为分子效,如葛根芩连汤治疗糖尿病以血糖、糖化血红蛋白等为效应指标。中药复方量效关系的效可用$[E]_{pn}$表述,$[E]_{pn}$为效应向量矩阵,p为效应的维数,如整体效、器官效、分子效等维数,n为剂量变化的列。中药复方量效关系中的“效”还应建立如下关系:如何将分子效关联;分子效如何与器官效关联;分子效、器官效如何与整体效关联。

3. 中药复方量效关系规律

中药复方量效关系规律是中药复方产生效应的内在联系,它是一个非常复杂的体系,同时也是一个无法分割的整体。应当从整体观去认识和分析中药量效规律,还应当从器官、分子层次分析其量效关系的科学内涵。中药复方的量效关系可表述为:$[D]_{mn}+[R]_i\rightarrow[E]_{pn}$。中药复方量效关系为多元非线性的量效关系,其难点在于产生效应的物质基础的复杂性，与物质基础相关靶点的难知性。虽然我们难知道生物体内发生了什么，但可以用$[D]_{mn}$作为输入量，$[E]_{pn}$作为输出效，采用非线性拟合的方式，用剂量阈表述中药复方的量效关系。

（四）中药复方量效关系剂量阈研究

1. 基于临床的整体效的中药复方量效关系剂量阈研究

中药复方的整体效应来源于临床，经几千年临床的观察和总结，发现了中药复方剂量与效应的关系。中医治病讲求的是通过理、法、方、药、量、护等环节落实到临床，如果量效关系研究脱离临床，缺乏证、症、病的对应性，则中药量效关系研究就成为了空话。临床研究直接反映了在实际应用中方剂的量效关系，是评价中药用量制定是否合理的最佳和最终方法，然而临床疗效评价由于周期长、费用高及伦理学等问题，很难设立更多的剂量组，难以全面系统地展现方药量效关系[4]，也难以直接从少量剂量组的数据中获得剂量阈参数。

2. 基于代谢组学整体效的中药复方量效关系剂量阈研究

代谢组学作为系统生物最重要的研究平台之一，将中药复方和生命体作为整体研究，符合中医理论特色和用药特点，具有传统观药理学不可比拟的优势。应用代谢组学的方法开展中药复方整体效应评价和以整体效应为基础的量效关系研究是中医药理论现代化的科学方法之一，为中医方药现代化研究提供了新的研究思路。从基础实验研究和临床研究的数据中获取代谢组的生物标记物，可以成为构通基础与临床的桥梁，从而使基础研究的剂量阈参数为临床给药剂量提供参考，如以代谢组数据获得的葛根芩连汤治疗胃肠湿热证2型糖尿病量效关系的剂量阈（图5-1）。

量效剂量范围：$[D]_{0.2} \sim [D]_{0.8} = 19.74 \sim 21.70$g/kg。

中位剂量：$[D]_{0.5} = 20.72$g/kg。

阈剂量：$[D]_{0.2} = 19.74$g/kg。

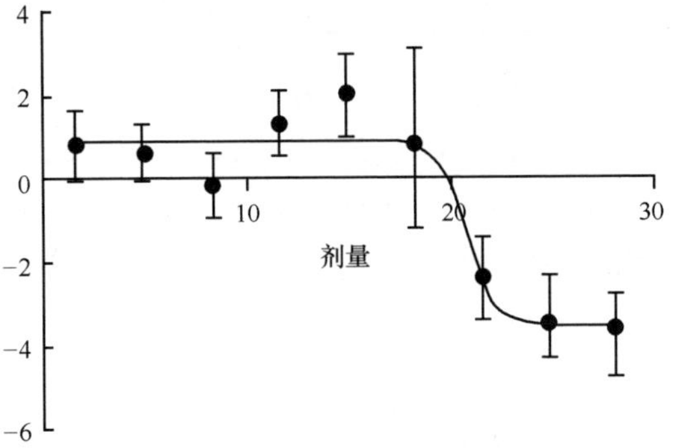

图5-1 葛根芩连汤治疗胃肠湿热证2型糖尿病量效关系

临床葛根芩连汤治疗胃肠湿热证2型糖尿病高、中、低三个剂量分别为247.5g/人、148.5g/人、49.5g/人。以人体重为60kg，与大鼠换算常数为6.0进行简单换算，则临床的剂量阈参数为：$[D]_{0.2}$ ~ $[D]_{0.8}$=(197.4 ~217.0)g/人；中位剂量：$[D]_{0.5}$=207.2g/人；阈剂量：$[D]_{0.2}$=197.4g/人。研究结果提示：阈剂量远高于临床的低剂量，不建议临床用低剂量，从而也阐明了临床低剂量治疗效果不佳的原因。

3. 基于器官效的中药复方量效关系剂量阈研究

中药复方不仅有整体层次的效，还有器官层次的效。研究发现：相对整体效，器官效较为简单，可能与中药复方作用环节少有关。例如，大承气汤以肠粘连度为效应的对治疗肠梗阻的量效关系，表现为S型的量效关系，剂量阈参数(图5-2)如下。

量效剂量范围：$[D]_{0.2}$ ~ $[D]_{0.8}$=(1.07 ~24.02)g/kg。

中位剂量：$[D]_{0.5}$=5.6g/kg。

剂量阈：$[D]_{0.2}$=1.07g/kg。

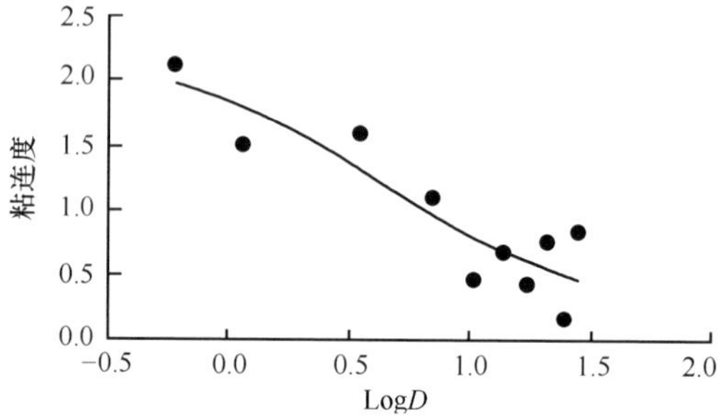

图5-2　大承气汤以肠粘连度为效应的对治疗肠梗阻的量效关系

临床以大承气汤治疗肠梗阻高、中、低三个剂量分别为172.5g/人、103.5g/人、34.5g/人。以人体重为60kg，与大鼠换算常数为6.0进行简单换算，则临床的剂量阈参数为：$[D]_{0.2}$ ~ $[D]_{0.8}$=(10.7 ~240.2)g/人，中位剂量：$[D]_{0.5}$=56.0g/人，阈剂量：$[D]_{0.2}$=10.7g/人。研究结果提示：阈剂量远低于临床的低剂量，从而也阐明了临床高、中、低剂量治疗效果均佳的原因。

4. 基于分子效的中药复方量效关系剂量阈研究

中药复方不仅有整体层次的效、器官层次的效，还存在分子层次的效。分子层次的效涉及中药复方效应的信号通路，其效应是信号通路与中药复方药物分子相互作用的较直观的表现，如葛根芩连汤治疗胃肠湿热型糖尿病以血糖为指标的量效关系，表出为抛物线型的量效关系。剂量阈参数(图5-3)如下。

量效剂量范围：$[D]_{0.2}$ ~ $[D]_{0.8}$=1.09 ~27.01g/kg。

中位剂量：$[D]_{0.5}$=3.81g/kg 或 24.30g/kg。

剂量阈：$[D]_{0.2}$=1.09g/kg。

量效关系参数出现两个中位剂量，提示葛根芩连汤中应存在两类呈相反作用的成分存在。在量效关系剂量阈结果的提示下，后期实验证据证明，葛根芩连汤对血糖呈抛物线型的量效关系与黄芩苷为部分激动剂有关，即小剂量时黄芩苷对小檗碱的降糖作用呈协同作用，大剂量时黄芩苷对小檗碱的降糖作用呈拮抗作用。

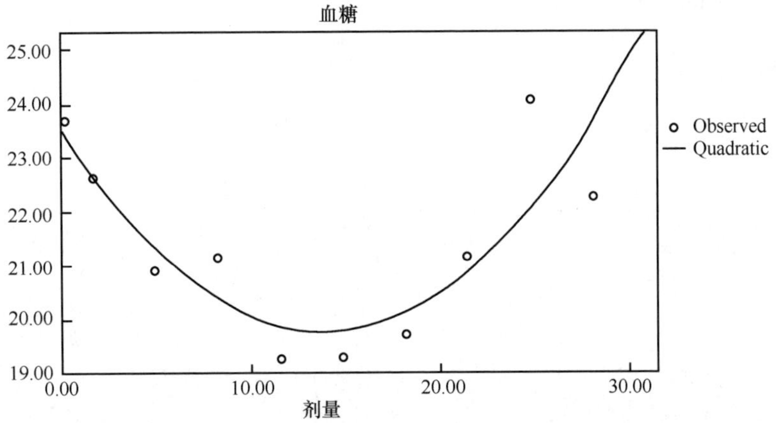

图5-3 葛根芩连汤治疗胃肠湿热型糖尿病以血糖为指标的量效关系

(五) 展望

化学药品量效关系的概念完整,原理清晰,方法成熟,由于其药效作用明确,因此可以从“量”的研究入手,阐明其量效关系。但中药方药量效关系概念不清晰,由于其成分的复杂性和多途径、多靶点综合作用的特点,中药复方的量效关系研究才刚起步,涉及的药效物质基础、药效成分的靶点及多维多靶点的数学建模方法等多个问题仍需要艰难的探索。但中药复方的量效关系是客观存在的,当病、证、方确定后,中药复方量效关系是中药复方的客观属性。

(徐国良 王跃生)

第三节 以麻杏石甘汤疗热为例谈中药复方量效关系

(一) 麻杏石甘汤整方剂量解热作用量效关系研究

中药用量的复杂性是方剂临床效应的决定因素之一,具有不同于化学药物量效关系的特征。《伤寒论》经典名方麻杏石甘汤由麻黄6g、苦杏仁9g、生石膏24g、炙甘草6g组成。研究表明,麻杏石甘汤全方煎剂具有宣肺平喘、化痰止咳、清热解毒、消食通便等作用,用于伤风感冒、咽喉肿痛、咳嗽气喘、小儿肺炎等疾病[9]。方剂组成中的药量变化,会影响全方功效的发挥程度,甚至可通过改变方剂配伍关系、方中组成药物的君臣地位,从而使全方主治证及功用发生变化。

1. 实验材料

数显肛温计,用前以标准温度计校正。健康SD大鼠100只,雄性,体重(200±20)g。

取药材麻黄0.3kg、杏仁0.45kg、甘草0.3kg、石膏1.2kg,打粉,加入7L水,麻黄先煎30min,再加入其余三味药材加热回流40min,300目纱布滤过后浓缩滤液至

2L,得 1.063g · ml^{-1} 麻杏石甘汤水提液。

2. 方法

将麻杏石甘汤方量按文献[10]换算成大鼠所用剂量(表 5-1),剂量比为 1∶1.5。

表 5-1 麻杏石甘汤配伍与整方剂量

剂量	生麻黄(g)	杏仁(g)	生石膏(g)	炙甘草(g)	方量(g)	大鼠用量(饮片 g/kg)
1	1.19	1.78	4.74	1.19	8.89	0.9
2	1.78	2.67	7.11	1.78	13.33	1.3
3	2.67	4	10.67	2.67	20	2.0
4	4	6	16	4	30	3.0
5	6	9	24	6	45	4.5
6	9	13.5	36	9	67.5	6.8
7	13.5	20.25	54	13.5	101.25	10.1
8	20.25	30.38	81	20.25	151.88	15.2
9	30.38	45.56	121.5	30.38	227.82	22.8

注:剂量 5、6 分别为相应临床中剂量与高剂量,临床低剂量方量 1.5g/kg。

造模前连续 4d,每日 1h 内测量大鼠直肠温 2 次。测量时尽量固定插入深度,每次测温后查看插入大鼠肛门距离(5cm 左右)。将体温波动(ΔT>0.5℃)及单次体温高于 38℃ 的大鼠剔除。筛选出的温度合格大鼠根据温度随机分为 11 组,每组 6 只:空白组、内毒素组、麻杏石甘汤给药组。标记并称重。

造模前大鼠禁食 12h,不禁水。实验前 1h 测 2 次直肠温度,取平均值作为基础温度,体温波动(ΔT>0.5℃)及单次体温高于 38℃ 的大鼠再剔除。模型组及剂量 1 ~ 9 组动物分别以 20μg/kg 体重的剂量尾静脉注射 10μg/ml 内毒素溶液,空白对照组注射相应体积生理盐水溶液,剂量 1 ~ 9 组分别灌胃相对剂量的麻杏石甘汤(按 10ml/kg 体重的给药量,各麻杏石甘汤给药组给药剂量(表 5-1)后立即尾静脉注射内毒素造模(20μg/kg),空白组、模型组灌胃生理盐水(10ml/kg 体重)。注射内毒素后,每小时测定直肠温度,连续观察 6h。

3. 结果

实验各组动物基础体温均衡,差异无显著性,麻杏石甘汤对内毒素引起的 SD 大鼠发热模型有良好的解热作用,各剂量组的最大体温上升高度 ΔT_{max}、体温反应指数 TRI 6.0 及各时间段体温变化与模型组比较差异均有显著性(P<0.05),并有剂量依赖性(图 5-4)。

4. 讨论

麻杏石甘汤剂量 1 ~ 9 组与模型组相比,差异有统计学意义(P<0.05 或 P<0.01)。剂量 1 ~ 9 在 6h 时对大鼠体温的升幅影响(ΔT 越小,解热作用越大),9 个剂量的解热温

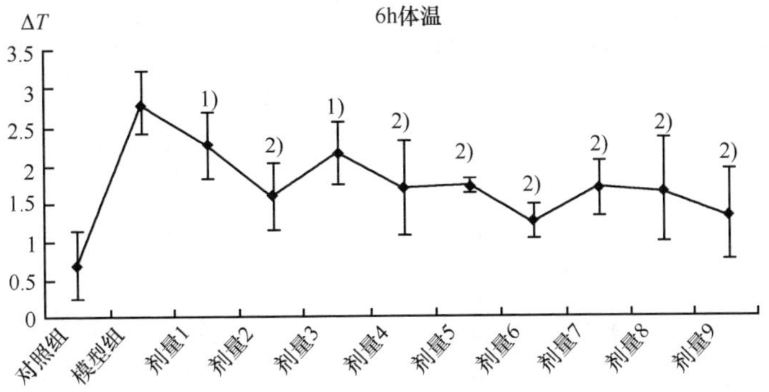

图 5-4　造模 6h 时温度变化

注：与模型组比较，1) $P<0.05$，2) $P<0.01$

度变化整体未呈现出正相关或负相关，而是波浪型。因此可得出麻杏石甘汤治疗发热时，存在量效关系；在剂量 5～8 剂量范围内，剂量增大，解热效应增强；剂量 2～4 范围内出现一定的剂量增大解热效应增强的趋势。此外研究结果还显示麻杏石甘汤治疗发热时在一定剂量范围内 TRI6.0 变化存在量效关系，剂量 1～2 组大鼠 TRI6.0 随剂量增大而增大，效应降低；剂量 3～6 组大鼠，剂量增大，TRI6.0 增大，效应降低；剂量 7～9 组大鼠 TRI6.0 随剂量增大而减小，解热效应增强。总之，麻杏石甘汤在解热方面存在量效关系，但这是一种呈现出多波折趋势的量效关系，这可能与中药复方多成分、多靶点、多途径、多环节的作用有关。对于产生多波折量效关系的原因还有待于进一步研究。

（二）石膏剂量变化对麻杏石甘汤解热效应的量效关系研究

石膏为矿物类药材，其在中药方剂中应用颇广，单张仲景《伤寒论》所载即有：麻杏石甘汤、大青龙汤、白虎汤和竹叶石膏汤等。现代药理研究表明生石膏具有明显的解热作用[11]。在张仲景的《伤寒论》中有麻杏石甘汤用于“汗出而喘”，石膏用量倍于麻黄的记载。麻杏石甘汤加减目前仍在中医临床广泛用于治疗支气管哮喘、肺炎、风热感冒等。在临床应用中各医家用法不一，石膏用量 2 倍、4 倍甚至 10 倍于麻黄，尽管都在临床上取得了良好的效果，单对于方中石膏用量倍于麻黄是否科学？单就解热作用而言，方中石膏是否用量越大越好？是否存在量效关系？

1. 实验材料

数显肛温计，用前以标准温度计校正。健康 SD 大鼠 180 只，雄性，体重(200±20)g。

以原方用量为基础，单味石膏用量以剂量比为 1∶1.5 适当增减，与原方中另 3 味药组成新方，另设麻杏石甘汤去石膏方，具体处方用量配比见表 5-2。煎煮方法：按照表 5-2 中各处方量称取各药材，称取麻黄药材、石膏药材，加入方药总量的 8 倍水，浸泡 30min，加热至沸腾，开始计时，然后改用小火煎煮 30min，再加入甘草、苦杏仁煎煮 40min，趁热过滤，浓缩，定容至含生物 1g/ml，即得麻杏石甘汤汤剂。

按文献[3]将麻杏石甘汤方量换算成大鼠所用剂量，见表 5-2。

表 5-2 石膏变化的麻杏石甘汤剂量

剂量	麻黄(g)	杏仁(g)	炙甘草(g)	生石膏(g)	方量(g)	大鼠剂量(饮片 g/kg)
1	6	9	6	0	21	2.29
2	6	9	6	4.74	25.74	2.8
3	6	9	6	7.11	28.11	3.06
4	6	9	6	10.67	31.67	3.45
5	6	9	6	16	37	4.03
6	6	9	6	24	45	4.9
7	6	9	6	36	57	6.21
8	6	9	6	54	75	8.17
9	6	9	6	81	102	11.11
10	6	9	6	121.5	142.5	15.52

注:剂量 6 为原方剂量。2010 年版《中国药典》规定石膏的用量为 15 ~ 60g。

2. 方法

造模前连续 4d,每日 1h 内测量大鼠直肠温度 2 次。测量时尽量固定插入深度,每次测温后查看插入大鼠肛门距离(5cm 左右)。将体温波动(ΔT>0.5℃)及单次体温高于 38℃的大鼠剔除。筛选出的温度合格大鼠随机分为 13 组,每组 13 只:空白组、模型组、阳性药组(对乙酰氨基酚片 1.5g/kg)、麻杏石甘汤给药组。标记并称重。

造模前大鼠禁食 12h,不禁水。实验前 1h 测 2 次直肠温度,取平均值作为基础温度,将体温波动(ΔT>0.5℃)及单次体温高于 38℃的大鼠剔除。模型组及给药组动物分别以 20μg/kg 体重的剂量尾静脉注射 10μg/ml 内毒素溶液,空白对照组注射相应体积生理盐水溶液,剂量组分别灌胃剂量 1 ~ 10 组的麻杏石甘汤(按 10ml/kg 体重的给药量),阳性药组灌胃 1.5g/kg 的对乙酰氨基酚,给药后立即尾静脉注射内毒素造模(20μg/kg),空白组、模型组灌胃生理盐水(10ml/kg 体重)。注射内毒素后,每 0.5h 测定直肠温度,连续观察 9h。

3. 结果

发热抑制率=(模型组升温值-给药组升温值)/模型组升温值×100%。某一时刻的发热抑制率是评价清热药解热效果的直观指标。从给药后 9h 各组体温的变化可以看出,在 5.5h 模型组体温升高至峰值,6h 各给药组呈现出明显的降温趋势,因此比较 6h 的发热抑制率能够直观评价药物的解热效果。

结果显示:与模型组比较,除剂量 1 外,其余各组的发热抑制率均有极显著差异(P<0.01);与剂量 1(麻杏石甘汤去石膏方)比较,除剂量 2、剂量 3 外,其余各组差异均有显著意义(P<0.05,P<0.01)。

4. 讨论

石膏为硫酸盐类矿物,石膏的主要成分为含水硫酸钙($CaSO_4 \cdot 2H_2O$),还含有人体

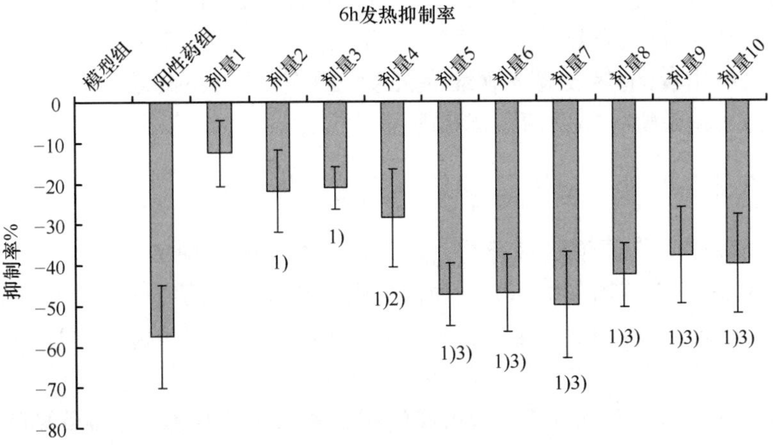

图 5-5　麻杏石甘汤君药生石膏剂量变化药后 6h 对 LPS 致热大鼠体温的抑制率($\bar{X}$±S)
(与模型组比较,1)$P<0.01$;与剂量 1 比较,2)$P<0.05$,3)$P<0.01$。剂量 1~10 依次为麻杏石甘汤 2.29、2.8、3.06、3.45、4.03、4.9、6.21、8.17、11.11、15.52g/kg 组)

所需要的 Al、Mg、Fe、Mn、Zn、Cu 等微量元素。目前对于石膏的解热机制说法不一,机制尚不明确。早期的研究认为石膏清热之功主要在于钙离子。秦云等[12]认为生石膏的解热作用可能与调节体内离子浓度比例有关。有研究认为口服石膏后经胃酸作用一部分变成可溶性钙盐,钙盐可抑制肌肉的兴奋性,起到镇静解痉的作用;同时抑制汗腺的分泌,故退热而不发汗[13]。但生石膏具有一定的退热作用,而 $CaSO_4 \cdot 2H_2O$ 则无退热作用[14]。故有人认为石膏的退热活性物质是其所含杂质及微量元素[15]。

本研究中石膏剂量变化的麻杏石甘汤解热效果明显优于麻杏石甘汤无石膏煎剂,其原因可能是生石膏入复方后与其他药物中的有机成分络合而产生协同作用,相较于无石膏方,在加入石膏后麻杏石甘汤的解热作用迅速增强,在一定范围内随着石膏剂量增大,解热效应增强,表现为发热抑制率升高,达到一定剂量后,解热效应维持在一定水平不变。麻杏石甘汤减石膏也具有解热作用,但解热作用不强,这可能与汤剂中含有的甘草甜素、苦杏仁苷及麻黄的作用有关。

在中药药理实验中,中药的量效关系并非像西药那样呈明显的 S 形剂量效应曲线,中药剂量的大小与其药理效应不一定呈正比关系[16,17]。本研究中石膏加入方中后,解热效应迅速增强,并在一个很小的剂量范围内达到最大效应,即使再增大石膏用量,解热效应持续维持在最大效应(略有下降趋势),本研究认为产生上述量效关系的原因可能有以下原因:①本研究中,保持麻黄、苦杏仁和炙甘草的剂量不变,低剂量时随着石膏含量的增加,通过中药成分的化学效应,使得汤剂中石膏的溶出量增大,解热效应增强;当汤剂中石膏的溶出量达到饱和时,解热效应不再增强,维持在一定水平。②发热机制是一个多环节、多因素的复杂过程,我们推测可能体内不仅存在着限制体温上升的热限,体内也应该存在限制体温过度下降的低温限,当解热药物或其他原因导致体温降低超过限度时,会激活体内的反馈调节,增加正性中枢介质,通过寒颤、运动等增加能量代谢,维持机体体温在一定范围内,以保证正常生命活动。

麻杏石甘汤减石膏方具有微弱的解热作用，可能与汤剂中甘草、杏仁的活性成分有关。石膏一旦加入方中，解热效应迅速增强，并在一个很小的剂量范围内达到最大效应，即使再增大石膏用量，解热效应持续维持在最大效应（略有下降趋势），推测可能与石膏在汤剂中的溶出量及机体的反馈调节有关。

（三）配伍剂量变化对麻杏石甘汤解热作用的影响

混料均匀设计法[18]是混料设计与均匀设计相结合的一种实验设计方法，可用于各种化学配方的筛选，亦可用于中药方剂配伍的优化及机制的研究[19,20]。该法通过试验和统计建模，可以方便地找到一个最佳配比，也是量效关系研究中方案设计的非常有用的技术。

麻杏石甘汤源自汉代医圣张仲景的《伤寒论》，该方配伍精当，简单易行，被后世医家广泛应用[21]。然该方依旧存有颇多争论，主要集中在以下几个方面：①方中君药问题；②石膏与麻黄用量配比的问题。针对疗热，方中何药为君，即哪味药起到了主要的解热作用。基于上述问题，本研究采用混料均匀设计法改变麻杏石甘汤的各组方药味的配比，得到组方各药味发生系列放大或缩小变化的新方，探寻其解热作用量效变化规律。

1. 实验材料

数显肛温计，用前以标准温度计校正。健康 SD 大鼠 200 只，雄性，体重（200±20）g。

2. 方法

麻杏石甘汤混料均匀设计方案 利用 DPS 软件，按文献[18]选用混料均匀设计表 Un（*ns*-1）来安排实验，其中 *n* 为实验次数和水平数，*s* 为待考察的因素数。即对复方中 4 个因素各取 12 个不同的水平并设计成 12 种配方进行考察。另设临床常用方组，麻黄、苦杏仁、炙甘草、生石膏按 6∶6∶6∶24 组成。与 N1～N12 组成基于混料均匀设计的麻杏石甘汤配伍用药方案，见表 5-3。

表 5-3 基于混料均匀设计的麻杏石甘汤配伍方案

序号	麻黄×1(g)	杏仁×2(g)	炙甘草×3(g)	生石膏×4(g)	方量(g)
N1	3. 15	25. 12	12. 02	1. 72	42
N2	17. 10	19. 82	2. 33	2. 75	42
N3	21. 00	2. 32	3. 89	14. 79	42
N4	1. 83	15. 57	7. 17	17. 42	42
N5	0. 59	6. 56	18. 88	15. 97	42
N6	11. 71	16. 46	1. 73	12. 10	42
N7	14. 15	5. 83	21. 10	0. 92	42
N8	6. 09	2. 32	26. 59	7. 00	42
N9	7. 76	15. 75	11. 56	6. 93	42

续表

序号	麻黄×1(g)	杏仁×2(g)	炙甘草×3(g)	生石膏×4(g)	方量(g)
N10	4.56	9.88	1.15	26.41	42
N11	9.62	0.68	11.89	19.81	42
N12	27.44	4.70	6.98	2.88	42
临床方组	6.00	6.00	6.00	24.00	42

按照混料均匀设计表中各处方量称取各药材，称取麻黄药材、石膏药材，加入方药总量的 8 倍水，浸泡 30min，加热至沸腾，开始计时，然后改用小火煎煮 30min，再加入甘草、苦杏仁煎煮 40min，趁热过滤，浓缩，定容至含生药 1g/ml，即得麻杏石甘汤汤剂。

造模前连续 4 d，每日 1h 内测量大鼠直肠温 2 次。测量时尽量固定插入深度，每次测温后查看插入大鼠肛门距离（5cm 左右）。将体温波动（ΔT>0.5℃）及单次体温高于 38℃的大鼠剔除。筛选出的温度合格大鼠根据温度随机分为 15 组，每组 13 只：空白组、内毒素组、麻杏石甘汤给药组。标记并称重。

造模前大鼠禁食 12h，不禁水。实验前 1h 测 2 次直肠温度，取平均值作为基础温度，将体温波动（ΔT>0.5℃）及单次体温高于 38℃的大鼠剔除。模型组及给药组动物分别以 20μg/kg 剂量尾静脉注射 10mg/L 内毒素溶液，空白对照组注射相应体积生理盐水溶液，给药组分别灌胃剂量 N1～N12 与临床方组的麻杏石甘汤（按 10ml/kg 体重的给药量）后立即尾静脉注射内毒素造模（20μg/kg），空白组、模型组灌胃生理盐水（10ml/kg 体重）。注射内毒素后，每 0.5h 测定直肠温度，连续观察 9h。

3. 结果

与模型组比较，各配伍组均能不同程度的抑制 LPS 诱导的发热大鼠的热势，差异有显著性意义（P<0.05，P<0.01）；与临床常用方组比较，配比 N3、N6、N7、N12 组的发热抑制率低于临床常用方，即临床常用方解热效果优于上述配比组，差异有显著性意义（P<0.05），见表 5-4。

表 5-4　麻杏石甘汤对内毒素致热大鼠发热抑制率、PGE_2 水平和 $TRI_{6.0}$ 的影响（$\bar{X}$±S）

组别	剂量/(g/kg)	6h 发热抑制率/%	PGE_2/(ng/L)	$TRI_{6.0}$/(ΔT/cm^2)
空白组			1.71±0.28	1.72±0.58
模型组		0	7.71±2.58$^{1)}$	10.66±1.06$^{1)}$
N1	4.2	-41.97±18.31$^{3)}$	2.11±0.84$^{3)}$	6.49±1.22$^{3)}$
N2	4.2	-36.13±19.89$^{3)}$	3.21±1.26$^{3)}$	8.27±2.28$^{4)}$
N3	4.2	-28.47±14.65$^{3)4)}$	2.26±0.66$^{3)}$	7.88±1.62$^{2)4)}$
N4	4.2	-52.92±16.37$^{3)}$	3.65±1.19$^{3)}$	5.65±1.29$^{3)}$
N5	4.2	-53.28±16.32$^{3)}$	4.10±1.02$^{3)4)}$	5.79±1.42$^{3)}$
N6	4.2	-29.93±16.22$^{3)4)}$	2.17±0.18$^{3)}$	8.34±2.09$^{4)}$
N7	4.2	-16.79±14.91$^{3)4)}$	3.02±0.36$^{3)}$	8.35±2.19$^{4)}$

续表

组别	剂量/(g/kg)	6h 发热抑制率/%	PGE_2/(ng/L)	$TRI_{6.0}$/($\Delta T/cm^2$)
N8	4. 2	-29. 10±12. 48[3)]	3. 27±0. 73[3)]	7. 47±1. 62[2)]
N9	4. 2	-49. 64±12. 93[3)]	4. 15±1. 14[3)4]	6. 73±1. 63[2)]
N10	4. 2	-56. 75±18. 13[3)]	2. 20±0. 86[3)]	5. 33±1. 77[3)]
N11	4. 2	-52. 19±18. 62[3)]	3. 49±1. 08[3)]	6. 24±1. 76[3)]
N12	4. 2	-10. 53±16. 82[2)4)]	4. 79±2. 04[3)4]	9. 34±1. 43[4)]
临床方组	4. 2	-52. 19±12. 17[3)]	2. 64±0. 60[3)]	6. 11±1. 02[3)]

注:与空白组比较,1)$P<0.01$;与模型组比较,2)$P<0.05$,3)$P<0.01$;与临床常用方组比较,4)$P<0.05$。

对体温反应指数所得到的实验数据进行回归分析,并对其进行显著性检验。$Y=7.36664+3.26737\cdot X1-6.16475\cdot X4\cdot X4-7.35872\cdot X2\cdot X3$,相关系数 $R=0.96111$,Ra=0. 947 80,决定系数 R^2=0. 923 74,Durbin-Watson 统计量 $d=1.871$,$P=0.00002$,说明该方程能很好地拟合各种配比对 LPS 致热模型大鼠的体温反应指数的影响,所以模型准确有效。

按表 5-5 中各个变量显著性检验 P 值的大小,可以体温反应指数影响的强弱程度为:$X4^2>X1>X2\cdot X3$。可以看出这些因数对 LPS 致热模型大鼠的体温反应指数的影响都很显著,同时,$X2$ 和 $X3$ 之间存在明显的交互作用($P<0.05$)。

表 5-5 回归方程的显著性分析

	回归系数	标准回归系数	偏相关	t 值	P 值
$X1$	3. 267 37	0. 488 28	0. 733 00	3. 232 72	0. 010 28
$X4\cdot X4$	-6. 164 75	-0. 634 94	-0. 810 74	4. 154 68	0. 002 47
$X2\cdot X3$	-7. 358 72	-0. 280 29	-0. 515 22	2. 803 46	0. 048 16

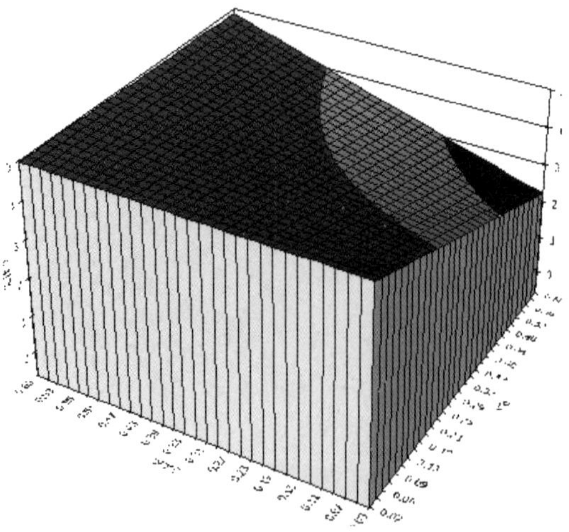

图 5-6 苦杏仁与炙甘草的交互作用

通过对图 5-6 的分析,可了解苦杏仁与炙甘草的交互作用对发热模型大鼠体温反应指数的影响:当 $X1\cdot X4$ 用量固定时,随着 $X2$ 和 $X3$ 用量的增加,体温反应指数呈现下降的趋势,$X2\cdot X3$ 的综合作用是降低体温反应指数,即增强解热作用。

表 5-6 最佳配比组合

Y	$X1$	$X2$	$X3$	$X4$
4. 741 04	0. 014 09	0. 178 60	0. 178 59	0. 628 73

注:最佳配比剂量为麻黄 0. 6g、杏仁 7. 5g、甘草 7. 5g、石膏 26. 4g

4. 讨论

中药方剂的配伍,概括起来有“君、臣、佐、使”及“七情合和”理论,但中药方剂不仅只是药味的配伍,“中医不传之秘在于量”,药量的配伍是中医方剂发挥疗效的重中之重,剂量的大小直接影响着药物的疗效。中药方剂配伍研究是方药量效关系阐释的一大难点。目前的研究热点集中在通过拆方研究,以药效学为指标,探讨传统方剂的组方原理[22]。

麻杏石甘汤由麻黄、苦杏仁、炙甘草和生石膏配伍而成。从化学成分的药理效应而言,麻杏石甘汤各主要活性成分均表现出一定程度的抗炎活性和解热作用[23~27]。但在麻杏石甘汤的解热作用中,是石膏的效应强还是麻黄的作用大,抑或是其他组分的效应占主导,即何者为解热之君一直是学界争论的焦点。同时麻黄与石膏在原方中的配比剂量问题也亟待探讨。

本研究采用二次多项式逐步回归分析对与解热效应相关的体温反应指数进行回归分析。结果表明,影响体温反应指数的因素为石膏>麻黄>苦杏仁与甘草的交互作用。苦杏仁($X2$)和炙甘草($X3$)之间的交互作用有显著性意义($P<0.05$)。体温反应指数能在一定程度上概括体温曲线的发热潜伏期、热势和恢复期的体温变化,与单一时刻的发热抑制率相比,更能概括药物在体温变化全过程中的作用,特别是对起效慢、效用持续时间久的中药成分的解热效应的表征更为全面。

基于上述分析本文认为对于解热作用,方中石膏起主要作用,最佳配比剂量为麻黄0.6g,杏仁7.5g,甘草7.5g,石膏26.4g。与临床常用方麻黄6g,杏仁6g,甘草6g,石膏24g,在石膏用量差别不大,在其余三味药用量差别较大,这可能与临床随症施量有关,其余三味药的作用及机制有待于针对适宜动物模型的进一步研究。

(屈 飞 徐国良)

第四节 基于代谢组的中药复方量效关系

药物的量效关系即药物剂量与药物效应之间的关系。药物量效关系理论学说主要包括受体占领学说、修正的受体占领学说、速率学说、二态模型学说、能动学说等[28]。常见的数学模型有:线性、对数线性、S形最大效应模型(Sigmoid-Emax)和最大效应模型[29]。通过药物量效关系研究可以了解药物的半数有效量、治疗窗等参数,对于指导临床安全有效合理的使用药物具有重要的意义。

中药复方成分繁多,靶点多样;治疗过程中强调辨证论治,即强调疾病的整体性和动态性,遣方用药过程应随证加减。化学药物药效评价方法是基于单个成分的药效或药物交互作用的药效评价方法。中药复方与化学药物在物质成分上的差异为科学的评价中药复方的疗效带来了挑战。辨证论治是中医诊断和疾病治疗的最重要特点。而中医的“证”是指疾病在演变过程中各种病理因素在体质、自然环境、社会心理等因素和多种矛盾综合作用于机体的整体反应,具有“整体、动态性”的特点。方证对应则效应显著。反之,药效则差。如何表征方药效应成为评价方药效应的关键科学问题,也是制约中药复方量效关系研究的关键。同时一些学者提出的中药效应评价的新理论,如"药效指标法"和"水闸门法"[30,31],开拓了中医方药研究的思路。

荷兰莱顿大学生药学系主任 Robert Verpoorte 提出:"如果有一种技术可以使中医药有所突破,那就是系统生物学"。代谢组学是后基因组学时代最重要的系统生物学技术之一,主要是定量测定生物系统因病理生理或基因改变等刺激所致动态多参数代谢应答。通过对内源性小分子整体检测研究生命体的整体状态,为中医药整体效应评价研究和科学研究中药量效关系提供新的思路与方法。贾伟教授基于代谢组学探索了中药整体效应评价研究思路,认为基于代谢网络变化整体效应评价方法是适合中医方药特点研究方法之一[32]。段金廒教授认为基于代谢组学整体效应在动态变化的同时具有剂量相关性,因而整体效应评价可用于量效关系研究[33]。

本文以代谢组整体效应法分别研究大承气汤、葛根芩连汤、麻杏石甘汤量效特征,结果基于整体效应的量效关系研究中,中药复方对相应疾病模型的动物影响的量效曲线表现为倒 S 形曲线,符合现代药物量效关系曲线特征。换算药物的量效参数,药物有效剂量范围与临床适宜用药具有一致性。实验结果展示了基于代谢组学的整体效应评价方法在中药复方的量效关系研究中应用的可行性,同时也展示了代谢组学在中药复方量效关系研究中的前景。

(一) 基于代谢组的葛根芩连汤对糖尿病大鼠的量效关系

葛根芩连汤方出自《伤寒论》, 主治伤寒表证未解,邪陷阳明的协热下利证,近年来葛根芩连汤用于治疗 2 型糖尿病,并取得良好的疗效。刘秀英、金莉、仝小林教授在其发表的文献中详细地分享了临床应用葛根芩连汤治疗糖尿病的经验。葛根芩连汤成分繁多,机制复杂,单一指标难以科学表征其确切效应,探索其效应表征方法,对于中药及其复方的机制及现代化研究具有重要意义。

代谢组学是重要的系统生物学技术,与中医药的辨证论治相似,代谢组学通过内源性小分子量的变化和化学计量学方法评价外界环境的影响和生命体的状态,为多成分、多靶点作用的中药效应评价提供了研究思路。

本实验以链脲佐菌素造糖尿病大鼠模型,应用代谢组的方法表征葛根芩连汤对模型大鼠整体效应,借助化学药物的量效关系理论分析其量效关系,计算其量效相关函数,探索中药复方整体效应评价和量效关系研究方法。

1. 实验材料

Agilent1290 快速分离液相色谱仪-6538 四级杆飞行时间质谱联用仪。健康 SD 大鼠,雄性,体重 200 ~ 240g。

葛根芩连汤按《伤寒论》中葛根芩连汤的处方组成与比例(葛根∶黄芩∶黄连∶甘草 =5∶3∶3∶2) 配伍, 用水经 2 次回流提取与减压旋转蒸发浓缩制备得每毫升含 0.65g 生药。

2. 方法

（1）动物分组、造模及给药：体重 160～200g 的雄性 SD 大鼠 88 只，随机分成 11 组，分别为空白组、模型组和 9 个不同给药剂量组。2 型糖尿病模型：雄性 SD 大鼠适应性喂养后，除正常组大鼠进行正常饲料喂养外，其余给予高脂饲料喂养 4 周后，大鼠按 30mg/kg 尾静脉注射柠檬酸缓冲液新鲜配制的 STZ（链脲佐菌素）诱导糖尿病大鼠模型，正常对照组注射同等剂量的柠檬酸盐缓冲液。大鼠自由饮水进食，给药 72h 后和 1 周后测定大鼠尾尖空腹血糖，2 次血糖均大于 11. 1mmol/L 为造模成功。造模成功后，正常组与模型组以蒸馏水灌胃，葛根芩连汤分别以 1. 65g、4. 95g、8. 25g、11. 55g、14. 85g、18. 15g、21. 45g、24. 75g、28. 05g 饮片/kg（相当于按照 1 两＝1，3，5，7，9，11，13，15，17g 经过人与大鼠的剂量换算）灌胃，各给药组处理至 12 周末。

（2）葛根芩连汤量效关系分析。数据采集后，分别使用 Masshunter、DA Reprocessor 及 MPP 软件完成数据提取、数据匹配及数据变换，构建以样品名称为观察值、内源性物质质荷比为变量的二维矩阵。

首先，以主成分分析方法降维数据矩阵，分析麻杏石甘汤在其主成分的分散点图上的效应主成分，并提取样本在效应主成分上的得分值；其次，以正态分布检验的方法检验样本的离散程度，删除离散较大的样本点，缩小各组样本点的组内误差，对进入量效拟合曲线的数值进行质量控制；最后绘制葛根芩连汤治疗糖尿病的量效曲线，计算其量效参数。

3. 结果

（1）葛根芩连汤的量效曲线：依据方法葛根芩连汤量效关系分析对样本进行质量控制，删除组内离散样本点，将剩余样本点的主成分得分进行数据分析，以其得分均值绘制样本得分曲线（图 5-7）。

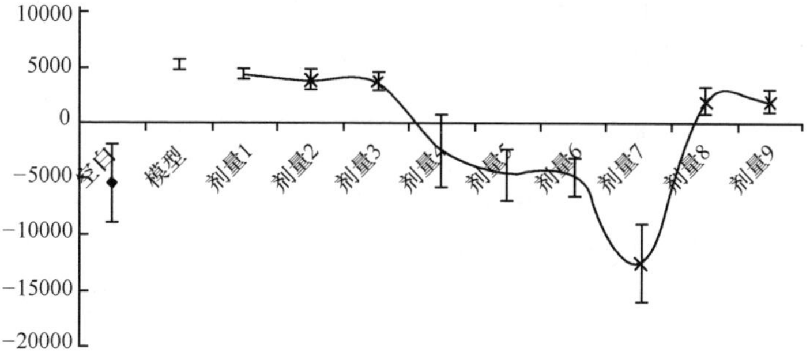

图 5-7　葛根芩连汤量效曲线

（2）基于代谢组数据的葛根芩连汤量效曲线拟合：将各组样本得分均值导入 GraphPad Prism 5 软件，拟合葛根芩连汤治疗糖尿病的量效曲线（图 5-8）。

曲线拟合函数为：$Y=-4745+(4145+4745)/\{1+10\text{^}[(1.023-X)\cdot(-12.19)]\}$

剂量阈参数：

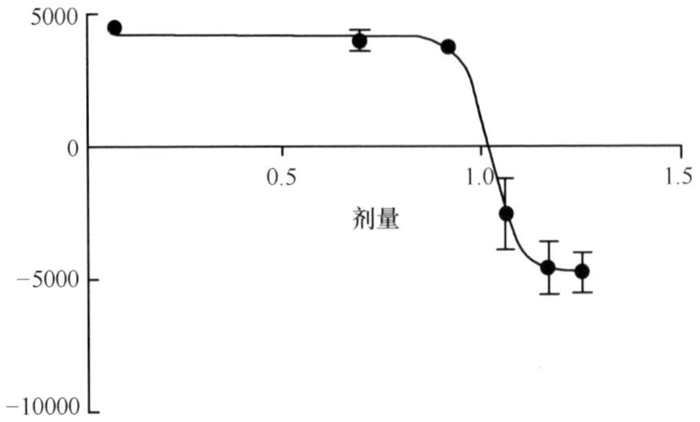

图 5-8 葛根芩连汤治疗糖尿病量效曲线图

有效剂量范围：$[D]_{20}$ ~ $[D]_{80}$ = 9.41 ~ 11.8g/kg

中位剂量：$[D]_{50}$ = 10.55g/kg

阈剂量：$[D]_{20}$ = 9.41g/kg

4. 讨论

对葛根芩连汤代谢组的整体效应研究发现，葛根芩连汤代谢组效应具有明显的量效特征，葛根芩连汤代谢组的整体效应随着剂量的变化，具有倒S形特征，进一步以其值计算葛根芩连汤的量效关系参数，得到葛根芩连汤的有效剂量范围是9.41 ~ 11.8g/kg。按照人体重为60kg，与大鼠换算常数为6.0换算，人临床使用剂量范围分别是94.1g/人(60kg) ~ 118.0g/人(60kg)。而临床实际用药量的低剂量、中剂量分别是94.5g、148.5g，即通过代谢组的方法获得的量效参数与临床使用剂量相当。实验结果表明代谢组数据可以表征中药复方的整体效应，并应用于中药复方的量效关系研究。

实验应用代谢组指标表征葛根芩连汤对糖尿病的治疗作用的整体效应，绘制出了葛根芩连汤的对糖尿病治疗作用的量效曲线，并计算了葛根芩连汤对糖尿病治疗作用的量效参数，展示了基于代谢组整体效应评价方法在中药复方量效关系研究的应用前景，为中药复方的效应评价和量效关系研究提供了新的思路和研究方法。

（二）基于代谢组的大承气汤对肠梗阻大鼠的量效关系

大承气汤首载于《伤寒论》，由大黄、芒硝、枳实、厚朴四味药组成，具有攻下实热、消除痞满之功，是主治阳明腑实证的一剂名方。据近5年文献，大承气汤临床多用于肠梗阻的治疗。大承气汤成分繁多，机制复杂，单一指标难以科学表征其确切效应，探索其效应表征方法，对于中药复方作用机制发现及现代化研究具有重要意义。

代谢组学是重要的系统生物学技术，与中医药的辨证论治相似，代谢组学通过内源性小分子量的变化和化学计量学方法评价外界环境的影响和生命体的状态，为多成分、多靶点作用的中药效应评价提供了研究思路。

本实验以手术造大鼠肠梗阻模型，应用代谢组的方法表征大承气汤对模型大鼠整体效应，借助化学药物的量效关系理论分析其量效关系，计算其量效相关函数，探索中药复方整体效应评价和量效关系研究方法。

1. 实验材料

药材：大黄、厚朴、枳实、芒硝，符合《中国药典》（2010 年版）标准；健康 Sprague-Dawley 大鼠，雄性，体重 180 ~ 220g；Agilent1290 快速分离液相色谱仪-6538 四级杆飞行时间质谱联用仪。

大承气汤制备：大承气汤药材按生大黄：厚朴：枳实：芒硝 = 8：6：6：3 的比例投料，加入 8 倍量水，浸泡 30min，煎煮 40min，最后浓缩成 1g/ml 的药液，冷藏保存，备用。

2. 方法

（1）动物分组、造模及给药。雄性 SD 大鼠 88 只，随机分成 11 组，分别为空白组、模型组和 9 个不同给药剂量组。手术造大鼠肠梗阻模型；具体方法为腹腔注射麻醉动物，于腹中线下 1/3 处开腹，暴露回盲部，用直径为 4mm 的玻璃棒与回盲管并排放置，然后在距回盲部 1cm 处用圆针带 7 号丝线穿透肠系膜并绕过回肠肠管，用丝线将玻璃棒与回肠肠管一并结扎，造成不完全性肠梗阻。各给药组分别在造模后立即及第 2 小时、第 4 小时灌胃给予不同剂量的大承气汤，剂量分别为：1. 15g/kg（1×剂量组）、3. 45g/kg（3×剂量组）、6. 9g/kg（6×剂量组）、10. 35g/kg（9×剂量组）、13. 8g/kg（12×剂量组）、17. 25g/kg（15×剂量组）、20. 7g/kg（18×剂量组）、24. 15g/kg（21×剂量组）、27. 6g/kg（24×剂量组），给药体积 10ml/Kg 体重。空白组、模型组给予等体积生理盐水，时间同前。

（2）大承气汤量效关系分析。数据采集后，分别使用 Masshunter、DA Reprocessor 及 MPP 软件完成数据提取，数据匹配及数据变换，构建以样品名称为观察值、内源性物质质荷比为变量的二维矩阵。

首先，以主成分分析方法降维数据矩阵，分析大承气汤在其主成分的分散点图上的效应主成分，并提取样本在效应主成分上的得分值；其次，以正态分布检验的方法检验样本的离散程度，删除离散较大的样本点，缩小各组样本点的组内误差，对进入量效拟合曲线的数值进行质量控制；最后绘制大承气汤治疗肠梗阻的量效关系曲线，计算其量效参数。

3. 结果

（1）基于代谢组整体效应大承气汤的量效曲线：依据方法大承气汤量效关系分析对样本进行质量控制，删除组内离散样本点，以剩余样本点的主成分得分表征大承气汤的整体效应，绘制大承气汤量效曲线（图 5-9）。

（2）大承气汤量效曲线的拟合：将各组样本的整体效应值导入 GraphPad Prism 5 软件，拟合大承气汤治疗肠梗阻的量效曲线（图 5-10）。

曲线拟合函数为：$Y=-193.8+(104.8+193.8)/\{1+10\hat{}[(1.198-X)\cdot(-6.528)]\}$

剂量阈参数：

有效剂量范围：$[D]_{20} \sim [D]_{80}=12.76 \sim 19.50$g/kg

中位剂量：$[D]_{50}=15.77$g/kg

阈剂量：$[D]_{20}=12.76$g/kg

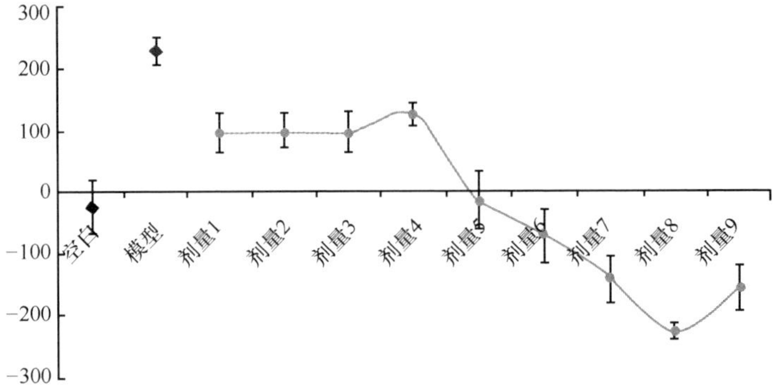

图 5-9　基于代谢组整体效应的大承气汤量效曲线

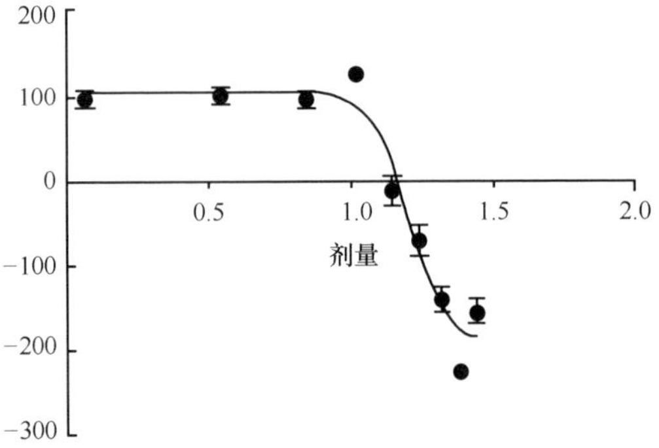

图 5-10　大承气汤治疗肠梗阻量效曲线图

4. 讨论

中药复方成分多样,作用机制复杂,靶点不明确。单个指标表征药物效应的方法难以准确表征中药复方的整体效应和疗效。本文应用代谢组学的方法探索中药复方效应的表征方式,并以代谢组数据表征药物的整体效应,研究药物的量效关系。结果大承气汤的整体效应呈现经典的倒 S 形曲线;进一步得到其曲线拟合函数和大承气汤对肠梗阻模型动物的量效参数。按照人体重为 60kg,与大鼠换算常数为 6.0 换算,人临床使用剂量其范围为 127.6g/人(60kg)~195.0g/人(60kg),而临床使用剂量中剂量、高剂量分别是 103.5g/人(60kg)~173.5.0g/人(60kg),换算剂量与临床使用剂量相吻合。实验结果表明以代谢组表征的药物整体效应随即剂量改变而变化,与传统药理学对量效关系理论的认识一致。因此代谢组学方法可以用来表征药物的整体效应。

(三) 基于代谢组的麻杏石甘汤解热作用的量效关系

麻杏石甘汤,出自《伤寒论》,是医圣张仲景的经典名方之一,由麻黄、苦杏仁、甘草、石膏组方而成,该方具有辛凉宣肺、清热平喘之功效,主治外感风邪,邪热壅肺证[2]。现代研究证明麻杏石甘汤具有抑菌、抗病毒、镇咳平喘、抗变态反应、影响细胞因子表达等活性。在临床上麻杏石甘汤主要用于治疗支气管哮喘,急、慢性支气管炎与支气管肺炎,同时在心血管、肛肠、皮肤等疾病中也有着广泛的应用[3]。随着临床实践地不断深入,麻杏石甘汤越来越多地应用于感冒后的发热,对于小儿高热,但发热无汗疗效较好。

本课实验以 LPS 造大鼠发热模型,应用血浆代谢组和化学计量学的方法探索麻杏石甘汤对发热模型大鼠影响的量效特征,分析其量效关系,为中药复方的量效关系研究试验方法学研究提供实验依据。

1. 实验材料

药材：麻黄、苦杏仁、生石膏、甘草，均由江西中医学院中药固体制剂制造技术国家工程研究中心鉴定并提供；健康 Sprague-Dawley 大鼠，雄性，体重 180～220g；Agilent1290 快速分离液相色谱仪-6538 四级杆电喷雾质谱联用仪。

2. 方法

（1）动物分组、造模及给药：造模前连续 4d 测量大鼠直肠温度，每日 2 次。将体温波动（ΔT>0.5℃）及单次体温高于 38℃的大鼠剔除。温度合格大鼠根据温度随机分为 11 组，包括空白组、模型组和 9 个不同给药剂量组，每组 8 只动物。造模前大鼠禁食 12h，不禁水。实验前 1h 测 2 次直肠温度，取平均值作为基础温度。模型组及剂量 1～9 组动物分别以 20μg/kg 体重的剂量尾静脉注射 10μg/ml 内毒素溶液，空白对照组注射相应体积生理盐水溶液，剂量 1～9 组分别灌胃 1～9 剂量的麻杏石甘汤，剂量分别为：0.9g/kg、1.3g/kg、2.0g/kg、3.0g/kg、4.5g/kg、6.8g/kg、10.1g/kg、15.2g/kg、22.8g/kg，空白组、模型组灌胃生理盐水（10ml/kg 体重）。

（2）麻杏石甘汤量效关系分析：数据采集后，分别使用 Masshunter、DA Reprocessor 及 MPP 软件完成数据提取、数据匹配及数据变换，构建以样品名称为观察值、内源性物质质荷比为变量的二维矩阵。

首先，以主成分分析方法降维数据矩阵，分析麻杏石甘汤在其主成分的分散点图上的效应主成分，并提取样本在效应主成分上的得分值；其次，以正态分布检验的方法检验样本的离散程度，删除离散较大的样本点，缩小各组样本点的组内误差，对进入量效拟合曲线的数值进行质量控制；最后绘制麻杏石甘汤解热的量效关系曲线，计算其量效参数。

3. 结果

（1）基于代谢组整体效应麻杏石甘汤的量效曲线：依据方法麻杏石甘汤量效关系分析对样本进行质量控制，删除组内离散样本点，以主成分分析结果表征麻杏石甘汤的整体效应，并绘制其量效曲线（图 5-11）。

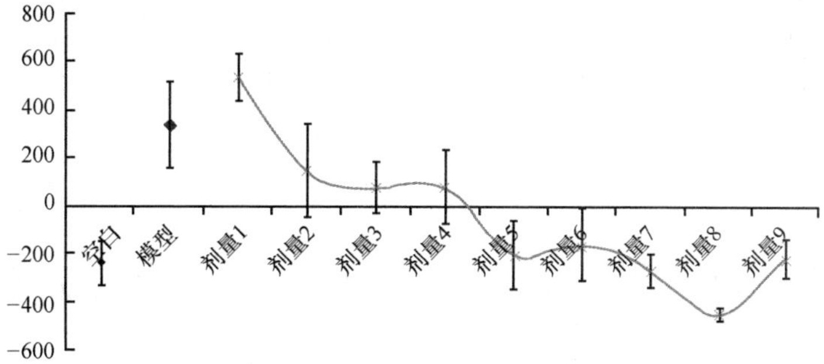

图 5-11　麻杏石甘汤的量效曲线

(2) 麻杏石甘汤的量效曲线拟合:将各组样本得分均值导入 GraphPad Prism 5 软件,拟合麻杏石甘汤解热的量效曲线(图 5-12)。

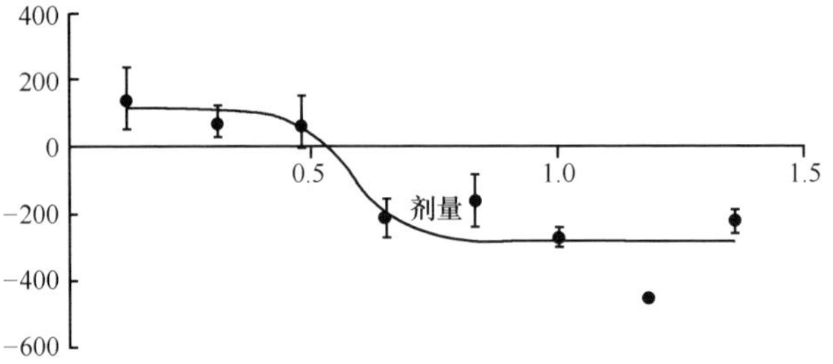

图 5-12　麻杏石甘汤解热作用量效曲线拟合图

曲线函数为:$Y=-284.4+(110.2+284.4)/\{1+10\hat{}[(0.5826-X)\cdot(-8.107)]\}$

剂量阈参数:

有效剂量范围:$[D]_{20}\sim[D]_{80}=3.22\sim4.54$g/kg

中位剂量:$[D]_{50}=3.825$g/kg

阈剂量:$[D]_{20}=3.22$g/kg

4. 讨论

实验以代谢组数据表征麻杏石甘汤的整体效应,并绘制其量效关系曲线。其量效曲线呈反向 S 形。通过对其拟合函数进一步分析,得到麻杏石甘汤解热的阈剂量(20% 有效剂量)为 3.22g/kg,其中位剂量(50% 有效剂量)为 3.825g/kg,有效剂量范围(20% 有效剂量 ~80% 有效剂量)为 3.22 ~4.54g/kg。剂量在 3.22g/kg 以下麻杏石甘汤的疗效不明显,在 3.22 ~4.54g/kg 剂量疗效增强迅速,当达到 4.54g/kg 时,疗效达到高水平,再增大其剂量,疗效变化不大,呈现一个稳定且多波折的状态。

麻杏石甘汤解热作用的有效范围是 3.22 ~4.54g/kg,按照体重为 60kg,与大鼠换算常数为 6.0 换算,人的用量得到临床葛根芩连汤的阈剂量(20% 有效剂量)为 32.2g/人,80% 有效剂量为 45.4g/人,与该方临床的剂量相近。

实验以代谢组表征药物的整体效应,计算麻杏石甘汤的量效曲线。获得其量效曲线和量效参数。结果表明麻杏石甘汤的量效曲线成倒 S 形。其有效剂量与临床用药量接近。以上结果表明中药复方的整体效应可以应用代谢组方法来表征,代谢组的研究方法可以为中药复方整体效应研究提供新的研究思路和方法。

(张启云　李　佳　李冰涛)

第五节　以葛根芩连汤为例探讨复方量效关系内涵

(一) 复方葛根芩连汤多效应成分分类整合药代动力学研究[34]

中药复方药代动力学是研究中药复方在体内吸收、分布、代谢、排泄的动态变化规律及其体内的时量关系、时效关系，并用数学模型和分析手段提供药代动力学参数的学科。中药复方具有多成分、多靶点的特点，各有效成分通过相同或不同的作用机制，或协同或拮抗最终产生疗效。

葛根芩连汤由葛根、黄芩、黄连、甘草四味药组成，其化学成分众多，主要生物活性成分为黄酮类和生物碱类成分，如葛根素、大豆苷元、黄芩苷、黄芩素、汉黄芩苷、汉黄芩素、甘草苷、甘草素、小檗碱、药根碱、巴马汀等。如何系统评价葛根芩连汤多效应成分在体内的药动学行为，建立符合中药复方多成分、多靶点整体药效作用特征的复方药代动力学方法对量效关系的研究具有重要意义。

1. 实验材料

Agilent1200 液相色谱-6410 三重四级杆电喷雾质谱联用仪。健康 SD 大鼠，雄性，体重 200～240g。

葛根芩连汤按《伤寒论》中葛根芩连汤的处方组成与比例（葛根：黄芩：黄连：甘草=5：3：3：2）配伍，用水经 2 次回流提取与减压旋转蒸发浓缩制备得每毫升含 0.65g 生药。

2. 方法

SD 大鼠 6 只，雄性，体重 200～240g，禁食 12h 后，按 20ml/kg 给服葛根芩连汤，每只大鼠分别在 5min、10min、20min、30min、45min、1h、2h、3h、4h、8h、12h、24h、36h、48h，从眼眶取 0.3ml 血液，于 4000r/min 下离心 10min，取上清液，-20℃保存备用。样品经适当处理后，HPLC-MS/MS 法测定各时间点血浆中葛根素、大豆苷元、黄芩苷、黄芩素、汉黄芩苷、汉黄芩素、甘草苷、甘草素、小檗碱、药根碱、巴马汀等成分的含量。

将葛根芩连汤中主要生物活性成分归为黄酮苷类（葛根素、大豆苷元、黄芩苷、黄芩素、汉黄芩苷、汉黄芩素、甘草苷、甘草素）和生物碱类（小檗碱、药根碱、巴马汀）两类化合物成分。根据给予大鼠葛根芩连汤后测定的血药浓度-时间数据，运用 DSA 软件计算各成分药动学参数，获得 8 个黄酮类成分和 3 个生物碱成分的 $AUC_{0\sim\infty}$ 数据，计算各黄酮类成分占总黄酮类 $AUC_{0\sim\infty}$ 的比值自定义为在综合浓度中的权重系数（wj），将每个时间点下 8 种单体成分的血药浓度赋以各自的权重系数，求算总黄酮类成分的综合浓度，进一步整合药代动力学参数。总生物碱类成分同理分析得到整合药代动力学参数。

黄酮类成分自定义权重系数：$wj=(AUC_{0\sim\infty})/(\Sigma AUC_{0\sim\infty}\ \text{flavonoids})$

生物碱类成分自定义权重系数：$wk=(AUC_{0\sim\infty})/(\Sigma AUC_{0\sim\infty}\ \text{alkaloids})$

总黄酮类 $AUC_{0\sim\infty}$ 总和：$\Sigma AUC_{0\sim\infty}\ \text{flavonoids}=AUC_{0\sim\infty}\ \text{puerarin}+AUC_{0\sim\infty}\ \text{daidzein}+AUC_{0\sim\infty}\ \text{baicalin}+AUC_{0\sim\infty}\ \text{baicalein}+AUC_{0\sim\infty}\ \text{wogonoside}+AUC_{0\sim\infty}\ \text{wogonin}+AUC_{0\sim\infty}\ \text{liquiritin}+AUC_{0\sim\infty}\ \text{liquiritigenin}$。

总生物碱类 $AUC_{0\sim\infty}$ 总和：$AUC_{0\sim\infty}\ \text{alkaloids}=AUC_{0\sim\infty}\ \text{berberine}+AUC_{0\sim\infty}\ \text{jatrorrhizine}+AUC_{0\sim\infty}\ \text{palmatine}$

总黄酮类整合血药浓度：$CF=\Sigma\ (wj\times cj)$

总生物碱类整合血药浓度：$CA=\Sigma\ (wk\times ck)$

式中 j 分别为葛根素(puerarin)、大豆苷元(daidzein)、黄芩苷(baicalin)、黄芩素(baicalein)、汉黄芩苷(wogonoside)、汉黄芩素(wogonin)、甘草苷(liquiritin)、甘草素(liquiritigenin);wj 表示上述成分 $AUC_{0\sim\infty}$ 占总黄酮类 $AUC_{0\sim\infty}$ 的比值;k 分别为小檗碱(berberine)、药根碱(jatrorrhizine)、巴马汀(palmatine);wk 表示上述成分 $AUC_{0\sim\infty}$ 占总生物碱类 $AUC_{0\sim\infty}$ 的比值;C 表示某时间点的血浆浓度。

3. 结果

(1)葛根芩连汤大鼠给药后各主要成分及整合浓度-时间曲线:大鼠灌胃给予剂量为20ml/kg 的葛根芩连汤后,葛根素、大豆苷元、甘草素多数时间点血药浓度分别低于各自最低检测线(分别为 6. 98ng/ml、3. 47ng/ml、3. 13ng/ml),故未作出它们的血药浓度-时间曲线;其他成分黄芩苷、黄芩素、汉黄芩苷、汉黄芩素、甘草苷、小檗碱、药根碱、巴马汀及总黄酮类、总生物碱类整合血药浓度-时间曲线分别见图 5-13A、B、C、D、E、F 和 G。

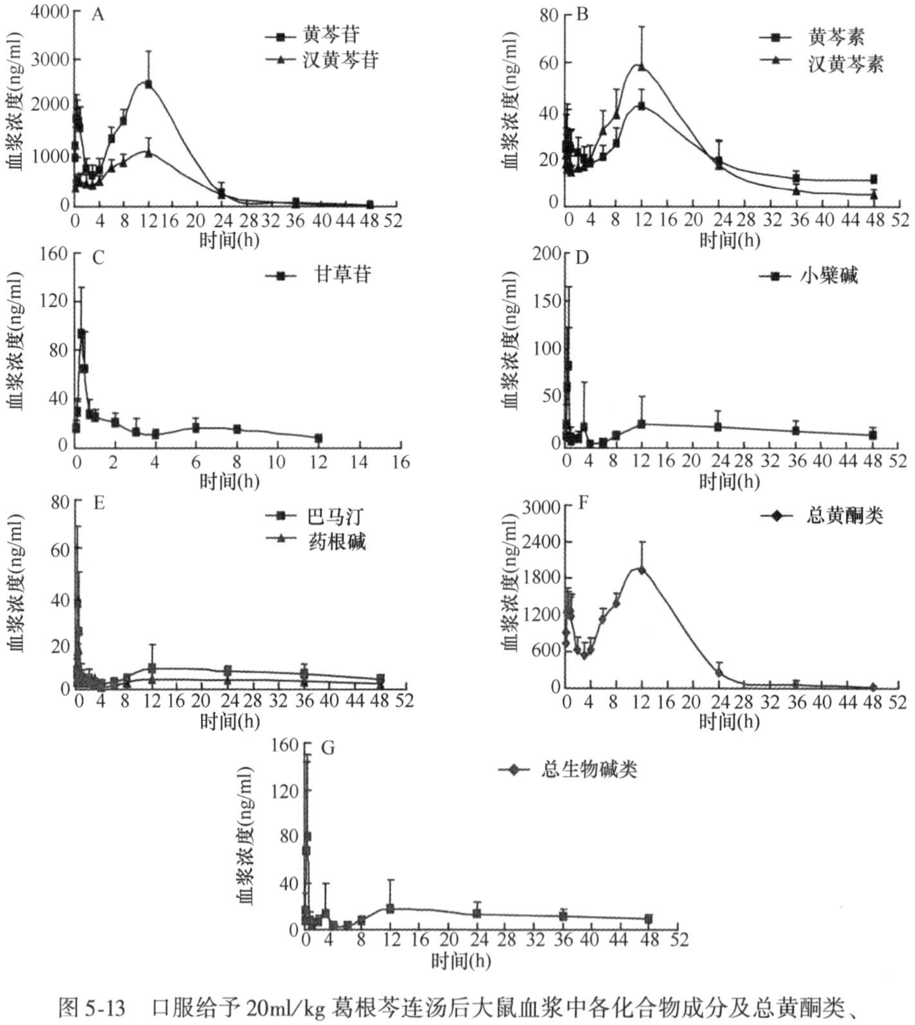

图 5-13 口服给予 20ml/kg 葛根芩连汤后大鼠血浆中各化合物成分及总黄酮类、总生物碱类整合浓度-时间曲线图($\bar{X}\pm S$, $n=6$)

（2）总黄酮类与总生物碱类整合药动学参数：分别将灌胃给药后各时间点，黄酮类与生物碱类整合血药浓度用于 DSA 软件中计算得到黄酮类与生物碱类整合药代动力学参数，且能充分兼顾同类别化合物中不同有效成分的药动学参数，见表 5-7、表 5-8。

表 5-7　大鼠口服给予大鼠 20ml/kg 葛根芩连汤后血浆中各黄酮类成分及整合药代动力学参数（$\bar{X}\pm S$，$n=6$）

成分	C_{max}(ng/ml)	t_{max}(h)	$t_{1/2}$(h)	$MRT_{0\sim t}$(h)	$AUC_{0\sim\infty}$(mg·h·L^{-1})
葛根素	26.52±5.04	0.76±0.29			
大豆苷元	4.80±1.30	0.88±0.14			
黄芩苷	2640.46±504.09	10.17±4.49	5.66±2.26	11.48±1.54	37.37±5.47
黄芩素	44.38±9.49	11.39±7.67	22.23±9.21	18.97±1.05	1.27±0.24
汉黄芩苷	1143.08±207.77	9.67±2.66	5.87±1.46	12.58±0.86	19.45±3.68
汉黄芩素	61.43±15.49	11.33±1.63	11.54±2.09	15.65±1.29	1.10±0.16
甘草苷	69.06±34.24	0.36±0.07	4.51±3.49	3.39±1.32	0.23±0.10
甘草素	5.75±2.00	1.67±0.52			
整合总黄酮类	1982.26±382.20	10.17±4.49	6.08±3.68	12.40±2.04	30.00±3.03

表 5-8　大鼠口服给予大鼠 20ml/kg 葛根芩连汤后血浆中各生物碱类成分及整合药代动力学参数（$\bar{X}\pm S$，$n=6$）

成分	C_{max}(ng/ml)	t_{max}(h)	$t_{1/2}$(h)	MRT_{0-t}(h)	$AUC_{0\sim\infty}$(mg·h·L^{-1})
小檗碱	119.95±68.24	0.59±0.65	29.02±12.90	24.17±3.16	1.75±0.58
巴马汀	55.24±26.71	0.49±0.39	27.74±16.89	23.45±2.61	0.77±0.38
药根碱	25.44±17.84	0.48±0.27	25.83±10.99	24.05±1.59	0.49±0.46
整合总生物碱类	101.03±59.58	0.54±0.18	28.86±15.30	23.43±3.02	1.07±0.46

4. 讨论

研究发现灌胃葛根芩连汤后各有效成分在体内吸收迅速，对黄酮类成分而言，黄酮苷与黄酮苷元之间药动学参数差异很大，苷类成分的血药浓度远大于苷元类成分，但其 $t_{1/2}$、MRT 远小于苷元类成分；对生物碱类而言，各成分间血药浓度存在差异，而 $t_{1/2}$、MRT 没有明显差异。很显然，任何个别成分药动学行为不能用于表征葛根芩连汤中黄酮类和生物碱类的整体药动学行为。基于 $AUC_{0\sim\infty}$ 分类整合药动学研究结果显示，黄酮类和生物碱类分类整合浓度药时曲线都符合灌胃给药后，机体对药物的处置规律，可用统计学模型进行整合药代动力学的计算。并且得到的分类整合药动学参数能充分兼顾同类别化合物中不同有效成分的药动学参数，反映同类化合物整体在生物体内的存留特性和体内药动学过程，为中药复方量效关系研究中的药物成分量的变化规律提供了一种研究方法。

（徐国良　张启云）

（二）葛根芩连汤含药血清对3T3-L1脂肪细胞胰岛素抵抗的量效关系

目前认为，高脂环境诱导的胰岛素抵抗伴有胰岛素信号通路多个环节表达或活性异常[35,36]，但胰岛素信号传递复杂，影响因素多，体内实验尚不能清楚阐明胰岛素抵抗产生的具体机制，而细胞模型具有价格低廉、易于重复、便于控制等特点。目前大多数用地塞米松、高浓度胰岛素、肿瘤坏死因子（TNF-α）、游离脂肪酸等诱导胰岛素抵抗细胞模型，其中，地塞米松和高浓度胰岛素诱导模型运用最多[37]。

在动物实验中，我们发现长期高脂喂养加STZ诱导的大鼠具有明显的胰岛素抵抗，下面我们通过研究葛根芩连汤对3T3-L1脂肪细胞胰岛素抵抗的影响，探讨葛根芩连汤调节糖脂代谢，改善IR的可能分子机制。

1. 脂肪细胞形态的观察

3T3-L1前脂肪细胞的诱导分化及鉴定：体外培养的3T3-L1前脂肪细胞系呈成纤维细胞样形态，多呈梭形或多角形，胞浆中未见脂滴。当细胞完全汇合后，处于生长停滞，诱导12天后，90%以上的细胞都分化为成熟的脂肪细胞，表现为细胞浆丰富，含有大量的脂滴，脂滴分布于核周围，形成"戒环样"结构，为典型的成熟脂肪细胞形态。我们用油红O染色的方法进行鉴定（图5-14）。

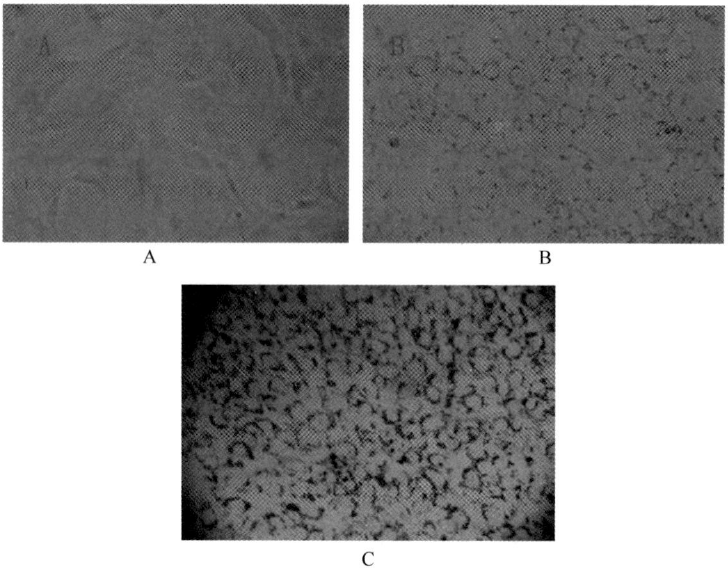

图5-14　3T3-L1前脂肪细胞成功分化为脂肪细胞

A. 未分化的前脂肪细胞；B. 已分化的脂肪细胞；C. 已分化的脂肪细胞（经油红O染色）

2. 葛根芩连汤对3T3-L1脂肪细胞葡萄糖消耗量、三酰甘油水平、脂联素含量的影响

由图5-15A所示，与正常对照组相比，模型组的葡萄糖消耗量显著降低（$P<0.05$）；葛根芩连汤含药血清（4%、8%及16%）增加了葡萄糖消耗量，且呈一定的剂量依赖性。

由图 5-15B 所示，与正常对照组相比，模型组的三酰甘油含量显著降低（$P<0.05$），葛根芩连汤含药血清（4%、8% 及 16%）显著增加了细胞内三酰甘油含量。

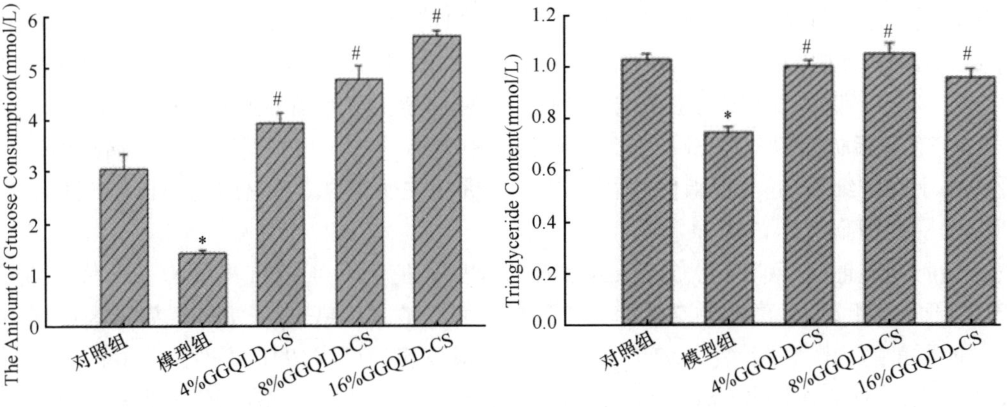

A B

图 5-15 葛根芩连汤含药血清对 3T3-L1 脂肪细胞葡萄糖消耗量、甘油三酯水平的影响

A. 对葡萄糖消耗量的影响；B. 对甘油三酯水平的影响。

与对照组比较，* $P<0.05$；与模型组比较，# $P<0.05$；柱表示平均值±标准差（$n=6$）

由图 5-16A 所示，与正常对照组相比，模型组脂肪细胞脂联素分泌量显著降低（$P<0.05$），葛根芩连汤含药血清（8% 及 16%）显著增加了脂联素分泌量；然而，低剂量葛根芩连汤含药血清（4%）没有显著增加脂联素分泌量。

由图 5-16B 所示，与正常对照组相比，模型组脂肪细胞脂联素 mRNA 表达量显著降低（$P<0.05$），葛根芩连汤含药血清（4%、8% 及 16%）显著增加了脂联素 mRNA 表达量。

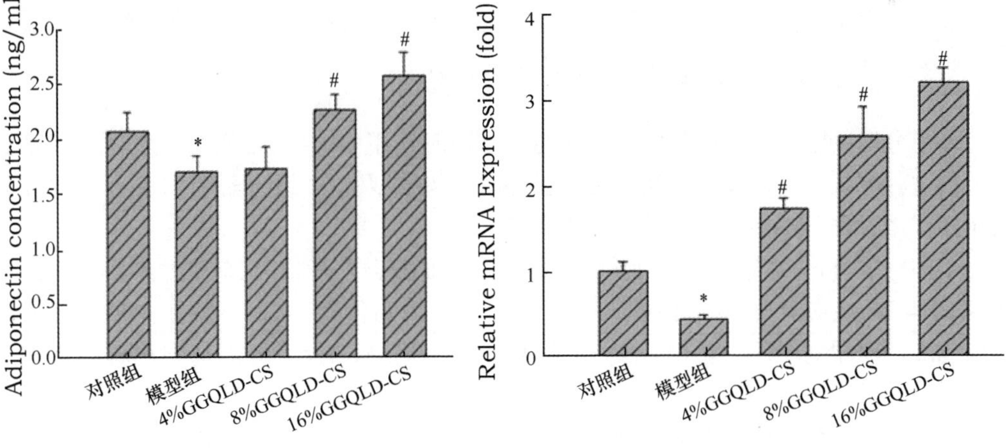

A B

图 5-16 葛根芩连汤含药血清对 3T3-L1 脂肪细胞脂联素含量的影响

A. 对脂联素含量的影响；B. 对脂联素 mRNA 表达量的影响

与对照组比较，* $P<0.05$；与模型组比较，# $P<0.05$；柱表示平均值±标准差（$n=6$）

3. 讨论

给药后的血清才是真正起作用的“制剂”，血清中含有的中药成分才是中药的体内直接作用物质。血清药理学可用于药物筛选[38,39]，以血清药理学方式进行体外药理实验研究，可复制出药物体内的作用[40]。在本研究中，我们利用血清药理学研究方法，研究了葛根芩连汤对3T3-L1脂肪细胞胰岛素抵抗的影响，为葛根芩连汤的临床应用提供了实验数据。

3T3-L1脂肪细胞是从Swiss3T3小鼠胚胎中分离的3T3-L1前脂肪细株分化而成，广泛应用于脂肪细胞功能、糖脂代谢及胰岛素抵抗相关研究[40,42]，我们选择该细胞作为本研究的模型细胞来建立IR。

脂肪细胞葡萄糖消耗能力被认为是描绘脂肪细胞胰岛素抵抗程度的一个代表性指标，本研究结果显示，葛根芩连汤能增加葡萄糖消耗量，表明它有一定的抗糖尿病作用。

脂肪细胞内贮有脂滴，本研究结果显示，葛根芩连汤可增加甘油三酯的含量，增加脂质的沉积，脂肪细胞吸收的葡萄糖在胞内可转化为三酰甘油，此结果与葛根芩连汤可增加培养基葡萄糖消耗量一致。

脂肪细胞可分泌许多细胞因子，包括脂联素[43]。脂联素已显示出了抗糖尿病作用[44]。本研究结果显示，模型组脂联素分泌量和脂联素mRNA表达量减少，而葛根芩连汤可增加脂联素的分泌量和脂联素mRNA表达量；据文献[45]报道，脂联素可调节糖脂代谢，此结果进一步显示了葛根芩连汤可改善胰岛素抵抗。

总之，从以上研究结果可知，葛根芩连汤可增加3T3-L1脂肪细胞葡萄糖消耗量，增加胞内脂质沉积，同时，可增加脂联素的分泌量和脂联素mRNA表达量。脂联素可调节糖脂代谢。因此，我们推测葛根芩连汤治疗胰岛素抵抗的机制可能与它可增加脂联素的分泌有关[46,47]。

（章常华　徐国良）

（三）葛根芩连汤活性成分间相互作用研究

多组分药物组合治疗是利用多个活性成分同时作用多个靶点，而对疾病进行多靶点调节。这种方法在治疗复杂疾病方面已显示了良好效果。多组分药物的多个活性成分间相互作用，可产生协同、相加或拮抗作用[48]。

中药复方方剂，实际上是多种活性成分的合理组合。葛根芩连汤含有多种活性成分，如小檗碱、黄芩苷等，这些活性成分大多能调节糖脂代谢，如黄芩苷在一定的剂量范围内能降低糖尿病小鼠的血糖[49]。小檗碱可激活AMPK通路，促进基础和胰岛素刺激的葡萄糖转运[50]。

对药物协同作用的程度，可用相互作用指数（interaction index，γ）来评价[51,52]。

$ED_{50,mix}$是由实验确定的两个药物固定比例联合用药获得的实测半数有效量，该值可从药物的剂量-效应曲线上获得；$ED_{50,add}$即联合用药的理论半数有效量，如两药联合应用，其中有一种药物无效时，$ED_{50,mix}$即由实验确定的固定比例两个药物联合应用的实测半数有效量，该值及其对数剂量标准误差均可从药物的剂量-效应曲线上求得；联合用药的理论半数有效量为：

$$ED_{50,add} = ED_{50,A}/f \tag{1}$$

$ED_{50,A}$ 为 A 药单独应用时的半数有效量，f 为 A 药在与其他药联合用药时所占的比例。

联合用药的理论半数有效量的标准误差为：

$$SE(ED_{50,add}) = SE(ED_{50,A})/f \tag{2}$$

联合用药的理论半数有效量的对数剂量标准误差可通过下列公式求得：

$$SE(ED_{50,add}) = 2.3 \times ED_{50,add} \times SE[\log(ED_{50,add})] \tag{3}$$

采用 Student t-test 统计方法对 $\log[ED_{50,add}]$ 和 $\log[ED_{50,mix}]$ 进行统计比较，$P<0.05$ 有统计学意义。

当 $\log[ED_{50,add}]$ 和 $\log[ED_{50,mix}]$ 没有显著差异时，两药相互作用的类型为相加作用；当 $\log[ED_{50,add}]$ 和 $\log[ED_{50,mix}]$ 有显著差异时，如果 $ED_{50,mix}<ED_{50,add}$ 时，则说明两药具有协同作用；如果 $ED_{50,mix}>ED_{50,add}$ 时，则说明两药具有拮抗作用[53]。

本研究拟采用 3T3-L1 脂肪细胞及 HepG2 肝细胞在体外建立胰岛素抵抗的细胞模型，研究葛根芩连汤活性组份小檗碱和黄芩苷之间的协同、相加或拮抗作用，进一步探讨葛根芩连汤治疗胰岛素抵抗的可能多靶点机制。

1. 葛根芩连汤活性组分小檗碱与黄芩苷的相互作用研究

在本研究中，以 3T3-L1 脂肪细胞和 HepG2 肝细胞葡萄糖消耗量为指标，小檗碱，小檗碱+黄芩苷可显著增加 3T3-L1 脂肪细胞和 HepG2 肝细胞葡萄糖消耗量（图 5-17 中 A 和 B），而黄芩苷对 3T3-L1 脂肪细胞和 HepG2 肝细胞葡萄糖消耗量的影响没有统计学意义（图 5-17C），具体如下。

用 GraphPad Prism program 软件拟合量效关系曲线（如图 5-18），并获得 ED_{50} 值如下。

小檗碱（图 5-18A：$ED_{50}=149.7$，$LogED_{50}$±标准误差$=2.175\pm1.204$）

根据公式(3)，因此，小檗碱的 ED_{50} 的标准误差为：$SE(ED_{50}) = 2.3\times149.7\times1.204 = 414.55$。

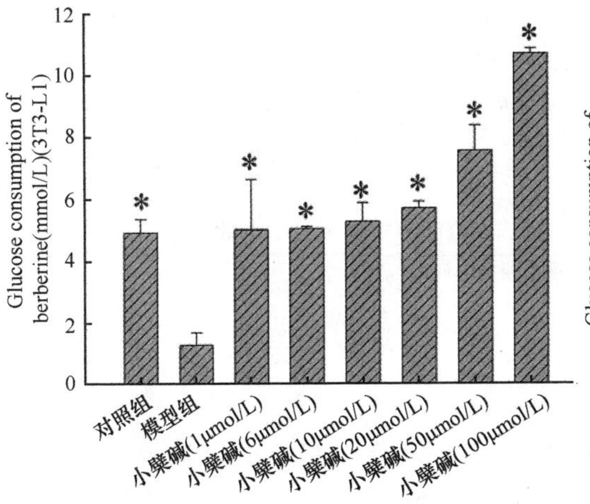

A

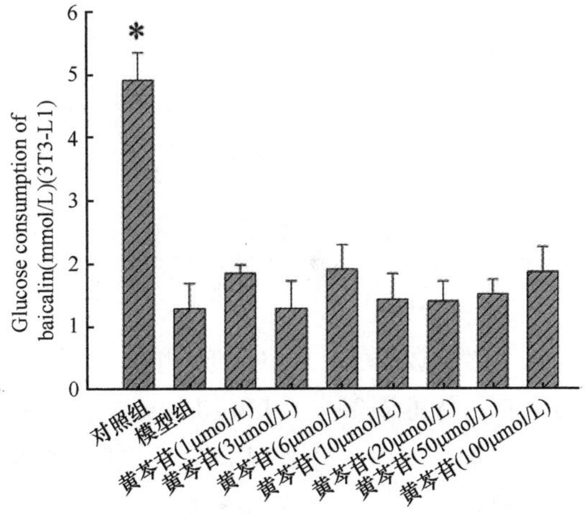

B

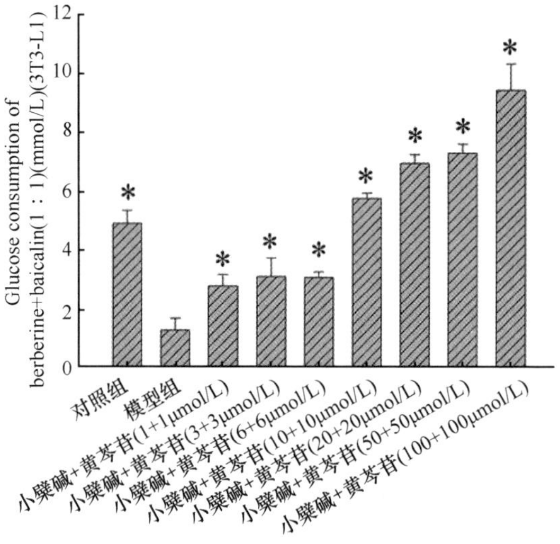

C

图 5-17　小檗碱（A）、黄芩苷（B）及固定比例剂量小檗碱+黄芩苷（1：1）（C）对 3T3-L1 脂肪细胞和 HepG2 肝细胞葡萄糖消耗量的影响（$n=6$），$^{*}P<0.05$，与模型组比较

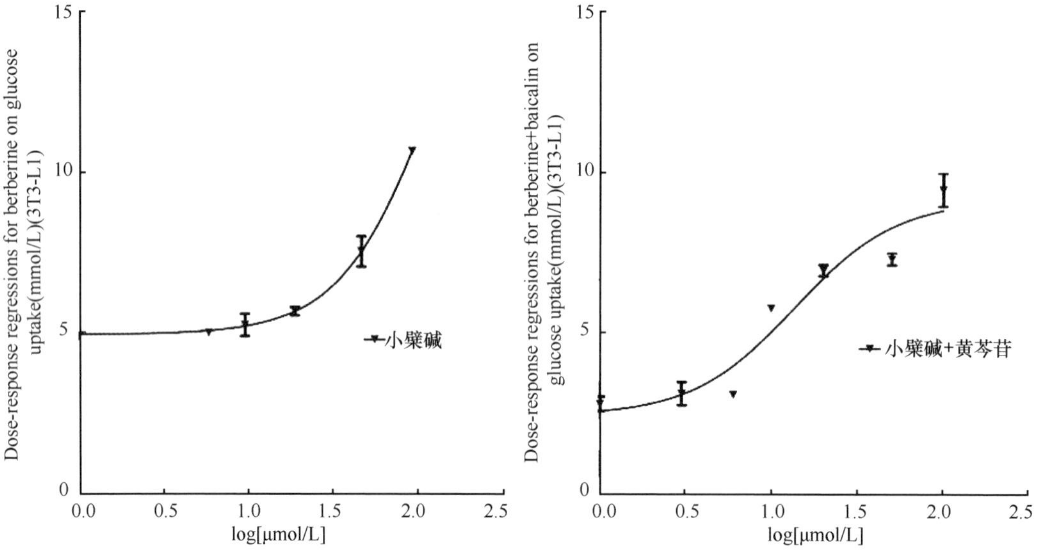

A　　B

图 5-18　小檗碱（A）及小檗碱+黄芩苷（1：1）（B）固定比例剂量的量效关系

X 轴表示对数剂量，Y 轴表示葡萄糖消耗量（$n=7$）

小檗碱和黄芩苷联合应用（1：1）实测值（$ED_{50,mix}$）（图 5-18B：$ED_{50,mix}=13.63$，$LogED_{50}$±标准误差＝1.134±0.1048）。

根据公式（1），小檗碱和黄芩苷联合应用（1：1）的理论 ED_{50}（$ED_{50,add}$）为：

$ED_{50,add}=ED_{50,A}/f=$ 小檗碱 $ED_{50}/0.5=149.7/0.5=299.4$。

根据公式（2），$ED_{50,add}$ 的标准误差为：

SE($ED_{50,add}$)= SE($ED_{50,A}$)/f=小檗碱 ED_{50} 标准误差/0.5=414.55/0.5=829.1。

根据公式(3),SE($ED_{50,add}$)=2.3×299.4×SE[log($ED_{50,add}$)]= 829.1。

因此,SE[log($ED_{50,add}$)]=1.204。

总之,小檗碱和黄芩苷联合用药理论半数有效量的对数值为:log($ED_{50,add}$)±标准误差,即为:2.48±1.204;小檗碱和黄芩苷联合用药实际半数有效量的对数值为:log($ED_{50,mix}$)±标准误差,即为:1.134±0.1048(表 5-9)。

采用 Student t-test 统计方法对 2.48±1.204 和 1.134±0.1048 进行统计比较,$P<0.05$ 有统计学意义。

表 5-9　小檗碱和黄芩苷相互作用研究

Drugs/drug combination	ED_{50}		n	
小檗碱	149.7		6	
	log($ED_{50,add}$)	log($ED_{50,mix}$)	P	
小檗碱+黄芩苷	2.48±1.204	1.134±0.1048 *	7	0.287

* $P=0.287>0.05$,log($ED_{50,add}$)和 log($ED_{50,mix}$)没有显著差异,表明小檗碱和黄芩苷(1∶1)两药相互作用的类型为相加。

如图 5-19 所示,小檗碱单独用药,以及小檗碱和黄芩苷(1∶1)联合用药都可增加 HepG2 肝细胞葡萄糖消耗量($P<0.05$)(图 5-19A 和图 5-19C),且呈一定的剂量依赖性,但黄芩苷对 HepG2 肝细胞葡萄糖消耗量没有显著影响(图 5-19B)。

用 GraphPad Prism program 软件拟合量效关系曲线(图 5-20),并获得 ED_{50} 值如下。

小檗碱(图 5-20A:ED_{50}=36.96,logED_{50}±标准误差=1.568±0.1671)

根据公式(3),因此,小檗碱的 ED_{50} 的标准误差为:SE(ED_{50})=2.3×36.96×0.167 1 =14.205。

小檗碱和黄芩苷联合应用(1∶1)实测值($ED_{50,mix}$)(图 5-20B:$ED_{50,mix}$=35.43,logED_{50}±标准误差= 1.549±0.586 3)。

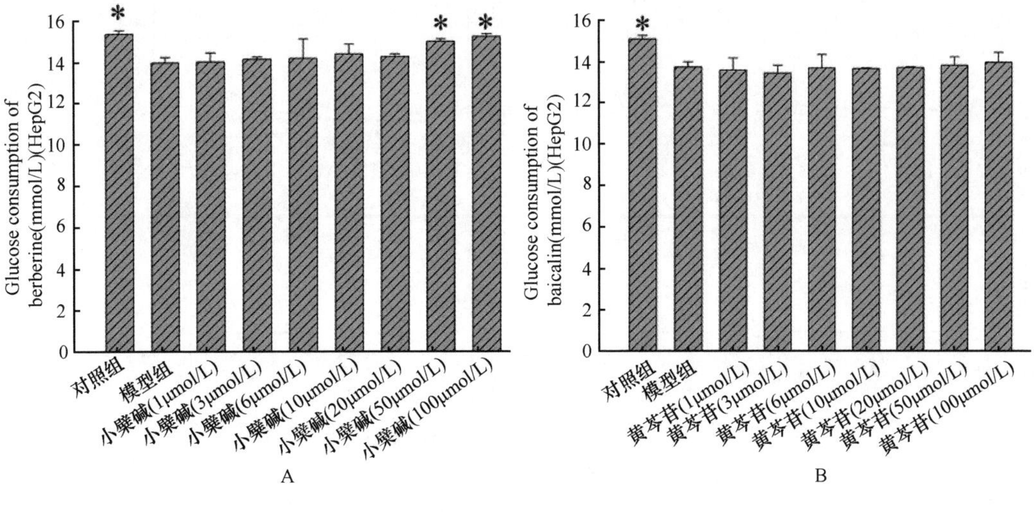

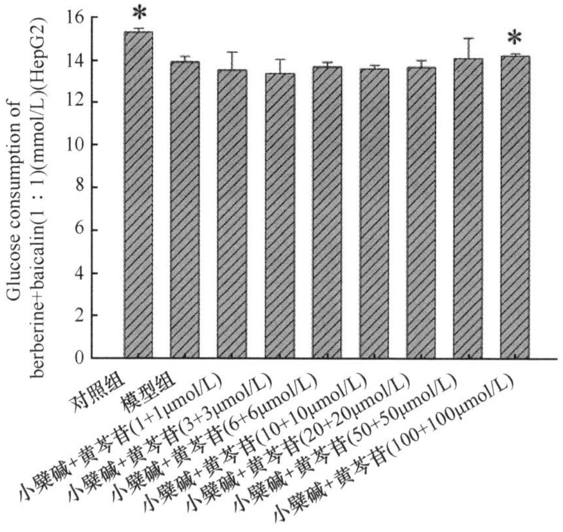

C

图 5-19 小檗碱(A)、黄芩苷(B)及固定比例剂量小檗碱+黄芩苷(1∶1)(C)对 HepG2 肝细胞葡萄糖消耗量的影响($n=6$),* $P<0.05$,与模型组比较

根据公式(1),小檗碱和黄芩苷联合应用(1∶1)的理论 ED_{50}($ED_{50,add}$)为:

$ED_{50,add} = ED_{50,A}/f=$小檗碱 $ED_{50}/0.5=36.96/0.5=73.92$。

根据公式(2),$ED_{50,add}$ 的标准误差为:

$SE(ED_{50,add}) = SE(ED_{50,A})/f=$小檗碱 ED_{50} 标准误差$/0.5=14.205/0.5=28.41$。

根据公式(3),$SE(ED_{50,add})=2.3\times73.92\cdot SE[\log(ED_{50,add})]=28.41$。

因此,$SE[\log(ED_{50,add})]=0.1671$。

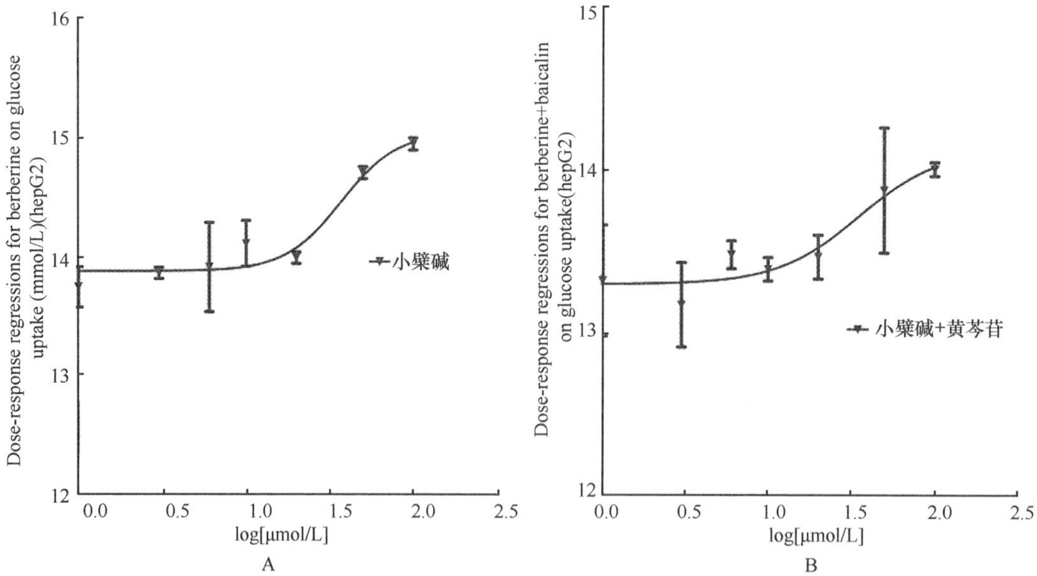

图 5-20 小檗碱及小檗碱+黄芩苷(1∶1)固定比例剂量的量效关系

[X 轴表示对数剂量,Y 轴表示葡萄糖消耗量($n=7$)]

总之,小檗碱和黄芩苷联合用药理论半数有效量的对数值为:$\log(ED_{50,add})$±标准误,即为:1.87±0.1671;小檗碱和黄芩苷联合用药实际半数有效量的对数值为:$\log(ED_{50,mix})$±标准误差,即为:1.549±0.586 3(表 5-10)。

采用 Student t-test 统计方法对 1.87±0.167 1 和 1.549±0.586 3 进行统计比较,$P<0.05$ 有统计学意义。

表 5-10　小檗碱和黄芩苷相互作用研究

药物/联合用药	ED_{50}		n	
小檗碱	36.96		7	
	$\log(ED_{50,add})$	$\log(ED_{50,mix})$	P	
小檗碱+黄芩苷	1.87±0.1671	1.549±0.586 3*	7	0.608

* $P=0.608>0.05$,$\log(ED_{50,add})$ 和 $\log(ED_{50,mix})$ 没有显著差异,表明小檗碱和黄芩苷(1∶1)两药相互作用的类型为相加。

2. 黄芩苷对小檗碱量效关系的影响

小檗碱,小檗碱+10μmol/L 黄芩苷和小檗碱+100μmol/L 黄芩苷可剂量依赖地增加 3T3-L1 脂肪细胞葡萄糖消耗量(图 5-21),在 10μmol/L 黄芩苷存在时,小檗碱的量效曲线并没有向下漂移,在一定的剂量范围内显示出了协同效应,而在另一剂量范围内则显示了拮抗作用。然而,在 100μmol/L 黄芩苷存在时,小檗碱的量效曲线向右漂移,最大效应变小,整条量效曲线向下漂移。根据上述结果,黄芩苷对小檗碱效应影响可能是相加、协同或拮抗作用,在低剂量时可能有相加或协同作用。但在高剂量则为拮抗作用。因

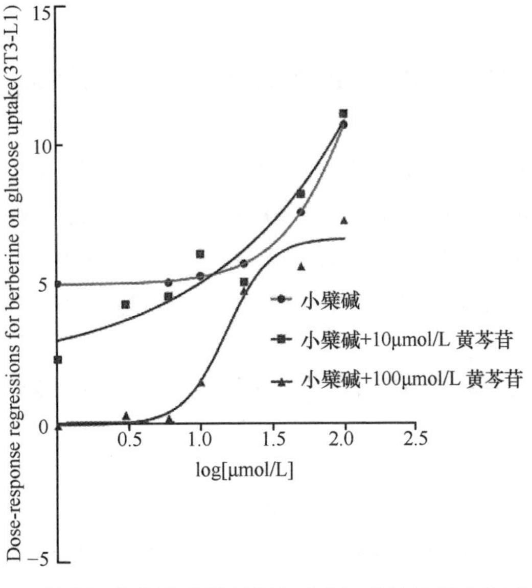

图 5-21　以 3T3-L1 脂肪细胞葡萄糖消耗量为指标,黄芩苷对小檗碱量效关系的影响

[X 轴表示对数剂量,Y 轴表示葡萄糖消耗量($n=7$)]

此,这应符合部分激动剂的作用特点,也就是说黄芩苷可能是一种部分激动剂,需要用受体理论进一步研究黄芩苷的作用特点。

3. 讨论

体外联合用药研究可发现新的多靶点作用机制。可通过活性组分的配伍筛选发现潜在的协同作用,进而加速临床前和临床试验进程[54]。

葛根芩连汤是由多种活性成分构成的多靶点药物。我们对其主要活性成分(本研究主要探讨了小檗碱和黄芩苷之间的相互作用)进行了体外联合用药研究,结果表明,在3T3-L1脂肪细胞和HepG2肝细胞胰岛素抵抗模型中,小檗碱、小檗碱+黄芩苷可显著增加3T3-L1脂肪细胞和HepG2肝细胞葡萄糖消耗量,而黄芩苷对3T3-L1脂肪细胞和HepG2肝细胞葡萄糖消耗量的影响没有统计学意义。

我们在3T3-L1脂肪细胞和HepG2肝细胞胰岛素抵抗模型中,进行了小檗碱和黄芩苷固定比例剂量联合用药试验,结果 $\log(ED_{50,add})$ 和 $\log(ED_{50,mix})$ 没有显著性差异时,表明两药相互作用的类型为相加。

我们还进行了以3T3-L1脂肪细胞葡萄糖消耗量为指标,黄芩苷对小檗碱量效关系的影响实验。小檗碱、小檗碱+10μmol/L黄芩苷和小檗碱+100μmol/L黄芩苷可剂量依赖的增加3T3-L1脂肪细胞葡萄糖消耗量,结果表明,黄芩苷对小檗碱效应影响可能是相加、协同或拮抗作用,在低剂量可能有相加或协同作用,但在高剂量则为拮抗作用,因此,这应符合部分激动剂的作用特点[55,56],也就是说黄芩苷可能是一种部分激动剂,需要用受体理论进一步研究黄芩苷的作用特点[57,58]。

(章常华 徐国良)

第六节 从黄连素谈"以药为本体"的剂量规律

黄连素[即盐酸小檗碱(BBR)]是一种重要的生物碱,是黄连的主要有效成分,黄连中盐酸小檗碱的含量可达4%~10%。近20多年,越来越多的研究显示[59~61],盐酸小檗碱具有确切的降糖作用,且在一定的给药剂量或浓度范围内具有量效关系[62,63]。本文[64]从盐酸小檗碱对整体动物及细胞降糖的量效研究角度进行综述。

一、盐酸小檗碱对整体动物降糖的量效研究

传统观念认为,小檗碱口服吸收差,在胃肠道吸收不好;小鼠静脉注射小檗碱,在体内吸收快、分布广泛。小檗碱静脉给药后5min到2h小鼠各组织中分布顺序:肺>肝>脾>肾>心>肠>胃≥脑;小檗碱主要经过尿中排泄,粪排泄很少,且存在肝肠循环。

(一)盐酸小檗碱对正常动物血糖的量效研究

盐酸小檗碱对正常动物空腹血糖的影响存在争议,其量效研究也较少。早期,陈其

明[65]发现黄连素能降低正常小鼠的空腹血糖，另有研究[66]也肯定了这个观点，黄连素剂量50mg/kg具有降糖作用，而25mg/kg没有降糖效果；但也有相反的观点，如李应霞[67]采用正常Wistar大鼠为模型，以不同剂量黄连素（60mg/kg、40mg/kg、30mg/kg，注：30mg约10μmol，下同）干预21d，血糖没有影响。

不同剂量盐酸小檗碱干预后，正常动物没有出现低血糖现象，说明其对正常人可能具有较大的安全性。

（二）盐酸小檗碱对糖尿病大鼠血糖的量效研究

1. 盐酸小檗碱对1型糖尿病动物降糖作用的量效研究

1型糖尿病多采用不同浓度的高剂量四氧嘧啶造模，研究者以不同剂量盐酸小檗碱对其干预。结果显示，黄连素对1型糖尿病动物的降糖作用具有剂量依赖性，且其有效范围为40～120mg/kg，随着剂量的增加，降糖作用越强。例如，陈远航[68]以1型糖尿病小鼠模型（100mg/kg四氧嘧啶造模），以不同剂量黄连素（40mg/kg、80mg/kg、120mg/kg）灌胃10d，其降糖及提高血清胰岛素作用具有剂量依赖性，高剂量（120mg/kg）作用最强。李应霞[67]以雄性Wistar大鼠（皮下注射四氧嘧啶200mg/kg造模），以不同剂量黄连素（60mg/kg、40mg/kg、30mg/kg）灌胃，也得到同样的结论。Chueh W H[69]等以不同剂量黄连素（50mg/kg、150mg/kg、500mg/kg）灌胃14周，胰岛数量增加具有剂量依赖性。而另有研究[70]示对胰岛素基因敲除的小鼠（NOD/LtJ小鼠）灌胃黄连素（100mg/kg、200mg/kg），无降糖效果。

黄连素的时效方面，陈其明[65]以50mg/kg黄连素的剂量灌胃1型糖尿病大鼠（尾静脉注射四氧嘧啶95～100mg/kg），第1d、第4d、第10d均可降低血糖。说明黄连素在50mg/kg灌胃时具有至少10d的稳定的降血糖作用。

2. 盐酸小檗碱对2型糖尿病动物血糖的量效研究

盐酸小檗碱可确切地降低2型糖尿病模型动物的血糖，在40～200mg/kg效果明显，且呈量效关系，黄连素剂量越大，降糖效果越明显。Wang Y等[71]以2型糖尿病大鼠为模型（SD大鼠，高热量饲料加35mg/kg链脲佐菌素腹腔注射），以不同剂量黄连素（50mg/kg、100mg/kg、150mg/kg连续灌胃6周），结果显示剂量为100mg/kg及150mg/kg黄连素均显著降低大鼠空腹及餐后血糖，而50mg/kg黄连素对血糖无明显影响，不同剂量均对血清胰岛素、瘦素、脂联素无明显影响。有研究[76]采用2型糖尿病大鼠（高脂饲料+STZ 50mg腹腔注射）以不同剂量黄连素（75mg/kg、150mg/kg）灌胃，结论与上述研究一致。

此外，剂量不同，降糖作用出现的时间也存在差异，剂量高的黄连素组出现明显降糖所用的时间比剂量低的组短。如张彦[66]以不同剂量黄连素（50mg/kg和25mg/kg）连续15d灌胃2型糖尿病大鼠（四氧嘧啶45mg/kg），前者于给药后第6d、后者第9d均呈现明显的降糖作用。

肠促胰岛素因其独特的降糖作用，成为近年的热点。肠促胰岛素通过多种途径降糖，与中药的多靶点降糖的特点相似。黄连素可能通过诱导 GLP-1 释放来间接促进胰岛 B 细胞分泌胰岛素，从而降低血糖。如吕秋菊[72]首次观察黄连素对 2 型糖尿病大鼠（未指明具体造模过程、体重）血清 GLP-1 的影响。以不同浓度黄连素（15mg/只及 30mg/只）干预。结果两组黄连素均能有效刺激 GLP-1 分泌，且呈明显量效关系：在各个时间点（灌胃后 0min、15min、30min、60min 及 120min），30mg/只的组刺激作用明显优于 15mg/只的组。

二、盐酸小檗碱对细胞模型降糖作用的量效研究

（一）盐酸小檗碱作用于肝细胞的量效关系

肝脏通过参与糖原分解和糖异生调节血糖浓度，肝细胞系 $HepG_2$ 常用来研究药物的糖耗量。黄连素干预肝细胞系 $HepG_2$ 细胞，存在一定的量效关系。殷峻[73]等以黄连素的有效浓度 20μmol/L 干预肝细胞系 $HepG_2$。发现在中糖浓度（11.1mmol/L）时，黄连素具有降糖作用，糖耗量增加 51%，而在高糖浓度（22.2mmol/L）没有降糖作用。其进一步研究[74]以不同浓度黄连素（1μmol/L、5μmol/L、10μmol/L、50μmol/L、100μmol/L）干预 $HepG_2$，结果示黄连素浓度在 5～100μmol/L 时具有显著的降糖作用，可使培养液中的葡萄糖消耗量增加 32%～60%（$P<0.001$），但没有量效关系，同时随着浓度增加，显著抑制 $HepG_2$ 细胞的增殖；黄连素浓度降至 1μmol/L 降糖作用消失。常伟[75]等进一步探讨其机制，以不同浓度黄连素（1μmol/L、3μmol/L、10μmol/L、30μmol/L、100μmol/L）处理 $HepG_2$ 细胞 24h 后，胰岛素诱导基因 2（Insig-2）和维生素 D 受体（Vitamin D receptor，VDR）基因表达上调，其效应随药物浓度的升高而逐渐增强，浓度为 3μmol/L 时达高峰，随后则逐渐减弱。

AMPK 是葡萄糖代谢的关键酶。Ge Y 等[76]以不同浓度黄连素（1μmol/L、10μmol/L、25μmol/L、50μmol/L）培养大鼠原代肝细胞（SD、ZF、ZL 大鼠），均剂量依赖性的增加磷酸化的 AMPK-α 及底物乙酰辅酶 A 羧化酶，但对 AMPK-β 亚基没有量效关系。

（二）盐酸小檗碱作用于脂肪组织细胞的量效关系

脂肪组织也是机体能量调节重要器官，在糖尿病发病中起重要作用，脂肪细胞系 3T3-L1 常用来研究糖代谢。周丽斌[77,78]将 3T3-L1 细胞在 25mmol/L 葡萄糖培养液中孵育 24h，以不同浓度黄连素（0.1μmol/L、1μmol/L、5μmol/L、10μmol/L、50μmol/L、100μmol/L、200μmol/L）干预，浓度为 0.1～200μmol/L 呈量效关系，其葡萄糖消耗量增加 26%～201%。郭晓农[79]也观察到黄连素浓度为 0.3～30mg/L（即 0.1～10μmol/L）对 3T3-L1 前脂肪细胞的葡萄糖消耗具有明显的量效关系。这与殷峻[73]的研究结果不一致，其研究示黄连素在高糖浓度（22.2mmol/L）下没有降糖作用，可能是因为两者的模型不同（3T3-L1 与 $HepG_2$）。葡萄糖转运实验[77]结果显示，以不同浓度黄连素（0.1μmol/L、1μmol/L、10μmol/L、50μmol/L、100μmol/L、200μmol/L）干预，结果显示黄连素浓度为 0.1～10μmol/L 的葡萄糖转运效果显著增加，但黄连素剂量达到 50μmol/L 时葡萄糖转运效果显著降低。这与模型细胞的活力在此浓度降低的结果一致，可能是黄连素对脂肪

细胞产生毒性作用进而抑制了葡萄糖转运，但此时糖耗量却没有相应的减少，反而随黄连素浓度的升高而增加，可能黄连素具有其他降糖机制抵消了细胞毒作用引起的降糖效果。葡萄糖转运的时效研究[77]结果显示，10μmol/L 黄连素温育 2h 即可使葡萄糖转运率增加 43%，6h 时增加 59%，12h 时增加 101%，24h 和 48h 时分别增加 112% 和 127%，说明 12h 时黄连素的作用已趋近最大。在最佳浓度下，黄连素对脂肪细胞模型（3T3-L1）的降糖作用具有不同于胰岛素的时-效特点，其作用远不如胰岛素迅速，可能在于其促进葡萄糖转运的机制与胰岛素不同。

（三）盐酸小檗碱在肌肉组织降糖的量效关系

L6 肌管细胞[80]（1.56μmol/L、3.13μmol/L、6.25μmol/L、12.5μmol/L、25μmol/L、50μmol/L、100μmol/L、200μmol/L）培养细胞，剂量依赖性的减少 PPAR-γ 和 FAT/CD36 蛋白表达。对在体的比目鱼肌也具有量效关系，剂量依赖性的激活 AMPK 催化亚基的 α_1、α_2 苏氨酸磷酸化[81]。剂量依赖性的促进线粒体呼吸[82]（0μmol/L、2μmol/L、4μmol/L、6μmol/L、8μmol/L、10μmol/L）。

（四）盐酸小檗碱作用于胰岛细胞的量效关系

胰岛细胞分泌胰岛素调节血糖，细胞系 BTC3 能稳定分泌胰岛素。殷峻[73]等观察到不同浓度黄连素（0μmol/L、0.01μmol/L、0.1μmol/L、1.0μmol/L）均对 B 细胞无胰岛素促泌作用，而且 1.0μmol/L 的黄连素显著抑制了胰岛素的分泌（$P<0.01$），其原因可能在于该药阻滞了胰岛 BTC3 细胞的增殖。

黄连素能部分预防和拮抗链脲菌素所致胰岛 B 细胞损伤，呈剂量依赖性。李素迎[83]等以不同浓度黄连素（10μmol/L、20μmol/L、40μmol/L、80μmol/L）干预以上离体细胞，结果显示浓度高（40μmol/L、80μmol/L）的黄连素干预组的 1h 高浓度葡萄糖刺激的胰岛素（HGSIR）高于单纯 STZ 组但均明显低于正常对照组，且呈剂量依赖性：浓度越高，预防和拮抗链脲菌素所致胰岛 B 细胞损伤的作用显著。

以不同浓度的黄连素（1μmol/L、3μmol/L、10μmol/L 和 30μmol/L）干预离体胰岛细胞，黄连素浓度依赖性增强葡萄糖刺激的胰岛素分泌[84]，浓度越高，作用越明显。

（五）盐酸小檗碱作用于肠道细胞的量效关系

肠道葡萄糖的吸收对调节血糖具有重要作用，Caco-2 细胞模型可用来研究黄连素对二糖水解的影响。潘国宇[85]以不同浓度黄连素（0.02mg/L、0.2mg/L、2mg/L、20mg/L）干预以上模型 40min，黄连素对蔗糖的抑制作用存在量效关系，对麦芽糖的抑制作用虽然显著，但是量效关系不明显。在体肠灌流模型[86]研究表明，50μmol/L 黄连素，在肠道内几乎不吸收（2.5h 吸收量小于 5%）；黄连素的降血糖作用可能并不是在它吸收之后产生的，而是像阿卡波糖等 α_2 糖苷酶抑制剂一样在肠道发挥作用：黄连素降血糖机制可能主要是通过抑制蔗糖酶、麦芽糖酶等二糖酶活力，减少葡萄糖吸收，降低餐后高血糖的产生。有研究[87]考虑其吸收过低、剂量过高（有的达 3g/d）的局限性，而对 BBR 结构进行修饰，发现其 8 位羟基取代化合物（BBRH）对 2 型糖尿病模型大鼠疗效均显著优于 BBR

组，且剂量较 BBR 低 1 个数量级。此外，NCI-H716 系肠内分泌细胞株[88]，常用来研究 GLP-1 分泌的调节。研究[88]黄连素 0μmol/L、1μmol/L、10μmol/L、100μmol/L 预处理，浓度依赖性刺激 GLP-1 释放[从基础的(0.34±0.02)pM/mg 到 100μmol/L 的(0.51±0.03)pM/mg]。

（六）黄连素作用与不同细胞模型的量-效-毒关系分析

不同的模型细胞，黄连素发挥细胞毒性作用的浓度也不同。肝细胞系 $HepG_2$ 出现毒性的黄连素浓度较低(≥3μmol/L)，说明黄连素降糖的同时，也具有肝毒性，可能是造成其浓度在 5～100μmol/L 时没有量效关系的原因。对脂肪细胞系 3T3-L1，黄连素的细胞抑制作用的浓度为 10～50μmol/L。而对胰岛细胞系 BTC3 的细胞毒性作用的浓度更低，为 1.0μmol/L，但是临床不仅未见黄连素的毒性报道，而且有研究[89]显示黄连素对肝源性的糖尿病具有肝保护作用，可能与黄连素的体内变化有关，如黄连素血药浓度低或转化为其他物质等；也可能是黄连素在不同的器官分布的浓度不同所致。

综观以上黄连素降糖的量效关系研究，可得出以下结论：①黄连素的治疗窗：黄连素给药剂量大于 40mg/kg 具有明显降糖作用，且剂量为 40～200mg/kg 存在量效关系；适合中等浓度的血糖(11.0mmol/L)；在高糖浓度(>22.0mmol/L)血糖中，黄连素没有降糖作用。②黄连素的量毒关系：随着黄连素浓度的增大，出现明显的肝毒性，对脂肪细胞也具有抑制作用。③黄连素的吸收：黄连素的降血糖作用可能并不仅在其吸收入血之后产生，而可能早在肠道发挥作用。

第七节　基于"有故无殒"思想和病理毒理学的中药量效(毒)关系研究

如果中药是中医治疗疾病的重要武器，那么剂量则是这一武器发挥威力的"火候"。然而，如何把握好中药"火候"，或者说如何认识中药量效(毒)关系、科学合理地制定中药剂量，是一个不容回避同时又鲜有探究的重大课题。但同时，中药量效(毒)关系研究又是一项极具探索性和挑战性的难题，目前尚无现成的研究模式可借鉴。为此，本文以《黄帝内经・素问》中"有故无殒，亦无殒"思想为切入点，结合本节笔者在中药大黄量效(毒)研究中的新发现与体会，探讨并尝试提出基于"有故无殒"和病理毒理学的中药量效(毒)关系研究模式，以期对中药量效(毒)关系的现代研究思路和方法有所启示。

一、对中药量效(毒)关系的认识误区

一般认为，中药量效关系研究大抵相当于中药药效学研究，中药量毒关系研究相当于中药毒理学研究。但这实际上将中药的"效"与"毒"割裂为两个方面，即在病理模型动物上观察药效，在正常动物上观察毒性。而中药在临床是应用在疾病个体而非正常个体的，因此，上述认识并不符合中药临床应用的实际情况。回顾中药学发展的历史，古人对中药疗效和毒性的认识，其着眼点和侧重点与现今的中药药效学和毒理

学研究是不同的。

在早期的中药学思想中大多认为“药”与“毒”是一回事，如《景岳全书·类经》中认为“药以治病，因毒为能。所谓毒者，因气味之有所偏也”。中医正是用药之偏性（毒性）去纠正机体偏盛，从而达到治疗目的。中医还有“以毒攻毒”的理论，有些剧毒药物的疗效已被现代医学所验证，如源于砒霜而发现的亚砷酸，对急性早幼粒细胞性白血病疗效显著；但不容否认，把砷制剂用于正常人或者不符合适应证的患者会导致严重的毒副作用。又比如，对于阳厥证患者，使用较大剂量附子“回阳救逆”是恰当的，但若将相同剂量的附子用于正常人或者不对证的患者则可能导致急性中毒。反观现代医学体系中，也有很多有较强毒性的药物，尤其是很多抗癌药往往有较大毒副作用，但只要应用得当，仍然可以取得治疗效果（收益）和毒副作用（风险）的平衡，达到治病救人的目的。追求治疗收益和毒副反应之间的平衡，已逐步成为国际上药物研究和评价的新动向和共识。这实际上提示我们，中药的“效”与“毒”不可割裂来考量。中药量效（毒）关系的研究，其目标和着眼点应是“科学阐明中药在疾病个体上发挥治疗作用时的治疗收益和毒副作用之间的平衡”。

二、中医“有故无殒”思想对中药量效（毒）关系的认识

中医药传统理论对药物的药效和毒性（偏性）有独到的认识，认为药物治疗是“以偏纠偏”，即偏性是药物治疗疾病的基础，药物的药效与毒性是辩证统一的；同时，传统理论又强调药物毒性（偏性）与疾病的相互关系，如《素问·六元正纪大论》记载：“黄帝问曰：妇人重身，毒之何如？岐伯曰：有故无殒，亦无殒也。帝曰：愿闻其故何谓也？岐伯曰：大积大聚，其可犯也，衰其大半而止，过者死。”原文意指妇人怀孕后患病，只要是针对病因治疗，即使用峻（毒）药治疗，也不会伤害母体，亦不会损伤胎儿；但是在用药过程中必须“衰其大半而止”，不可过量、长期使用。

从现代医学的视角来看，上述“有故无殒”的论述包含两层意思：①中药的治疗作用和毒副作用，在不同机体状态下的表现可能不同；②中药的毒副作用与用药剂量和周期有关。第一层含义是中药毒、效和“证”相关性的问题；第二层含义是中药量-时-效-毒关系的问题。由此可见，“有故无殒”的思想对正确认识与研究中药量-效（毒）关系、指导临床辨证用药具有重要的理论和应用价值。

三、基于“有故无殒”思想和病理毒理学的中药量效（毒）关系研究模式

很多研究证实中药“有故无殒”的现象是客观存在的，如附子对正常大鼠的心脏毒性强于肾阳虚模型和脾阳虚模型大鼠[90,91]，内在机制上表现为附子对生理和病理状态大鼠心肌酶的影响不同[92]；雷公藤总苷对正常大鼠的肝功能血生化指标的影响也大于关节炎模型大鼠[93]。本节笔者在中药大黄量效（毒）关系研究中，同样也观察到类似的规律（详见后文）。由此可见，机体在疾病状态下对药物的应答反应可能完全不同，因此在探讨中药量效（毒）关系问题时，不能忽视病理模型上的研究。

“有故无殒”思想为中药的量效（毒）关系研究提出了一个独特研究模式，即在正

常生理状态和不同病理状态机体的药理和毒理比较研究，笔者认为可称之为病理毒理学（pathotoxicology）。简单地说，就是在病理动物上评价药物毒性，并与正常动物个体平行对比，从而更准确地反映其应用于临床患者时的实际情况，并合理制定其可能的“治疗窗”范围，为临床合理用药提供科学依据。病理毒理学不只是基于中医“有故无殒”思想的认知方式，在科学实验中也可找到证据。一项最新研究结果为表明，处于肝纤维化病理状态下的小鼠对致死量的肝毒性物质如 *D*-半乳糖苷、脂多糖、四氯化碳或对乙酰氨基酚均表现为很强的耐受性，未发生死亡且仅表现为轻度的肝损害；而正常组小鼠则大部分因急性肝衰竭死亡。机制研究表明，在肝纤维化时机体处于免疫抑制状态，表现为调节 T 细胞（Tregs）和 2 型库普弗细胞（type-2 Kupffer cells）大量产生，同时 TNF-α、IL-1、HMGB1 和 MMPs 被显著抑制，因而机体对外部毒性刺激不敏感或不应答[94]。从微观机制上来看，机体在病理状态时，组织细胞微环境（microenvironment）与正常生理状态时往往有较大差异，因而可能造成对药物毒性的应答不同。细胞微环境是当前分子生物学和分子医学研究的前沿领域，大量研究证实组织细胞微环境的改变，对器官和机体功能的调控影响极其重要。有关细胞微环境对药物毒性应答规律的研究尚属空白。

基于“有故无殒”思想，国内学者还提出了其他一些关于中药毒性研究的思路和假说，如马伟提出了中药“证治毒理学”、“辨证毒理学”、“辨证毒动学”的假说[95]，黄熙提出的中药“证治药动学”假说[96]等，均是强调在“证候”动物模型上开展中药毒性的研究，对丰富和发展中药毒理学理论提供了新思路和有益参考。但是，应该看到以中医的“证”作为假说基本限定具有一定的局限性。由于中医的“证”研究以及中医证候动物模型的复制非常困难，同一证候可能有不同的造模方式，不同动物模型对中医“证”的复制准确性和模型间的差异性难以评估。比如，同为血瘀证，基于物理因素（外伤、低温、辐射等）复制的动物模型和基于生物或化学因素（放血、细菌毒素、氢化可的松、肾上腺素、高分子右旋糖酐等）复制的模型间差异非常大，对药物毒性的应答可能存在巨大差异，那么这些差异是由于“证”引起的，还是由于造模方法引起的？并且，由于动物和人体的种属差异，在“证候”动物模型上的研究实际上也难以返回到人体水平，难以指导临床实践。因此，基于“证”的中药毒理学研究，在实际操作中较难实施、比较和讨论。实际上，目前所谓“证治毒理学”研究大都是在病理动物模型上的研究。病理动物模型的复制相对更客观、准确和易于重现，因此，笔者认为相对于“证治毒理学”而言，“病理毒理学”的概念更科学、更符合实际，在研究中更具可比较性和客观重现性。另外，药物毒性在生理或病理状态下的差异表达，并非只是局限于中药，西药也同样可能存在。因此，采用病理毒理学概念更有利于在国际交流和推广。

本文提出的基于病理毒理学的中药量效（毒）关系研究思路、模式和方法，其创新之处不在于技术手段的创新，关键是研究思路和模式的突破与发展，其特点和优势在于注重机体病理状态与量效毒之间的紧密联系，面向临床、面向应用，为得到中药安全有效的“治疗窗”、指导临床合理用药提供参考依据，具有突出的中医药特色，对中药量效（毒）关系的认知、验证、创新与发展具有重要参考价值。

四、基于“有故无殒”思想的大黄量效(毒)关系的实例研究

大黄是我国特产的世界著名传统药物,广泛应用于胃肠道疾病、肝病、肾病等的长期治疗[97~99]。据统计,全国8000余种中成药制剂约有10%含有大黄。但近年国外报道长期应用大黄中蒽醌类成分可致肝、肾损害以及潜在的致癌风险[100,101],大黄及相关中成药临床应用的安全性受到质疑。然而,大黄一方面用于慢性肝炎、肾炎的治疗,另一方面又可引发肝、肾损伤,看似一个悖论。如何科学认识其药效和毒性“双向作用”的客观真实性?或者说,如何科学认识大黄量效(毒)关系?为此,本节笔者课题组根据“有故无殒”思想,开展了基于病理毒理学的大黄量效(毒)关系研究,即同时采用正常和疾病动物(肝炎、肾炎模型),比较和综合阐明大黄量效(毒)关系及其影响因素,以期为大黄合理制用提供科学依据,同时为中药量效(毒)关系研究提供实例参考。

(一)大黄对肝脏的量效(毒)关系实验研究

针对大黄既“保肝”又“伤肝”的问题,笔者课题组依据“有故无殒”思想,开展了大黄治疗慢性肝损伤的量效(毒)关系研究。研究发现大黄治疗慢性肝损伤的量效(毒)关系客观存在,在0.3~15g/kg剂量范围内[相当于成人用剂量0.05~2.5g/(kg·d)],主要表现为保肝降酶作用,药效随剂量增加显著提高;剂量超过15g/kg,动物腹泻副作用较强,个别指标异常,但停药后可恢复;在15~40 g/kg剂量范围内[相当于人用剂量2.5~6.7g/(kg·d)],虽仍可降酶,但主要表现为致肝纤维化作用,且随剂量增加显著增强。由此,初步得出大黄治疗慢性肝损伤可能的“治疗窗”为0.3~15g/kg[相当于人用剂量0.05~2.5g/(kg·d)][102]。

在相同剂量比较,熟大黄对大鼠慢性肝损伤的保护作用显著强于生大黄,腹泻副作用减弱;在高剂量下熟大黄引起的肝纤维化损伤显著弱于生大黄。炮制“减毒”的机制可能体现在结合蒽醌含量降低使腹泻副作用减弱,鞣质含量下降可能使肝损害作用减弱;而炮制“增效”的机制可能体现在结合蒽醌转化为游离态蒽醌,生物利用度提高,药效作用增强。

(二)大黄对肾脏的量效(毒)关系实验研究

针对肾脏保护和损伤“双向作用”的问题,笔者课题组依据“有故无殒”思想,采用正常动物与疾病动物(慢性肾炎模型和4种急性肾衰竭模型)对比研究的方式,开展了大黄治疗急性肾损伤的量效(毒)关系研究。研究表明,大黄在正常动物上表现出肾毒性,损伤部位主要在肾小管,损伤具有可逆性,蒽醌类物质为其主要毒性物质基础;大黄在模型动物上表现出肾保护作用,其中生大黄总提物和大黄䗪虫丸均可有效缓解C-BSA致免疫性肾炎大鼠的组织病理损伤,并呈明显量效相关性,但大剂量时疗效下降且表现出一定的毒副作用;生大黄总鞣质提取物可有效治疗6价铬导致的肾毒性;生大黄总蒽醌提取物可有效治疗汞离子导致的肾毒性;另外,生大黄总提物对庆大霉素致肾损伤大鼠具有加重毒性的作用,提示大黄与氨基糖类抗生素联用具有潜在的增加毒性风险,临床应用

应予以关注[103]。

（三）大黄致泻（止泻）双向作用的量效关系实验研究

大黄为常用泻下药，药效确切；但大黄长期用药后泻下作用减弱，停药后易产生继发性便秘，甚至引发结肠黑变病[104,105]，有文献推测可能与大黄鞣质的止泻作用有关[106]。针对大黄致泻和止泻“双向作用”，笔者课题组开展了大黄治疗便秘的量效关系研究。研究表明，生大黄总提物具有明显的“致泻”作用；去除了鞣质的总蒽醌部位比总提物的泻下作用更强，说明鞣质的存在可以抑制蒽醌部位的致泻作用；总鞣质部位可有效治疗蓖麻油、硫酸镁等多种原因致腹泻，呈显著量效相关性，且可引起正常动物便秘症状（呈剂量、时间依赖性），与大黄长时间用药后产生继发性便秘的现象类似；除去蒽醌和鞣质的大黄剩余物质部位没有明显作用[107]。该研究首次实验证实了大黄鞣质类成分的止泻作用，为阐明大黄致泻（止泻）双向作用的量效关系，避免大黄长期服用继发性便秘等不良反应提供了参考依据。

（四）大黄对不同年龄大鼠的量毒关系实验研究

在笔者课题组前期研究中，首次发现不同年龄大鼠对大黄的耐受性不同，幼年动物耐受性较好，而老年动物耐受性差。从动物生存曲线可以看出（图 5-22）：生大黄总提物低、中、高剂量灌胃给药 SD 大鼠 5 周后，幼年组大鼠各剂量组均未出现死亡；而老年大鼠高剂量组死亡率为 70%（$P<0.01$），中剂量组死亡率为 10%，低剂量组无死亡。进一步病理和生化检测均发现，大黄的肝毒性程度呈剂量依赖关系，老年大鼠的耐受性显著低于幼年大鼠[108]。综上可知，大黄的毒性作用不仅与其剂量及给药时间密切相关，还与其应用的机体状态背景相关，即大黄对机体的损伤作用随机体状态而改变。机体状态既包括正常生理状态，也包括异常病理状态，它受体质、年龄、遗传等多种因素影响。幼年大鼠对大黄耐受性较强，可能与其自身正处于机体生理旺盛阶段，对外来因素的轻度损伤具有较强修复作用有关。

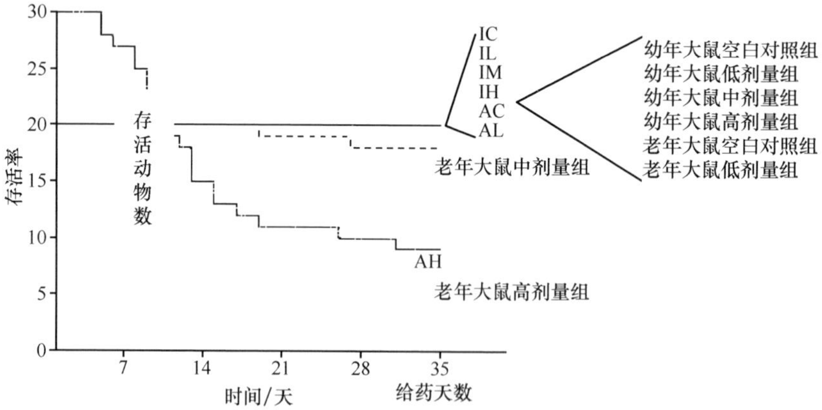

图 5-22 不同年龄大鼠对生大黄的耐受性差异[109]

（高剂量：40g 生药/kg 体重；中剂量：10.26g 生药/kg 体重；低剂量：2.57g 生药/kg 体重）

（五）大黄“有故无殒”现象与辨病（证）用药减（避）毒

通过因子分析（factor analysis）模式识别方法，发现大黄对肝脏的保护和损伤“双向作用”规律可以由两个公因子（factor）表达，其保护作用主要体现在降低细胞损伤因子（保护肝细胞膜），而其损伤作用主要体现在增加肝纤维化因子（诱导肝纤维化，图 5-23a）。进一步总结发现，生理和病理状态的研究对象对大黄的耐受性不同，肝损伤模型动物对大黄的耐受性显著高于正常动物（多次实验重复，2～4 倍），在正常动物出现肝毒性的剂量，反而对肝炎模型动物具有良好的保护作用（图 5-23）[110,111]。这一发现印证了清代张锡纯《医学衷中参西录》所载“大黄之力虽猛，然有病则病当之，恒有多用不妨者”；同时也证明大黄“有故无殒”现象客观存在：在一定剂量范围内，大黄对“有故”（肝损伤）机体，正确辨病（证）施治，能够达到“无殒”的目的。

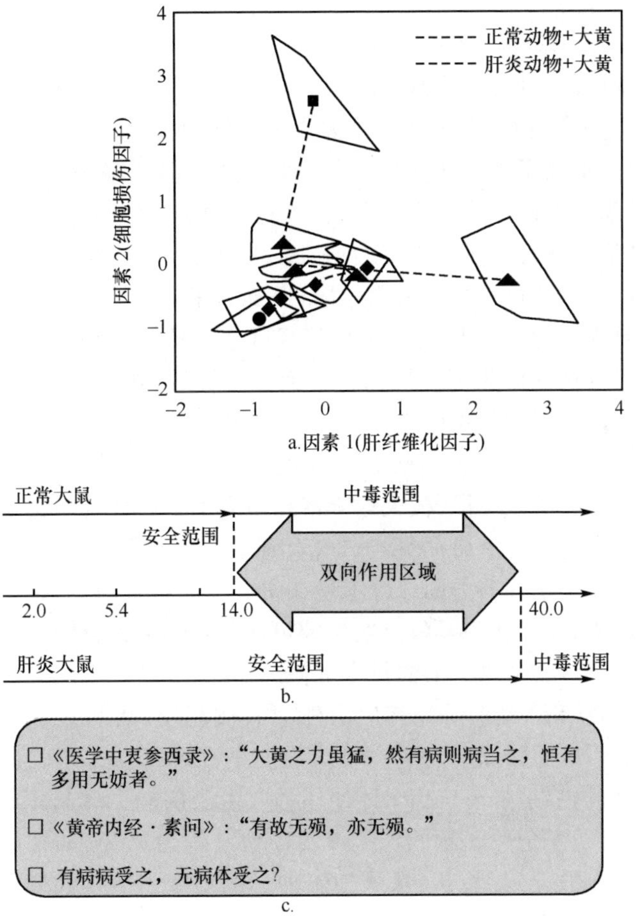

图 5-23　大黄对肝炎大鼠和正常大鼠的肝损伤作用差异[57]

（剂量单位：g 生药/kg 大鼠体重）

（六）大黄合理用药建议

综合分析基于“有故无殒”思想和病理毒理学的大黄量效（毒）关系研究结果，对大黄临床应用建议如下：

(1)《中国药典》2010 年版的最大剂量 30g/kg 仍有提升空间，但鉴于动物实验与临床应用的差距，该结果还有待于进一步结合临床验证，暂认为大黄临床日用剂量不宜超过 30g/kg。

(2) 临床在准确辨证情况下，长期大剂量应用大黄时，宜根据不同病证选用相应炮制品，定期检查患者肝肾功能。

(3) 针对临床上体质有明显差异的老年、幼年及怀孕患者等人群，应严格控制用药剂量和疗程，定期做肝肾功能检查。

(4) 大黄在临床应用前应根据蒽醌、鞣质两类主要成分的理化性质差异，选择适宜的提取纯化方式进行炮制，发挥"增效减毒"的作用，使临床疗效尽可能最大化。

(5) 含有大黄及其主要成分的保健品少量短期服用尚可，长期大剂量服用应谨慎，最好有专业人士指导。

中医"有故无殒"思想为人们科学评价"有毒"中药的安全性问题及指导合理用药，提供了重要的思维启示。所谓"有故"也不仅局限于有病，各种机体因素(疾病、体质、性别和年龄等)都可能对药物毒性表达有重要影响。同时还应该看到，药物毒性在正常和病理状态下的差异，不仅可能表现为"有故无殒"，还可能表现为"有故益殒"，也就是说在病理状态下，药物的毒性可能表现更强烈。"有故益殒"的现象在中药和西药领域均广泛存在。无论是"有故无殒"，还是"有故益殒"，均是病理毒理学的关注点和研究范畴，其研究结果对于研究中药量效(毒)关系、指导临床合理用药具有重要参考意义。

此外还应该看到，中药的量效(毒)关系不只是剂量与效应(效或毒)之间的关系。药材质量、药味配伍、辨证用药等都可能影响到中药量效(毒)关系的临床表现。尤其对一些药性强烈或有一定毒副作用的中药，先贤在临床实践中总结并发展出了一系列合理用药的理论和减(避)毒手段，如炮制减毒、配伍减毒、辨证用药减毒等，通过这些中医药特色明显的理论思想和实践手段，极大地丰富和拓展了中药量效(毒)关系的应用价值和研究范畴。今后应将中药的基础研究与临床相结合，以从基础到临床的研究模式，从品质、用量、用法、功效、药性等多方面综合考量和研究中药量效(毒)关系，开展并加强面向临床的中药标准化研究，建立"关联疗效，可控可评"的中药标准体系，以期为最大限度地保证中医药临床安全有效提供有力的技术支撑。

除了对中药量效(毒)关系研究有启示外，"有故无殒"思想对新药研发药代动力学研究也有参考价值。目前国际上对药物临床前安全性评价和Ⅰ期临床试验均针对的是正常个体。然而，药物都是给予疾病个体使用的。由于疾病个体与正常个体间代谢行为的差异，导致新药出现安全性问题的例子屡见不鲜。笔者认为，如果能在临床前安全性评价中，借鉴中医"有故无殒"思想，从病理毒理学的角度引入疾病模型动物模拟和评估病理状态对药物代谢行为的影响，将为提高药物研发成功率，降低临床用药不良反应发生风险提供更早期、更有效地指导。

(肖小河　王伽伯)

第八节　以葛根芩连汤为例探讨复方的剂量规律

一、葛根芩连汤治疗腹泻的临床用量特点分析

葛根芩连汤，载于《伤寒论》第34条，“太阳病，桂枝证，医反下之，利遂不止，脉促者，表未解也。喘而汗出者，葛根黄芩黄连汤主之。”“葛根半斤，甘草二两，炙，黄芩三两，黄连三两。”现代临床将此方广泛用于治疗急性肠炎、细菌性痢疾、溃疡性结肠炎、病毒性肠炎、小儿腹泻等疾病[112~115]，辨病证属胃肠湿热证者。近年对其药理作用的研究发现，该方还有降低血糖、血压等作用，并在临床有所应用；而治疗“利”，即腹泻者，为葛根芩连汤本证[116]。

同绝大多数中药汤剂一样，葛根芩连汤的临床用量没有固定的标准，一方面是由于中药汤剂因人、因证、因病势不同而用量不同；另一方面是由于缺乏系统研究及总结，无法得出明确有效的用量范围，导致临床处方时用量存在一定地随意性，影响了中医临床合理剂量的选择，难以确保中医用药的安全性及有效性，制约了中医药疗效的进一步提高。

本部分就目前临床上使用葛根芩连汤治疗其“本病”——腹泻的用量情况进行分析，主要探讨葛根芩连汤治疗腹泻的临床实际用量。

检索中国知网数据库（CNKI），1995～2011年出版的文献。关键词为葛根芩连汤（或葛根黄芩黄连汤、葛根芩连）、腹泻（或痢疾、利）、临床研究（或临床经验），模糊查找。纳入有明确研究对象（治疗疾病种类固定）、研究方法、给药剂量、给药方法及疗效判定的文献，共16篇，文献类型包括临床研究、病例观察和临床经验。治疗疾病包括成人感染性腹泻、成人急性胃肠炎、成人慢性腹泻及小儿腹泻四大类。

根据疾病的类型，分述葛根芩连汤的用量情况。

（一）葛根芩连汤治疗感染性腹泻的用量范围

共7篇文献对葛根芩连汤治疗感染性腹泻进行了研究。其用量特点归纳如下（表5-11）。

表5-11　葛根芩连汤治疗感染性腹泻临床用量情况总结

研究对象（样本量）	研究方法	葛根芩连汤剂量
湿热型急性腹泻（68例）[118]	随机对照	葛根30g、黄芩10g、黄连10g、炙甘草5g、神曲10g、藿香10g、茯苓30g、薏苡仁30g
急性腹泻（52例）[119]	随机对照	葛根芩连微丸3g，一日3次
菌痢（42例）[120]	临床观察	葛根20g、黄芩15g、黄连10g、炙甘草5g，随症加减
急性菌痢39例[121]	临床观察	葛根15g、黄芩6g、黄连3g、甘草3g、熟木香10g、槟榔12g、藿香6g、芍药10g、马齿苋12g、焦山楂12g、枳壳6g
急性感染性肠炎（116例）[113]	随机对照	葛根25g、黄芩15g、黄连10g、炙甘草6g、神曲15g、苍术10g、山楂15g、川朴15g
急性菌痢32例[122]	随机对照	葛根10g、黄芩10g、黄连6g、茯苓12g、泽泻15g、木香6g、马齿苋10g、金银花12g、甘草9g，随症加减
急性菌痢74例[123]	随机对照	葛根10g、黄芩6g、黄连3g、马齿苋16g、茯苓12g、泽泻9g

由上可见,葛根芩连汤治疗感染性腹泻的用量范围为:葛根 9.9～30g、黄芩 3.9～15g、黄连 3～10g、炙甘草 2.4～9g(注:葛根芩连微丸用量按照说明书规定进行换算,1g 等于原药材 6.7g,其中葛根 3.3g、黄芩黄连各 1.3g、炙甘草 0.8g)。在治疗感染性腹泻时,可单用葛根芩连汤以取效,亦可合用西药缩短疗程。无论是单独使用还是与西药联合使用,葛根芩连汤都取得了相对良好的治疗效果。

(二) 葛根芩连汤治疗急性肠胃炎的用量范围

有 1 篇文献对葛根芩连汤治疗急性肠胃炎进行了研究。其用量特点归纳如下(表 5-12)。

表 5-12　葛根芩连汤治疗急性肠胃炎临床用量情况总结

研究对象(样本量)	研究方法	葛根芩连汤剂量
急性肠炎患者(76 例)[112]	随机对照	葛根 30g、黄芩 15g、黄连 10g、甘草 3g、救必应 30g、车前草 15g、槟榔 15g

葛根芩连汤治疗不伴有感染的急性胃肠炎时,葛根 30g、黄芩 15g、黄连 10g、甘草 3g 为有效用量。

(三) 葛根芩连汤治疗慢性腹泻的用量范围

有 2 篇文献对葛根芩连汤治疗慢性腹泻进行了研究。其用量特点归纳如下(表 5-13)。

表 5-13　葛根芩连汤治疗慢性腹泻临床用量情况总结

研究对象(样本量)	研究方法	葛根芩连汤剂量
慢性泄泻(43 例)[124]	临床观察	葛根 9g、黄芩 9g、黄连 6g、秦皮 12g、蒲公英 24g、党参 15g、炒山药 15g、炒薏苡仁 15g、柴胡 6g、陈皮 12g、川厚朴 9g、炒芡实 12g
老年慢性结肠炎(1 例)[125]	临床经验	葛根 30g、黄芩 9g、黄连 6g、甘草 6g、白芍 20g、薏苡仁 20g、木香 20g、炒白术 20g、茯苓 20g

综上所述,葛根芩连汤治疗慢性腹泻的使用剂量范围为:葛根 9～30g、黄芩 9g、黄连 6g、炙甘草 6g。

针对慢性腹泻,现代医学手段往往乏善可陈,使用葛根芩连汤治疗病属胃肠湿热的慢性腹泻,取效明显。用于老年患者,亦显示出其良好的安全性。

(四) 葛根芩连汤治疗小儿腹泻的用量范围

有 6 篇文献对葛根芩连汤治疗小儿腹泻进行了研究。其用量特点归纳如下(表 5-14)。

表 5-14　葛根芩连汤治疗慢性腹泻临床用量情况总结

研究对象(样本量)	研究方法	葛根芩连汤剂量
婴幼儿诺瓦克病毒腹泻(114 例)[115]	随机对照	葛根 5～10g、黄芩 2～3g、泽泻 10g、甘草 3g、茯苓 10～15g、神曲 10g、乌梅 10g、木香 2～6g

续表

研究对象(样本量)	研究方法	葛根芩连汤剂量
小儿鼠伤寒沙门菌肠炎(51例)[126]	临床观察	湿热证:葛根12g、黄芩9g、黄连6g、甘草6g、丹参10g、乌梅10g、紫草12g、苦参10g;虚寒证:葛根9g、黄芩6g、黄连3g、甘草6g、丹参10g、乌梅6g、白术10g、干姜6g
小儿湿热泄泻(28例)[127]	临床观察	葛根9g、黄芩6g、黄连6g、甘草3g
婴幼儿轮状病毒肠炎(170例)[128]	随机对照	葛根10～15g、黄芩炭5～8g、黄连3g、车前子5g、茯苓10g、麦冬10g、芦根15g、荆芥炭5～8g、焦三仙各10g、焦白术5g、枳壳5g
小儿轮状病毒肠炎(100例)[129]	随机对照	葛根10g、黄芩10g、黄连10g、甘草5g、白术10g、山楂15g、神曲15g、麦芽15g
幼儿病毒性肠炎(128例)[130]	随机对照	葛根10g、黄芩6g、黄连3g、炙甘草3g、茯苓6g、车前子5g、苍术5g、滑石18g

可见,葛根芩连汤治疗小儿腹泻的用量范围为:葛根3～15g、黄芩2～10g、黄连3～10g、炙甘草3～6g。

在基础治疗的基础上,葛根芩连汤单用或者与西药合用,均能有效治疗小儿腹泻,缩短病程,减轻症状。较单纯的西医治疗,具有优势。

二、葛根芩连汤治疗腹泻的临床用量分析

《伤寒论》原文“葛根半斤,甘草二两,炙,黄芩三两,黄连三两”,根据文献考证中使用剂量1两等于13.8g[131]或1两等于15.6g[132]进行折算,经方中使用葛根芩连汤治疗“利”的剂量范围为葛根110.4～124.8g、黄芩41.4～46.8g、黄连41.4～46.8g、甘草27.6～31.2g,该剂量与现行《中国药典》规定剂量及现代临床实际用量比较具有明显不同。

2010年版《中国药典》规定,葛根芩连汤除传统汤剂之外,还有葛根芩连片及葛根芩连微丸2种剂型,使用剂量范围为葛根(或粉葛)10～15g,黄芩3～10g,黄连2～5g,甘草2～10g。葛根芩连微丸用量成人为3g,一日3次,儿童为1g,一日3次,根据葛根芩连微丸1g等于原药材6.7g,折算后原药材日服量60g,葛根30g,黄芩黄连各11.5g,炙甘草7.5g。葛根芩连片用量2g,一日3次,根据葛根芩连片1g等于原药材4g,折算后每日服量24g,葛根12g,黄芩、黄连各4.5g,炙甘草3g。

《中国药典》中剂量的规定,首先需要考虑到安全用药的问题,因此用量范围较窄,对于有毒副作用的药物规定更为严格。这些规定在中药的实际使用中起到一定的指导及规范作用,但临床常根据情况进行处量,当病情较重。病势较急时,常根据医师的经验处量,因此,具有较宽泛的用量范围。

通过对文献的总结,得出的葛根芩连汤治疗腹泻的临床有效剂量范围:成人:葛根9～30g、黄芩6～15g、黄连3～10g、炙甘草3～6g。儿童:葛根3～15g、黄芩2～10g、黄连3～10g、炙甘草3～9g。这一剂量范围已经突破了《中国药典》中对葛根芩连汤类药物的规定剂量。尤其是葛根,最大剂量为药典规定剂量的2倍。同时,在儿童用药中亦存在“过量”使用的情况。

在这样的剂量范围下，临床治疗效果良好，与一线治疗腹泻西药相比，疗效相当或更优，同时并未报告有不良反应，安全性较好，因此此剂量范围可能是葛根芩连汤治疗腹泻的安全剂量范围。同时，在文献报道中呈现出葛根芩连汤治疗儿童腹泻报道更多的情况，可能与其安全性较好的特点有关。

目前对葛根芩连汤治疗腹泻的临床研究尚不系统，文献数量较少，难以通过标准的荟萃分析(Meta 分析)方法确定该方治疗腹泻的最佳用量范围。

研究通过对于有限文献的总结与归纳，初步得出葛根芩连汤治疗腹泻的临床有效及安全用量范围，这一结果具有一定提示性，为下一步临床医师用药调查等更加深入广泛的研究提供了一定的研究基础。为中药临床量效关系研究提供一种思路与方法。

三、葛根芩连汤不同剂量组治疗 2 型糖尿病 54 例临床观察

糖尿病属于中医消渴病范畴，传统医家认为，消渴病阴虚为本，燥热为标。然而据临床所见，相当一部分患者表现为湿热证候，为标本兼顾。葛根芩连汤，在《伤寒论》中主治太阳病邪热内传、大肠传导失司所致的下利，清代医家以此方治疗四时温病。本研究以清化湿热、生津润燥之葛根芩连汤不同剂量组治疗湿热困脾型糖尿病患者 54 例，观察其疗效，报道如下。

(一) 受试者的选择

来自中国中医科学院广安门医院内分泌科门诊患者。

1. 诊断标准

(1) 2 型糖尿病诊断标准：按照 1999 年世界卫生组织公布的糖尿病诊断标准[133]。

(2) 中医辨证标准：按照 2002 年版《中药新药临床研究指导原则》制定的糖尿病中医证候诊断标准[134]，证属湿热困脾证者。

2. 纳入病例标准

凡符合西医诊断中的糖尿病诊断标准，又符合中医辨证分型标准，空腹血糖 < 20mmol/L，年龄在 75 岁以下，自愿坚持门诊服药者，可纳入试验病例。

3. 排除病例标准

①年龄 75 岁以上；②妊娠或哺乳期妇女；③原有降糖西药、胰岛素治疗种类、剂量不能保持稳定者；④肝肾功能不全者；⑤并发高血压病、冠心病以及其他严重原发性疾病者；⑥近 1 个月内发生糖尿病急性并发症如酮症酸中毒、乳酸性酸中毒、高渗性昏迷以及感染者；⑦对中药成分过敏者；⑧不愿意合作者(指不能配合饮食控制或不能按规定用药而影响疗效者)及精神病患者。

(二) 治疗及观察方法

1. 治疗方法

凡未用西药者，试验中不再合用西药。如已用西药，品种和剂量固定 2 周以上，血

糖仍控制不佳者，治疗期间降糖药物种类、用量不变。入组患者给予不同剂量组的葛根芩连汤加减治疗。低剂量组为葛根 24g、黄芩 9g、黄连 9g、炙甘草 6g、干姜 1.5g；中剂量组为葛根 72g、黄芩 27g、黄连 27g、炙甘草 18g、干姜 4.5g；高剂量组为葛根 120g、黄芩 45g、黄连 45g、炙甘草 30g、干姜 7.5g。失眠加炒枣仁；便秘加酒大黄；肝阳上亢加夏枯草、钩藤；高脂血症加用红曲，高尿酸加用威灵仙。每日 1 剂，早、晚空腹服用，疗程 12 周。

2. 观察指标及方法

糖化血红蛋白、空腹血糖、餐后 2h 血糖。

安全性评价指标：详细记录不良事件的情况，并判断与药物的相关性。检测疗前疗后肝肾功能和生命体征变化。

3. 统计学方法

采用 SPSS 13.0 软件包进行统计学分析，所有计量资料均采用均数±标准差形式。根据观察指标和数据的不同，计量资料采用协方差分析，计数资料采用趋势 χ^2 检验，$P<0.05$ 为显著性差异，$P<0.01$ 为非常显著性差异。

（三）研究结果

1. 一般资料

3 组入选患者的人口学资料比较差异无统计学意义（$P>0.05$），具有可比性（表 5-15）。

表 5-15　一般资料比较

项目	高剂量 $N=15$	中剂量 $N=19$	低剂量 $N=20$
性别（男/女）	9/6	11/8	13/7
年龄	54.43±12.25	52.26±11.38	53.33±7.18
病程	7.92±5.38	7.37±5.39	7.25±5.80

2. 不同剂量组葛根芩连汤对血糖控制总体效果（表 5-16）

疗效判定标准：空腹血糖、餐后 2h 血糖下降超过治疗前的 20%，或糖化血红蛋白值下降超过治疗前的 10% 记为有效，反之则为无效。本资料为双向有序资料，故采用趋势 χ^2 检验，$\chi^2=7.781$，$P=0.005<0.05$，差异具有显著性意义。提示，随着剂量的增大，葛根芩连汤对血糖的总体控制有效率也增加。

表 5-16　不同剂量组葛根芩连汤治疗 2 型糖尿病的总体疗效

项目	高剂量	中剂量	低剂量
有效	16	9	5
无效	4	10	10
有效率	80%	47%	33%

3. 不同剂量组葛根芩连汤对糖化血红蛋白降低幅度比较(表 5-17)

表 5-17 不同剂量组葛根芩连汤降低糖化血红蛋白幅度的比较

项目	高剂量	中剂量	低剂量
HbA1c 初始值(%)(n=18,15,14)	9.2±1.84	8.33±1.59	7.88±2.81
HbA1c 差值(%)(n=18,15,14)	1.79±0.11	0.66±0.11	0.12±0.07▲

▲与高剂量比较 P<0.05。

三组治疗前后糖化血红蛋白差值采用协方差分析比较,三组比较,F 值=33.613,P<0.001,提示三组比较差异有显著性意义。高剂量降低幅度与低剂量组比较有显著性差异,中、低剂量组及高、中剂量组仅有下降的趋势。提示葛根芩连汤高剂量组具有良好的控制糖化血红蛋白疗效,随着剂量的减少,中剂量组有疗效有下降趋势,低剂量组疗效明显下降。

4. 不同剂量组葛根芩连汤对血糖降低幅度比较(表 5-18)

表 5-18 不同剂量组葛根芩连汤对血糖降低幅度的比较

项目	高剂量	中剂量	低剂量
FPG 初始值(mmol/L)(n=19,19,14)	11.21±3.21	9.82±2.17	8.75±4.92
FPG 差值(mmol/L)(n=19,19,14)	3.20±0.19	1.06±0.13	0.16±0.15▲
2hPG 初始值(mmol/L)(n=12,15,13)	14.81±5.36	14.89±4.14	13.35±5.41
2hPG 差值(mmol/L)(n=12,15,13)	4.26±0.44	2.58±0.36	0.72±0.31▲

▲与高剂量比较 P<0.05。

三组治疗前后血糖差值以初始值作为协变量,经协方差分析,空腹血糖降低幅度三组比较 F 值=9.860,P<0.001,餐后 2h 血糖降低幅度三组比较 F 值=19.154,P<0.001,提示三组餐后 2h 血糖降低幅度差别具有显著性差异。高剂量组与低剂量组比较有显著性差异,高、中剂量组比较及中、低剂量组比较仅有降低趋势,但无统计学意义。三组治疗前后餐后 2h 血糖有随着剂量的减少降低的趋势。提示葛根芩连汤高剂量组具有良好的控制空腹血糖疗效,随着剂量的减少,中低剂量组疗效逐渐下降。

5. 不良反应

服药后高剂量组 1 例患者在观察期间出现药后胃痛,改为餐后服药后消失,中剂量组有 1 例患者出现便秘。三组用药前后肝、肾功能均无明显变化(P>0.05),说明葛根芩连汤各剂量组对肝肾功能无显著影响。

(四)讨论

葛根芩连汤,出自《伤寒论》,用于治疗湿热所致的腹泻和痢疾。其组成为葛根半斤、甘草 2 两、炙黄芩 3 两、黄连 3 两。在医疗不断发展的过程中,此方剂被广为应用,并赋予了很多新的适应病症。方中葛根为阳明经药，以除阳明内热，生津润燥为主治，历代医家常用其治疗消渴病。方中黄芩、黄连清肺胃实热的对药，能解血中糖毒，其中黄连清热燥湿，泻火解毒，早在金元时期即被刘河间誉为治消渴病的圣药；黄芩能清肺胃实热。其中的葛根、黄连、黄芩经现代药理学证实具有确切的降糖作用，在临床实践中对2型糖尿病湿热困脾证疗效确切[135]。

《伤寒论》药物剂量的争论由来已久，有以其1两为今1.6g、3g、6～9g、13.92g、15.625g[136～140]等。1983年，柯雪帆教授重新考证了东汉时期与现代药物剂量的换算关系，受此启发，本人通过文献考据与药物实测考证，并结合现代药理及临床实际，认为仲景经方1两约合今15g。临床中以此剂量为基本单位，还原仲景用量，常常收效甚佳。本研究中以葛根芩连汤为示范，分别以1两为今3g、9g、15g进行换算，分为3组，观察不同剂量组的葛根芩连汤治疗门诊2型糖尿病(湿热困脾证)患者的疗效，为避免黄芩、黄连苦寒伤胃每组加固定比例的干姜佐制其苦寒之性。

结果表明葛根芩连汤各个剂量组均有不同程度的控制血糖作用，从总体血糖控制水平角度分析，高剂量组可较好的控制血糖，中剂量组次之，低剂量组有效率较低，三个剂量组具有明显的量效关系。本方剂对糖化血红蛋白和空腹血糖作用量效关系趋势较明显。因高、中、低剂量组空腹血糖、餐后2h血糖、糖化血红蛋白基线不均衡，故采取趋势性χ^2检验，和以初始值作为协变量的协方差分析的方法，去除因基线不一致所导致的血糖、糖化血红蛋白降低幅度的差异因素。因研究时间所限，每组所收病例数较少，为进一步阐释葛根芩连汤的量效关系，可采取扩大病例数，随机对照的试验方法进行深入研究。

参考文献

[1] 于淼，韩佳瑞，焦拥政，等．中药及中药复方剂量阈、治疗窗的构建及思考．中医杂志，2011，52(20)：1793～1794

[2] 韦史利，赵学军．逍遥丸对高架十字迷宫小鼠行为影响的实验研究．辽宁中医药大学学报，2010，12(6)：265～266

[3] 侯素春，刘晓明，林熙然，等．不同剂量凉血活血复方对小鼠上皮细胞增殖、表皮细胞分化、血浆内皮素1及血清可溶性E-选择素的影响．中国中西医结合皮肤性病医学杂志，2003，2(2)：76～79

[4] 窦骏．不同剂量黄芪配合的当归补血汤对小鼠免疫功能的影响．实用中西医结合杂志，1996，9(5)：293～294

[5] 李玉萍，徐瑞鑫，李廷利．四逆散冻干粉改善果蝇睡眠作用的量效时效关系研究．中国实验方剂学杂志，2010，16(12)：109～111

[6] 谢晚晴，连凤梅，仝小林，等．中药量效关系研究进展．中医杂志，2011，52(19)：1696～1699

[7] 仝小林，焦拥政，赵林华，等．方药量效关系研究的关键问题与思考．环球中医药杂志，2012，5(6)：401～404

[8] m. Bocynaems. J. E. Dumont 著．杨守礼，等译．受体理论概要．北京：科学出版社，1985. P2，P39

[9] 陈娜，梁仁．麻杏石甘汤的现代药理研究及临床应用．广东药学院学报，2004，20(5)：545，546

[10] 陈奇．中药药效研究思路与方法(第2版)．北京：人民卫生出版社，2005. 17～251

[11] Mackowiak P A, Bartlett J G, Borden E C, et al. Conceptsof fever, recent advances and lingering dogma. ClinInfectdis, 1997, 25(1)：1

[12] 秦云，李祥，陈建伟．毛细管电泳测定单味石膏及其复方中Na、Ca元素．中国民族民间医药，2010，9(5)：15

[13] 周远鹏．生石膏的研究回顾及其思考．中药药理与临床，2011，27(5)：107

[14] 夏怡，李祥，陈建伟．石膏及白虎汤清热泻火功效的实验研究．现代中药研究与实践，2009，23(2)：48

[15] 孙姝．石膏的药理作用与微量元素的探究．中国中医药现代远程教育，2009，7(5)：170

[16] 于淼，焦拥政，仝小林，等．中药复方实验研究量效关系的进展与思考．中医杂志，2011，52(17)：1517

[17] 屈飞, 崔艳茹, 徐镜, 等. 麻杏石甘汤解热作用量效关系研究. 中国实验方剂学杂志. 2013, 19(3):184
[18] 方开泰, 马长兴. 正交与均匀试验设计. 北京: 科学出版社, 2001. 144
[19] 刘俊, 沈映君. 均匀设计法在复方剂量配比筛选中的运用. 中成药, 1996, 18(10):3
[20] 余日跃, 余宙, 胡珺, 等. 混料均匀设计考察益智方对去卵巢小鼠学习记忆的影响. 中国临床药理学与治疗学, 2004, 9(6): 680
[21] 段富津. 方剂学. 上海: 上海科学技术出版社, 2000. 30
[22] 张海英, 薛洁. 中药复方配伍规律的研究进展. 新疆中医药,2006, 24(3):69
[23] 陈娜, 梁仁. 麻杏石甘汤的现代药理研究及临床应用. 广东药学院学报, 2004, 20(5):545,546
[24] Kato T, Horie N, Hashimoto K, et al. Bimodal effect of glycyrrhizin on macrophage nitric oxide and prostaglandin E2 production. In Vivo,2008,22: 583
[25] Hwang H J, Lee H J, Shim I S, et al. Inhibitory Effect of Amygdalin on Lipopolysaccharide Inducible TNF-α and IL-1β mRNA Expression and Carrageenan-induced Rat Arthritis . J. Microbiol. Biotechnol,2008, 18(10), 1641
[26] Yang H Y, Chang H K, Lee J W, et al. Amygdalin suppresses lipopolysaccharide induced expressions of cyclooxygenase-2 and inducible nitric oxide synthase in mouse BV2 microglial cells. Neurological Research, 2007,29(1):59
[27] 胡景新, 孟凡会. 中药石膏对烧伤鼠血浆、脾组织、腹腔巨噬细胞中环核苷酸以及血浆 PGE2 含量的影响. 中国病理生理杂志, 1997, 7(1):12
[28] 杨宝峰. 药理学. 北京:人民卫生出版社,2003
[29] Hartmut derendorf, Bernd meibohm. Modeling of pharmacokinetic/pharmaco-dynamic (PK/PD) relationships: concepts and perspectives. pharmaceutical research, 1999,2(16):176 ~ 185
[30] 王本祥,周秋丽. 关于中药活性成分的认识及其研究方法. 中国中药杂志, 2001,1(26):10 ~ 13
[31] 王智民,杜力军,毕开顺. 中药药效评价的水闸门法. 世界科学技术-中药现代化,2000,2(5):34 ~ 38
[32] 周明眉,刘平,贾伟,等. 基于代谢网络变化的中药整体效应评价方法研究. 世界科学技术,2006,6(8): 113 ~ 119
[33] 邓海山,段金廒,尚尔鑫,等. 代谢组学研究现状及其在方剂量效关系研究中的应用. 国际药学研究杂志,2009, 36(3):198 ~ 203
[34] 张启云, 徐良辉, 李冰涛, 等. 复方葛根芩连汤多效应成分分类整合药代动力学研究. 中国临床药理学与治疗学,2011, 16(1) : 51 ~ 56
[35] Youngren J F, Paik J, Barnard R J. Impaired insulin-receptor autophosphorylation is an early defect in fat-fed, insulin-resistant rats. J Appl Physiol, 2001, 91(5):2240 ~ 2247
[36] Grundleger M L, Thenen S W. Decreased insulin binding, glucose transport, and glucose metabolism in soleus muscle of rats fed a high fat diet. Diabetes, 1982, 31(3):232 ~ 237
[37] 郭丽民. 地黄寡糖对 HepG2 细胞(人肝癌细胞株)胰岛素抵抗的改善作用及机制研究. 兰州大学硕士研究生论文, 2007
[38] 金慧. 葛根芩连汤血清药化学研究. 上海交通大学硕士研究生学位论文, 2008
[39] 王喜军. 中药及中药复方的血清药物化学研究. 世界科学技术-中药现代化, 2002, 4(2): 1 ~ 5
[40] Wang Y, Cui K, Zhao H, et al. Bushen Ningxin Decoction pharmacological serum promotes the proliferation and suppresses the apoptosis of murine osteoblasts through MAPK pathway. J Ethnopharmacol, 2009, 122(2):221 ~ 226
[41] Abbasi F, Chu J W, Lamendola C, et al. Discrimination between obesity and insulin resistance in the relationship with adiponectin. Diabetes, 2004, 53(3):585 ~ 590
[42] Lee M S, Kim C T, Kim I H, et al. Inhibitory effects of green tea catechin on the lipid accumulation in 3T3-L1 adipocytes. Phytother Res, 2009, 23(8):1088 ~ 1091
[43] Fasshauer M. Paschke R. Regulation of adipocytokines and insulin resistance. Diabetologia, 2003, 46(12):1594 ~ 1603
[44] Oster R T, Tishinsky J M, Yuan Z, et al. Docosahexaenoic acid increases cellular adiponectin mRNA and secreted adiponectin protein, as well as PPARγmRNA, in 3T3-L1 adipocytes. Appl Physiol Nutr Metab, 2010, 35(6):783 ~ 789
[45] Tsao T S, Lodish H F, Fruebis J. ACRP30, a new hormone controlling fat and glucose metabolism. Eur J Pharmacol,

2002, 440(2-3):213 ~ 221
[46] 章常华．葛根芩连汤改善 2 型糖尿病胰岛素抵抗作用及其机制研究．中山大学博士研究生论文,2013
[47] Zhang C H, Xu G L, Liu Y H, et al. Anti-diabetic activities of Gegen Qinlian Decoction in high-fat diet combined with streptozotocin-induced diabetic rats and in 3T3-L1 adipocytes. Phytomedicine, 2013, 20(3-4):221 ~ 229
[48] Chou T C. Theoretical basis, experimental design, and computerized simulation of synergism and antagonism in drug combination studies. Pharmacol Rev, 2006, 58(3): 621 ~ 681
[49] 李云巍, 牛艳芬, 黄年旭, 等．黄芩苷对四氧嘧啶致小鼠糖尿病降糖作用的研究．昆明医学院学报, 2009, (6): 5 ~ 8
[50] Zhou L, Yang Y, Wang X, et al. Berberine stimulates glucose transport through a mechanism distinct from insulin. Metabolism, 2007, 56(3):405 ~ 412
[51] Tallarida R J. The interaction index: a measure of drug synergism. Pain, 2002, 98(1/2):163 ~ 168
[52] 陈鸿, 潘宁玲, 王国林, 等．辐射分析法的原理及应用．国外医学．麻醉学与复苏分册, 2004, 25(5): 267 ~ 269
[53] Tallarida R J. Drug synergism and dose-effect analysis. USA:Chapman and Hall/CRC,2000
[54] 徐炎, 李学军．多靶点药物治疗及药物发现．药学学报, 2009, 44(3): 226 ~ 230
[55] MacNab M W, Tallarida R J, Joseph R. An evaluation of tamoxifen as a partial agonist by classical receptor theory—an explanation of the dual action oftamoxifen. Eur J Pharmacol,1984,103: 321 ~ 326
[56] Dubuc I, Remande S, Costentin J. The partial agonist properties of levocabastine in neurotensin-induced analgesia. Eur J Pharmacol,1999,381:9 ~ 12
[57] 章常华．葛根芩连汤改善 2 型糖尿病胰岛素抵抗作用及其机制研究．中山大学博士研究生论文,2013
[58] Zhang C H, Yu R Y, Liu Y H,et al. Interaction of Baicalin with Berberine for glucose uptake in 3T3-L1 adipocytes and HepG2 hepatocytes. Journal of Ethnopharmacology, 2014,151(2):864 ~ 872
[59] Wang Y, Campbell T, Perry B, et al. Hypoglycemic and insulin-sensitizing effects of berberine in high-fat diet-and streptozotocin-induced diabetic rats. Metabolism, 2011, 60(2): 298 ~ 305
[60] Yin J, Xing H, Ye J. Efficacy of berberine in patients with type 2 diabetes mellitus. Metabolism,2008,57(5):712 ~ 717
[61] Ko B S, Choi S B, Park S K, et al. Insulin sensitizing and insulinotropic action of berberine from Cortidis rhizoma. Biol Pharm Bull,2005,28(8):1431 ~ 1437
[62] Turner N, Li J Y, Gosby A, et al. Berberine and its more biologically available derivative, dihydroberberine, inhibit mitochondrial respiratory complex I: a mechanism for the action of berberine to activate AMP-activated protein kinase and improve insulin action. Diabetes,2008,57(5):1414 ~ 1418
[63] Leng S H, Lu F E, Xu L J. Therapeutic effects of berberine in impaired glucose tolerance rats and its influence on insulin secretion. Acta Pharmacol Sin,2004,25(4):496 ~ 502
[64] 袁明泽,刘桂芳,张家成,等．黄连素降糖量效关系实验研究概述．环球中医药,2012,5(6):469 ~ 472
[65] 陈其明,谢明智．黄连及小檗碱降血糖作用的研究．药学学报,1986,(6):401 ~ 406
[66] 张彦,陈靖,王超凡．小檗碱降血糖作用的实验研究．中国民族民间医药,2008,(12):24 ~ 26
[67] 李应霞,成小蔓,何海霞．黄连小檗碱对大鼠糖尿病模型中血糖的影响．医学研究杂志,2007,(11):70 ~ 71
[68] 陈远航,邓诗清,黄小玲．黄连素的降血糖药效学试验与临床观察．中国实用医药,2006,(1):23 ~ 25
[69] Chueh W H, Lin J Y. Berberine, an isoquinoline alkaloid in herbal plants, protects pancreatic islets and serum lipids in nonobese diabetic mice. J Agric Food Chem, 2011,59(14):8021 ~ 8027
[70] Kong W J, Zhang H, Song D Q, et al. Berberine reduces insulin resistance through protein kinase C-dependent up-regulation of insulin receptor expression. Metabolism,2009,58(1):109 ~ 119
[71] Wang Y, Campbell T, Perry B, et al. Hypoglycemic and insulin-sensitizing effects of berberine in high-fat diet- and streptozotocin-induced diabetic rats. Metabolism,2011,60(2):298 ~ 305
[72] 吕秋菊,曹淑强,蒲强红．黄连素对糖尿病大鼠分泌 GLP-1 的影响．内江科技,2010,(12):64
[73] 殷峻,胡仁明,陈名道,等．小檗碱、齐墩果酸和大蒜新素对糖代谢作用的体外研究．北京中医药大学学报,

2003,(2):36～38
[74] 殷峻,胡仁明,陈名道,等. 二甲双胍、曲格列酮和小檗碱对 HepG2 细胞耗糖作用比较. 中华内分泌代谢杂志,2002,(6):70,71
[75] 常伟,周岐新,杨俊霞. Ber 对肝 HepG2 细胞 Insig-2 和 VDR 基因表达的影响. 中成药,2008,(7):965～968
[76] Ge Y, Zhang Y, Li R, et al. Berberine regulated Gck, G6pc, Pck1 and Srebp-1c expression and activated AMP-activated protein kinase in primary rat hepatocytes. Int J Biol Sci,2011,7(5):673～684
[77] 周丽斌,杨颖,唐金凤,等. 小檗碱对脂肪细胞糖代谢的影响. 上海第二医科大学学报,2002,(5):412～414
[78] Zhou L, Yang Y, Wang X, et al. Berberine stimulates glucose transport through a mechanism distinct from insulin. Metabolism,2007,56(3): 405～412
[79] 郭晓农. 小檗碱对 3T3-L1 脂肪细胞增殖及糖代谢的影响. 中药材,2011,(4):602～604
[80] Chen Y, Li Y, Wang Y,et al. Berberine improves free-fatty-acid-induced insulin resistance in L6 myotubes through inhibiting peroxisome proliferator-activated receptor gamma and fatty acid transferase expressions. Metabolism,2009,58(12): 1694～1702
[81] Ma X, Egawa T, Kimura H, et al. Berberine-induced activation of 5′-adenosine monophosphate-activated protein kinase and glucose transport in rat skeletal muscles. Metabolism, 2010, 59(11):1619～1627
[82] Turner N, Li J, Gosby A, et al. Berberine and Its More Biologically Available Derivative, Dihydroberberine, Inhibit Mitochondrial Respiratory Complex I: A Mechanism for the Action of Berberine to Activate AMP-Activated Protein Kinase and Improve Insulin Action. Diabetes,2008,57(5):1414～1418
[83] 李素迎,姚运纬,伍忍. 盐酸小檗碱对链脲霉素致大鼠离体胰岛 B 细胞损伤的影响. 中国现代医学杂志,2002,(18):6-7+10
[84] Wang Z Q, Lu F E, Leng S H, et al. Facilitating effects of berberine on rat pancreatic islets through modulating hepatic nuclear factor 4 alpha expression and glucokinase activity. World J Gastroenterol, 2008, 14,(39):6004～6011
[85] 潘国宇,王广基,孙建国,等. 小檗碱对葡萄糖吸收的抑制作用. 药学学报,2003,(12):911～914
[86] 董苏. 小檗碱及其结构修饰物的在体肠吸收特性及对小肠糖分吸收影响的研究. 武汉:华中科技大学,2009
[87] Reimer R A, Darimont C, Gremlich S, et al. A human cellular model for studying the regulation of glucagon-like peptide-1 secretion. Endocrinology,2001,142(10):4522～4528
[88] Yu Y, Liu L, Wang X, et al. Modulation of glucagon-like peptide-1 release by berberine: in vivo and in vitro studies. Biochem Pharmacol, 2010,79(7):1000～1006
[89] Domitrovic R, Jakovac H, Blagojevic G. Hepatoprotective activity of berberine is mediated by inhibition of TNF-alpha, COX-2, and iNOS expression in CCl(4)-intoxicated mice. Toxicology, 2011, 280(1-2): 33～43
[90] 陈学习. 附子对病证动物模型基础毒性作用的实验研究. 成都中医药大学博士论文,2006
[91] 王秀娟,谭勇,赵宏艳,等. 基于证候理论观察白附片对正常和肾阳虚证大鼠心肌酶的影响. 中国实验方剂学杂志,2009,(11):52～55
[92] 谭勇,吕诚,赵宏艳,等. 白附片对正常和肾阳虚大鼠血液生化指标的影响. 中国中医药信息杂志,2010,(1):31～33
[93] 吕永恒,吕诚,谭勇,等. 雷公藤多苷对佐剂性关节炎大鼠血液生化学指标的影响. 中国中医基础医学杂志,2009,(3):213,214
[94] Yuan-ping Han. Lethal injury resistance in liver fibrosis is mediated by immune suppression and MMP silencing. The 7th International Symposium for Alcohol, Viral Hepatitis and Pencreatitis Diseases. 2012
[95] 马伟,王建华. 中药"证治毒理学"假说. 中药新药与临床药理,1999,10(2):116～118
[96] 黄熙,陈可冀."证治药动学"新假说的理论与实践. 中医杂志,1997,38(12):745～747
[97] Zheng J H, Guo D A. Modern research on rhubarb. Beijing: Peking University Medical Press,2007,759～766
[98] Zhao Y L, Wang J B, Zhou G D,et al. Investigations of free anthraquinones from rhubarb against α- naphthylisothiocyanate- induced cholestatic liver injury in rats. Basic Clin Pharmacol Toxicol,2009,104:463～469
[99] Wang J B, Zhao Y L, Xiao X H, et al. Assessment of the renal protection and hepatotoxicity of rhubarb extract in rats. J

Ethnopharmacol,2009,124:18～25

[100] National Toxicology Program. Technical report on the toxicology and carcinogenesis studies of emodin in F344/N rats and B6C3F1 mice. Series No. 493. NIH Publication No. 01-3952. U. S. Department of Health and Human Services, Public Health Service, National Institutes of Health, Research Triangle Park, NC 2001

[101] Zhang L Y, Jiang Z Z, Pu C H, et al. Six month oral toxicity study of total anthraquinone in radix et rhizoma rhei in SD rats. Chin J Biochem Pharm,2004

[102] 赵海平. 基于“有故无殒”思想的中药量-效(毒)关系的示例(大黄)研究. 成都中医药大学博士论文,2010

[103] 曾灵娜. 基于“有故无殒”思想的大黄肾损伤的客观真实性与辨病用药减毒研究. 昆明理工大学硕士论文,2012

[104] 童卫东,张胜本,张连阳,等. 长期应用大黄对大鼠结肠肌电及Cajal间质细胞的影响. 第三军医大学学报,2000,22(4):351～353

[105] 朱元民. 蒽醌类泻药与大肠黑变病. 中华消化杂志,2004,24(5):314,315

[106] Amabeoku G J. Antidiarrhoeal activity of Geranium incanum Burm. f. (Geraniaceae) leaf aqueous extract in mice. Journal of Ethnopharmacology,2009,123(1):190～193

[107] Wang J B, Qin Y, Kong W J, et al. The diarrhoeogenic and antidiarrhoeal bidirectional effects of rhubarb and its potential mechanism. Journal of Ethnopharmacology, 2011,(133):1096～1102

[108] Wang J B, Qin Y, Kong W J, et al. Identification of the antidiarrhoeal components in official rhubarb using liquid chromatography-tandem mass spectrometry. Food Chemistry, 2011,(129):1737～1743

[109] Wang J B, Kong W J, Wang H J, et al. Toxic effects caused by rhubarb (Rheum palmatum L.) are reversed on immature and aged rats. Journal of Ethnopharmacology,2011,(134):216～220

[110] Wang J B, Zhao H P, Zhao Y L, et al. Hepatotoxicity or hepatoprotection? Pattern recognition for the paradoxical effect of the Chinese herb Rheum palmatum L. in treating rat liver injury. PLoS ONE,2011,6(9): e24498

[111] Fang F, Wang J B, Zhao Y L, et al. A comparative study on the tissue distributions of rhubarb anthraquinones in normal and CCl4-injured rats orally administered rhubarb extract. Journal of Ethnopharmacology, 2011, (137): 1492～1497

[112] 龙洁儿,欧阳博文. 加味葛根芩连汤治疗急性肠炎疗效观察. 新中医,2010,42(6):24,25

[113] 蓝常青. 葛根芩连汤加味治疗急性感染性肠炎临床观察. 深圳中西医结合杂志,2005,15(6):238,239

[114] 赵鹤新. 葛根芩连汤加味配合中药灌肠治疗溃疡性结肠炎临床研究. 中医学报,2011,26(8):979,980

[115] 陈军林. 加味葛根芩连汤治疗婴幼儿诺沃克样病毒腹泻114例. 中国中西医结合杂志,2005,25(6):488

[116] 赵林华,姬航宇,冀博文,等. 葛根芩连汤治疗糖尿病理论探讨. 中华中医药杂志,2012,27(2):280～283

[117] 刘骏,吴露露,张青蓝. 葛根芩连汤合平胃散加味方配合西药治疗代谢综合征30例临床研究. 江苏中医药,2009,41(5):28,29

[118] 徐劲松. 加味葛根芩连汤治疗湿热型急性腹泻疗效观察. 黑龙江中医药,2009,(2):14,15

[119] 王淑琴,杨新成. 葛根芩连微丸治疗急性腹泻52例疗效观察. 中国煤炭工业医学杂志,1999,2(6):633,634

[120] 王光芳. 葛根芩连汤加味治疗细菌性痢疾42例. 中国中医急症,2004,13(1):52,53

[121] 于思强. 葛根芩连汤加味治疗急性菌痢39例. 时珍国医药,1999,10(6):451

[122] 朱薇,贾满仓. 复方葛根芩连汤治疗急性菌痢32例临床观察. 河南中医,2006,26(3):30,31

[123] 张继玉,庄长安,张敬银. 复方葛根芩连汤加减治疗急性菌痢74例. 安徽中医临床杂志,2003,15(4):309,310

[124] 苏东平,宋俊建. 葛根芩连汤加减治疗慢性泄泻43例疗效分析. 中国社区医师,2008,24(12):53,54

[125] 何培芸. 葛根芩连汤加味治疗泄泻的体会. 辽宁中医学院学报,2006,8(1):54

[126] 宋桂华,杨晓霞. 加味葛根芩连汤治疗小儿鼠伤寒沙门氏菌肠炎. 河南中医,2001,(1):62,63

[127] 王颖. 葛根芩连汤治疗小儿湿热泄泻. 山东中医杂志,2007,26(2):121

[128] 孙小琴,姜润林. 葛根芩连汤治疗轮状病毒肠炎85例观察. 实用中医药杂志,2010,26(4):236

[129] 韦汉才. 葛根芩连汤加味治疗小儿轮状病毒肠炎疗效观察. 中国实用医药,2010,5(5):133

[130] 王妙玲. 葛根芩连汤加减治疗婴幼儿病毒性肠炎128例. 浙江中西医结合杂志,2008,18(8):522,523

[131] 程先宽.《伤寒杂病论》方剂剂量折算标准研究. 北京中医药大学,2006
[132] 仝小林,穆兰澄,姬航宇,等.《伤寒论》药物剂量考. 中医杂志,2009,50(4):368~372
[133] 丁学屏. 中西医结合糖尿病学. 北京:人民卫生出版社,2004.42,43
[134] 郑筱萸. 中药新药临床研究指导原则. 北京:中国医药科技出版社,2002.233~237
[135] 曾艺鹏,黄云胜,胡蕴刚,等. 葛根芩连汤配合胰岛素强化治疗湿热证2型糖尿病临床观察. 中国中西医结合杂志,2006,26(6),514~516
[136] 王伊明. 为古方权量正本清源. 北京:中医学院学报,1986,(2):10
[137] 李时珍.《本草纲目》(上册). 北京:华夏出版社,2002.41
[138] 熊曼琪. 伤寒学. 北京:中国中医药出版社,2003.439~441
[139] 朱晟. 古今汤方剂量异同. 中医杂志,1956,10:531
[140] 柯雪帆,赵章忠,张玉萍,等.《伤寒论》和《金匮要略》中的剂量问题. 上海中医药杂志,1983,(12):36

第六章　方药量效关系的“量”的影响

方药量效关系有诸多影响因素，从药材和饮片的角度而言，包括药材的质量、药物炮制等；从处方角度而言，包括剂型、煎煮和服药方法等。本章以煎煮、服法等为例，探讨方药量效关系的影响因素。

第一节　影响方药量效关系“量”的因素

一、药材质量对方药“量”的影响

（一）药材勾兑保证质量的一致性

中药的质量控制中，质量不稳定是一个非常突出的问题，这个问题产生的主要原因是饮片的质量不稳定，不同产地的饮片中各成分的含量差异较大，同一产地的饮片不同批次之间也存在差异，即使是同一批次的饮片，随放置时间的延长，其含量也会有变化。

拟解决这一问题，对所用饮片进行勾兑研究，对多指标进行综合分析评价，能将不同批次的饮片的含量勾兑到实验用药的±10% 范围内，指纹图谱相似度达到 0.9 以上，确保饮片质量的一致性。

1. 方法原理

按照中药原药材的 HPLC 指纹图谱进行的勾兑主要是基于每种成分 HPLC 峰面积含量的线性加和性，如下面公式所示：

$$S = (\sum bi \cdot Si)$$

S 为勾兑后某一成分的峰面积含量；Si 为勾兑前每批次药材中该成分的峰面积含量；bi 为每批次药材的勾兑比例。按照一定比例勾兑后的药材，其每一成分 HPLC 指纹图谱峰面积含量为参与勾兑各药材该成分峰面积含量的比例加和。

2. 饮片含量的勾兑研究

选用多个有效成分作为含量测定的考察指标，保证药效成分含量的稳定性（控制在15% 以内）。勾兑前大黄、厚朴、枳实饮片的含量差异很大，经过药材勾兑计算器（V1. 0. 5 版）的计算后，大黄（5 个指标成分）中各有效成分含量控制在目标水平的 14. 9% 以内，枳实（4 个指标成分）中各有效成分含量控制在目标水平的 13. 5% 以内，厚朴（2 个指标成分）中各有效成分含量控制在目标水平的 7. 2% 以内（表 6-1 ~ 表 6-6）。

表 6-1 各批次厚朴饮片的含量(%)

编号	和厚朴酚含量	厚朴酚含量	编号	和厚朴酚含量	厚朴酚含量
1	0.28	1.01	6	0.57	2.06
2	0.47	1.52	7	0.40	1.18
3	0.19	0.89	8	0.62	1.65
4	5.94	7.74	9	0.48	1.71
5	2.05	2.38	10	0.64	1.47

表 6-2 各批次厚朴饮片勾兑后的含量(%)

编号	和厚朴酚含量	厚朴酚含量	编号	和厚朴酚含量	厚朴酚含量
勾兑目标值	0.97	2.00	5 和 10 勾兑	1.18	1.98
5 和 10 勾兑	1.11	2.01	5 和 10 勾兑	1.18	1.82

表 6-3 各批次枳实饮片的含量(%)

编号	辛弗林含量	柚皮苷	橙皮苷	新橙皮苷	编号	辛弗林含量	柚皮苷	橙皮苷	新橙皮苷
1	0.478	9.74	0.79	12.98	7	0.662	0.44	16.01	0.47
2	0.290	7.63	2.77	12.18	8	0.673	10.92	2.90	14.54
3	0.409	8.81	0.90	8.24	9	0.307	8.00	2.84	10.80
4	0.422	4.11	5.05	4.64	10	0.733	0.00	16.40	0.00
5	0.512	9.95	1.20	11.44	11	0.585	7.22	2.10	9.89
6	0.189	0.00	25.72	0.00	12	0.172	3.49	9.07	7.26

表 6-4 各批次枳实饮片勾兑后的含量(%)

编号	辛弗林	柚皮苷	橙皮苷	新橙皮苷	编号	辛弗林	柚皮苷	橙皮苷	新橙皮苷
勾兑目标	0.307	8.00	2.84	10.80	批号 1、2、4	0.307	7.30	3.00	11.39
批号 2、3	0.308	7.73	2.49	11.47	批号 2、4、7	0.309	7.20	3.14	11.30
批号 2、5	0.306	7.83	2.66	12.17	批号 2、8、11	0.310	7.76	2.81	12.24

表 6-5 各批次大黄饮片的含量(%)

编号	芦荟大黄素	大黄酸	大黄素	大黄酚	大黄素甲醚	编号	芦荟大黄素	大黄酸	大黄素	大黄酚	大黄素甲醚
1	0.30	0.66	0.48	1.08	0.47	6	0.36	0.40	0.38	1.23	0.61
2	0.24	0.42	0.48	0.91	0.29	7	0.11	0.15	0.19	0.48	0.24
3	0.25	0.44	0.34	0.71	0.36	8	0.24	0.46	0.30	0.78	0.40
4	0.17	0.32	0.24	1.56	0.83	9	0.13	0.14	0.26	0.65	0.33
5	0.26	0.43	0.44	0.81	0.39	10	0.42	0.34	0.34	1.29	0.63

表 6-6 各批次大黄饮片勾兑后的含量(%)

编号	芦荟大黄素	大黄酸	大黄素	大黄酚	大黄素甲醚
勾兑目标值	0.361	0.400	0.377	1.226	0.612
1 和 10 勾兑	0.372	0.473	0.402	1.236	0.586
5 和 10 勾兑	0.369	0.380	0.379	1.128	0.550
3 和 10 勾兑	0.377	0.380	0.335	1.128	0.547
1、2、10 勾兑	0.366	0.382	0.401	1.205	0.541
1、4、10 勾兑	0.361	0.345	0.329	1.341	0.671
5、8、10 勾兑	0.363	0.374	0.322	1.143	0.559

3. 饮片 HPLC 指纹图谱勾兑

从组方饮片出发,不仅从有效成分的含量方面控制其质量,而且从指纹图谱方面进行全面控制,体现中医用药的整体性。勾兑前 10 批大黄饮片的指纹图谱(图 6-1)相似度为 0.173~0.916,前 10 批厚朴饮片的指纹图谱(图 6-2)相似度为 0.885~0.985,前 12 批枳实饮片的指纹图谱(图 6-3)相似度为 0.425~0.961 不等。经过药材勾兑计算器(V1.0.5 版)的计算后,按照已经确定的饮片勾兑比例,以指纹图谱项下方法进行提取,得勾兑样品,勾兑后 5 批大黄饮片与勾兑目标的指纹图谱相似度为 0.921~0.957,后 3 批厚朴饮片与勾兑目标的指纹图谱相似度为 0.986~0.987,后 6 批枳实饮片与勾兑目标的指纹图谱相似度为 0.949~0.972,相似度有较大提升,达到了勾兑的目的。

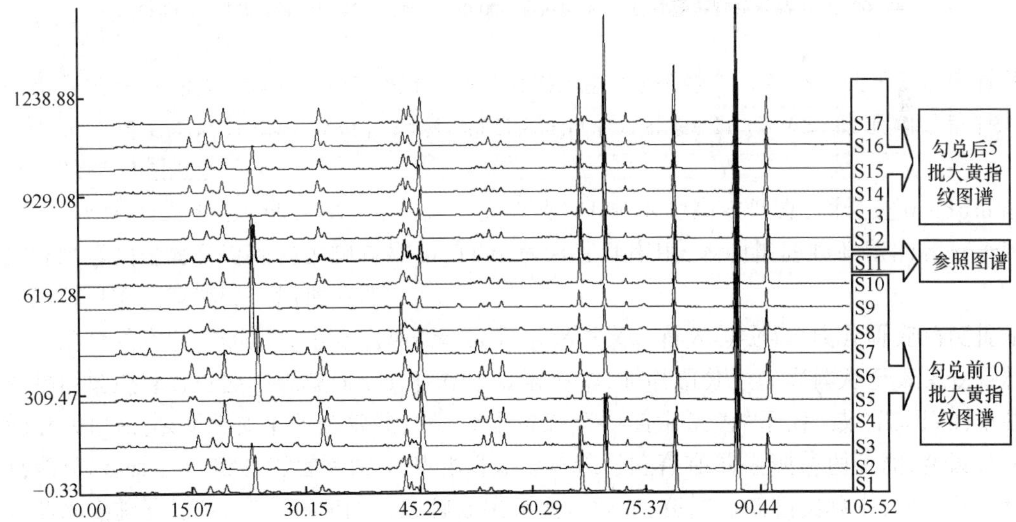

图 6-1 勾兑前后大黄饮片指纹图谱

通过勾兑研究,能够将不同批次的药材勾兑到目标用药水平,通过多指标综合分析评价,各指标成分的含量在课题用药±10% 的范围内,指纹图谱相似度在 0.95 以上,可保证研究用饮片的一致性和稳定性,减少研究误差。

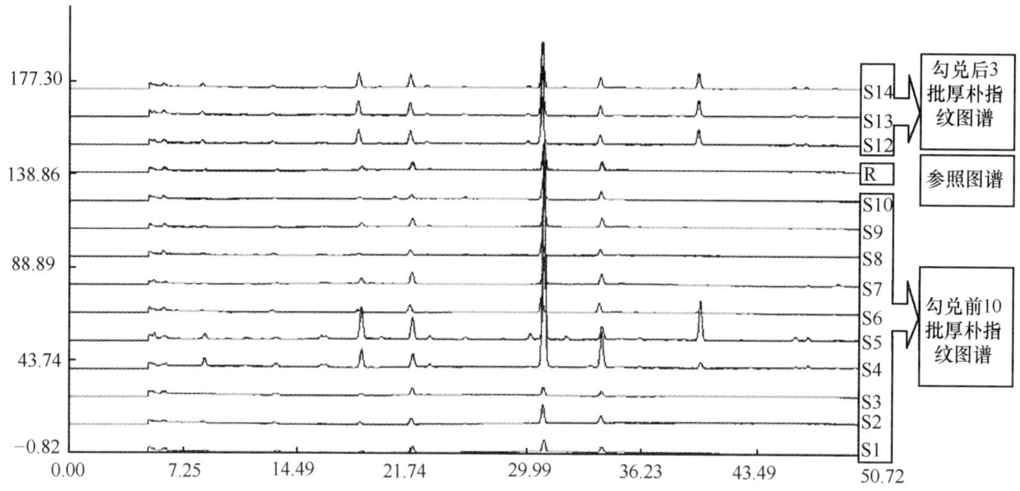

图 6-2　勾兑前后厚朴饮片指纹图谱

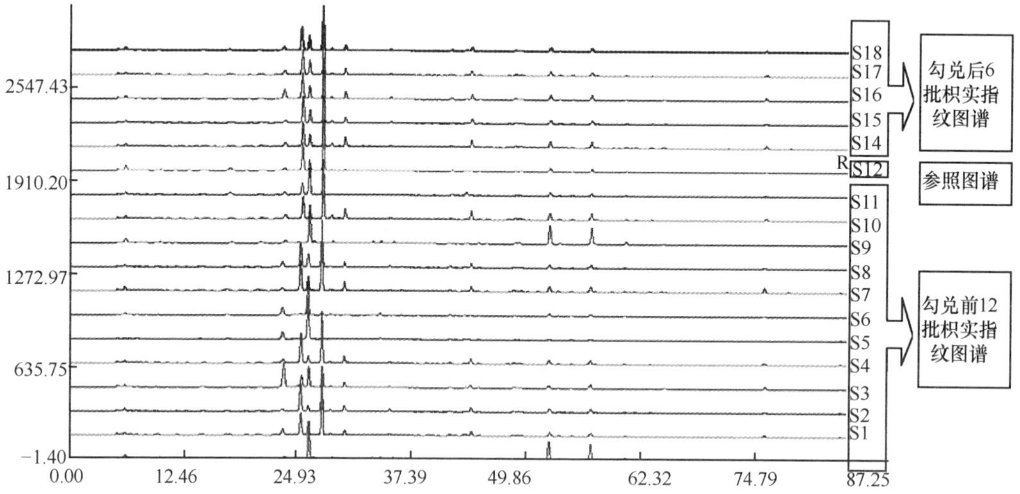

图 6-3　勾兑前后枳实饮片指纹图谱

（二）勾兑软件保证了质量一致的可行性

首先，本课题组发明的全自动智能勾兑软件可以通过药物成分含量测定设备测出每批中药的各主要成分的含量；其次，通过接口软件直接将检测设备生成的成分含量数据读入内存，以表格的形式呈现；再次，在勾兑软件中设定勾兑误差范围和智能组合选项；最后，计算出最佳勾兑方案，计算出的勾兑方案可指导药材加工或作为勾兑仪进行药材勾兑的依据。本发明的方法用于求解勾兑问题可求出全局最优解，实现了药材成分检测和求解最优勾兑方案的无缝连接，药材成分的检测，数据的读取、转换和勾兑过程全自动进行，具有更高的可操作性。它采用了智能组合方式进行药材的混批勾兑，可为用户提供多种可选的勾兑方案，提高了方法的可用性，从而保证了质量一致的可行性。下面我们给出该中药材智能勾兑方法的设计流程，以及该方法与遗传算法间的对比实验结果。

(1) 中药材智能勾兑方法设计流程

Step 1. 在计算最佳的勾兑比例之前我们需要使用含量检测设备检测出各批原料各成分的含量。

Step 2. 然后将各批原料的成分含量数据通过接口软件读入内存。

Step 3. 设定勾兑所需的相关参数，包括勾兑目标、勾兑误差和勾兑模式，或采用默认的勾兑参数进行勾兑。

Step 4. 采用全自动组合算法对各批原料进行分组，即生成待选批次的组合，然后对每一种组合方案反复执行 Step 5 ~ Step 7。

Step 5. 利用改进的高斯消去算法求解不等式方程组，求出解的范围，即勾兑比例的范围。

Step 6. 然后在求出的解的范围中利用回溯算法搜索最优解，即当前方案的最优勾兑方案。

Step 7. 将上述最优勾兑方案暂存到勾兑方案矩阵中。

Step 8. 对所有勾兑方案依据勾兑目标函数对勾兑方案进行评估，并生成最佳方案。勾兑目标包括平均偏差最小、平均方差最小和总成本最小。

$$AvgDev = \frac{\sum_{i=1}^{n} |x_i - x_i^d|}{n} \tag{1}$$

其中，$AvgDev$ 是平均偏差；n 是成分的数量；x_i 是第 i 种成分的最佳比例；x_i^d 是第 i 种成分的理想值。

$$AvgSqrtDev = \sqrt{\frac{\sum_{i=1}^{n} (x_i - x_i^d)^2}{n}} \tag{2}$$

其中，$AvgSqrtDev$ 是平均方差，n、x^i 和 x_i^d 的含义同上。

$$TotalCost = \sum_{i=1}^{n} C_i x_i \tag{3}$$

其中，$TotalCost$ 是总成本；C_i 是第 i 批原料的单位成本；x_i 是第 i 批原料的比例。

Step 9. 最后，生成的最佳方案可用以指导原料加工或作为勾兑仪进行勾兑的依据。

(2) 对比实验结果：在实验中我们对 6 批中药含量数据利用本方法进行了处理，按照平均偏差最小进行优化，并将勾兑误差设定为最大 10%。并且为了说明本方法在准确性和稳定性方面的优势，我们将本方法处理的结果与使用遗传算法处理的结果进行了对比。6 批中药材的含量数据及其勾兑目标见表 6-7，采用本方法和遗传算法的实验结果见表 6-8，两种方法勾兑后的平均偏差的对比见表 6-9。

表 6-7　6 批中药材的成分含量数据(%)

批次	葛根素含量	大豆苷含量
勾兑目标	3.06	0.322
第 1 批	2.89	0.376
第 2 批	3.18	0.272
第 3 批	2.49	0.393
第 4 批	2.72	0.341
第 5 批	2.61	0.375
第 6 批	3.28	0.308

表 6-8 两种方法的勾兑结果

方法		葛根素	大豆苷	批次/勾兑结果/平均偏差
本方法	2 批组合勾兑后的含量	3.056%	0.321%	第 4 批:40%;第 6 批:60%
	2 批组合勾兑后的偏差	0.1%	0.2%	平均偏差:0.15%
	3 批组合勾兑后的含量	3.060%	0.322%	第 3 批:3%;第 4 批:35%;第 6 批:62%
	3 批组合勾兑后的偏差	0	0	平均偏差:0
	4 批组合勾兑后的含量	3.060%	0.322%	第 1 批:20%;第 2 批:19%;第 4 批:22%;第 6 批:39%
	4 批组合勾兑后的偏差	0	0	平均偏差:0
遗传算法	第 1 次 2 批勾兑后的含量	2.976%	0.326%	第 4 批:54.3%;第 6 批:46.7%
	第 1 次 2 批勾兑后的偏差	2.8%	1.2%	平均偏差:2%
	第 2 次 2 批勾兑后的含量	3.28%	0.308%	第 4 批:0;第 6 批:100%
	第 2 次 2 批勾兑后的偏差	7.2%	4.3%	平均偏差:5.8%
	第 3 次 2 批勾兑后的含量	2.870%	0.332%	第 4 批:73.2%;第 6 批:26.8%
	第 3 次 2 批勾兑后的偏差	6.2%	3.2%	平均偏差:4.7%
	第 1 次 3 批勾兑后的含量	2.993%	0.338%	第 3 批:34.7%;第 4 批:2.4%;第 6 批:62.9%
	第 1 次 3 批勾兑后的偏差	2.2%	5.0%	平均偏差:3.6%
	第 2 次 3 批勾兑后的含量	2.915%	0.343%	第 3 批:36.2%;第 4 批:14.2%;第 6 批:49.6%
	第 2 次 3 批勾兑后的偏差	4.8%	6.7%	平均偏差:5.75%
	第 3 次 3 批勾兑后的含量	3.123%	0.322%	第 3 批:12.6%;第 4 批:10.2%;第 6 批:77.2%
	第 3 次 3 批勾兑后的偏差	2.1%	0.4%	平均偏差:1.25%
	第 1 次 4 批勾兑后的含量	3.068%	0.342%	第 1 批:52.8%;第 2 批:6.3%;第 4 批:0;第 6 批:40.9%
	第 1 次 4 批勾兑后的偏差	0.3%	6.1%	平均偏差:3.2%
	第 2 次 4 批勾兑后的含量	3.153%	0.316%	第 1 批:18.9%;第 2 批:18.1%;第 4 批:6.3%;第 6 批:56.7%
	第 2 次 4 批勾兑后的偏差	3.0%	1.7%	平均偏差:2.4%
	第 3 次 4 批勾兑后的含量	2.896%	0.339%	第 1 批:31.5%;第 2 批:14.2%;第 4 批:44.1%;第 6 批:10.2%
	第 3 次 4 批勾兑后的偏差	5.4%	5.2%	平均偏差:5.3%

表 6-9 两种方法勾兑后的平均偏差对比

方法	2 批勾兑的平均偏差	3 批勾兑的平均偏差	4 批勾兑的平均偏差
本方法	0.15%	0	0
遗传算法	4.2%	3.5%	3.6%

从表 6-8 可以看出对于 6 批药材进行 2 批自动组合勾兑、3 批自动组合勾兑和 4 批自动组合勾兑的勾兑结果与勾兑目标基本一致,除 2 批自动组合勾兑的平均偏差是 0.15%外,3 批自动组合勾兑和 4 批自动组合勾兑的完全达到了勾兑目标的要求。

在对比实验中,我们采用本方法找到的二批、三批和四批最佳方案利用遗传算法对其进行求解,计算出近似最优解。由于遗传算法具有随机性,我们对每种方案分别重复计算了3次,以了解几种可能的勾兑结果的分布情况。首先,从表6-8中可以看出,在每种方案的勾兑计算中,每次计算出来的勾兑比例各不相同,平均偏差也不一致,这正是遗传算法随机性的表现。而本方法计算出来的勾兑比例是稳定的、可重复的。其次,从表6-8和表6-9我们也可以看出,采用本方法进行二批、三批和四批组合勾兑的平均偏差均低于遗传算法进行二批、三批和四批的勾兑平均偏差。因而,本方法的准确性优于遗传算法。

二、煎煮对方药“量”的影响

清代徐灵胎在《医学源流论》中说:“煎药之法,最宜深讲,药之效不效全在乎此。”中药的煎煮,不仅是有效成分的溶出过程,而且是药物中各种生理活性成分进行化学反应,重新整合的过程[1]。现针对煎煮过程中相关因素对复方汤剂临床疗效的影响进行分析,从而探讨煎煮对方药量效关系的影响。

(一)煎煮过程中影响疗效的因素

1. 煎煮用具

中药煎煮容器以耐火的砂锅、陶罐为好,亦可用搪瓷器皿或者铝制器皿、不锈钢器皿,因为这类器皿具有导热均匀、化学性质稳定、散热慢的特点,不易使药物化学成分发生变化;忌铁、铜、锡等金属类容器。实验表明,用铁锅煎五倍子、山楂、大黄等中药,将煎出液灰化后进行定量分析,药液外观呈深紫色或墨绿色,有铁锈味,变腥变色,药味苦涩。这是由于煎药过程中铁锅与药液中的鞣质发生反应生成不溶于水的鞣酸铁,减少了药液中的鞣质。而用砂锅、搪瓷器皿等煎药,外观和气味均无变化[2]。

2. 浸泡

大多数中药饮片为植物干品,有一定的体积和厚度,在煎煮前需放置容器内进行冷水浸泡,以使药物的表面湿润、变软、植物细胞膨胀,使药物有效成分部分溶出,在组织内产生渗透压而扩散到组织细胞外部水中,同时可避免在加热煎煮时药材组织内所含蛋白质固化、淀粉糊化而影响药物有效成分的煎出,从而对临床效果产生影响[2]。研究发现,茵陈蒿汤经用冷水浸泡后能煎出有效成分30.98%,未浸泡仅煎出有效成分23.74%。可见,中药煎煮前的浸泡对中药有效成分析出有非常重要的意义。

3. 煎煮加水量

中药复方汤剂煎煮时加水量的多少对有效成分的溶出有非常重要的意义。张氏[3]对大、中、小剂量泻心汤、四物汤、补中益气汤、百合固金汤、苏子降气汤煎出液进行了比较研究,其中中剂量方为标准饮片量方,低剂量方各饮片量为中剂量方的1/2,高剂量方各饮片量为中剂量方的2倍;每方5剂,每剂煎2次,每次取汁150ml。将2煎300ml滤液先用直火浓缩至一定体积，后置已恒重的蒸发皿中，在水浴锅浓缩至干，计算煎出率。结果发现，低剂量方煎出率均显著高于中剂量方，极显著高于高剂量方；中剂量方煎出率亦显著高于高剂量方。表明煎取量一定的情况下，加水量的多少对煎出液的质量有非常明显的影响。

4. 煎煮火候

中药煎煮一般采用传统的直火加热法，它的优点是煎煮火候容易控制，煎出量易掌握。中药煎煮时，一般先用武火即大火将药液快速煮沸，然后用文火即小火慢慢煎煮。中药煎煮过程的温度等因素对煎煮质量也有一定的影响。例如，麦芽消食的有效成分为淀粉酶，不耐高温，多作为丸散剂用；若作汤剂，经加热煎煮，酶的活性破坏，其消化淀粉的效力仅相当于散剂的1/3。甘遂逐水的有效成分为溶于乙醇而不溶于水的树脂样物，一般只宜作丸散剂服用，有效成分能在胃肠中吸收，发挥其泻下逐水作用；若作汤剂，其有效成分不能溶出，服用后很难发挥泻下作用。雷丸的有效成分为一种蛋白酶（雷丸素），能分解虫体蛋白质，致使虫节破坏，从而起到杀虫作用。但蛋白酶不耐高温，只宜作丸散剂；若作汤剂，经加热至60℃左右有效成分即被破坏，疗效降低，甚至失效[4]。

5. 煎煮时间

煎煮时间在中药复方汤剂煎煮过程中非常重要，适宜的煎煮时间对提高药物临床疗效有重要意义。煎煮时间太长，则药物的某些成分被破坏或散失；煎煮时间不足，则药物的某些成分不易溶出，如含骨胶质的动物甲骨类药物，因骨胶质在常温下不溶于水，则需要较长时间加热，使其水解成为溶于水的胶原碎片，才能溶解于药汁中。含芳香挥发性有效成分的药物，煎煮时间则不宜过长，以避免芳香成分丧失，损失药性，降低药效。坚硬的根茎类及补益药宜久煎，以使有效成分溶出[4]。研究表明，党参在提高小鼠耐力实验中，煎煮时间不低于120min方可使有效成分最大限度溢出，达到最佳疗效[5]。对不同煎煮时间的当归样品中阿魏酸的含量进行比较，发现煎煮3h时样品中阿魏酸提取量最高，4h和5h含量相近但有所下降，5h以后煎煮时间对样品中阿魏酸破坏影响很大[6]。

6. 煎煮次数

中药煎煮时药物有效成分首先溶解在进入药材组织的水中，然后再扩散到药材外部的溶液中，当药材内外溶液的浓度达到平衡时，因渗透压平衡，有效成分就不再继续溶出。这时，只有将药液滤出，重新加水煎煮，有效成分才能继续溶出。通常每剂药最好煎煮2～3次。常规方剂煎煮2次，滋补药可增加1次。头煎煎出率大约为30%，二煎为40%～50%，2次合并可得70%～80%。而三煎、四煎仅占20%[7]。

一般认为，为了充分利用药材，避免浪费，更好发挥药效，煎煮次数越多越能使药物有效成分析出完全，但对于某些药材，多次煎煮却破坏了药物的有效成分，影响了临床效果，如大黄不同煎液对离体兔肠蠕动影响实验显示，头煎液保持了一定的药效，而二煎液不但没有促进肠蠕动的作用，而且还趋于抑制肠蠕动[5]。故而煎煮次数应根据临床需要而定，不应机械限定。

7. 煎出量

中药煎剂的服用方法多为将头煎与二煎药液合并混匀，分早晚2次服。患者每次服用量150～200ml，这就决定了中药最后的煎取量约400ml，加水量增加，煎出药液量随之增加，如果患者难以完全服下会造成浪费，使疗效难以相应提高。探寻一种加水量与煎取量之间的有效平衡，是解决药物有效成分析出与患者服用这对矛盾的必然途径。煎出液的浓缩是提取中药煎出液中的多余水分的重要途径，浓缩程度的不同对煎出液与浓缩后产物的同一性有非常明显的影响。笔者利用高效液相色谱法和薄层扫描色谱法研究了在不同浓缩程度下黄连解毒汤中黄芩、黄连、黄柏、栀子的特征色谱图。结果发现，随着浓缩程度的增高，黄芩、黄连、黄柏、栀子各组分色谱图曲线下面积呈单调递减趋势。当浓缩程度低于70%时，黄连解毒汤煎出液与浓缩后产物在组分上具有高度同一性。

8. 其他因素

此外，煎煮中还有先煎、后下、包煎、另煎、烊化等特殊的煎煮要求，亦会对临床效果产生影响。例如，乌头、附子等毒性较强的药物，先煎后其毒性会显著降低；而青黛等煎煮后容易悬浮于液面，不易服用，则需要包煎；羚羊角等为了保存其有效成分，防止同煎时被其他中药吸附，宜单独煎妥后将药液与其他煎好的汤药混匀服用。另外，有的中药入汤后容易产生大量沉淀，有的中药黏性很强而极易粘锅焦化等，在煎煮过程中，均应根据特殊要求进行相应处理，才能物尽其用，收到最佳临床效果。

（二）煎煮与方药量效关系

规范的中药煎煮是量效关系相关实验研究和临床研究的基础，是实现方药量效关系研究可重复性的前提。

复方汤剂是中医临床用药最主要的形式，医生可以根据患者病情，随证加减调整处方，具有很好的灵活性，适用范围广泛；同时，汤剂也具有易吸收、起效快的特点。因此，长期以来，复方汤剂是中医临床用药的主力军。但煎煮过程中诸多因素影响了复方汤剂有效成分的析出，从而造成了临床疗效的巨大差异。探寻一条合理规范的中药煎煮方法，不仅对节约原料、提高临床疗效有非常重要的意义，而且对实现中医现代化、标准化也有巨大的推动作用。

（三）以大承气汤、麻杏石甘汤为例探讨方药煎煮的科学性

中药汤剂煎煮方式直接影响到药效成分的溶出率，对药物的疗效具有重要的影响。历代医家对中药的煎煮非常重视，李时珍曰：“凡服汤药，虽品物专精，修治如法，而煎煮者吕莽造次，水火不良，火候失度，则药也无功也。”可见煎煮方式的重要性。中药汤剂煎煮方式繁多，依据饮片的性质，按先煎、后下、包煎、烊化、另煎等要求进行特殊处理，使得物尽其用[8]，达到保存某些药物的有效成分，或尽量增加有效成分的煎出量，从而取得最佳的治疗效果[9]，实现合理用药[10]。

1. 大承气汤煎煮的科学性研究

《伤寒论》中大承气汤的煎煮古法“以水一斗,先煮二物(厚朴、枳实),取五升,去滓,纳大黄,更煮取二升,去滓,纳芒硝,更上微火一两沸”,其中厚朴、枳实先煎后需去渣,大黄后下且芒硝不煎。

大黄后下的科学性研究

魏惠珍[11]等采用 HPLC 法考察了大承气汤 4 种不同煎煮方法中结合蒽醌、游离蒽醌的含量变化(表 6-10)。4 种不同煎煮方法所得大承气汤在 40 ~ 80min 时结合蒽醌的含量呈上升至平稳或上升至下降的趋势(图 6-4),游离蒽醌的含量呈上升趋势(图 6-5)。

表 6-10 大承气汤中蒽醌类成分的含量

大黄加入时间(min)	煎煮时间(min)	总蒽醌(mg/ml)	游离蒽醌(mg/ml)	结合蒽醌(mg/ml)
0	40	0.1555	0.0743	0.0813
	50	0.1698	0.0762	0.0537
	60	0.1233	0.0780	0.0454
	70	0.1629	0.0853	0.0776
	80	0.1841	0.0969	0.0872
10	40	0.0910	0.0541	0.0551
	50	0.0934	0.0584	0.0571
	60	0.0613	0.0637	0.0133
	70	0.1039	0.0707	0.0595
	80	0.1088	0.0721	0.0651
20	40	0.0821	0.0230	0.0850
	50	0.0886	0.0374	0.0861
	60	0.1164	0.0471	0.1084
	70	0.1407	0.0755	0.1136
	80	0.1406	0.0497	0.1366
30	40	0.0520	0.0325	0.0195
	50	0.1186	0.0465	0.0722
	60	0.1287	0.0627	0.0660
	70	0.1573	0.0690	0.0883
	80	0.0995	0.0798	0.0197

图 6-4 显示,不同方案煎煮所得大承气汤在相同煎煮时间的结合蒽醌的含量相差较大;同一方案的大承气汤随煎煮时间不同,其结合蒽醌的含量也呈逐渐变化的趋势。方案一和方案二煎煮所得大承气汤中结合蒽醌的含量在 40 ~ 80min 时呈上升至平缓的趋势;方案三、方案四煎煮所得大承气汤中结合蒽醌的含量则先上升至平缓,然后下降。由于大承气汤的致泻作用与大黄的结合蒽醌含量有关,方案三煎煮大承气汤的结合蒽醌的

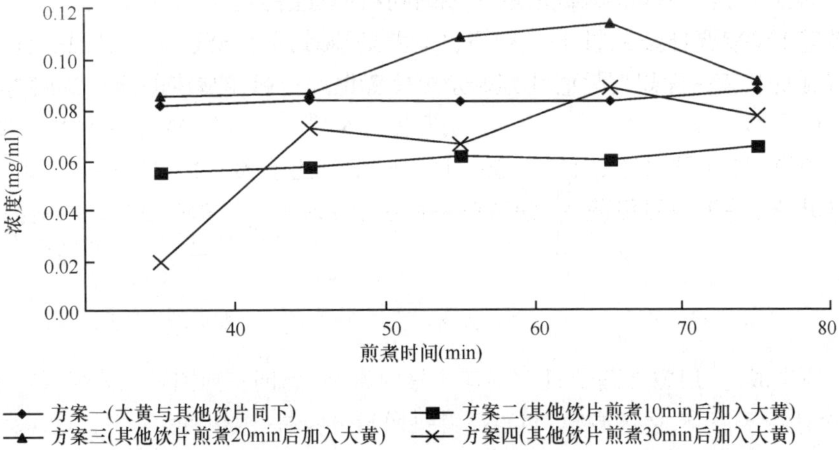

图 6-4　不同煎煮方法大承气汤中结合蒽醌的含量变化

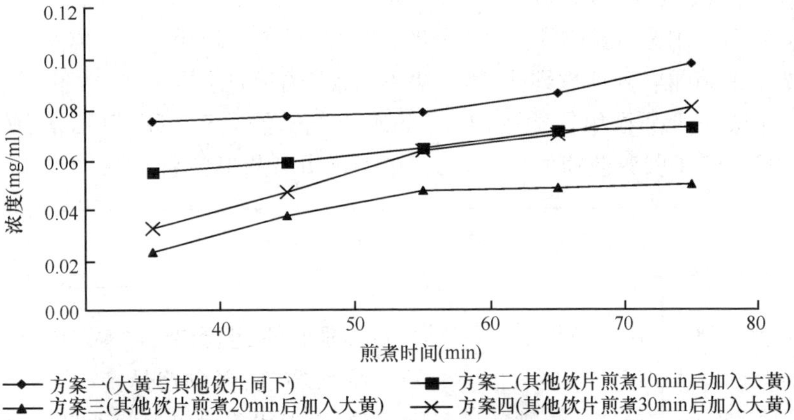

图 6-5　不同煎煮方法大承气汤中游离蒽醌的含量变化

含量较高,即大黄后下 20min 较好,此时的致泻作用较强。图 6-5 显示,不同方案煎煮所得大承气汤在相同煎煮时间的游离蒽醌的含量相差很大;同一方案的大承气汤随煎煮时间不同,在 40～80min 时其游离蒽醌的含量也呈逐渐升高的趋势。其中方案一的大承气汤中游离蒽醌含量最高;方案二的大承气汤中游离蒽醌的含量则较低。笔者以临床常用的煎煮条件为基础,由于大承气汤临床煎煮时间至少为 40min,因此以 40min 为起始考察时间,分别考察了大黄与其他饮片同时煎煮、其他饮片煎煮 10min 后加入大黄、其他饮片煎煮 20min 后加入大黄、其他饮片煎煮 30min 后加入大黄时大承气汤中结合蒽醌、游离蒽醌在 40～80min 随煎煮时间的变化情况。其他饮片煎煮 20min 后加入大黄所得大承气汤结合蒽醌含量较高,由于结合蒽醌的泻下效应较强,则此法所得大承气汤疗效较好,为大承气汤的临床使用提供参考依据。

厚朴、枳实去渣的科学性研究

王跃生[12]等采用传统煎煮方法煎煮大承气汤，A 汤剂（原法）去厚朴、枳实药渣，B 汤剂不去厚朴、枳实药渣，以大黄蒽醌类成分含量变化为指标，比较各大承气汤各药液及药渣中大黄蒽醌类成分的含量（mg）（表 6-11 和图 6-6）。

表 6-11　两份药液及药渣中大黄蒽醌类化合物的总量（mg）（$n=3$）

样品	成分	芦荟大黄素	大黄酸	大黄素	大黄酚	大黄素甲醚	总大黄蒽醌
"去渣"组药液	总蒽醌	42.08	72.22	44.46	56.95	23.08	238.79
	游离蒽醌	17.42	51.92	16.45	12.73	5.01	
	结合蒽醌	24.66	20.30	28.00	44.22	18.06	
"不去渣"组药液	总蒽醌	21.06	41.82	20.62	36.53	9.79	129.81
	游离蒽醌	7.98	28.07	6.09	4.93	1.48	
	结合蒽醌	13.07	13.75	14.54	31.60	8.31	
"去渣"组药渣	总蒽醌	159.35	275.79	206.33	451.86	170.24	1263.58
	游离蒽醌	112.40	223.69	156.46	320.07	104.51	
	结合蒽醌	46.95	52.10	49.86	131.79	65.73	
"不去渣"组药渣	总蒽醌	156.26	241.02	225.18	608.79	187.39	1418.65
	游离蒽醌	109.98	192.68	165.31	425.22	109.04	
	结合蒽醌	46.28	48.34	59.87	183.57	78.34	

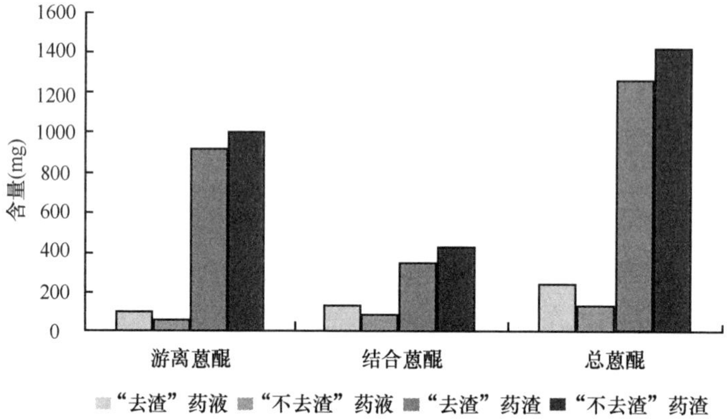

图 6-6　两份汤剂药液及药渣大黄蒽醌含量比较

通过比较两份汤剂药液及药渣中大黄蒽醌的含量，"去渣"组药液中大黄蒽醌含量均较"不去渣"组药液高，且"去渣"组药液中总大黄蒽醌比"不去渣"组药液高 84%，这是因为厚朴、枳实煎煮后的药渣吸水体积膨胀疏松多孔，若不滤过药渣，大黄蒽醌类成分在煎煮过程中进入厚朴、枳实药渣中的空隙中，不利于大黄蒽醌的溶出。因此在加入大黄前滤去厚朴、枳实药渣可减少大黄蒽醌类成分的吸附，使其溶出增加。"不去渣"组药渣中大黄总蒽醌含量比"去渣"组药渣高 12%，说明未滤去厚朴、枳实药渣会吸附大黄蒽醌类成分，使其残留在药渣中。另"去渣"组药渣中芦荟大黄素、大黄酸含量却高于"不去渣"

组药渣，这说明厚朴、枳实药渣除了能吸附大黄成分外，应该还发生了一些化学反应。君药大黄药效成分蒽醌类成分的含量在两种煎煮方式得到的大承气汤药液中有明显区别，说明煎煮方法会直接影响中药汤剂煎出液的质量，从而影响临床疗效。大承气汤传统煎法要求去厚朴、枳实药渣，其科学性就在于有效提高了主要药效成分的溶出率，而为其药效物质基础提供了理论依据。

因芒硝煎煮过久，会减缓泻下作用。正如《伤寒来苏集》所说：“生者气锐而先行，熟者气钝而和缓。[13]”大黄作为中药中的重要泻下药，作用确切，蒽醌类衍生物是大黄的重要药效成分，是大黄及其制剂质量监控的重要指标成分[14]。已发现在药味组成、剂量配比完全相同的情况下，以不同煎法制成的大承气汤药效差异甚大，不同煎煮方法和煎煮时间对大黄单味药及大承气汤中大黄蒽醌类成分的溶出量和保存量有明显的影响，且与其药效相关[15]。

改变芒硝的用法，包括对芒硝不同煎煮时间的考察：煎煮 50min、40min、30min、20min、10min、0min，以及芒硝加否的考察（表 6-12），以蒽醌类成分的含量为指标来考察芒硝溶服的科学，结果表明芒硝煎煮后对各蒽醌类成分都有影响（表 6-13）。验证实验选择芒硝煎 10min、芒硝煎 0min、不加芒硝 3 组，测定 3 组汤剂蒽醌类成分含量及指纹图谱进行比较，为大承气汤芒硝煎煮法“芒硝溶服”提供科学依据。

表 6-12　预实验各成分含量测定结果（mg）

名称	芦荟大黄素	大黄酸	大黄素	大黄酚	大黄素甲醚	总蒽醌
芒硝煎 0min	23.16	42.16	19.29	29.64	10.91	125.16
芒硝煎 10min	17.44	40.89	17.40	23.01	8.59	107.33
芒硝煎 20min	14.36	38.87	15.07	28.14	8.65	105.10
芒硝煎 30min	19.00	41.86	17.56	25.60	7.64	111.66
芒硝煎 40min	18.60	36.78	16.01	24.10	8.03	103.52
芒硝煎 50min	17.49	40.40	16.60	23.76	7.87	106.12
不加芒硝	22.57	41.60	19.81	28.39	10.64	123.01

表 6-13　验证实验各汤剂各成分含量测定结果（mg）

名称	芦荟大黄素	大黄酸	大黄素	大黄酚	大黄素甲醚	总蒽醌
芒硝煎 0min	20.07	42.34	19.60	29.84	10.29	122.14
芒硝煎 10min	17.21	35.41	17.40	25.64	8.80	104.46
不加芒硝	20.20	41.60	20.79	29.47	10.75	122.81

预实验结果显示，芒硝不同煎煮时间对蒽醌类成分的含量都有影响，且芒硝煎煮后大部分成分含量会下降。验证实验结果与预测实验结果基本一致。

利用 Excel 对 3 组验证实验中大承气汤所测得的蒽醌类成分含量的均值进行比较分析，结果如图 6-7 所示。

采用 DPS 数据处理系统对验证实验各组数据进行方差分析，各成分所得分析结果如表 6-14 所示。

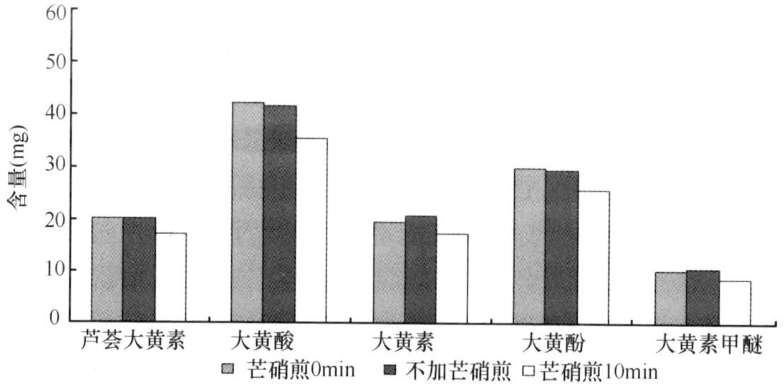

图 6-7　三方大黄成分含量均值比较

表 6-14　方差分析表

名称	变异来源	平方和	自由度	均方	*F* 值	*P* 值
芦荟大黄素	处理间	17.084 4	2	8.5422	212.626	0
	处理内	0.241	6	0.0402		
	总变异	17.325 5	8			
大黄酸	处理间	86.927 7	2	43.4638	97.724	0
	处理内	2.668 6	6	0.4448		
	总变异	89.596 2	8			
大黄素	处理间	17.863 4	2	8.9317	75.674	0.0001
	处理内	0.708 2	6	0.118		
	总变异	18.571 6	8			
大黄酚	处理间	32.399 4	2	16.1997	86.82	0
	处理内	1.119 5	6	0.1866		
	总变异	33.51 9	8			
大黄素甲醚	处理间	6.232 3	2	3.1161	190.109	0
	处理内	0.098 3	6	0.0164		
	总变异	6.330 6	8			
总蒽醌	处理间	650.017 4	2	325.0087	118.601	0
	处理内	16.442 1	6	2.7403		
	总变异	666.459 4	8			

对芦荟大黄素、大黄酸、大黄酚及总蒽醌，芒硝煎 0min 与不加芒硝无显著性差异，但与芒硝煎 10min 均有显著性差异；对大黄素和大黄素甲醚，煎 0min、煎 10min、不加芒硝 3 组间均有显著性差异。芒硝煎 10min 会降低它们的含量（表 6-15）。

采用国家药典委员会中药色谱指纹图谱相似度评价系统（2004A），对不加芒硝、芒硝煎 0min 和芒硝煎 10min 的大承气汤的指纹图谱进行分析，得到大承气汤高效液相指纹重叠图谱（图 6-8），各个大承气汤的相似度和生成的对照图谱的相似度如表 6-15 所示。每

表 6-15　LSD 多重比较表

名称	处理	均值	5% 显著水平	1% 极显著水平
芦荟大黄素	不加芒硝	20.195 3	a	A
	芒硝煎 0min	20.075 5	a	A
	芒硝煎 10min	17.214 5	b	B
大黄酸	芒硝煎 0min	42.33	a	A
	不加芒硝	41.6	a	A
	芒硝煎 10min	35.41	b	B
大黄素	不加芒硝	20.8	a	A
	芒硝煎 0min	19.6	b	B
	芒硝煎 10min	17.4	c	C
大黄酚	芒硝煎 0min	29.84	a	A
	不加芒硝	29.47	a	A
	芒硝煎 10min	25.64	b	B
大黄素甲醚	不加芒硝	10.75	a	A
	芒硝煎 0min	10.3	b	B
	芒硝煎 10min	8.8	c	C
总蒽醌	不加芒硝	122.81	a	A
	芒硝煎 0min	122.14	a	A
	芒硝煎 10min	104.46	b	B

注:字母标记表示结果,字母相同,则差异不显著,字母不相同,则差异显著

组汤剂平行煎煮后的相似度较高,且各汤剂之间的相似度也高,为 0.989 ~ 0.997。各汤剂相似度都在 0.98 以上(表 6-16)。

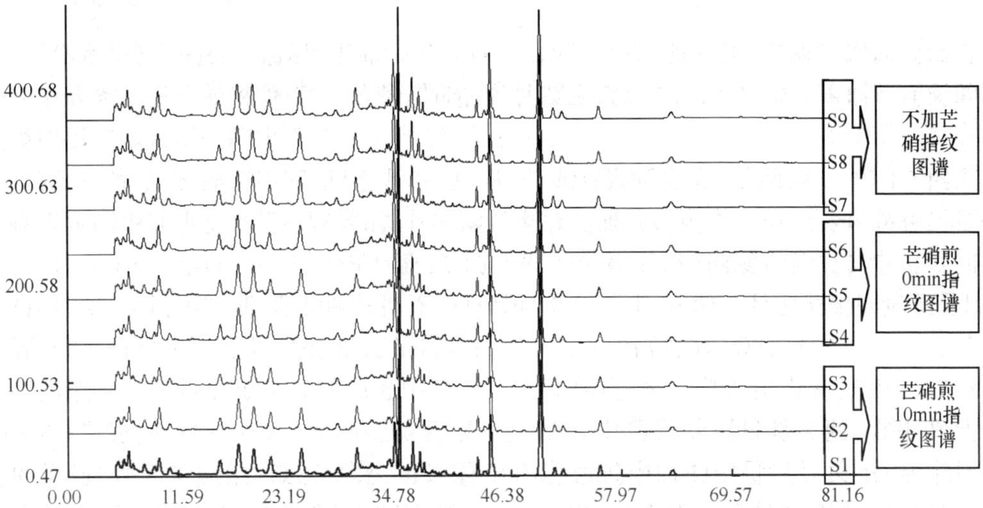

图 6-8　大承气汤 HPLC 指纹重叠图谱

表 6-16 各大承气汤指纹图谱相似度计算结果

	S1	S2	S3	S4	S5	S6	S7	S8	对照指纹图谱
S1	1.000	0.994	0.979	0.982	0.996	0.978	0.992	0.992	0.995
S2	0.994	1.000	0.979	0.972	0.991	0.97	0.991	0.990	0.992
S3	0.979	0.979	1.000	0.985	0.978	0.98	0.979	0.981	0.989
S4	0.982	0.972	0.985	1.000	0.986	0.991	0.982	0.985	0.992
S5	0.996	0.991	0.978	0.986	1.000	0.983	0.994	0.994	0.997
S6	0.978	0.97	0.98	0.991	0.983	1.000	0.983	0.985	0.990
S7	0.992	0.991	0.979	0.982	0.994	0.983	1.000	0.999	0.996
S8	0.992	0.99	0.981	0.985	0.994	0.985	0.999	1.000	0.997
对照指纹图谱	0.995	0.992	0.989	0.992	0.997	0.99	0.996	0.997	1.000

从方差分析结果可以看出，芒硝煎 10min 后大部分药效成分含量与芒硝不煎及不加芒硝有显著性差异，而芒硝不煎与不加芒硝差异不显著。芒硝煎煮后，大黄蒽醌含量降低较明显，可能是芒硝在煎煮过程中水解出钠离子和硫酸根离子，离子在煎煮液中水化，容易使药液形成高渗溶液，使这些成分的溶解度降低。且部分硫酸根离子与大黄蒽醌类成分可能发生反应，因此造成芒硝煎 10min 组大黄蒽醌明显降低。从大承气汤指纹重叠图谱可以看出，各指纹图谱峰个数无明显变化，即芒硝的不同用法对于大承气汤引起的主要是成分含量的增减，而对成分种类无影响。从指纹图谱相似度结果得到，3 份汤剂之间相似度较高，为 0.989～0.997。不加芒硝与加芒硝大承气汤有效成分含量差异不大，但考虑芒硝自身的致泻作用，且不加芒硝仅有大黄、厚朴、枳实 3 味药组成的方名为小承气汤，考虑中药复方的完整性，应适当加入。芒硝煎煮后会降低大承气汤中药效成分的含量，说明传统用法“芒硝溶服”具有一定的科学性。

2. 麻杏石甘汤煎煮的科学性研究

《伤寒论》中麻杏石甘汤煎煮方式：上四味（麻黄、石膏、苦杏仁、甘草），以水七升，煮麻黄，减二升，去上沫，内诸药，煮取二升，去滓，即《伤寒论》中麻杏石甘汤煎煮方式为麻黄先煎。传统观点认为麻黄碱主要存在于髓部，难溶于水，应久煎[16]。目前临床用药方式为四味药材一起煎煮。石膏为矿物质药，质重、坚硬、难以煎出药味的药物应先煎[17]，《中国药典》中石膏项下用法为先煎。亦有药典中小儿清热止咳口服液采用麻黄石膏先煎。所以针对目前存在的 3 种先煎进行试验研究，确定最优的先煎。

研究通过固定汤剂煎煮时间，比较麻黄先煎、石膏先煎、麻黄石膏先煎、四味药材一起煎煮（合煎）4 种煎煮方式，以汤中麻黄碱、伪麻黄碱、甘草苷、甘草酸、苦杏仁苷、微量元素（Ca、Mg、Zn、Mn、V、Ti）为考察指标，选出最优的先煎方式，为麻杏石甘汤临床用药煎煮方式提供参考依据。

应用 SPSS13.0 统计软件对实验数据进行统计学处理。采用单因素方差分析（One-way ANOVA）对各组数据与方法四进行组组间分析比较，数据以均数±标准差（$\bar{x}\pm s$）表示。

通过 4 种煎煮方式的比较，麻黄先煎与麻黄石膏先煎都有利于麻黄碱、伪麻黄碱成分的溶出，麻黄先煎、麻黄石膏先煎、石膏先煎3种煎煮方式与合煎相比，对甘草苷、甘草酸、苦杏仁苷的溶出量一致（表6-17）。

表6-17　不同煎煮方式中各药效成分的含量（$n=3$）

组别	麻黄碱（mg）	伪麻黄碱（mg）	苦杏仁苷（mg）	甘草苷（mg）	甘草酸（mg）
麻黄先煎	162.25±2.46***	87.73±1.15***	384.11±12.41	95.71±4.17	105.64±3.96
石膏先煎	115.2±1.56	70.00±2.71	387.96±12.63	93.91±2.83	105.74±4.02
麻黄石膏先煎	167.92±2.68***	88.15±3.98***	392.87±7.52	94.30±5.69	112.85±3.00
合煎	118.17±2.86	71.43±3.00	397.76±7.88	93.75±4.50	111.44±4.89

注：***指$P<0.001$与方法4比较

对于Ca元素，麻黄石膏先煎>石膏先煎>麻黄先膏>合煎，说明石膏先煎有利于钙元素的溶出，麻黄石膏先煎最高；对于Mg元素，麻黄先煎>麻黄石膏先煎>合煎>石膏先煎，说明石膏先煎，不利于镁元素的溶出，但麻黄石膏先煎含量比石膏先煎、合煎都高；对于Zn元素，麻黄石膏先煎>合煎>石膏先煎>麻黄石膏，麻黄石膏先煎有利于锌元素的溶出；对于Mn元素，麻黄石膏先煎>合煎>石膏先煎>麻黄先煎，麻黄石膏先煎有利于锰元素的溶出；对于V元素，麻黄石膏先煎>石膏先煎>合煎=麻黄先煎，麻黄石膏先煎有利于钒元素的溶出；对于Ti元素，4种煎煮方式含量一致（表6-18）。

表6-18　不同煎煮方式中钙及5种微量元素的含量（$n=3$）

组别	Ca（mg）	Mg（mg）	Zn（mg）	Mn（mg）	V（mg）	Ti（mg）
麻黄先煎	687.68±24.35	72.80±1.94*	0.23±0.00***	0.23±0.01***	0.04±0.00	0.05±0.00
石膏先煎	702.80±5.40	57.68±1.94***	0.27±0.00**	0.27±0.01*	0.06±0.00***	0.05±0.00
麻黄石膏先煎	720.72±29.53*	70.56±1.68	0.30±0.00***	0.30±0.00**	0.07±0.00***	0.05±0.00
合煎	669.20±21.01	67.76±1.94	0.28±0.00	0.28±0.00	0.04±0.00	0.05±0.00

注：***指$P<0.001$，**指$P<0.01$，*指$P<0.05$与方法4比较

麻黄的药效成分之一伪麻黄碱难溶于水[18]，先煎有利于伪麻黄碱的溶出。通过对4种煎煮方法的比较得到：麻黄先煎与麻黄石膏先煎，都有利于麻黄碱、伪麻黄碱成分的溶出。前3种煎煮方法与合煎相比，对甘草苷、甘草酸、苦杏仁苷的溶出量影响不大。ICP-AES具有多元素同时测定、速度快及线性范围宽等优点，是中药金属元素通常使用的检测方法。麻黄石膏先煎中金属元素量最高，表示该煎煮方式最有利于金属元素的溶出，可能由于麻黄石膏先煎有利于麻黄碱与Zn^{2+}、Mn^{2+}等金属离子形成金属络合物，从而增加了5种元素的溶出量[19]。

通过对目前存在争议的不同饮片先煎的研究，结果表明麻黄石膏先煎有利于麻黄碱、伪麻黄碱的及金属元素的溶出。由于各元素来源广泛，含量较低，造成研究较为困难，特别是体内研究本体干扰大。整体而言，目前对各元素在中药中发挥的作用研究偏少，造成各元素发挥的具体作用机制尚不明确。从化学成分量的角度分析了麻黄石膏先煎的合理性，为研究麻杏石甘汤中无机元素与疗效之间的内在联系提供了参考，为麻杏石甘汤临床使用提供了参考依据。

第二节 汤剂超分子构造对方药量效关系的影响

汤剂是方药的最重要也最具特色的剂型,在世界传统和替代医学中独树一帜,迄今不衰。方药汤剂的组分非常复杂,且以君臣佐使等有机整体的方式作用,而非单组分药物与其药效之间一一对应的线性关系。阐明其量效关系化学本质,除了找到与药效有关的化合物,还须了解方药汤剂中化合物的存在状态。如果仅仅关注组方量与配比,那么得到的量效关系虽然是对传统中药定量知识的证实,但是对于全面揭示量效关系的影响因素显然不够全面;再者,可基于单组分药效化合物建立量效关系的方药也非常之少。阐明了方药的物质基础(包括其在方药中的存在状态)及其作用方式,量效关系规律的科学机制、影响量效关系的关键因素、药效的标准化评价等一系列中药的现代化中的难题,都有可能迎刃而解。

对于方药物质基础的药物化学与植物化学研究,使对方药的认识从宏观与表观一跃推进到分子水平,为中药的科学研究奠定了基础,"本草物质组学"还将把药用植物固有成分的研究推向了一个新的高度。但是,对于方药的特征与规律,诸如多组分"君臣佐使"与"归经"的有机整体而智能的作用方式,难以用药物化学与植物化学的理论直接解释。

本节中笔者试从方药汤剂中广泛存在的超分子构造的角度,论述其与方药"量"的化学本质的联系,及其对方药"效"的影响,阐释超分子构造这一方药汤剂成分的存在形式对"量效关系"的关联与影响。

一、汤剂超分子构造:方药药效成分存在和协同作用的基本构成单位

汤剂是中药方药临床应用的代表性剂型,而回望祖国传统文化,"无汤不成席"与"药食同源"更是两个醒目的代表性元素,其中"汤"被赋予了许多的健康和疾病调理的功能。放眼世界,鸡汤被犹太人认为是"犹太人的青霉素",能够去除炎症和治疗感冒、哮喘等疾病。西非洲的胡椒汤 Enemudo oji 被当地人用来治疗呼吸疾病。

中药最显著的特点之一是多组分作用。与单一组分和药效之间一一对应的"线性方式"不同,多组分作用的药效不是单一组分药效的零乱堆砌,而体现"君臣佐使"的有机整体性和"归经"的识别智能性。在另一方面,中药汤剂中含有胶束和其他分散体系,这是中药药剂学的常识,虽有报道注意到不同分散状态的双黄连制剂其药物动力学结果也不同,主要的研究专注于如何去除储藏期间可能沉淀的蛋白等物质。近期针对方药汤剂胶体体系的研究发现,方药汤剂的胶束是随着美拉德产物的生成而出现,这种多组分自组装成的超分子,因单味药材不同、炮制过程不同,其构造和形态、对于环境变化(如酸碱度)的响应也不同;经过炮制,药材固有成分和新生成分通过组装成超分子构造分别发挥构建、递送、识别、释放和药效等不同作用。这种天然产物来源的、成分复杂的、具有独特流变学性质的超分子构造与现代药学关注的微胶囊定向递送系统相呼应。超分子构造作为可能的药效的基本作用单位,通过对其结构的全面表征,将有可能阐明中药"君臣佐

使”与“归经”等多组分作用特点的分子机制,在方药物质基础研究取得突破的前提下,从超分子的角度阐明方药量效关系及其关键的影响因素,并创建基于清晰的分子机制的中医方药剂量理论,为临床合理选择剂量、安全有效地用药提供科学支撑和理论依据。

色黑味苦是方药汤剂给人的常见印象,这背后是其成分的高度复杂性,这个特点也给药效成分的分离和鉴定带来了极大的困难。通过建立相应的生物学活性模型,一一筛选从新鲜材料中分离出的化学成分,是以往中药药效成分研究的主要方法。现代化的色谱分离技术和质谱鉴定技术的发展,催生了中药成分组学研究,如“本草物质组学”、“有效成分组学”等。组学研究鉴定出了数以千记的化合物,在解释了部分中药汤剂的药效作用的同时,也带来了难以和药物作用相关的海量数据,让有效成分的筛选工作极为繁杂。同时,容易被植物化学和组学研究策略所忽略的是从新鲜材料到汤之间所产生的变化,导致了药效成分研究在新鲜材料到“入口良药”之间出现了一个黑箱。由于这个研究上的“黑箱”的存在,中药化学和植物化学并不能完全解答大众从常识角度对汤剂提出的疑问。例如,这两个简单的傻问题:为什么要喝药汤才能起效,而不是直接吃药草?中药汤剂为什么颜色这么深?

美拉德反应,又称非酶促糖基化反应,是发生在还原糖与氨基酸、多肽、蛋白质等含有游离氨基的化合物之间的非酶促褐变反应,其产物被称为美拉德反应产物(Maillard Reaction Products)。该反应可以使反应体系颜色加深,最终呈现褐色或者黑色,且该反应广泛发生在所有含蛋白、多肽、氨基酸和还原糖的植物、动物来源的产品中。富含蛋白质和还原糖的中草药在加工为汤的过程中发生了明显的美拉德反应:反应物(具有游离氨基的氨基酸和还原糖)含量急剧降低,随着产物浓度的增加,汤的颜色逐渐加深,生成代表性的美拉德反应产物。中药热加工过程中参与美拉德反应成分的含量不容忽视,部分药材甚至达到其干质量的30%以上(表6-19)。伴随着美拉德反应产物的生成,抽提物的生物学活性也发生了变化,以细胞毒性为例,板蓝根汤剂对MDCK的细胞毒性较新鲜板蓝根明显降低。新鲜药材在热加工过程中,部分蛋白质也发生了明显的非酶促糖基化反应。Pan等研究者发现非酶促糖基化修饰可以改变蛋白的活性、耐热性和形成纳米尺度胶体颗粒(一种超分子构造)的能力,非酶促糖基化蛋白形成的超分子构造可以包埋pyrene类药物分子,其是可被人体降解、安全无毒、pH敏感的口服药物载体,能在肠道解聚而实现药物释放。

表6-19 热加工对中药材成分的影响(%)

	蛋白质	碱性氨基酸			还原糖			参与美拉德反应的成分
		新鲜	日晒	煎煮	新鲜	日晒	煎煮	
苦瓜	4.17	1.81	0.55	-	4.68	1.86	-	8.25
板蓝根	13.6	4.41	3.81	0.83	20.6	18.5	14.6	23.18
泽泻	20.4	5.09	2.65	0.08	3.53	2.36	-	26.58
地黄	6.70	1.28	0.68	0.24	5.54	8.26	37.14	38.34
龙眼	2.36	0.71	0.34	-	60.1	25.4	-	37.43

从汤加工过程发生的美拉德反应可以看出,煮汤并不是一个单纯的热水抽提过程。伴

随着食材或者药材成分从细胞内迁移至热水中,可能发生共价键断裂或者是美拉德反应等产生新成分的化学变化。对于那些在化学上具有热稳定性的成分,在完成从细胞内到热水中的迁移后,就一定是自由地存在于真溶液内吗?对细胞内处于正常生理状态的蛋白质构象的研究,发现了生物大分子拥挤现象(macromolecular crowding),即在细胞内的蛋白质等大分子并不是完全以游离的单体形式存在,而是自发地和脂类、核酸等各种成分组成稳定、有序的超分子结构。生物大分子拥挤现象不仅是由于细胞内的成分浓度高所造成的,更和细胞内成分种类的复杂性直接相关[20,21]。通过在体外向蛋白质溶液中添加 Ficoll70、右旋糖酐等其他成分造成拥挤环境的研究,发现在拥挤环境下的蛋白质超分子构象更接近于蛋白质在细胞内的生理构造,并可以显著提高蛋白质在溶液中的稳定性。

从在细胞内有序的构造到被热水抽提进入胞外的溶液中,生物大分子与其他小化合物之间并非完全以单体的形式存在于溶液中,而是与其在细胞内形式相近,通过各种次级键相互作用以形成一个更稳定的复合体。早先的研究发现,从单方到复方,许多中药汤剂中都存在超分子构造(胶体)体系。具有保肝作用的民间验方河蚬汤的超分子构造较为均一,平均粒径为 78nm;苦瓜汤中的超分子构造组成较为复杂,平均粒径分布范围较大,其中间值为 347nm;经方中药麻杏石甘汤中同样存在着超分子构造,其颗粒粒径分布从 50 ~ 150nm 不等。这些超分子构造的形成和汤的加热过程紧密相关。通过激光光散射分析得知超分子构造在煮沸后的 30 ~ 60min 内形成。在原材料富含碱性氨基酸和还原糖的汤中,超分子构造形成还同步伴随着美拉德反应的发生,使反应体系颜色加深。通过高效液相色谱及高效液相色谱和多角度激光光散射仪联用的方法可以对溶液中的颗粒进行分离,将超分子构造与汤中的其他分子分开,或将不同粒径大小或不同带电性质的超分子颗粒分开。例如,麻杏石甘汤经过离子交换色谱后可以获得平均粒径分别为 65nm、102nm 和 138nm 的超分子构造组分。

将凝胶色谱分离得到的麻杏石甘汤超分子构造组分利用原子吸收光谱和反相色谱分析,发现该组分包括了汤药的原材料中的主要小分子化学成分,如麻黄中的麻黄碱、伪麻黄碱,杏仁中的苦杏仁苷,以及石灰中的钙离子等(表 6-20)。这些主要化学成分大部分不是以游离的形式存在于麻杏石甘汤中的溶液体系,而是以超分子颗粒的形式存在,尤其以在颗粒中发现 99% 以上的麻黄碱为最。除了小分子化合物外,汤中的胶体颗粒的组成成分还包括两性的生物大分子。通过对泽泻主要蛋白质成分的分离表征,发现在泽泻汤中存在非酶促糖基化多酚氧化酶,能自组装为超分子构造,并具有装载水不溶性的 23-乙酰泽泻醇 B 的能力。利用非酶促糖基化多酚氧化酶和 23-乙酰泽泻醇 B 构建的超分子颗粒大小介于 70 ~ 150nm(图 6-9)。这种通过非酶促糖基化蛋白和其他化合物人工构建的纳米

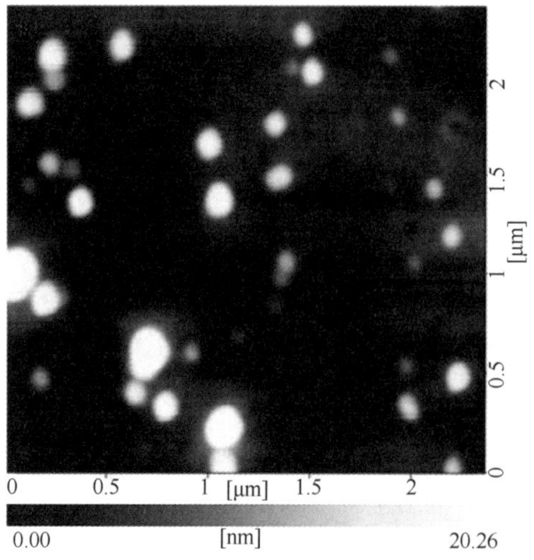

图 6-9 利用原子力显微镜观察非酶促糖基化多酚氧化酶和 23-乙酰泽泻醇 B 构建的纳米颗粒

颗粒，验证了汤的煎煮过程中发生的美拉德反应和超分子颗粒自组装之间的紧密联系。对汤来源的超分子构造的组分成分进行分析，不但能从物质基础上阐明其自组装的机制，而且为汤的药效学研究提供了主要化合物在汤中存在形态的基础数据。

表 6-20　麻杏石甘汤纳米颗粒中包埋的主要化学成分及含量（μg/ml）

	麻黄碱	伪麻黄碱	杏仁苷	钙离子
原汤（pH=5）	243.4	109.5	618.7	534.9
超分子组分	242.6	104.2	541.8	219.6

经过煎煮的各种汤获得了在新鲜材料抽提物中没有的各种生物学活性。煎煮过的苦瓜汤可以有效保护胰岛细胞，有效防护四氧嘧啶破坏造成的细胞膜损伤。从煎煮过的河蚬汤中分离得到的胶体组分在体外可以有效促进 L02 肝细胞的增殖[22]。利用量子点标记和体内示踪的方法观察人工构建的非酶促糖基化多酚氧化酶和 23-乙酰泽泻醇 B 纳米颗粒在体内的分布，分别将该超分子颗粒经过尾部静脉注射 5h 和灌胃 20h 后，在大鼠腹腔两侧近肾脏位置观察到药物聚集现象；灌胃 20h 后还观察到该超分子构造在大鼠头部出现药物聚集的现象（图 6-10），这可能和超分子构造在体内具有的靶向递送性能力相关。

对于汤的研究中存在的“黑箱”里的 2 个问题——“中药汤为什么是黑色？”和“为什么喝药汤而弃药草？”涉及了汤在煎煮中发生的化学反应过程（美拉德反应）和物理过程（超分子自组装）。前者是食品化学中的老知识，在食品风味中广泛应用，但在功效性及产物之间的相互作用上的研究却极为少见。后者属于超分子化学和高分子科学的交叉学科，主要研究内容涉及高分子之间、高分子与小分子间、高分子与纳米粒子之间通过非共价键的相互作用，进行自组装而实现不同尺度上的规则结构。方药汤剂，涉及活性分子组装、超分子构造形成机制的研究不多，是一个亟待加强的研究领域。

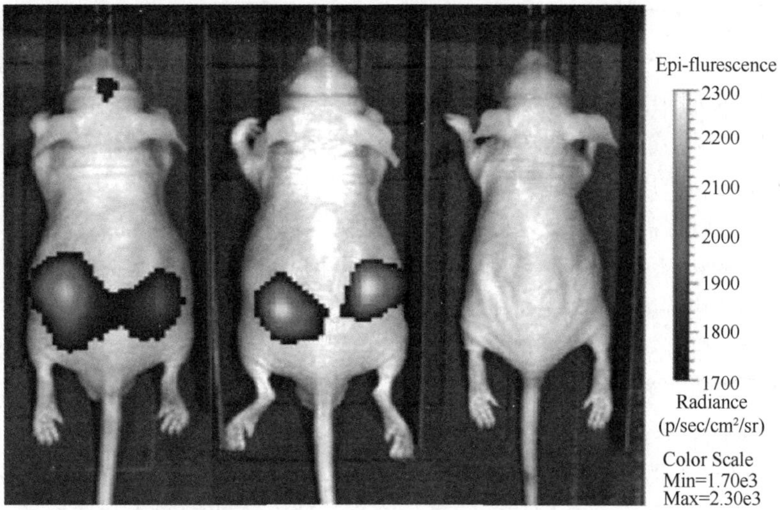

A

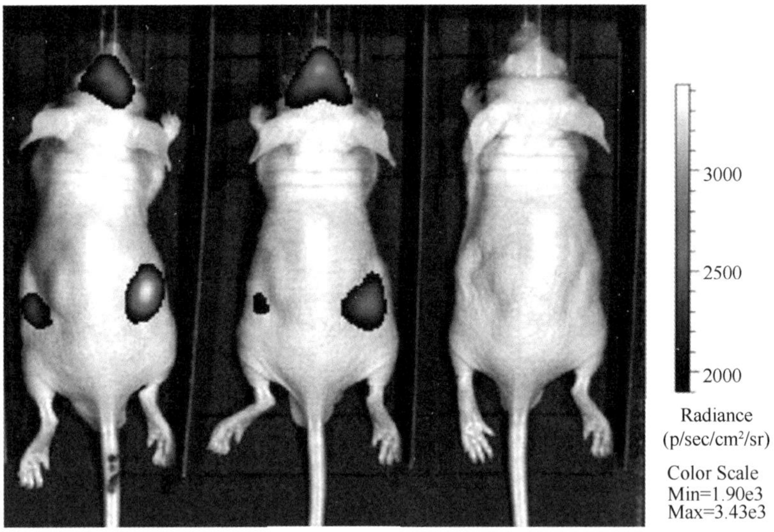

B

图 6-10 利用量子点标记观察人工构建的非酶促糖基化多酚氧化酶和23-乙酰泽泻醇B纳米颗粒在大鼠体内的分布情况

（A. 经过尾部静脉注射5h；B. 灌胃后20h）

对于方药汤剂超分子构造的研究，不仅可以给纳米药物递送载体的研究提供天然的原型，有希望在其基础上设计开发出具有智能性开关、特异性识别的纳米药物载体，还可以获知植物化学上熟知的各种活性成分在诸如方药汤剂这样的复杂体系中的存在状态。通过从已知成分的存在状态获得的新知，可能对相关成分在毒理学和安全性研究上起到有益的补充。

麻黄碱是植物麻黄中公认的主要药效成分，它具有中枢神经刺激作用，单独或者与咖啡因联用能起到减肥和增强运动能力的作用。麻黄碱曾经是美国保健食品中最流行的一种添加物，但由于多例不良反应甚至导致死亡的出现，FDA 于 2004 年禁止添加麻黄碱的保健食品在美国市场上销售[23]，并制定了麻黄碱的使用危险剂量（8mg/kg）。与此形成强烈对比的是，我国药典对于中药麻黄的推荐用量折合为麻黄碱含量（>90mg/kg），远远大于 FDA 制定的危险剂量，却极少见到不良反应的报道。许多中医临床研究还建议加大麻黄的用量以提高疗效。对麻杏石甘汤中胶体颗粒中麻黄碱的含量的检测表明：该麻黄水煎剂中 99% 以上的麻黄碱是存在于超分子构造中，且这种“结合态”直接影响了麻黄碱的活性和毒性。由此可见，对于药效学和毒理学研究来说，如果不清楚研究对象的存在状态，其结果是不全面甚至是错误的。对以单体存在的麻黄碱和以聚合体存在的麻黄碱需要进一步的药效学和毒理学研究，才能确定其差异性，或许可以对中西方对麻黄碱使用剂量的流行病学研究结果的差异给出合理的解释。

对已知成分存在状态的研究同样可以给丙烯酰胺（acrylamide，ACR）争议带来新的线索。2002 年，瑞典国家食品局和斯德哥尔摩大学联合声明在油炸和焙烤的谷类食品中检出高含量的具有神经毒和致癌作用的 ACR。随后不久，Stadler 等的研究结果证实了食品中 ACR 来源于涉热加工过程中天冬酰胺和还原性糖发生的美拉德反应。食品中具有

ACR 及 ACR 的毒性为公众所知后，引起了一轮对现代食品安全的讨论和恐慌。联合国粮农组织和 WHO 下属的联合食品添加剂专家委员会(JECFA)曾指出，无法就任何一种含 ACR 的特定食品的安全食用量提出建议。随后几年，对于食品中丙烯酰胺的流行病学研究不仅没有解决公众对丙烯酰胺带来的食品安全议题的担忧，反而增加了丙烯酰胺在食品安全性方面的不明确性和争议。流行病学研究结果表明食品中 ACR 含量与人类癌症发生的危险性不相关，食品中丙烯酰胺的含量和血液中丙烯酰胺-血红蛋白加合物含量无必然联系，并且大多数研究人员也承认没有明确的证据证实食品中的 ACR 一定会诱导癌症的发生。

在这样的争议声中，一个造成毒理学和流行病学研究结果相悖的根本性问题似乎被研究者放在了一边：毒理学研究的对象是丙烯酰胺的纯品，而流行病学研究的对象是包括丙烯酰胺在内的一批美拉德反应产物的混合物，而实验证明这样的混合物体系中会自组装形成大量的超分子构造，且混合状态下的 ACR 毒性显著低于其单体状态。对类似 ACR 这样的有毒化合物在药品、食品中存在形态的未知或忽视，正可能是带来 ACR 毒理学和流行病学研究结果矛盾的原因，为了解决这样的矛盾，有必要对植物的毒性成分与其他分子或者分子聚合体之间的相互作用进行研究。

从超分子化学和胶体化学的角度对方药汤剂进行的研究，可以将药汤中的有效成分视为一个整体，将研究视角从体外分离得到单一分子的表现延伸到功效分子之间的超分子相互作用。方药汤剂的超分子构造的研究不仅需要阐述其自组装的机制，还需要回答方药汤剂组分间超分子相互作用的动力学过程、生物学内涵和药理意义。将方药汤剂中超分子构造视为一个生物学活性的基本单位，能使功效成分的研究从二维进入三维，将功效成分筛选的范围从繁杂进入简化，其研究结果不仅是“汤”的新知，更是中医药科学的新知。

二、方药汤剂中超分子构造的基本性质

中药有效成分群通过在炮制过程中自组装形成特殊的超分子构造来实现其在体内的递送，超分子的浓度是影响中药量效关系的决定性因素，研究方药汤剂超分子构造特性，主要意义在于将中药汤剂中的超分子结构视为一个药效作用的整体和基本单位，把中药的“多组分”集中在一个超分子颗粒内研究，阐明药效成分之间，以及和其他药材成分之间的相互作用。传统方药种类繁多，笔者这里权以麻杏石甘汤为例，试行阐述。

麻杏甘石汤，全名麻黄杏仁甘草石膏汤，源于张仲景《伤寒论》第 63 条：“发汗后，不可更行桂枝汤，若汗出而喘，无大热者，可与麻黄杏仁甘草石膏汤”；以及第 163 条：“下后，不可更行桂枝汤，若汗出而喘，无大热者，可与麻黄杏仁甘草石膏汤”。原方主要用于太阳病汗下误用或不当后，以“汗出而喘”、“无大热”为主证者。麻杏石甘汤是中国著名传统中药方剂之一，由麻黄、苦杏仁、炙甘草、石膏四味药组成，具有辛凉宣泄、清肺平喘的功效。麻杏石甘汤虽然药味不多，但是组方简明，配伍精当，是历代中医学家倍为推崇的名方。此方以麻黄为君药，宣肺平喘；以石膏为臣药，而且用量倍于麻黄，与麻黄并用，清宣肺之郁热，而且寒不助热，清肺不留邪；以杏仁之苦温为佐，宣肺降气，既助石膏之重降，又协麻黄之轻宣，一降

一宣,相反相成,是以平喘止咳;炙甘草益气和中,与石膏合而生津,并能调和于寒温宣降之间,是为佐使之用。另外,麻黄、杏仁、石膏、炙甘草这四味药的配伍不同,又会有不同的药物效果;尤其是麻黄与石膏的用量比例不同(通常为1∶2~1∶5),其功效则有清宣肺热和清肺解表的区别。所以针对不同的病症,往往要选用不同的配伍或与其他中药结合使用。麻杏石甘汤作为一剂经典的复方制剂,一直是历代中医学家研究最多的方剂之一。随着现代医药学的不断发展,经过近些年的不断深入研究发现麻杏石甘汤具有较好的解热、抗炎、镇咳、抑菌和抗病毒作用。现在临床上主要用于急慢性支气管炎、支气管哮喘、肺炎等呼吸系统疾病,且取得了较满意的效果。

胶体的形成有一定的规律,需要特定的条件。获得胶体的途径有两种:分散法和凝聚法,这与传统中药的炮制方法和手段高度契合。具有胶体性质的方药汤剂及其超分子构造可以看作是微粒分散给药系统,但针对性系统研究尚少见报道。在药剂学领域,20世纪70年代即已经对聚合物纳米囊和纳米球等纳米载体开展了研究。"纳米技术"应用于中药改造的尝试,纳米中药的不断深入研究,主要集中在强化药效、提高生物利用度、增强靶向性等方面,这些是胶体化学在中药药剂学中的具体应用,但研究还很不充分。而更为紧迫的是,对方药汤剂本身的胶体化学性质及其与药效的联系仍缺乏关注。

含有中药活性成分的中药汤剂中的超分子胶体颗粒,也是一种自组装药物传递系统(self-assembled drugdelivery systems, SADDS)。方药在煎煮的过程中,其中的活性成分可以自发的与药材中的一些生物大分子发生作用,形成具有一定结构和大小的超分子构造,从而实现靶向性的药物递送。很多的药物研究者一直在尝试综合利用物理化学、药物化学、生物化学、细胞生物学、分子生物学、材料科学、信息科学等学科的知识,利用它们的最新成果,创造各种可能的智能化药物传递系统,但却很少有人关注像"麻杏石甘汤"这样的方药汤剂中是不是就存在着这种智能化药物传递系统。

(一)麻杏石甘汤剂中胶体超分子颗粒的色谱分离

液相色谱法已被成功用于分离分析溶液环境中的微粒包括纳米颗粒、病毒粒子,甚至是毫米级别的颗粒,如菌细胞[24]等,其中最常见的方法是尺寸排阻色潽法(SEC),通常联接多角度激光光散射(MALLS)检测器进行纳米颗粒的M和均方根半径Rz的分析。

笔者用SEC-MALLS法首次从麻杏石甘汤剂中分离出胶体纳米颗粒,并对其进行生化表征。如图6-11所示,以SEC色谱分离联用紫外和MALLS检测器,于280nm波长下检测到3个部分重叠的色谱峰;而MALLS只检测到一个光散射信号色谱峰,其与紫外信号峰P1部分重叠。光散射密度强表明汤中存在超分子胶体颗粒,这也表明信号峰P1中自组装颗粒的成分与其他高摩尔质量成分已分开。此外,两峰的重叠意味着超分子构造中可能有蛋白质的参与。为进一步研究,将P1峰分部收集成4个组分,依次标记为组分11、12、13、14。

(二)色谱分离制备的超分子颗粒的形态

根据颗粒组分的Debye plot曲线计算管相应组分的M_w和R_z。图6-12列举了组分11、12和13的Debye plot曲线。紫外信号峰P1的M_w分布与R_z分布从图6-12内插图

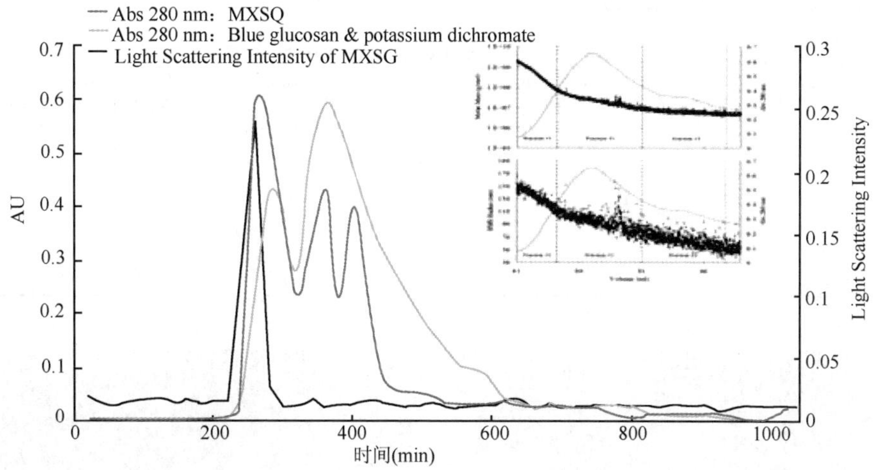

图 6-11　凝胶 Sephacryl S-1000 色谱分离纯化 MXSGT 纳米颗粒图

（色谱条件：Sephacryl S-1000 凝胶柱（1.0cm×100cm），0.02M，pH=5.0 柠檬酸缓冲液；流速：0.34ml/min；检测波长：280nm；紫色线为 MXSGT 洗脱图；黑色线为葡聚糖（峰 1，M_w 2,000,000 Da）和重铬酸钾（峰 2，M_w 294.18Da）混合洗脱图；蓝色线为 MALLS，90°角度下检测到 MXSGT 中颗粒的光散强度图。紫色线第一个紫外信号峰的分子量 Mw 和均方根半径分布图均内插于图 6-18 中。）

可见。从表 6-21 可知，组分 11、12 和 13 的 R_z 分别为 138.1nm、101.7nm 和 65.3nm；M_w 分别为 4.49×10^8、2.55×10^7 和 5.86×10^6。组分 14 的 R_z 由于其光散强度太弱而无法计算。

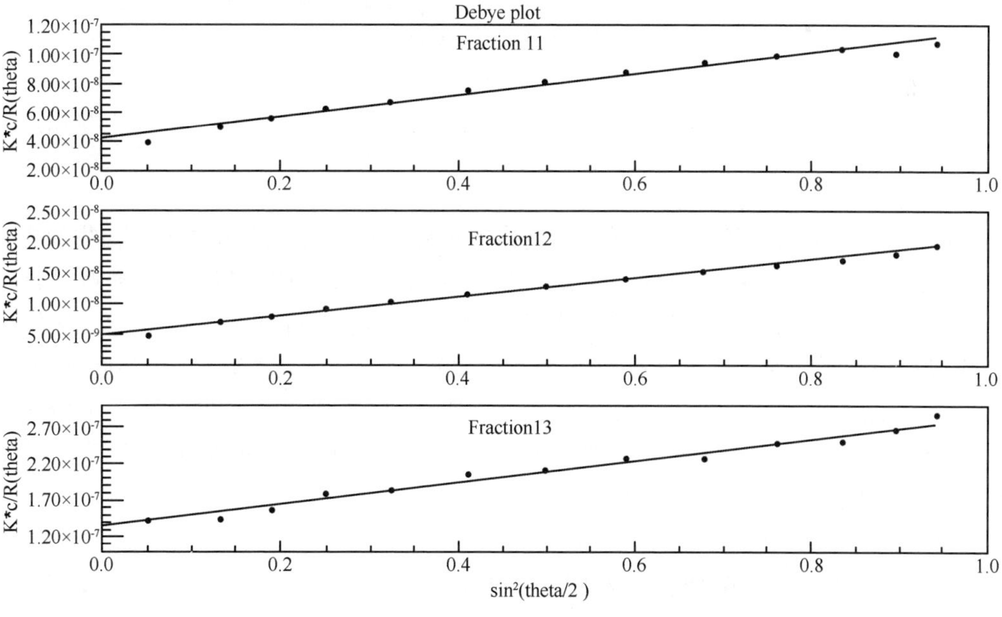

图 6-12　MXSGT 凝胶色谱分离组分 11、12 和 13 中颗粒的 Debye plot 图

采用原子力显微镜和透射电子显微镜对组分 11、12 和 13 中超分子颗粒进行形态学

观察,结果如图 6-13 所示,组分 11、12 和 13 超分子颗粒均为球形。

表 6-21 管 11、12、13 和 14 的 M_w 和 R_z

管数	R_z(nm)	M_w(g/mol)	dn/dc (ml/g)
11	138.1	4.49×10^8	0.119
12	101.7	2.55×10^7	0.119
13	65.3	5.86×10^6	0.119
14	ND	ND	0.119

ND:Not Detected

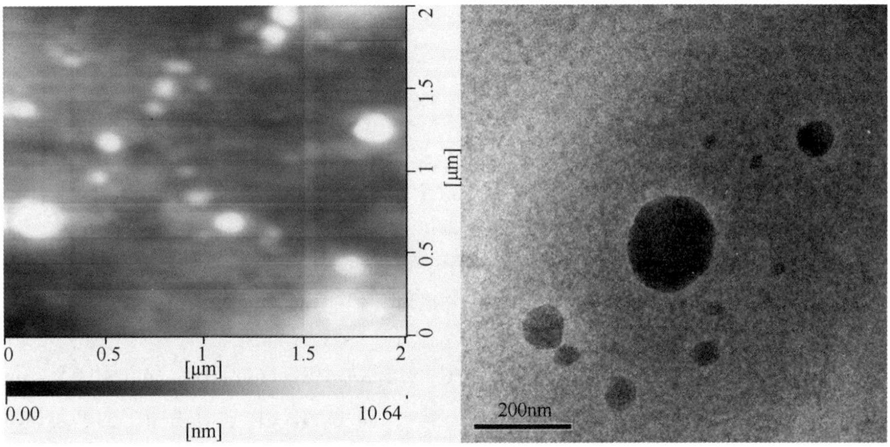

A　　　　B

图 6-13 管 12 中颗粒形态图(A)电子力显微镜 tapping mode(B)透射电子显微镜法透射电镜图(放大倍数×500 000 倍)

(两幅图颗粒性质均为球型状)

(三) 超分子颗粒的生物活性实验

通过对色谱分离制备的麻杏石甘汤超分子颗粒组分中所含麻黄碱类化合物的含量测定(RPLC 法)可知,超分子构造中结合的麻黄碱合计占方药汤剂中总麻黄碱量的 99.7%,伪麻黄碱占 95.5%,表明绝大多数麻黄碱类化合物都存在于含有超分子构造中。采用 MTT 法检测麻杏石甘汤原汤、汤中分离的超分子颗粒(含麻黄碱)和纯品麻黄碱(与汤、颗粒样品等量)的细胞活性,结果如图 6-14 所示。对比纯品麻黄碱,麻杏石甘汤原汤和超分子颗粒两样品对细胞的活性具有显著且不同的影响:除 Hela-229 细胞外,二者对其余 4 株细胞的活性均高于纯品麻黄碱。

在等量于麻黄碱 0.4μg/ml 及以上浓度,原汤对 Caco-2 和 NR8383 细胞只有约 10% 的增长作用,而对 L-02 和 HepG2 细胞却具有明显的促增长效果,最大增殖率分别达到 42%±5% 和 66%±7% ($P<0.01$)。

与此类似,色谱法分离制备的麻杏石甘汤超分子颗粒(含麻黄碱与伪麻黄碱)对 Caco-2 和 NR8383 两细胞株的细胞存活率只有轻微影响($P>0.05$,差异不显著)。而对比

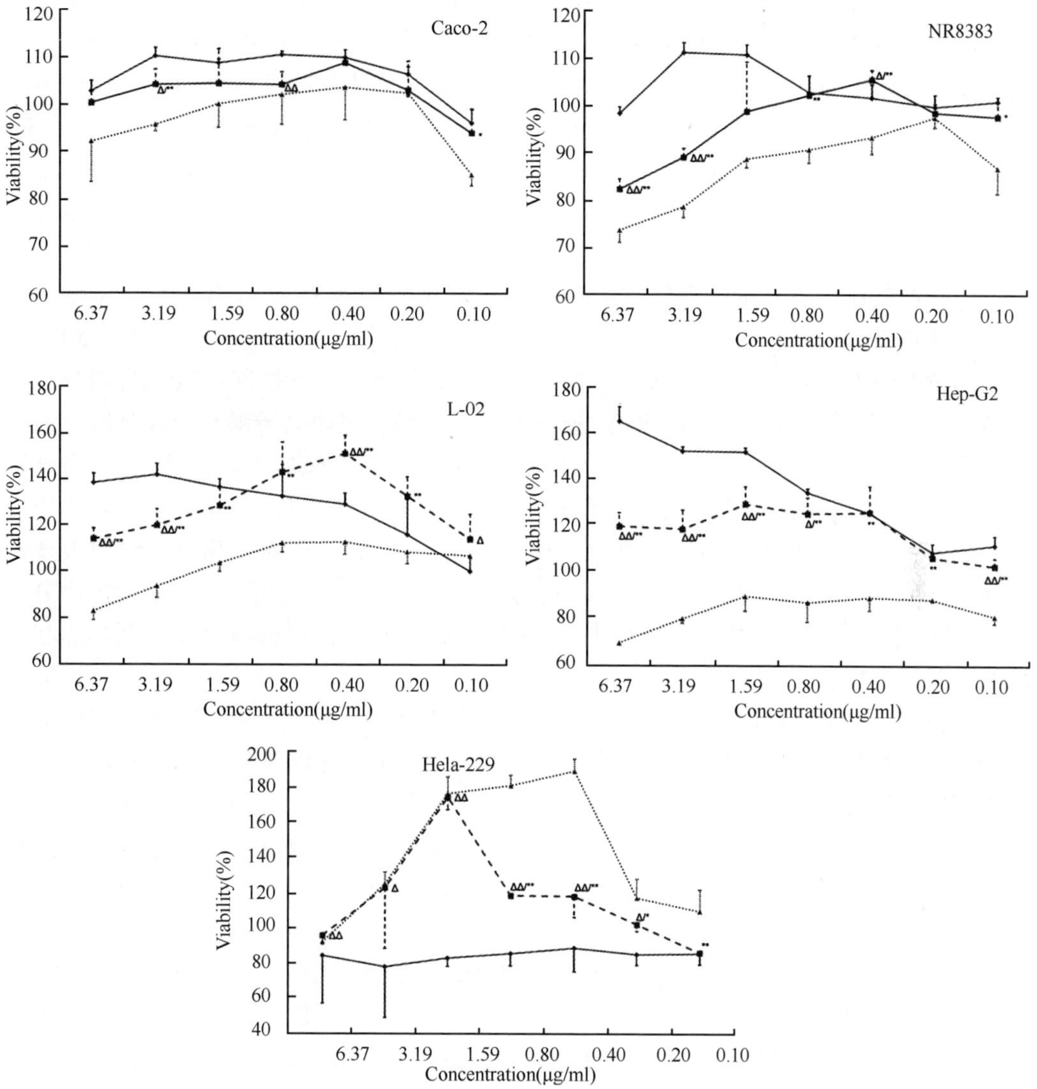

图 6-14　麻杏石甘汤(-◆-)、NPs(--■--)和麻黄碱(-▲-)样品对 5 株细胞的活性实验

5 种细胞分别为：Caco-2(人直肠癌细胞)，L-02(人正常肝细胞)，HepG2(人肝癌细胞)，NR8383(大鼠肺泡巨噬细胞)，Hela-229(人宫颈癌细胞)。

所有样品浓度均调至等量麻黄碱的浓度；所有数据均为 4 次重复实验的平均值；实验分别对比麻杏石甘汤和麻黄碱组，$P<0.05$，表示显著不同，标记成“Δ” 或“ * ”；$P<0.01$，表示高度显著不同，标记成“ΔΔ” 或“ * * ”。

原汤，两者有一个显著差异，即在浓度为 6.4μg/ml 和 3.2μg/ml(等量麻黄碱)下超分子颗粒样品显著抑制 NR8383 细胞的存活力($P<0.01$)，却显著促进 L-02 细胞增殖($P<0.01$)。与原汤促进肝癌细胞系 HepG2 的增殖不同，超分子颗粒显著促进了 L-02 细胞的增殖(最大值 51% ±8% ，0.4μg/ml)。

纯品麻黄碱对 Caco-2 细胞的存活率并无影响，但却抑制了 L-02、HepG2 和 NR8383 细胞的增殖，抑制率分别为 18% ±4% ，32% ±1% 和 27% ±3% ($P<0.01$)。这显然有别于超分

子颗粒对细胞的增殖作用，尤其是它对 L-02 和 HepG2 细胞的作用（图 6-14，$P<0.01$）。

以上三种样品与 Hela-229 细胞相作用后，表现不同于上述 4 株细胞，得到的结果恰好相反。在浓度为 0.4μg/ml、0.8μg/ml 和 1.6μg/ml 时，纯麻黄碱对 Hela-229 细胞具有 80% ~90% 的增殖效果（$P<0.01$），而原汤对 Hela-229 细胞却只有轻微抑制（15%，$P<0.01$）。有意思的是，在等量麻黄碱浓度为 1.6μg/ml 时，含麻黄碱的超分子颗粒对 Hela-229 细胞的增殖率可达到 75% ±7%（$P<0.01$），而后随浓度下降，其细胞增殖率很快低于纯品麻黄碱。

纯麻黄碱样品显著抑制了 L-02 细胞和 HepG2 细胞的增殖，而对 Hela-229 细胞的作用却截然相反，且呈剂量依赖关系。但是，含有麻黄碱与伪麻黄碱的超分子构造颗粒，在等量麻黄碱浓度下对细胞活性的影响却不同于纯麻黄碱。尽管伪麻黄碱也与超分子颗粒结合，且占总麻黄碱类含量的 40%，但它却不可能是造成超分子颗粒与纯品麻黄碱不同细胞活性的因素，原因有二：其一，伪麻黄碱具有类似麻黄碱的生物活性，只是强度不同；其二，因为调制超分子颗粒样品浓度时只考虑了麻黄碱的浓度，若伪麻黄碱是造成差异的主要因子，那它的存在将应增强麻黄碱对细胞活性的影响，而非超分子颗粒表现出的减弱作用。另外，众多其他植物化学活性成分（如苦杏仁苷和甘草甜素）已为色谱分离法所去除，未结合在上述超分子颗粒中，提示麻黄碱可能是影响这些超分子颗粒细胞活性的重要活性物质。

综合以上两个因素说明，麻黄碱装载于超分子构造中，可能改变了麻黄碱的色谱行为和天然生物活性。尽管超分子（颗粒）构造中其他成分的影响须待每个成分均被鉴别和表征后才能被完全了解，但已有文献报道却已可支持前述推断。研究人员从牛奶酪蛋白可完全抑制茶汤中茶多酚对人体心血管的保护作用这一现象，也做出了类似推论：是茶多酚-蛋白质复合物（也是一种超分子构造）的形成降低了茶多酚的抗氧化活性，从而影响它们的生物药效率[25,26]。

纯品麻黄碱在较低浓度下对人宫颈癌细胞 Hela-229 具有出人意料的促增长作用，既往研究未见类似报道。回顾其他对麻黄碱类样品的研究，所用浓度较高（有的高出本文几个数量级），旨在检测它们的细胞毒性、兴奋刺激性及代谢作用[27~31]。再者，纯品麻黄碱在体外对 Hela-229 细胞的促生长作用并不能说明它在体内具有致癌作用，前人通过给动物喂饲硫酸麻黄碱，证明麻黄碱并无致癌作用[32]。

三、超分子构造作为药效成分和活性的载体

迄今为止，对中药提取物的植物化学成分和其药理学的研究，已发现成百上千的活性化合物[33,34]。但大多数研究强调个别分子的作用，如麻黄碱[35]。相反地，对活性化合物的组装或聚合作用的研究却寥寥无几，与之相应的药理学作用也有待确认。方药的单体组分在体外、体内与方药其他成分之间能发生次级键介导的相互作用，并由此改变药效。以麻黄的主要药效成分麻黄碱为例，它在有咖啡因存在的情况下，其药物代谢和对激素分泌的刺激能力等指标均发生显著变化[36]。本节从麻杏石甘汤中麻黄碱和甘草酸两种主要活性植物化合物在汤剂中的含量及其于不同相态下的分布状况出发，试对方药

汤剂中的超分子构造作为药效物质载体的特性进行初步描述。

（一）麻杏石甘汤超分子构造是麻黄碱和伪麻黄碱的载体

将麻杏石甘汤经尺寸排阻色谱法分离制备的组分（分离方法详见前一小节）进行RP-HPLC实验，见图6-15结果，分析各组分中麻黄碱和伪麻黄碱含量。各组分中麻黄碱与伪麻黄碱含量与检测到的色谱峰面积呈线性关系，均在10～350μg/ml范围内。计算得到数据（表6-22），2ml的麻杏石甘汤中含有243.4±2.8μg麻黄碱和158.7±2.4μg伪麻黄碱，且只有组分11和组分12中含麻黄碱与伪麻黄碱，其中组分11中二者的含量各为39.3μg和31.3μg；组分12中分别为203.3μg和120.2μg。组分11和组分12中麻黄碱含量合计占方药汤剂中总麻黄碱量的99.7%，伪麻黄碱占95.5%，表明绝大多数麻黄碱都存在于含有超分子构造的组分中。

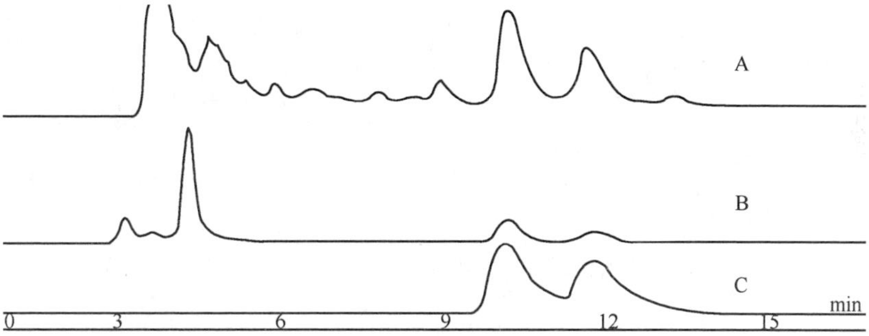

图6-15　麻杏石甘汤（A）、SEC分离组分12中超分子颗粒（B）和麻黄碱与伪麻黄碱纯品标样（C）的反相高效液相色谱图

色谱条件：C18分析柱，用100%甲醇溶液（A）平衡；洗脱条件：先7.5%　A+92.5%　B（0.01mol/L KH_2PO_4，pH=2.5），10min；接着梯度洗脱，从7.5%　A到100%　A（*V/V*），30min；流速：1.0ml/min；检测波长：207nm

表6-22　麻黄碱与伪麻黄碱的含量及回收率

		2ml MXSGT	组分11	组分12
麻黄碱	含量（μg）	243.4±2.8	39.3±1.6 242.6±3.5	203.3±1.9
	回收率（%）		16.2±0.7 99.7±1.4	82.7±0.8
伪麻黄碱	含量（μg）	158.7±2.4	31.3±3.1 151.5±6.8	120.2±3.7
	回收率（%）		19.7±2.0 95.5±4.3	75.4±2.3

尺寸排阻色谱法对超分子和单分子的分离取决于被分离物的分子量大小。麻黄碱和伪麻黄碱的分子量均为165.23 Da，却与比它们大上千倍的超分子颗粒一同被洗脱下来，这是不同寻常的色谱现象。对此现象的合理解释是：麻黄碱与伪麻黄碱结合于方药汤剂中的超分子颗粒之上，从而在色谱分离时被一起洗脱下来。这是超分子构造结合小分子药效单体化合物成分的直接证据。

目前,采用动态光散法和电子显微镜法[37]已观察到86种中药汤剂中存在聚集物颗粒,但这些颗粒的药理学性质和形成机制仍未知。与红茶茶多酚、茶黄素还有咖啡因的纳米颗粒自组装一样[38],麻杏石甘汤中纳米级超分子颗粒的形成,可能依赖于汤中两亲分子间的疏水键、氢键、静电作用还有范德华力等多种非共价键合作用。麻黄碱和伪麻黄碱均为两亲分子,它们可通过疏水键或是离子键与其他分子相交联而形成超分子构造。而当用RP-HPLC对含有麻黄碱的超分子构造进行分析时,超分子颗粒被吸附到疏水性反相色谱介质上,在洗脱的初始阶段仍保持其完整性;但随着流动相中甲醇浓度的增加,超分子构造中各个成分间的疏水作用也逐渐减弱,麻黄碱和伪麻黄碱随之被释放出来。麻黄碱或伪麻黄碱与超分子构造结合和解离机制的假设,详见图6-16。

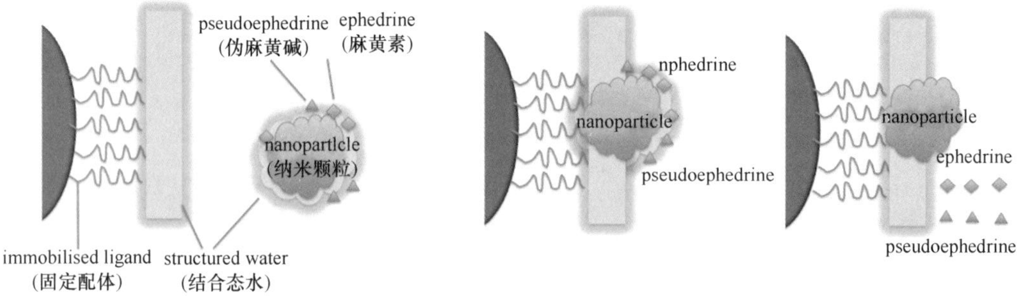

图6-16 麻黄碱在麻杏石甘汤超分子构造结合和解离的机制设想图

(二)甘草酸在麻杏石甘汤剂中以超分子颗粒形态存在

甘草酸是甘草中了解最透彻的活性成分,对癌细胞生长有抑制作用,同时具有较强地增加人体免疫功能作用。甘草酸多以甘草酸单铵、甘草酸二铵等铵盐形式存在,HPLC法可检测该类铵盐的存在。动态光散射技术(dynamic light scattering,DLS)是指通过测量散射光强的起伏变化来得出样品颗粒大小信息的一种技术,可用于分析溶液中颗粒粒径大小、分布和聚集状态等多种信息。本研究通过HPLC-DLS联用检测麻杏石甘汤煎煮过程中甘草酸含量变化及聚集状态,试图从甘草酸的角度阐释方药麻杏石甘汤汤剂中药效成分在煎煮过程中含量变化和及其聚集状态,预测其对药效的可能影响。

甘草酸标准曲线回归方程 $Y=35\,869\,224.65X+3\,616.03$($R^2=0.999\,3$),表明甘草酸进样量在0.156~15μg与峰面积(A)的线性范围良好。甘草酸标准品色谱保留时间为7.95min,据标准曲线方程,可知麻杏石甘汤样品中甘草酸含量为86.0μg/ml,即每克炙甘草含5.73mg甘草酸。甘草酸的峰面积RSD为2.25%($n=6$),表明实验结果精密度良好;麻杏石甘汤中RSD为2.14%($n=6$),表明实验结果重复性良好,详见表6-23。

表6-23 甘草酸精密度实验结果和麻杏石甘汤原汤重复实验结果($n=6$)

序号	1	2	3	4	5	6	RSD(%)
甘草酸(纯品)	27164421	26475231	27532520	26197312	26456719	27607009	2.25
麻汤(原汤)	3049151	3180362	3012314	3067738	3158239	3062412	2.14

跟踪测定不同煎煮时间，麻杏石甘汤中甘草酸含量变化，如图 6-17 所示，0 ~ 20min 甘草酸含量从 0 上升到 80. 1μg/ml；20 ~ 60min 甘草酸含量基本不变，约 82. 4μg/ml。0 ~ 20min 为麻杏石甘汤中甘草酸的溶出期，其浓度与煎煮时间成正相关。20min 后，麻杏石甘汤中甘草酸浓度基本达到饱和。

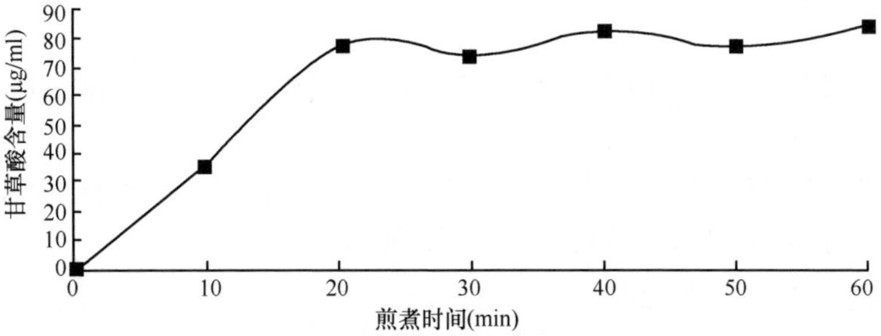

图 6-17　麻杏石甘汤煎煮过程中甘草酸含量变化

又以超滤法跟踪观察煎煮过程中甘草酸的聚集状态，结果如图 6-18 所示，麻杏石甘汤经超滤处理，甘草酸大部分被 30kDa 超滤膜截留，在滤过液中含量小于 4. 01μg/ml。甘草酸单体（分子量为 822. 9 Da），分子量远小于 30kDa，在溶解游离状态下可完全透过 30kDa 超滤膜，徐浩坤等[7]的报道支持了这一推断，甘草酸在 30kDa 超滤膜上的透过率超过 90%。汤剂中甘草酸透过率仅为 5% 左右，据此判断甘草酸在麻杏石甘汤剂中的大部分不以游离态存在。

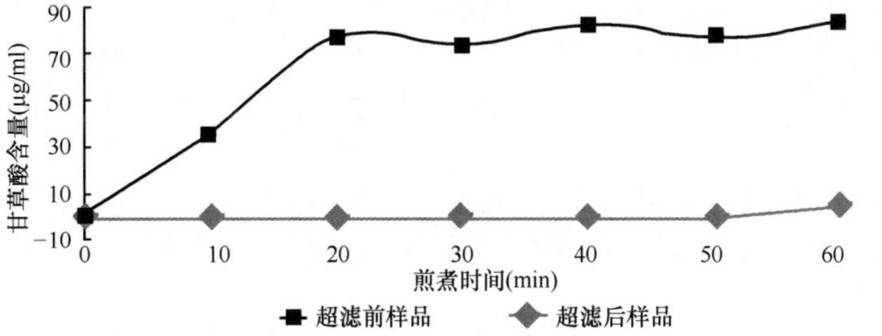

图 6-18　煎煮过程中，超滤前后麻杏石甘汤中甘草酸含量的变化

如图 6-19 所示，麻黄单煎 20min 和其他三味药（苦杏仁、甘草和石膏）混合形成粒径

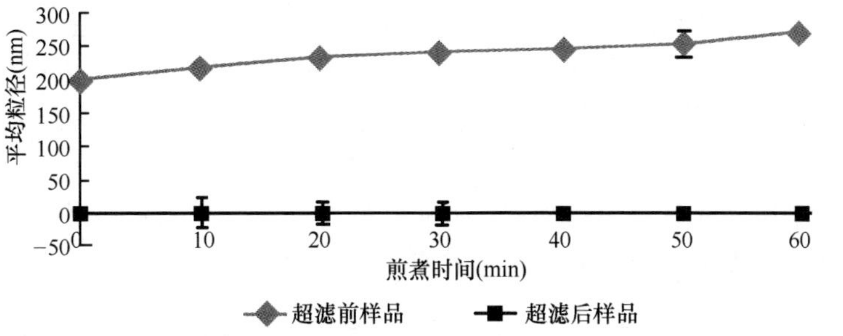

图 6-19　煎煮过程中，超滤前后汤剂中颗粒平均粒径的变化

约为 200nm 的超分子颗粒，随着煎煮时间延长，粒径逐渐增加到 270nm；超滤滤过液中未检测到颗粒。

研究表明甘草酸可和生物大分子结合形成超分子颗粒[8]，如陈求浩等[9]研究表明麻黄碱和甘草酸能分别与生石膏中的 Ca^{2+}、Fe^{2+}、Zn^{2+} 和 Mn^{2+} 形成 ML 和 ML_2 型不同稳定程度的络合物。对比麻杏石甘汤超滤前后样品中甘草酸含量变化（图 6-18）和颗粒含量的变化（图 6-19），表明麻杏石甘汤煎煮过程中，甘草酸从药材中迁移到汤剂中后并不以单体形式存在，而是通过次级键作用自组装，或与其他化合物共组装形成分子量大于 30kDa 的超分子颗粒，其平均粒径约为 250. 0nm。

麻杏石甘汤中甘草酸含量及存在形式的研究表明，对于解释方药药效和多种成分之间的复杂联系，不仅要关注其含量，还应考察它们的存在状态。

（三）活性成分：单一组分或复合体

除麻杏石甘汤外，在其他方药汤剂[37]和食物汤水[39]中也发现自组装的纳米级的超分子构造或聚合物，且已初步鉴定了它们的生物活性[40]。

方药汤剂或其提取物总是表现出比其纯化后的单一成分更好的有效性与安全性[41]，这看似难以理解甚至相悖的现象，究其原因既可以是活性化合物之间协同或相反作用的结果，也可以是活性化合物与汤剂中超分子构造相结合，从而改变了方药整体的药理学特性。其次，汤中多活性组分间自组装形成的超分子构造比单一组分更方便不同药效作用的协调发挥，将可能解释为何方药往往远比单味中药有效[42]。从纳米材料观点出发，对比用金属或碳合成的经典纳米颗粒，麻杏石甘汤中超分子构造（颗粒）的粒径尺寸更大且分布也更广，从几十纳米至几百纳米。这与多糖和多肽组装形成的纳米胶体颗粒情况相近[43]。由于麻杏石甘汤是复方中药，其中的超分子构造是由多种化合物相作用自组装形成，显然不同于经典纳米颗粒的同质成分，如金[44]、碳[45]或壳聚糖衍生物[46]。更为重要的是，方药汤剂中纳米级超分子构造在煎煮中形成已有几百年的药用和食用历史，对比人工合成的纳米颗粒，其性质更稳定，安全性也是不言而喻的，更便于应用于新药开发。

四、超分子构造的体外、体内药效作用

中药煎剂是一个多组分多相态的复杂体系，以麻杏石甘汤为例，其复杂性不仅仅表现在组分多，还表现在它是真溶液、胶体、悬浊液和乳浊液的多相复合体系[47]。以往大部分研究多只着眼于汤剂整体或其中单组分的活性研究，而对其中的超分子聚集物颗粒与活性的关联却鲜有关注。仅有 Yan[48] 等和 Hu[49] 等报道了中药汤中的聚集物具有一定生物活性，并可能与中药疗效相关。如前文所述，麻黄碱、泽泻醇等小分子植物成分可被装载于方药汤剂的超分子颗粒中，从而表现出不同的生物活性。本节分别以麻杏石甘汤超分子颗粒的体外抗 A 型流感病毒活性、葛根芩连汤超分子颗粒的体内降糖活性为例，阐释汤剂超分子构造与方药汤剂药效的关联。

（一）麻杏石甘汤及其超分子聚集物颗粒的体外抗流感病毒活性

按照临床要求煎制麻杏石甘汤，经 5000g 离心 7min 去除药材残渣和非胶体聚集物沉

淀,取上清液标记为麻杏石甘汤“多颗粒样品”;再经 0.45μm 醋酸纤维素膜过滤,所得的滤液标记为“少颗粒样品”。

麻杏石甘汤多颗粒样品对 MDCK 细胞的毒性检测结果见图 6-20,在高浓度范围(2.00~8.00mg/ml),存活率很低,均低于 20%,在浓度 1.00mg/ml 处存活率为 60.85%,浓度为 0.06~0.50mg/ml 处存活率 90% 以上,趋于无毒。麻杏石甘汤少颗粒样品的 MDCK 细胞毒性检测结果见图 6-21,在高浓度范围对细胞毒性很大,均低于 20%,在浓度 1.00mg/ml 处存活率为 71%,低浓度范围(0.06~0.50mg/ml)存活率 90% 以上,趋于无毒。

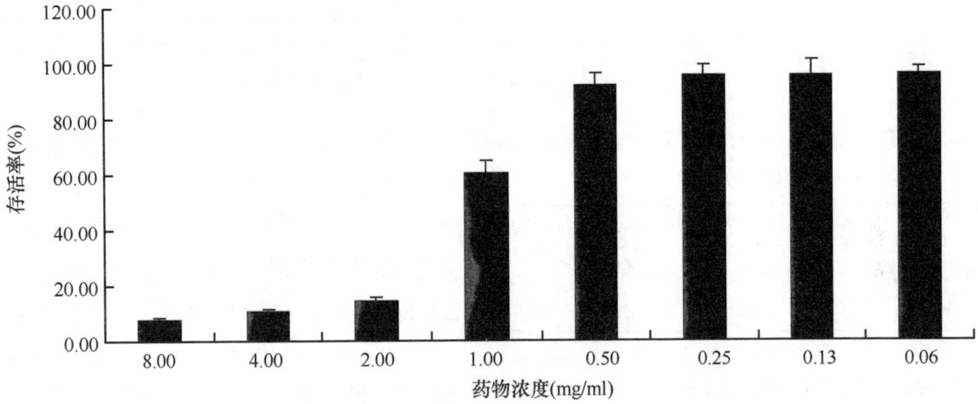

图 6-20　麻杏石甘汤多颗粒样品的 MDCK 细胞毒性

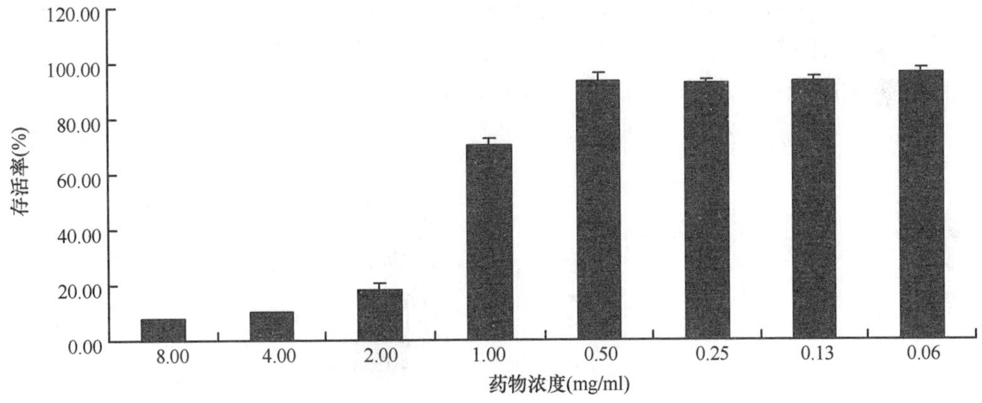

图 6-21　麻杏石甘汤少颗粒样对 MDCK 细胞的毒性实验结果

Karber 法计算得麻杏石甘汤多颗粒样品的 TC_{50} 为 1.25mg/ml,少颗粒样品 TC_{50} 为 1.36mg/ml,作为对照的利巴韦林 TC_{50} 为 368g/ml。

在麻杏石甘汤多颗粒和少颗粒对 MDCK 细胞最大无毒浓度基础上,进行样品对经 A 型流感病毒感染后的 MDCK 的保护实验,结果见表 6-24。

再以 MTT 法考察麻杏石甘汤多颗粒、少颗粒样品对 A 型流感病毒的抑制活性,结果显示见表 6-24 和表 6-25,两种样品抑制 A 型流感病毒感染的 TC_{50} 分别为 342.4μg/ml,

5049.8μg/ml;其对流感病毒感染 MDCK 细胞的治疗指数 TI 显示,多颗粒样品为有效低毒,但治疗效果低于利巴韦林组;少颗粒样品为有毒作用;0.45μm 醋酸纤维素膜过滤明显降低了汤剂体外抗 A 型流感病毒活性。

表 6-24 麻杏石甘汤超分子多颗粒、少颗粒样品对 A 型流感病毒的抑制率

样品	TC_{50}/(μg/ml)
多颗粒样	342.40
少颗粒样	5049.80

表 6-25 麻杏石甘汤超分子多颗粒、少颗粒样品对经 A 型流感病毒感染 MDCK 细胞的治疗作用(TI)

组别	TI 值
多颗粒样	3.65
少颗粒样	0.27
利巴韦林	8.19

注:TI 越大,药物的安全范围越大。药物对 MDCK 细胞的保护作用与 TI 呈正相关

表 6-26 麻杏石甘汤多颗粒、少颗粒样品的粒径分布和光散强度

组别	Z-Average(nm)	derived count rate(kcps)
多颗粒样	272.16±8.86	764.05±6.08
少颗粒样	198.69±1.58	222.70±1.60

注:Z-Average(nm)为平均粒径,derived count rate(kcps)为原始光强,原始光强与浓度呈正相关

利用 Malvern 激光粒度仪测定以上两种不同超分子富集度样品的平均粒径及光散强度,检测结果见表 6-26。其中,多颗粒样品的超分子平均粒径为(272.16±8.86)nm,而少颗粒样品的超分子平均粒径为(198.69±1.58)nm。经过 0.45μm 醋酸纤维膜过滤后,超分子颗粒粒径呈减小趋势,浓度呈降低趋势。

麻杏石甘汤超分子颗粒粒径密度分布检测结果见图 6-22 与图 6-23,比较分析发现,多颗粒样品粒径分布在 78.8~712.4nm,且呈单一连续分布;经过 0.45μm 滤膜过滤后,超分子颗粒由两部分组成,较大粒径的数量变小,分布范围缩小为 68.1~531.2nm,同时较小粒径颗粒的比例上升,分布在 15.7~43.8nm。

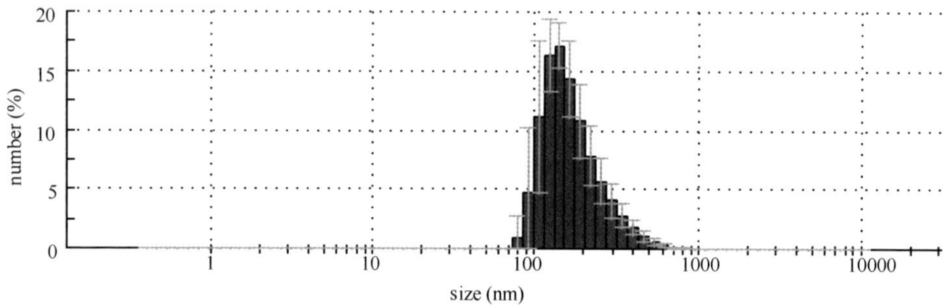

图 6-22 多颗粒样粒径密度分布图

以场发射扫描电子显微镜(FESEM)观察麻杏石甘汤多颗粒样品中超分子颗粒的形貌特征,结果如图 6-24 显示,部分超分子颗粒被滤膜所截留,从而在滤膜表面形成一层不规则球形的颗粒,大小不均一,较大的颗粒直径在 300.0~600.0nm,并可见少量更小的颗粒(100.0~300.0nm)存在。

张薇[50]等报道了麻杏石甘汤在体外具有抗 A 型流感病毒作用,但其效应物质不明。

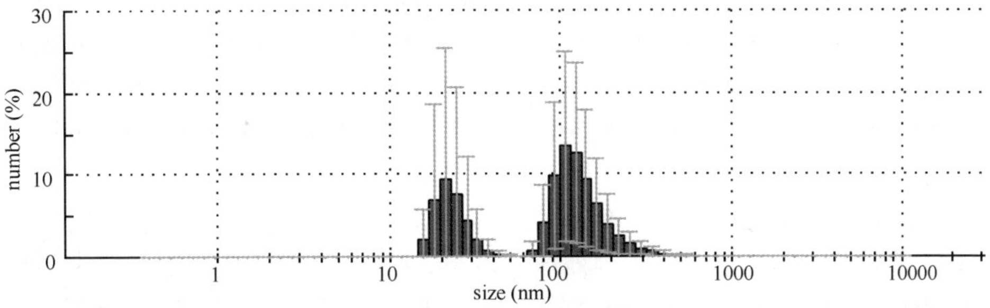

图 6-23　少颗粒样聚凝物粒径密度分布图

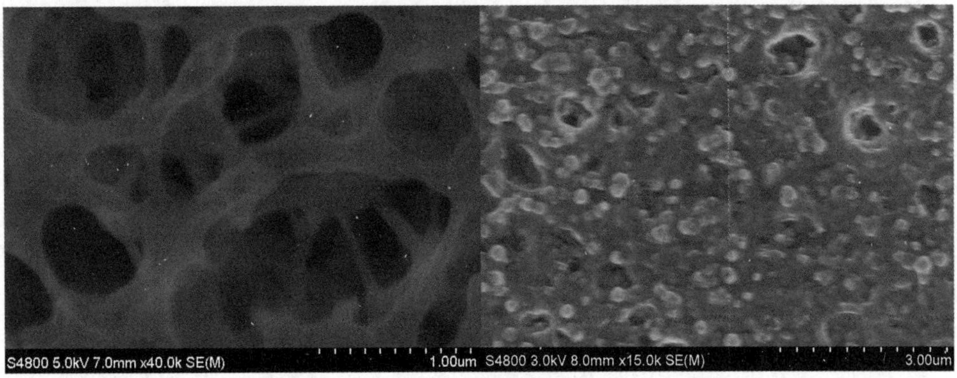

A　　　　　　　　B

图 6-24　麻杏石甘汤中胶体颗粒的 SEM 图像

A. 0.45μm 醋酸纤维素膜空白对照（×40 000 倍）；B. 麻杏石甘汤多颗粒样品（×15 000 倍）

张薇等发现，在治疗给药方式中，麻杏石甘汤的细胞治疗指数 TI（2.78）低于利巴韦林片（10.26），这与本研究中麻杏石甘汤多颗粒样品的治疗指数 TI（3.65）低于利巴韦林片（8.19）结果相近。

多颗粒样品样品（即 5000r/min 离心上清液）TI 显示为高效低毒，而经过 0.45μm 醋酸纤维素膜过滤后得到的少颗粒样品，TI 显示为有毒作用，表明被滤膜截留的超分子颗粒组分可能具有体外抗病毒活性。

这个发现对中药尤其是方剂汤药研究有重要意义。首先，从药效成分研究角度提示植物活性成分有可能不以单体形式存在于真溶液中，而以超分子多聚体乃至聚集物颗粒的形式存在，故而应在中药药效物质研究中重新审视通常认为“不溶”或“没用”的聚集物颗粒（沉淀）。其次，考虑到纳米尺度超分子颗粒可能存在的生理药理活性，在设计中药药理实验研究时，应有对应的考虑和方法调整。例如，在体外细胞实验中，应充分估计过滤、超滤等步骤对样品活性的影响，常规的 0.45μm 膜过滤除菌等操作步骤很可能因为滤掉了超分子颗粒而对实验结果产生直接影响，而这种影响过去被完全忽略。在体内活性实验中，充分考量聚集物颗粒对药效成分的递送、吸收、起效的影响。

在对超分子颗粒形态学特征的研究中，动态激光光散射方法和扫描电镜方法获得的测量结果有相当差异，颗粒的粒径从 200～700nm 不等，尤其是在对膜截留样品的观察中,电镜显示许多颗粒的尺寸在100~300nm,而根据光散结果推测的颗粒尺寸应该更大些。这种差异可能是两种方法原理差异的体现:光散射方法是根据颗粒物质对光的散射信号间接测量计算测试物的尺寸,可对液态样本直接观察,无取样损伤,取样量大并更具整体代表性,但在类似中药这样的复杂体系中不易获得准确的分子尺寸和分辨率,光散信号也易受到体系中其他成分的干扰;相比之下,电镜方法是对测试物的直接观察,更容易直观的获得样本的形态学特征,但缺点是不易对复杂体系进行全面观察和整体把握,不能直接观察液态样本,且样品的前处理过程容易对汤剂中广泛存在的超分子颗粒的形貌造成损伤,导致“失真”。综合应用两种以上的观测方法,能够获得更为全面、真实的超分子颗粒特征。

以上研究可能为解释方药药效和多组分之间的复杂联系提供一个新的线索。但是,由于仅考察了麻杏石甘汤的体外抗流感病毒活性,尚不足以证明麻杏石甘汤的整体药效是否都与其中的超分子颗粒有关,还需要有针对性地展开进一步生化分离鉴定及体外体内活性研究。

(二)葛根芩连汤超分子颗粒的体内降糖作用

为探讨方药汤剂中超分子颗粒的体内药理作用,笔者以葛根芩连汤为例,借助高脂高糖饲养-STZ注射造模的糖尿病大鼠,测定超分子颗粒组分是否具有体内降糖活性。对葛根芩连汤降糖作用的研究,以往主要集中在葛根芩连汤整方药效、量效关系或单个化学成分的活性,对葛根芩连汤中存在的大量微米、纳米尺度超分子聚集物颗粒与其他单体植物化学成分的功效差别有待研究。活性单体化合物方面,葛根芩连汤中可以明显地检测出12种植物化学成分:葛根素、大豆苷、甘草苷、黄连碱、药根碱、黄芩苷、小檗碱、巴马汀、汉黄芩苷、黄芩素、汉黄芩素和甘草酸铵[51]。其中含量较多的4种成分为葛根素、黄芩苷、小檗碱、黄连碱。葛根素能明显抑制胰岛细胞特别是B细胞凋亡,恢复胰岛细胞的基础和葡萄糖刺激分泌功能,提高SOD等抗氧化酶的活性。黄芩苷(50mg/kg)能够显著地降低糖尿病大鼠的空腹血糖,提高肝糖原含量,增强肝脏已糖激酶活性,但不提高血液胰岛素水平[52]。小檗碱通过减缓2型糖尿病大鼠肝脏和脂肪组织内质网应激,改善胰岛素信号转导,从而发挥降糖降脂的生物学活性[53]。

临床中2型糖尿病的发病机制主要是体内胰岛素分泌减少,机体对胰岛素的敏感性或反应性降低,从而引起血糖升高,并进而导致其他并发症。给予动物高脂高糖饲料造成机体周围组织对胰岛素不敏感,辅以一定剂量的STZ,能够诱导出接近人类2型糖尿病的大鼠糖尿病模型。由于糖尿病大鼠体内胰岛B细胞受损,引起糖代谢和脂质代谢异常,使总胆固醇、总甘油三酯、低密度脂蛋白升高及高密度脂蛋白下降。

实验研究中,称取葛根72g、黄芩27g、黄连27g、甘草18g、干姜4.5g,共148.5g。先用8倍的蒸馏水浸泡20min,然后煮40min,倒出汤剂,用6层的纱布过滤得到约300ml汤液,再以15 600g离心15min,分为上清和颗粒(沉淀)组分,全汤和上清浓缩至约70ml,沉淀加等量纯水重悬至。治疗组每只大鼠灌胃给药3ml(相当于人临床剂量的10倍),持续灌胃8周,根据所给药物样品的不同分为“全汤组”、“上清组”和“沉淀组”。

以动态光散射法测定各组样品的平均粒径，结果见表6-27。颗粒组的聚集物颗粒粒径最大，全汤组次之，上清组最小。颗粒组样品的平均粒径接近1μm，涵盖了从纳米级到微米级尺度的超分子聚集物颗粒，其悬浊液的稳定性不佳。

表6-27　不同组分葛根芩连汤颗粒平均粒径大小（单位：nm）

	平均粒径
全汤组	417.5
上清组	184.2
沉淀组	941.9

从表6-28所知，糖尿病大鼠的胰岛素水平均低正常组，已经过了高胰岛素症状期，接近于临床上的糖尿病晚期，所以不适合使用胰岛素抵抗指数，应采用胰岛素分泌指数。胰岛素分泌指数是临床上反映胰腺B细胞的工作状态的指标，但该指数也有局限性，该公式是统计所得，不适用与血糖差别较大的组进行比较[54]。从表6-28所知，全汤组对胰腺B细胞刺激或修复程度最好，沉淀次之，上清组最差。

表6-28　不同组分葛根芩连汤对空腹大鼠血浆胰岛素的影响（mU/L）

	胰岛素
全汤组*	5.83±0.94
上清组	3.59±0.94
沉淀组*	5.85±1.00
模型组	2.70±0.87
空白组	28.16±6.08
对照组	2.68±1.48

注：与模型组比较 * $P<0.05$

动物体征观察显示，大鼠注射STZ后，出现多汗、多尿、多饮、多食、软弱、皮毛色泽暗淡偏黄，与正常组区别明显。二甲双胍组和模型组均精神委靡、皮毛色泽偏黄。全汤组、上清组、颗粒组动物比模型组和二甲双胍组精神状态佳，皮毛较光亮。由表6-29可知，与空白组比较，各给药组及模型组大鼠体重均有不同程度下降，全汤组、上清组、颗粒组的体重下降幅度均低于模型组（$P<0.05$），说明葛根芩连汤全汤组、上清组和颗粒组分均具有减缓糖尿病大鼠体重下降的作用（$P<0.05$）。二甲双胍给药组体重下降幅度高于模型组（$P<0.05$），此外，同期（空白组）健康大鼠体重明显增加。

表6-29　不同组分葛根芩连汤对大鼠体重的影响（g）

	0天均值	60天后均值	差值
全汤组*	253.13±23.19	214.94±41.19	-38.19
上清组*	257.56±29.74	224.83±49.66	-32.73
沉淀组*	265.01±39.27	236.22±62.08	-28.79
模型组	261.66±19.10	218.56±8.68	-43.10
空白组	340.60±11.60	450.45±8.00	109.85
对照组	254.00±24.40	206.44±9.40	-47.56

注：与模型组比较 * $P<0.05$

由空腹血糖测定结果（表6-30）可知，葛根芩连汤全汤剂、上清组分、颗粒组分均具有一定的降血糖作用，但都低于阳性对照药物二甲双胍。其中，全汤剂效果最好，颗粒组分次之，上清最差。全汤组、颗粒组、阳性对照组对比模型组均具有显著性差异（$P<0.05$），上清组对比模型组不具有显著性差异（$P>0.05$）。

表 6-30 不同组分葛根芩连汤对空腹大鼠血糖的影响(mmol/L)

	全汤组*	上清组	沉淀组*	模型组	正常组	对照组*
0 天	31.53±2.85	33.33±0	31.26±5.4	33.3±0	5.1±1.05	33.3±0
60 天后	21.29±5.98	25.63±4.34	24.9±2.28	28.11±2.63	5.61±0.94	15.73±5.48

注:与模型组比较 * $P<0.05$

由表 6-31 可知,全汤组、上清组、颗粒组均能明显降低糖尿病大鼠血中总胆固醇(TC)、总甘油三酯(TG)、低密度脂蛋白(LDL)含量,具有显著性差异($P<0.05$),各组之间没有显著性差异。同时,三组样品均能明显提高糖尿病大鼠的高密度脂蛋白(HDL),具有显著性差异($P<0.05$),各组间没有显著性差异。

表 6-31 不同组分葛根芩连汤对大鼠血脂的影响(mmol/l)

	TC(总胆固醇)	TG(总甘油三脂)	LDL(低密度脂蛋白)	HDL(高密度脂蛋白)
全汤组*	2.46±0.32	1.20±0.12	0.32±0.04	1.90±0.08
上清组*	2.64±0.12	1.64±0.20	0.31±0.04	1.77±0.08
沉淀组*	2.76±0.24	1.80±0.69	0.33±0.08	1.83±0.11
模型组	3.18±0.14	2.66±0.60	0.42±0.10	1.23±0.11
空白组	1.72±0.26	0.80±0.09	0.17±0.05	2.31±0.38
二甲双胍组*	2.08±0.82	1.64±0.46	0.21±0.07	1.67±0.21

注:与模型组比较 * $P<0.05$

表 6-32 不同组分葛根芩连汤对大鼠胰岛素分泌的影响

	胰岛素分泌指数
全汤组	6.55
上清组	3.24
沉淀组	5.46
模型组	2.19
空白组	266.91
对照组	4.38

由表 6-32 可知葛根芩连汤的全汤组和颗粒组的血浆胰岛素高于模型组,具有统计学意义($P<0.05$),上清组、二甲双胍组与模型组的血浆胰岛素水平没有显著性差异($P>0.05$)。而从表 6-32 可知胰岛素分泌指数虽然改善有限,但全汤组和颗粒组明显优于模型组和上清组,依指数从高到低排列如下:空白组>全汤组>颗粒组>对照组>上清组>模型组。

由表 6-33 可知,全汤组、上清组、颗粒组能够提高胰腺和肝脏 SOD 酶活性,其中全汤和颗粒组分的效果最好,上清次之,二甲双胍最差;全汤组、上清组、颗粒组对于模型组具有显著性差异($P<0.05$),阳性药物对照组对于模型组没有显著性差异($P>0.05$)。对于肾脏、心脏、脾脏 SOD 水平,全汤组、上清组、颗粒组、对照组、模型组、空白组均没有显著性差异($P>0.05$)。

表 6-33 不同组分葛根芩连汤对大鼠组织匀浆 SOD 的影响(U/ml)

	全汤组	上清组	沉淀组	模型组	空白组	对照组
肾脏	48.85±18.89	45.39±6.50	64.58±20.30	51.86±6.45	40.29±18.62	40.35±10.22
胰腺*	101.72±24.36	92.27±15.11	102.70±44.8	84.01±38.20	81.24±35.36	86±26.33

续表

	全汤组	上清组	沉淀组	模型组	空白组	对照组
肝脏*	111.15±10.83	101.09±37.78	119.58±13.46	45.57±13.70	107.05±19.92	84.66±20.44
心脏	66.59±3.95	74.74±9.20	72.72±5.30	69.99±8.3	65.18±3.20	64.55±8.60
脾脏	29.52±4.18	36.48±2.29	31.91±4.23	55.79±48.76	31.04±4.14	30.44±4.60

注：与模型组比较* $P<0.05$

综上所述，葛根芩连汤全汤组、上清组、超分子颗粒组均能够缓解糖尿病动物体重的下降程度，并可降低糖尿病大鼠血中总胆固醇、总甘油三酯、低密度脂蛋白含量，提高高密度脂蛋白含量，并都具有显著性差异（$P<0.05$）。但是，只有全汤和颗粒组分具有明显的降血糖作用（$P<0.05$），并显著提高血浆胰岛素的水平，增强胰岛素敏感性；而上清组、二甲双胍组的这几项指标与模型组相比均没有显著性差异。比照植物化学成分测定结果可知，葛根芩连汤中降血糖和改善胰岛素抵抗的药效成分（如葛根素）大部分存在于微米、纳米尺度的聚集物颗粒中，在真溶液中不分布或含量较低；而降血脂和调节体重的药效成分（如小檗碱）则同时分布于超分子颗粒和真溶液中。

正常生理情况下，自由基量的产生和清除处于动态的平衡状态。糖尿病时，机体的自由基产生过量，使抗氧化防御系统受损，造成胰腺细胞损伤。外源注射 STZ 模拟了内源性自由基损伤，破坏胰腺 B 细胞功能，造成机体的糖尿病症状。模型组和阳性药物对照组胰腺 SOD 酶活水平没有显著性差异（$P>0.05$），而葛根芩连汤的全汤、上清和超分子颗粒组分均能够提高机体胰腺中 SOD 的酶活，其中全汤和颗粒的效果优于上清组（$P<0.05$），这正与各个样品调节血糖和胰岛素水平的能力相呼应。由此推测，提升自体抗氧化酶活性可能与葛根芩连汤（及其超分子构造）帮助胰腺功能的恢复相关：正常情况下，胰腺组织的自由基水平处于平衡状态；而在病理状态下，胰腺细胞内自由基水平大量增加而未被有效清除；给予葛根芩连汤，提升了胰腺 SOD 酶活水平，在一定程度上缓解或修复了自由基引起的胰腺损伤。

阳性药物二甲双胍具有多种作用机制，包括抑制葡萄糖由胃肠道的摄取，通过提高胰岛素的敏感性而增加外周葡萄糖的利用，以及抑制肝、肾过度的糖原异生等。二甲双胍对照组大鼠对能量的需求主要是通过脂肪代谢提供，所以体重下降的程度比其他组严重。此外，尚未有实验证据表明二甲双胍能够直接促进胰岛素分泌，本实验中二甲双胍组的血浆胰岛素水平也与模型组没有显著性差异，与既往研究保持一致。

以上研究从葛根芩连汤降糖活性的角度，为方药汤剂中的超分子构造（颗粒、聚集物）的体内药理活性提供了初步却具启发意义的实验证据。该研究结果虽然尚不能完全阐明超分子构造的体内降糖作用，但却切实指出了方药汤剂的"沉淀"也具有药理活性，是方药药效物质的必要组成部分，其研究和应用意义不可小觑。对方药中超分子构造甚至是聚集物沉淀的药学意义重新审视，将对方药临床应用、中成药生产、方药药理药效基础研究等多个方面都产生了深远影响。

第三节　经方“量”化学本质的研究

在中医药理论指导下，运用复杂性科学研究方法，依据中医理论体系的整体观特点，以葛根芩连汤、大承气汤、麻杏石甘汤为研究对象，对相应的模型动物采用变换剂量的方法，并用动态模式研究方法，考察经方化学成分在体内的变化规律及药效变化规律，引入数据挖掘的相关性分析方法，得到比较全面经方化学成分的活性指标，建立能够有效沟通“量”与“效”的研究方法，改变传统的以临床经验为主的“随证施量”的临床用药模式，揭示影响经方效应变化的药效物质“量”的化学本质，为寻找经方疗效的剂量阈奠定基础（图6-25）。

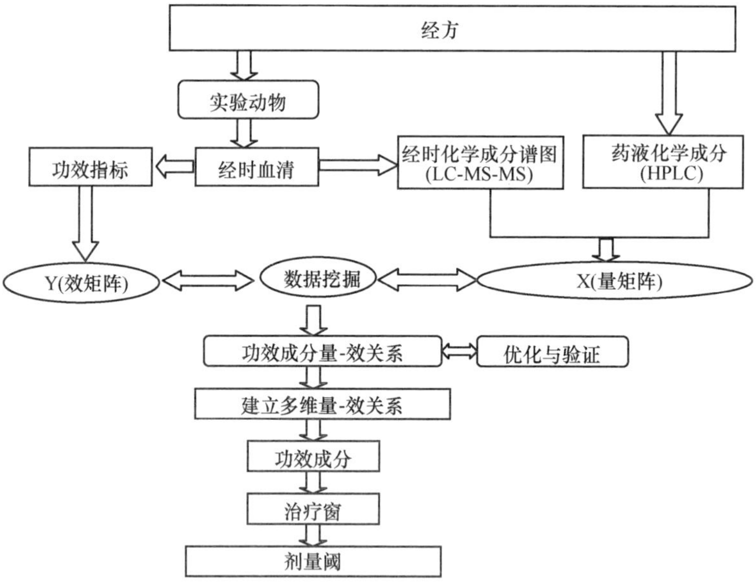

图6-25　基于药效与物质关联技术的物质基础研究路线图

一、整方剂量变化后，其药效与药液、血药成分变化规律的研究

在安全剂量范围内，通过整体改变葛根芩连汤、大承气汤、麻杏石甘汤三方的整方剂量，采用现代高效分离技术和质量检测器的分离检测方法，将“灰色”复杂体系转化成相对清楚的“白色”体系，建立药液化学成分及给药后化学成分谱图；结合药效研究，采用已建立的经方药液成分及血清化学成分谱图的方法，测定药液化学成分及不同时间点的经方血清化学成分谱图中各物质成分的量，从而构建经方药液及血清物质成分经时变化的量矩阵（X）。将经方的功效转化成可量测的药效指标，与建立量矩阵时采血点同时测定药物效应，从而获经方功效量化指标的效应矩阵（Y）；用数据挖掘的相关性分析方法对效应矩阵（Y）量矩阵（X）进行运算，确定功效相关成分数及功效成分，建立量效关系回归方程，探索整方剂量变化后，本方药体内外多维化学信息的变化规律及与药效的关联，揭示影响临床疗效和药理效应的经方药效物质基础，即“量”的化学本质。

二、君、臣及佐药剂量变化后，其药效与药液、血药成分变化规律的研究

结合药效研究，通过将君、臣及佐药单一味药剂量变化后，采用现代先进的分离检测方法，将其“灰色”复杂体系转化成相对清楚的“白色”体系，建立药液化学成分及给药后化学成分谱图；结合药效研究，采用已建立的经方药液成分及血清化学成分谱图的方法，测定药液化学成分及不同时间点的经方血清化学成分谱图中各物质成分的量，从而构建经方药液及血清物质成分经时变化的量矩阵(X)。将经方的功效转化成可量测的药效指标，与建立量矩阵时采血点同时测定药物效应，从而获经方功效量化指标的效应矩阵(Y)。采用数据挖掘的相关性分析方法对效应矩阵(Y)量矩阵(X)进行运算，确定功效相关成分数及功效成分，建立量效关系回归方程，探索君、臣及佐药单一药味剂量比例变化后，本方药体内外多维化学信息的变化规律及与药效的关联，揭示影响临床疗效和药理效应的经方药效物质基础，即“量”的化学本质。

三、配比变化后，其药效与药液、血药成分变化规律的研究

通过变化葛根芩连汤、大承气汤、麻杏石甘汤三个经方的配比，采用现代先进的分离检测方法，将其“灰色”复杂体系转化成相对清楚的“白色”体系，建立药液化学成分及给药后化学成分谱图；结合药效研究，采用已建立的经方药液成分及血清化学成分谱图的方法，测定药液化学成分及不同时间点的经方血清化学成分谱图中各物质成分的量，从而构建经方药液及血清物质成分经时变化的量矩阵(X)。将经方的功效转化成可量测的药效指标，与建立量矩阵时采血点同时测定药物效应，从而获经方功效量化指标的效应矩阵(Y)；用数据挖掘的相关性分析方法对效应矩阵(Y)量矩阵(X)进行运算，确定功效相关成分数及功效成分，建立量效关系回归方程，探索配比比例变化后，本方药体内外多维化学信息的变化规律及与药效的关联，揭示影响临床疗效和药理效应的经方药效物质基础，即“量”的化学本质。

第四节　服量对方药量效关系的影响

剂量是方剂的重要元素。一般来讲，任何一首方剂都必须规定各药味的用量。如桂枝汤，桂枝 3 两、芍药 3 两、生姜 3 两、甘草 2 两、大枣 12 枚。在方药剂量研究方面，人们往往较多地注意方药的单剂用量，而对其每日服量与每次服量注意不够，研究不多。研究服量，把握服量，这对于提高临床疗效，避免过量服药，减少药物消耗量，都是很有意义的[55]。

一、与方药服量相关的几个基本术语

剂量，广义的剂量泛指方药的用量，其本义大多指一剂药物的用量；每服量：指一次服用的药量，亦可称为“一服量”，如每服 5 钱、每服 1 升；日服次数：即每日(一昼夜)服药

次数，如日二服、日三服；日服量：指在一日的时间里服用的药量，如每日 2 两或每日 3 升，日服量等于每服量乘以日服次数；总服量：指在一个治疗过程中所服药量的总和，总服量可以分别以药、方和全部药物来计算，如总计服生石膏半斤、总计服药 30 剂等。

二、方药的剂量与服量

由以上几个术语的定义可知，方药的剂量与方药的服量、日服量不同。一剂药可以 1 日服，也可以 2 日服，甚至多日服。另一方面，一日可以服 1 剂药，也可以服 2 剂药，甚至服多剂药。方药的剂量更不是方药的一服量。虽然有时一剂药可以“顿服”，即一次服完，这时方药的剂量与一服量相等，但在多数情况下，一剂药要分多次服用。所以一首方剂，它的剂量是重要的，而它的服量同样重要，甚至可以说更为重要。服量的正确与否直接影响着疗效。服量不当，可能病重药轻，达不到治疗效果；亦可能服量过大，损伤人体正气或引起新的失和。

一首方剂中标明的量规定了在一首方剂里面单味药物之间的用量比例，也就是相对用量，而每日服量与每服量不仅保证了药物用量比例，同时还控制着方药的绝对用量。一首方剂对量的规定，其意义更多的是规定药物用量比。

经方本原剂量是一个谜，尚未找到答案，但一样可以应用经方，因为我们是按照经方的用量比在应用。其实，从《伤寒论》桂枝汤的服法来看，经方的本原剂量是多少，似乎不是最重要的了，因为医生要通过日服次数、服药间隔时间控制其药量。

三、《伤寒论》与《金匮要略》日服次数分析

《伤寒论》、《金匮要略》方剂以口服为主，汤剂是最常用剂型，约占全部方剂的 80% 。《伤寒论》、《金匮要略》中服量记载明确的汤剂共有 181 方，根据汤剂的日服次数分类，有日三服、日二服、日一服、顿服、日夜连服、日五服、日六服、日十服、少少频服、少少含咽 10 种情况。

（一）日二服、日三服

日二服、日三服即一剂药每日分 2 次或 3 次服用。日二服多为早、晚服，日三服为早、午、晚服。大建中汤“分温再服，如一炊顷，可饮粥二升，后更服”；大黄附子汤“分温三服，……服后如人行四五里，进(后)一服”；麻黄连轺赤小豆汤，三服药半日服尽；麻黄升麻汤，“分温三服，相去如炊三斗米顷，令尽”。这 4 首方剂的服法有一个相同点，即在不足半天的时间内，将二服或三服服完，意在使药力集中。如此密集服药，其意义很值得研究。

（二）日一服、顿服

日一服是一日仅服一次药；顿服是将一剂药一次服完。两者似同而实不同。日一服多为峻剂慎用而设，如十枣汤，“若下少，病不除者，明日更服”；大乌头煎药性峻烈，“强人服七合，弱人服五合”，并且方后服法强调“不瘥，明日更服，不可一日再服”。顿服将一剂

药一次作用于病，药力集中，多在急救时立即服用，以求即刻扭转病势，如桂枝甘草汤速温心阳。日一服是为服药安全计；顿服是为了疗效计。不过，《金匮要略》红蓝花酒的方后注也写“顿服”，但并未要求将一剂药液一次全部服下，而是“以酒一大升，煎减半，顿服一半”，即顿服约 3 合(60ml)。

日一服与顿服在日服次数上也有不同。日一服，一日最多只服 1 剂，而顿服有一日多剂的可能；顿服多在急救时立即服用，必须快速起效，若药后反应不佳，未起到急救效果，必须再次服药。

(三) 日五服、日六服、日十服、少少频服

通常一日服药二三次或三四次，而张仲景方有时一日服药 5 次以上，如当归四逆加吴茱萸生姜汤，日五服，可使药物在体内持续保持较高浓度，增强药力，有利于温散久寒；猪肤汤治疗少阴阴虚、虚热上扰的咽痛证，采用日六服之法，使药液持续作用于身体上部，以滋阴润燥，并且能够减缓方中主药猪肤的滋腻之性，有利于患者长期服用；泽漆汤采用日十服之法，“煮取五升，温服五合，至夜尽”。我们认为，这种减少每服量、增加日服次数的方法，可能是为了防止一次饮水(药液)过多反助水邪，如此更利于发挥逐水通阳之效。

《伤寒论》第 29 条调胃承气汤的服法是“少少与，温服之”，这样的服法主要是考虑到患者服甘草干姜汤后，邪气已从燥化，转入阳明，这时不能采用调胃承气汤攻下燥结的顿服之法，而应少少频服，旨在和胃。我们认为，其方一次煮取药液约 1 升，可以每服 1 ~ 2 合，每日 8 ~ 10 服[56]。

(四) 日夜连服

《伤寒例》中说：“凡作汤药，不可避晨夜，觉病须臾，即宜便治，不等早晚，则易愈矣。若或差迟，病即传变，虽欲除治，必难为力。服药不如方法，纵意违师，不须治之。”[57]治疗不分早晚，特别为防止疾病发生传变，应采用日夜连服，不避晨夜，使药力持续不断，更好发挥药效。《伤寒论》中黄连汤采用“昼三夜二”的服法，使药力持久，有利于交通阴阳，调理脾胃。用桂枝汤治疗外感病病情较重时，也采用日夜连服之法，“若病重者，一日一夜服，周时观之”，以接续药力，连续作用祛邪外出。

(五) 少少含咽

苦酒汤和半夏汤采用“少少含咽”的服法，使药物持续作用于咽喉，有利于咽喉溃烂疮面的愈合。

四、宋代医家的每日服量与每次服量

宋代方药服法的最大特点是汤剂通常采用“煮散”的方式。一个处方，将药物碎为“粗末”，混匀，然后每次取一定量的药物，加水煎煮，去滓，一次服下。每服量一般是 3 ~ 5 钱(折合今量 12 ~ 20g)，大多数方剂一日服二三次，有些方剂日仅一服，有些方剂日服三四次，还有的方剂日服七八次，如许叔微《普济本事方》柏叶散即要求“温水调

下,日七八服"[58]。在《太平惠民和剂局方》等宋代方书中,有不少方剂的方后注没有注明具体一天服几次,有些方剂的方后注只写了"不拘时候"、"非时"、"无时",也没有写明一天服药几次。我们曾经考虑这些书既然未写明一天服药几次,可能就是一天仅服一次。后来在许叔微《普济本事方》葶苈圆方后注中看到"日三四服,不拘时候"[23],方知宋人讲"不拘时候"而不讲一日服几次,并不是说一日仅服药一次,而是讲服药时间不拘早晚、不拘饭前饭后。那些没有写明一天服药多少次的方剂,意味着一天服几次应视情况而定。

服药以后,如果感觉没有起效,或者效果不满意,就继续煮药,而且最好把服药的间隔时间也缩短一些。《伤寒论》桂枝汤一天可能只需要服1次,也可能需要服9次。《备急千金要方·卷一·服饵第八》中说:"中间相去如步行十里久,即再服。若太促者,前汤未消,后汤来冲,必当吐逆。"[59]古代从周秦到明清,一里路之长都是500m上下,若按人的步行速度每小时5km计算,"步行十里久"约为1h。所以,按照《备急千金要方》的要求,那个时候服(汤)药,日服次数最多可以每小时服1次。为什么要这样密集服药呢?

其一,每服量较小;其二,为了使药力"相接"而无"断绝"。另外,《备急千金要方》接着还有一个说明:"仍问病者腹中药消散,乃可进服。"[60]如果患者服药后,胃的排空和胃肠吸收较慢,患者感到药液在胃肠没有消,那还得推迟下一服的时间。《备急千金要方》所载的服法在《太平惠民和剂局方》之"论服饵法"中几乎照录[60]。

有一个问题不好回答,即宋代医家为什么不采用一次煮出、分次服药的方法,而是煮一次服一次?日服二三次犹可,若日服五六次以上甚烦。张仲景方都是一次煮出,分次服药,其日服次数多者如《金匮要略》泽漆汤,一次煮取5升,每次温服5合,全日服用10次,至夜方尽。我们以为,其一,宋人方剂,绝大多数都是日服二三次,操作起来并不困难,亦不繁复;其二,当需要日服多次的时候,不排除宋人在实际操作中也采用一次煮出,分次服药的方式。这里还需要说到宋代衡制的问题。有人认为,宋代的斤两也存在大制和小制[61]。因为《太平惠民和剂局方》、《普济本事方》等书中都出现了"一大钱"的写法。既然有"一大钱",那么其他没有写明"大"的"钱",就应该是一小钱了。但宋代小钱的量值是多少?除非汉代的衡制沿用到宋代,否则没有另外的小钱。而且从《太平惠民和剂局方》之"服饵法"来看,当时已经不存在衡制量值的混乱,因为这样一篇关于剂量、服量的文字,竟然没有对量值做任何解释。这充分说明当时不存在衡制标准的混乱,不存在不同的标准。我们在《普济本事方》中看到有"抄五钱"、"抄三钱"的说法,遂知宋代医家在取每服药的时候,常常不是用秤称取,而是用一个医家特用的量具,类似于"钱匕"的量具抄取,"一钱匕"就是一钱,"一大钱"就是用钱匕取药,满满的,高高的,这就是所谓"一大钱"。当时的医家根本没有必要换用另外一个标准去称取药物;如果需要增大药量,他们完全可以增加其数,如真的是3倍的大制,那么在需要用三大钱的情况下,完全可以直接称取9钱。

五、方药服量控制

从张仲景的著作以及宋代医家的经验均可看出,对于方药服量的控制是临床取效的重要一环。古人对于方药服量的控制是既讲原则,也讲策略和灵活性。服量控制的总原则是随证施量。所谓随证施量,就是根据病证和症状的轻重,施用相应的药量,医生在这个过程中要考虑患者体质、年龄等因素,对服量进行调整。病情有轻重,禀赋有厚薄,年龄有老幼,宜区别对待。证重量重,证轻量轻。《备急千金要方》说:“病轻用药须少,疴重用药即多。”[24]

临床要以服药反应为指示,逐渐调整服量,以保证量与证相宜,把握最佳的个体化服量。我们认为,临床控制方药服量有5个基本原则,即以知为度,中病即止,逐渐增量,逐渐减量,累积获效。

(一)以知为度

调整方药服量的一个原则是“以知为度”,其中“知”是指患者感知到的身体对所服药物的积极反应。《伤寒论》和《金匮要略》以服药后出现或小便通,或大便利,或腹中温,或患者自我感觉到的其他体内变化为“知”,如麻子仁丸“饮服十丸,日三服,渐加,以知为度”。以知为度的“度”是一个调整服量的度,而不是停止服药的度。医者根据这个知度,可能适当增加或减少服量,或者把服量维持在原有水平。如服理中丸,初服一丸,若“腹中未热”,是尚无知应,即增加服量,“益至三四丸”,至患者腹中出现温热的感觉,即应维持这一服量,直至疾病痊愈。

(二)中病即止

中病即止的原则主要针对峻烈之方而言,多为汗、吐、下等祛邪之剂,根据方药作用的预期结果,或得汗,或得吐,或得利下,即停止服药,以防过剂伤正。如栀子豉汤“得吐者,止后服”;大陷胸汤“得快利,止后服”;大承气汤、小承气汤“若更衣者,勿服之”;牡蛎泽泻散“小便利,止后服”。如未遵循中病即止的原则,就可能导致不良后果,如大青龙汤应“一服汗者,停后服”;若得汗后仍继续服药,则可能导致“汗多亡阳遂虚,恶风,烦躁,不得眠”。

“中病即止”与“以知为度”是有区别的。“知”是病情好转的初步反应,原来的治疗仍需继续,服量可能维持不变,亦可能需要增量或减量。攻邪之药,峻烈之剂,对疾病的作用犹如打击,击中目标,轻者曰“知”,重者曰“中”。打击重者,病去大半,则为“中病”,应当即停药,谨防过剂伤正。例如,含乌头的方剂需把握“以知为度”和“中病即止”两个原则,这是由于乌头的有效量和中毒量较为接近的缘故。如乌头桂枝汤“初服二合,不知,即服三合,又不知,复加至五合。其知者,如醉状;得吐者,为中病”。患者对乌头的反应有很大的个体差异,为了安全用药,初服量宜小,密切观察药后反应,采用小剂量试探性加量,加量遵循“以知为度”的原则,“知”的标准是“如醉状”(瞑眩反应),如唇、舌、肢体麻木,甚至昏冒目眩,但脉搏、呼吸、神志等方面无大变化,即为有效之征。若服药后出现剧烈呕吐、呼吸急促、心跳加快、脉搏间歇等,甚至昏迷,则为中毒反应,应当即停药。已“知”应继续服药,“中病”即当停药,或改服其他药。

(三)逐渐增量

逐渐增加服量的依据主要是患者服药后的反应,如果确认辨证处方无误,但是效果不明显,这时可以考虑增加服量,而且应该逐渐增加,而并不是陡然大增。“逐渐增量”和下述“逐渐减量”皆可视为以知为度原则的细化。

逐渐增量可以通过直接增加处方用量实现,亦可通过缩短服药间隔时间来实现。如《伤寒论》桂枝汤,“若一服汗出病瘥,停后服,不必尽剂。若不汗,更服依前法;又不汗,后服小促其间,半日许,令三服尽”。如果病情较重,可以采用昼夜连续服 2 剂或 3 剂(6~9L)6 或 9 次的方法。再如《金匮要略》乌头桂枝汤,采用“小剂量递增”的服法,“初服二合。不知,即服三合。又不知,复加至五合”。这种服法既能治病,又能保证服药的安全性。又如乌头汤,乌头用量较大(5 枚),煮取药液不到 2 升,为确保安全,初服仅 7 合,“不知,尽服之”。若患者服药后无不良反应,说明当前剂量是安全的。在这种情况下,即可加大第二次服量到 1.3 升。乌头汤与乌头桂枝汤的服法虽然不同,然有异曲同工之妙。在使用有一定毒性的方药时,尤其需要注意逐渐增量原则。如《神农本草经》曰:“若用毒药疗病,先起如黍粟,病去即止,不去倍之,不去十之,取去为度”[62],是极审慎的。

(四) 逐渐减量

临床上亦可能需要逐渐减量。如考虑到病情较重,发展快,为了立即遏制病势,治疗伊始就必须用足够大的、超常规的服量。待到病势缓解之后,即逐渐减少服量。再有一种情况是在使用有一定毒性的方药时,获效以后要逐渐减量,甚至停药。毒性越大,减量或停药越要早,此道理从《素问·五常政大论》:“大毒治病,十去其六;常毒治病,十去其七;小毒治病,十去其八,无毒治病,十去其九,谷肉果菜,食养尽之,无使过之,伤其正也。不尽,行复如法”[63]即可领悟。一日之中,也需要采用逐渐减量的方法,如《备急千金要方》说:“凡服汤法,……一服最须多,次一服渐少,后一服最须少,如此即甚安稳”[59]。此外,在疾病基本痊愈以后,即逐渐减少服量,目的是为了巩固疗效,防止反复,是为善后之法。

(五) 累积获效

正确的治疗一定会产生疗效,但并不总是立即产生疗效。作为临床医生,不要没有见到明显效果就增量,也不要没有见到明显效果就更方,如果确信辨证与处方用药无误,那就应该守方;经过一段时间,作用一点一点累积起来,就会出现显著的效果直至痊愈。比如丸者缓也,有些病例服药多日也未出现明显效果,即使加大服量,还是不能显效,正如《备急千金要方》所言:“常须加意重复用药,药乃有力”[24]。这是因为疗效的产生既需要合适的方药剂量,也需要足够的作用时间,因为身体机能、结构的变化都需要足够的时间。众所周知,提高温度不仅不会缩短鸡蛋孵化的时间,而且只能导致孵化失败。再者,本文前面讨论“以知为度”时,提到“知”是指患者感知到的身体对所服药物的积极反应;“知”有两个层面,第一是细胞感知,然后才是大脑感知。从细胞感知到大脑感知需要一定的时间,需要一个量的积累和传导的过程。所以,未“知”并非无“知”。

综上所述,中医药的疗效是受到普遍关注的问题,在讨论中医药疗效问题时,大多数人往往从辨证准确性、处方用药水平、中药质量等方面去考虑,而对服法和服量的问题重视不够,甚至视而不见。现在从城市到农村,中药汤剂似乎都是煮1次或2次,日服2次或3次;煎药机的应用给患者带来了方便,但不论何种病情及方药,皆为一次煮取,日服2次,门诊和住院患者都是如此,效与不效,几乎不从服法和服量上寻找原因。若把古人经验与今日做法相对照,该有多少问题值得深思?

(傅延龄　杨　琳　宋　佳)

第五节　以葛根芩连汤为例探讨影响方药量效关系的因素

葛根芩连汤方出自张仲景的《伤寒论》第34条,原文为"太阳病,桂枝证,医反下之,利遂不止,脉促者,表未解也。喘而汗出者,葛根黄芩黄连汤主之。葛根黄芩黄连汤方:葛根半斤,甘草二两,炙,黄芩三两,黄连三两。"传统上,该方用来治疗身热下利,苔黄,脉数。现代临床一般用于治疗急性肠炎、细菌性痢疾、肠伤寒、胃肠型感冒、小儿腹泻、小儿麻痹症等证属阳明里热甚者。通过对葛根芩连汤药理作用研究,发现它还有降血糖、拟制肺炎链球菌、降血压等作用。

"中药不传之秘在于量",方剂的剂量对其疗效具有非常重要的作用,方剂处方量以及方剂配伍的变化,都会影响全方的功效,从而使全方的主治及功用发生变化。中药方剂量效关系是中医药理论的关键问题之一,而方剂剂量、配比及其煎煮方法对于疗效的发挥起到了至关重要的作用[17]。然而由于朝代变更带来的度量衡的变化,以及不同医家对汤方理解的不同,相同的汤方出现了有许多的版本,即使像葛根芩连汤这样记载清晰的方剂,在其剂量上依然有很多值得推敲之处。

一、药材配比

(一)葛根用量

《伤寒论》中记载葛根用"半斤",炙甘草"二两",黄芩、黄连各"三两",因而很多现代研究中认为葛根芩连汤中葛根、黄芩、黄连、炙甘草配比为5:3:3:2。葛根芩连汤的配伍规律研究多采用此配比[65~67]。

葛根、黄芩、黄连、炙甘草配比为8:3:3:2却更贴近原方,尽管5:3:3:2的配比在临床应用中证明也是确有疗效的,有些学者也持类似的观点[68]。从古今度量衡考证来看,一直到1949年前,"一斤"均等于16两。根据吴承洛《中国度量衡史》[69]可以知道"汉唐以来,至民国时期,斤和两的换算一直都是1斤等于16两。"目前黄金度量还是按1斤等于16两的换算关系,香港的度量还是按1斤等于16两的换算比例。

其他一些直接的证据证明原方中葛根、黄芩、黄连、炙甘草配比为8:3:3:2。唐朝王焘[70]的《外台秘要》中明确记载葛根芩连汤方中葛根的用量是8两,方中其他药材的量与《伤寒论》相比没有变化,可以看出作者通过当时的度量换算关系,把半斤换算成了八两。张正昭[71]在其《伤寒论归真》中指出,本方组合之妙在于葛根之量大于黄芩黄连剂量之和,否则就但有清热之功,而无举陷之能。从中亦可以了解到葛根的半斤应该比6两要大。刘渡舟[72]在其《伤寒论临证指要》中指出，本方的关键在于重用葛根至8两以清表里之邪热，从中可知所谓的半斤就是8两。从上述两位医家的话语中也能了解到葛根用量为8两乃本方功效的关键所在，这也揭示了剂量对方剂发挥药效作用的重要性。2010年版《中国药典》中收录的葛根芩连丸和葛根芩连片的处方比例也是8∶3∶3∶2[73]。

因而葛根的"半斤"应该是8两，葛根芩连汤方中的葛根∶黄芩∶黄连∶甘草的配比为8∶3∶3∶2时，更符合原方。

（二）黄芩用量

绝大多数《伤寒论》版本中，黄芩的用量是3两。《金匮玉函经》是伤寒论的古传本，李顺宝[74]校注此书时与《唐本伤寒论》、《宋本伤寒论》、《敦煌本伤寒论》、《注解伤寒论》、《脉经》等互校，说明本书的作者通过各方面的归纳得出黄芩的用量为3两。再如《千金翼方》[75]记载葛根芩连汤中黄芩的用量为3两，《宋本伤寒论》[76]和《外台秘要》中此方的黄芩用量也均为3两。但是成无已注的《注解伤寒论》[77]中黄芩用量为2两。

从时间先后关系来看，《千金翼方》、《外台秘要》、《宋本伤寒论》等这几本书的成书时间都比《注解伤寒论》要早，因而推测可能是成无已在注《伤寒论》时把此方中黄芩的量的"三两"误写成了"二两"，以至于后期根据此版本著《伤寒论》类书籍的医家出现了同样的问题。

《中国药典》2010年版中葛根芩连片剂及丸剂处方：葛根1000g、黄芩375g、黄连375g、炙甘草250g，计算一下可以知道这四味药的处方配比也是8∶3∶3∶2。

二、总处方量

总处方量的考究，其实与古代的1两到底等于现在的多少克是同一个问题。目前对经方1两的量值主要有3种观点[78]：①1两等于13.8g；②1两等于15.6g；③1两等于3g。

陈志刚[79]等通过对相关著作、史籍及文献的严格考证，得出当时的1两等于现在13.8g。李具双[80]通过汉唐医家汤方用量和加水量之间的比值的合理性研究，认为经方中的1两等于现在的13.8g比较合理。卢嘉锡主编的《中国古代科技史·度量衡卷》[81]对汉唐时期各代的衡量值进行了考证，得出汉魏至隋唐这一段时期，1两的量没有太多的变化，1两的平均值等于14.05g，考虑到衡器的腐蚀问题，这点差别可以忽略不计。

郝万山[82]根据国家计量总局编《中国古代度量衡图集》对出土的汉代的各个权重的实测数据，得出1斤等于250g，1两等于15.6g。刘云[83]根据东汉承新莽制以及东汉光和大司农铜权考证，得出汉代经方1两等于15.6g。仝小林[84]等通过文献及药物实测的考证，结合现代药理及临床实际，认为仲景经方1两约为今15.625g（简为15.6g）。

上述两种观点的争议比较大，主要原因在出土的东汉时期的权重的不一致，这些权重上没有标明其值，从而无法确定东汉1斤的标准值，所以在没有确定1斤的量之前，这个争论依然会进行下去。

1 两等于 3g 的观点,基本已经被抛弃。但是目前临床上常按此剂量用药。而且,《中国药典》上药材的用量都偏于保守,用量相对于经方剂量都偏小。这是 2010 年版《中国药典》中葛根芩连丸和葛根芩连片药材用量较原方少的一个主要原因(表 6-34)。

表 6-34　不同来源的葛根芩连方每日服用生药量比较(单位/g)

来源	葛根	黄连	黄芩	炙甘草	总量
葛根芩连片	9	3.4	3.4	2.2	18
葛根芩连丸	30	11.3	11.3	7.4	60
伤寒论	124.8	6.8	46.8	31.2	250
文献常用	15	9	9	6	39

注:按照 1 两=15.6g 计算

另外,按照伤寒论中记载的工艺,也可以对药材用量进行一个粗略的估计。汉代 1L 水约等于现在 200ml[85],伤寒论中"水八升"相当于 1.6L 水。传统煎药一般为水略微没过药材,因而可以推测药材量为 200g 左右时比较合适。

三、煎 煮 工 艺

《医学源流论》云:"煎药之法,最宜深讲,药之效不效,全在乎此。"[86]可见中药的煎煮工艺对其药效的重要性。煎煮工艺的研究是方剂量效关系的一个重要内容。煎煮工艺不同,即使处方量相同,其服用量也会不同。其原因主要由于随着煎煮方法的不同,药效成分在汤液中的溶出就会有差别,从而造成其药效的差异。方剂量效关系中的量其实质是服用量,而不是药材用量。研究方剂量效关系,必须先研究方剂制法。因而,考察煎煮工艺对方剂量效关系研究极为重要。《伤寒论》中葛根芩连汤的煎煮方法为:"右四味,以水八升,先煮葛根,减二升,内诸药,煮取二升,去渣,分温再服。"上述文字并没有提到我们熟悉的煎煮时间的概念,但提到了每次煎煮减多少升,这样就可以通过实验来知道煎煮少一升需要的时间,进而推断葛根芩连汤的煎煮工艺。

(一)不同量值和煎煮法对葛根芩连汤质量的影响

常规煎煮方法主要采用诸药同煎,煎煮 2 次。有研究采用 1 两等于 13.8g 及 1 两等于 3g 时的 2 种量值,采用半斤等于 8 两的度量衡[87],即葛根∶黄芩∶黄连∶炙甘草的配比为 8∶3∶3∶2,测定方中 4 味药材中 12 个有效成分的煎出量,比较经方本原煎煮法与现代常规汤剂煎煮法的优劣,为临床汤剂煎煮方法的选择提供科学依据。

在量值为 1 两等于 13.8g 时,本原法煎煮的有效成分煎出量只能达到现代常规法的 47% ~74%,干膏率达到 67%,提取率低于常规法(表 6-35)。葛根先煎时,葛根素及大豆苷的提取率不及葛根与其余药味同时煎煮时的提取率。故当全方为高剂量时,现代常规汤剂煎煮法优于本原煎煮法。

表 6-35　葛根芩连汤有效成分含量及干膏率比较(1 两=13.8g,$n=3$)

成分	经方本原法		现代常规法		本原法-现代法/%
	质量/mg	提取率/%	质量/mg	提取率/%	
葛根素	1526.00	1.38	2083.40	1.89	73
大豆苷	302.84	0.27	439.60	0.40	69
甘草酸铵	47.56	0.17	100.22	0.36	47
甘草苷	20.67	0.07	44.14	0.16	47
黄芩苷	2440.40	5.89	3686.40	8.90	66
汉黄芩苷	420.60	1.02	718.40	1.74	59
黄芩素	10.45	0.03	22.16	0.05	47
汉黄芩素	10.75	0.03	20.54	0.05	52
黄连碱	192.94	0.47	298.60	0.72	65
药根碱	35.21	0.09	61.36	0.15	57
小檗碱	651.40	1.57	878.80	2.12	74
巴马汀	173.66	0.42	276.22	0.67	63
干膏	30467	13.80	45764	20.73	67

在量值为 1 两等于 3g 时,本原法煎煮的有效成分煎出量为现代常规法的 102% ~ 148%,干膏率达到 118%,提取率均优于常规法(表 6-36)。而葛根先煎时,葛根素及大豆苷的提取率均高于葛根与其余药味同时煎煮时的提取率。故当全方为低剂量时,本原煎煮法优于现代常规汤剂煎煮法。

表 6-36　葛根芩连汤有效成分含量及干膏率比较(1 两=3g,$n=3$)

成分	经方本原法		现代常规法		本原法-现代法/%
	质量/mg	提取率/%	质量/mg	提取率/%	
葛根素	551.47	2.30	411.53	1.71	134
大豆苷	119.17	0.50	82.11	0.34	145
甘草酸铵	33.73	0.56	22.83	0.38	148
甘草苷	15.98	0.27	11.19	0.19	143
黄芩苷	1005.33	11.17	912.27	10.14	110
汉黄芩苷	180.47	2.01	169.63	1.88	106
黄芩素	4.44	0.05	4.37	0.05	102
汉黄芩素	5.38	0.06	4.43	0.05	121
黄连碱	92.34	1.03	82.67	0.92	112
药根碱	16.12	0.18	13.81	0.15	117
小檗碱	300.33	3.34	255.13	2.83	118
巴马汀	80.50	0.89	67.02	0.74	120
干膏	11630	24.23	9870	20.56	118

《伤寒论》中煎煮法为经方的本原法，为探讨该方法的可行性，为其古为今用提供数据及科学依据，选择与现代常规煎煮法进行对比研究。本原法固定了加水量、煎煮次数及煎出量。现代汤剂常规煎煮法[88]是将药材浸泡30～60min，用水量以高出药面2～3cm为度，一般药物煮沸后再煎煮20～30min，煎煮2次。因此在第1次煎煮时加入6倍量水，而第2次煎煮时高剂量加入4倍量水即可，而低剂量需要加6倍量水，共煎煮2次，煮沸后煎煮30min。

比较2种剂量的相对较佳工艺，高剂量的药材用量为低剂量的4.6倍，但有效成分的煎出量仅低剂量为2.9～3.8倍，有效成分的煎出量未能与药材的使用量成相应的倍数增加，因此提示临床在增大饮片使用量时其有效成分可能未被充分提取，不仅影响汤剂的质量，实际也导致饮片的浪费，未能物尽其用。本实验主要针对经方临床汤剂的煎煮方法做研究对比，因此对临床汤剂的煎煮具有一定的指导意义。

（二）加水量与煎煮时间对葛根芩连汤主要成分溶出量的影响

中药汤剂制备过程中煎煮用具、药材浸泡、煎煮加水量、煎煮温度、煎煮时间、煎煮次数等因素对汤剂的质量都有重要影响，正如徐灵胎在《医学源流论》中说：“煎药之法，最宜深讲，药之效与不效，全在于此。方虽中病，而煎法失度，药必无效。”李时珍于《本草纲目》中云：“凡服汤药，虽品物专精，修治如法，而煎药者，鲁莽造次，水火不良，火候失度，则药亦无功。”为探讨不同煎煮因素搭配所组成的不同煎煮工艺对方剂主要成分溶出量的影响，特选择药味少、方中药物所含化学成分明确、临床常用的葛根芩连汤加味方做示范性研究。

运用全面实验法对所选时间与加水量进行组合确定煎煮工艺，每种工艺取葛根芩连汤一剂进行煎煮，重复3次，记录煎出液量及液面下温度、煎后药渣重量、沸腾前时间等数据。煎出液用4层医用纱布过滤，取样待测。所选因素水平如表6-37。为简明起见，分别从加水量与煎煮时间两方面论述，每一方面选两组数据说明，具体结果见图（图6-26～图6-29）。

表6-37　因素水平煎煮工艺

No.	煎煮时间/min	加水量/倍	No.	煎煮时间/min	加水量/倍
1	35	6	9	65	15
2	35	9	10	65	18
3	35	12	11	20	9
4	35	15	12	50	9
5	35	18	13	80	9
6	65	6	14	20	15
7	65	9	15	50	15
8	65	12	16	80	15

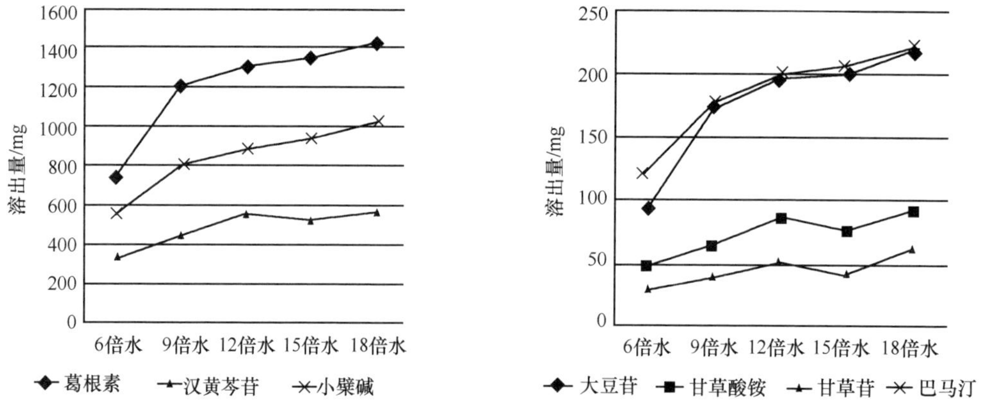

图 6-26　煎煮 35min 1 次,不同加水量对主要成分含量的影响

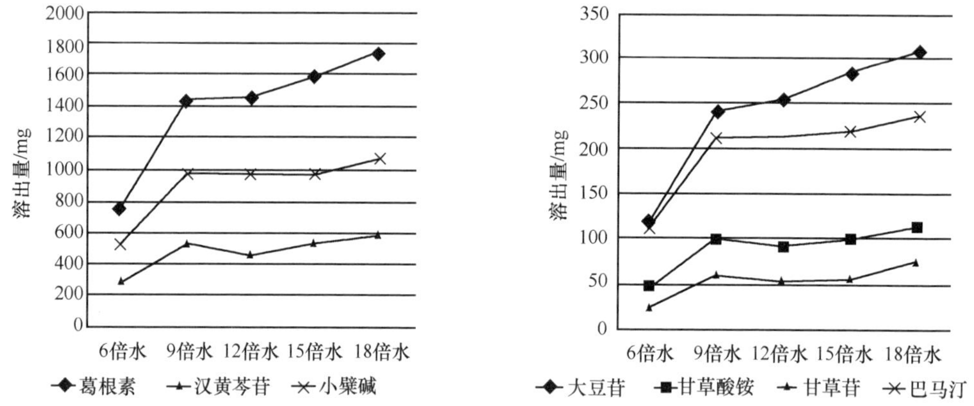

图 6-27　煎煮 65min 1 次,不同加水量对主要成分含量的影响

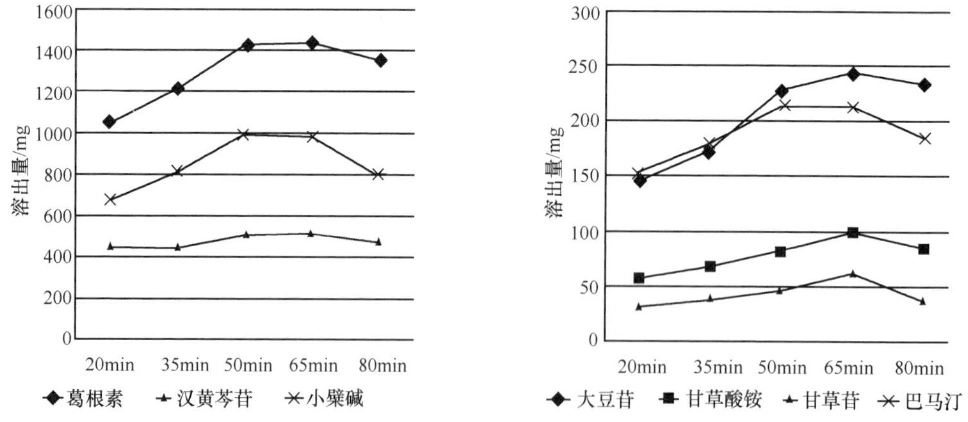

图 6-28　加 9 倍量水煎煮 1 次,不同煎煮时间对主要成分含量的影响

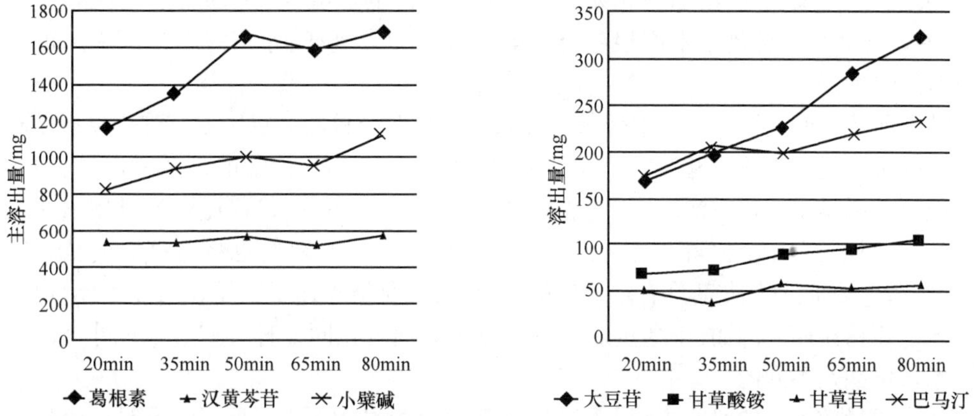

图 6-29　加 15 倍量水煎煮 1 次,不同煎煮时间对主要成分含量的影响

中药汤剂的煎煮是以水为溶媒,促进饮片中主要成分溶出的过程。汤剂煎煮质量的优劣直接影响到临床疗效的高低。在传统煎煮方法下,汤剂煎出液的质量受加水量、煎煮时间、煎煮次数、煎煮火候等多种因素的影响。其中加水量是饮片吸水量、煎煮时蒸发量及煎出药液量的总和,是煎煮质量极为重要的影响因素。煎煮中药时所用的加水量直接影响饮片中主要成分的析出,加水量越多,饮片与溶媒的接触面越大,饮片外围主要成分的浓度越低,越有利于中药主要成分的析出。在加水量为 6 倍水时,会明显影响饮片在水中“翻腾”继而影响到饮片自身与溶媒的接触程度;同时由于水量较少,饮片外围主要成分的浓度较高,不利于其主要成分的析出。在 9 倍水时出现明显拐点,说明加水量至少在 9 倍水时才能对药材较好的利用。当加水量逐步增加至 12、15、18 倍时,煎出液中主要成分的增加率逐渐降低,有略微升高也不排除因其加水量增多使得沸腾前时间增长(约每增加 3 倍水则沸腾前时间增加 3 ~ 4min),从而延长了加热总时间所致;且当加水量增加至 18 倍水时,其煎出液中主要成分总量的增加率明显降低,甚至为 0 或小于 0,说明此时已没有必要再多增加溶媒量。

中药汤剂在煎煮过程中,煎煮时间的长短无疑对汤剂的质量起到决定性的作用,正确把握煎煮时间对提高药物临床疗效有重要意义。煎煮时间不足,则药物的某些主要成分不易溶出,煎煮时间太长则药物的某些主要成分可能会进一步发生变化而丧失其有效性。根据药物所含成分及气味、质地不同,汤剂的煎煮时间亦有所不同,芳香易发挥类药物煎煮时间应短,滋补类及质地坚实的药物宜久煎[2]。本方在煎煮 20min 时,主要成分溶出明显较其他煎煮时间低,在煎煮 50min 时明显有所增加,之后随煎煮时间的延长而逐渐增加。对以上不同煎煮时间的曲线图分析,65min 与 80min 时多种主要成分溶出量的上升趋势并不明显,而且在 80min 时有些成分的溶出会减少,说明久煎并不意味着主要成分会绝对增高,长时间的加热有可能会导致某些主要成分发生进一步的化学变化而损失。以上曲线图中某些曲线不规则,除实验误差所致外,笔者认为是因中药煎煮过程中各种复杂成分交错的相互作用所致,但不影响从中得出总体的曲线走势。煎煮过程中煎煮时间和加水量对主要成分的溶出影响较大,在实际操作过程中要综合考虑,如加水量增多会导致最终煎出液较多,于是减少服用量的解决方法——浓缩,即成为需要解决的问题之一。本文只对葛根芩连汤一方做了较全面的煎煮工艺研究,虽不代表所有药物,但在一定程度上体现了常用根茎类中药饮片的煎煮规律,希望能对中医临床的汤剂煎煮有所帮助。

综上所述,“量”和“效”是中药量效关系研究的两个核心。就“量”而言,包括药材用量和实际服用量。真正引起“效”的是实际服用量,但更容易计量的是药材用量,两者之间的换算关系是由提取方法决定的。因而如果提取方法不同,仅仅比较药材用量是没有意义的。此外还有一个值得注意的地方,由于药材质量的差异,也将直接影响药材的用量。就“效”而言,中药方剂具有疗效广的特点,譬如葛根芩连汤除用于治疗胃肠疾病外,还用于治疗糖尿病。因而,中药量效关系研究应该固定在同一种“效”上;不同“效”的量效关系很可能是不同的。

在中药量效关系的研究中,很多时候会忽略制剂的差异。实际上,汤剂和胶囊等常用固体制剂疗效上还是有区别的。也许这种差异对量效关系的影响甚小。目前尚未见这方面的报道。

中药量效关系与化药量效关系并无本质上的差异,其研究内容无外乎是进行体外用量、体内血药浓度及疗效之间关系的探讨,研究的手段也并无本质性的区别。但是,中药量效关系的影响因素更多,因而问题也更复杂。

清王清任说:“药味要紧,分量更要紧”。量效关系是中医辨证论治核心问题之一。研究方剂量效关系,将为临床合理选择剂量、安全有效用药提供科学支撑和理论依据。像葛根芩连汤这样记载清晰的方剂依然存在较多与剂量相关的问题,而且目前类似葛根芩连汤这样的经典名方的量效关系研究还多是集中在量上,而与药效相关,特别是与临床疗效相关的量效关系研究报道较少。而这将是今后方剂量效关系研究的主要方向。

参 考 文 献

[1] 王亚红,张瑞芳,王稚哲. 影响中药复方汤剂药效的因素及中药复方汤剂发展前景. 药学服务与研究,2004,4(1):77~79

[2] 贺广华. 中药的剂量与煎煮. 职业与健康,1997,13(2):57,58

[3] 张晓平. 大剂量与中、低剂量中药复方汤剂煎出率比较. 传统医药,2007,16(12):54,55

[4] 文昌凡,何忠莲. 中药用法与功效的关系. 成都中医药大学学报,1998,21(4):7~10

[5] 冯惠应. 中药煎煮时间、次数与药效关系的研究. 药品评价,2004,1(5):394,395

[6] 阎雪梅. 煎煮时间对当归中阿魏酸稳定性的影响. 天津药学,2005,17(3):21,22

[7] 陈藏器撰,尚志钧辑释. 本草拾遗辑释. 合肥:安徽科学技术出版社. 2003. 16

[8] 陈晓城. 麻黄的药理作用研究进展. 实用中医药杂志,2005,21(1):58,59

[9] 亢志兰. 略谈石膏之药理作用及其临床应用. 光明中医,2006,21(5):16,17

[10] 国家药典委员会. 2010年版中国药典一部. 北京:中国医药科技出版社,2010. 87,88

[11] 魏惠珍,胡景婷,饶毅,等. 不同煎煮方法对大承气汤蒽醌含量的影响. 江西中医学院学报,2012,24(1):27~30

[12] 王跃生,邓杰华,魏惠珍,等. 大承气汤煎煮过程去厚朴、枳实药渣与否其汤剂中蒽醌类成分含量的研究. 中国中药,2013,38(5):694~697

[13] 肖秋元. 大承气汤的血清药物化学研究. 成都:西南交通大学,2010. 1~60

[14] 郑志华,祝晨陈,杨得坡,等. 大黄及其制剂蒽类衍生物定量分析及泻下活性研究概述. 中药材,2001,24(10):770

[15] 谢臻. 大承气汤方药物质基础及其配伍规律研究. 广州:广州中医药大学,2009. 1~154

[16] 沈药大学编．药剂学．北京：人民卫生出版社，1983
[17] 徐伟辉，龚高柏．《伤寒杂病论》中麻黄与石膏配伍规律探讨．国医论坛，2001，16(2)：2，3
[18] 肖崇厚．等．中药化学．上海：上海科学技术出版社．1988，97
[19] 李易非．β_2-肾上腺素受体色谱筛选麻杏石甘汤的活性成分．西北大学，2012
[20] Elcock A H. Models of macromolecular crowding effects and the need for quaantitative comparisons with experiment. Current Opinion in Structural Biology, 2010, 20(2): 196 ~ 206
[21] Ellis. R J. Macromolecular crowding: obvious but underappreciated. Trends in Biochemical Sciences, 2001, 26(10): 597 ~ 604
[22] Ke L, Zhou J, Lu W, et al. The power of soups: Super-hero or team-work. Trends in Food Science & Technology, 2011, 22(9): 492 ~ 497
[23] Pellati F, Benvenuti S. Determination of ephedrine alkaloids in Ephedra natural products using HPLC on a nentafluoronhenvlnronyl stationary ohase. JPharm Biomed. Analysis. 2008, 48: 254 ~ 263
[24] Liu S T, Chen Z H, Xie J B, et al. High-performance ion exchange chromatography of intact bacterial cells in the manner of molecules: 1. Establishment of methodology. Anal Chem, 82: 8544 ~ 8550
[25] Bandyopadhyay P, Ghosh A K, Ghosh C. Recent developments on polyphenol-protein interactions: effects on tea and coffee taste, antioxidant properties and the digestive system. Food Funct, 2012, 3: 592 ~ 605
[26] Lorenz M, Jochmann N, von Krosigk A et al. Addition of milk prevents vascular protective effects of tea. Eur. Heart J, 2007, 3: 219 ~ 223
[27] Haller C A, Jacob P, Benowitz N L. Enhanced stimulant and metabolic effects of combined ephedrine and caffeine. Clin. Pharmacol. Ther, 2004, 75: 259 ~ 273
[28] Niemann R A, Gay M L. Determination of ephedrine alkaloids and synephrine in dietary supplements by column-switching cation exchange high-performance liquid chromatography with scanning-wavelength ultraviolet and fluorescence detection. J. Agric. Food Chem, 2003, 51: 5630 ~ 5638
[29] Ganzera M, Lanser C, Stuppner H. Simultaneous determination of Ephedra sinica and Citrus aurantium var. amara alkaloids by ion-pair chromatography. Talanta, 2005, 66: 889 ~ 894
[30] Bellare J R, Davis H T, Scriven L E, et al. Controlled environment vitrification system: an improved sample preparation technique. J. Electron Microsc. Tech, 1998, 10: 87 ~ 111
[31] Lee M K, Cheng B W, Che C T, et al. Cytotoxicity assessment of Ma-huang (Ephedra) under different conditions of preparation. Toxicol. Sci, 2000, 56: 424 ~ 430
[32] NTP, N. T. P. NTP Toxicology and Carcinogenesis Studies of Ephedrine Sulfate (CAS No. 134-72-5) in F344/N Rats and B6C3F1 Mice (Feed Studies). Natl. Toxicol. Program Tech. Rep. Ser, 1986, 307: 1 ~ 186
[33] Gong X, Sucher N. Stroke therapy in traditional Chinese medicine (TCM): prospects for drug discovery and development. Trends Pharmacol. Sci, 1999, 20: 191 ~ 196
[34] Lee K H. Novel antitumor agents from higher plants. Med. Res. Rev, 1999, 19: 569 ~ 596
[35] Schaneberg B T, Crockett S, Bedir E, et al. The role of chemical fingerprinting: application to Ephedra. Phytochemistry, 2003, 62: 911 ~ 918
[36] Dunnick J K, Kissling G, Gerken DK, et al. Cardiotoxicity of Ma Huang/caffeine or ephedrine/caffeine in a rodent model system. Toxicol. Pathol, 2007, 35: 657 ~ 664
[37] Zhuang Y, Yan J, Zhu W, et al. Can the aggregation be a new approach for understanding the mechanism of Traditional Chinese Medicine? J. Ethnopharmacol, 2008, 117: 378 ~ 384
[38] Charlton A J, Davis A L, Jones D P, et al. The self-association of the black tea polyphenol theaflavin and its complexation with caffeine. J. Chem. Soc. Perkin Trans, 2000, 2: 317 ~ 322
[39] Ke L, Zhou J, Lu W, et al. The power of soups: Super-hero or team-work? Trends Food Sci. Technol, 2011, 22: 492 ~ 497
[40] Hu J, Wu Z, Yan J, et al. A Promising approach for understanding the mechanism of Traditional Chinese. J. Ethnopharmacol, 2009.

[41] Williamson E M. Synergy and other interactions in phytomedicines. Phytomedicine,2001,8: 401 ~409
[42] Scholey A B, Kennedy D O. Acute, dose-dependent cognitive effects of Ginkgo biloba, Panax ginseng and their combination in healthy young volunteers: differential interactions with cognitive demand. Hum. Psychopharmacol,2002,17: 35 ~44
[43] Tang D W, Yu S H, Ho Y C, et al. Characterization of tea catechins-loaded nanoparticles prepared from chitosan and an edible polypeptide. Food Hydrocoll,2013,30: 33 ~41
[44] Daniel MC, Astruc D. Gold nanoparticles: assembly, supramolecular chemistry, quantum-size-related properties, and applications toward biology, catalysis, and nanotechnology. Chem, Rev, 2004,104: 293 ~346
[45] Magrez A, Kasas S, Salicio V, et al. Cellular toxicity of carbon-based nanomaterials. Nano Lett,2006,6:1121 ~1125
[46] Liu Y, Yu ZL, Zhang YM, et al. Supramolecular architectures of beta-cyclodextrin-modified chitosan and pyrene derivatives mediated by carbon nanotubes and their DNA condensation. J Am Chem Soc 2008,130: 10431-10439
[47] 周建武,柯李晶,邵彪,等. 汤的威力:食品科学新知. 中国食品学报,2011,11(8):9 ~15
[48] Yan Z,Yan J J,Zhu W,et al. Can the aggregation be a new approach for understanding the mechanism of Traditional Chinese medicine. Journal of Ethnopharmacology,2008,117:378 ~384
[49] Hu J,Wu Z S,Yan J J,et al. A promising approach for understanding the mechanism of traditional chinese medicine by the aggregation morphology. Journal of Ethnopharmacology,2009,123:267 ~274
[50] 张薇,卢芳国,何迎春,等. 麻杏石甘汤体外抗A型流感病毒的实验研究. 实验预防医学,2007,14(5):1351 ~1357
[51] 刘蕊. 葛根芩连汤超微粉主要有效成分溶出和药代动力学研究. 福建农林大学,2010
[52] 李焕婷. 黄芩苷对STZ-NA诱导糖尿病大鼠的降血糖作用. 东南大学,2008.
[53] 王增四. 小檗碱促进胰岛素分泌改善胰岛素抵抗的分子机制. 华中科技大学,2009
[54] 贺钰梅,庞翠军,肖常青,等. 肥胖对2型糖尿病胰岛素敏感指数及分泌指数的影响. 广西医科大学学报,2011,28(1):110 ~112.
[55] 傅延龄,杨琳,宋佳,等. 论方药的服量. 中医杂志,2011,52(1):8 ~11
[56] 杨琳,傅延龄.《伤寒杂病论》汤剂服量探讨. 上海中医药杂志,2010,44(11):18 ~21
[57] 张仲景. 古本康平伤寒论. 长沙:湖南科学技术出版社,1988. 11
[58] 许叔微. 普济本事方. 北京:中国中医药出版社,2007. 43,26
[59] 孙思邈. 备急千金要方. 北京:人民卫生出版社,1955. 13,9
[60] 太平惠民和剂局. 太平惠民和剂局方. 北京:人民卫生出版社,2007. 309
[61] 程磐基. 宋元明清药物剂量的考证与研究. 上海中医药杂志,2004,38(7):6 ~8
[62] 顾观光(辑). 神农本草经. 北京:学苑出版社,2007. 7
[63] 田代华(整理). 黄帝内经素问. 北京:人民卫生出版社,2005. 153
[64] 刘宇政,章军,王跃生,等. 葛根芩连汤剂量相关问题探讨. 中国实验方剂学杂志,2010,16(16):216 ~218
[65] 罗佳波,谭晓梅,余林中,等. 葛根芩连汤配伍规律的研究. 中草药,2005,36(4):512
[66] 谭晓梅,戴开金,罗佳波,等. 葛根芩连汤不同配伍对黄芩苷含量的影响. 中草药,2003,34(7):598
[67] 戴开金,罗佳波,谭晓梅,等. 葛根芩连汤不同配伍对葛根素含量的影响. 中草药,2003,34(6):506
[68] 崔向微,张贵君,李慧,等."葛根芩连汤"2种配伍比例的化学药效组分比较分析. 中成药,2009,31(2):263
[69] 吴承洛. 中国度量衡史. 上海:上海书店,1984. 72
[70] 王焘. 外台秘要·卷2. 北京:人民卫生出版社,1955. 94
[71] 张正昭. 伤寒论归真. 长沙:湖南科学技术出版社,1993. 193
[72] 刘渡舟. 伤寒论临证指要. 北京:学苑出版社,1993. 76
[73] 国家药典委员会. 中华人民共和国药典·一部. 北京:中国医药科技出版社,2010. 1146
[74] 张仲景. 金匮玉函经. 北京:学苑出版社,2005. 11,115,116
[75] 孙思邈. 千金翼方(卷9). 北京:人民卫生出版社,1955. 100
[76] 朱右武. 宋本伤寒论校注. 长沙:湖南科学技术出版社,1985. 22
[77] 成无已. 注解伤寒论. 北京:人民卫生出版社,1978. 75
[78] 刘宇政,章军,王跃生,等. 葛根芩连汤剂量相关问题探讨. 中国实验方剂学杂志,2010,16(16):216

[79] 陈志刚,王新佩,孟繁兴,等. 张仲景经方计量古今研究探讨. 中医教育,2008,27(3):13
[80] 李具双. 汉唐时期药用衡制及量值考. 北京中医药大学学报,2004,27(2):13
[81] 卢嘉锡. 中国古代科技史·度量衡卷. 北京:科学出版社,2001. 244,249,274,281,304,347,391
[82] 郝万山. 汉代度量衡制和经方药量的换算. 中国中医药,2005,3(3):48
[83] 刘云. 论经方汉今剂量折算. 河南中医,1984,(3):7
[84] 仝小林,穆兰澄,姬航宇,等.《伤寒论》药物剂量考. 中医杂志,2009,50(4):368
[85] 程先宽,韩振蕴,范吉平,等. 不同地区医院处方与经方药味、用量比较. 世界科学技术·中医药现代化,2006,8(2):44
[86] 魏清芳,郭险峰. 古今经方煎服方法差异的探讨. 内蒙古中医药,2006,(4):2
[87] 张正昭. 伤寒论归真. 长沙:湖南科学技术出版社,1993. 193
[88] 高学敏. 中药学. 北京:中国中医药出版社,2008. 43

第七章　方药量效学研究的科学方法体系

第一节　方药临床合理用量科学研究方法体系的构建

一、从《神农本草经》到历代本草中有关中药剂量的规定

（一）《神农本草经》三品分类法对方药临床合理用量的启示

《神农本草经》（简称《本经》）[1]是现存最早的药物学专著，其按照药性、药效及毒性大小等，将药物分为上、中、下三品。其中“上药……主养命，以应天，无毒。多服、久服不伤人。欲轻身、益气、不老延年者，本上经。”“中药……主养性，以应人。无毒、有毒，斟酌其宜。欲遏病，补虚羸者，本中经。”“下药……主治病，以应地。多毒，不可久服。欲除寒热邪气，破积聚，愈疾者，本下经。”纵观《神农本草经》对药物的分类，不难发现上品及中品药物中包括许多药食同源的药物，如薯蓣（山药）、大枣、薏苡仁、葛根、桔梗等；而下品中有毒药物较多，如附子、半夏、甘遂、大戟、巴豆等。据此，《本经》的药物三品分类原则为临床合理用量提供了一种思路：上品药物的用量范围可以较为宽泛，中品次之，下品药物用量范围应该最窄。

现将《神农本草经》所记载的药物与我国卫生部于2002年公布的《卫生部关于进一步规范保健食品原料管理的通知》（简称《通知》）中收录的药物（“既是食品又是药品的物品名单”、“可用于保健食品的物品名单”、“保健食品禁用物品名单”）进行交叉比较，并以2010年版《中国药典》为剂量参照标准，同时标识药物的性味，分析《神农本草经》上、中、下三品的分类原则，以及其中可以用于食品和保健食品药物的剂量特点，总结《本经》三品分类法对方药临床用量的启示。

《神农本草经》成书年代较为久远，当时的部分药物名称与现代有所区别，因此，在进一步研究前，必须对《本经》的药物名称进行标准化处理。本部分以沈连生先生主编的《神农本草经中药彩色图谱》[2]对药物“基原考证”得出的药物正品名称为参考，以《中国药典》规定的药物名称为最终标准，形成《神农本草经》的标准化药物名称。

按照《本经》的规定，标识365种药物的上、中、下三品分类属性。按照《通知》的规定，以“既是食品又是药品的物品名单”、“可用于保健食品的物品名单”、“保健食品禁用物品名单”为标准，标识365种药物的类别。按照2010年版《中国药典》的规定[3]，标识《本经》药物的毒性及性味属性。按照标识的不同属性对《本经》数据库中的药物进行分类比较。①《本经》上中下三品分类属性与《通知》规定（“既是食品又是药品”、“可用于保健食品”、“保健食品禁用”）的比较分析。②《本经》三品分类属性与《中国药典》对药物毒性规定的比较分析。③《本经》三品分类属性与《中国药典》对药物性味规定的比较

分析。④以《中国药典》对药物剂量的规定为参照，分析《本经》上、中、下三品药物在《中国药典》中的用量特点。

对数据进行统计分析。①采用描述性统计方法，计算上、中、下三品药物出现在《通知》规定药物分类中的频次及在比例；及有毒药物在上、中、下三品药物中出现的频次及所占比例。②计算《中国药典》所收录《本经》药物的剂量阈值（剂量阈值=最大剂量-最小剂量）。③分别对《本经》三品药物的最小、最大剂量及剂量阈值进行正态性检验。采用适当的统计方法描述《本经》三品药物剂量的不同集中位置及集中趋势，比较其最大值、最小值及剂量阈值。

研究结果显示：《神农本草经》共收载药物365种，其中上品120种、中品120种、下品125种（表7-1）。经交叉对应，共有99种药物出现在《通知》中，既是食品又是药品的有38种，可用于保健食品的45种，保健食品禁用的药物18种。

表7-1　《神农本草经》药物在《通知》中的分类

三品分类	在《通知》中的分类	药物名称
上品	既是食品又是药品	甘草、菊花、薏苡仁、薯蓣（山药）、决明子、牡桂（肉桂）、枸杞（枸杞子）、茯苓、酸枣（酸枣仁）、橘柚（橘皮）、槐实（槐米或槐花）、柏实（柏子仁）、大枣、鸡头实（芡实）、食蜜、阿胶、牡蛎
	可用于保健食品	人参、术（白术）、牛膝、天门冬、干地黄、菟丝子、木香、远志、巴戟天、麦门冬、车前子、泽泻、石斛、赤箭、丹参、升麻、蒲黄、兰草、杜仲、五加皮、女贞实
	保健食品禁用	丹砂
中品	既是食品又是药品	干姜、葛根、百合、白芷、茅根、桔梗、栀子、竹叶、秦椒、白棘、龙眼、梅实（乌梅）、葱实（葱白）、麻蕡（火麻仁等）
	可用于保健食品	当归、玄参、川芎、芍药、贝母、淫羊藿、茜根、泽兰、牡丹（丹皮）、知母、黄耆（黄芪）、五味子、桑根白皮（桑白皮）、枳实、沙参、吴茱萸、厚朴、山茱萸、鹿茸
	保健食品禁用	防己、莨菪子、石硫黄
下品	既是食品又是药品	蜀椒、郁李仁、杏核仁、彼子
	可用于保健食品	大黄、白及、积雪草、龟甲、鳖甲
	保健食品禁用	附子、半夏、虎掌、藜芦、甘遂、大戟、羊踯躅、狼毒、鬼臼、巴豆、莽草、雄黄、水银、斑蝥

上品中既是食品又是药品的药物在三品中最多，共18种，占15.0%，可用于保健食品的药物也最多，共21种，占17.5%；中品中有14种药物既是食品又是药品，占11.7%，可用于保健食品的药物19种，占15.8%。下品中可用于食品或保健食品的药物较少，相反保健食品禁用的药物较多，有14种，占11.2%。可见，在《神农本草经》的上中下三品药物中，上品既是食品又是药品或可用于保健食品的药物最多，中品次之，下品最少；相反，下品中保健食品禁用的药物最多，中品次之，上品最少。

药物名称标准化后，初步统计《本经》365种药物中共192种药物收录在《中国药典》中，其中上品药69种，中品药75种，下品药48种。

就药物总数而言，有毒药物，下品最多（48种），中品次之（6种），上品最少（3种）；而无毒药物上品（66种）与中品（69种）明显多于下品（25种）。就药物所占比例而言，上品药中有毒药物最少，只占4.5%，中品次之，占8%，下品最多，占到了47.9%。

经正态性检验，《中国药典》收录的《本经》192种药物的最小剂量、最大剂量及剂量阈值均为非正态分布（$P<0.05$），因此，选择中位数、四分位数间距、众数等分别描述三类药物剂量的集中位置和集中趋势（表7-2）。

表7-2 《神农本草经》药物在《中国药典》中的剂量分布（单位/g）

类别	上品药物（n=69）	中品药物（n=75）	下品药物（n=48）
最小剂量			
均数±标准差	5.72±3.11	5.08±2.76	4.43±3.66
最小值	0.10	0.03	0（外用适量）
最大值	15.00	15.00	15.00
中位数	5.00	5.00	3.00
众数	3.00	6.00	3.00
四分位数间距	6.00	3.00	4.50
全距	14.90	14.97	15.00
最大剂量			
均数±标准差	12.00±5.62	11.47±7.79	9.33±7.25
最小值	0.50	0.10	0（外用适量）
最大值	30.00	60.00	30.00
中位数	10.00	10.00	9.50
众数	10.00	10.00	10.00
四分位数间距	5.00	2.00	12.00
全距	29.50	59.90	30.00
剂量阈值			
均数±标准差	6.28±3.48	6.39±5.81	4.90±4.27
最小值	0.40	0.07	0（外用适量）
最大值	21.00	45.00	21.00
中位数	6.00	6.00	5.00
众数	6.00	6.00	6.00
四分位数间距	2.00	2.50	4.50
全距	20.60	44.93	21.00

（1）按照《中国药典》规定，《本经》中上、中、下三品药物最常见（众数）的临床可使用剂量分别分布在3～10g、6～10g、3～10g，三者差别不大，但是中品药物最常见的剂量范围比下品药物还要窄。

（2）以《中国药典》规定剂量为参照，《本经》上品药物可以使用的最大剂量的最大值是30g，与下品药物相同，低于中品药物（60g）；此外，上、中、下三品药物规定最小剂量的最小值均小于或等于0.1g。

(3) 剂量阈值(最大剂量与最小剂量的差值)可较好地反应一种药物的临床用量范围。以《中国药典》规定剂量为参照,《本经》上、中、下三品药物最常见(众数)的剂量阈值都是6g。上品药物最小的剂量阈值仅0.4g,最大的剂量阈值为21g;中品药最小剂量阈值仅0.07g,最大剂量阈值(45g)却大于上品药物;同时,下品药物最小的剂量阈值为0(部分下品药物《中国药典》规定不能口服,外用适量),最大的剂量阈值却与上品药物相同(21g),大大低于中品药物(45g)。

《神农本草经》对上品的定义为:"主养命,应天,无毒。多服、久服不伤人。"通过《本经》收载药物与《通知》中可用于食品或保健食品药物的交叉比较,《本经》上品药物中可用于食品或保健食品的药物确实最多,中品药物次之,下品药物最少;相反,下品中禁止用于保健食品的药物最多。可见《神农本草经》三品分类法在对药物分类时,充分考虑了药物的药性、毒性、药效等,上品药无毒或毒性较小,服用时口感好,多用于养生保健,即使"多服、久服"亦处于安全、有效的剂量范围中。

《神农本草经》三品分类法对临床方药合理用量的启示如下:

(1) 扩大中药剂量阈,提高方药临床疗效。有学者提出[4]方药的治疗窗是针对不同治疗目标所采用的最佳剂量范围,同一方药可能会有多个针对不同治疗目标的治疗窗。目前,按照《中国药典》的剂量规定,《通知》中可用于食品或保健食品药物的剂量阈较窄,较窄的剂量阈可能无法将此类药物治疗某些疾病的有效剂量包括在内,即某些疾病的治疗窗可能在《中国药典》规定的剂量阈之外,从而影响方药临床疗效。

(2) 参考《神农本草经》三品分类法的分类思想为不同类别的药物制定不同的剂量阈。《神农本草经》三品分类法对临床方药合理用量的启示,即药物根据其不同性味、药效、毒性等有不同分类,因此,不同类别的药物在用量上也应有所不同。

对于类似《本经》"上品"所描述的药物,许多可用作食物或保健食品。这些中药一般药性平和,不良反应少,可以较长时间的服用。在我国的种植较广,可以制作成各种食品,口感较好,易于为患者接受。这些特点使得药食兼用中药在临床上多有单味、大剂量应用的实例,既安全又有效[5]。对于这类药物,其剂量阈可较宽泛,使药物的剂量阈尽可能包括所有治疗窗。

对于类似《本经》"下品"所描述的药物,由于药性峻猛或毒性较大,故临床应用时必须十分谨慎,严格控制用量范围,避免产生严重不良反应。

类似《本经》"中品"的药物,应根据临床实际选择恰当的剂量,即不能像可用于食品或保健食品的药物剂量范围一样,让患者多服、久服,导致不良反应;也不必过于严苛地控制其剂量阈,以至于使治疗窗不在剂量阈内,影响方药疗效。

值得提出的是,"三品分类"思想对现代临床合理用量有很好的启示作用,但是并不代表可以原原本本地按照《本经》三品分类来用药。三品药物中,上品包含了毒性药,中下品也有部分无毒,甚至是药食同源的药物。如,《本经》成书之时,普遍认为丹药具有益寿延年之效,因此上品中出现了诸如丹砂(朱砂)等有毒的矿物药物,随着科学的发展,人们对此类矿物药毒性的认识更加深刻,因此,对于这一类上品药物,应用必须十分谨慎。

(二) 历代本草中有关中药剂量的规定

历代本草中虽明确记载中药的具体用量,但多是从中药的功效方面,以方剂的形式记载。如我国首部颁定的药典唐代《新修本草》中记载:“鹤虱,味苦,平,有大毒。主蛔、蛲虫,用之为散,以肥肉臛汁,服方寸匕;水杨叶、嫩枝,味苦,平,无毒。主久利赤白。捣和水绞取汁,服一升,日二,大效。”[6]唐代陈藏器所著《本草拾遗》载:“淬铁水,味辛,无毒。主小儿丹毒,饮一合。”[7]五代李·所著《海药本草》载:“琥珀,温,主止血,生肌,镇心,明目,破癥瘕气块,产后血晕闷绝,儿枕痛等,并宜饵此方。琥珀一两,鳖甲一两,京三棱一两,延胡索半两,没药半两,大黄六铢,熬捣为散。空心酒服三钱匕,日再服校量,神验莫及。”[8]元代王好古所撰《汤液本草》载:“紫参,气微寒,味苦辛,无毒。……仲景治痢,紫参汤主之,紫参半斤,甘草三两,水五升,煎紫参取二升,却内甘草,煎取半升,分温三服。”[9]

二、中药临床应用剂量的现状与权威剂量规定的矛盾

(一)对2010年版《中国药典》饮片用量规定的分析

药典,是国家记载药品标准、规格的法典,主要用于制定药品的标准,以加强药品质量的监督管理、保证质量、保障用药安全有效。药品标准是药品现代化生产和质量管理的重要组成部分,是药品生产、供应、使用和监督管理部门共同遵循的法定依据。1953年我国编写了新中国成立以来的第一部《中国药典》,至今已修订再版9次,最新版为2010年版《中国药典》[3]。现行《中国药典》分为三部,对中药“药材和饮片”的若干规定收录于第一部,其中也包括对饮片用量及用法的规定,因此,现行《中国药典》是临床用量的最高标准。本部分将采用统计学方法,分析《中国药典·一部》规定饮片【用量与用法】的特点。

①采用描述性统计方法,分析《中国药典》饮片的最大剂量、最小剂量及剂量阈值(剂量阈值=最大剂量-最小剂量)的分布特点;②按照药物毒性分类,分析《中国药典》毒性药物和无毒药物饮片的剂量分布特点差异;③以我国卫生部2002年公布的《卫生部关于进一步规范保健食品原料管理的通知》(以下简称《通知》)中收录的药物为参照,分析《中国药典》中“既是食品又是药品的物品名单”、“可用于保健食品的物品名单”、“保健食品禁用物品名单”及其他药物的剂量分布特点和差异。

根据纳入标准,共录入药物617种,其中16种没有规定剂量,1种(胖大海)未以单位克规定剂量。

(二)《中国药典》中没有规定用量的药物

这种药物共16种,包括土荆皮、川乌、天南星、巴豆、水飞蓟、煅石膏、亚乎奴、虫白蜡、红粉、牡荆叶、松花粉、炉甘石、草乌、狼毒、蜂蜡、颠茄草。根据这些药物的用法,可分为三类:

(1)外用药物。如土荆皮、松花粉、炉甘石、狼毒等,《中国药典》在【用法与用量】中指明此类药物“外用适量”,未规定具体用量范围。

(2)用于配药或提取有效成分的药物。如白虫蜡、蜂蜡等常作为药物赋型剂;而水飞蓟、红粉等多用于与其他药物配成药;牡荆叶、颠茄草用于提取有效成分,故药物本身不规定具体用量范围。

(3) 需炮制后才可使用的药物。如川乌、草乌等,一般不生用,炮制后才使用,因此生品不规定用量范围。

(三)《中国药典》中规定了剂量的饮片用量分布特点

在《中国药典》所有饮片中,最常见(众数)的最小剂量是3g,最大剂量是10g,药物最大剂量与最小剂量之间的范围(剂量阈值)是6g。《中国药典》规定药物的最大剂量是60g,可用达此剂量的药物有土茯苓、石膏、四季青、冬凌草、金钱草、黄藤、野马追(表7-3)。

表7-3 《中国药典》所有药物的剂量分布(单位/g)

	最小剂量	最大剂量	剂量阈值
样本量(缺失值)	600(17)	600(17)	600(17)
均数±标准差	5.66±4.24	12.28±9.21	6.61±5.80
中位数	5.00	10.00	6.00
众数	3.00	10.00	6.00
最小值	0.02	0.03	0.01
最大值	30.00	60.00	45.00

(四)《中国药典》毒性药物的剂量分布特点

《中国药典》将毒性药物分为"小毒"、"有毒"和"大毒"三类,其中"小毒"31种、"有毒"42种、"大毒"10种。

(1)《中国药典》对"大毒"药物的剂量控制最严格。10种大毒药物的剂量阈值都在1g以内(包括1g)。4种药物(川乌、巴豆、红粉、草乌)没有规定剂量。5种药物(马钱子、马钱子粉、天仙子、巴豆霜、斑蝥)"多入丸散服"或"外用",最大剂量在1g内;闹羊花是大毒药物中剂量阈值最宽的(0.6~1.5g),可"浸酒"、"入丸散服"、或"外用"。

(2)《中国药典》中"有毒"药物剂量阈值在3g以内(包括3g)的有30种(71.4%)。最大用量集中在5~10g的最多,有15种,集中在1~3g和0~1g的分别有9种和7种;最大用量超过10g的有4种(三颗针、附子、臭灵丹草、白屈菜),均可入煎剂。附子的剂量阈值(3~15g)是所有"有毒"药物中最大的,《中国药典》对其煎煮有特殊要求,应"先煎、久煎"。

(3)《中国药典》中"小毒"药物的剂量阈值,在三类毒性药物中最宽,剂量阈值大于5g的占29%(9/31),而"有毒"和"大毒"药物剂量阈值大于5g的药物仅占23.8%(10/42)和0%(0/10)。

(五)《中国药典》无毒药物的剂量分布特点

《中国药典》收录的534种无毒药物,最常见(众数)的饮片用量范围是3~10g。

(1) 9种无毒药物没有规定剂量,胖大海没有用单位克计量(2~3枚)。

(2) 无毒药物最常见的最大剂量分布于5~10g,共236种(44.2%),其次分布于10～15g，有164种（30.7%）；最大剂量小于或等于1g的有11种（人工牛黄、天然冰片、牛黄、艾片、冰片、苏合香、体外培育牛黄珍珠、猪胆粉、蜂胶、麝香），多为粉剂，牛黄（天然）、麝香等也是极其珍贵的药材。【用法与用量】规定这些药物多入丸散服，或配制成药用。无毒药物中最大剂量超过20g的不多，20～30g的药物有57种，大于30g的药物只有11种。

（3）无毒药物最常见的剂量阈值是5～10g，共258种（48.3%），其次是3～5g，有94种（17.6%）。剂量阈值大于20g的药物只有31种，其中大于30g的有4种。

（六）《中国药典》毒性药物和无毒药物的饮片用量比较

表7-4 《中国药典》无毒药物与毒性药物剂量分布的比较

		无毒药物	毒性药物
剂量阈值	众数	6.00g	3.00g
	最小值	0.07g	0.01g
	最大值	45.00g	12.00g
最小剂量	众数	3.00g	3.00g
	最小值	0.03g	0.02g
	最大值	30.00g	10.00g
最大剂量	众数	10.00g	9.00g
	最小值	0.10g	0.03g
	最大值	60.00g	18.00g

《中国药典》617种药物中未标明毒性的有534种，标明毒性的有83种。

（1）从最小剂量、最大剂量和剂量阈值的角度来看，《中国药典》对有毒药物用量的规定比无毒药物严格（表7-4）。

（2）从最大剂量的分层来看（图7-1），①不论无毒或有毒性的药物，最大剂量在5g以内（包括5g）的，大部分宜入丸散服；②随着最大剂量的增大，无毒药物所占比例明显增多，尤其为5～20g时，无毒药物显著多于毒性药物；③最大剂量大于20g后，毒性药物所占比例为0，无毒药物的比例虽大于毒性药物，然而数量已经明显少于最大剂量小于20g的药物。可见《中国药典》对无毒药物最大剂量的规定也较为谨慎。

（3）从剂量阈值的分层来看（图7-2），①《中国药典》对有毒性药物的用量范围规定更严格，68.7%的毒性药物剂量阈值在3g内（包括3g），而无毒药物剂量阈值在此范围内的仅占21.2%；②《中国药典》中无毒药物的剂量阈值多在5～10g，大于20g的药物不多，占5.8%，可见《中国药典》对无毒药物的用量范围控制也较谨慎。

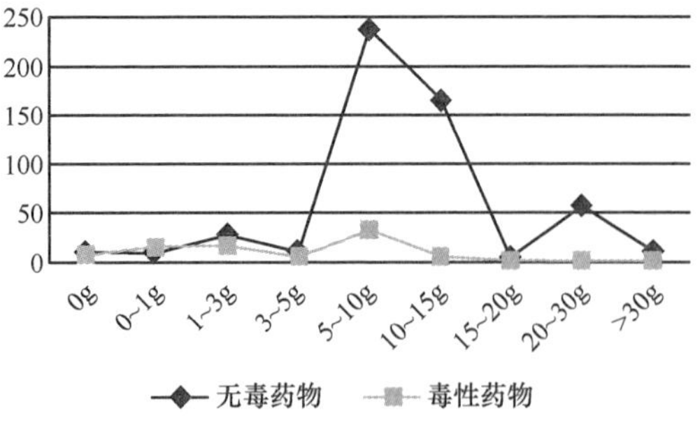

图7-1 《中国药典》无毒和毒性药物最大剂量的分层比较

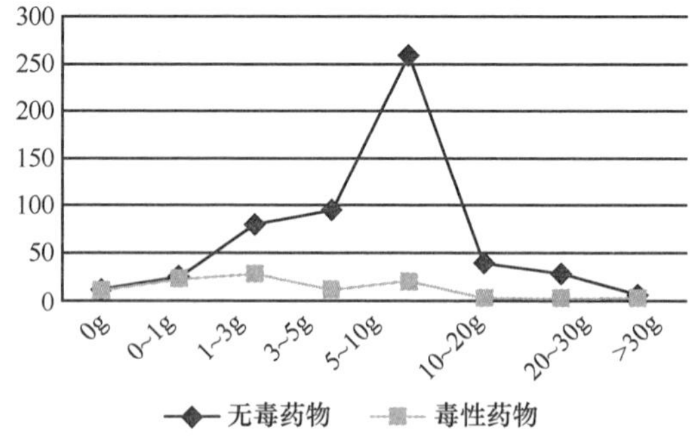

图7-2 《中国药典》无毒和毒性药物剂量阈值的分层比较

（七）《中国药典》中可用于食品（或保健食品）药物与其他药物的剂量分布比较

与《通知》中“既是食品又是药品的物品名单”、“可用于保健食品的物品名单”、“保健食品禁用物品名单”交叉对照，《中国药典》中收录了182种可用于食品（或保健食品）的药物，其中胖大海没有用单位克规定剂量。

经比较（表7-5）发现，《中国药典》中，不论药物是否可用于食品（或保健食品），用量差别不大。

表7-5 《中国药典》可用于食品（或保健食品）的药物与其他药物的用量比较

	最小剂量食品可用	其他	最大剂量食品可用	其他	剂量阈值食品可用	其他
样本量（缺失值）	182（1）	418（16）	182（1）	418（16）	182（1）	418（16）
均数	5.75±3.15	5.62±4.64	12.83±7.52	12.04±9.85	7.08±5.32	6.41±5.99
中位数	6	6	10	9	6	3
众数	3	5	10	10	6	6
最小值	0.1	0.02	0.3	0.03	0.2	0.01
最大值	15	30	60	60	45	45

注：药物剂量单位为克（g）

三、中药权威剂量规定与现代临床用量的矛盾

《中国药典》作为药品生产、检验、经营、使用等各个环节必须遵循的法典，对中药剂量也有明确的规定。作为中药的权威规定，具有法律效力，故其有关中药的用量必须在基于保证用药安全性的前提下的临床有效剂量范围，从而更好地发挥其在临床用药过程中起到对药品使用的监督和指导作用，保障药品使用的安全性和有效性。一般情况下，处方剂量不应逾越《中国药典》规定的剂量。然而目前中药的临床实际用量有日渐偏大的趋势，临床中医处方超药典用量的现象普遍存在。

（一）现代临床用量与《中国药典》规定用量的比较

有研究者[10]对2006～2008年3600张处方进行处方分析，统计调查，并与2005年版《中国药典》中药剂量比较。结果显示，各年度中药超剂量使用张数分别为59.33%、62.75%、66.17%，超剂量使用中药品种数分别为80种、86种及97种，其中超《中国药典》剂量上限1倍以上中药品种数分别为37种、42种及48种，其中主要有丹参、川芎、木香、（炒）莱菔子、北沙参、大血藤、生地黄、熟地黄、山楂、炙甘草、蒲公英、僵蚕、紫苏叶等，如丹参、川芎、大血藤等《中国药典》规定剂量范围为9～15g，而处方中经常出现30g，（炒）莱菔子《中国药典》规定剂量为4.5～9g，而处方中出现30g，超过《中国药典》规定3倍。山楂规定常用量为9～12g，但出现过山楂用量为100g的处方。研究发现现代处方常用药物的单味药平均用量接近《中国药典》规定用量的上限。在大样本现代处方用量的调查中，单味药平均用量有15g（234.54g/15.52味）[11]、14g（223g/15.6味）[12]、12g

(198g/17 味)[13]、13g(188.3g/15 味)[14]。而《中国药典》规定中,药物常用剂量分布于3~10g。10g与现代临床处方常用药物的平均剂量接近,可见,现代处方单味药用量与《中国药典》规定饮片用量比较偏大。

此外,有"大剂量"应用中药治疗疑难、复杂、急、危、重症的临床中医家,有的高出《中国药典》规定的上限数倍至数十倍,即所谓"重剂"、"霸药"。如山西李可用200g附子治疗心力衰竭[15],北京仝小林以黄连30~120g降糖[16]等。有文献记载,大剂量用药之例有用大黄500g、生地黄250g、钩藤210g、土茯苓200g、细辛160g等[17],而2010年版《中国药典》中规定的剂量范围分别为大黄3~15g、生地黄10~15g、钩藤3~12g、土茯苓15~60g、细辛1~3g,可见该处方中药物高出《中国药典》规定3~53倍,服之竟安然无恙。

(二)经方本原剂量与《中国药典》规定用量的比较

与经方本原剂量和临床实际用量比较,《中国药典》规定的剂量阈值较窄。目前学术界认为经方1两折合13.75~15.6g[18~24]更接近历史原貌,《中国药典》规定的药物剂量阈值平均仅6.61g,大大窄于经方及现代处方常用药物的剂量阈值。

(三)《中国药典》中有毒与无毒药物规定剂量的比较

《中国药典》对有毒药物的剂量控制较无毒药物严格。《中国药典》规定有毒药物的常用剂量分布于3~6g,剂量阈值为3g;无毒药物的常用剂量分布于3~10g,剂量阈值是6g。

(四)《中国药典》中可用于食品或保健食品药物与其他药物剂量的比较

《中国药典》规定中可用于食品或保健食品的药物与其他药物剂量相差不大。可用于食品(或保健食品)药物最常见用量分布在3~10g,其他药物分布于5~10g。两类药物的最大剂量均不能超过60g,最常见剂量阈值均是6g。

可见,当今处方用药剂量与《中国药典》规定剂量的矛盾日渐突出,超越《中国药典》应用剂量的现象也是目前比较普遍的问题,为中医的规范处方用量带来很大的困难。虽然自1953年第一版《中国药典》的颁布到2010年版《中国药典》,历经多次修改、补充、完善,更加注重质量可控性和药品安全性内容的增加和提高,注重基础性、系统性、规范性研究,尤其在薄弱的中药材和中药饮片标准的修订提高方面有所突破创新,但对于剂量规定的范围修改力度较弱。

针对目前临床中药剂量应用现状与权威剂量规定的矛盾,急需构建临床中药合理剂量的科学方法体系。

四、关于中药临床合理剂量的科学方法体系的初步构想

现代医药学对于处方中单味药物用量是较为机械的,这种机械的用量方式,又恰好是现代用药安全的规范标准之一,完全执行的是《中国药典》标准。而传统中医药在处方中单味药物用量上"灵活"度非常大。因此,就决定了对于中药临床剂量范围的确定方法

就不可套用与现代医药的单味药物的较为机械的方法。在确定临床中药用量范围时必须考虑影响药量的诸多因素,如药物毒性、药物配伍、剂型、炮制方法等。

基于以上影响中药临床剂量的多种复杂因素,因此,可以采用四层面、五阶段、螺旋提升的研究模式,最终构建临床方药合理剂量的科学方法体系(图7-3)。所谓"四层面"是指从文献、临床、毒理、药效学四方面开展有关方药剂量的全面研究。"五阶段"是指从以上四层面的研究到数据挖掘整合,形成中药临床合理剂量草案,并在此基础上进行中医临床专家及中药学专家的量化评估,形成临床推荐剂量范围,然后再将研究成果进行临床推广应用的五个研究阶段。此临床推荐剂量范围在临床应用中又不断形成新的文献,来完善补充原有的量效关系数据库,形成不断完善、不断提升的研究模式,即所谓的"螺旋提升",最终形成临床方药合理剂量的科学方法体系以指导临床的实际应用。以上仅为初步构想,仍需在研究中不断思考、充实,以期最终形成成熟完善的科学构想。

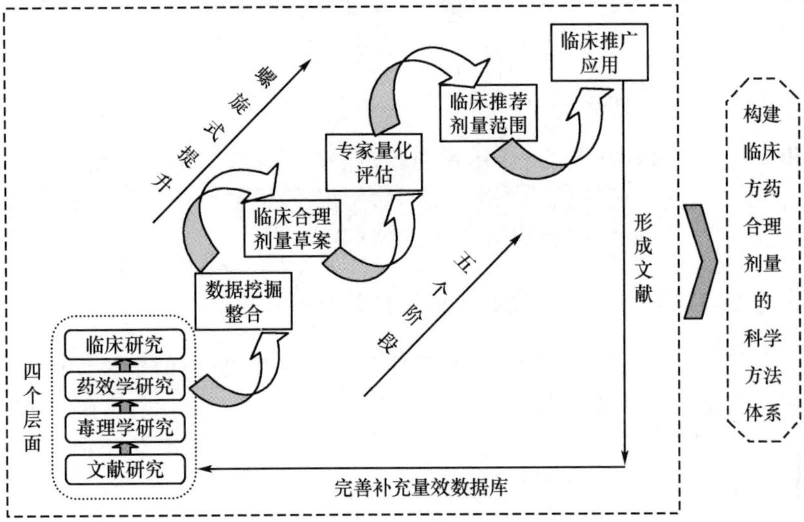

图7-3　临床方药合理用量研究体系示意图

第二节　对中药复方量效关系临床研究的思考

中药通过合理的用量和适当的配伍,形成中药复方,应用于临床已有数千年的历史。历代中医对中药的剂量与疗效之间的关系非常重视,总结了丰富的用药经验。科学地阐释中药量效关系的基本规律,正确处理好中药剂量与有效性和安全性的关系,对于提高中医临床疗效具有重要的意义。目前国内在这个领域的研究,主要从动物实验、文献研究、理论探讨等方面进行,临床的研究仍停留在经验积累和个案分析探索阶段[25]。随着传统医学向循证医学的转变,客观上要求用循证医学的方法对中医临床疗效进行研究与评价,其中便包括了对中药剂量与疗效关系的临床研究与评价。然而,中医辨证论治、个体化诊疗的特点,以及中药复方干预的复杂性,使得这方面的临床研究面临很大的挑战。本节笔者团队针对剂量效应关系的特点及相关概念、复方量效关系临床研究的背景、方向、现状和方法学挑战等方面的问题,进行初步的探讨和思考[26]。

一、中药量效关系的特点及相关概念

（一）药物的量效关系

药物的药理效应与剂量在一定范围内成比例，这就是剂量效应关系，简称量效关系，常用量效曲线来描述[27]。药理效应按性质可分为量反应和质反应两种情况。效应的强弱呈连续增减的量变，为量反应；有些药理效应只能用全或无、阳性或阴性表示，则为质反应。与量效关系有关的指标主要有阈剂量、效能、效价强度、半数有效量、治疗指数等。药物的量效关系与个体差异、年龄性别、连续用药、用药剂型、生物利用度等因素有关。

（二）中药量效关系的特点

中药除具有一般药物共有的属性特点外，还具有其特殊的属性。中药量效关系的特点主要有：

1. 量效关系指标不明确

大部分中药含有多种化合物，作用靶点广泛，这种复杂的构成体系给量效关系研究带来极大的挑战，也是中药被认为"说不清，道不明"的主要原因。中药的用量主要从临床经验中获得，缺乏明确的药理学和毒理学等指标。

2. 部分中药具有双向调节作用和不同剂量的不同作用

如常规剂量的白术可以健脾止泻，大剂量应用则可通便；小剂量黄连健胃，大剂量则败胃等。有些中药不同剂量表现出不同的功效，如小剂量柴胡升阳举陷，中剂量可疏肝解郁，大剂量解热降温。麻黄用于宣肺止咳，常规剂量即可，用于发汗利水，则需要大剂量。中药的这种特殊量效关系是临床研究的一大难点。

3. 中药的质量与产地、采收时间、炮制和煎煮方法等密切相关，量效关系受这些因素的影响

中药的应用讲究道地药材，道地药材体现了古代药物生产质量管理标准化的特点，具有明显地域特征，品种优良，疗效突出，有效成分含量较非道地药材高。中药的有效成分含量高低取决于采收时间是否适宜。中药炮制可起到减毒增效的作用，有些药物在炮制后药性也发生了改变，如生地和何首乌等。此外，中药汤剂的煎煮方法直接影响疗效，部分药物对煎煮方法有特殊的要求，如附子先煎、薄荷后下、阿胶烊化等。因此药材的产地、采收、炮制、煎煮等因素在量效关系的研究中不可忽视。

4. 辨证论治是中药药效发挥的前提和基础

如辨证得当，遣方用药合理，则疗效突出；辨证不当，方证不符，则难以起效，甚至有害。中药量效关系的临床研究必须结合辨证论治进行。

（三）复方量效关系的特点

单味中药（单方）在现代中医临床中应用甚少，绝大多数情况下是复方用药。复方除单方量效关系所具有的特点外，还包括了复方的配伍。其特点有二：

1. 复方君、臣、佐、使的组方原则本身即蕴含了量效关系的思考

一般而言，君药是复方的核心部分，通常具有药力较强，药味较少以及用量较大的特点；臣药药味较君药为多，药力与药量较君药为小；佐药一般用药味数较多，用量较小；使药通常用量较小[28]。复方的量效关系通过四类不同药物在药量、药效上的差异体现出来。

2. 复方的治疗作用可能随方中各药物的组成、比例的变化而变化

例如，《伤寒论》中的桂枝汤、桂枝加桂汤和桂枝加芍药汤三方药物组成相同，仅个别药的使用剂量不同，则分别治疗不同病证。《丹溪心法》之越鞠丸治疗气郁所致之六郁，临证时可针对郁之偏甚者酌定君药，灵活变通。这种根据临床具体情况对复方进行加减的做法，充分体现了中医个体化治疗的优势，但也给评价复方量效关系带来了很大的困难。

（四）相关概念内涵的界定

开展复方量效关系的临床研究，需要对以下概念的内涵进行界定和说明：

1. 剂型

中药的剂型种类繁多，如传统的汤剂、散剂、丸剂、膏剂、丹剂等，以及现代开发的冲剂、胶囊剂、口服液、糖浆剂、注射剂等。从临床研究干预措施实施的复杂程度，可将其简单地分为汤剂和中成药两大类。与汤剂相比，中成药的成分、比例固定，量效关系的临床研究实施起来要简单得多。在新药研发过程中，Ⅰ期和Ⅱ期临床试验对药物的临床药理学、安全性和有效性进行了初步评价，确定最小有效剂量、最大耐受剂量等指标，并通过Ⅲ期和Ⅳ期试验进一步确认，对量效关系的临床研究贯穿整个临床试验[29]，研究的方法相对成熟。因而，汤剂量效关系的临床研究是当前研究的难点，也是本节主要讨论的内容。

2. 剂量

剂量即药物的用量。考察复方剂量与效应的关系，剂量的变化可分为复方整方剂量的变化和方中药物剂量（或药味）的变化两种情况。前者为对整方的研究，是将复方视为一个整体，方中药物的组成及其比例均不改变，比较全方不同剂量水平的差异；后者是拆方研究，观察方中药物的剂量变化对全方疗效的影响。拆方研究还可以分为两种类型，一种是对复方中个别药物（主要是君药）量效关系的分析；另一种是分析复方的配伍特点，即对方中药物按不同剂量水平进行重新组合，从而寻找最佳的用量和配伍。

3. 效应及其效应指标

从药理学角度来看，效应指的是药理的效应。但量效关系的临床研究所关注的则是不同剂量的中药或复方对有效性和安全性的影响,其目的在于明确中药或复方的治疗窗和最合适的用量。从临床研究的角度看,效应指标是反映临床结局的特异性指标。因而需要强调的是,并非所有中医治疗的疾病、现有的中医临床结局指标评价体系,都适合于进行量效关系的临床研究,应当选择那些病种较单一,疗效评价指标客观、可测量、重复性好的指标来进行,才能反映出中药及复方剂量与效应之间存在的特异性关系,而不仅仅是笼统地评价中医药临床疗效。

二、复方量效关系临床研究的背景、方向和作用

(一) 研究背景

剂量是方药的灵魂,复方治病能否有效,除了辨证和配伍外,还取决于方中药物的剂量。以《伤寒杂病论》的经方为代表的古方配伍精良、疗效卓著,后世沿用至今。但由于年代久远,度量衡屡经变动,古今对经方的用量差异极大。明代李时珍在《本草纲目》中即已提出:"古今异制,古之一两,今用一钱可也。"现代学者对古今度量衡的变化进行了大量的考证,如计量史专家丘光明[30]考证多件出土新莽时期的衡器,折算 1 斤为 238g,1 两为 14.875g;柯雪帆等[31]对东汉度量衡的考证,发现《伤寒杂病论》的药物剂量应按 1 两=15.625g 计算,与现代影响最广的 1 两=3g 的换算相差甚远,说明经方在流传过程中用量越来越小,可能会对疗效产生影响。

此外,随着现代对方剂研究的深入,尤其是上述的拆方研究第二种类型,可阐明中药复方的配伍关系和组方理论,通过拆方分析得出的规律性认识,为研制新的中成药提供可靠的依据。如通过对古方苏合香丸的拆方研究,发现起作用的为苏合香脂和冰片两个成分,其他成分未能证实效果。根据此研究结果已制成一种新型制剂苏冰滴丸,治疗心绞痛有效[32]。Wang L[33]等对雄黄、青黛复方中药成分配伍研究,在分子水平阐明其治疗白血病的多成分多靶点的作用机制,验证了方剂"君、臣、佐、使"配伍原则的科学性,并为开发治疗慢性粒细胞性白血病新药提供了依据。

(二) 研究方向和作用

现阶段主要通过文献考证、实物考证等来确定古方原本的用量,但临床的问题终究需要在临床研究中才能得到解决。虽然现有的考证已基本明确了古今度量衡的换算,但因古今疾病谱、时空环境、人的体质、药材质量等多方面的因素的不同,文献考证的结果不能直接应用于现代临床,金元时期医家张元素即已提出了"古方今病不相能"的说法。因此,我们认为,通过临床研究探寻古方发挥最佳疗效的用量,起效的最低剂量和最大耐受剂量,找出其治疗窗,以及确定符合现代临床实际的古今度量衡换算方法,是复方量效关系临床研究的主要方向。

关于复方量效关系的拆方研究,如考察方中君药的量效关系,可通过统计学方法定量地评价其在方中的作用,并找出其发挥最大效用的用量,确定其量效关系的指标,从而更好地指导临床应用。这也是复方量效关系临床研究的方向之一。

拆方研究的第二种类型应在药理研究的基础上进行,通过动物实验寻找复方中发挥

主要作用的药物,筛选出有效的药物和配伍,用统计方法寻找最佳的组合。此为对复方配伍、剂量的重新和彻底的审视,涉及组方理论、临床应用等深层次的问题,试验设计和实施的难度大,但这种类型的药理学研究,其成果可为研制新的中成药提供思路,而中药新药在上市前的各期临床研究仍需做量效关系的研究。

(三) 研究的两个阶段

综上所述,按照研究的程度,中药复方量效关系的临床研究可分为两个阶段。对整方和复方君药量效关系的研究是中药量效关系临床研究的初级阶段,研究的目的是寻找复方、君药的治疗窗,初步明确其量效关系特点。对复方药物不同剂量水平配伍的拆方分析则是中药量效关系临床研究的高级阶段,在前提研究的成果基础上,此阶段的研究可进一步明确整方和方中各药物的量效关系,深化和发展对复方配伍规律乃至中医理法方药的认识。两个阶段之间,前者是后者的基础,后者是前者研究的深化。因而现阶段的研究应以基础为主,在已有成果的基础上再研究复方不同剂量水平配伍与疗效之间的关系。

三、中药复方量效关系临床研究的现状

国内对于中药复方量效关系的药理学研究已有一定的开展,主要是进行拆方研究。例如,冯宝民等[34]对三子养亲汤的研究,将方中莱菔子、紫苏子、白芥子的用量按1∶1∶1、2∶1∶1,1∶2∶1和1∶1∶2的比例分为4组,并设立地塞米松组、生理盐水组、空白对照组进行对照,观察对哮喘模型小鼠的疗效,发现紫苏子对复方平喘作用贡献较大,提示增加紫苏子的用量可以起到更好的平喘作用。

但在临床研究领域,相关的研究仍然以经验积累和个案分析的探索为主,尚未见到运用临床流行病学的方法研究中药量效关系的报道。为了解国内外研究现状,本文作者分别检索了中国学术期刊网络出版总库(CNKI)、中文科技期刊数据库(VIP)、PubMed和Cochrane图书馆。检索时间至2010年9月19日。中文检索关键词为量效关系(或剂量效应关系)加中药(或方剂、复方),进行全文检索;英文检索关键词为dose-re-sponse,relationship/dose-effect relationship + herbalmedicine,进行主题词检索。未检索到中药复方汤剂量效关系的临床研究文献。部分文献报道了对中成药量效关系的研究,如一篇会议论文报道了研究经方麻子仁丸治疗功能性便秘的量效关系,研究者设计了一个RCT,比较高、中、低3个剂量组麻子仁丸的疗效,发现高剂量组的疗效优于其他两组,并根据研究结果,再设计一个RCT,将高剂量组与安慰剂组进行比较,证实了麻子仁丸的疗效[35]。国外一篇文献报道了治疗哮喘的药物ASHMITM(由灵芝、苦参和甘草组成的中成药)的安全性、有效性和剂量效应关系的Ⅰ期临床试验,采用随机、对照、双盲、安慰剂的设计,将该药物用量分3个等级(600mg、1200mg、1800mg),根据前期研究数据证实的安全性,逐渐增大药量至1800mg,证实了该药物的有效性和安全性,确定了用药剂量[36]。

显然,除对中成药的量效关系研究相对简单易行外,中药复方汤剂量效关系研究的复杂性,以及在方法学上面临的巨大挑战,使得国内外在这方面的研究难以取得突破。

四、中药复方量效关系临床研究的挑战

(一) 伦理学问题

临床研究是以人为对象的研究,涉及伦理的问题。复方量效关系临床研究面临的伦理学问题主要是药物用量的问题和对照的选择。众所周知,中国《中国药典》对于中药规定的用量偏低,中药超大剂量应用由来已久[37]。但《中国药典》的规定使得量效关系的临床研究面临很大的局限。如果复方的高剂量不突破规定用量的上限,则难以称之为“高剂量”,研究也难以达到预期效果;超过了规定用量,则可能存在伦理学或者法律方面的问题。此外,以无效的低剂量做对照同样不符合伦理要求[38]。因此,在复方量效关系的临床研究之前,必须对该复方的药理、毒理有比较全面的了解后才能进行试验,用药剂量应综合动物实验的前期研究、古今文献的考证、专家论证等各方面的研究予以确定,并得到伦理委员会的审批。必须获得患者的知情同意,才能将患者纳入到研究中。在临床研究过程中必须按照预先制定的标准操作规程进行,以免发生不良事故。若治疗中出现明显的不良反应,应立即终止试验。

在对照措施的选择上,安慰剂对照可以消除主观因素的影响,便于对比观察干预措施的疗效,但有可能存在伦理学问题。因此,安慰剂对照只能用于病情轻、稳定,或目前没有公认有效干预的疾病。对于一些构成生命威胁的疾病如癌症、严重感染等不主张使用安慰剂治疗,但如果所有患者均接受标准治疗,在此基础上比较干预措施与安慰剂则是允许的[38]。

(二) 纳入研究对象的问题

传统的临床评价需考虑纳入对象的代表性,而复方量效关系的研究同时需强调同质性,否则难以进行。代表性是指不同程度病情的患者均应有一定的数量参与,并被随机地分配到治疗组和对照组中。采用多中心的临床试验有助于提高代表性。保持研究对象的同质性,要求纳入的研究对象同时符合明确的西医诊断标准和中医辨证的标准。同病异治是中医治疗的特色,一个复方只能对疾病的某一特定证型起到有效的治疗作用,不能简单地针对某一疾病评价复方的量效关系。研究对象所患疾病的证型应符合待研究复方所对应的证型,符合程度越高,同质性越好,就越能体现出该复方的量效关系。这就是复方量效关系临床研究强调同质性的原因。对同质性的要求,存在的主要问题是中医辨证分型缺乏公认的标准,解决的办法是采用行业标准或达成专家共识的标准,作为辨证分型的依据。

(三) 干预措施的选择及其与辨证论治的矛盾

尽管较多的分组有助于观察研究量效关系,但考虑到样本量的问题,临床研究的分组不宜过多,一般将复方按高、中、低剂量分为三组,再加一个阴性对照组,即复方零剂量组。高、中、低剂量的具体用药量应根据动物实验、古今文献考证、专家论证等多方面研究成果确定,并得到伦理委员会的审批。为保持药材质量的统一,多中心的临床研究应

固定中药的产地、批次、煎煮条件等。此外,是否需要在西医标准治疗的基础上给予中药复方干预,则应视研究目的、具体的疾病而定。

试验性临床研究强调标准、统一、同质,使研究结果的论证强度更高,内部真实性好。但干预措施的标准化与中医辨证论治、个体化治疗是矛盾的。如何在干预措施标准化和个体化治疗之间找到平衡,是复方量效关系研究的难点。观察性研究对干预措施和受试者的入组均无严格的限定,较少产生伦理学的问题,但论证强度较弱。因此,在试验性研究中选择同质性好的研究对象,可以使干预措施尽量标准化,最大限度地减少个体化差异。如允许对复方进行辨证加减,应事先制定统一的加减原则,结局评价时还需考虑加减用药部分的量效关系。辨证加减可使医生和患者更容易接受研究,但却给量效关系的评价带来很大的困难,因而在实施时需要慎重考虑。队列研究作为观察性研究中证据级别最高的研究方法,可考虑用来评价复方的量效关系,但对暴露因素、暴露水平、结局指标等均应有明确的限定,尽可能全面地收集资料,以保证研究结果的可靠性。

(四) 结局指标的选择、测量和评价

目前,中医药临床试验疗效评价中存在的问题主要是标准不统一、与国际标准不接轨、指标的选择和报告不规范、统计方法的应用不恰当等。特别是针对疾病症状或体征改善的评价指标,很多研究采用有效率进行评价,评价的标准却各不相同,难以得到认可,进行系统评价时不能对这些指标进行 Meta 分析,影响了结论的可靠性和可推广性[39]。

结局指标的选取应以单一、客观、可测量、反映疾病特异性的指标为主。中医临床疗效评价的次要结局指标常采用综合性的指标,如生活质量、中医证候评分等,但这不能体现复方剂量与效应之间的特异性关系,几乎不可能用于量效关系的评价,仅部分以疼痛为主要症状的疾病可以考虑采用视觉模拟评分(visual ana-logue scale, VAS)进行测量。此外,安全性指标必须纳入到结局指标的评价当中。通过选择适当的结局指标,以评价不同剂量复方的安全性和有效性。

在中药汤剂的临床试验中,实施盲法非常困难。对照组若采用安慰剂治疗,很容易被患者识破,对医生施盲也难以做到。在这种情况下,可采用第三方评价的方法,对结局测量者和统计分析者施盲,以减少偏倚,增强研究结果的可靠性。

(罗　辉　刘建平)

第三节　中药复方量效关系实验研究的进展与思考

中药复方,尤其是经典名方,经过千百年来临床验证,临床疗效肯定,但大多机制不明,尤其是组成方剂的各个中药的剂量更是具有灵活多变的特点,前人早已认识到,药味要紧,分量更要紧,“既可上下药力,亦可左右药效”,使得中药复方的量效关系更加充满复杂和神秘感。因此,中药方剂用量范围与规范、量效关系的确定已是中医药界亟待解决的问题。近几年来越来越多的人已经逐渐认识到中药复方量效关系的重要性,并进行了一系列的实验研究,本部分就有关中药复方近年来关于量效方面的实验研究存在的问

题加以探讨。

一、中药复方量效关系实验研究进展

(一) 复方总剂量与疗效的关系

在中药复方量效研究中,多数实验研究中组成复方的各中药比例不变,而总剂量分别设立了低中高剂量组,来观察实验中的指标,得出剂量与疗效之间的关系。如韦史利等[40]通过高架十字迷宫制作焦虑小鼠模型,然后分别给予低中高剂量逍遥丸连续治疗7天,得出逍遥丸具有明显抗焦虑作用,存在量效关系,高剂量组效果最好的结论。李庆生等[41]研究证实,在自拟中药复方"肤敏膏"干预调节 T_{H_1}/T_{H_2} 细胞因子实验中,高、中、低三剂量组"肤敏膏"对ACD小鼠紊乱的细胞因子均显示出明显抑制作用,且药物剂量和药效之间呈现出良好的量效梯度关系。陈玉生等[42]在实验中发现,四逆汤对抗普萘洛尔减慢心率的效应在一定范围内呈剂量依赖关系,即呈良好的正相关。

部分实验得出了剂量与疗效是呈正比的,即随着剂量的增加,疗效得到相应增加的结果。而且在从剂量梯度的含药血清实验中,部分实验也得到了类似的实验结果。如杜标炎等[43]在六味地黄丸对自杀基因系统杀伤肝癌细胞增效作用的量效关系实验中,用六味地黄丸灌胃4d的含药血清在5.0%、10%含药血清浓度下,与自杀基因系统联合作用的抑制率为21.51%、28.78%,较单纯自杀基因系统的抑制率14.44%分别提高了7.02%、14.24%;六味地黄丸灌胃8d的含药血清,在2.5%、5.0%、10%浓度下,与自杀基因系统联合作用的抑制率26.66%、32.14%、30.84%,较单纯自杀基因系统的抑制率21.43%分别提高了4.7%、10.2%、4.0%。呈现剂量依赖关系。

但是部分研究也发现,一部分中药复方虽然确实存在随着剂量的增加,效用增加的递增变化规律,但达到一定剂量后,效用并不伴随剂量的增加而增加了。如王欣等[44]从行为学角度观察了四个不同给药剂量酸枣仁汤对高架十字迷宫焦虑大鼠的抗焦虑作用。发现中药酸枣仁汤确有抗焦虑作用,从小剂量开始此效用逐渐增强,但达到一定剂量后,抗焦虑效应并不再伴随剂量的增加而增强,发生机制尚不明确。侯素春等[45]在通过不同剂量凉血活血复方治疗银屑病小鼠模型实验中也发现,凉血活血复方可能通过阻断银屑病发病网络中的多个环节起到治疗银屑病的作用,这种作用与药物的剂量有关,剂量过低时无明显疗效,但当剂量增加到一定程度后,即使再增加剂量也不会相应地增加疗效。这种情况可能与给药浓度过高有关,如冉川莲等[46]对中药复方加味四逆散抗抑郁的药效学实验研究中发现,连续给药21d的低、中剂量组与正常对照组比较能明显缩短悬尾小鼠的不动时间,有显著差异,而高剂量组与正常对照组比较无明显差异,通过观察到高剂量组小鼠的粪便较低、中剂量组颜色深,粪质稀,考虑这种情况的产生可能因为给药剂量大,药物浓度过高,未经小鼠胃肠道吸收即排出体外,使药物不能有效地发挥作用。

对同一个疾病,如果选取的观察症状、指标不同,同一剂量所起的作用也是不同。如侯素春等[45]在实验中发现,低、中、高剂量的凉血活血复方对银屑病均有一定的治疗作用,治疗效果呈剂量依赖,但中、高剂量凉血活血复方对表皮增殖、分化及血浆ET-1和血清sE-section均有明显调节作用,低剂量组仅对表皮增殖有抑制作用。

（二）复方配伍剂量变化与疗效的关系

窦骏等[47]通过观察不同剂量黄芪配伍当归补血汤对小鼠脾细胞自然杀伤细胞（NK）活性和白细胞介素2（IL-2）产生能力的影响，结果显示，黄芪与当归之比为5∶1的常规配方组成的当归补血汤能明显提高小鼠脾细胞NK活性和IL-2的产生能力。而黄芪与当归之比分别为2.5∶1、10∶1、20∶1配伍的当归补血汤对正常小鼠脾细胞NK和IL-2活性的影响，虽有增高趋势，但与生理盐水对照组相比，差异无显著性意义。

李仪奎等[48]研究表明，单用当归、黄芪和配伍应用均能增加失血性贫血和乙酰苯肼所致溶血性贫血小鼠的红细胞和血红蛋白；对环磷酰胺所致白细胞和血小板减少也有促进恢复效应，而且也能增加网织红细胞和骨髓有核细胞数。其中，黄芪、当归5∶1比例配伍作用明显优于两药等量配伍和单味药；并证实，当归补血汤能增加钴-60照射小鼠内源性脾结节数，并能使脾脏、胸腺重量增加。黄芪5倍于当归的配伍效应明显优于两药等量配伍和单味药效果。

（三）复方时间量变化与疗效的关系

所谓时间量效，是指随着时间的累及，所产生的疗效。单次给药的剂量乘以时间长短，即剂量的时间累及效应。有时候某个剂量给某个时间量，不一定有效用变化，而剂量不变，时间量改变时，也许就会产生一定的量效关系，这就是时间量效关系。如李玉萍等[49]在实验中发现，四逆散冻干粉能够改善果蝇的睡眠情况，但对不同性别果蝇的影响程度有一定差异。从量效关系看，雌、雄果蝇都需要较高药物剂量才能有明显作用，且雌果蝇需要剂量比雄果蝇高，从时效关系看，雌果蝇给药4d就有明显作用，雄果蝇给药7d效果明显，但是该实验没有对同一性别的果蝇继续进行不同时间的疗效对比实验。

冉川莲等[46]采用小鼠悬尾实验方法观察不同给药剂量及不同给药时间的加味四逆散对悬尾小鼠不动时间的影响。结果为抗抑郁中药复方低、中剂量组连续给药21d，与给药7d、14d比较能明显缩短悬尾小鼠的不动时间，提示时间量效的一个递增结果。

而对于给药时间间隔上，李上云[50]在桂枝汤双向调节作用和药物动力学研究中，在给药剂量相等，首次给药同时开始的情况下，通过以习惯的一次给药的给药方案组、效应半衰期设计的给药方案组和消除半衰期设计的给药方案组比较，疗效依次增强。因此，给药时间间隔也是影响疗效的一个因素。

（四）拆方、合方与疗效的关系

方剂是药味药量的有机结合，诸药之间有协同、拮抗的作用，药味药量的增减均会引起方剂的功效。在拆方、合方实验中，涉及的不但有药的变化同时也有量的不同，如方剂中去掉一味药后，或者总剂量发生了变化，或者方剂量比发生变化。因此，其疗效的改变也有量的一部分因子。在众多的拆方、合方实验研究中，多数实验研究的结论为：全方作用优于拆方及其他药味的作用，这也体现了中药复方是一个有机的整体，更能体现中医药治疗的整体观念。如李果等[51]在六味地黄汤及其拆方的配伍规律实验研究中得出六味地黄汤全方配伍功效是优于其他各配伍组合的。

二、中药复方量效关系实验研究存在的问题与思考

所谓剂量，是指中药在所处的方剂中，对应的病证所采取的药量，不同的病症所采用的药量是不同的，这里也包含了处方的辨证论治思想在里面，所以称之为剂量，而非简单的药量。针对临床中中药在方剂中所能采用的剂量范围，就称之为剂量阈，要小于最小致毒量。而针对治疗目标即症候群所采用的最佳剂量范围，则称之为治疗窗阈，因此，一个中药只有一个剂量阈，却可以存在多个治疗窗阈，剂量阈包含多个治疗窗阈。对于中药复方的研究，它也存在着一定的剂量阈和治疗窗阈，但是相对于单味中药而言，中药复方多是针对特定的治疗目标所组成的，因此，它的治疗靶向强，治疗窗阈往往较为明确，对临床的指导意义也更大。通过回顾近年的中药复方研究发现，中药复方的量效关系研究尽管取得了很多成就，但研究仍有很多问题，仍处在一个瓶颈，未能得到理论的突破，考虑存在以下几个问题。

（一）中药复方实验研究载体需加强

中药复方应包括原药配伍和有效成分配伍两个方面[52]，原药配伍是中医立法原则的载体，运用君、臣、佐、使方法的具体体现，目前对中药复方实验研究多是采用原药配伍，其量效研究也多是原药重量，是在这个层面上的，而有效成分是中药复方药理作用的物质，是现代医学科学手段所获得的结果，也是中药复方作用于机体产生疗效的物质基础。因此，对中药复方化学成分进行定性定量分析，再根据中药复方中各化学成分及其含量范围进一步做药理实验，研究复方的化学成分配伍效应。这种方法可以消除许多杂质的干扰，具有一定的可靠性。多开展血清动力学研究，因为每味中药因产地质量的不同，其有效成分的含量不同，但同一配伍、同一证型下最终吸收转化后血清作用有效成分是相同的，其在同一配伍、同一证型下的安全有效血清浓度本质是一样的，通过临床或动物实验的证治量效血清动力学药动学检查手段可以测出其血清有效成分最低安全显效剂量和最大安全显效剂量并最终确定其安全有效血清浓度范围[53]。

（二）中药复方实验研究需界定剂量标准

多数的实验研究证实，剂量与疗效成正比，呈现一定的量效关系。但是同时一部分实验发现，当到达某一剂量点之后，疗效并没有增加或者反而出现下降的变化。因此，对剂量的低中高的界定应统一规范，以便从更深层次分析产生这种现象的原因，也更有利于横向纵向总结量效关系。如程先宽等[54]以 1 两 = 13. 8g 和 1 两 = 3g 两个标准设立大剂量组和小剂量组，分别观察桂枝汤对酵母致大鼠发热模型的作用，结论小剂量组对解热作用不明显，大剂量组则对发热模型大鼠有较好的解热作用。也提示了桂枝汤的解热作用与剂量有关。同样以此剂量换算标准，通过实验观察到四逆汤能升高放血致低血压大鼠血压，提高心率，其中大剂量组与小剂量组比较，上述作用更明显[55]。而对大小剂量的界定，也建议从最小起效剂量开始，探索最小致毒剂量，注重方剂量效曲线关系及量毒关系的研究，在疗效性和安全性之间，在一定的剂量范围内寻找最佳量效关系，即使我们对

中药复方的剂量范围能够更准确地把握其治疗窗阈。

(三) 中药复方实验研究剂量配比要重视

对中药复方量比应深入研究。中药复方的特点体现了君、臣、佐、使的辨证思想,其药物配伍特点较之中药复方剂量阈更具特点,因此,对中药复方中的各中药量的组成变动,即复方量比较之整方剂量的变化更复杂和重要。而目前对此方面的研究较少,多是集中在拆方、合方的研究中,体现的是药味药量同增同减的变化和疗效的关系,而对于中药复方中中药比例的变化、比例变化的程度与疗效的研究很少,而复方量比的变化也是决定复方治疗的症候群,药力、方向的重要因素。

(四) 中药复方实验研究要合理选择参照指标

在中药复方实验研究中,多种中药复方往往针对同一种动物模型均有效,因此,量效关系的体现与其参照物的选择,即指标是否敏感、是否特异有密切的关系。排除参照物的不可参性外,才能进一步研究可能存在的量效关系。因此,指标的选择可能是量效关系中首先要明确的。如李庆生等[41]在"肤敏膏"前期小鼠 PCA 实验、瘙痒实验、脱颗粒实验、IgE 检测实验中,虽然结果均呈阳性,但量效关系不太稳定,而在"肤敏膏"干预调节 T_{H_1}/T_{H_2} 细胞因子实验中,高、中、低 3 种剂量组"肤敏膏"对 ACD 小鼠紊乱的细胞因子均显示出明显抑制作用,且药物剂量和药效之间呈现出明显的量效关系。表明较其他指标而言,该研究所选指标及实验方法更加敏感和特异。

(五) 要关注中药复方实验研究时间量效

量效关系的研究也包含时间量效的问题,一定的剂量应用不同时间产生的疗效是不同的,只谈剂量忽略时间是不全面的,包含给药时间的间隔、给药时间的长短等,但目前对中药复方的时间量效研究仍较少,尤其是总剂量不变,给药次数增加与疗效关系更是很少涉及。并且一个剂量用多长的时间产生最佳的疗效,以及随着时间的延长疗效的变化问题,研究得不多。

西药有着明确的量效关系及成熟的量效关系研究方法,与此不同,中药复方量效关系更复杂,影响因素更多,由于中药复方的量效关系是前人临床实践获得的经验积累,中药复方的治疗最终是面对不同的治疗目标,即面对不同的症候群,在安全前提下,采用最合理的治疗窗阈以得到最佳疗效为目的。因此,不能完全照搬西药的研究模式。而合适的方法学纳入及数理模型的建立可以拓宽我们研究的思维方式,帮助确定准确的中药方剂量阈,最佳的治疗窗阈,能够使中药在辨证思想的指导下,进行量化,得到明确的量效关系曲线,来更好地指导临床。

第四节　对方药量效关系文献与理论研究的思考

方药量效关系是中医学科十分重要的内容之一,是中医科学研究的重要课题。在进行方药量效关系研究时,药理、药效等实验研究和临床试验是十分重要和必要的手段。

不过,实验研究和临床试验也有一定的局限性,并不能回答方药量效关系研究面对的所有问题。方药量效关系研究的所有科学问题大都是由文献提出的,也能在文献中找到基本的答案。离开文献与理论,关于方药量效关系的动物实验和临床试验将失去方向。历代医家在方药量效关系方面获得的经验、研究成果,包括他们对方药量效关系的理解与认识,都反映在古今文献中。所以,对古今文献进行深入细致的整理和研究,挖掘成果,探讨其科学内涵,并在此基础上建立系统的方药剂量理论,这对于提升中医的学术水平,有效地指导临床实践,提高临床疗效,对于选择今后中医科学的研究方向,都具有十分重要的意义[56]。

一、方药量效关系文献与理论研究的主要内容

(一)经方本原剂量考证

剂量是方剂的重要组成部分,是方剂的基本要素。经方为方剂之祖,古今皆言经方"其效如神"、"效如桴鼓"、"效如影响",然而经方的本原剂量是多少至今没有明确的答案。许多学者对经方本原剂量进行过考证,结果相差很大,从经方 1 两之重等于 1g、3g、7.8g、13.8g,到 15.6g,直至 16.8g,相差数倍乃至十数倍[57]。既往关于《伤寒论》方药剂量研究的论文,提示经方 1 两约等于 9~10g[57,58]。

最近依据《难经》记载的人体解剖器官的重量来推算汉代 1 两之重,结果约在 14.55~25.63g,平均 19.63g[59]。可以基本肯定,东汉 1 斤约为 220g 或 250g,1 两等于 13.8g 或 15.6g,这是度量衡史学家经过十分严谨的考证以后得出的结论。就经方剂量而言,目前较多的人也倾向于认定经方 1 两等于 13.8g[60]或 15.6g[31]。

不过这里存在几个问题:东汉时期医药的计量是不是用 1 斤 220g(或 250g)、1 两 13.8g(或 15.6g)的标准。另外,张仲景著作虽然成书于东汉末年,但是后世看到的张仲景著作,其中的 1 两是不是一定等于东汉时期的 1 两。如果按 1 两等于 13.8g 或 15.6g 折算经方剂量,那么至少有三个问题需要回答:①有些药物,如大青龙汤中的麻黄用 82.8g(或 93.6g)、小柴胡汤中的柴胡用 110.4g(或 125g),用量甚大。古往今来,如此应用者极少。即便是今天认为经方 1 两等于 13.75g(或 15.6g)的人,他们在临床上大概也不按此剂量用药。东汉时期的麻黄、柴胡,其药力可能更加雄厚。临床是否应该用如此大的剂量?②如果经方的本原剂量真的如此之大,那为什么在后来约 1800 年的传承中竟然降到了一个只及其本原量 1/4 甚至 1/5 的水平?③若经方 1 两等于 15.6g 或 13.8g 是有效剂量或最佳剂量的话,那么后来仅按其 1/4 甚至 1/5 量用药是不是一个过小剂量、不足剂量甚至是无效剂量?

经方本原剂量既非仅仅是一个文献问题,也非仅仅是一个考证、考古问题,它是一个关乎中医临床疗效的重大问题。

(二)方药剂量发展变化历史研究

如上所述,经方本原剂量在传承过程中迷失了,变成了一个历史的谜团,这个迷失可能发生在魏晋南北朝时期。度量衡史学家认为:"考订度量衡制度,以权衡为最难。"[61]

而其中尤为困难的，便是关于魏晋南北朝时期权衡的考察。故王国维、吴承洛等人说这一时期的权衡“几无可考”[62]。

不过，从现存文献来看，到了唐代，特别是自宋代以来，医家们在临床上的方药用量是比较明确而清晰的。由于从东汉以来，中医代代相传，薪火不断，而且师承授受，包括父子授受，从来就是中医传承的主要形式，所以历代医家在临床上的方药用量应该是一脉相承的。虽然也可能出现一些变化，而且不同地域、不同流派的医家，以及相同流派的不同医家，他们在临床上的方药用量可能不同，但是一般来讲不会有太大差别。今天对各时期医家在临床上的方药用量进行研究，描绘出那些主要经方和常用药物临床用量的历史轨迹，不仅能总结历代医家在方药用量方面的规律，学习其经验，而且那些主要经方和常用药物的临床用量历史轨迹还可能提示经方本原剂量的大致范围。这个历史轨迹极可能是一些平稳运行的线条，而不太可能是大幅度上下起伏的、跳跃的线条，更不可能像修了三峡大坝的长江一样，上游水位很高，过了三峡大坝以后出现一个极大的落差，然后在一个很低的水平运行。

（三）证-量-效关系研究

量效关系指药量与疗效之间的相关性。此相关性包括至少 4 个基本因素：疾病、药物用量、用药时间（持续用药时间及给药时间点）、疗效。不过在研究中医方药量效关系的时候，还必须考虑病证的因素。量与证对疗效都有影响，或者说量与证都能决定疗效。证影响着疗效，决定着疗效。如果辨证不准确，无论多少剂量的方药可能都难以产生效果。麻杏石甘汤只能对邪热壅肺的呼吸系统感染产生疗效，最佳剂量能产生最佳疗效；如果把麻杏石甘汤用于桂枝加厚朴杏子汤证或小青龙汤证的呼吸系统感染，那就很难产生疗效。不考虑证的因素，那也就无法进行疗效评价。所以，中医的方药量效关系是一种“证量效关系”。方药量效关系研究不仅要注意量与效的“双边关系”，更要特别注意量、效、证的三角（边）关系。在研究方药量效关系时注重证的因素，这与中医在临床上讲求“辨病与辨证”相结合，在动物实验研究中讲求“病证结合模型”，其道理是一样的。病证的复杂性，以及复方的复杂性，使得中医方药量效关系异常复杂，比起化学药和生物药的量效关系更难以控制与把握。

（四）方剂结构与量效关系研究

方剂结构指的是方剂的君、臣、佐、使结构，包括君、臣、佐、使各药的用量。方剂结构与方剂疗效之间的关系是方药量效关系中最具中医特色，最为重要的内容之一。任何一首方剂，它的结构基本是固定的；它的君、臣、佐、使药的用量，包括每一药物的绝对用量，以及各药用量之间的比例都是相对固定的。药物的用量在一定程度上决定着药物的君、臣、佐、使关系。不过真正决定药物君、臣、佐、使关系的还不是药物的用量，而是药物所具有的和所发挥的作用。“主病之谓君，佐君之谓臣”，发挥主要作用的药物是君药，协助君药发挥治疗作用的药物是臣药。举例而言，十枣汤的君药是芫花，甘遂、大戟是臣药；大枣的用量虽然很大，共 10 枚约 30g，它也只是一味佐药。一般而言，在一定范围内，如果增加君药的用量，方剂的作用会得到加强；如果增加臣药的用量，方剂的作用也会得到加强。但是,无论君药还是臣药,如果其用量的变化超过一定范围,各药用量比例有了变化,方剂的功效、主治,其作用方向和作用强度就有可能随之改变。如桂枝汤为解肌发汗之方,如果将桂枝汤中桂枝(君药)的用量增加 2 两,它的功效和主治就被改变,变成 1 首降逆平冲的方剂;如果将桂枝汤中芍药(臣药)的用量增加 2 两,它又变成 1 首温中缓急的方剂。

方剂结构中还存在"复君"和"复臣"的形式。所谓复君,是指 1 首方剂的 2 味或 2 味以上的君药。所谓复臣,是指 1 首方剂的 2 味或 2 味以上的臣药。"君二臣四,偶之制也;君二臣三,奇之制也;君二臣六,偶之制也。"拥有 3 个君药的方剂不多,而拥有 4 个甚至 6 个臣药的方剂不少。在研究复方量效关系时,如何确定何者为君、何者为臣?如何计算复君和复臣的药物用量?如何评价佐药和使药对君、臣药物用量的影响?凡此种种,都是方药量效关系研究需要考虑的问题。

(五)方药量效关系影响因素研究

方药量效关系受诸多因素的影响,这些因素包括:患者的体质、心理、情绪,主要病证及相关病证,药材品种与品质(药材品质又受药材产地、采收年份与采收季节、加工与炮制方法等因素的影响),药用部位,煎服方法,以及患者所处的地域、季节、气象,患者的饮食起居,还有医生的社会知名度与社会评价,等等。举例而言,在病证相同的情况下,麻黄汤、桂枝汤等辛温发汗的方剂,在严冬时节要用较大的剂量才能起效,而在盛暑时节只需要较小的剂量便能起效;在西北寒凉之地要用较大的剂量才能起效,而在东南温热之地只需要较小的剂量便能起效;对身体强壮、腠理致密的人要用较大的剂量才能起效,而对于身体不强、腠理疏松的人只需要较小的剂量便能起效。所以,中医方药量效关系是药量、病(证)和疗效的关系,是由这三个密切关联着的基本因素形成的核团。围绕着这个核团,还存在着一个由各种各样的影响因素组成的外环境圈。证、量、效三个基本因素在外环境圈的各种因素的影响之下运行。如果忽略外环境圈的各种因素对证、量、效核团的影响,那么对方药量效关系的认识将有可能出现偏差,将会是不全面的。

(六)随证施量原则(用量策略)研究

剂量是方药功效的基本元素。中医临床实践不仅要坚持辨证论治的原则,也要遵循"随证施量"的原则。所谓随证施量,就是依据证的具体情况增减处方的方药用量,或调整处方的药物用量比例。它体现和实践着辨证论治精神,是辨证论治的重要内容。它主要包括以下内容:

1. 依据证的轻重增减处方全方或单味药物的用量

如《伤寒论》桂枝汤的服法、柴胡桂枝汤的应用即体现了这一原则。桂枝汤证若服桂枝汤一服、二服,都未能汗出病解,此说明药力不够,后服当缩短服药间隔时间,在大约半天的时间里,将三服药全部服下;若病重者,应该白天晚间都服药,在未能汗出病解的情况下,一昼夜可以服 3 剂九服药。柴胡桂枝汤证是太少同病,日久邪少证轻的病证,发热微恶寒，微呕，所以将桂枝汤与小柴胡汤合方，剂量减半。《伤寒论》桂枝麻黄各半汤、桂枝二麻黄一汤、桂枝二越婢一汤的应用也体现了这一原则。

2. 依据病证证素的轻重程度增减处方全方单味药物的用量

如《伤寒论》对半夏泻心汤、生姜泻心汤和甘草泻心汤的应用，就体现了这一原则：寒多，兼水饮食滞，增加姜的用量，生姜合干姜共用 5 两；中气虚损较重，炙甘草增至 4 两。又如邪热壅肺证用麻黄杏仁甘草石膏汤治疗，素体有寒者，石膏减量；热盛者，石膏加量；喘重者，杏仁加量。

3. 依据患者体质特点增减处方全方或单味药物的用量

如《伤寒论》："太阴病，脉弱，其人续自便利。设当行大黄、芍药者，宜减之。以其人胃气弱，易动故也。"即体现了这一原则。

（七）方药临床用量控制策略与方法研究

医学是科学，而临床实践既是科学也是艺术，中医更是科学、技术、艺术的统一。历代医家在临证过程中，为了获得最佳的疗效，减少、消除方药可能的毒副作用，通过长期反复的摸索，提出并采用了一些控制方药临床用量的策略和方法，可概括总结为"小量久用累积获效法"，"初始量-中量（维持量）-尾量法""延长-缩短服药间隔策略"、"逐渐增量法"、"一次一剂法"、"一日多剂法"、"毒药分级使用原则"等。如丸药久服就属于小量久服累积获效法。丸者缓也，与汤药相比，丸药的日服量较小，一般来讲初服的效果并不明显，但是随着服药时间的延长，效果被累积起来而渐渐明显。再如《伤寒论》的桂枝汤服法就包含"逐渐增量法"的精神：根据病情的轻重程度，其 1 日的服量从一服（1 升）到九服，逐渐增加，而不是开始就用很大剂量。又如《素问·五常政大论》："大毒治病，十去其六；常毒治病，十去其七；小毒治病，十去其八……。"讲的就是"毒药分级使用原则"。此外，方药临床用量的因人、因地、因时制宜，从其内涵来讲，也属于控制方药临床用量的策略和方法。《医宗金鉴》谓小续命汤"秋冬麻黄倍加添"，就是因时制宜的剂量控制。今天在研究方药量效关系的时候，有必要通过全面的文献整理分析，对历代医家控制方药临床用量的策略和方法进行研究，深入挖掘其中蕴含的科学内涵。

二、关于方药量效关系文献与理论研究的深层思考

（一）关于经方用量"大幅缩小"的问题

张仲景著作成书于公元2 世纪。在其后1800 多年的历史长河中，中医学术始终薪火相传，并无断裂。而且，师徒相传、父子相传从来都是中医临床经验传承的主流形式。如张仲景继承张伯祖的经验，而张仲景的经验则为他的学生卫汛等人继承。私淑自学、无师自通是非主流的传承形式，仅仅是主流形式的一种补充。如果经方本原剂量真的是 1 两等于 13.8g 或 15.6g，那为什么在中医薪火未断、代代相传的过程中，其剂量竟然大幅缩小，到了宋金元时期，其临床用量竟然缩小至"本原用量"的 1/4、1/5，甚至更小？

在回答这个问题时，需要考虑《伤寒杂病论》方药用量在东汉时期的代表性，以及张仲景方对后世医家影响的广泛性。

首先，《伤寒杂病论》方药用量在东汉时期的代表性。《汉书·艺文志》记载了“经方十一家”。实际上，在那一个时期，没有被史籍收录的方书应该说还有很多，而没有撰写方书的临床医家一定更多。汉代的经方并非一家，汉代的临床医家也不会仅有一流一派。就方药用量而言，当时可能既有用一般剂量的流派，也有用较大剂量的流派和较小剂量的流派。医家各承家技，各秘其方，各行其是。这一点从张仲景《伤寒杂病论·自序》即可看出，张仲景说：“观今之医，不念思求经旨，以演其所知，各承家技，始终循旧。”那个时候的医家们相互之间缺少交流，方药用量没有地方性的、更没有全国性的统一规范。如果当时临床上存在使用大、中、小剂量不同流派的可能，那么大、中、小不同的用量就可能通过师徒传承，像几条基本平行的线条那样，在历史的时空里延伸下来。因此，今天在思考经方本原剂量、思考经方剂量是不是在后来大幅缩小的问题的时候，应该考虑张仲景《伤寒杂病论》的方药剂量在那个时期代表着哪种水平，是中等用量、较小用量，还是较大的甚至是最大用量？有一种观点认为，可能张仲景方药用量是当时较大的，不过他的剂量没有为后世医家所接受。被后世传承下来的是一种较小的，约为张仲景剂量1/5～1/4的剂量。这就造成了经方剂量“大幅缩小”的“假象”。当然，这种观念仅仅是一种猜测，缺乏必要的文献依据。通过对《外台秘要》方药用量的研究，发现汉魏晋唐时期的方药用量可能大都处于与张仲景方用量相近的水平，在那一个时期并不存在一个大幅低于张仲景方药剂量的水平，因而大剂量失传，小剂量传承，这种可能性并不存在。

其次，张仲景方对后世医家影响的广泛性。众所周知，《伤寒杂病论》问世以后旋即散佚，所传不广。晋太医令王叔和搜采仲景旧论，予以整理，重新编次，使之形成独立的《伤寒论》，不过它并未广泛流传。到了唐代，《伤寒论》的流传依然不广，故作为大医家的孙思邈，他在早年竟然也未曾见到《伤寒论》，感叹“江南诸师，秘仲景方而不传”。孙思邈或直到晚年才得见《伤寒论》，并将它编为《千金翼方》的卷九、卷十。宋代，国家设立“校正医书局”，林亿等“以百病之急，无急于伤寒”，首先校正《伤寒论》，然后由朝廷“颁行天下”。然而即使如此，《伤寒论》的流传似乎还是不甚广泛，此从宋·许叔微“仲景之书，世人罕读也”[63]一语可知。到了金代，虽然成无己对《伤寒论》进行了全面的注解，使之易于阅读和应用，但《伤寒论》的流传似乎仍然比较局限，这种状况从明代医家赵开美讲的话可以看出。赵开美家富多财，先后2次分别对宋本和成本《伤寒论》进行刻版印刷，使《伤寒论》得以逐渐传播。不过赵开美在刻印《伤寒论》以前很长的时间里，他也只是听说而没有见到过《伤寒论》，后来他还是从一位游历到他的家乡，名叫沈南昉的医生那里见到《伤寒论》的。众所周知，张仲景在《后汉书》无传，唐·甘伯宗《名医传》始为之作传。《金匮要略》到宋代才被发现。张仲景被尊为“亚圣”最早还是从金元医家刘河间始。这些都提示张仲景《伤寒论》在金元以前的影响是较为有限的。总之，《伤寒论》在它问世以后到明代以前的1000多年里，并没有得到广泛流传，它对医家的影响并不像明清以来那么广泛，那么深刻。其实即使明清以来，也只有一部分医家，而不是全部医家，宗《伤寒》之学，用《伤寒》之方。

要知道明清是温病学说的鼎盛时期，温病学派甚为壮大，医界存在较为普遍的重温轻寒的局面。所以,至少明代以前的后世医家并没有广泛使用张仲景方。他们按照自己师承的经验,用着他们自己的方,自己的量。待到他们接触到《伤寒论》的时候,他们已经不能确定《伤寒论》方的量值是多少。在这种情况下,他们便参考自己所处时期的临床用量进行折算。

综上所述,历史上是否存在一个经方剂量大幅缩小的变化,这是一个现在尚难下结论的问题。经方本原剂量到底是多少,这个问题还需要更加深入,更加细致和谨慎的研究。

(二) 如何认识大、小剂量经方的疗效

经方的疗效如何?虽然历史上也曾有负面的评价,如"古方今病不相能也"的观点就是对经方适用性及其疗效的一种怀疑,一定程度上的否定。但多数评价还是肯定的。从晋·皇甫谧说"用之多验",到宋·林亿言"其效如神",再到明清医家赞"效如桴鼓"、"效如影响",历代好评如潮。不过,我们尚不清楚这些评价是基于哪一个剂量提出的。现在有不少学者认为,经方按1两为13.8g或15.6g计才是合适剂量,有可能是最佳剂量。由于宋明以来的方药用量只及其1/5～1/4,甚至更小,相对来讲是很小的用量。这就产生了一个问题:宋明以来,绝大部分的医家,主流的正统的医家,包括杰出的金元四大家和明清叶、薛、吴、王温病四大家,他们在临床上都使用这个"很小的用量"。另外,中医临床常常使用丸剂、散剂治疗疾病。宋代以来,散剂的应用十分普遍,宋代的汤剂也是采用煮散去滓的方式制备。从现在的方药用量来讲,汤药的日服重量通常为丸、散日服重量的数倍至十数倍。如果按1两为13.8g或15.6g处方,那么汤药的日服量更大,汤剂与丸、散剂的日服量相差更多。处方的药味越多,汤剂与丸、散剂的日服量相差则越大。总之,假定经方的剂量是1两等于13.8g或15.6g,那么后世医家的临床用量就很小。这很小的剂量是有效剂量吗?这很小的剂量会不会仅仅是起效剂量?会不会是不足的剂量,甚至是无效剂量?这是一个很可怕的问题。因为如果这很小的剂量是不足的剂量,甚至是无效的剂量,那么中医千百年来的临床历史就将遭到怀疑,甚至要被否定。不过庆幸的是,长期的中医临床历史并未否定这个"很小剂量"是有效剂量,而是证明了这个"很小剂量"也是有效剂量,且其临床效果往往还不错。

经方的本原剂量是1两等于13.8g或15.6g,这种可能性是存在的,至少到目前为止并不能排除这种可能性。另一方面,确有医家在临床上按此剂量应用经方,也能取得较好疗效[24]。这就又提出了一个问题:为什么中医方药在很大剂量时有效,在很小剂量时也有效?大剂量和小剂量,其疗效何者为优?

首先要考虑方药的"剂量阈"和"治疗窗"。所谓"剂量阈"就是方药起效的最低剂量,也可以称为"阈剂量"。所谓"治疗窗",是指药物的有效剂量范围,从最小的起效剂量(即阈剂量),到药物发挥治疗作用的最大剂量,这样一个剂量范围就是药物的"治疗窗"。一般而言,药物的疗效随着其剂量的增加而增强;然而到了某个剂量,即使再增加剂量,疗效也不再增强,这个剂量就是药物发挥作用的最大剂量。有时药物发挥作用的最大剂量也可以由机体对药物引起的不良反应的最大耐受力来确定。大量的临床事实表明,中医方药具有较低的剂量阈和较宽的治疗窗。就经方而论,在从1两等于3g到1两等于15.6g这样一个宽泛的范围内都能产生明显疗效。考虑到丸、散剂型,以及日本

汉方界的临床用量更小，中医方药的剂量阈有可能更低。有必要说明的是，单味药物与复方的剂量阈和治疗窗可能有所不同，这个问题将另文论述。

其次要考虑临床病证的复杂性，以及患者的个体差异和对方药的反应性。众所周知，临床病证十分复杂，患者个体差异很大，对方药的反应性和敏感性差别也很大，有些病例需要较大剂量的方药才能产生较好疗效；而有些病例，仅仅小量方药便能产生较好疗效。这就是为什么中医方药的临床用量差别很大，而疗效都好的一方面道理。

（傅延龄　蔡坤坐　宋　佳）

参考文献

[1] 马继兴. 神农本草经辑注. 北京：人民卫生出版社，1995. 2～5

[2] 沈连生. 神农本草经中药彩色图谱. 北京：中国中医药出版社，1996

[3] 国家药典委员会. 中华人民共和国药典·一部. 北京：中国医药科技出版社，2010

[4] 于淼，韩佳瑞，焦拥政，等. 中药及中药复方剂量阈、治疗窗的构建及思考. 中医杂志，2011，52(20)：1793，1794

[5] 仝小林，穆兰澄，吴义春，等. 药食两用中药的大剂量临床应用. 中医杂志，2009，50(S1)：98～101

[6] 苏敬等撰，尚志钧辑校. 新修本草. 辑复本第2版. 合肥：安徽科学技术出版社，2004. 170

[7] 陈藏器撰，尚志钧辑释. 本草拾遗辑释. 合肥：安徽科学技术出版社，2003. 16

[8] 尚志钧辑校. 海药本草. 北京：人民卫生出版社，1997. 39

[9] 王好古撰. 汤液本草. 北京：人民卫生出版社，1987. 111

[10] 周李刚. 浅谈《中国药典》对中药剂量的规定. 浙江中医杂志，2009，44(9)：684

[11] 程先宽，韩振蕴，范吉平，等.《伤寒杂病论》汤剂与3509首现代汤剂药物、用量比较. 北京中医药大学学报，2006，29(7)：445～447

[12] 张小平. 4500张中医处方用量分析. 黑龙江中医药，2004，(3)：47，48

[13] 陈晓红. 2003年我院中医处方用药量调查. 中医药临床杂志，2004，16(4)：356，357

[14] 陆燕萍，苏焕鹏，邱凤邹. 我院4905张中药处方调查分析. 中外医疗，2008，(20)：102，103

[15] 李可. 李可老中医急危重症疑难病经验专辑. 太原：山西科学技术出版社，2005. 1

[16] 仝小林. 糖络杂病论. 北京：科学出版社，2010. 65

[17] 朱复南. 抚今追昔论霸药. 中国中药杂志，1992，17(10)：627

[18] 丘光明，邱隆，杨平. 中国科学技术史·度量衡卷. 北京：科学出版社，2001. 217

[19] 程先宽，韩振蕴，陈志刚，等.《伤寒杂病论》剂量折算研究思路探讨. 北京中医药大学学报，2006，29(1)：11～13

[20] 吴承洛. 中国度量衡史. 上海：商务印书馆，1957. 73

[21] 贾文成.《伤寒论》和《金匮要略》用药剂量初考. 辽宁中医杂志，1985，(4)：38，39

[22] 畅达，郭广义.《伤寒论》药物中非衡器计量的初探. 中成药研究，1985，(8)：44，45

[23] 李玉胜，李丰年，尚晓东，等. 经方剂量及煎服方法研讨. 中国民间疗法，2000，8(9)：4，5

[24] 仝小林，穆兰澄，姬航宇，等.《伤寒论》药物剂量考. 中医杂志，2009，50(4)：368～372

[25] 范欣生，段金廒，王中越，等. 中药量效关系特征问题的探讨. 中华中医药杂志，2009，24(3)：270～274

[26] 罗辉，刘建平. 中药复方剂量效应关系临床研究的思考. 中国中西医结合杂志，2011，31(6)：832～836

[27] 杨宝峰. 药理学. 北京：人民卫生出版社，2004. 30，31

[28] 谢鸣. 方剂学. 北京：人民卫生出版社，2005. 23，24

[29] 张春茂，夏结来，王素珍，等. 新药临床试验量效关系研究的设计与分析方法评价. 中国新药杂志，2009，18(20)：1931～1935

[30] 丘光明. 中国古代度量衡. 天津：天津教育出版社，1991. 81

[31] 柯雪帆，赵章忠，张玉萍，等.《伤寒论》和《金匮要略》中的药物剂量问题. 上海中医药杂志，1983，29(12)：36～38

[32] 江文德，徐端正，胡国钧，等. 冠心苏合丸的药理研究及其简化制剂——苏冰滴丸的理论基础. 药学学报，1979，14(11)：655～661

[33] Wang L, Zhou GB, Liu P, et al. Dissection of mechanisms of Chinese medicinal formula Realgar-Indigo natura-lisas

aneffective treatment for promyelocytic leukemia. PNAS, 2008,105(12):4826~4831

[34] 冯宝民,周德,段礼新,等. 三子养亲汤平喘量效关系的研究. 大连大学学报,2006,27(6):56~58

[35] 卞兆祥,郑颂华,吴志远,等. 麻子仁丸治疗功能性便秘的量效、疗效及安全性研究. 中华中医药学会第21届全国脾胃病学术交流会暨2009年脾胃病诊疗新进展学习班论文汇编,2009. 422~423

[36] Kelly-Pieper K, Patil SP, Busse P, et al. Safety and toler-ability of an antiasthma herbalFormula (ASHMI) in adult-subjectswith asthma: a randomized, double-blinded, pla-cebo-controlled, dose-escalation phase Ⅰ study. JAl-tern Complement Med,2009,15(7):735~743

[37] 程先宽,韩振蕴,范吉平,等. 中药超大剂量应用历史及现状. 上海中医药杂志,2007,4(12):69~71

[38] 张宏伟,唐金陵,刘建平. 临床试验中的对照设置. 中医杂志,2007,48(2):125~128

[39] 刘建平. 循证中医药临床研究方法. 北京:人民卫生出版社,2009. 158

[40] 韦史利,赵学军. 逍遥丸对高架十字迷宫小鼠行为影响的实验研究. 辽宁中医药大学学报,2010,12(6):265,266

[41] 李庆生,李静平. 从“肤敏膏”的研发探析中药复方研究中的量效关系问题. 中药材,2008,31(3):111,112

[42] 陈玉生. 中药四逆汤治疗休克的实验研究. 中医药国际学术会议文集. 北京:中国学术出版社,1987. 18

[43] 杜标炎,张爱娟,谭宇蕙,等. 六味地黄丸对自杀基因系统杀伤肝癌细胞增效作用的量效关系. 广州中医药大学学报,2009,26(1):59~62

[44] 王欣,谢鸣. 酸枣仁汤对高架十字迷宫大鼠行为学影响的量效关系评价. 中国实验方剂学杂志,2004,10(2):35~37

[45] 侯素春,刘晓明,林熙然,等. 不同剂量凉血活血复方对小鼠上皮细胞增殖、表皮细胞分化、血浆内皮素1及血清可溶性E-选择素的影响. 中国中西医结合皮肤性病医学杂志,2003,2(2):76~79

[46] 冉川莲,严灿,吴丽丽,等. 抗抑郁中药复方药效学实验中给药时间与剂量的探讨. 中药药理与临床,2008,24(4):69,70

[47] 窦骏,曲卫敏. 不同剂量黄芪配合的当归补血汤对小鼠免疫功能的影响. 实用中西医结合杂志,1996,9(5):293,294

[48] 李仪奎,徐军,张晓晨,等. 黄芪当归对药配伍的药理作用研究. 中药药理与临床,1997,8(2):1~4

[49] 李玉萍,徐瑞鑫,李廷利. 四逆散冻干粉改善果蝇睡眠作用的量效时效关系研究. 中国实验方剂学杂志,2010,16(12):109~111

[50] 李上云. 桂枝汤双相调节作用和药物动力学研究. 中医函授通讯,1999,18(5):18~20

[51] 李果,罗云,肖小河,等. 六味地黄汤及其拆方的配伍规律实验研究. 中药材,2007,30(2):205~208

[52] 李振彬. 中药复方研究的思路与方法探索. 甘肃中医学院学报,1989,3(3):27~30

[53] 常文明,陈斌. 从证治动力学谈中药的“证治量效血清动力学”假说——建立中药血清安全剂量范围标准指南. 辽宁中医学院学报,2006,8(2):10,11

[54] 程先宽,范吉平,陈志刚,等. 不同折算剂量桂枝汤对酵母致大鼠发热模型的影响. 中医杂志,2009,50(3):258~260

[55] 程先宽,范吉平,韩振蕴,等. 不同折算剂量四逆汤对放血致低血压状态大鼠的升压作用. 上海中医药杂志,2009,43(3):83~85

[56] 傅延龄,蔡坤坐,宋佳. 方药量效关系文献与理论研究思考. 北京中医药大学学报,2010,33(9):601~605,640

[57] 黄英杰.《伤寒论》用药剂量及相关问题的研究. 北京中医药大学博士论文,2007

[58] 谭曦然.《伤寒杂病论》用药剂量及相关问题再研究. 北京中医药大学博士论文,2009

[59] 傅延龄,刘小河,杨琳. 从《难经》记载解剖器官重量思考《伤寒论》“两”的量值. 中医杂志,2010,51(6):566~568

[60] 范吉平,程先宽. 经方剂量揭秘. 北京:中国中医药出版社,2009. 157

[61] 郭正忠. 3~14世纪中国的权衡度量. 北京:中国社会科学出版社,1993. 1

[62] 吴承洛. 中国度量衡史. 北京:商务印书馆,1937. 197

[63] 许叔微. 普济本事方. 北京:中国中医药出版社,2007. 123

第八章　多学科交叉在方药量效学研究中的应用

2010年10月14日～15日，由王永炎院士、刘昌孝院士、丁健院士和仝小林教授担任执行主席的第382次香山科学会议“方药量效关系研讨会”在香山饭店顺利召开。本次会议邀请了中医学、中西医结合医学、中药学、药学、循证医学、系统生物信息学、生物化学等不同学科专家42位，设置了3个中心议题——“方药量效关系的困惑与思考”、“方药量效关系的理论与假说”、“方药量效关系的多学科研究方法”，由13位专家作了精彩的报告。本章荟萃了第382次香山科学会议中多位专家的精彩报告，以飨读者。

第一节　剂量是中医不传之秘?

如果说中药是中医治疗疾病的重要武器，那么剂量则是这一武器发挥威力的关键“火候”。然而，如何把握好中药“火候”，或者说如何认识和把握中药量效关系，这是一个不容回避同时又鲜有探究的重大课题。中药剂量不仅攸关中医药的临床疗效，而且还攸关中医药的生存和发展。

近年来，中医药不断受到人们的非议，甚至出现了“取消中医”、“中医伪科学”、“废医验药”等杂音，中医药之所以屡屡受到诟病，关键还是中医药的临床疗效问题。提高中医诊断水平和中药质量对提高中医药疗效固然会有帮助，但提升的空间比较有限。本项目认为，从量效关系研究入手，阐明中药安全有效的剂量范围，科学合理地制定中药临床剂量，从合理用药特别是剂量角度探索进一步提高中医药疗效的新思路新对策，将是提高中医药整体疗效的重大乃至根本性举措之一，因而具有重大的理论和现实意义。

“剂量是中医的不传之秘”。在科学技术高度发达、社会日益昌明开放的现代社会，中药剂量问题理应从“不传之秘”走向“科学有据”。

一、中药量效关系的国内外研究现状

无论对中药还是中医、基础还是临床，中药的剂量问题都是一个有非常重要学术意义与现实意义的重大课题，业已引起各领域同行的广泛关注。已开展的有关中药量与效的研究或多或少牵涉到量效关系，但是真正以量效关系为研究核心，针对解决量效关系关键科学问题开展的系统研究尚属空白。

（一）基于文献考证的我国“度量衡制”沿革及其对中药剂量演变的影响

由于我国历代度量衡频繁改制，各个时期的度量衡实器又随历史而毁没，造成今人

对古方中药物剂量认识上的混乱。对于“中药不传之秘”的剂量,现在究竟多少合适？至今众说不一,尚难定论。

纵观我国古代的药物剂量,可以发现东汉时期的剂量在相当长的时期内被作为临床用药的准绳。国家计量总局编写的《中国古代度量衡图集》中“汉光和大司农铜权”(中国历史博物馆藏)被认为是推算汉制的权威标准。在对该权的考证过程中,认定此权为 12 斤权,东汉 1 斤合今 250g,1 两合今 15. 625g。而自宋代起度量衡实施变革,由传统的铢分两进位改为钱两的十进位制,并出现了戥秤、字秤。经证实,宋元时期的 1 斤约合 634 ~ 640g,1 两约为 39 ~ 40g,1 钱约为 3. 9 ~ 4g,1 字是 1 钱的 1/4,约合 1g;宋元时的 1 升约 600ml。明清时期的 1 斤约合 578 ~ 579g,1 两约 36g,1 钱约 3. 6g;明清时的 1 升约 1000ml。如今教科书应用的剂量单位定义主要受李时珍《本草纲目》和汪昂《汤头歌诀》的影响,“今古异制,古之一两,今用一钱可也。”1 两折合今 1 钱约 3g,1 升相当于今之 60 ~ 80ml。此后的教材均采用了此说。

由此可见,中药剂量历史传承的过程中,受度量衡更替影响巨大,导致现代和古代典籍的经方剂量可能相去甚远。现今尽管众多学者、医家及考古人员等已做了大量研究工作,对于传统剂量规定是否科学合理？中药的现代剂量到底该如何确定？仍然没有明确的答案。

(二) 基于新药开发目标的中药量效关系研究

现代中药新药开发中涉及药效、毒理及临床试验,通常均设计高、中、低不同剂量,反映了药物的部分量效关系,但这些试验研究主要是为了证明该新药本身的有效性和安全性,并不是用以阐明中药的量效关系,更不涉及方中各药味由质量变化对实际剂量和疗效的影响。此外,新药研发所做的药理药效实验通常是以是否有效的定性评估为目的,而不注重结果的可定量性,因而难以准确反映各不同剂量下所对应的药效变化,也难以探寻中药量效关系的现代科学基础。

因此,在现代新药开发中对中药量效关系的初步涉及,不能等同于对中药量效关系的基础研究。若要真正科学的阐明中药量效关系,必须从实验、临床的角度,系统地考察影响中药量效关系的各种因素,客观寻找不同剂量(包括品种、规格等级等因素)与药理效应或生物效应的对应关系,为临床中药的合理制用提供合理依据。

(三) 以安全性评价为目标的中药毒效关系研究

近几年国家相继立项支持了一些与中药安全性评价有关的重大课题,其中涉及了一些量效、毒效关系的研究,但其主要目标是以安全性评价为主,并非主要针对中药量效关系进行研究。如 2004 年由国家中医药管理局组织实施的国家“十五”科技攻关计划重点项目“中成药安全性评价的示范研究”,目的是揭示部分中药毒副作用及其产生原因,探索中药配伍减毒的科学内涵,建立不同类型毒性的评价方法,提出中药临床安全合理用药的对策;2006 年国家“药品安全七大科技行动”项目旨在完善药品安全标准、安全用药监测与预警等。

二、中药量效关系的再认识

(一) 对中药剂量的概念和内涵的认识

中药复方剂量包括两层含义:一是处方总量大小;二是处方中不同药味的配比剂量。其中后者与配伍规律研究有明显的重叠和交叉。

对于中药而言,中药剂量不等于药材用量,也不同于西药的剂量概念和内涵。西药剂量与药物用量、成分含量或浓度之间的关系是“直通”的,可以相互换算。中药的剂量与药材用量、药效成分含量或浓度之间有关联,还与药材基原品种、商品规格等级、饮片颗粒大小等有关联,但是这些关联关系都不是“直通”的。

因此,研究中药量效关系,首先明确中药剂量绝不仅仅是一个药材用量的问题,必须与质量关联考虑;离开品质概念内涵的中药剂量是难以想象的;离开品质概念内涵的中药量效关系研究,很可能会成为“沙雕艺术”。因此,研究中药量(剂量)效(药效)关系,离不开中药质(品质)量(剂量)关系的研究。

(二) 对中药量效关系客观真实性的认识

中药不同于西药,不是一般的受体型药物或单一靶点药物,其量效关系十分复杂。中药剂量与药效之间,有的存在量效关系,有的没有明显的量效关系;量效关系又可分为量反应和质反应,还可分为线性关系和非线性关系。根据可能的“治疗窗”(therapeutic window)大小,中药的量效关系大致可分为3类(图8-1):

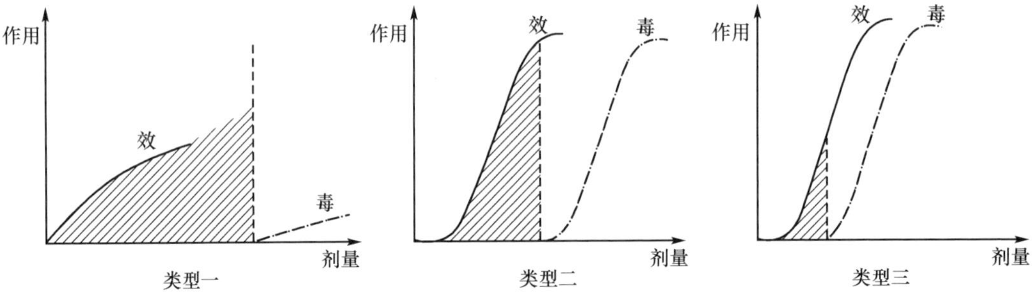

图8-1 中药的量效关系图

1. 无明显的“治疗窗”

本类药物既无明显的量效关系,也无明显的量毒关系,安全剂量范围大。一些作用和缓的方药特别是绝大多数治本和补益调节类药物可能都属于这种类型,或者说这是中药药效作用方式的主流。如当归、党参、人参、黄芪、四物汤、四君子汤等可能属于该类型。该类中药量效关系研究在药理试验观测有良好的可操作性,但临床试验观测比较难。但是研究中药的量效关系,不能回避也不应回避对该类中药的研究。

2. “治疗窗”相对较宽

本类药物有明显的量效关系,也有一定的量毒关系,两者可能有重叠,但重叠部分很少。一些作用较峻或部分治标类的方药如大黄、大承气汤、茵陈蒿汤等可能属于该类型。这类药物是研究中药量效关系的最佳载体，在药理试验和临床试验中均有良好的可操作性。

3. "治疗窗"相对较窄

本类药物有明显的量效关系，同时也有明显的量毒关系，且两者部分重叠或大部分重叠。一些"有毒"方药如附子、四逆汤等可能属于该类型。这类药物是研究中药量效关系的较好载体，该类中药在药理试验观测可操作性好，但临床试验可行性较差。

根据上述量效关系分型，医生可依据患者病情缓急、处方组方特点及自身用药经验，有目标的增大或降低某味中药的用量，达到增效或减毒的临床目的。上述中药量效关系分型提出，对阐明中药量效关系及其规律性，总结和提炼基于现代科学研究成果的中医方药剂量理论具有重要指导意义。

（三）当今中药临床剂量存在的主要问题或困惑

（1）不同中药剂量范围基本近同，不仅几乎抹杀了中药的量效关系，也难以体现"剂量是中医不传之秘"之精妙。中药传统用量一般为 6 ~ 9g 或者 5 ~ 15g，也就是说不同中药用量通常只有 1 ~ 3 倍的差异（以 10g 出现频率最高，鲜有 4g、6g、7g、8g、11g、13g、14g 出现）。这种用量范围设置难以体现"剂量是中医不传之秘"。而反观西药，不同西药临床用量范围是非常多样化的，一般是几毫克到几百毫克，也就是说不同西药用量通常是几十到几百倍的差异，有的甚至达到几千到几千万的差异。

（2）从中药或天然药物制得的有效成分药物的有效剂量看，有相当多中药的传统用量可能难以达到有效剂量范围。如青蒿素治疗疟疾，口服 1000mg/d 有效，青蒿中青蒿素含约 0.5%，折算为药材用量约 200g/d，而《中国药典》规定青蒿用量为 4.5 ~ 9g；葛根素治疗心血管疾病，静脉滴注 600mg/（日·次），葛根中葛根素含量约 2.0%，折算为药材用量 30g（注射），现行版药典规定葛根用量为 9 ~ 15g（口服）。从有效成分的有效剂量推测中药的剂量，虽然难免有失偏颇，但在一定程度上还是可以折射出中药传统剂量规定的局限性。

（3）不同基原品种、不同商品规格等级、不同饮片粒度大小、不同指标成分含量的中药，其内在品质和药效作用有的相差甚远，而剂量设置却未有区别。如黄连有味连、雅连、云连 3 个品种，其主要有效成分小檗碱含量从 3% ~ 15% 不等，不同产地味连的小檗碱含量差异可达 5 倍以上，不同生长年份的黄连也相差很大。中药材野生变家种或盲目引种生产，天然性和道地性逐步丧失，药效可能下降。还有，中药饮片小包装、颗粒饮片、精洁饮片日趋盛行，如日本药店几乎全为黄豆至花生米样大小的颗粒饮片，我国南方也开始广泛应用颗粒精洁饮片，湖南还研制开发了超微饮片，饮片大小规格不一样，煎煮时间和效果是不会一样的。

（4）受多种因素影响，当今人类疾病谱改变，今人比古人所患疾病更"疑难"，更"杂症"，更难治，西药有耐药性，中药就不一定没有，中药传统剂量能否发挥预期的临床效果？当今，随着人类生活环境、生活水平和生活方式的变化以及医学的进步，人类疾病谱发生了显著的变化,新病种、新病原体层出不穷;加之各种药物、疫苗的广泛使用,以及存在滥用现象,人群耐药性有增高趋势,对古人有效的中药方剂,对现代人未必同样有效。还有,西药有耐药性,难道中药就没有耐药性?面对当今疾病更疑难、更难治的局势,传统中药剂量恐难以达到预期的临床治疗效果。

(5) 中医历来有重用剂量的经验和习惯,不少中药大剂量应用在中医临床上往往有上佳表现。如《伤寒论》中白虎汤中,石膏用量达1斤,知母用量为6两;补阳还五汤重用黄芪,黄芪用量达60g;当归补血汤重用黄芪,黄芪用量达50g。起于清末的中医"火神派"医家独树一帜,重用(从几十克到几百克)附子和干姜治疗急危重症,用量可达500g/日,往往取得了奇效。现代医家甚至有大剂量应用中药的趋势,并往往收到意想不到的治疗效果,如解放军302医院著名中西医结合肝病专家汪承柏教授采用凉血活血法重用赤芍治疗瘀胆型肝炎取得显著疗效,其中赤芍用量达200g,并借此研制开发出我国首个专门治疗瘀胆型肝炎的中成药——赤丹退黄颗粒,这对中药传统剂量是一种大胆而有益的探索和突破。

(6) 古今度量衡考证结果不一,古代经方的一两究竟是3g,还是15.6g?现行中医药教科书和国家药典定义一两等于3g,这主要是受李时珍《本草纲目》的影响:"今古异制,古之一两,今用一钱(约等于3g)可也。"然而,在对古代衡器的历史考证中发现,东汉的一两应该是15.6g!两者相差5倍!以此来计,成书于东汉末年的《伤寒论》所载经方剂量应是现在剂量的5倍。那么,按现在1两等于3g的计量标准,还能否达到原方的治疗效果?

(四) 中药量效关系研究的关键科学问题

中药剂量及量效关系研究所面临的问题众多,关键科学问题可概括为以下4个方面:

(1) 中药量效关系是否客观存在?其科学内涵是什么?

(2) 影响中药量效关系的关键因素有哪些?如何科学地加以评价?

(3) 中药传统剂量是否科学合理?如何科学合理地制定中药现代剂量?

(4) 中药大剂量应用是否科学合理?加大剂量能否有效提高中医药临床疗效?

三、中药量效关系研究的基本策略与目标

(一) 量效关系研究的基本策略

中药量效关系研究是一项极具探索性和挑战性的大课题,目前尚无现成的研究模式可借鉴。本项目认为,必须对中药剂量及中药量效关系的基本概念和内涵、研究思路与目标等进行科学审视与合理定位,概括起来为"三个结合"。

1. 药方结合,从药论方,寓药于方

以药为主线或切入点研究方药剂量及量效关系,从药论方,方随主药,先药后方,先易后难,这样影响因素少,较易得出明确的结果或结论;同时从药论方,特别是以名药论名方,一药关多方,示范和辐射作用大。正如《老子》所言:"道生一,一生二,二生三,三生

万物。”换成中药量效关系研究说法,“道”(量效关系规律)生“一”(中药),“一”生“二”(基本方)、“二”生“三”(经典类方),“三”生“万物”(临床随症加减方)。同时,中药量效关系研究应选取具有典型性和代表性意义的中药及其复方,其基本条件要满足:临床常用,有明确的临床适应证,疗效确切;组方精当,药味组成不宜过多;疗效和药效评价指标应客观可量化,且用药周期不宜太长。

2. 基础与临床相结合,从基础到临床

临床试验是评价中药量效关系与剂量合理性的最终的“金标准”,但是临床研究干扰因素多,检测指标不灵敏,周期长,费用高;并且有的中药本身疗效就不十分确切或不显著,临床试验更难以区分其不同剂量的疗效差异;此外还有医学伦理学等问题。同时,从基础到临床可较好的发挥基础研究的辐射作用,更好地实现“以显示微、显微相应”的研究模式,这也是符合中医药研究特点的主体趋势,以免囿于“就方论方”的窘况。

3. “古为今用”与“今为古用”相结合

量效关系研究不仅仅是要论证老祖宗老中医剂量规定的科学性和合理性(“今为古用”),更重要的是要站在现代与应用的角度上,探索方药安全有效的最佳“治疗窗”剂量,以指导临床合理用药(“古为今用”),包括探索“合理增加中药剂量,大力提高中医临床疗效”的科学性和可行性。

此外,为避免研究人员有“先入为主”的主观思想,即使在基础研究阶段也应尽可能地参式照现代临床试验“随机、对照、盲法”的研究模式,由项目第一申报单位负责统一制备“模拟”样品,使不同剂量组样品的重量、外观、颜色等一致,以进一步提高研究和分析结果的客观性和准确性。

(二)量效关系研究的基本思路和目标

基于上述分析,中药量效关系研究可从文献、基础和临床三个层面展开:

1. 量效关系的基础研究

选取代表性常用中药及其经典名方为代表,采取“随机、对照、盲法”的实验方式,采用药效学实验、生物效价比测定、急慢性毒性实验,结合化学组分分析以及生物信息学(bioinformatics)分析,分别综合考察不同剂量、不同质量(药材商品规格等级,有效成分含量)、不同调剂学处理(饮片大小、煎煮时间)下方药的化学同质性、生物等效性(包括生物效应谱的变化和生物效价值的变化)和毒性差异,初步确定不同方药的最低有效剂量(minimum effective dose)和最大安全剂量(maximal safety dose),探索构建研究方药剂量与药效之间的关系模式和性质类型。

2. 量效关系的临床研究

在上述研究基础上,采取“随机、对照、双盲、多中心”研究方式,针对主治病症开展临床试验验证研究,考察含代表性常用中药的经典名方的临床常用量与药理试验推荐最大治疗剂量的疗效差异性,为临床合理用药提供科学依据和理论支撑。

3. 中药剂量理论的丰富与发展

考察我国“度量衡”制度演变及其对中药剂量历史沿革的影响,揭示中药剂量的认知模式;阐发现代中药剂量理论特别是中药量效关系的科学内涵,制订现代中药剂量合理赋值的原则、依据、方法和规程,为丰富和发展我国中药剂量理论、加快中医药现代化发展提供理论和技术支撑。

注:本节引用该章第 1 ~ 19 条参考文献。

(肖小河)

第二节　经方剂量研究现状及展望

一、研究经方剂量的目的

研究《伤寒杂病论》方剂剂量折合现今计量标准下的实际用量,探索产生于 1700 多年前的经方的实际药物用量,寻找可行的经方药物古今用量折算标准,比较古今方剂药物、剂量差异变化,并探讨经方对当今方剂组方配伍的影响及其在新药研发、临床实践中的指导意义。

二、研究经方剂量的方法与结果

通过文献研究、实际操作、经方临床处方调研比较、动物实验等多种方法,对经方剂量进行推定、实证研究,期望找出安全、有效、可行的经方剂量折算标准,并进一步比较经方组方、剂量对当今方剂组方配伍的影响。

(一) 经方剂量文献研究

查阅古代本草方书,尤其是官修的药典和有广泛影响的方书专著有关经方剂量沿革内容,查阅古代律志典籍,找出各个历史朝代中关于度量衡标准剂量的规定,对比各个历史时期度量衡的沿革;结合现代度量衡学与考古研究成果,以确切史料和度量衡考古实物为佐证,推定经方剂量折算标准。经方剂量折算按照“1 两=13. 8g”符合历代度量衡沿革史实,经得起自然科学和史籍考证,符合经方剂量事实;而习惯认为的“1 两=3g”经方剂量折算,不符合经方剂量沿革事实,经不起考古实物、度量衡学考证。

(二) 经方中非标准重量药物实测研究

对《伤寒杂病论》方剂中以枚、个、大小、升等非标准重量计量药物进行实际测定,推定这些非标准重量药物经方用量;并比较经方非标准重量药物剂量与度量衡单位计量药物不同折算剂量组方配伍平衡性。按照考证推定的“1 两=13. 8g”折算,经方中非标准重量药物用量与度量衡单位计量药物用量比较，符合经方药物组方君、臣、佐、使配伍原则，经方平衡性合理；按照习惯认为的“1 两=3g”折算，经方非标准重量药物与度量衡单位计量药物组方比例不合理，组方配伍药物君、臣、佐、使，与剂量轻重矛盾。

（三）经方与当今临床处方用药数量及剂量比较研究

调查上海、北京、河南等 3 家三级甲等中医院的门诊汤剂处方，选取符合标准处方共 3509 张，统计当今临床处方平均用量、单味药物平均用量、平均药物组成；按照考证推定的经方剂量折算标准，即“1 两=13.8g”，及习惯认为的“1 两=3g”剂量折算方法，分别折算《伤寒杂病论》方剂剂量，以枚、个、大小、升等非标准重量药物按照非标准重量药物实测研究的“非标准重量药物经方剂量古今折算标准参考值”进行折算，计算经方平均用量、单味药物平均用量；分别比较经方两种不同折算剂量与当今临床处方平均用量、单味药物平均用量；并比较经方与当今临床处方平均药物组成数量。比较古今方剂药、量变化，以推测、实证经方剂量可能折算标准。

（四）不同折算标准经方药效实验研究

采用动物实验方法对《伤寒杂病论》中桂枝汤、四逆汤进行习惯认为的“1 两=3g”，和考证推定的目标折算标准，即“1 两=13.8g”，进行不同折算剂量的药效学比较研究。结果表明 1 两=13.8g 折算药效学明显。

三、研究结论

推定的经方剂量折算标准“1 两=13.8g”，符合经方历代剂量考证及沿革；较好体现经方组方配伍原则；经得起自然科学考证。经方组方“药少量大”，讲究配伍，是与当今处方的主要区别。说明经方组方法度谨严，量大力宏，任何一味药物的更替，甚或只是药量的变化就会影响到方剂的作用和效果，不是对药性及组方原则稔熟至极是难以企及的，所以后世尊为“经方”，而当今临床中处方药味多而杂，平均达经方的 3 倍，而药量平平，所以难以达到经方的“效如桴鼓”，尽管相对保证了方剂的安全性，同时也相当程度地影响了中药疗效。因此，当今临床医生应该认真学习掌握经方的法度，在尽可能保证用药安全性的前提下，合理配伍，严谨组方，提高中医药疗效，从而发扬中医药学术和扩大中医药临床阵地。

四、研究展望

早在公元 1541 年，瑞士的 Paracelsus 就指出“所有的物质都是毒物，没有不是毒物的物质，只是剂量区别它是毒物还是药物”。经方剂量问题，不只是理论上去考证，而需要付诸实践去精确地研究。我们的研究只是从客观、科学的角度去试图认识经方剂量的事实，其根本目的还是想以此为切入点，对经方、现代中医组方进行思考。今后应当继续借助现代科学的研究方法，深入研究药用剂量，乃至整个中药的剂量问题。

(一) 增大临床中医处方研究力度

今后可以进一步从现代经方处方、到现代中医处方多中心的扩大研究范围,以全面研究经方、现代处方组方规律。

(二) 从量效关系入手,加强经方实验研究

经方临床广为应用,其主要原因在于其确切疗效,这些处方在中国已有两千多年的应用历史,久经实践、筛选,今后可以从量效关系为其切入点,深入探讨经方作用机制,扩大经方应用基础。经方的科学性主要源于其确切疗效,久经实践考验。虽然中药相对比较安全,许多方剂毒副作用较小,但是,涉及一些有毒"中药"剂量的增大,应当考虑其安全性。在今后注重经方量效研究时,建议考虑增加毒理试验。

总之,客观、科学的对待经方及其药物,汲取经方组方配伍、用量内涵,促进中医处方组方科学有效的发展,促进临床疗效提高;研究经方剂量与现今度量折算标准,将会加深中医组方法度,药物和配伍的认识,对于临床合理用药产生重要影响,特别在新药研发、临床实践中具有指导意义,促进中医治疗学的发展和进步,并且对临床教学及药典提供用量的被依从性提供参考。

(范吉平　程先宽)

第三节　基于功能元基因组学的人体系统生物学新方法

中医药学是中华民族优秀传统文化的一个重要组成部分,她是在几千年的临床实践过程中不断发展和完善而形成的一种卓越的医学体系,具有自身的理论体系和丰富的诊疗经验。中医理论源于中国古代的自然哲学,以"整体观"为基础,采用辨证论治和多环节、多靶点协同的治疗原则,充分体现了中医药在复杂性疾病中无可替代的优越性。然而,正是这种源于自然哲学的理论体系使得中医具有宏观性、抽象性和复杂性等特点,很难被国际主流医学界所理解和接受。新中国成立以来,为了实现中医药的现代化和国际化,国内的中西医学研究者开始走中西医结合的道路,采用西方医学的研究方法重新认识和研究中医药,挖掘其深厚的文化底蕴,取得了可喜的成绩。但是,西方医学的这种基于"还原论"的研究方法与中医整体论的本质却是格格不入的,这已经而且必然会更加严重地制约中医药自身及其现代化的发展。因此,找出适合中医药理论特点,并且易于被科学界所理解和接受的研究方法已经成为目前中医药研究亟待解决的最为关键的问题之一[20,21]。

近年来,系统生物学(system biology)的发展以及"后基因组"时代一系列组学技术的出现与不断完善为中医药现代化研究提供了一个极好的机遇和技术平台[22]。人体系统生物学(whole-body systems biology)就是在此基础上提出来的一个新的概念,与中医药理论相似,它充分认识到人体的复杂性,从人体系统整体出发,采用"自上而下(top-down)"的研究策略,以及高通量、高精度的现代分析技术对人体系统水平特性进行动态而精细

的测量,然后结合模式识别等生物信息学方法可以实现对人体的疾病和健康状况进行全面的描述和分析[23,24]。由于人体系统生物学的方法适应中医药整体性、复杂性的特点,将人体系统生物学用于中医药的研究必将有力地推动中医药现代化的发展乃至中西方医学的汇聚与融合。本文在详细阐述人体系统生物学的研究内容、技术方法及应用现状的基础上,将重点论述人体系统生物学与中医药发展之间相辅相成的关系。

一、人体系统生物学及其技术方法研究现状

(一) 涌现特性是人体系统生物学的主要研究对象

涌现特性(emergent functions)是指只有整体才具有、任何组成部件都不具有的特性,只有高层次的结构才有、低层次的结构中找不到的特性,是系统中很多部件或所有部件都参与才能形成的特性[25]。它是复杂系统的共性,对于人体这一最为复杂的自然系统,至少有3类样品所包含的信息是只有完整的人体才会具有的特性,即血液、尿液和粪便[26]。

众所周知,细胞在生命活动的过程中会主动向胞外分泌代谢物和蛋白质,其组成谱(profiles)可以忠实而精细的反映细胞在特定的环境条件下,基因表达、蛋白质互作和代谢网络运行的状态,可以看做是细胞生命活动留下的痕迹(footprints)。而对于多细胞生物例如人类而言,人体内的细胞分泌到胞外的代谢物和蛋白质主要在血液里汇聚、循环并通过尿液排到体外。血液和尿液中含有大量的代谢物,其组成谱与细胞、组织以及整体水平的生物化学状态密切相关。正常状态下体液中的代谢物组成处在一个动态的平衡当中。当机体受病理生理或基因改变等因素影响时,在细胞、组织,甚至整体水平会发生代谢的变化应答,导致体液中的代谢物种类和浓度的变化。采用代谢组学技术可以实现对这种动态、多参数代谢应答的定量测定,结合统计学的方法可以找出相关的生物代谢标志物,在此基础上可以寻找所受影响的相关代谢途径或环节,进而为分子机制的研究提供准确的切入点[27]。因此,血液和尿液等生物体液中的代谢物和蛋白质的组成是人体这一复杂系统最为重要的一个涌现特性。

一般认为,人体的代谢表型是由人体从父母遗传的基因组所决定的,但是近年来越来越多的研究证据表明人体共生菌群,尤其是共生肠道菌群对宿主的代谢表型具有调节作用,在很多疾病尤其是代谢性疾病的发生发展过程中起到至关重要的作用[28~31]。事实上,人的肠道内共生着1~2kg的细菌,其细胞数目约为人体真核细胞的10倍左右,如此庞大的细菌群落被当做是人体后天获得的“器官”,在宿主消化、营养、代谢、免疫等方面均发挥着极其重要的作用[32,33]。近年国际主流杂志纷纷报道肠道菌群相关的研究论文[34,35],肠道菌群基因组总和,即肠道元基因组(gut microbiome)被誉为“人体第二基因组(our other genome)”,与人体的基因组一起共同影响人体的生理和代谢[36]。宿主的健康状况发生变化,体内的共生微生物的组成就会发生变化;反过来,体内共生微生物组成的变化也会导致人体的健康状况的改变,正如诺贝尔奖获得者Joshua Lederberg所说的“人是一个由真核细胞和共生在体内的微生物群落共同构成的超级生物体(superorganisms)”[37]。因此,人体共生微生物,尤其是共生肠道菌群的组成作为人体另一种重要的

涌现特性，也可以忠实地反映人体的健康状况。

人体系统生物学就是通过对血液、尿液和粪便等进行一系列“组学”精细分析，包括对粪便中微生物组成的元基因组学（metagenomics）分析、对尿液代谢物组成的代谢组学（metabonomics）分析、对血液的代谢组学、转录组学（transcriptomics）乃至蛋白质组学（proteomics）分析等，进而实现对完整人体健康状况分子水平上的精细测量。

（二）“组学”分析与多变量统计相结合是人体系统生物学的主要技术特点

人体系统生物学属于系统论的范畴，对于这样的复杂系统的研究不仅需要高通量、高精度的仪器测量技术，还需要能够适应大通量复杂数据分析的统计学方法。后基因组学时代各种“组学（-omics）”技术的诞生与发展，以及生物信息学的迅速崛起，为人体系统生物学的发展提供了坚实的方法学基础，尤其是元基因组学和代谢组学两种技术的发展与不断完善极大地推动了人体系统生物学的发展与应用。

元基因组学（metagenomics）是近年来提出并迅速发展的一个新的学科方向，它是研究一个微生物群落中所有微生物基因组总和及其功能的一门学科。随着人体共生菌群尤其是共生肠道菌群在人体健康中作用的日益凸显，元基因组学已经成为人体系统生物学乃至整个生命科学研究的一个焦点。大量的微生物分子生态学技术，包括 16S rRNA 克隆文库技术、PCR-DGGE/TGGE 和 T-RFLP 等 DNA 指纹图谱技术已经广泛用于元基因组学的研究，为元基因组学的发展奠定了坚实的技术基础。近年来，随着 454、Illumina 等新一代测序技术的出现与不断发展，使得对肠道元基因组的高通量、大规模深度测序成为可能，结合多变量统计方法，如主成分分析（PCA）、偏最小二乘判别分析（PLS-DA）等，可以更加直接的获得肠道微生物的组成和功能信息，同时还可以鉴定出与疾病等健康状态密切相关的特定细菌类群，从而为人体系统生物学的研究提供更多的信息。目前，肠道元基因组学已经广泛应用于肥胖[30,38,39]、炎性肠道疾病（IBD）[40~42]、癌症[43,44]、糖尿病[45]以及代谢综合征[28,29,46]等的研究。上海交大 M. Zhang 等人发展了一种 PLS-DA 的多元统计学方法用于肠道菌群结构与功能之间关系的研究，她们对轮状病毒感染腹泻儿童及健康对照儿童粪便中肠道菌群进行拟杆菌特异性的克隆文库分析，采用 PLS-DA、PCA 等方法成功区分腹泻儿童与健康儿童的肠道菌群结构，并找出了可以反映腹泻个体肠道菌群结构特征的分子标记物，即 B. vulgatus、B. stercoris 和 B. fragilis，这一研究显示出 PLS-DA 等多变量统计分析不仅可以将具有不同组成特征的肠道菌群进行分类，还可以提取出对于分类有重要意义的因子，从而为人体系统生物学的复杂的数据分析提供了有力的保障[47]。在此基础上，上海交大 C. Zhang 等人以表现为天生糖耐量异常和肥胖的 Apoa-I 基因敲除鼠为模型研究了饮食与基因型在调节肠道菌群和宿主代谢中的作用[28]。文章综合采用了 PCR-DGGE、T-RFLP、454 焦磷酸测序以及实时定量 PCR 等技术，结合 PCA、PLS-DA 等统计学方法详细解析了不同饮食以及遗传背景下小鼠的粪便肠道菌群结构，为肠道元基因组学研究提供了一个范例。研究结果表明，饮食对肠道菌群的变化贡献率远大于基因型（12%），可以达到 57%；采用 PLS-DA 结合 454 焦磷酸测序的方法共鉴定出 65 个细菌类群与饮食、基因型或者宿主代谢表型密切相关。进一步的分析发现摄入高脂饲料可以显著降低肠屏障保护菌 *Bifidobacterium* spp. 的含量，增加可以产生内毒素、破坏肠黏膜的硫酸盐还原菌(*Desulfovibrionaceae*)含量,而这可能使得血液中内毒素含量增加,诱发宿主全身性的炎症反应以及代谢综合征的发生[48]。这一研究进一步的显示出这种"组学"技术与多变量统计相结合的方法在疾病研究,尤其是复杂代谢性疾病发生发展机制研究中的作用。

代谢组学(metabonomics)是人体系统生物学中应用最为广泛的另一方法,自从 1999 年 Jeremy K. Nicholson 教授提出"代谢组学"概念以来[49],代谢组学的研究已经发展为一个备受各领域研究者青睐的热点。近年来,随着磁共振以及色谱质谱联用技术等代谢物分析技术的发展和完善,代谢组学已经广泛应用于病理生理[50]、药物研究[51~54]、疾病诊断[55~57]、营养干预[58~62]以及流行病学[63]等领域。Elaine Holmes 等人利用基于 NMR 的代谢组学技术研究了高血压病的发病率与尿液代谢物组成之间的关系,他们比较了中国、日本、英国、美国四个国家 4000 多人的尿液代谢物组成,结合 PCA 以及 PLS-DA 等多变量统计学分析,发现东亚人(中国人和日本人)与西方人(美国人和英国人)高血压病发病率不同,其尿液代谢物组成也存在明显差异,且不同的人群由于其具有不同的饮食结构使得其尿液代谢物组成也不同,并鉴定出了区分不同人群的重要代谢标记物,包括甲酸、丙氨酸、马尿酸和 *N*-甲基烟酸甲酯,将这些标记物的排泄量与血压值进行统计关联,发现尿液中甲酸和马尿酸的总量与血压值负相关,而丙氨酸与血压呈正相关[58]。色谱质谱联用技术是代谢组学另一重要的分析方法,上海交通大学 Qiu 等人采用 GC-TOFMS 和 UPLC-QTOFMS 对 64 例结直肠癌患者以及 65 例健康个体的血液进行代谢组学分析,采用正交偏最小二乘判别分析(OPLS-DA)的方法发现健康与结直肠癌患者血清代谢物组成明显不同,共鉴定出了 33 种与糖酵解、精氨酸和脯氨酸代谢、脂肪酸代谢以及 oleamide 代谢相关的代谢物可能与结直肠癌的发生发展有关,显示出代谢组学技术在疾病诊断与机制研究中的应用潜力[64]。

总之,目前已有大量的人体系统生物学研究显示出其已经具备完善的分析技术平台与生物信息学数据处理方法,这也必将进一步的促进人体系统生物学的发展以及更加广泛的应用。总的来说,人体系统生物学的研究方法具有以下几个特点或优势:

(1) 非破坏性(non-invasive):测量的样品(血、尿、便)容易采集,对人体没有或只有很小的影响。

(2) 整体性(global):测量的结果能够反映人体全身的健康状况,而不是仅仅反映某个器官或组织的健康状况。

(3) 动态性(dynamic):由于成本低、通量高,可以连续采集样品进行测量,从而实现对人体健康状况的动态监测。

(4) 非靶向性(non-targeted):测量的窗口足够宽,任何在检测灵敏度以上的异常变化都能观察到。

(5) 分子水平测量(molecular-based measurement):测量的对象是代谢物、蛋白质和微生物的基因,全部是现代生物医学已经有深入认识和比较成熟的分析技术的生物分子,有关这些生物分子组成和结构的数据可以与所有已知的生物医学知识联系在一起进行分析,没有学科障碍。

(6) 可数字化数据类型(digital data):测量结果都是可以数字化的,便于定量和统计分析、模式识别等处理,所有人的数据可以在一个平台上进行分析和比较。

(7) 分析对象为生物学终点(biological endpoints):测定的对象是基因与环境互作以后的产物,而不仅仅只是基因本身,因此,能够更加精细而准确的进行人体健康状况的测定和预测。

(三) 多种组学的关联分析是人体系统生物学研究方法发展的必然趋势

"超级生物体"的概念是人体系统生物学重要的观点之一,准确理解人体系统生物学必须要认识到人体是由真核细胞和共生在体内的微生物群落共同构成的复杂系统。随着肠道菌群在健康与疾病发生过程中作用的日益凸显,搞清楚共生微生物与宿主之间的相互作用及其分子基础已经成为生物医学领域研究的热点。为此,本实验室联合国内外多家研究单位通过对一个四世同堂的中国家庭7位成员的研究,提出了一种将肠道菌群与宿主代谢表型变化相联系的"跨基因组学"研究方法,综合采用代谢组学、肠道元基因组学以及多变量统计学的方法对家庭成员粪便和尿液样品进行分析,即通过构建肠道菌群的16SrRNA基因克隆文库技术以及类群特异性的PCR-DGGE技术分析该家庭成员肠道菌群的多样性,采用核磁共振技术(NMR)分析尿液中代谢物的组成谱,然后结合多变量统计方法鉴定出与性别、年龄等相关的肠道细菌类群以及尿液代谢物。例如,粪便中的一种拟杆菌 *Bacteroides thetaiotaomicron* 在男性成员中比女性成员中多,尿液中的3-aminoisobutyrate的含量在男性中也明显高于女性。同时,我们还引入了"功能元基因组学(functional metagenomics)"的概念,利用PCA、OPLS-DA(Orthogonal projection to latent structures discriminant analysis)等多变量统计学的方法将反映肠道菌群结构的PCR-DGGE指纹图谱数据与反映宿主代谢变化的NMR代谢物组成谱数据加以联系,寻找肠道菌群结构与宿主代谢的共变化(covariation)特征,挖掘人类肠道菌群与其宿主代谢之间的密切关系,同时还可以鉴定出具有调节宿主代谢的重要功能菌,为进一步基于纯培养的肠道细菌功能研究奠定基础。采用这样的方法,我们发现一种细菌 Faecalibacterium prausnitzii 与尿液中8种代谢物呈现共变化的特征,显示出其可能是一种具有重要生理功能菌,而事实上 *Faecalibacterium prausnitzii* 确实是一种重要的功能菌,它是肠道中产丁酸盐的主要类群,对于宿主的能量代谢、肠屏障以及宿主免疫等都具有重要的作用[42,65]。这种方法有助于理解宿主与共生微生物之间共生关系的分子基础,对于研发以肠道菌群为靶点的个性化药物与膳食干预方案、监控公众的健康状况、有效地预防疾病等都具有重要的意义。

二、人体系统生物学与中医药现代化研究

(一) 人体系统生物学与中医药理论相辅相成

从上文的论述可以看出,人体系统生物学是从系统整体的角度认识生命过程的一种方法,这与中医药理论具有天然的相似性。中医采用"望"、"闻"、"问"、"切"四诊方法对人体整体的临床信息进行采集,然后结合中医理论以及临床经验对疾病进行诊断、分型和辨证论治;而类似的,人体系统生物学采用高通量、高精度的现代分析技术对人体血、

尿、便等系统水平特征进行分析测定，然后采用模式识别等统计学的方法对疾病状态进行建模分析，从而可以实现对疾病的诊断和发生机制的研究（图 8-2）。这种高度的一致性使得我们可以在人体系统生物学的理论框架下，采用代谢组学、元基因组学，乃至转录组学、蛋白质组学等系统生物学技术对中医临床诊断和治疗过程中患者血、尿、便样品进行动态的精细测定，然后结合有监督和无监督的模式识别等统计学方法，监测在中医诊断和治疗的过程中人体系统水平特性的变化规律，从而实现对中医理论以及中医药疗效的科学评价。

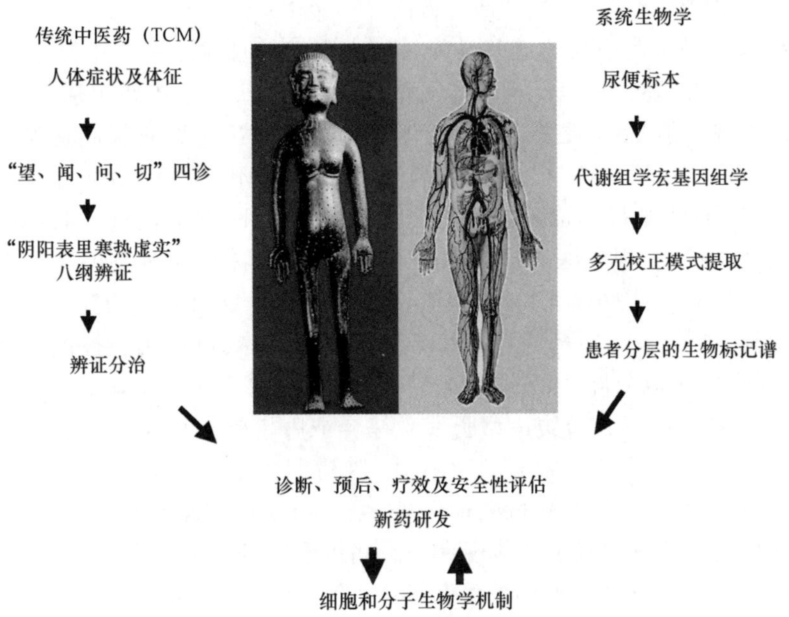

图 8-2　人体系统生物学与中医药理论具有天然的一致性

总之，人体系统生物学的研究方法适应中医药的特点，将人体系统生物学应用于中医药的现代化研究可以有效地克服中医药模糊性、复杂性以及经验性的不足，从而真正实现中医药的科学认识；另外，中医药理论几千年的深厚积淀也为人体系统生物学的发展提供了十分有利的客观条件。

（二）肠道菌群与中医药研究

整体观是中医理论的最为突出的特点之一，它注重从整体水平对人体进行认识，并在整体观的指导下进行辨证论治，从而实现对疾病的预防和治疗。肠道菌群作为体内最大的微生态系统，是人体这一“超级生物体”的重要组成部分，与中医药之间必然存在着千丝万缕的联系。事实上，早在 20 世纪 80 年代严梅桢等人就已经开始研究肠道菌群中医药的关系，他们通过灌服大剂量大黄造成中医脾虚小鼠模型，结果发现脾虚小鼠肠道菌群结构发生明显变化，乳酸杆菌以及双歧杆菌等有益菌均显著减少，采用健脾益气中药四君子汤治疗后可以使模型小鼠肠道菌群恢复到正常状态，初步显示出肠道菌群在中医理论以及中药疗效的发挥等方面的重要作用[66]。随后，国内外的研究者从肠道菌群的角度对中医理论与中药作用机制等进行广泛的研究，取得了很好的成绩[67~70]。

1. 肠道菌群与中医药理论

从肠道菌群角度认识和理解中医药理论，从而实现中医的科学化、国际化是一个中医药现代化的重要突破口。事实上，中医理论非常重视肠道在人体健康中的作用，自从我国微生态学创始人魏曦提出“微生态学很可能成为打开中医奥秘大门的一把钥匙”以来，国内很多学者对肠道微生态学与中医学之间的关系进行了研究和论述[67~69,71,72]，从而为中医理论的现代化提供了新的研究方向。

“脾胃学说”是中医中与肠道菌群关系最为直接的理论之一。中医学中的“脾胃”与西医中的脾和胃不同，一般泛指人体的整个消化系统，其中主要包括胃肠道等器官。中医理论认为脾胃是“后天之本，气血生化之源”，显示出中医对胃肠道作用的重视程度。早在 20 世纪 90 年代初，很多学者就已经认识到消化道正常菌群与中医“脾”之间的密切联系[73]，认为如果肠道菌群的正常组合遭到破坏，就会出现胃肠不适，消化、吸收功能降低等症状，出现中医脾虚证的证候[74]。研究者对脾虚泄泻病人进行了肠道菌群的初步研究表明，脾虚泄泻患者肠道中双歧杆菌含量及其与肠杆菌的比值（B/E）明显低于正常人[75]，采用中药健脾渗湿汤对其进行治疗，可以明显提高粪便中双歧杆菌的含量，显示出肠道菌群，尤其是双歧杆菌、肠杆菌的含量与脾虚泄泻证之间可能的内在联系[76]。江月斐等人对腹泻型肠易激综合征脾胃湿热证与脾气虚证患者肠道菌群的初步研究也表明，与脾气虚证患者相比，脾胃湿热证患者肠道中革兰阳性菌的比例以及肠道菌群的密集度明显升高，而菌群多样性没有明显差异[77]。另外，肠道菌群与中医药理论之间的密切联系还体现在中医病机理论等方面。李庆生等人对“邪正相争”的病机理论进行的研究，他们以中医学中“邪正相争”较为激烈典型的肺系疾病常见病证作为临床与实验研究对象，得出肠道微生态的平衡以及在病原菌刺激下机体免疫系统正常的免疫应答能力是构成“正气”的重要因素，具体表现为肠道优势菌以有益菌为主，菌群密集度均衡、多样性明显，以及抗体 IgG、IgM、IgA 正常，CD4/CD8 比值正常和血清补体 C3 滴度正常[78]。

总之，肠道菌群与中医药理论之间有着密切的联系，从肠道菌群的角度对中医药的理论进行科学的阐述必将大大促进中医药的现代化发展。

2. 肠道菌群影响中医药的疗效与毒性

中医药大多数为口服药物，而且很多药物成分难以被人体吸收，直接进入胃肠道与肠道菌群相互作用，从而影响甚至决定中医药的疗效与毒性[70]。一方面，肠道菌群可以作为天然的生物转化器，影响中医药疗效的发挥与毒性的改变；另一方面，肠道菌群还可以作为中医药的作用靶点，实现中医药对机体多靶点的治疗作用[79]。

人参皂苷（ginsenoside）是人参的主要活性成分，大量研究表明其具有抗感染、抗肿瘤等广泛的药理作用。但是，人参皂苷是一种难吸收的物质，自身并不具有任何生理活性，口服后直接进入肠道被肠道菌转化为人体可以吸收的物质。例如，人参皂苷 R_{b_1}、R_{b_2}、R_c 以及 R_d 可以在肠道菌的作用下去糖基形成 20-*O*-β-*D*-glu-copyranosyl-20（S）-

protopanaxadiol (IH901),R_e、R_{g1} 和 R_f 可被转化为原人参三醇(protopanaxatriol),这些代谢产物进而可以通过肝肠循环进入机体发挥其抗肿瘤、抗感染等作用[80~82]。大豆黄酮(Daidzein)是一种常见的中药活性成分,同时也是许多功能食品的主要成分,其功效的发挥同样也需要肠道菌群的参与,体外实验表明许多肠道细菌包括 *Clostridium* spp.、*Eubacterium ramulus* 以及 *Bifidobacterium* 等都可以参与大豆黄酮的代谢,将其转化为具有更强活性的雌马酚(Equol)和 *O*-desmethylangolensin(*O*-DMA)[83]。赵宇峰等人采用离子阱电喷雾串联质谱和傅里叶离子回旋共振电喷雾串联质谱方法研究了人肠内菌对抗肿瘤中药乌头碱(Aconitine)的生物转化规律,首次报道了乌头碱在人肠内菌群环境中产生16-*O*-去甲基乌头碱,后者可以进一步的被脱乙酰基、脱苯甲酰基、脱甲基、脱羟基以及酯化等产生新型的单酯型、双酯型和20余种脂类生物碱等转化产物,大大降低乌头碱的毒性[84]。

肠道菌群不单影响着机体对药物等异源物质的代谢,还可以作为许多疾病尤其是代谢性疾病的致病因素。美国 Jeffery I. Gordon 课题组的研究表明肠道菌群在肥胖的发生过程中起到重要的作用,即肠道菌群可以通过抑制 Fiaf 基因的表达,抑制脂蛋白脂酶(LPL)的活性,从而影响宿主的能量代谢并促进脂肪细胞中三酰甘油的积累,引起肥胖的发生[39]。法国法语鲁汶大学的 Patrice D. Cani 课题组以及本课题组的研究也表明肠道菌群在代谢性疾病发生过程中起到决定性的作用,不当的饮食可以改变正常的肠道菌群结构,使得一些保护肠屏障的细菌减少,产内毒素的细菌增多,从而使得肠源性的内毒素进入血液,引发全身性、低水平的慢性炎症,而全身性、低水平的慢性炎症可以导致肥胖、胰岛素抵抗乃至糖尿病等代谢性疾病的发生[28,29]。因此,肠道菌群还可以作为药物治疗或者饮食干预的作用靶点,这在中医药研究中也得到了比较多的应用。十全大补汤是一种非常有名的中药方剂,含有10种中草药成分,广泛用于乏力、贫血、风湿性关节炎以及肠道疾病等的治疗。近年来,日本的学者对十全大补汤(在日语中称为 Juzentaihoto)的作用机制表明它是通过调节肠道菌群的平衡来实现其对人体基因表达的调控以及降低肝脏切除手术后高水平血氨的作用[85,86]。佳木斯大学张艺磊等人对银杏叶(Ginkgo leaf)提取物的调脂作用机制研究也发现银杏叶提取物可能是通过扶植肠道中双歧杆菌、乳杆菌等有益菌的生长繁殖而实现其对人或大鼠脂代谢的调节的[87,88]。

(三)代谢组学与中医药现代化研究

代谢组学(metabonomics)是人体系统生物学最为重要的研究方法之一,其整体性、动态性以及描述对象的终端性等特性与中医药的整体观以及辨证论治等理论不谋而合,是中医药现代化研究的极好的切入点。代谢组学创始人 Jeremy K. Nicholson 教授也认为,代谢组学与有着几千年历史的中医学在许多方面有相近的属性,它们的有机结合将有力地推动中医药的现代化进程。

中医药通过多器官、多系统、多靶点的方式作用于人体,因而可以引起全身水平复杂的代谢网络变化,这种变化的最终表现就是人体内源性的代谢物组成的改变。而内源性代谢物组成谱的变化恰恰可以提供药物作用机制和作用靶点的信息。一方面,通过辨识和解析内源性代谢物组的变化,可以了解与生命体生理或病理状态相关的一系列生物学事件,甚至揭示生物标志物，从而促进中医“证”本质的研究、中医辨证的科学化和定量化，深层次理解中医藏象理论，预测疾病的发生。另一方面，通过追踪中药影响体内内源性代谢物组的组成和变化，可以整体性评价中药的疗效和安全性，阐明中药作用的机制与物质基础。因此，在国内外学者的推动下，代谢组学技术广泛应用于中医药的现代化研究，包括中药质量控制研究、中药作用模式与毒性及其机制的研究以及中医理论的科学阐述等[89,90]。

上海交通大学 Chen 等人将代谢组学技术用于“肾阳虚”动物模型的研究，即采用大剂量的氢化可的松诱导大鼠形成“肾阳虚”模型，采用基于气相色谱质谱联用技术（GC/MS）和多变量统计的代谢组学方法对模型形成过程中尿液代谢物组成谱的变化进行研究。结果表明，药物诱导可以显著改变大鼠尿液代谢物的组成，提高酪氨酸、色胺、多巴胺以及去甲肾上腺素等的含量，为“肾阳虚”的本质的研究提供更多的信息[50]。随后，他们又采用基于液相色谱质谱联用技术（LC/MS）的代谢组学方法对马兜铃酸（Aristolochic acid）的神经毒性进行研究，结合模式识别以及先行判别分析等多变量统计方法鉴定出马兜铃酸可以明显增加同型半胱氨酸的形成以及叶酸循环，降低花生四烯酸的合成等，这为中药的毒性评价提供了一个科学有效的方法[50]。这一课题组的研究有力地证明了代谢组学技术在中医药理论及毒性等研究中的巨大应用价值，也大大地推动了代谢组学技术在中医药研究中的应用。

小檗碱（Berberine）是从中草药黄连以及小檗属植物中提取的一类异喹啉类生物碱，广泛应用于糖尿病、高脂血症、炎症、心血管疾病、肿瘤、细菌和病毒感染、精神疾病、阿尔茨海默病、骨质疏松以及脑缺血性损伤等多种疾病的治疗[91]，尤其是其降糖降脂作用受到了国内外学者的广泛关注。为了研究小檗碱的作用机制，Gu 等人采用超高效液相四级杆飞行时间串联质谱（UPLC Q-TOF MS）以及超高效液相单四级杆质谱技术（UPLC SQ MS）对 60 个 2 型糖尿病患者小檗碱治疗前后血清样品进行代谢组学分析，结合正交偏最小二乘判别分析（OSC-PLS-DA）找出小檗碱治疗后血清代谢物组成的改变，即游离脂肪酸的含量显著减少，表明了小檗碱可能是通过下调机体高水平的游离脂肪酸而起到降糖降脂的作用[54]。这也进一步的表明，随着代谢组学仪器分析技术以及数据处理方法的不断发展和完善，将代谢组学应用于中药作用机制等中医药研究必将大大推动中医药现代化的进程。

三、基于功能元基因组学的中医药现代化研究方法

虽然代谢组学技术已经广泛应用于中医药现代化的研究，国内外的研究者也逐渐地开始认识到肠道菌群与中医药之间的密切关系，但是这些研究仍然比较零散，没有形成一个完善、系统的研究思路。建立在人体系统生物学的理论框架下的系统、全面的中医药研究策略具有极其重要的意义。因此，我们在总结现有中医药以及人体系统生物学研究的基础上，提出了基于功能元基因组学的中医药研究方法。这一研究策略充分认识到肠道菌群在中医药疗效、毒性以及中医理论研究中的重要作用，综合运用代谢组学、肠道元基因组学（gut metagenomics）以及生物信息学等技术对中医药进行系统而深入的研究，从而有望为中医药现代化研究打开新的局面。

基于功能元基因组学的研究方法需要建立一个规模较大、设计合理的人群或动物实验，采用代谢组学以及元基因组学技术监测在疾病的发生发展以及药物干预后转归过程中系统水平特性的动态变化(图 8-3)。一方面，可以通过比较健康对照组和疾病组的尿液和粪便代谢物谱和微生物谱，结合模式识别等统计学方法将不同类型的人群划分至不同的系统空间，并找出与临床生理生化指标以及中医四诊信息密切相关的代谢物与菌群标志物，进而为中医症候等理论找出可能的生物学基础。另一方面，通过对中医药干预前、干预中以及干预后的样品进行代谢组学和元基因组学分析，在系统整体水平监测和评价中医药的疗效，同样采用统计学方法将其划分至特定的系统空间，观察在干预过程中系统位置的变化轨迹，结合特异性的代谢物和肠道菌群变化可以对中医药疗效进行全面客观的科学评价。

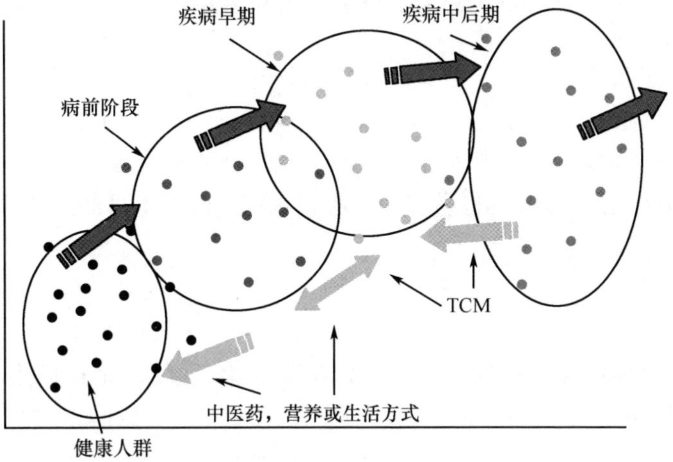

图 8-3　疾病的发生发展以及转归过程中系统水平特性的变化轨迹

四、展　望

综上所述，人体系统生物学可以在中医与西医之间架起一座沟通的桥梁，从而不仅实现对中医的科学诠释，而且可以推动西医向整体观的发展，克服其局部深入但整体破碎的缺点，最终有可能实现中医与西医的汇聚与融合，为形成一种全新的医学模式做出贡献。目前，国外医学、营养学等领域的专家与学者已经开始充分地认识到人体系统生物学的研究前景及其与中医药之间的天然的内在关系，并已经在积极地吸收和应用中医药理论服务于人体系统生物学的研究。美国 NIH 等机构已经开始大规模支持中医药与肠道菌群的研究课题。面对这样的竞争局面，我们应该怎么办？正如系统生物学创始人 Leroy Hood 教授早在 2007 年所说的，目前我们所面临的问题是：我们能够让系统医学的技术力量与中医宝贵而丰富的传统结合在一起吗？有谁能够去推动和实现这种融合？

(张　旭　赵立平)

第四节　中医方药量效关系研究思路与策略

中药在用药形式上，有药材、饮片、中成药等的不同，其中，中药饮片是中药应用的主要形式，饮片用量的研究是中药用量研究的核心问题，为此，本文重点围绕饮片的量效关系展开阐述。鉴于中药饮片自身及其用法的特点，以及中医方药效应的多样性，中药的量效关系的研究有别于西药的量效关系研究。根据中医方药的特点，引进新的方法，破解"中医不传之秘在于量"的难题成为中医药研究的关键问题之一。本文在分析中医方药用量研究复杂性的基础上，对开展量效关系研究的思路和策略进行探讨。

一、中医方药用量研究的复杂性

传统的中药多来源于天然产品，且以植物药居多，由于不同产地等因素导致中药饮片质量存在不均一性，同时，在临床实际过程中，病情的不同，证候的差异，中医个体化诊疗的特点，中药功效的多样性，中医组方的灵活性，加上中药炮制、煎服方法的影响，造成了中医方药用量研究的复杂性，也是当今中医临床用量研究不可回避的客观现状。

（一）中药饮片质量的不均一性

中药饮片多为天然产物，其基源的质量受各种自然因素的影响，其中有许多是不可控制的，因而，不可能保证质量的均一性。以植物而论，即使严格按照道地药材生产、采收要求，各地区的小气候不可能一致，不可能产生质量完全一致的植物，从而不可能保证药材质量的均一性。研究表明，不同生态环境下的同一种药材，其所含化学成分存在一定的差异[92,93]。有学者对此方面的报道进行了综合统计，指出如甘草、大黄、芍药、黄芩、黄芪、苍术等品种，不同产地间有的成分可相差十倍，甚至几十倍、上百倍[94]。由于同一种药材不同生境下成分存在差异，最终导致药效也存在一定的差异[95~97]。

（二）中医组方的灵活性

《黄帝内经》中有"气有多少，病有盛衰，……治有轻重"。在中医临床实际过程中，医生根据患者具体疾病、证候虚实、症状缓急，加以选取合适的药物、严密配伍、斟酌剂量而使用的。由于病情的不同，组方用药具有较大的灵活性，药物用量也是其中重要的组成部分，其中，最为显著的是药物的君、臣、佐、使地位的不同，用量差异明显。同种药物，在不同的处方中，地位不同，用量有别。多部医书均对于一首方剂之中君、臣、佐、使药物使用剂量的大小关系进行了探讨，如《汤液本草》："为君者最多，为臣者次之，佐者又次之。药之于证，所主同者则等分。"

不同医学流派和用药经验的差别，也是导致方药用量差异的重要因素和客观事实，医学学派和经验的传承中，用药理论和剂量往往是分歧的重要部分。至今，仍然存在不同学派对乌头、附子、大黄、石膏、麻黄、地黄、半夏等中药应用范围和剂量的差别悬殊。由于个人经验和临床体会的差别，临床处方过程中还存在药味少，但其中的单味药用量较大，或药味多，而其中的单味药的用量偏小的不同[98]。

（三）方药效应的多样性

中药的效可以是单一指标、单一症状，也可以是多个指标、多个症状；可以是疾病，但更多的是证候。对于单味中药而言，很多都具有多个功效，如麻黄，具有发汗解表，宣肺平喘，利水消肿等功效。而临床实际应用过程中，由于取其不同功效，其用量存在差异，诸如柴胡小量升提，中量解郁，大量退热的类似例子很多[99,100]。正如徐灵胎在《医学源流论》中提到："盖药之功用，不止一端……或取其气，或取其味，或取其色，或取其形，或取其所生之方，或取嗜好之偏……"由于效应的多样性，同时也体现了中医组方的灵活性。中药复方则更为复杂，"药有个性之专长，方有合群之妙用"，效应可以专一明确，也可以是多向性的调和，如大承气汤之攻下；小柴胡汤之和解等。由于中医方药效应的多样性，一方面促进了临床组方的灵活性；另一方面也加重了中医方药量效关系研究的复杂性。中药效应不同，在处方中的地位有别，用量迥然不同；方药效应多样，评价指标或集或散，必然影响到量效关系的评价。

（四）中药炮制、用法的影响

中医临床汤剂处方中，饮片的用量与中药的炮制、用法等密切相关。适当的炮制具有减毒增效的作用，有的中药，炮制过后，功效有别，用量也随之变化，如大黄，生用泻下，用量轻用，制后活血，用量可重。此外，煎煮时间、煎煮火力等均可能导致处方中有效成分发生变化，如研究表明，丹参药材中的丹参素和原儿茶醛含量本身非常少，而随着煎煮时间的延长，丹参中的主要水溶性有效成分丹酚酸 B 含量不断减少，同时丹参素和原儿茶醛含量持续增加，煎煮时间越长，所测得丹参素和原儿茶醛的含量值越高[101]。再如栀子单煎和黄连解毒汤合煎溶液中西红花苷-Ⅰ含量的比较表明，合煎时西红花苷-Ⅰ的溶出量较单煎显著增加，单煎、合煎均在 15min 时溶出量达到最大，其后随着煎煮时间延长西红花苷-Ⅰ的含量降低[102]。服药方法也有一定的讲究，如《伤寒论》十枣汤方证："……若下少病不除者，明日更服，加半钱（匕），得快下利后，糜粥自养。"即在治疗疾病的过程中，通过患者服药后产生一些反应决定服药剂量的增加或减少。

二、中医方药量效关系研究的思路与策略

中医方药用量来源于临床，方药用量的研究最终应服务于临床。因此，进行方药量效关系研究，必须明确当今中医临床方药用量的现状，虽然多种因素的影响，导致了临床用量的复杂性，但临床用量的真实状况是开展中医方药量效关系研究的前提和基础，在揭示临床用量"真实世界"的基础上，进一步分析其存在的原因，开展基于临床调研的方药量效关系的基础研究，围绕中医方药的安全性和有效性进行深入，创建符合中医方药应用特点的量效关系的分析方法，揭示中医方药功效取向与用量之间的关联规律。层层深入，总结规律，构建符合中医方药用量特点的剂量理论，最终指导和回归临床。

（一）基于“真实世界研究”的临床用量研究

真实世界研究(real-world-study)是药物流行病学发展的最新进展和研究思路，真实世界研究对用药不进行干预，完全针对实际的用药情况开展研究，结果最能反映实际用药的结果，具有很大的实用性。而中药及其用量就是在实际的人群中，不断实践和积累经验而产生的[103,104]。中医方药用量来源于临床，开展临床饮片用量的调研是方药量效关系研究的基础，通过合理的设计和统计分析，可以明确当今中医临床用量的基本特点和规律。我们通过前期的研究[105~110]，在全国不同区域，选取 18 个省市的 21 家医院，采用分层抽样和简单随机抽样相结合的方法，收集门诊内服汤剂处方 43 万多张，构建中药饮片用量数据库，基于 Weka 数据挖掘软件进行统计分析。明确了 300 味常用中药的中医临床用药频次、相应的用量范围及其与《中国药典》(2005 年版)规定用量不相符合的 152 味药物具体的用量。

调研结果为隐藏在深层次的原因分析提供了基础和依据，可以进一步细化药物对不同疾病的不同用量，总结其规律；挖掘名老中医处方的隐藏经验，包括其处方用量的秘诀。饮片用量增大后的安全性和有效性值得基础研究的补充，并为临床提供参考和依据。

（二）基于实验室的量效关系基础研究

在临床调研的基础上，考察方药用量的安全性和有效性是量效关系基础研究的重点。中药的效可以是单一指标、单一症状，也可以是多个指标、多个症状。在临床实际过程中，中药的用量是医生根据患者的病情而预期达到一定治疗作用使用的量，此处的预期达到一定治疗作用，我们称之为功效取向，即功效取向不同，用量存在差别。由于功效取向的多样化，导致了中药量效关系研究的复杂性。因此，进行中药量效关系研究，必须构建符合中医方药应用特点的量效关系的分析方法，在此基础上，揭示中医方药功效取向与用量之间的关联规律。

1. 构建符合中医方药应用特点的量效关系分析方法

根据中医方药量效关系特点，引进新方法，尽可能地符合中医方药量效关系的特点，建立相应的综合药效评价方法显得尤为重要。对于复杂系统的角度而言，熵理论，二型模糊等方法则是研究复杂系统各种特征变量相关性并揭示复杂系统整体特征变化规律的理论，对于揭示中医方药用量、药效之间非线性的复杂系统关系具有较大的应用价值。

中药用药形式多为复方，复方中的单味药用量灵活多变，存在单指标和多指标的不同效应，因此，寻求方剂“多药单效、多药多效”的量效关系分析方法，是中医方药量效关系研究的关键科学问题之一。数学统计方法的引入是解决这一问题的关键，如引入基于 Lasso 多元回归[111]、基于熵的神经网络[112]、基于蚁群算法的优化方法[113]、基于二型模糊的优化方法等方法[114]，可以构建中医方药用量变化与单一药效指标之间的数学模型，提供用于揭示方药用量与单一药效之间关系的分析方法。对于多药多效的分析方法，则应根据数据特点，可以分别采取非线性和线性的两种方法分别提取综合特征指标：主成分分析法，复杂系统广义指标法。提取多药效指标的综合特征指标，将多药效指标转化成可供分析的单指标，依此分析方药的量效关系。

2. 揭示方剂功效取向与用量的基本关联规律

拮抗与调节是方剂发挥治疗作用的基本模式，发挥拮抗作用往往以“效专力宏”为功效取向，发挥调节作用往往以“效广力巧”为功效取向，不同功效取向与中药用量大小之间的关联规律，是中医方药量效关系研究的重点，应分别采用不同的方法，构建多药用量与单一药效之间关系的数学模型，其后采取一定的方法，将多个模型融合或关联，达到突出其中一个药效指标，尽量淡化其他药效指标，即以“效专力宏”为功效取向。提取多药效指标的综合特征指标，将多药效指标转化成可供分析的单指标，其后，采取相应的方法进行分析，追求各个药效指标均达到一个较好的水平，即以“效广力巧”为功效取向。采用基于 Lasso 多元回归、基于熵的神经网络，基于蚁群算法的优化方法，基于二型模糊的优化方法，共同挖掘出药物之间的最优配比。通过数学方法的建模和处理，最终揭示方药功效取向与用量的基本关联规律，为临床的实际应用提供参考和依据。

3. 基于量效关系基础研究的临床转化

临床实践中的量效关系评价是确定方药用量的最佳和最终方法。基于“真实世界研究”的临床用量调研分析，明确中医临床常用中药饮片的用量范围，以“来源于临床，服务于临床”的原则，一方面可以为中医临床处方用量提供参考；另一方面可以从临床实践中发现和提出中医方药量效关系研究存在的相关问题，为中医方药量效关系的基础研究提供指导。量效关系基础研究的重点是考察方药用量的安全性和有效性，由于方药效用的多样性，功效取向不同，用量存在差别，在构建符合中医方药应用特点的量效关系的分析方法的基础上，深入研究所得到的结果，进一步总结中医方药功效取向与用量之间的关联规律，参考量效关系研究中的现代药理和化学的研究成果，具体的品种应用于具体的病证应具有具体的用量范围，以功效为导向，确定临床应用的最佳剂量，实现基础研究的临床回归。

小结

中医方药量效关系研究是一个庞大的系统工程，必须联合中药学、药理学、中医学、化学、流行病学、循证医学、数学、统计学、复杂性科学等多学科，多角度交叉，以“临床-基础-临床”的转化医学的研究理念，在基于“真实世界研究”的临床用量调研的基础上，开展相应而系统的实验研究，创建符合中医方药应用特点的量效关系的分析方法，揭示中医方药功效取向与用量之间的关联规律。通过层层梳理，规律总结，转化为指导中医临床实践的评价和应用，最终构建既符合中医方药用量的特点，又可被临床应用的具有指导意义的中医方药剂量理论。

（唐仕欢　杨洪军）

第五节 网络靶标与中药方剂网络药理学研究

方剂是中医整体观、辨证论治在用药上的体现。数十年来,中药方剂现代研究从饮片层次上的全方、拆方研究等模式,发展到了有效部位、有效组分、有效成分层次上的组分配伍研究模式[115]。随着研究的深入和复杂性的增加,理解方剂复杂化学体系与机体复杂生物系统的相互作用,成为当前方剂研究的根本问题之一[115]。中药方剂化学成分、机体生物系统及其相互关系等多方面的复杂性与还原、试错研究方法的矛盾,则是研究该问题的方法学瓶颈。我们通过多年研究,从网络药理学、系统生物学角度对该问题提出"网络靶标"这一新的切入点。现将本课题组对网络靶标的方法学研究及其在中药方剂中的应用进展作一概述,以供同道参考[116]。

一、网络靶标的提出背景

随着各种高通量组学技术的不断进步、计算方法与能力的迅速发展,人类进入了一个全新的生物信息时代。面对海量的数据,我们正经历着从单方面孤立地思考问题到多方面系统地探索疾病、控制疾病的转变,在研究策略上正发生从描述性研究转为预测性研究的飞跃。其中一个重要标志就是从"生物分子网络"的结构与功能来认识疾病分子机制[117~120]与药物作用机制[121]。最近国际上相继提出网络生物学[118]、系统医学[119]、网络医学[120],以及被认为是"下一代药物研究模式"的网络药理学[121]等新概念,带来了医学研究,尤其是药物研究的重大变革。这为中药方剂研究也带来了新的机遇与挑战。其中最大的机遇在于能够用网络与系统的思想来理解并处理方剂化学体系与机体生物系统的复杂性,使得方剂现代研究由描述转为预测成为可能,并为发挥方剂配伍用药的特色与优势,跻身药物研究的前沿创造了有利条件。而最大的挑战在于:如何将中药方剂的理论与实践与新兴的网络药理学有机结合,发现新规律,并利用这种规律来推动组方用药的理性设计。

在上述科技背景下,我们提出"网络靶标"的概念并进行了一系列探索工作[122~136],希望能为理解方剂复杂化学体系与机体复杂生物系统的相互作用提供一种新的思路与方法,并为中药方剂的网络药理学研究找到一个切入点。

二、网络靶标的概念

(一)网络靶标的基本思路

"网络"是机体复杂生物系统的构建基础。我们提出"网络靶标"旨在将病证生物分子网络当做靶标,由此设计和预测最佳的药物干预方式。网络靶标方法的重点是将方药、病证映射于生物分子网络,以网络为基础建立方药与病证的关联机制(图8-4)。这里的"方药"指中药、方剂里成分清楚的化合物组合与集合,或现代化学药物;"病证"指具有一定分子机制的疾病、证候或有关表型;"生物分子网络"主要是基因及基因产物等生物分子之间通过复杂相互作用而形成的网络,也可拓展到以生物分子为基础的信号通路网络、生物过程网络、组织网络等。网络靶标方法具体而言,即以病证生物分子网络的关键环节为靶标,通过衡量方药成分的靶标谱与病证分子网络关键环节的关系,发现中药方剂的药效物质及其作用机制;通过分析方剂所含成分的靶标在网络上的分布规律,来探索药性、君、臣、佐、使、七情合和等方剂特色内涵的网络特征;进一步地,利用这种网络特征来预测组方用药的临床生物标志,并利用所发现的规律来进行组方用药的理性设计。

图 8-5 显示了一个网络靶标的示意图。病证生物分子网络的关键环节包括度数高、或显著影响网络连通性的节点或集合,串联、并联、反馈通路上的节点或集合,重要功能模块的代表性分子等。这些关键环节中有的分子并不具有可药性,对此药物可作用于其邻近节点而达到有效干预。具体疾病的网络靶标有其特异性,药物靶标往往是其中的一个子集,药物的脱靶效应则与毒副作用表型或药物新功能有关。该示意图也表明了药物联合干预疾病的必要性,并为增效、减毒的药物最佳组合理性设计提供了基础。

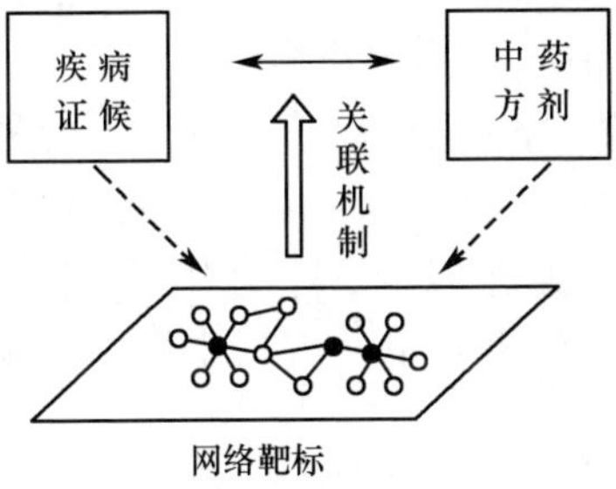

图 8-4　网络靶标建立病证与方药在机制上的关联

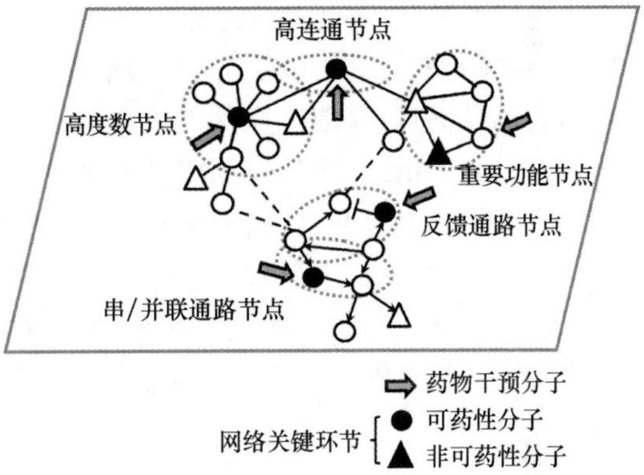

图 8-5　网络靶标的示意图

网络靶标有别于以往的单靶标、多靶标等概念。单靶标、多靶标是从药物作用性质的角度来定义的,网络靶标是从药物与机体相互作用的角度来定义,亦即同时考虑了药物作用机制与病证分子机制;此外,多靶标、多途径等概念是解释性、描述性的,网络靶标则强调量化分析、机制性预测[123]。

(二) 网络靶标方法的若干特点

系统性:以生物分子网络为基础来理解病证相关复杂生物系统,从网络的系统调控角度研究药物干预机制,体现了从还原到系统的迈进。

关联性:利用生物分子网络衔接方剂复杂化学体系与机体复杂生物系统,在网络的基础上分析两者的相互作用和关联机制。

预测性:在病证生物分子网络的基础上,对中药方剂复杂成分的作用特点、组合效应进行定性与定量分析,为组方用药提供机制上的预测,从而大大降低试错法的消耗,快速获得规律性发现。

三、网络靶标的方法研究

（一）基于网络大规模预测致病基因、药物靶标的方法

网络靶标方法首先面临的一个问题是，如何获得病证相关的分子信息、中药成分的分子靶标？传统实验方法耗费大、失败率高，且难以对众多疾病、药物从全基因组水平进行筛选。中医整体观“取象比类”的特点在于用一个复杂系统类比另一复杂系统，从中认识新规律。借鉴这一思想，我们提出 CIPHER[124]、drug CIPHER[125]两种方法分别实现了生物分子网络系统、疾病系统、药物系统的关联，由此预测致病基因、药物靶标，均达到当时国际上的最高准确率。以药物靶标预测为例，其基本思路是：给特定的药物建立一个“关系网”，从药物的化学结构、药物治疗作用两个方面，度量该药物与现有已知其他所有药物的相似性，同时度量某个蛋白质与其他所有已知药物靶标的网络距离，进而计算这两组向量的相关性，来判断某个蛋白质成为该药物的靶标的可能性。我们方法不同于传统方法的特点是：①不是孤立地研究某一疾病或药物，而是充分发掘利用它和众多已知疾病或药物的关系；②引入了分子网络的相互作用信息和众多已知的疾病与基因、药物与靶标的关联信息；③能在全基因组水平对众多疾病、药物进行大规模预测，从而更全面地理解疾病分子机制、药物作用机制。例如，drug CIPHER 预测的药物靶标谱包含了药物靶标和脱靶效应，利用靶标谱的聚类特征可发现药物的新功能或副作用。以上两种方法使得将病证表型、方药成分映射于生物分子网络成为可能。Barabasi 等学者提出“网络医学”、“系统医学”等新概念、评论网络药理学的新进展时，均引用了我们的方法[117,119,120]。近期我们通过引入模块性度量，在上述算法框架下又进一步提高了预测准确率[126]。

（二）病证生物分子网络构建与分析方法

复杂病证发生发展的内在机制难以用单一生物分子的变化来描述，而适合于以生物分子相互作用的“网络”来刻画。从数据层面上，目前用于构建疾病相关生物分子网络的数据主要包括基因表达谱芯片等各种高通量实验所产生的生物实验数据，以及海量的生物学及医学文献数据、多种数据库中搜集的蛋白质相互作用数据、转录调控数据等。2006 年我们提出了一种针对特定病证，融合基因表达谱芯片与文献数据的生物分子网络构建方法[127]。在此基础上，针对病证的内在机制，初步建成了一套包括多层次生物分子网络建模、网络平衡状态度量等在内的病证分子网络构建与分析方法。方法特点是：综合特定病证相关的大规模文献、组学实验数据等信息，从分子、信号通路等多个层次来构建与分析病证生物分子网络[128,129]。方法的有效性在炎症与肿瘤血管新生的案例研究中得到了验证[127~129]。

（三）网络靶标的定性与定量分析方法

在以上两方面研究的基础上，我们针对方剂复杂化学体系与机体复杂生物系统的相互作用，提出在网络靶标的计算框架下评价药物功能的方法[123,130]，能够将疾病与药物的

相互作用，转化为网络靶标基础上疾病相关分子与药物干预分子的相互作用，并结合生物分子在网络中的重要性度量，来综合判断药物功能。这一方法还可在特定网络靶标或全局生物分子网络上，从大量药物成分中预测出具有协同作用的药物组合，对药物组合的协同作用强度给出定量表示，同时给出其组合效应的分子机制，从而大大降低筛选有效药物组合的成本。该方法在发现抗血管新生的协同式中药成分组合中取得了较成功的应用。该预测方法在原理上体现为通过合理的药物组合，更有效地干预关键分子、信号通路中的反馈环等网络关键环节（图 8-5），实现对病证分子网络的有效控制[123]。2011 年 7 月，该成果[123]被国际权威机构“千名医学家”（医学 F1000）作为“新发现”和“技术进步”，推荐为药理学等领域的“必读论文”。

在识别生物分子网络关键环节的研究基础上[127~129]，我们还针对药物组合协同作用的定量预测问题，通过构建网络关键环节的动力学模型，提出了药物组合协同干预效应定量分析的一般性框架，并以肿瘤血管新生 TNF-NFκB 通路为例，预测出了三种药物组合协同干预方式[131]。

四、网络靶标的应用案例

（一）网络靶标用于理解方剂配伍规律、发现新的活性成分

在作用机制层面上，可以认为，药性，君、臣、佐、使，七情合和等方剂配伍理论蕴藏着潜在的分子网络特征，中药方剂配伍效应的“涌现”来自于方中各药物成分在作用靶点上的网络联系[132]。因此，利用中药各成分的靶标谱及其关联，研究不同配伍组合的网络靶标特征，可望从新的角度阐释方剂配伍的科学内涵，挖掘方剂的现代药物基本特征及组合用药规律。以下两方面研究结果表明这一思路与方法具有可行性[133]。

对于给定方剂，预测其适于治疗的病证与作用机制：以六味地黄丸为例，该方据报道能用于调节多种疾病，然而机制一直不明。我们研究发现该方的分子靶标主要分布于神经内分泌免疫（NEI）相关信号通路，且这些分子靶标与肿瘤、糖尿病、高血压病等疾病的致病基因在分子网络上显著接近（$P<0.0001$），同时这些疾病具有特定的分子关联以及显著相似的表型（$P=0.025$）。研究结果提示，六味地黄丸“异病同治”的原理可能是作用于不同疾病的共同网络靶标。

对于给定病证或病理环节，从方剂中预测有效成分或组合：以肿瘤血管新生的干预为例，利用互信息熵和君、臣、佐、使关系，从 3685 首络病方剂中提取了中药核心配伍网络，并从核心配伍网络中预测发现新的活性成分，发现具有协同或拮抗作用的寒热不同成分组合。进一步研究表明这些成分均能有效作用于肿瘤血管新生的分子网络。

（二）网络靶标阐释中药方剂与证候的关联机制

方剂有别于单纯复方用药的特点在于方剂与证候的相关性。网络靶标同样能较好地建立方剂与证候的关联机制，使方剂作用机制与病证生物学基础两方面研究同步发展。六味地黄丸“异病同治”的网络靶标特征是一个例证[133]。同时，我们还建立了中医寒证、热证的生物分子网络，通过炎症大鼠的实验研究，发现热性方剂主要作用于寒证分

子网络的关键节点,寒性方剂主要作用于热证分子网络的关键节点,与"疗寒以热药、疗热以寒药"的辨证治则相符,表明该网络能有效区分寒性、热性方剂"同病异治"的不同生物效应[134]。进而通过网络生物标志预测,将寒证、热证生物分子网络用于临床也取得了有意义的发现[135]。提示以方剂成分的分子靶标谱与证候分子网络的关联为线索,可望从机制上预测出方证关联的临床生物标志,为辨证处方的临床研究提供一个支撑。

(三) 网络靶标用于组方用药、方药合用的理性设计

如何找出方剂中哪些成分或成分组合是发挥疗效所必需、哪些又会引起副作用？进而如何设计出物质基础与作用机制清楚、治疗病症明确、安全性好的最优组方？这是方剂研究的一个核心问题。这一问题更明显地存在于目前日益普遍的中药方剂与西药合用(方药合用)中。由于方药合用处于中西医学交接的空白地带,缺乏恰当的理论指导,方药合用的有效性、安全性已成为医学界关注的焦点。

我们研究论证了网络靶标定性与定量分析方法用于大规模筛选协同式中药成分组合的有效性[123],并构建了药物-NEI-疾病的多层次网络[136],这为探索基于网络靶标开展组方用药的理性设计提供了一定的基础。从网络靶标的角度建立中药方剂、方药合用的理性设计方法,还需要在以下两方面深入。一是进一步认识病证生物分子网络最适合的药物组合干预方式,并更精确地定量分析药物剂量和配比对网络的干预效应;二是进一步在网络上找出方剂的配伍特征及中药、中西药物的相互作用规律。在此基础上有望发展出适于方药理性设计的网络靶标新算法。

五、小结与展望

我们提出网络靶标的概念,初步建立了一套具有自主知识产权的网络靶标方法,在中药方剂研究中取得了有意义的发现[122~136]。网络靶标方法同样适用于现代药物研究,并有可能将方剂传统理论用于现代药物的个性化用药或组合用药。目前我们的研究虽然处于探索阶段,但以网络靶标为切入点开展中药方剂网络药理学研究,其前景将是广阔的。

(李　梢)

第六节　儿科中药量效关系研究的探讨

理想的药物用量,应是能够获得最大疗效而不良反应又最小的量。阐明中药量-效(毒)关系,寻找临床最佳用药剂量,是提高中医药临床疗效的重要方向和课题。儿童中药量效关系较成人更加复杂,笔者试就中药量效关系研究的关键问题、儿科中药量效关系研究的内容和方法探讨如下:

一、中药量效关系研究的关键问题

(一) 规范中药饮片的质量

不同产地、不同采集时间的中药饮片有效成分含量不同,同一中药不同品种、不同产

地来源的药效成分含量往往相差悬殊,道地药材与非道地药材、野生品种与栽培品种之间质量存在一定的差异,其临床用量必然有区别,这也造成了临床用量研究的复杂性,但临床用量规定却未有区别。因此,必须首先规范质量,否则难以客观评价药物的量效关系。长期以来,虽然部分中药材质量有下降的趋势,但是GAP种植、GMP生产、现代理化检测手段等质量保证措施的广泛应用,中药质量保证水平在提高,应该说中药质量比从前更有保证。

(二) 加强煎煮过程中的质量控制

长期以来,中药复方汤剂由于具有易吸收、起效快、可以随证加减等优点,一直是中医临床用药的主力军。但煎煮过程中诸多因素,如浸泡时间以及煎煮的容器、火力、时间、次数等,没有统一的规定和标准可循,影响了复方汤剂有效成分的析出,影响到药物剂量的精确性,从而造成了临床疗效的巨大差异。规范的中药煎煮是量效关系相关实验研究和临床研究的基础,是实现研究结果可重复性的前提。探寻一条合理规范的中药煎煮方法,对提高临床疗效,推动中医现代化和标准化具有非常重要的意义。

(三) 加强中药饮片调剂过程的精确性

在中药调剂过程中,药物的称量和调配是粗放的,均一性和准确性较差,每服药的剂量相差很大。即使称量相当精确,但由于调配时,将称量好的药物分为几剂,这种分剂的方法存在着非精确性。这样,患者实际服用的药物剂量可能与医生开具处方的剂量相差很大,从而使得量效关系评价无从谈起。目前正在推广实施的中药小包装可以初步解决这一问题,确保每袋剂量的一致性。

(四) 合理增加中药剂量

突破传统中药用量局限,增加中药用量,已为目前多数学者所公认。中药大剂量应用在中医临床上往往有上佳表现。在传统文献记载中,中药大剂量应用屡见不鲜。补阳还五汤、当归补血汤中黄芪用量均达到60g;小承气汤中大黄用量达120g。白虎汤中,石膏用量达1斤,知母用量为6两。

近年来儿科医生用药量有增大的趋势,在中国中医科学院黄璐琦教授课题组所作的《中医临床处方饮片用量调研报告(儿科)》中,大多数药物的临床用量区间为3~6g、6~9g、9~12g、12~15g四个区间,具体集中在6g、9g、10g、12g、15g等用量上。北沙参、威灵仙、川牛膝、淫羊藿、延胡索、泽泻、五加皮、大腹皮、独活、地龙、石菖蒲、黄芩、桃仁、川芎、山豆根、川楝子等儿科用量有60%以上与成人药量相同。其中:北沙参、威灵仙、川牛膝、淫羊藿、五加皮、大腹皮、地龙、川楝子等全部超过《中国药典》规定的药量,其余的药物有2/3超过《中国药典》用量[137]。根据笔者的临床经验,小儿麻黄一般用量为0~3岁3g,3岁以上5g,《中国药典》中规定麻黄用量为1.5~10g,可以看出,儿科用量确实较大。

同时,必须明确的是,量效关系不一定成正比,即大量不等于有效。临床应用中,不可一味增加药物剂量,单纯增加剂量不一定增加疗效,两者之间并不成正比。以笔者在临床中应用芦荟通便为例,便秘没有热象者用芦荟0.5g即可达到通便效果,若用至3g通便效果反而明显降低。

(五)组方中更要注重君、臣、佐、使,方剂配伍,突出君药的作用

中医在长期的医学实践中形成了“君、臣、佐、使”的中药复方组方原则,并将复方中单味药之间的关系总结为相须、相使、相恶、相杀等基本配伍模式。要充分认识组方遣药配伍的量效关系非线性特点,在中药复方中,中药量效关系体现为根据配伍而显现的非线性的对应关系。同时,由于治疗目的不同,药物所处的君、臣、佐、使的地位存在一定的差异,相应的用量变化较大;或者由于一味药物具有多方面的功效,取药物的不同功效时,其用量存在差异。如甘草为使药时,其用量一般在3~6g,若为君药时,其用量可达15g以上,如炙甘草汤;又如柴胡小量升提,中量解郁,大量退热等。这也说明了中药用量规范时,应该适当地将上限和下限放宽,以适应临床的不同需要。

(六)关注中药的毒性

中药的毒性自古以来即备受关注,如《黄帝内经》将有毒中药分为大毒、常毒和小毒;《神农本草经》将有毒中药列为下品;《本草纲目》载有有毒中药312种,分为大毒、有毒、小毒和微毒4种;2005年版《中国药典》收载有毒中药67味,其中不乏儿科常用之品,如半夏、白果、苦杏仁、苍耳子、重楼、川楝子等。对此,在使用有毒中药时应格外注意,避免超量或长时间使用。此外,目前可供儿科使用的中成药较少,临床中儿童减量使用成人中成药的现象较为普遍。众所周知,儿童不是成人的缩影,成人药品上市前没有将儿童纳入试验观察范围,首先其疗效难以确定;其次,成人药物的毒性评价方法较为单一,只进行血尿便常规、心电图及肝肾功能等安全性指标的检查,未能反映药物对正处于生长发育旺盛阶段儿童生理功能的影响。因此,呼吁加大儿童中成药的开发力度,减少儿童使用成人中成药。

(七)儿童中药量效关系较成人更加复杂

儿童中药量效关系较成人更加复杂,主要体现在:①年龄越小,相对用药量越大;②同年龄儿童体重相差一倍甚至数倍,药物用量难统一;③小年龄儿童服药浪费较多,难以测算实际用量;④传统服药1~2次和每日频服量不一致;⑤由于伦理学原因,难以在儿童身上开展剂量研究。此外,《中华人民共和国药典》中没有规定儿童中药饮片用量;《中医儿科学》教科书中儿童用量也较为宽泛,如:“以成人量对照,新生儿可用1/6量,婴儿用1/3量,幼儿及幼童用1/2~2/3量,学龄儿童接近成人量”[138],与临床实际用量出入较大。

二、儿科中药量效关系研究的内容

在临床中患儿到底用多大剂量,能达到最佳治疗效果,是儿科医生应该考虑和研究的问题,笔者认为可以从以下几个方面进行探讨[139]:

(一)量效关系

量效关系即根据不同的功能主治确定剂量:如柴胡入煎剂退热、清胆、截疟时可用12~15g(小柴胡汤、大柴胡汤、柴胡桂枝干姜汤);疏肝、解郁、调经时应用6~12g(逍遥散、四逆散);如用于升阳、举陷,以3~6g为佳(补中益气汤、完带汤)。

(二)时效关系

根据病情的轻重、发病特点采取不同的剂量及服药方法,如《温病条辨》银翘散用法有:"病重者,约二时一服,日三服,夜一服;轻者三时一服,日二服,夜一服;病不解者,作再服。"再有,根据症状出现的时间选择给药的时机,如癫痫的患儿多在夜间发作,服药可采用每日两次,早服1/3量,晚服2/3量。抽动症病儿以白天发作为主,可用早服2/3量,晚服1/3量的方法。

(三)配比关系

使用古代经方临证时,在病机证候不变的情况下,可根据症状的轻重增减药量,如麻杏甘石汤治疗小儿肺炎(痰热闭肺证),以喘憋为主者加大麻黄的用量;以咳嗽为主者重用杏仁;以发热较重者增加生石膏的用量。此外,依据患儿出现的其他兼症,还可选用其他的药物。

(四)中药用量的安全性研究

安全性是药物第一要素,加大中药用量、提高临床疗效决不能以增加安全性风险为代价。中药的用量范围应该在适合病情、用量安全的状况下,适当增加其用量,以求安全而有效。在当今临床中医处方用量增大的情况下,加强中药安全性的实验研究尤为重要。特别是记载具有毒性的品种和长期的低剂量服用可致毒性的品种应为中药用量安全性研究的重点,不仅考察单味药物的中毒剂量,还应研究相应配伍后的中毒剂量,某些品种用于慢性疾病的长期服药,应注重其长期的安全性研究。

三、儿科中药量效关系的研究方法

(一)基于文献信息数据挖掘的儿科中药量效关系研究

在丰富的历代文献中发现儿科药物的量效关系,可以更好的理解传统中医学对药物的用药规律,进一步指导中药的临床合理用药,同时也为中药量效关系的现代研究提供思路。整合利用已有的中医儿科学的古今文献数据库,将计算机数据挖掘技术与临床疗效及用药特点相结合,探索中药剂量与临床疗效间的变化规律及其评价新方法,为临床用药剂量及其疗效的实现提供指导与参考,为揭示中药量效关系的物质基础、药效机制及不良反应机制提供理论依据[140]。

(二)基于名老中医用药经验的儿科中药量效关系研究

名医医案是名老中医的经验结晶,而其用药剂量又是凸显其经验特色的精华。在研究中,可以充分将中医理论与现代计算技术交融,采用前瞻性研究和回顾性总结相结合的方法,全面采集名老中医治疗儿科疾病处方用药信息,应用贝叶斯网络及神经网络等数据挖掘方法对名老中医用药经验、剂量等信息进行深入挖掘与分析,探讨符合中药量效关系特点、适宜于临床信息发掘、提取、确认和分析的新评价方法。

(三)基于临床病证的儿科中药量效关系研究

儿科中药量效关系的研究应该回归临床,可以经方为示范,基于具体病证,开展中药量效关系临床药理学研究。如在国家973计划"以量-效关系为主的经典名方相关基础研究"项目"麻杏甘石汤治疗小儿肺系疾病的临床量-效关系研究"(课题编号:2010CB530601-2)中,拟采用随机、双盲、剂量平行对照、多中心的试验设计方法,通过观察麻杏甘石汤及臣药剂量变化对小儿支气管肺炎"热"、"咳"、"喘"症状的影响,总结原方配比的麻杏甘石汤的整方剂量与疗效的关系,臣药剂量与疗效的关系,及随证施量对疗效的影响。

(四)基于代谢组学的儿科中药量效关系研究

代谢组学作为一种系统方法,不仅研究药物本身的代谢变化,而且主要研究药物引起的内源性代谢物的变化,而内源性代谢物变化能直接反映体内生化过程和状态变化,通过检测获得体液的"代谢指纹图谱"和分析引起代谢谱变化的原因,可以探明药物作用的靶点,克服了传统中医依赖医生个人经验进行诊疗的不确定性。方剂剂量的变化对其疗效乃至功用的改变在代谢组图谱的不同变化趋势中得到体现,从而能够对方剂的量效关系及其物质基础给出全新的解释,获得深入系统的认识。代谢组学将有望成为中药及方剂量效关系研究的有效方法,能够对中药及方剂的量效关系及其作用机制给予科学阐释,并有力地推动中医药现代化研究的步伐[141]。

四、结　　语

如何确定中药的剂量,使之既能取得最佳的疗效,又可避免不良反应的发生是儿科医生面临的重要课题,应引起儿科同道的高度重视并开展相关的研究。

(马　融　杨常泉)

参考文献

[1] 古方今用,剂量何为. 中国中医药报·学术讨论版, 2009-03-30

[2] 肖小河,鄢丹,金城,等. 突破中药传统用药局限,提高中医药临床疗效. 中国中药杂志,2008,33(3):229~231

[3] 肖小河,金城,赵中振,等. 中药质量控制和评价模式的创新与发展. 中国中药杂志,2007,32(13):1377~1379

[4] 国家药典委员会. 中华人民共和国药典(一部、二部). 北京:化学工业出版社,2005

[5] 许国振. 古今中药超大剂量应用集萃. 北京:中国医药出版社,2005

[6] 蒋士生. 论中药大剂量用药. 中国医药学报,1990,5(6):33~35

[7] 国家计量总局. 中国古代度量衡图集. 北京:文物出版社,1984

[8] 丘光明. 中国历代度量衡考. 北京:科学出版社,1992

[9] Yan D, Jin C, Xiao X H, et al. Investigation of the effect of berberins alkalokds in Coptis chinensis Franch on Bacillus shi-

gae growth by microcalorimetry. Sci China Ser B-Chem(中国科学. B辑),2007,50(5):638~640
[10] Yan D, Xiao X H, Jin C, et al. Microcalorimetric investigation of the effect of berberins alkalokds from Coptis chinensis Franch on Staphylococcus aureus growth. Sci China SerB-Chem, 2008,50(7):640~641
[11] Zhao Y L, Qu F, Xiao X H, et al. Thermodynamic study on antibacterial effect of different extracts from Radix Isatis. Chin J Integrat Med, 2006,12(1):42
[12] Hu Y J, Liu Y, Wang J B, et al. Study of the interaction between monoammonium glycyrrhizinate and bovine serum albumin. J Pharm and Biom Anal, 2004, (36):915
[13] Wang J B, Li H F, Xiao X H. Development and validation of a UPLC method for quality control of rhubarb based medicine: fast simultaneous determination of five anthraquinone derivatives. J Pharm Biom Anal, 2008, (47):765
[14] 张存悌. 中医火神派探讨. 北京:人民卫生出版社,2007
[15] 李时珍. 本草纲目(校点本)·第一册. 北京:人民卫生出版社,1975
[16] 张锡纯. 医学衷中参西录. 石家庄:河北人民出版社,1972
[17] 汪承柏. 凉血活血重用赤芍治疗瘀胆型肝炎13例报告. 中医杂志,1983,24(6):30~32
[18] 贺江平等. 赤丹退黄颗粒治疗急慢性病毒性瘀胆型肝炎的开放对照演技. 中国中西医结合杂志,2003,23(7):498~500
[19] 雷波等. 中药6912注射液退黄降酶的实验研究. 中西医结合肝病杂志,1998,8(3):161~163
[20] 张旭,赵宇峰,胡义扬,等. 基于功能元基因组学的人体系统生物学新方法. 世界科学技术-中医药现代化,2011,13(2):202~212
[21] 严永清. 中药现代研究的方法和思路. 北京:化学工业出版社,2006
[22] 贾伟,赵立平,陈竺. 系统生物医学:中西医学研究的汇聚. 世界科学技术-中医药现代化,2007,9(2):1~5
[23] Nicholson J K. Global systems biology, personalized medicine and molecular epidemiology. Mol Syst Biol, 2006:2
[24] Bruggeman F J,Westerhoff H V. The nature of systems biology. Trends in Microbiology, 2007,15(1):45~50
[25] Hammond D. The science of synthesis: exploring the social implications of general systems theory. Univ of Oklahoma Pr., 2003
[26] Zhao L,Shen J. Whole-body systems approaches for gut microbiota-targeted, preventive healthcare. Journal of Biotechnology, 2010,149(3):183~190
[27] 唐惠儒,王玉兰. 代谢组研究. 生命科学, 2007,19(3):272~280
[28] Zhang C et al. Interactions between gut microbiota, host genetics and diet relevant to development of metabolic syndromes in mice. The ISME Journal, 2009,4(2):232~241
[29] Cani P et al. Changes in gut microbita control metabolic endotoxemia-induced inflammation in high-fat diet cinduced obesity and diabetes in mice. diabetes, 2008,57(6):1470
[30] Ley R et al. Microbial ecology: human gut microbes associated with obesity. Nature, 2006,444(7122):1022~1023
[31] Li M et al. Symbiotic gut microbes modulate human metabolic phenotypes. Proceedings of the National Academy of Sciences, 2008,105(6):2117
[32] O'Hara A, F. Shanahan. The gut flora as a forgotten organ. EMBO Reports, 2006,7(7):688
[33] Guarner F, J. Malagelada. Gut flora in health and disease. The Lancet, 2003, 361(9356):512~159
[34] Qin J et al. A human gut microbial gene catalogue established by metagenomic sequencing. Nature, 2010,464(7285):59~65
[35] The Human Microbiome Jumpstart Reference Strains Consortium. A catalog of reference genomes from the human microbiome. Science, 2010,328(5981):994~999
[36] Zhao L. Genomics: the tale of our other genome. Nature, 2010,465(7300):879~880
[37] Lederberg J. Infectious history. Science, 2000,288(5464):287~293
[38] Turnbaugh P et al. An obesity-associated gut microbiome with increased capacity for energy harvest. Nature, 2006,444(7122):1027
[39] Backhed F et al. The gut microbiota as an environmental factor that regulates fat storage. Proc Natl Acad Sci USA,

2004,101,15 718 ~ 15 723

[40] Dicksved J et al. Molecular analysis of the gut microbiota of identical twins with Crohn's disease. The ISME Journal, 2008, 2(7):716 ~ 727

[41] Manichanh C et al. Reduced diversity of faecal microbiota in Crohni's disease revealed by a metagenomic approach. Gut, 2006, 55(2):205

[42] Sokol H et al. Faecalibacterium prausnitzii is an anti-inflammatory commensal bacterium identified by gut microbiota analysis of Crohn's disease patients. Proceedings of the National Academy of Sciences, 2008, 105(43):16731

[43] Scanlan P D et al. Culture-independent analysis of the gut microbiota in colorectal cancer and polyposis. Environmental Microbiology, 2008,10(3):789 ~ 798

[44] Wei H et al. Structural shifts of gut microbiota as surrogate endpoints for monitoring host health changes induced by carcinogen exposure. FEMS Microbiology Ecology, 2010

[45] Larsen N et al. Gut Microbiota in Human Adults with type 2 Diabetes Difers from Non-Diabetic Adults. 2010

[46] Vijay-Kumar M et al. Metabolic syndrome and altered gut microbiota in mice lacking toll-like receptor 5. Science, 2010

[47] Zhang M et al. Pattern extraction of structural responses of gut microbiota to rotavirus infection via multivariate statistical analysis of clone library data. FEMS Microbiology Ecology, 2009,70(2):177 ~ 185

[48] Hotamisligil G. Inflammation and metabolic disorders. Nature, 2006,444(7121):860 ~ 867

[49] Nicholson J K, Lindon J C, Holmes E. 'Metabonomics': understanding the metabolic responses of living systems to pathophysiological stimuli via multivariate statistical analysis of biological NMR spectroscopic data. Xenobiotica, 1999, 29(11): 1181 ~ 1189

[50] Chen M et al. Metabonomic study of aristolochic acid-induced nephrotoxicity in rats. Journal of Proteome Research, 2006,5(4):995 ~ 1002

[51] Lindon J E Holmes, J. Nicholson. Metabonomics techniques and applications to pharmaceutical research & development. Pharmaceutical Research, 2006, 23(6):1075 ~ 1088

[52] Clayton T et al. Pharmaco-metabonomic phenotyping and personalized drug treatment. Nature, 2006, 440 (7087):1073 ~ 1077

[53] Lindon J et al. The consortium for metabonomic toxicology (COMET): aims, activities and achievements. Pharmacogenomics, 2005, 6(7):691 ~ 699

[54] Gu Y et al. Effect of traditional Chinese medicine berberine on type 2 diabetes based on comprehensive metabonomics. Talanta, 2010, 81(3):766 ~ 772

[55] Brindle J et al. Rapid and noninvasive diagnosis of the presence and severity of coronary heart disease using 1H-NMR-based metabonomics. Nature medicine, 2002, 8(12):1439 ~ 1445

[56] Beger R et al. Metabonomic models of human pancreatic cancer using ID proton NMR spectra of lipids in plasma. Metabolomics, 2006, 2(3):125 ~ 134

[57] Constantinou M et al. 1H NMR-based metabonomics for the diagnosis of inborn errors of metabolism in urine. Analytica Chimica Acta, 2005, 542(2):169 ~ 177

[58] Holmes E et al. Human metabolic phenotype diversity and its association with diet and blood pressure. Nature, 2008, 453(7193):396 ~ 400

[59] Rezzi S et al. Nutritional metabonomics: applications and perspectives. J. Proteome Res, 2007, 6(2):513 ~ 525

[60] Stella C et al. Susceptibility of human metabolic phenotypes to dietary modulation. J. Froteome Res, 2006, 5(10):2780 ~ 2788

[61] Rezzi S et al. Human metabolic phenotypes link directly to specific dietary preferences in healthy individuals J. Proteome Res, 2007, 6(11):4469 ~ 4477

[62] Law W et al. Metabonomics investigation of human urine after ingestion of green tea with gas chromatography/mass spectrometry, liquid chromatography/mass spectrometry and 1H NMR spectroscopy. Rapid Communications in Mass Spectrometry, 2008, 22(16):2436 ~ 2446

[63] Barton R et al. High-through put 1H NMR-based metabolic analysis of human serum and urine for large-scale epidemiological studies: validation study. International Journal of Epidemiology, 2008, 37(S1):i31
[64] Qiu Y et al. Serum metabolite profiling of human colorectal cancer using GC-TOFMS and UPLC-QTOFMS. Journal of Proteome Research, 2009, 8(10):4844~4850
[65] Pryde S E et al. The microbiology of butyrate formation in the human clon. FEMS Microbiology Letters, 2002, 217(2): 133~139
[66] 严梅桢,等. 四君子汤对实验性脾虚小鼠肠道菌群的影响. 中国微生态学杂志,1989,1(1)
[67] 江月斐,劳绍贤. 胃肠道微生态与中医药研究概况. 中国中西医结合消化杂志,2003,11(3):188~190
[68] 郑静,王刚. 胃肠道微生态与中医基础理论. 陕西中医学院学报,2007,30(1):10~12
[69] 张声生,杨静. 胃肠道微生态学中西医结合研究进展. 世界华人消化杂志,2008,16(28):3135~3138
[70] Li H et al. Traditional Chinese medicine: balancing the gut ecosystem. Phytotherapy Research, 2009, 23(9): 1332~1335
[71] 姜良铎,焦扬,张喆. 中医正邪理论与微生态学关系初探. 陕西中医,2006,2(8):970~971
[72] 郭静,陈文慧,袁嘉丽. 微生态学在中医基础理论研究中的运用. 现代中西医结合杂志,2006,15(20):2875~2876
[73] 王占国. 中医"脾"与消化道正常菌群. 中国微生态学杂志,1991,3(2):65~68
[74] 郭芳. 脾胃学说的现代认识. 河南中医药学刊,1998,13(2):2~5
[75] 吴三明,张万岱. 脾虚泄泻患者肠道微生态学的初步研究. 中国中西医结合脾胃杂志,1996,4(4):203~204
[76] 卢林,杨景云,李丹红. 健脾渗湿汤对脾虚湿盛泄泻患者肠道微生态及舌部菌群影响的研究. 中国微生态学杂志,2007,19(5):439~440
[77] 江月斐,等. 腹泻型肠易激综合征脾胃湿热证与脾气虚证肠道微生态初步研究. 福建中医学院学报,2005,15(2):1~3
[78] 李庆生,袁嘉丽,陈文慧. 中医学"正气"应包括微生态与免疫平衡. 云南中医学院学报,2005,28(1):1~7
[79] Jia W et al. Gut microbiota: a potential new territory for drug targeting. Nature Reviews Drug Discovery, 2008, 7(2): 213~129
[80] Lee J et al. Antitumor promotional effects of a novel intestinal bacterial metabolite (IH-901) derived from the protopanaxadiol-type ginsenosides in mouse skin. Carcinogenesis, 2005, 26(2):359
[81] 王毅,等. 肠内菌群对人参皂苷 R_{g_1} 的代谢转化作用的研究. 中国中药杂志,2001,26(2):188~190
[82] Lee J et al. Studies on absorption, distribution and metabolism of ginseng in humans after oral administration. Journal of Ethnopharmacology, 2009, 122(1):143~148
[83] Atkinson C, Frankenfeld C L, Lampe J W. Gut bacterial metabolism of the soy isoflavone daidzein: exploring the relevance to human health. Exp Biol Med, 2005, 230(3): 155~170
[84] 赵宇峰,等. 16-*O*-去甲基乌头碱的生物转化及电喷雾质谱研究. 化学学报,2008,5:525~530
[85] Kato M et al. Effect of herbal medicine Juzentaihoto on hepatic and intestinal heat shock gene expression requires intestinal microflora in mouse. World J Gastroenterol, 2007, 13(16):2289~2297
[86] Imazu Y et al. Juzentaihoto reduces post-partial hepatectomy hyperammonemia by stabilizing intestinal microbiota. Journal of Traditional Medicines, 2006, 23(6):208~215
[87] 张磊艺,杨景云,王立波. 银杏叶提取物对糖尿病大鼠脂质代谢及肠道正常菌群的影响. 中国微生态学杂志,2004,16(3):147~148
[88] 张磊艺,王学翔,杨景云. 银杏叶提取物对高脂血症调脂机制的新探. 中国微生态学杂志,2003,15(6):342~344
[89] Lao Y M, Jiang J G, Yan L. Application of metabonomic analytical techniques in the modernization and toxicology research of traditional Chinese medicine. British Journal of Pharmacology, 2009, 157(7):1128~1141
[90] Van der Kooy F et al. Quality control of herbal material and phytopharmaceuticals with MS and NMR based metabolic fingerprinting. Planta Med, 2009, 75(7):763~775
[91] Li B, Zhu W I, Chen K X. Advances in the study of berberine and its derivatives. Yaoxue Xuebao, 2008, 43(8):773~787
[92] 朱祥枝,潘东明. 6 种不同产地枳壳中化学成分含量比较. 福建农业学报,2005,20(1):58~60

[93] 李忠红,聂晶,倪坤仪,等. 不同产地半夏的化学成分分析及比较. 分析科学学报,2005,21(4):393~395
[94] 胡世林. 中国道地药材原色图说. 济南:山东科学技术出版社,1998. 34~41
[95] 聂淑琴,李兰芳,杨庆,等. 5种产地苍术提取物主要药理作用比较研究. 中国中医药信息杂志,2001,8(2):27~30
[96] 白权,李敏,贾敏如,等. 不同产地半夏祛痰镇咳作用比较. 中国药理学通报,2004,20(9):1059~1061
[97] 李敏,孙虹,李琰,等. 不同产地当归对血小板聚集及凝血时间活性的比较. 中国中医基础医学杂志,2003,9(2):47~49
[98] 程先宽,韩振蕴,陈志刚,等. 不同地区医院处方与经方药味、用量比较. 世界科学技术-中医药现代化,2006,8(2):44~47
[99] 热孜万. 中药的用量与配伍. 新疆中医药,1996,4:32~33
[100] 魏菁. 中药饮片用量的应用规律. 河北医学,2004,10(10):953~954
[101] 李耿,于长安,李振坤,等. 丹参煎煮化学成分溶出规律研究. 中国实验方剂学杂志,2009,15(8):46~49
[102] 吴宏伟,杨洪军,李振坤,等. 栀子主要有效成分煎煮过程中的溶出量分析. 时珍国医国药,2009,20(4):868~869
[103] 谢雁鸣,毛平,田峰. 真实世界研究在中药上市后临床再评价中应用前景的探讨. 中药新药与临床药理,2010,21(3):324~327
[104] 田峰,谢雁鸣. 真实世界研究:中医干预措施效果评价的新理念. 中西医结合学报,2010,8(4):301~306
[105] 唐仕欢,杨洪军,黄璐琦,等. 中医临床处方饮片用量调研报告·内科. 中国中药杂志,2008,33(19):2257~2263
[106] 杨洪军,唐仕欢,黄璐琦,等. 中医临床处方饮片用量调研报告·儿科. 中国中药杂志,2008,33(20):2395~2400
[107] 杨洪军,唐仕欢,黄璐琦,等. 中医临床处方饮片用量调研报告·外科. 中国中药杂志,2008,33(21):2549~2553
[108] 唐仕欢,杨洪军,黄璐琦,等. 中医临床处方饮片用量调研报告·妇科. 中国中药杂志,2008,33(22):2697~2701
[109] 唐仕欢,黄璐明,黄璐琦,等. 常用中药饮片用量问卷调查报告. 中国中药杂志,2010,35(4):539~543
[110] 杨洪军,黄璐琦. 中药饮片用量标准研究. 福州:福建科学技术出版社,2011. 42~92
[111] Yang H J, Chen J X, Tangetc S H. New drug R&D of traditional Chinese medicine: role of data mining approaches. Journal of Biological Systems,2009,17(3):329~347
[112] 赵亚丽,西广成,易建强. 基于相对熵函数准则的BP算法. 计算机工程,2005,31(19):12~14
[113] 王晶. 蚁群算法优化前向神经网络的一种方法. 计算机工程与应用,2006,42(25):53~55
[114] 王笑,鲁聪达. 基于FUZZY理论的蓝宝石超精密研磨参数优化方法. 机械制造,2011,49(2):20~22
[115] 张伯礼,王永炎,商洪才. 组分配伍研制现代中药的理论和方法. 继续医学教育,2006,20(19):89~91
[116] 李梢. 网络靶标:中药方剂网络药理学研究的一个切入点. 中国中药杂志,2011,36:2017~2020
[117] Marc Vidal, Cusick M E, Barabási A L. Interactome networks and human disease. Cell,2011,144(6):986~998
[118] Barabási A L, Oltvai Z N. Network biology: understanding the cell's functional organization. Nat Rev Genet, 2004,5(2):101~113
[119] Auffray C, Chen Z, Hood L. Systems medicine: the future of medical genomics and healthcare. Genome Med, 2009,1(1):2
[120] Barabási A L, Gulbahce N, Loscalzo J. Network medicine: a network-based approach to human disease. Nat Rev Genet, 2011,12(1):56~68
[121] Hopkins A L. Network pharmacology: the next paradigm in drug discovery. Nat Chem Biol, 2008,4(11):682~690
[122] 李梢. 基于生物网络调控的方剂研究模式与实践. 中西医结合学报,2007,5(5):1~5
[123] Li S, Zhang B, Zhang N B. Network target for screening synergistic drug combinations with application to traditional Chinese medicine. BMC Syst Biol,2011,5(S1):S10
[124] Wu X, Jiang R, Zhang M Q, et al. Network-based global inference of human disease genes. Mol Syst Biol, 2008,4:189
[125] Zhao S, Li S. Network-based relating pharmacological and genomic spaces for drug target identification. PLOS ONE, 2010,5(7):e11764
[126] Yao X, Hao H, Li Y, et al. Modularity-based credible prediction of disease genes and detection of disease subtypes on the phenotype-gene heterogeneous network. BMC Syst Biol, 2011,5:79

[127] Li S, Wu L J, Zhang Z Q. Constructing biological networks through combined literature mining and microarray analysis: a LMMA approach. Bioinformatics, 2006,22:2143 ~ 2150
[128] Huang Y, Li S. Detection of characteristic sub pathway network for angiogenesis based on the comprehensive pathway network. BMC Bioinformatics, 2010,11(S1):S32
[129] Gu J, Chen Y, Li S,et al. Identification of responsive gene modules by network-based gene clustering and extending: application to inflammation and angiogenesis. BMC Syst Biol, 2010,4:47
[130] Li L S, Zhang N B, Li S. Ranking effects of candidate drugs on biological process by integrating network analysis and gene ontology. Chin Sci Bull, 2010,55:2974 ~ 2980
[131] Yan H, Zhang B, Li S,et al. A formal model for analyzing drug combination effects and its application in TNF-alpha-induced NFkappaB pathway. BMC Syst Biol, 2010,4:50
[132] Li S. Network systems underlying traditional Chinese medicine syndrome and herb formula. Current Bioinformatics, 2009,4(3):188 ~ 196
[133] Li S, Zhang B, Jiang D,et al. Herb network construction and co-module analysis for uncovering the combination rule of traditional Chinese herbal formulae. BMC Bioinformatics, 2010,11(S11):S6
[134] Li S, Zhang Z, Wu L,et al. Understanding ZHENG in traditional Chinese medicine in the context of neuro-endocrine-immune network. IET Syst Biol, 2007,1(1):51 ~ 60
[135] Ma T, Tan C, Zhang H,et al. Bridging the gap between traditional Chinese medicine and systems biology: the connection of Cold Syndrome and NEI network. Mol BioSyst, 2010,6:613 ~ 619
[136] Zhang J, Ma T, Li Y,et al. dbNEI 2. 0: building multilayer network for drug-NEI-disease. Bioinformatics, 2008,24: 2409 ~ 2411
[137] 杨洪军,唐仕欢,黄璐琦,等. 中医临床处方饮片用量调研报告(儿科). 中国中药杂志,2008,33(20):2395 ~ 2400
[138] 马融,韩新民. 中医儿科学. 北京:人民卫生出版社,2012. 38
[139] 马融. 应重视开展儿科中药饮片剂量的研究. 环球中医药,2009,6(2):425
[140] 段金廒,范欣生,宿树兰,等. 中药及方剂量效关系的研究进展与思考. 南京中医药大学学报,2009,25(4):241 ~ 245
[141] 邓海山,段金廒,尚尔鑫,等. 代谢组学的研究现状及其在方剂量效关系中的应用. 国际药学研究杂志,2009,36(3):198 ~ 203

第九章　方药量效学中的用量安全性问题

近年来，超量（或大剂量）使用中药收获良效的验案屡屡见诸报端，且越来越多的专家学者和临床医务工作者提出权威规定剂量与临床有效剂量之间存在较大差距。但与此同时，中药不良事件屡见报道。于是，由超量使用而引发的中药不良事件成为了值得关注与思考的问题。本章将从方药量-效研究的角度，探讨临床用量的安全性问题。

第一节　方药量效学中的用量安全性研究现状及研究方法

一、药品不良反应的有关概念

世界卫生组织对药品不良反应（adverse drug reaction，ADR）的定义是：为了预防、诊断、治疗疾病或改变人体的生理功能，人在正常用法用量下服用药品所出现的非期望的有害反应。我国对药品不良反应的定义是：合格药品在正常用法用量下出现的与用药目的无关的或意外的有害反应。两个定义明确限定“合格药品”（排除了假药、劣药或其他质量不合格药品）、“正常用法用量”（排除了错误用药、超剂量用药）等因素。此外，另外一个概念药品不良事件（adverse drug event，ADE）是指药物治疗期间所发生的任何不利的医疗事件[1]。

中药不良反应是指在防治疾病的过程中，由于应用中药所产生的与用药目的不符，且给患者带来不适、痛苦或有害的反应[2]。但中药不良反应的概念界定仍不十分明确。一是由于中药材品种复杂，存在同名异物、同物异名；二是炮制工艺复杂，炮制不当或生品炮制品混用；三是同一种中药因产地、种植、生长期、采收时间、药用部位、运输储存、炮制方法的不同而质量相差很大；四是用药个体差异大，不同医生之间即使在诊治同一患者时在辨证处方和剂量上可能存在极大的不同。因此，平时所说的中药不良反应很大一部分属于药品不良事件的范畴。本书讨论的与剂量相关的安全性问题亦属药品不良事件范畴，但其内涵可参照药品不良反应。

二、中药不良反应的分类

药品不良反应一般可分为 A 型反应（量变型异常）和 B 型反应（质变型异常）。A 型反应是与剂量相关的不良反应，是药物已知药理、毒理导致的临床反应和表现，常是药物固有作用增强或持续发展的结果，可以预测及预防，但发生率高，重现率高，死亡率低。B 型反应与常规的药理作用和剂量无关，与药物和病人的异常性有关，因此难以预测，发生率低而死亡率高[1]。

A 型反应包括副作用、毒性反应、后遗作用、首剂效应、继发反应和停药综合征等[2]。

（一）副作用

在应用治疗剂量药物时出现的与治疗目的无关的作用。可能给患者带来不舒适甚至痛苦，一般都较轻微，多为一过性可逆性功能变化，伴随治疗作用同时出现。产生副作用的原因是药物作用的选择性低，作用范围广，当其中某一作用被用来作为治疗目的时，其他作用就可能成为副作用。如麻黄一方面能止咳平喘，另一方面兴奋中枢神经系统，引起失眠、心律失常等副作用。

（二）毒性反应

由于用药剂量过大、用药时间过长，或病人的个体差异、病理状态或合用其他药物引起敏感性增加，在治疗量时造成某种功能或器质性损害。一般是药理作用的增强。毒性反应后果严重，有时甚至会危及生命。

（1）神经精神系统损害为主的毒性反应。药物既可波及中枢神经，也可侵犯周围神经，可致神经损害，亦可有精神病样发作。药物毒性损伤神经，引起头晕，头痛，感觉异常（口唇、面部或指端麻木、疼痛及其他异样感觉），情绪激动，烦躁，兴奋，谵妄，幻觉，记忆障碍，抽搐，惊厥，发热或过热，瞳孔扩大，瞳孔缩小，语言障碍，嗜睡，昏睡，意识模糊，昏迷等。如附子中毒可致舌尖、肢体麻木，有蚁行感，头晕、视力模糊等。

（2）胃肠道损害为主的毒性反应。就药物而言，既有药物对消化器官的直接作用，也有通过影响机体神经、内分泌而产生的间接作用；就机体而言，既可能有原有疾病尤其是消化系统病变的基础，也可能是消化系统对药物产生的适应性反应，或功能的失调和组织的损害。主要表现有恶心、呕吐、食欲减退、厌食、嗳气、泛酸、胃灼热、吞咽困难、呕血、便血、便秘、腹泻等。如服白头翁、山豆根、大黄、鹅不食草等可致上述消化道不适症状。

（3）肝脏损害为主的毒性反应。肝脏是药物代谢的主要器官，大多数药物在肝内经过生物转化作用而被清除。有些药物本身或其代谢产物，可对肝脏造成损害，导致药源性肝病。中药药源性肝病发病快慢不一，潜伏期可长可短，急性药源性肝病可于用药后迅速发生，以急性肝炎为主，临床表现有发热、食欲减退、厌油腻、乏力、黄疸、肝脏肿大、右上腹部疼痛并有压痛、皮肤瘙痒，实验室检查 GPT、ALP 升高；而慢性药源性肝病可于用药后 1 年以上或更长时间发生，甚至可发展为肝衰竭。雷公藤、川楝子、何首乌、小柴胡汤时有导致药物性肝损害的报道。

（4）呼吸系统损害为主的毒性反应。药物刺激上呼吸道黏膜，引起炎症反应，引起支气管平滑肌痉挛，甚至抑制呼吸中枢。临床表现有咳嗽、咳痰、咯血和呼吸困难。如天花粉、瓜蒂、山豆根等引起上呼吸道炎症，日本报道几十余例由小柴胡汤引起的药物性肺炎，过量使用罂粟壳引起的呼吸衰竭。

（5）循环系统损害为主的毒性反应。药物的不良反应可诱发和加重各种心血管病变，导致心律失常，抑制心功能，引起心肌病变，加重心肌缺血、血压发生变化等。据报道乌头类（附片、草乌、川乌、铁棒锤、雪上一枝蒿等）的中毒反应可致心慌、心律失常、心动过缓、血压下降等;五味子煎服致窦性心动过速,伴室性早搏。

(6) 泌尿系统损害为主的毒性反应。药物致泌尿系统的损害主要表现在对肾脏的损害,由于肾血流量丰富,循环血药浓度高,且肾脏是药物排泄的主要途径,药物的代谢产物以及部分药物原形主要通过肾脏排出体外,另外肾小管的排泄和重吸收作用使药物及其代谢产物浓度极高。临床常见的以引起肾损害的药物有雷公藤、关木通、草乌等。

(7) 致皮肤、黏膜损害为主的毒性反应。机制大致分为过敏和非过敏两大类。临床表现有:瘙痒、斑丘疹、水脓疱、溃疡、鳞屑、风团、结节等。近年来文献报道致皮肤黏膜不良反应的药品日益增加。例如,长期应用雄黄,可引起皮肤过度角化以及发黑;藏红花内服不当,可导致广泛性脱发;酸枣仁内服出现全身瘙痒、荨麻疹;内服补骨脂发生光敏性皮肤反应等。

(8) 血液系统损害为主的毒性反应。中药药源性血液系统不良反应不仅比较常见,而且有些病情也较为严重。中药所含化学成分、中药质量以及中药使用的合理性均是产生中药药源性血液系统不良反应的因素。如皂荚在消化道不容易被吸收,当大量使用时,对胃肠黏膜有强烈的刺激,并通过损伤的黏膜吸收引起溶血。大黄的主要成分鞣质与铁结合成不溶性复合物妨碍铁的吸收,造成缺铁性贫血。

(9) 生殖系统损害为主的毒性反应。中药可能通过影响神经内分泌系统调节功能引起生殖系统毒性反应,如西洋参、丹参可引起月经不调,甘草可致非哺乳期妇女泌乳,女童乳腺发育。也可能直接作用于生殖器,影响生殖器功能,如雷公藤使子宫内膜消退、变性、萎缩,造成闭经、不孕。

(三) 后遗效应

停药后血药浓度已降至阈浓度以下时残存的药理效应。有的后遗效应时间较短。如应用大黄停药后可能发生便秘。而有些后遗效应时间较长,如长期大量服用甘草,停药后仍持续存在的假性醛固酮增多症。

(四) 首剂效应

一些病人在初服某种药物时,由于机体对药物作用尚未适应而引起不可耐受的强烈反应。如首次服用大黄、番泻叶发生的剧烈腹泻。

(五) 继发反应

由于药物的治疗作用所引起的不良后果,又称治疗矛盾,不是药物本身的效应,而是药物主要作用的间接结果。如大黄、番泻叶等泻药用药后可能使肠道菌群紊乱。

(六) 停药综合征

一些药物在长期应用后,机体对这些药物产生了适应性,若突然停药或减量过快易使机体的调节功能失调而发生功能紊乱,导致病情或临床症状上的一系列反跳回升现象和疾病加重等。

(七) 耐受性、依赖性、成瘾性

有些药物长期连续应用,可能会产生耐受性,表现为病人对药物的敏感性降低。对药物的需要量增加,必须加大剂量才能达到原有疗效。如应用酸枣仁治疗失眠,连续用药一段时间后,药物的催眠作用可能逐渐降低。反复地(周期性或连续性)用药所引起的人体心理上或生理上或两者兼有的对药物的依赖状态,表现出一种强迫性的要连续或定期用药的行为和其他反应。有些还会产生成瘾性,如罂粟壳及其种子。

B 型不良反应又可分为药物异常性和患者异常性两种,前者包括药物有效成分、分解产物,以及药物的添加剂、增溶剂、着色剂等所引起的异常作用;后者主要与患者的特异性遗传素质相关。药物过敏反应、致癌和致畸作用也属 B 型不良反应。

与用药剂量相关的不良事件可参照 A 型反应的分类。主要包括副作用和毒性作用两个主要部分以及少量的后遗效应、首剂效应、继发反应、停药综合征、致癌作用、致畸作用等。中药副作用多与四气五味即药物的偏性相关,如寒凉伤阳、温燥伤阴以及辛散耗气、甘温壅中等。毒性作用则大多由于药物中含有毒性成分。这些不良事件在权威规定用量下亦可发生,剂量越大则发生率越高程度越严重。变态反应一般与用药剂量无关或关系甚少,治疗量或极小量都可发生,故不在此讨论范围。

三、药品不良反应(事件)监测方法

1. 自愿报告系统

自愿性报告系统分为正式和非正式自愿报告两种形式。前者是指国家或地区设有专门的不良反应登记处,成立有关不良反应的专门委员会或监测中心,以收集、整理分析自发报告的不良反应资料,并负责反馈。非正式自愿呈报无正式登记处,也不设监测中心等组织,大多由医生发现可疑的药物不良反应后向医药商或医药期刊投稿[3]。

2. 处方事件监测

处方事件监测是要求医师在一定时间内,对使用某药的病例所发生的情况不间断地随访较长时间[3]。

3. 重点医院检测

重点医院检测是指定有条件的医院,在一定时间、一定范围内对所发生的不良反应及药物利用详细记录,报告药品的不良反应[3]。

4. 重点药物检测

重点药物检测是指在一定时间、一定范围内对某一药品进行不良反应监测。

四、我国药品不良反应监测制度

我国药品不良反应监测工作始于 20 世纪 80 年代。1983 年,卫生部起草了《药品毒副反应报告制度》。2001 年 12 月 1 日颁布的《药品管理法》明确提出“国家实行药品不良反应报告制度”,2003 年国家药品不良反应中心正式面向社会公开发布《药品不良反应信息通报》。

2011 年 7 月 1 日卫生部颁布了《药品不良反应报告和监测管理办法》(卫生部令第 81 号)。要求药品生产企业(包括进口药品的境外制药厂商)、药品经营企业、医疗机构应当按照规定报告所发现的药品不良反应。国家鼓励有关单位和个人报告药品不良反应。对于个例药品不良反应报告:应当主动收集药品不良反应,获知或者发现药品不良反应后应当详细记录、分析和处理,填写《药品不良反应/事件报告表》并报告。发现或者获知新的、严重的药品不良反应应当在 15 日内报告,其中死亡病例须立即报告;其他药品不良反应应当在 30 日内报告。有随访信息的,应当及时报告。

1. 我国的不良反应监测体系

我国的不良反应监测体系包括国家药品不良反应监测中心及各省药品不良反应监测中心。我国已经在 31 个省市和军队系统、新疆建设兵团建立了药品不良反应的监测中心[3],并将此监控网络继续向下延伸,建立了市、区县级监控中心,各级医疗机构、药品生产、经营企业均需要建立药品不良反应监测组织。形成较为完备的药品不良反应监测体系。

2. 中药不良反应监测现状

随着药品不良反应监测体系不断完善,以及公众对药品不良反应监测意识的提高,有关中药不良反应(事件)上报数量也在增多。这是社会发展进步的表现。但同时由于中药的特殊性,中药不良反应(事件)的因果关系判断相对西药更为复杂。中药有其特殊性,如中药的基源、产地、加工炮制方法、中成药所用原料的质量、生产过程的质量控制,以及储存条件等因素均可能影响中药饮片、中成药的质量,药品的质量及临床用药是否正确等因素均可影响到中药使用的安全性,因此在进行中药不良反应监测过程中,应注意中药的特点,认真分析导致中药不良反应(事件)的原因,避免因药品质量及使用不当导致的中药不良事件的发生。

目前已经开展了多项中药不良反应监测工作,如中药注射剂上市后再评价。对于正确认识中药注射剂的安全性,安全合理用药将有一定的促进作用。

五、现有中药不良反应(事件)的研究方法

中药成分复杂,临床上多应用复方,导致确定药物与不良反应的关系十分困难。药物流行病学作为一门侧重于研究药物在人群中的应用效应尤其是不良反应的学科,在研究中药 ADR 或 ADE 上,有广阔的应用价值[4]。

药物流行病学是以人群为研究对象,应用流行病学方法,有计划地研究药物在其暴露人群中的安全性与有效性及其流行规律和影响因素,并据此制定出指导临床安全用药的措施与对策。

目前最常用的药物流行病学的方法有:

(一) 描述性研究,如个例调查、病例报告、现况调查等

个例调查和病例报告是对单个病例的调查评价。方法主要有综合判断、标准化评价

及概率法。综合判断是非规则化的临床判断,是分析个例不良事件与药物相关性的可能性大小的一种方法。通过一位或多位专家审查已获得的信息,凭经验做出判定。标准化评价方法是根据影响判定药物与不良反应之间关系的因素,设置一系列问题,并对不同回答予以分值,再根据所得总分判定相关程度。我国目前采用此种方法。概率法是通过测定使用某药物时发生某事件的概率相对于未使用某药物时发生的概率判定关联性。这是不良反应因果判定的金标准。

现况调查又称横断面研究或横断面调查。它研究在特定的时间内,即在某一时点或短时间内,按照研究设计的要求,对一定范围人群中的药物与相关事件的关系。研究某人群暴露于药物后发生不良反应的分布状态。其特点是利用大的样本优势并根据事件发生的频率提示某种可能性,为进一步研究奠定基础。

(二)分析性研究,包括病例对照研究(回顾性研究)和队列研究(前瞻性研究)

1. 病例对照研究

病例对照研究是验证病因假设的研究方法。即在不良反应监测中,拟研究的疾病为怀疑药物引起的不良反应,假说因素则是可疑药物。本研究是通过调查一组患有某病的人群和一组或几组未患该病的对照人群,回忆过去有无暴露于药物的历史,且该药物是疑为与该病发生有联系的因素,通过比较两组暴露于药物的百分比(称为暴露比)以验证暴露药物与所研究疾病的病因关系。具体方法参照药物流行病学相关著作。

2. 队列研究

队列研究主要用于验证病因假设,但它能比病例对照研究更直接、更有力地判断疾病病因假设和确定疾病的危险因素。队列研究在实际应用时更适用于研究某暴露药物作用后短期内就出现不良反应的结局。包括前瞻性队列研究、历史性队列研究以及双向性队列研究。具体方法参照药物流行病学相关著作。

此外,还出现了病例交叉设计、病例-时间-对照设计、嵌入式病例对照研究等新的研究设计。

(三)实验性研究,如前瞻性研究等

实验性研究需要人为控制干扰因素,需设立对照组,研究对象的分组是随机的,其设计严格,能排除外部因素的干扰作用,检验效应强于队列研究。

值得注意的是,在事件的发生率较低或研究的目的是评价事件的各种影响因素时,不宜采用前瞻性研究;而当要观察的对象暴露率低或者要研究几个事件或结果时不宜采用回顾性研究。

六、中药不良反应监测的难点

(一)中药不良反应定义缺乏统一认识

目前尚没有统一的中药不良反应定义。世卫组织的定义是否适用于中医药还有待

商榷。有学者认为,中药不良反应是合格中药按照中医药理论防治疾病时出现的与用药目的无关的或意外的有害反应。

(二) 量效关系不明确

中药成分复杂多样,往往作用于多靶点、多环节,部分中药量效关系不明确,而且具有双向调节作用。因此,许多中药不适合简单的量效关系评价方法。

(三) 合理用药难辨别

中医诊疗疾病讲究辨证论治,用药因人因地因时而异,随症加减,经常会有同病异治、异病同治的情况,且中医个人经验影响较大,即使面对同一患者,不同的医生之间辨证施治、处方用药可能会有极大差别,用药剂量范围也很大。因此,在进行中药不良反应因果关系评价时,很难判定是否为合理用药。

(四) 药物质量难判断

药品不良反应定义的前提是"合格药品",而中药品种复杂、来源混乱,不同品种的质量很难同一标准。即使同一品种,产地、生长年限、采摘时间、用药部位等条件也会影响药材质量。

第二节 超量使用中药安全性的研究对策与思考

超量使用中药指中药的处方剂量超过该药的权威规定剂量的上限范围[5]。权威规定剂量是指公认或法定剂量。收载于《中国药典・一部》的中药,其权威规定剂量以药典为依据;未收载于药典的中药,其权威规定剂量以统编教科书《中药学》或《中药大辞典》为依据。本文[6]讨论的超量使用中药是以规定剂量为比照的。

一、超量使用中药的原因

(一) 疑难危重病情所需

"乱世用重典,重剂起沉疴",面对疑难危重证,历代名家医案中不乏大胆使用大剂量而获力挽狂澜之功的记载。如张锡纯一日之内用生石膏 6 两治疗 7 岁长子的阳明经大热之症[7]、吴佩衡用 400g 附子治疗伤寒阴盛格阳重证[8]、邓铁涛用 120g 黄芪治疗重证肌无力[9]、仝小林用 120g 黄连治疗糖尿病酮症酸中毒[10]等。

(二) 因人、因时、因地制宜

患者有个体差异,对中药的敏感性及反应性不同,相同的病证,可能是不同的剂量起效。比如同样是用麻黄发汗治疗外感,腠理疏松、体质虚弱之人用 3g 足矣,腠理致密、体质壮实之人需用 9g 甚至更多始得汗。地理、气候的影响亦然。

（三）中药材质量下降

中药材品种、产地、采集季节、炮制等对有效成分含量影响极大。现代野生药材已非常稀少，市售药材多为人工培育，而且许多药材种植时间较短，提前采摘，使临床疗效大打折扣。自古以来医家重视道地药材，因其“得气独厚”，然而产量毕竟有限，于是出现了有效成分明显低于“道地药材”的地方性药材及引种产品。此外，药品掺假屡禁不止，例如全虫腹中多半是砂土，僵蚕身上附着一层白粉，银花中甚至揉进了玉米面等现象，使临床剂量越来越大[11]。

（四）煎煮质量的下降

现代许多医院使用机器煎药，如果不按照药材特性“先煎、后下、单炖”等方法煎药，且煎煮时间的缩短，致使许多药材的有效成分未能充分煎出或已挥发，使得临床剂量相应增大。

（五）人为因素

部分医生及患者错误地认为中药没有副作用，为达到治疗目的而盲目地加大药物的剂量。

二、文献报道的超量用药不良事件

《中国药典》及《中药学》教材在药味后标注有大毒、有毒以及有小毒。大毒者如川乌、草乌、马钱子、斑蝥等，用量多在1～3g以下。有毒者如山豆根、半夏、天南星、蜈蚣、全蝎等，用量在3～6g。有小毒者如川楝子、蒺藜、重楼、吴茱萸等，用量为3～10g。无毒者如人参、黄芪、白术、茯苓等，用量在10～30g，有的可用至60g。

（一）无毒药并非可以无限度的大量使用

人参，“百草之王”，古代及现代本草均认为其无毒。但大剂量人参，可能常常导致高血压病、低血钾、神经过敏、失眠、烦躁、皮疹、瘙痒、儿童性早熟等“人参中毒综合征”[12]。郑君勇报道一青年男性患者为进补，取红参40g煎汁分2次服用之后呕吐，随即抽搐、神昏、大小便失禁、发热，血压18.7/13.3kPa，双侧瞳孔不等大，次日因急性左心衰竭、肺水肿挽救无效死亡[13]。再如刘玉英报道一患者一日内取80g生晒参煎汤，汤渣尽服后出现头晕、冷汗、双眼复视伴有小便及肛门灼热、腹胀、恶心等[14]。张秀芬报道滥用人参引起高热2例[15]。此外，超量服用人参导致面部黑色素沉着并血压增高[16]、糖尿病病情反复[17]亦有报道。再如，甘草人称“国老”，性味平和，中药处方中多用，以调和诸药。但长期服用或短期大量服用甘草可能出现水肿、高血压病、低血钾、四肢无力、头晕头痛等。如新西兰报道有4名妇女每天服用25～200g甘草，连续服用一段时间后，终因甘草慢性中毒而住院。另外，还观察了14人，每天服用甘草100～200g，1～4周后，血钾浓度急剧下降，血浆中的结晶凝乳酶活性明显减弱，其中4人患有低血钾症[18]。甘则壅滞，易生痰湿,老年病人及贫血病患者用甘草,最易产生水肿,尤其是贫血病,每日用甘草 10g 以上,连续 4 ~5d 即可发生水肿[19]。

以上药味不仅无毒,且药性平和,尚有诸多不良事件发生。其他偏性明显的药味就更难以避免了。例如,黄芪性温,临床上大量使用补气升提并不鲜见。但大剂量使用时就有不良事件的发生。如大剂量黄芪致高血压病[20]、剧烈肢痛[21]、失眠[22]等。其他如超量使用茯苓导致腹绞痛[23],过量服用肉桂可致血尿[24],长期服用西红花导致肝酶升高[25],误服大剂量栀子煎液致昏迷[26]等,无不表明,即便属于药典界定的非有毒类中药,若超量或过长应用,其中相当一部分也会发生不良事件。

(二) 超量使用有(小)毒药,亦有不良事件报道

细辛有小毒,自古就有"用量不过钱"之说,特别是单用时,不良事件发生率高。陈坚报告一患者不慎误服细辛约 6g,后出现头痛,烦躁不安,面色潮红,并呕吐胃内容物[27]。林雪报告一患者服含 12g 山豆根的汤剂后即出现胸闷、心悸、气短、恶心、呕吐,测患者血压为 8.00/5.33kPa,继之出现呼吸困难,意识模糊[28]。王晓民报告用含有 15g 苦杏仁的中药煎剂灌肠,患者自述心中难受、恶心、呕吐,继而昏倒,出现口唇及四肢发绀、呼吸困难、视物不清等氢氰酸中毒症状[29]。

(三) 剧毒药物的超量使用较为谨慎

例如,含有马兜铃酸的关木通[30]、含有乌头碱的川草乌[31]、含砷的雄黄[32]、含斑蝥素的斑蝥[33]、含雷公藤生物碱的雷公藤[34]等,不良事件屡见不鲜,甚至引起死亡,已引起高度重视。现在关木通、青木香已禁止使用。其他剧毒药物医师多在规定剂量内使用。对于某些毒性药物,临床用量虽然大大超过了《中国药典》的范围,如川乌等,但多炮制后入药,采用久煎等煎法,其用量与其用法紧密结合,以保证用药安全而有效。

三、中药安全性研究对策及思考

(一) 区别中药排病反应与不良事件

所谓排病反应是药物进入体内,推动正气与病邪斗争,欲将病邪排出体外的过程[35]。自古既有"若药弗瞑眩,厥疾不瘳"的说法,以及《伤寒论》中的"汗出愈"、"衄乃解"、"若小便自利者,不能发黄,至七八日,虽暴烦,下利日十余行,必自止,……"就叙述了分别表现为出汗、鼻衄、泄泻的"排病反应"。火神派代表人物郑钦安亦认为,服药后常有"变动","药与病相攻者"属于正常的药物反应。如"初服辛温,有胸中烦躁者,有昏死一二时者,有鼻血出者,有满口起瘢者,有喉干喉痛、目赤者,此是阳药运行,阴邪化去,从上窍而出也。……"。

中药不良事件与排病反应容易混淆。不良事件过后,身体衰弱,病情加重;排病反应大多为一过性,反应消失之后病情向愈。对于不良反应与排病反应的鉴别方法,尚需进一步的研究及探讨。

(二) 需要系统开展针对单药及复方的剂量相关安全性研究

单药不良反应临床报道散在,亦有药毒理研究,但尚无系统整理分析总结,加之中药

成分复杂,因此,绝大多数中药在"量效毒关系"上尚无明确的界点。应加强"量效毒关系"研究,寻找"剂量阈"、"治疗窗",以及效毒的最优划界点,作为临床用药的参考。

现阶段对单药研究多,对复方研究少。方与药的不良事件并不遵循简单的加和法则。若单药会引发不良事件,含其的复方也可能引起相同的不良事件,但所谓"方之既成,能使药各全其性,亦能使药各失其性",复方的毒性亦可增强或消失。反之,无毒的药味若经不合理配伍,也可能使复方出现毒副作用。从现代药理看,中药复方与成分单一的化学药相比,具有成分复杂——一个4~5味中药组成的复方可能有500种左右化学成分[36],在煎煮炮制过程中还可能产生新成分。这即是古今超量用药不乏其人、在临床上获得良好疗效[37]和安全性的原因之一。结合中药配伍的减毒作用及机制的确证,可以推测以单药的效-毒分界点作为其在复方中的最大使用量是不尽合理的。

(三)需要建立公认系统的剂量相关的安全性评价方法学体系

大多数情况下,方药的安全性是基于经验。动物实验是十分必要的手段,但并不能回答所有的问题。动物实验尽管是设计严格、结果精确的方法,但由于毒理学实验动物均为正常动物,"有病病受之,无病人受之",健康人群和患者对药物的反应性及耐受性必然不尽相同,所以用正常动物研究安全性可能与临床实际有一定差距。并且实验中药物剂量为人常用剂量的几十几百倍甚至上千倍,如大黄在实验动物出现的肝肾毒性及致癌性、致畸性等并未见临床报道。文献挖掘的方法也有所不足,不良事件的报道率与实际发生率相比较少。尤其是中医中药,一方面由于中药复方的复杂性以及研究文献的欠缺,临床医师难以明确导致不良事件的是单药还是复方;另一方面由于人群普遍认为中药相对于西药毒副作用小,很少有不良事件发生,不良事件易被忽略,导致上报率低下。此外,目前国际上通用的药物流行病学方法[38]在我国起步较迟,虽已引起了药物学家及药品主管部门的重视,但尚未见应用于中药不良反应尤其是复方中药的研究当中。

(四)亟须建立具有中医特色的方药剂量相关安全性监测平台

虽然国家已于2004年颁布《药品不良反应报告和监测管理办法》,但国家统一的药品不良反应(事件)报告表为中西医通用,四诊原始资料、病名证候诊断等中医特色数据的缺乏,使日后从中医角度分析不良事件相关性及方药合理性形成较大障碍。

在总结研究现状和参考现代流行病学研究方法的基础上,我们提出在中医中药理论的指导下加强方药剂量相关的安全性研究,建立具有中医特色的方药安全性监测平台。该平台的示意图如下,包括以下几个部分:①研制基于患者报告的方药不良反应(事件)监测量表。量表以国家颁布的药品不良反应(事件)报告表为基础,突出中医药特色,强调由患者报告的不良事件。②选取2~3味代表性中药进行方药剂量相关的前瞻性临床安全评价,为单味药物临床安全评价提供示范。③收集发表的不良反应(事件)文献及报告,构建并不断充实方药剂量相关的安全性数据库。④在医院门诊系统添加方药剂量相关的安全性监测模块,模块具有超药典剂量中药提示功能,复诊时超量中药不良反应提示等功能。⑤在以上工作的基础上形成方药剂量相关的安全性网络,实现数据库的随时更新和补充,并充分利用数据库,通过分析流行病学中队列研究、病例对照研究等以及循证医学等方法分析药物剂量与不良事件的关系,对药物的安全性作出可靠的评价。最终,建立有监测、归纳、分析、整理、提示功能的安全性平台(图 9-1)。

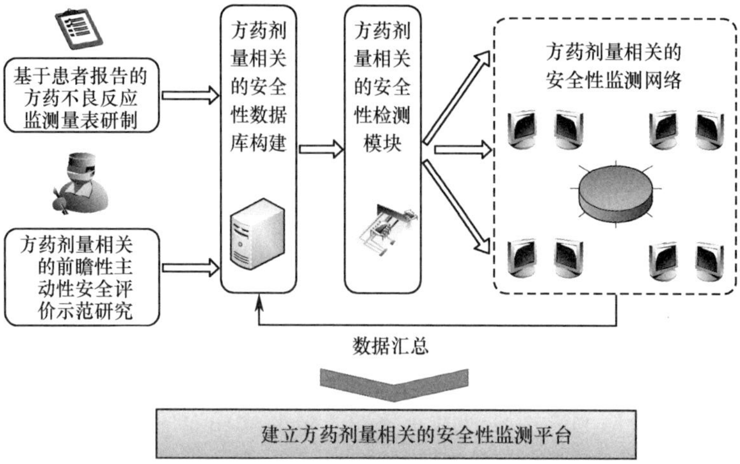

图 9-1 建立方药剂量相关安全性监测平台示意图

安全性是临床用药的第一原则,充分认识并强调超剂量用药导致的不良事件,可使广大医务工作者和患者有意识的减少和避免不良事件,做到规避风险追求最大疗效。应认识到超量用药要建立在准确识证、随证施量的原则上,还需医生经验丰富、熟谙药性、胆大心细。而对安全性的研究,必须在中医中药理论的指导下,文献挖掘以及临床观察与试验相结合,使用药物流行病学方法,参考毒理学动物实验,考虑临床病证的复杂性与患者体质的特异性,并将在临床上用之有效、行之安全作为最终目的。

四、中药方药安全性监测的实践

我们在 973 课题的支持下,以含有黄连的中药汤剂为主要研究对象,进行中药汤剂安全性主动监测,该监测研究基于临床,以访谈方式,对使用含黄连的中药汤剂的门诊患者进行用药调查,记录患者一般资料以及不良反应发生情况,探讨含黄连的中药汤剂发生不良反应与患者体质、用药剂量、药物配伍、患者年龄、性别的关系。研究结果显示服用含黄连的中药汤剂出现排便次数增多者以寒性体质者居多,服药后出现便秘症状者原有便秘者居多。含黄连汤剂不良反应发生情况与患者体质、用药剂量密切相关[39]。

第三节 以糖尿病为例的中药安全性应用的思考

随着医药学的不断进步,安全、有效、合理的用药逐渐成为当今社会关注的热点。中医药是中医学的瑰宝,中药一直被人们认为是毒性低、安全的。然而中药也分有毒与无毒,如果不掌握药物的特性,运用不当,也会导致严重的不良事件的产生。如日本的小柴胡汤事件,欧洲的马兜铃酸事件,新加坡的黄连事件及国内报道的一些不良事件[40~44]等。导致中药不良事件发生的原因很多,主要有药物本身毒性和使用不当等。本文[45]仅以糖尿病相关的中医药治疗为例,从个体化诊疗、合理配伍、随证施量,关注“量效毒关系”、重视药物的炮制、煎煮及服用方法及注重安全性监测等角度,探讨中药用药的安全性问题,供同道参考。

一、关于中药毒性认识

很多人以为,中药药性温和,因此可以大胆放心服用,剂量稍大也没有问题。但是“药者,毒也”,就是指药有“三分毒”的道理,中药也不例外。中国古代医家早已发现中药有毒副作用,将中药的毒副作用分为“大毒,有毒,小毒,无毒”。中药毒性包含两个方面,一是有一定毒性的中药。巢元方在《诸病源候论》中称:“凡药云有毒及大毒者,皆能变乱,于人为害,亦能杀人。”二是毒药即中药,或具有偏性的中药。张景岳云:“毒药者,总括药饵而言,凡能治病,皆可称为毒药。”不管是有毒中药还是常规认为药性温和的中药,正确使用可“以毒攻毒”,而错误使用,会导致不良事件的发生。正如清代医家徐灵胎曰:“虽甘草、人参,误用致害,皆毒药之类也”。

《类经》云:“药以治病,因毒为能,所谓毒药,是以气味之有偏也,……其如故也,在以人之为病,病在阴阳偏性耳。”合理利用药物的偏性可以改善患者的阴阳失调状况,相反如果乱用滥用,则会有不良事件发生,甚至引起药物中毒。在应用中药复方治疗疾病的过程中决不可忽视其对人体产生的一定毒性以及各种不良事件的产生。近年来报道的中药不良事件的类型主要有过敏性反应、过敏性休克、肝损害、肾损害、心血管、消化系统等的不良事件等,而导致中药不良事件的主要原因为药物本身有毒性和使用不当。

(一)药物本身毒性

一些药物本身即具有毒性的,植物类中如半夏、天南星、乌头、巴豆、天仙子等;动物类中如蟾酥、斑蝥、青娘子、红娘子等;矿物类中如砒霜、水银、雄黄、红粉等,这些药物本身有毒,使用不当可使人致命。例如,斑蝥性味辛、热、有大毒,对治疗头痛有明显效果,但须慎用。必须严格掌握剂量,内服中毒量为0.6~1g,致死量约1.5~3g,斑蝥素致死量约0.003g[46]。有报道患者自行服用自制的3只斑蝥11h后出现腰痛,为持续性胀痛,腹痛为下腹部刺痛,以排尿时为甚,尿频,每次20~30min,之后患者在上述基础上出现全程血尿,诊为斑蝥中毒[47]。故对本身具有毒性的中药,临床实践中应谨慎使用。

(二)药物使用不当

辨证使用不当:中药是依据中医学的理论和临床经验用于防病治病的,使用中药治疗疾病,应因人、因病、因时、因地而异,既要辨证施治,又要掌握药物的适应证和禁忌证,方能达到治疗疾病的目的。如应用不当,不但会延误治病,还可能造成不可挽回的后果。如表虚自汗、阴虚盗汗者禁用解表发汗药。人参大补元气,补脾益肺,生津止渴,安神增智,主要用于气虚欲脱、脾气不足、肺气亏虚等症。然运用时不管寒热虚实,有病盲目用人参,则会出现毒性反应和过敏反应[48]。滥用人参引起的副作用,称为人参滥用综合征。主要表现为兴奋效应,如易醒、失眠等中枢神经兴奋和激动症状,少部分患者表现为食欲减退、低血压等,个别患者发生精神错乱、甚至死亡。甘草的过度和不当使用也使不良反应增加[49]。

误服伪品:中药存在同名异名的现象,出现中药品种混淆,从而导致不良事件的发生。如自1993年比利时报道"中草药肾病"以来,国内医药界对中草药引起肾脏损害已有所重视。实验检测证明,比利时的减肥制剂中的防己是汉防己和有毒的广防己的混合物,广防己中含有马兜铃酸,是引起肾脏中毒的祸首[50]。

药物使用剂量不当:药物在治疗某种疾病及证型时,均有一定剂量范围,若剂量过小,血药浓度低产生不了治疗作用;而剂量过大,超出了剂量范围,人体不能承受,则发生毒副反应。如瓜蒂、常山等药超量可导致中毒或死亡。某些药物在治疗过程中超期服用,患者的病情发生变化,剂量却未随之改变,也容易发生不良事件,甚至产生积蓄中毒。

药品煎煮、炮制不当:药品煎煮、炮制不当也会使药物发生不良事件的概率上升。某些药物如附子经炮制后,可降低其毒性,减轻副作用,可助提高药效。在临床使用中可通过先煎、久煎破坏其中的有毒成分乌头碱。

此外,滥用补药,盲目使用偏方、验方,用药时未考虑到患者个体差异,如老年、孕妇、过敏体质及违反了服药期间的饮食禁忌等均可导致药物的不良事件发生。

二、以糖尿病为例的中药安全性应用对策

(一)注重个体化诊疗

个体化诊疗是基于以人为本、因人制宜的思想,充分注重人的个体差异性,进行个体医疗设计,采取优化的、针对性的治疗干预措施,使之更具有有效性与安全性。这也正是中医的优势所在,在临床实践过程中,根据患者整体情况,进行准确的辨证论治,将药物的特异性用于改变疾病的偏性,则会减少不良事件的发生情况。

个体化医学思想强调的是中医在治疗疾病上辨证施治的个性化。糖尿病患者之间有较大的个体差异,要考虑诸多问题:肥胖型还是消瘦型;糖尿病期还是并发症期;病情在何阶段:郁、热、虚、损、辨证分型如何?在治疗上,不同的患者对药物反应性也是不同的。根据患者不同辨证,应选用不同的方药、不同的剂量进行治疗。运用具有中医特色的个体化治疗是提高中医疗效,保证安全性的重要手段。

(二)合理配伍,佐制毒性

中医临床辨证论治用药多为复方,往往需要同时使用两种或两种以上的药物配合使用,药物之间会发生某些相互作用,如有的增强或降低原有疗效,有的抑制或消除毒副作用,有的甚至产生或增强毒副作用。故根据患者病情随症加减药物,合理配伍,佐制毒性,对增强中药复方疗效及保障其安全性具有重要意义。如麻黄能加强乌头类药物的毒副作用,应避免两药合用;临床应用雷公藤、天仙藤时,为减轻其毒性,应配伍甘草,同时密切关注肝功能。

在治疗糖尿病时黄连等苦寒药物的剂量较大,为避免苦寒伤胃,常佐以辛温药物,如干姜等,制其苦寒之性,防止苦寒败胃。我们在实验中发现,单味黄连小鼠灌胃是有一定

毒性的，而在中药复方葛根芩连汤里面，未发现毒性，也提示葛根芩连汤中其他药物可能对黄连的毒性有佐制作用。

（三）随证施量，关注"量效毒关系"

组方中药物的剂量与临床效果和安全性密切相关。一般来说，危重疑难疾病及急重症期用量宜大，汤剂荡之；慢证调理用量宜小，丸散缓图。中病即减（止），即根据患者症状的改善情况，辅助参考检验结果的变化。大剂量截断、控制病情后，适时调整用药剂量。李东垣言："汤者荡也，去大病用之"，"丸者缓也，舒缓而治之"。急、危、重证及糖尿病血糖居高不下等情况，先以汤剂大剂量峻急猛攻，直挫病势，待病势缓解，血糖控制平稳，改小剂量汤剂或丸药以稳定病情。

"随证施量"反映的是医生以追求最佳疗效为目的，视病情而调整用量的规律及策略。临床治疗疾病的过程中，应遵循"以症为靶、以证为基、以病为参"的基础上，按照疾病的不同时段，根据患者的年龄和体质，随证施量，把握剂量在临床应用的时机和范围，同时密切关注量、效、毒之间的平衡，在保证安全性的前提下，随证施量，以达到最佳临床疗效。

（四）重视药物的炮制、煎煮及服用方法

中药炮制是根据中医药理论，依照辨证施治的需求和药物自身性质，以及调制制剂的不同要求所采取的一项制药技术。中药经适当的炮制可降低或消除药物的毒性和副作用，提高药物的疗效。如果炮制不规范或应炮制而未炮制的药物直接入药，则会引发不良事件。例如附子、乌头、半夏等，经炮制后可降低毒性，否则会发生中毒反应。炮制后乌头中的成分乌头碱水解成乌头原碱，其毒性是乌头碱的1/2000，达到了降低毒性的目的。

正确地煎煮中药，能使药物有效成分溶出以充分发挥疗效，同时还能使药物的毒副作用降低。煎法、火候、煎煮时间等均会影响药物疗效。煎煮不当也会引发不良事件，例如川乌、草乌、附子用至15g必须先煎4h，用至30g必须先煎8h左右，且口尝至不麻。山豆根煎煮时间越长，副作用则越大。旋覆花对咽喉有刺激作用，必须包煎。

张仲景之方虽药味单薄却能力挽沉疴，并流传亘古，除组方精简，配伍严谨外，药量之大是其屡起沉疴的关键。其用药虽大刀阔斧，但对药物煎服方法等极其重视，几乎每首方后都详细注明煎煮方法，服药方式或药后反应，如桂枝汤药后啜热粥等，可见张仲景早已瞻顾到机体对药物作用可能产生的各种反应，亦是力求将不良事件降至最低。临床中对一些有毒性药物的服用方法可采用少量频饮，小量试服的方法，一可观察药证是否相合，有无剧烈反应；二可通过频频饮服，累积用药剂量，保证血药浓度。例如：大乌头汤与白蜜同服。桂枝汤方后主讲"若一服汗出病瘥，停后服"、"又不汗，后服小促其间"。

（五）中药不是无毒的，应加强安全性监测

中药不是无毒的，在使用过程中均应因人而异，辨证施治，注重安全性检测。在诊治过程中，应重视患者的主诉，是否有胃肠道不良反应、过敏反应等。密切关注实验室检测

指标,如血、尿、便常规,心电图,肝、肾功能等安全性指标,尤其是一些含有毒成分的中药。

然而对“有毒中药”也不应望而却步,所谓“有故无陨,亦无陨也”。“半夏”虽是妊娠禁药,然而对于妊娠呕吐,在准确辨证的前提下应用,非但不会发生堕胎之弊,反能起到去病即以安胎之效。临床在治疗一些疑难,危重症疾病时,可在熟悉药物特性、准确辨识患者情况,密切观测患者各项指征,谨慎使用“有毒中药”,在保证安全性的前提下提高临床疗效,“以药物之毒,攻疾病之性”。

参考文献

[1] 李俊. 临床药理学. 北京:人民卫生出版社,2008. 157,158
[2] 张冰,徐刚. 中药不良反应概论. 北京:北京大学医学出版社,2005. 1~52
[3] 王永炎,吕爱平,谢雁鸣. 中药上市后临床再评价关键技术. 北京:人民卫生出版社,2011. 137~156,177~216
[4] 张素敏,田春华,王兰明,等. 药物流行病学在药品不良反应监测中的应用. 中国新药杂志,2002,11(7):564~566
[5] 程先宽,韩振蕴,范吉平,等. 中药超大剂量应用的历史和现状. 上海中医药杂志,2001,41(12):69
[6] 韦姗姗,焦拥政,王丽霞,等. 超量使用中药安全性的研究对策与思考. 中医杂志,2011,52(19):1623~1626
[7] 张锡纯. 医学衷中参西录(上). 北京:人民卫生出版社,2006. 8
[8] 吴佩衡. 吴佩衡医案. 北京:人民军医出版社,2009. 37
[9] 张世平. 邓铁涛教授治疗重症肌无力之经验总结. 广州中医学院学报,1991,8(23):70~74
[10] 仝小林. 重剂起沉疴. 北京:人民卫生出版社,2010. 14
[11] 刘露. 中医处方中饮片用量为何超量使用. 现代医药卫生,2004,20(19):2037
[12] 叶凤. 几种滋补中药的补益作用与不良反应. 陕西中医,2009,30(4):418
[13] 郑君勇. 服食红参中毒身亡. 浙江中医杂志,1984,19(9):417
[14] 刘玉英. 超量服用人参致中毒1例. 河北中西医结合杂志,1996,5(3):41
[15] 张秀芬. 滥用人参引起高热2例. 新疆中医药,1998,16(3):26
[16] 吴思信,吴健. 人参致面部黑色素沉着并血压增高1例. 中国中西医结合杂志,1995,15(9):531
[17] 金惠玉. 用人参引起糖尿病反复10例. 陕西中医,1994,15(8):376
[18] 李生红. 甘草不良反应的研究. 时珍国医国药,2007,18(8):2042~2043
[19] 薛红卫,周超凡. 甘草的临床合理使用. 中医杂志,2011,52(4):346~348
[20] 王春华,张家驹. 大剂量服黄芪致高血压病5例分析. 山东中医杂志,1996,15(8):351
[21] 史学茂. 大剂量黄芪引起剧烈肢痛. 陕西中医,1991,12(4):182
[22] 陈颖异,陈成立. 服用黄芪引起失眠2例. 安徽中医学院学报,1997,16(3):44
[23] 郭新娥,王树凡. 茯苓致腹绞痛1例. 江苏中医,1996,17(7):11
[24] 李德秀. 中药不良反应的原因分析. 时珍国医国药,2004,15(11):803
[25] 王瑜真,孙守祥. 西红花致不良反应2例. 中国中药杂志,2008,33(18):2146
[26] 黄锦华. 误服大剂量栀子煎液致中毒1例. 中国中药杂志,1996,21(4):251
[27] 陈坚,蔡玲英. 细辛中毒1例诊治体会. 黑龙江中医药,2001,14(4):310
[28] 林雪. 服过量山豆根煎剂致严重不良反应1例. 中国中药杂志,2002,27(7):559
[29] 王晓民,王志辉,郝云. 苦杏仁灌肠中毒1例报告. 吉林中医药,2001,21(2):53,54
[30] 刘金渊,曾汉基. 大量煎服关木通致急性肾衰竭死亡1例. 中国中药杂志,1994,(11):692
[31] 王兴国,宋维汉. 乌头碱中毒猝死1例分析. 长春中医药大学学报,2010,26(6):940
[32] 夏薇,方芳,赵余庆. 长期超量应用雄黄及其制剂引起的药源性慢性砷中毒探析. 亚太传统医药,2009,5(4):144~145
[33] 袁吉华. 过量斑蝥致消化道出血、血尿1例. 中国中药杂志,1994,19(1):49
[34] 万同己. 雷公藤的不良反应. 实用临床医学,2005,6(6):149

[35] 刘沛. 附子中毒与排病反应辨析. 中国医药导报,2010,7(9):64
[36] 梁鑫森. 中药复方的复杂性特征与方法学探讨. 现代中药研究与实践,2004,18:98
[37] 许国振,谢守敬. 古今中药超大剂量应用集萃. 北京:中国医药科技出版社,2005. 17,18
[38] 郑国民,药物流行病学概述. 药学实践杂志,2003,21(1):56～60
[39] 牟稷征,刘颖,仝小林,等. 基于临床的含黄连中药汤剂安全性主动监测研究[J]. 世界中医药,2014,10
[40] 贾谦,杜艳艳,段黎萍. 日本小柴胡汤事件. 中国药业,2002,11(5):38
[41] 左晓军. 从减肥药中"马兜铃酸事件"看天然药物的不良反应. 世界科学技术,2005,7(S):71～74
[42] 高晓山,陈馥馨,杨守业,等. 黄连致溶血性黄疸毒性及其防治研究综合报告. 中国中药杂志,2002,27(1):70,71,74
[43] 杨桂菊. 中药不良反应的研究及对策探析. 中外医疗,2009,(5):1,3
[44] 朱玲琦,杨铭,杜文民,等. 5277 例中药不良反应分析. 中国临床药学杂志,2010,19(5):313～316
[45] 赵林华,焦拥政,赵锡燕,等. 以糖尿病为例的中药安全性应用的思考. 中医杂志,2011,52(22):1900～1902
[46] 唐海华. 苗族药物学. 贵阳:贵州民族出版社,2006. 399
[47] 凯维坤. 斑蝥中毒 1 例报道. 中国现代医生,2009,47(32):118,143
[48] 孙淑美,孙淑英. 浅谈人参的合理应用. 中国中医药现代远程教育,2009,7(6):74,75
[49] 薛红卫,周超凡. 甘草的临床合理使用. 中医杂志,2011,52(4):346～348
[50] 姜玉芹. 中药不良反应的探讨. 中国当代医学,2007,6(14):100

第十章 方药量效学中的节约药材问题

20 世纪中期以来，随着人口剧增及中药产业的快速发展，中药资源消耗巨大。中药材不仅供医院汤剂使用，还涉及很多相关企业大规模消耗使用，如中成药、保健品、中药提取物等，每年中药材消耗量巨大。据第 3 次全国中药资源普查统计，我国中药资源种类 12 807 种，其中药用植物 11 146 种，药用动物 1581 种，而栽培成功的药用植物只有 200 余种，80% 的中药材仍然依靠采挖野生资源来满足市场需求。虽然我国中药资源种类丰富，但野生中药资源依然短缺，分布范围和资源储藏量日益缩减。另外，由于生存环境的改变，一些药用动植物濒临灭绝。我国处于濒危状态的近 3000 种植物中，药用类群占 60% ~70% 。随着国民经济和人口的增长，中药材的需求量将继续加大，使中药资源面临更加严峻的挑战。当前，中药资源的可持续利用和综合开发已经面临一个新的发展时期[1]。从宏观角度上讲，生态环境亦是经济发展的基础，生态环境与药材资源息息相关，对于我国的中药资源，如何合理利用与开发，减少生产环节中的浪费，维持生态平衡，保护资源环境，提高中药材的加工技术水平，从粗放型向集约型、简单型向科技型转变，提高中药材自身的科技含量，对未来中药事业的可持续性发展具有重要意义。

因此，面临中药资源匮乏的现状，方药量效关系研究不能只关心有效剂量，还必须考虑什么样的剂量才能在保证疗效的前提下最大限度地节约中药资源。本章将从煮散的角度探讨方药量效关系与节约药材的问题。

第一节 煮散是节约中药资源的一剂良方

中药煮散是指将中药材粉碎成一定粒度与水共煎，去渣取汁制成的中药液体制剂。它与汤剂一样是中药的传统用药形式，具有悠久的历史和丰富的内涵。煮散起于先秦，兴于汉代，盛于唐宋，衰于明清，在漫长的祖国医药学发展过程中起着举足轻重的作用。煮散既保持了传统汤剂的所有特性，又以其特有的节省药材、煎煮时间短、有效成分煎出率高等优势运用于临床，历经千年，虽经起起伏伏，但源远流长。在目前医药资源匮乏、药价上涨明显的情况下，推广使用中药煮散对现代经济和社会效益都意义重大。本文[2]旨在对近年来中药煮散研究以及解决中药药材情况的途径进行综述。

中药煮散与中药汤剂、合剂同属于中药液体煎剂型范畴，具有吸收快、疗效迅速等特点。然中药煮散以其独特的粗粉颗粒进行煎煮，较之传统饮片的汤剂又有其独特的优势：节省药材、节省能源、煎煮率高等，这些已被现代研究和临床实践所证实。

一、煮散是中医药传统剂型之一

中药煮散与中药汤剂、合剂同属于中药液体煎剂型范畴，具有吸收快、疗效迅速等特点，是传统的中医用药剂型。对中药“散”的应用可追溯的先秦时代。我国最早的医学文献《五十二病方》中即有“入三指一最(撮)”、“(舂)木臼中，煮以酒”等有关用“散”的记载，《黄帝内经》中也记载了“泽泻饮”和“翘饮”的药散用法，已具备了“煮散”的雏形。

时至东汉，张仲景更完善了中药“散”的用法，有“煮服”和“煮散”之分。其在《伤寒杂病论》中有如五苓散：“捣为散，以白饮和服方寸匕”，“更于臼中杵之”，十枣汤中的“各别捣为散”。这些虽为散但多属于“服散”，有别于“煮散”的“煮服”。另有数经方，以煮散为法(表10-1)。这些虽未正式出现“煮散”一词，但实为“煮散”。

表10-1　经方以“煮散”为法

方名	组成	用法
防己黄芪汤	防己，黄芪，甘草，白术	锉麻豆大，每抄五钱匕，……水盏半，煎八分，去滓，温服
半夏散	半夏，桂枝，炙甘草	……捣筛已，合治之。……若不能散服者，以水一升，煎七沸，……
一物瓜蒂汤	瓜蒂	剉，以水一升，煮取五合，去滓，顿服
抵当汤	水蛭，蝱虫，桃仁，大黄	为末，以水五升，煮取三升，去滓，温服一升

“煮散”一词的出现最早见于唐·孙思邈的《备急千金要方》，其中有[3]“续命煮散”用法曰：“右十五味粗筛下，以五方寸匕纳小绢袋子中，以水四升和生姜三两，煮取二升半，分三服……”；“获神煮散”用法曰：“右十味治，下筛为粗散，以绵裹方寸匕，井花水二升半，煮取九合，时动裹子，为一服”等11方的记载。这时期的散多为“筛为粗散”，煎法上多为“以绵裹”取汁服，名称上将锉为粗末汤液制剂称为“煮散”，以示区别于饮片汤剂和直接煮服细末散剂。

而中药煮散的鼎盛时期则是宋代，这其中除了中医药发展的自身推动因素外，还与我国宋代内忧外患、连年战乱所导致的各地区药材流通不畅，客观上药材紧缺有关。另外，宋政府所编印的《圣济总录》及《太平惠民和剂局方》中有关中药煮散的大量方剂也从政策层面推广了中药“煮散”的发展。《太平惠民和剂局方》是我国第一部成方药典，载方剂788个，其中汤剂方采用煮散法68个；散剂方采用煮散法132个；其他如丸、丹和饮剂，亦有采用煮散剂型者；总计采用煮散方剂237个，占总方的30%。《圣济总录》中更是将“麻黄汤”用法改为煮散：“右四味，㕮咀如麻豆，每服五钱匕，水一盏半，煎去八分，去渣温服。”将“白虎汤”改为煮散：“右四味，粗捣筛，每服五钱匕，水一盏，煎去七分，去渣温服”。同时代的《太平圣惠方》、《济生方》和《小儿药证直诀》等书皆有大量煮散记载。这些均显示出“近世一切为散，遂忘汤法”的盛况。正如沈括《梦溪笔谈》云：“古方用汤最多，用丸者散者殊少。近世用汤者殊少，应汤皆用煮散”，足见彼时防病治病中，“煮散”在当时已成为常用剂型。

但中药煮散衰于明清。其一，金元之后，生产得到发展出现了“修合药所”(炮制作坊)专事“生药饮片”的制作，《苏沈内翰良方》认为煮散的粗末导致“辨药之难”煮散逐渐被饮片取代。其二，明清时期，国家的统一，药材供应增多，各地之间流通无阻，药材资源供大于求，人们开始追求药材的外观，加之煮散“药粉”的加工较之饮片烦琐、费时，中药煮散应用更趋稀少。

但是煮散并未消亡，以《温病条辨》的银翘散，《伤寒直格》中的六一散，《宣明论方》

中的防风通圣散,《丹溪心法》中的玉屏风散等诸多经典煮散一直流传至今。新中国成立后更有蒲辅周、岳美中等老一辈中医名家和自身临床体会,再次提倡“煮散”。蒲老将“煮散”一类的小剂量用药比喻做“轻舟速行”,不啻为真知灼见,寓意极其深刻。

二、煮散可有效地节省药材 1/2 以上

(一) 煎煮理论

从煎煮理论上看中药材的生物利用率与中药有效成分的溶出率成正比,即单位体积的中药有效成分溶出得越多,中药材的生物利用率就越高,药液的质量就越好,越能节省药材。

中药的煎煮过程是中药的有效成分溶解到溶剂的过程。首先,溶媒进入细胞组织内溶解有效成分,然后经过扩散进入溶剂,其药物中的有效成分能否完全被浸出直接影响着药物的临床疗效。根据扩散原理,溶质在溶剂中的溶解度与其表面面积成正比关系,与其粒子的半径成反比关系,也就是说中药的颗粒越小,半径就越小,与溶媒的接触面积就越大,有效成分的溶出量就越多;同时,随着粉碎度的增加,细胞壁被破坏的机会增大,细胞内溶物直接与水接触而溶解,这也使浸出量增加[4]。因此,理论上以煮散制备中药液时的用药量显著小于以传统饮片制备的中药液所需的中药药量。

(二) 药物分析

从药物分析上看许多研究者为探讨煮散与传统饮片汤剂的区别,进行了众多实验,实验结果表明煮散较传统汤剂可节省 1/2 以上的饮片用量。

解放军 251 医院对 30 种中药的煮散和饮片做比较[5],结果显示山药、玉竹、茯苓、附片、天花粉、太子参、甘草、天冬、麦冬、沙参、薏苡仁、麦芽、枣仁、芡实、金樱子、香附、黄芪的半量煮散煎煮率与全量的饮片煎煮率相同;李德敏等[6]单用甘草,按处方量得 50%,将饮片粉碎为约 2mm 的粗末,对照组为相同条件下的全量饮片的煎煮,其有效成分甘草酸含量是按《中国药典》方法分别测定,结果发现煮散比全量饮片的煎煮效率高。这些均与古人提出的煮散“一方取半剂”的理论是一致的。宋金斌等[7]以饮片全量与 1/3 饮片量制成的粗颗粒作煎煮比较,泻心汤总蒽醌量超出前者 0.38 倍,四物汤总糖量为前者的 1.11 倍,芩芍汤总煎出物比前者多 0.56 倍。从其实验结果看煮散可节省药材 1/2 ~ 2/3 且达到或超过原方全量的治疗的效果。

(三) 临床观察

从临床观察上看张静楷[8]取古方银翘散,用该方粗末煎服治疗风热感冒 1150 例,用量不到饮片的 1/4,但却取得该方汤剂的相同疗效。沙汉玲等[9]用“消银 1 号”煮散剂治疗银屑病 120 例与传统饮片汤剂进行比较,结果煮散用量是传统饮片用量 1/3 时,临床疗效无明显差别。张晓平[10]报道在治疗病毒性肝炎中按汤剂量 1/3 ~ 1/2 处方制成煮散剂与汤剂对比,结果两者有效率无显著差异,其疗效相当,同样符合中医药辨证施治的加减变化。蔡光先等[11]为确定临床用量,对宋代至清代各医家在汤剂与散剂中使用 28 味常

用中药饮片的用量进行回顾性研究，选择宋代至清代医家医籍40余部，重点为《惠民和剂局方》、《太平圣惠方》、《证治准绳》、《景岳全书》等代表性著作，共收集处方400余个。研究表明，28味常用药物在散剂中用量明显减少，约为汤剂用量的1/5～1/3。

（四）蒲辅周用药经验

我国中医前辈蒲老就善用煮散，堪称当代楷模。在《蒲辅周医案》[12]中记载的处方下常注明："将药碾成粗末，和匀用纱布包煎"。例如，在治疗头痛、头晕、目眩、耳鸣，被西医诊断为神经官能症时，用茯苓、生熟枣仁、远志等18味中药共研为粗末，和匀，分30包，每日1包，水煎去滓取汁，分两次热服。连服两月诸证悉平。在《蒲辅周医疗经验》[13]中明确表示"对于慢性病，调其所偏，补其不足，推荐煮散。如五积散每用五钱至一两，使用适当就能治不少疾病。"蒲老还曾用升阳益胃汤，研粗末，分为30包，治疗慢性低烧，连服3个月。蒲老曾以玉屏风散粗末煮散治疗老人表虚感冒，9～15g/d，收效颇佳，还以此先治"习惯性感冒"，开玉屏风散270g，研成粗末，分30包，每包水煎1日分2次服。1个月后感觉好大半。又开1料继续服用。2个月后虽冒风寒，亦毫不再发。

总之，不论是从理论上还是从药物实验、临床观察以及蒲老的用药经验上，都表明煮散较之传统饮片节省药材，若以煮散代替汤剂应用可节省1/2以上的饮片用量。纵观全国中药每年销售上百亿，据国家中医药管理局官方网站2006年发表的"中药饮片产业的自救之路"里称"2005年中药饮片行业实现总产值172.92亿元，同比增长25.25%……"以此计算每年至少可节省药材50亿，同时也能为我国的医疗保险节约开支。尽快地推广使用中药煮散剂，使之成为临床的常用剂型之一，可大大地缓解中药材的紧缺，让古老的煮散剂在现代中医临床上发挥新的作用。

三、制备煮散简便迅速可节省3/4能源

中药煎煮需要时间和热源，应用煮散可以大大地减少煎煮时间，不仅方便了患者而且大大地节省了能源，笔者在相同条件下比较煮散和传统饮片汤剂的煎煮时间，结果显示煮散在比传统饮片少煎煮3/4的时间时，煎出率反而高。煮散较传统饮片既节省了能源又提高煎煮质量。

实验一　葛根芩连汤煮散与传统饮片煎出率的比较

处方　处方量为葛根30g、黄芩20g、黄连20g、炙甘草5g、干姜3g。

方法　将上述饮片分别粉碎成$\Phi=0.1\sim1$mm的粗粉，以处方量混合，备用。分别取等量的煮散粗粉和传统饮片，用不锈钢锅（$\Phi=180$mm）直火煎煮。煮散加水量为15倍药材重量，煎煮15min，煎煮1次；传统饮片总加水量为13倍药材重量，煎煮总时间为50min，煎煮2次。比较其中葛根素、黄芩苷和小檗碱的煎出率。结果见表10-2。

表10-2　主要成分煎出率比较

项目	葛根素	黄芩苷	小檗碱
传统饮片煎出率	35.48%	33.96%	35.46%
煮散煎出率	92.81%	67.89%	80.09%
相差倍数	2.62	2.00	2.26

实验二　仝小林经验方的煎煮与饮片煎出率比较

处方　黄芩30g、黄连30g、知母30g、生山楂30g、干姜15g、五味子15g。

方法　将上述饮片分别粉碎成$\Phi=0.1\sim1$mm的粗粉，以处方量混合，用单层无纺布包好，备用。分别取等量的煮散粗粉（用单层无纺布包裹）和传统饮片，用不锈钢锅（$\Phi=$180mm）直火煎煮；煮散和饮片均煎煮2次，一煎加8倍药材重量的水，二煎加6倍药材重量的水。煮散剂分别煎煮10min；传统饮片一煎煎煮35min，二煎煎煮25min，比较总浸出物量和黄芩苷的煎出率。结果见表10-3。

表10-3　仝小林经验方的煎出率比较

项目	黄芩苷	总浸出物量
传统饮片煎出率	47.66%	29.84%
煮散煎出率	80.91%	43.12%
相差倍数	1.70	1.45

不仅实验如此，许多医家在具体应用时也是缩短煎煮时间。沙汉玲等[9]在运用煮散方治疗银屑病时将“煮散剂100g用冷水300ml浸泡15min，煮沸后2～3min，过滤取汁200ml，再用冷水150ml，煎煮沸后2～3min，取汁100ml，两煎共得300ml，每日1剂，分2次服用。”两次共煎煮不过10min，结果显示：治疗组120例，治愈65例，显效25例，有效20例，无效10例，治愈率54.2%，总有效率91.7%。张晓平等[10]在中药袋煮散治疗病毒性肝炎的临床研究中的煮散制备：“……1袋/天，从启封袋中取出，投入盛器（一般为不锈钢电热杯或玻璃咖啡壶）中，加水适量，浸泡5min，煎沸10min，煎2次，每次取汁约100ml，温服”从煮散的制备方法上看，每次只煎煮10min即可。仝小林课题组用葛根芩连汤对门诊收入肠胃湿热型患者，并随机分为传统饮片剂型组和煮散剂型组两者药量比为2∶1，煮散煎煮15min，传统饮片剂型煎煮共60min。对其服药3个月前后糖化血红蛋白下降值进行对比，结果显示两种剂型的临床疗效相当。

总之，实验和临床应用都说明在同等煎煮质量条件下，煮散较传统饮片汤剂缩短煎煮时间3/4以上，临床疗效相同，缩短煎煮时间就是减少了能耗，方便了制备。因此，缩短煎煮时间这对当今药材、能源的缺乏有重大意义。

四、煮散在保留汤剂特性和保证质量的同时体现了个体化用药特色

1. 煮散保持了传统汤剂的特点，煮散同传统汤剂一样是祖国医药学的一朵奇葩

煮散保持了传统汤剂的煎煮过程和疗效，使药物能在煎煮过程中互相作用，现代药理学、药效学研究均表明中药复方若不通过煎煮，其临床疗效具有不确定性。在这一点上，煮散优于当单味中药配方颗粒、免煎剂等新兴汤剂，煮散经过药材混合煎煮，能最大程度的显现中药复方的疗效。煮散同样优于现代的煎药机煎煮；煎药机虽免去患者煎药的过程，但仍煎煮费时，由于只煎一次，也限制了疗效的发挥。

2. 煮散以其独特粗粉颗粒进行煎煮，较传统饮片更能保证药液质量

首先，煎煮制成中药颗粒，增加药材的表面积增大，煎出率大大提高；其次，煮散可在较短时间内将有效成分浸出，克服了传统汤剂在长时间沸腾过程中使含挥发性药物的有

效成分随水蒸气一起挥发殆尽的缺陷;再次,对于一些有效成分难以煎出的贝壳和矿物类等药煮散最适宜,因为药物粉碎后才能充分煎出,《伤寒论》中就有“石膏,碎……以绵裹……”的记载。

3. 煮散据方调配充分体现中医个体化用药的特点

煮散的制备是以单位药为基础,先将单味药按需要粉碎,分别放置,较之传统饮片增加了粉碎的过程。因此,在中药调配上保持了传统的据方调配的特点,与传统饮片的调配并无差异。与成药的对比,煮散在临症加减方面具有灵活性。随着现代人的生活节奏加快,中成药的使用也是中药的重要发展方向。但在随证加减及辨证论治方面存在弊端,因此,在一定程度上制约了中医药疗效的发挥。中药煮散较成药的优势是:煮散只是将汤剂的饮片粉碎成颗粒,完全保留了汤剂的灵活加减,随证施量等优势,且煮散原料药才为单味加工、据方调剂,不但遵循了中医理论的基本原则,也保持了汤剂处方和群药共煎煮的特点。

五、煮散符合中药可持续发展战略、有极大潜力

(一)“中药煮散,轻舟速行”

蒲辅周老先生曾提出“中药煮散,轻舟速行”,“轻”不仅是药量轻,也包含了节约药材及能源。当今中医药药材紧缺的情况下显得尤为重要。这也符合 1987 年 3 月,卫生部、国家中医药管理局联合发布的《关于加强中药制剂研制工作的意见》中对中药运用的要求:“常用中药饮片,也要进行研究和改革,如制成粉状、颗粒状等,以利于药效的发挥和药材的节约。”符合中药可持续发展的长远战略。

(二)煮散还有诸多亟待解决的问题

煮散虽然优化了煎煮的浸出条件、缩短了煎煮时间、提高了煎出率,但目前仍有许多问题亟待解决,应当尽快全方位、多层次的发展中药煮散。

(1)中药煮散在生产、加工、储存及使用等方面缺乏统一标准;由于药物颗粒小,易吸潮霉变,在储藏和保管方面要求更加严格。

(2)在粉碎度方面,穆兰澄等[13]指出药材的粉碎度并非越细越好,对于较难透过木质化组织致密而坚硬的药材,其粉碎度可以参照绿豆颗粒大小;组织疏松的药物的粉碎度可以粗些;对于以矿石和动物贝甲类药材粉碎度应该细一些;对于含淀粉较多的和含黏液汁多的药材不可碎的太细,如果粉碎度太细会使药材易糊化,增加药液稠度,不利于有效成分的浸出,同时也增加了过滤和服用的难度。要想确定煮散的最佳疗效,必须先确定煮散药材的粉碎度,今后的研究可侧重于各种药物的最佳粉碎度的标准化研究。

(3)在煮散的制备上,不同药材煮散工艺所不同。如挥发性药材、滋补类、矿石类等,由于药材本身的特性不同,在煎煮时间、加水量等方面,有待于系统研究后加以量化区别。特别是动物药,本身含蛋白质、氨基酸较多,长时间的煎煮不利于有效成分的发挥。

(4) 汤剂改成煮散剂在剂量上的最佳比例仍然不确定。在临床上煮散的药物粉末在使用多少时可以与原汤剂的剂量功效相似,单凭临床经验是不够的,到底多少煮散剂的药物粉末可以与原汤剂的剂量功效相似,这些都是有待于进一步研究的问题。

综上所述,煮散剂是祖国医药学的传统剂型,为历代医家所青睐,其原因不言而喻。煮散是原料药单味加工,而后据方调剂、煎汤服用,与传统中药汤剂处方无异。不但遵循了中医药基本理论,还保持了汤剂的优势。我们相信通过进一步的、深入的标准化研究,有望以煮散剂代替部分传统汤剂,使之成为常用剂型之一。更重要的是煮散的推广使用,对提高药物有效成分的煎出率、节省药材、节约能源、降低成本等方面都具有较大的意义,是解决现代中药药材紧张的有效途径之一。

第二节　煮散与饮片有效成分煎出量的对比

中药煮散与中药汤剂同属于中药液体剂型范畴,具有吸收快、疗效迅速等特点,同时保持了传统汤剂灵活加减、随证施量的煎煮过程和疗效,使药物能在煎煮过程中相互作用。煮散以其独特的粗粉颗粒进行煎煮,较之传统饮片汤剂又有其独特的优势,在保证疗效的同时能减少药材使用量、节省能源、增高煎出率等,这些已被现代研究和临床实践所证实。本节就煮散与饮片煎出量进行对比研究,为煮散替代饮片应用于临床提供科学依据。

一、根与根茎类中药饮片与煮散对比研究实例

(一) 煮散与饮片传统煎煮法的对比

葛根芩连汤出自张仲景的《伤寒论》,由葛根、黄芩、黄连、炙甘草组成,葛根、黄芩、甘草、黄连均为根或根茎类中药。葛根主要含葛根素、大豆苷等成分[14],黄芩主要含黄芩苷、汉黄芩苷、黄芩素等成分[15],黄连主要含小檗碱、黄连碱、药根碱、巴马汀等成分[16],炙甘草主要含甘草酸铵、甘草苷等成分[17]。本实验分别对四种饮片及煮散的煎出固形物、煎出液中有效成分的含量进行对比研究,初步得出四种药味煮散与饮片煎煮所得主要有效成分的化学剂量对比关系。

1. 药物与试剂

葛根、黄芩、黄连、炙甘草,葛根为豆科植物野葛 *Pueraria lobata*(Wild.) Ohwi 的干燥根,黄芩为唇形科植物黄芩 *Scutellaria baicalensis* Georgi. 的干燥根,黄连为毛茛科植物黄连 *Coptis chinensis* Franch. 的干燥根茎,炙甘草为豆科植物甘草 *Glycyrrhiza uralensis* Fisch. 的干燥根及根茎经蜜炙加工的炮制品,经检验均符合 2010 年版《中国药典》一部的规定。

葛根素(批号 752-200108)、大豆苷(批号 111738-200501)、黄芩苷(批号 0715-9708)、黄芩素(批号 111595-200905)、药根碱(批号 110733-200806)、巴马汀(批号 110733-200806)等对照品均购于中国食品药品鉴定研究院;汉黄芩苷(批号 1119-090820)、黄连碱(批号 1413-091027)、小檗碱(批号 1370-090805)、甘草苷(批号 1105-

091121)、甘草酸铵(批号 1234-091020)均购于中药固体制剂制造技术国家工程研究中心。乙腈、甲醇为 Fisher,HPLC 级;水为娃哈哈高纯水;其余试剂均为分析纯。

2. 仪器

LC-20 A 高效液相色谱仪(日本岛津公司,配有 LC solution 工作站); BP211D 天平(德国 Sartorius 公司)。

3. 方法与结果

(1) 葛根含量测定[18]

1) 色谱条件:Hypersil ODS 色谱柱(250mm×4.6mm,5μm);流动相甲醇-0.02% 磷酸溶液(25 ∶ 75);检测波长 250nm;流速 1.0ml/min;柱温 40℃。对照品进样量 5μl,供试品进样量 10μl,色谱图见图 10-1。

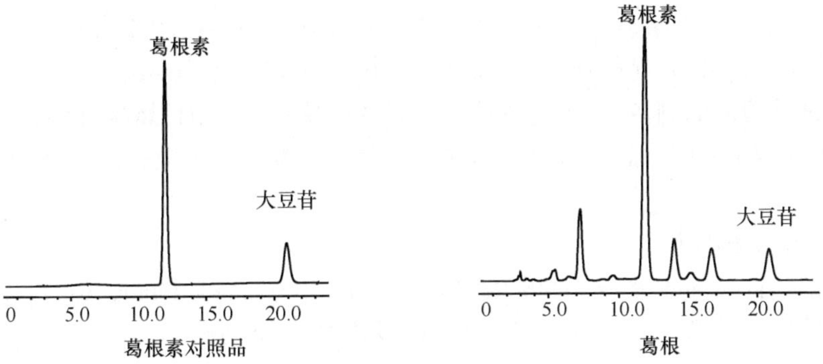

图 10-1　葛根专属性 HPLC 图

2) 标准曲线及线性范围:取葛根素、大豆苷对照品适量,精密称定,加甲醇稀释,得到质量浓度为 122.8μg/ml,43.36μg/ml 的混合溶液,作为对照品溶液。精密吸取混合对照品溶液 2μl、4μl、6μl、8μl、10μl、12μl 注入液相色谱仪,按上述方法测定,以峰面积积分值(Y) 为纵坐标,以进样量(X)为横坐标进行线性回归。葛根素回归方程为 $Y=381\ 971\ 6X+555.1$($r=0.999\ 9$),线性范围为 0.246 ~ 1.474μg;大豆苷回归方程为 $Y=375\ 570\ 5X-1903.7$($r=0.999\ 9$),线性范围为 0.087 ~ 0.520μg。

3) 供试品溶液的制备:精密量取葛根水煎液样品各 1ml,加甲醇稀释至 5ml,摇匀,用 0.45m 微孔滤膜滤过,取续滤液即得。

(2) 黄芩含量测定[19]

1) 色谱条件:Hypersil ODS 色谱柱(250mm×4.6mm,5μm);流动相甲醇-0.2% 磷酸溶液(47 ∶ 53);检测波长为 280nm;流速 1.0ml/min;柱温 35℃。对照品进样量 5μl,供试品进样量 10μl,色谱图见图 10-2。

2) 标准曲线及线性范围:取黄芩苷、汉黄芩苷、黄芩素对照品,精密称定,加 50% 甲醇稀释,得到质量浓度为 123.24μg/ml、92.16μg/ml、57.42μg/ml 的混合溶液,作为对照品溶液。精密吸取混合对照品溶液 2μl、4μl、6μl、8μl、10μl 注入液相色谱仪,按上述方法

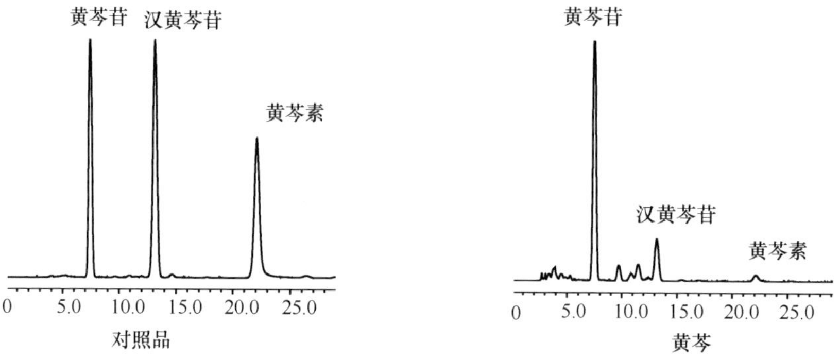

图 10-2 黄芩专属性 HPLC 图

测定,以峰面积积分值(Y)为纵坐标,进样量(X)为横坐标进行线性回归。黄芩苷回归方程为 $Y=2\ 443\ 898X-4\ 755$($r=0.999\ 9$),线性范围为 0.246 ~ 1.23μg;汉黄芩苷回归方程为 $Y=3\ 152\ 290X-3\ 458$($r=0.999\ 9$),线性范围为 0.184 ~ 0.922μg;黄芩素回归方程为 $Y=5\ 284\ 136X-37\ 637$($r=0.999\ 7$),线性范围为 0.115 ~ 0.574μg。

3)供试品溶液的制备:精密量取黄芩水煎液样品各 1ml,加甲醇稀释至 5ml,摇匀,再精密量取 1ml 至 10ml 量瓶中,用甲醇稀释至刻度,用 0.45μm 微孔滤膜滤过,取续滤液即得。

(3)黄连含量测定[20]

1)色谱条件:Merck Chromolith RP-18e 色谱柱(100mm×4.6mm,2μm);以 0.05% 磷酸(含 0.01mol/l 磷酸二氢钾)为流动相 A,以乙腈为流动相 B,梯度洗脱,0 ~ 15min,8 % ~14% B;15 ~25min,14% ~16% B;25 ~45min,16% ~38% B;检测波长 345nm;流速:2ml/min;柱温:35℃。对照品进样量 10μl,供试品进样量 10μl,色谱图见图 10-3。

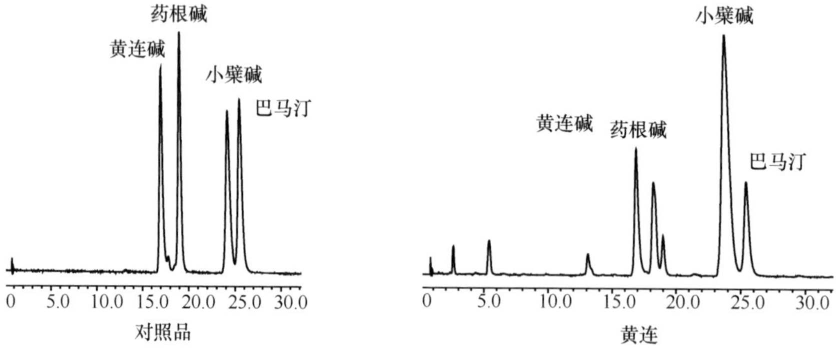

图 10-3 黄连专属性 HPLC 图

2)标准曲线及线性范围:取黄连碱、药根碱、小檗碱、巴马汀对照品,精密称定,加 50% 甲醇稀释,得到质量浓度为 36.92μg/ml、34.96μg/ml、74.56μg/ml、47.12μg/ml 的混合溶液,作为对照品溶液。精密吸取混合对照品溶液 2μl、4μl、6μl、8μl、10μl、12μl 注入液相色谱仪,按上述方法测定,以峰面积积分值(Y)为纵坐标,进样量(X)为横坐标进行线性回归。黄连碱回归方程为 $Y=3\ 307\ 820X-4\ 317$ ($r=0.999\ 9$)，线性范围为 0.074 ~ 0.443μg；药根碱回归方程为 $Y=3\ 597\ 630X-2\ 036$ ($r=0.999\ 9$)，线性范围为 0.070 ~ 0.420μg；小檗碱回归方程为 $Y=2\ 909\ 778X-3\ 886$ ($r=0.999\ 9$)，线性范围为 0.14 ~ 0.895μg；巴马汀回归方程为 $Y=3\ 585\ 734X-2\ 870$ ($r=0.999\ 9$)，线性范围为0.094 ~0.565μg。

3）供试品溶液的制备：精密量取黄连水煎液样品各 1ml，加甲醇稀释至 25ml，摇匀，用 0.45μm 微孔滤膜滤过，取续滤液即得。

（4）甘草含量测定[21]

1）色谱条件：Hypersil ODS 色谱柱(250mm×4.6mm，5μm)；以乙腈为流动相 A，以 0.5% 磷酸溶液为流动相 B，梯度洗脱，0 ~ 8min，81% B；8 ~ 35min，50% ~ 81% B；35 ~ 36min，0 ~ 50% B；36 ~ 40min，0 ~ 81% B；检测波长 237nm；流速：1ml/min；柱温 35℃。对照品进样量 5μl，供试品进样量 10μl，色谱图见图 10-4。

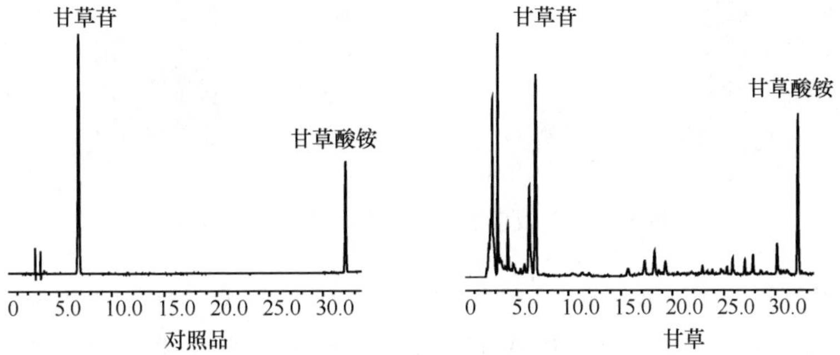

图 10-4　甘草专属性 HPLC 图

2）标准曲线及线性范围：取甘草酸铵、甘草苷对照品，精密称定，加 50% 甲醇稀释，得到质量浓度为 67.80μg/ml、63.66μg/ml 的混合溶液，作为对照品溶液。精密吸取混合对照品溶液 2μl、4μl、6μl、8μl、10μl 注入液相色谱仪，按上述方法测定，以峰面积积分值 (Y) 为纵坐标，进样量(X) 为横坐标进行线性回归。甘草酸铵回归方程为 $Y=492\ 328X-638.4$ ($r=0.999\ 9$)，线性范围 0.136 ~ 0.678μg；甘草苷回归方程为 $Y=1\ 794\ 240X-915.8$ ($r=0.999\ 9$)，线性范围 0.127 ~ 0.637μg。

3）供试品溶液的制备：精密量取甘草水煎液样品各 1ml，加甲醇稀释至 5ml，摇匀，用 0.45μm 微孔滤膜滤过，取续滤液即得。

4. 统计学分析

测定结果采用 SPSS19.0 软件进行 T 检验统计分析。

5. 煮散与饮片有效成分煎出量的比较

（1）煮散煎液的制备：将饮片粉碎为煮散颗粒，精密称取 5g，加 20 倍量水，浸泡 20min，煎煮 20min，煎煮 1 次，纱布滤过，滤液定容至 100ml，备用。

（2）煮散煎煮法制备饮片煎液(A 液)：精密称取饮片 5g，加 20 倍量水，浸泡 20min，煎煮 20min，煎煮 1 次，纱布滤过，滤液定容至 100ml，备用。

(3) 常规煎煮法制备饮片煎液(B液):精密称取饮片5g,浸泡20min,煎煮2次,第1次加6倍量水,第2次再加6倍量水,各煎煮30min,纱布滤过,滤液合并,定容至100ml,备用。

(4) 干膏率测定:精密移取各样品水煎液10ml,分别置于已干燥至恒定质量的蒸发皿中,水浴蒸干,于105℃干燥3h,置干燥器中冷却0.5h,迅速称定质量,计算干膏率,结果见图10-5~图10-8。

(5) 有效成分含量测定结果:葛根、黄芩、黄连、炙甘草中水煎液有效成分含量测定结果见图10-5~图10-8。

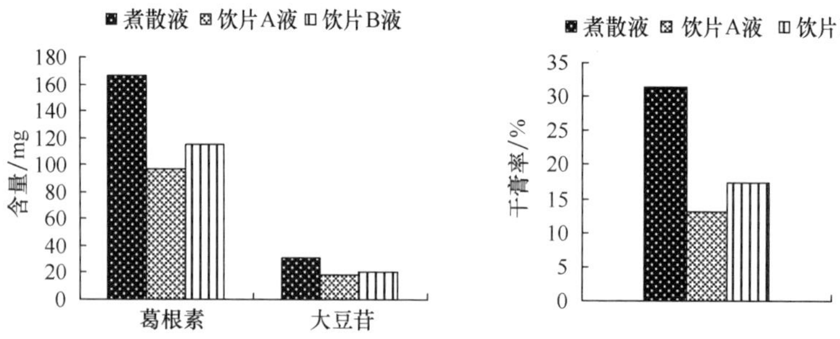

图10-5 葛根水煎液有效成分含量及干膏率

结果表明,对比分析煎煮液中有效成分的含量,葛根煮散为饮片(A)的1.7倍($P<0.05$),为饮片(B)的1.4倍($P<0.05$);对比分析干膏率,葛根煮散为饮片(A)的2.4倍($P<0.05$),为饮片(B)的1.8倍($P<0.05$)。

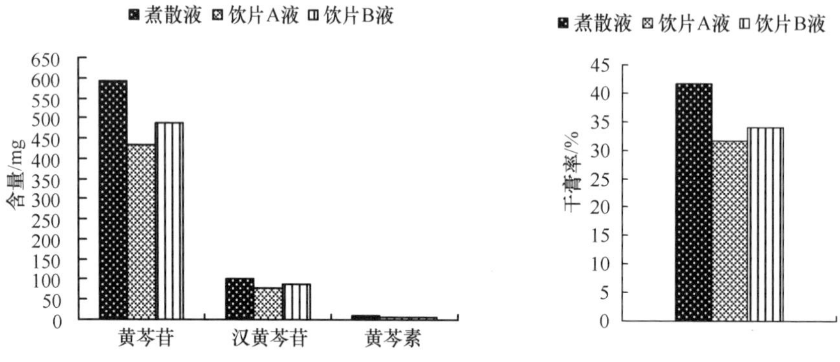

图10-6 黄芩水煎液有效成分含量及干膏率

结果表明,对比分析煎煮液中有效成分的含量,黄芩煮散为饮片(A)的1.4倍($P<0.05$),为饮片(B)的1.2倍($P<0.05$);对比分析干膏率,黄芩煮散为饮片(A)的1.3倍($P<0.05$),为饮片(B)的1.2倍($P<0.05$)。

结果表明,对比分析煎煮液中有效成分的含量,黄连煮散为饮片(A)的1.6倍($P<0.05$),为饮片(B)的1.35倍($P<0.05$);对比分析干膏率,黄连煮散为饮片(A)的1.5倍($P<0.05$),为饮片(B)的1.3倍($P<0.05$)。

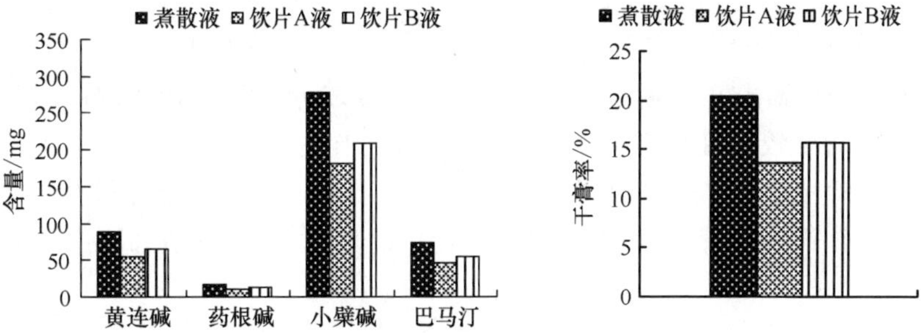

图 10-7　黄连水煎液有效成分含量及干膏率

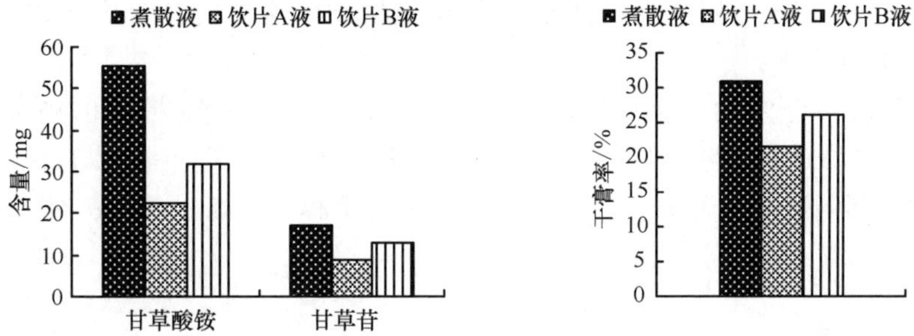

图 10-8　炙甘草中有效成分含量及干膏率

结果表明，对比分析煎煮液中有效成分的含量，炙甘草煮散为饮片(A)的 2.5 倍($P<0.05$)，为饮片的 1.5 倍($P<0.05$)；对比分析干膏率，炙甘草煮散为饮片(A)的 1.4 倍($P<0.05$)，为饮片(B)的 1.2 倍($P<0.05$)。

6. 讨论

以块状或段状形式存在的根及根茎类饮片，质地或硬或坚实，溶剂不易进入细胞组织溶解其有效成分，经过适当的粉碎，在一定程度上破坏了细胞组织，增大了表面积，改变了物理形态，根据 Fick 第一扩散定律，物质的扩散量正比于药材的比表面积，增加药材的比表面积进而能增加药物浸出效率，即粒度变小提取率均明显升高[22]。不同的根及根茎类饮片与煮散在相同煎煮条件下有效成分煎出量倍数不一致，可能与饮片自身的物理形状、比表面积、孔隙结构等有关。课题组研究发现黄连饮片若为圆柱形段状，煮散有效成分煎出量可达到饮片的 4 倍，由此亦可见，临床使用饮片的性状规范也极为重要，直接影响其煎煮效果。甘草饮片的显微结构显示其致密组织较多[23]，则可能会影响有效成分从细胞中的溶出，而制成煮散可破坏其组织结构，使成分易于溶出，因此两者煎出效果差异较大。

通过对比根及根茎类煮散与饮片的两种煎煮方法中煎出液中有效成分的含量，进一步证明了煮散具有比饮片煎出速率快、煎出量高、煎出效果优于传统饮片的特点，从而为根及根茎类煮散代替传统饮片提供了化学研究的实验数据。

（二）同等条件下煮散与饮片煎出效果对比

黄芩具有清热燥湿、泻火解毒、止血的功效，有效成分为黄芩苷、汉黄芩苷、黄芩素等黄酮类化合物，含量较高且具有明显药理活性[24]，可作为汤剂（含黄芩）煎煮质量的评价指标[25]。本实验在传统中药煮散理论指导下，通过比较黄芩饮片与煮散在不同时间点煎煮过程中黄芩苷、汉黄芩苷、黄芩素含量和干膏率的变化，为开发节药型中药煮散饮片提供参考。

1. 仪器与材料

岛津 LC-20A 高效液相色谱仪；FZ102 微型植物试样粉碎机；Mettler AB204-N 天平；Sartorius BP211D 天平。

黄芩经检验符合 2010 年版《中国药典》一部的规定。黄芩苷（批号 0715-9708）、黄芩素（批号 111595-200905）购于中国食品药品检定研究院，汉黄芩苷（批号 1119-090820）购于中药固体制剂制造技术国家工程研究中心。试药甲醇为 Fisher，HPLC 级；水为娃哈哈高纯水；磷酸，含量 85%，分析纯。

2. 方法与结果

（1）黄芩水煎液的制备：精密称取黄芩传统饮片约 5g，共 9 份，各加入 10 倍量水浸泡 20min，取 4 份样品依次煎煮 10min、15min、20min、30min，滤过，滤液加水定容至 100ml，备用；另 5 份样品煎煮 30min，滤过，收集滤液备用，滤渣加 10 倍量水依次煎煮 5min、10min、15min、20min、30min，滤过，合并 2 次滤液，加水定容至 100ml，备用。精密称取自制黄芩煮散约 5g，共 9 份，按上述方法制备黄芩煮散水煎液。

（2）黄芩苷、汉黄芩苷、黄芩素的含量测定

1）色谱条件：色谱柱 Hypersil ODS（4.6mm×250mm，5μm）；流动相甲醇-0.2% 磷酸溶液（47∶53）；检测波长为 280nm；流速 1.0ml/min；柱温 35℃。色谱图见图 10-1、图 10-2。

2）对照品溶液的制备：取黄芩苷、汉黄芩苷、黄芩素对照品，精密称定，加 50% 甲醇稀释，得到质量浓度为 123.24μg/ml、92.16μg/ml、57.42μg/ml 的混合溶液，作为混合对照品溶液。

3）供试品溶液的制备：取“（1）”项下各样品溶液各 1ml，加甲醇稀释定容至 50ml，摇匀，经 0.45μm 微孔滤膜滤过，即得供试品溶液。

4）标准曲线及线性范围：精密吸取混合对照品溶液 2μl、4μl、6μl、8μl、10μl 注入液相色谱仪，按上述方法测定，以峰面积积分值（Y）为纵坐标，进样量（X）为横坐标进行线性回归。黄芩苷回归方程为 $Y=2\ 443\ 898X-4\ 755$（$r=0.999\ 9$），线性范围为 0.246～1.23μg；汉黄芩苷回归方程为 $Y=3\ 152\ 290X-3\ 458$（$r=0.999\ 9$），线性范围为 0.184～0.922μg；黄芩素回归方程为 $Y=5\ 284\ 136-37\ 637$（$r=0.999\ 7$），线性范围为 0.115～0.574μg。

5）精密度实验：精密吸取同一煮散供试品溶液 10μl，重复进样 6 次，按照实验所定色谱条件进行检测，记录黄芩苷、汉黄芩苷、黄芩素峰面积，计算 RSD。实验结果 RSD 分

别为0.05%、0.3%、1.1%，表明仪器精密度良好。

6）稳定性实验：精密吸取同一煮散供试品溶液10μl，按照实验所定色谱条件分别于0h、2h、4h、8h、12h、24h进样测定分析，记录黄芩苷、汉黄芩苷、黄芩素峰面积，计算*RSD*。实验结果*RSD*分别为0.1%、0.7%、1.8%，表明供试品溶液在24h内基本稳定。

7）重复性实验：精密称取黄芩煮散各5份，每份5g，按照“(1)”项下方法制备供试品溶液，测定并记录黄芩苷、汉黄芩苷、黄芩素峰面积，计算*RSD*。实验结果*RSD*值分别为0.4%、0.3%、1.0%，表明该方法重复性良好。

8）加样回收率实验：精密称定已知含量的黄芩煮散样品各5份，按照“(1)”项下方法制备供试品溶液，精密加入黄芩苷、汉黄芩苷、黄芩素对照品适量，摇匀，测定并记录黄芩苷、汉黄芩苷、黄芩素峰面积，计算加样回收率。结果本方法的平均回收率分别为99.3%、98.5%、97.5%，*RSD*值为1.0%、1.4%、1.6%，结果符合含量测定要求。

9）样品含量测定：精密吸取按“3)”项下方法制得的供试品溶液10μl，对照品溶液5μl，按照含量测定色谱条件测定峰面积，计算水煎液中黄芩苷、汉黄芩苷、黄芩素含量。

（3）干膏率测定：分别吸取(1)项下各样品水煎液10ml，置于已恒重的蒸发皿中，水浴蒸干，于105℃干燥3h，置干燥器中冷却30min，迅速精密称定质量，计算干膏率。

（4）样品测定：精密量取(1)项下各水煎液，按1)项下色谱条件测定，计算黄芩饮片及煮散水煎液中黄芩苷、汉黄芩苷、黄芩素含量及干膏率，结果见图10-9。

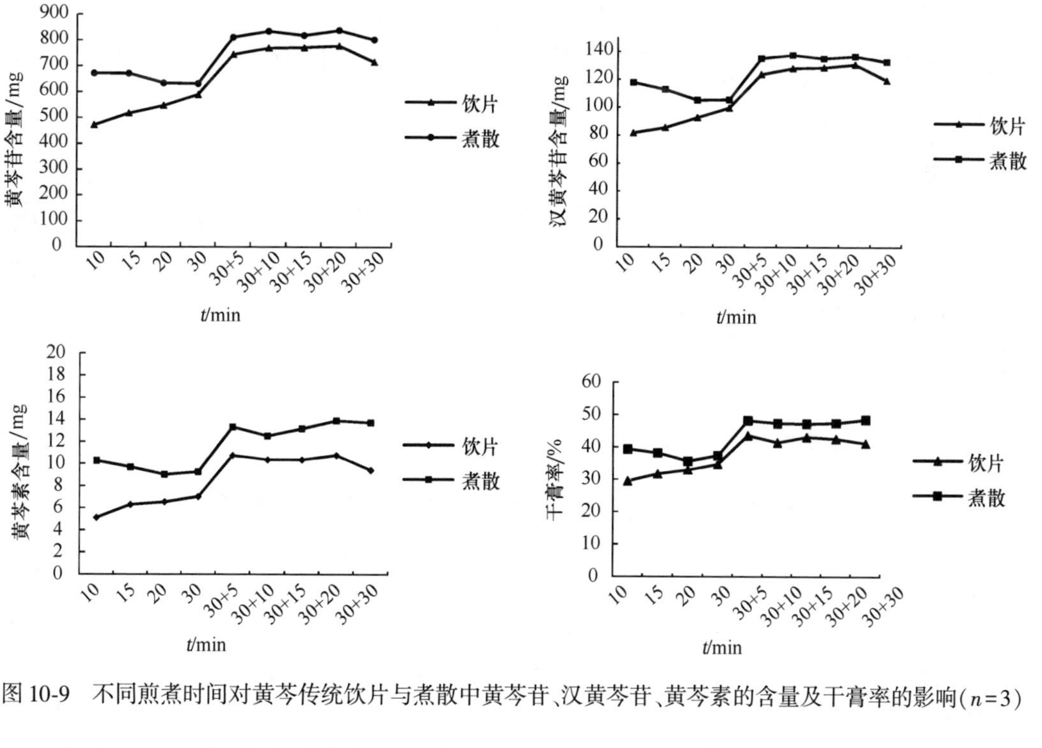

图10-9　不同煎煮时间对黄芩传统饮片与煮散中黄芩苷、汉黄芩苷、黄芩素的含量及干膏率的影响($n=3$)

由图10-3可知在相同条件下，第1次加水煎煮时，黄芩煮散和传统饮片分别在10min、30min时煎液中黄芩苷、汉黄芩苷、黄芩素含量较高；在第1次煎煮30min后，第2

次加水再煎煮时,黄芩煮散与传统饮片中黄芩苷、汉黄芩苷、黄芩素含量均在第 10min 时达较高值,之后有效成分的含量及干膏率变化均不明显。确定黄芩煮散第 1、2 次煎煮时间均为 10min,而黄芩饮片第 1、2 次煎煮时间分别为 30min、10min,说明煮散的煎煮时间明显较传统饮片缩短。在整个煎煮过程中,在任一时间点,黄芩煮散煎液中黄芩苷、汉黄芩苷、黄芩素含量及干膏收率均高于传统饮片。

二、煮散与自动煎药机煎煮液的煎出率对比

随着科技的进步,汤剂的应用形式也更加丰富了,自动煎药机煎煮在一定程度上代替了传统的手工煎煮汤剂。为进一步贴近临床实际应用,探讨煮散的煎出率,在此[26]对“六味地黄汤”煮散和自动煎药机煎煮的煎膏率及马钱苷的煎出率进行比较,为临床应用煮散提供依据。

(一) 研究对象

1. 药材及其制法

饮片熟地黄、山萸肉、山药、泽泻、茯苓、丹皮,由北京燕北饮片厂生产。煮散颗粒的制备:将单味药干燥、粉碎过一号筛,但不能通过二号筛,将过筛选好的颗粒包装备用。

2. 试剂

马钱苷对照品(中国药品生物制品检定所提供,批号 111640-200502)。甲醇。其他试剂为分析纯。

3. 仪器

液相色谱仪;检测器为 SPD-10A;C18 色谱柱 Kromasil 超声波仪器功率 20W,频率 40kHz;电子天平;DQ-207 电热干燥箱;GSY-11 水浴锅,1 类 B 型,电源 220V、50Hz,功率 0. 5kW;YFY-13 型煎药机;25cm 不锈钢锅。

(二) 研究方法

1. 煎膏率的测定

分别称取处方量 3 倍(共 225g)的煮散颗粒和传统饮片,进行煎煮。

(1) 煮散颗粒:将煮散颗粒用无纺布袋包裹,加 10 倍量冷水浸泡 40min;直火煎煮,水沸后改用文火煎煮 30min,药液备用;第 2 煎,加 8 倍量水,直火煎煮,沸后改用文火煎煮 20min,滤出药液。将两次药液合并浓缩后,置已恒重的蒸发皿中在水浴锅上浓缩至干,然后放到烘干箱中,烘干温度 75℃,称重,测得煮散的煎膏量为 100. 1798g,煎膏率为 44. 52% 。

(2) 传统饮片:将传统饮片无纺布袋包裹,第 1 煎,加 10 倍量冷水浸泡 40min;置于自动煎药机中开始加热,到达预设温度 110℃,压力为 0. 1MPa 时,停止加热,保持 20min,

滤出药液，备用。第 2 煎，加 8 倍量水，与第 1 煎相同条件煎煮，将两次药液合并浓缩后，置已恒重的蒸发皿中在水浴锅上浓缩至干，然后放到烘干箱中，烘干温度 75℃，称重，测得煎药机的煎膏量为 52. 2639g，煎膏率为 23. 22% 。

2. 马钱苷的测定

测定方法参照 2010 年版《中国药典》中马钱苷测定的高效液相色谱法。

（1）色谱条件与系统适应性试验相：Kro-masil^{18}C（4. 6mm×250mm，5μm）；流动相四氢呋喃-乙腈-甲醇-0. 05% 磷酸溶液（1 ∶ 8 ∶ 4 ∶ 87）；检测波长 236nm；流速 1. 0ml/min；进样量 10μl；柱温 40℃ 。

（2）对照品溶液的制备：精密称定马钱苷对照品，加 50% 甲醇，制成 20mg/L 含量的溶液，备用。

（3）供试品溶液的制备：分别精密称定煮散和汤剂的总浸出物 1g，置于具有塞的锥形瓶中，精密加入 50% 甲醇，密塞，称定质量。超声处理（功率 250W，频率 33kHz）15min 使之溶散。加热回流 1h，放冷，再称定质量，用 50% 甲醇补足失去的质量，摇匀，滤过。精密称取滤过液 10ml，置中性氧化铝（100 ~ 200 目，4g，柱内径 1cm，干法装柱）柱上，用 40% 甲醇 50ml 洗脱，收集洗脱液，蒸干。残渣加 50% 甲醇适量使之溶解，并移至 10ml 量瓶中，加 50% 甲醇稀释至刻度，摇匀，备用。

（4）马钱苷测量：分别精密吸取对照品溶液与供试品溶液各 10μl，注入液相色谱仪，测定，按外标一点法计算马钱苷含量及煎出率，见表 10-4。

表 10-4　马钱苷含量及煎出率（n=5）

组别	马钱苷量/mg	煎出率/%	*SD*/%	*RSD*/%
煮散	25. 937 5	11. 53	0. 33	1. 27
煎药机	15. 487 5	6. 88	0. 36	2. 32

（5）精密度试验：精密吸取马钱苷对照品溶液 10μl，按测试条件重复进样 5 次，记录峰面积。计算 *RSD* 为 0. 87% ，结果表明精密度良好。

（6）重复性试验：精密称取同一样品 5 份，按上述方法制备方法进行含量测定，记录峰面积。计算 *RSD* 等于 2. 16% ，结果表明重复性良好。

（7）加样回收率考察：分别精密称定 5 份已测得马钱苷含量的样品，按上述方法制备供试液，并加入对照品 0. 20mg，测定马钱苷含量，计算加样回收率，结果见表 10-5。

表 10-5　六味地黄汤浸出物中马钱苷的加样回收率（n=5）

序号	样品取样量/g	样品含量/mg	加入量/mg	测量值/mg	回收率/%	平均回收率/%	*RSD*/%
1	1. 013	0. 2502		0. 4418	98. 13		
2	1. 017	0. 2502		0. 4378	97. 24		
3	1. 086	0. 2502	0. 20	0. 4285	95. 40	96. 29	1. 73
4	1. 015	0. 2502		0. 4376	97. 20		
5	1. 016	0. 2502		0. 4208	93. 47		

3. 两种剂型总浸出物煎出率和马钱苷煎出率的比较

从表10-6可以看到总煎膏率,煮散是自动煎药机的1.92倍;马钱苷的煎出率,煮散是传统汤剂煎出率的1.68倍。

表10-6 两种剂型六味地黄汤总浸出物煎出率与马钱苷煎出率的比较($n=3$)

组别	总煎膏率/%	马钱苷煎出率/%
煮散	44.52	11.53
煎药机	23.22	6.88

三、讨　　论

每一味中药材都有一个适合自己的粉碎度,中药打粉粉碎并不是越细越好[27],如果能找出每一味药材的最佳粉碎度,即粉碎后入药既可以保持原药材的特性,又能提高质量和生物利用度这对临床应用和节约社会资源有着重要的意义。综上所述,六味地黄汤煮散的煎出率明显优于自动煎药机煎煮的煎出率,这与煮散采用了饮片颗粒有关。从汤剂煎煮原理上看,饮片药物成分的溶出与与饮片的面积成正比。煮散颗粒的比表面积比传统饮片增加了上百倍,使药物的溶出速度加快,溶出量更彻底,因此,在煎煮时间和加水量相同时,六味地黄汤煮散的煎出率就会比自动煎药机煎煮的煎出率高。这也提示临床应用煮散,可以提高药材的生物利用率,起到节约药材,降低用药成本,提高中药煎煮质量的目的。

第三节　煮散的研究应用及开发前景

中药依据中医独特理论防治疾病已有几千年的历史,随着时代的发展,中药也受到越来越多的重视。2004~2010年,我国中药饮片销售收入保持了高速度增长,仅2010年1年中药饮片销售收入同比增长44.21%,达到702.20亿元。从中药饮片销售收入占医药工业销售收入比重来看,虽然最近几年均保持逐年上升的趋势,中药饮片行业在我国医药制造业中的市场地位也得到逐步加强,但同时也面临着中药资源紧缺、药材价格上涨等困境。而中药煮散具有饮片的可替代性与同质性,本节针对煮散这一用药形式的研究应用及开发前景进行探讨。

一、饮片、配方颗粒、超微中药存在的弊端,煮散的推广价值

中药饮片、配方颗粒、超微中药是目前中药在临床使用的三种形式[28],其中饮片最为常用,包括常规饮片及小包装饮片;配方颗粒正在推广中;超微中药作为新型形式,还在临床试用阶段,但上述三种形式均存在一定弊端。中药饮片的质量是保证临床疗效的重要因素之一,但饮片的质量常得不到保证,有人对常用的100种中药饮片进行

了厚度测定，结果有 1/3 以上不合规定。由于饮片较厚且大，煎煮时间短了有效成分不易煎出，煎煮时间长了，有些有效成分如挥发油、萜类、苷类、香豆素等容易挥发或被破坏，中药疗效明显下降，药材利用率大大降低。我们通过方药量效关系研究发现，传统中药用药剂量常不能满足临床的需求，处方使用量必然加大。配方颗粒为单味药提取，缺少中药饮片共煎过程中助溶与增溶、抑溶与沉淀、再吸附、生成新物质等物理化学反应，可能会影响临床疗效。超微中药在生产制备时不仅能耗较高，且工艺复杂、成本昂贵，如皮类含较高纤维，果实与种子含油脂，进行超微粉碎会导致达到所需要求粒度的粉体少，粉末收粉率偏低，剩余部分粉体还增加水提、制粒等步骤，而且由于超微粉具有很高的表面活性，其氧化性、可燃性及静电聚集力都很强[29]，生产安全性的保障还需重视。煮散的推出能弥补三种形式的弊端，面对资源的稀缺，它既能减少用药量，又能保证有效成分的充分溶出，在达到相同临床疗效的同时又避免浪费，使中药能物尽其用，亦可体现中药群煎的用药特点，且生产工艺简单、操作性强、安全性高，具有极大的推广价值。

二、煮散的现代研究应用

（一）药物有效成分分析研究

任大伟[30]等通过对丁香、大茴、陈皮、薄荷、苍术五种药材的饮片和六个粒度等级的颗粒进行煎煮后测得 4mm、2mm、0. 9mm 三个粒度的挥发油类物质煎出效果较好，其煎液中挥发油含量大于传统饮片；马雪玮[31]等研究发现干姜煮散颗粒煎液中 6-姜辣素含量是传统饮片的 1. 58 倍，干膏收率是传统饮片的 1. 30 倍；徐晓秋[32]等分别从盐酸小檗碱煎出率和干膏收率角度出发研究发现，黄连煮散颗粒 1g 的煎出效果相当于传统饮片的 1. 57g 和 1. 87g；周灿平[33]等研究结果表明大黄饮片粉碎至 1cm 左右较为合适，有效成分煎出量和药材利用率均较高，其用量只需要市售传统饮片的 70% 即可达到相当的煎出量；郑为骞[34]等研究以橙皮苷计，陈皮煮散 1g 的煎出效果约相当于传统饮片 1. 25g；程鸿齐[35]等研究黄芪生药袋包颗粒中黄芪总苷含量是饮片的 1. 46 倍，是免煎颗粒的 4. 53 倍。

（二）药效作用研究

刘汉青[36]等通过动物实验，比较四妙勇安汤和二妙散的抗炎作用，小陷胸汤的祛痰作用，玉屏风散的增强免疫功能作用，结果四方剂袋包颗粒汤剂的药效较对照组及其他两汤剂组均有显著提高；陈永辉[37]等实验研究结果表明，麻杏石甘汤经改革剂型为煮散后，对 2 ，4-二硝基苯酚致热大鼠有明显解热作用，对二甲苯、蛋清液所致炎症有明显的抑制作用，且作用强而持久，说明煮散具有较强的解热抗炎作用，是提高疗效、节约药材、简便易行的有效方法。

（三）临床应用研究

李代英[38]等使用浊毒清煮散剂治疗慢性乙型肝炎湿热内蕴证具有良好的改善证候、护肝和抗纤维化的作用；邓沂[39]等使用于己百教授增食煮散治疗小儿厌食症 62 例，总有效率为 100%；王力宁[40]等应用麻杏二陈汤煮散与饮片汤剂治疗特禀质咳嗽的临床疗效进行对比观察，结果显示 1/3 量的麻杏二陈汤煮散治疗小儿特禀质咳嗽有着和饮片相同的疗效。

三、煮散开发的优势及前景

（一）煮散的生产制备

煮散可以从药材净选、闷润、炮制、粉碎、干燥、灭菌、单味定量分装密封等机械化联动生产完成，生产工艺可根据各类药材的特性来确定的。对于易发生霉变、虫蛀等变质情况的药材可进行灭菌，以延长其保质期，避免了传统饮片由于裸露储存，而容易污染的缺点，而且可使每剂的重量差异控制在最小的限度内，确保患者用药安全。同时适于工业化生产，降低了储运成本。

（二）煮散的调剂

饮片制成煮散颗粒并进行小包装后，在每单味包装上印有品名、重量、用法等，调配人员可按照处方将每小袋煮散颗粒核对后即可发给患者，调配使用简单，大大提高了工作效率。不仅方便了药房人员的核对，而且患者也可自行核对，避免了差错事故的发生。与传统大块饮片相比，煮散颗粒具有均一性好的优势，有利于保证临床调剂的准确性。

（三）煮散的使用

煮散分别按临床分剂量存放于包装袋中，供临床配方使用。为方便临床应用及调配，煮散的使用可分为两种不同形式：一是单味药的袋包颗粒；二是复方的袋包颗粒，复方选用古代经典方、名方等，将方中药物共同制成一定粒度的袋包颗粒，并分剂量包装。配方时既可以多个单味袋包颗粒相加组成复方，也可以复方袋包颗粒与单味相加组成复方。这种方法最大的优越性在于便于临床辨证论治随症加减，以及群药共煎发挥方剂整体综合效用，因此有利于保持中医特色，发挥优势。

（四）煮散的经济效益

煮散可从根本上解决中药材长久以来，在使用中形成的超剂量用药现象，对于目前临床的大处方可显著减轻患者负担，更能发挥中药简、便、廉、验的价值优势。2010 年中药饮片行业实现总产值 702.2 亿元，若以煮散节省药材 1/3 ~ 1/2 计，每年可节省药材约 200 亿元，减少了药材资源的损失和浪费，同时也减轻了医保负担。

四、煮散的开发及产业化推动

（一）针对煮散研究存在的问题提出解决办法

目前煮散存在的问题包括含糖类、蛋白质、淀粉、胶质的药材研成粗粉入煎易糊化，影响其他有效成分的溶出，同时又容易粘底烧焦，药汁滤出较困难；药物粉碎改变了原饮片的外观特征，使外观鉴别中药产生了困难，容易产生品种混淆难以识别，给药品质量监督增加困难；此外，煮散比饮片体积小，表面积大，易吸潮变质，所含挥发性成分易散失，在储存及煎煮过程均易造成损失。针对以上问题，笔者提出以下解决办法：首先煮散的颗粒粒度的选择需既满足有效成分最大煎出量，又避免在生产制备时损失过多，造成浪费，因此粒度不宜过细，笔者所在课题组研究还发现煮散有别于饮片的煎煮方法，需加入大量水煎煮，即在煎煮时加入药材量 12 ~ 20 倍量的水，仅煎煮 10 ~ 20min，煎煮 1 次即可，这样不仅不会造成煎液糊化、粘底烧焦现象，有效成分还能充分溶出。其次，煮散可根据药典、饮片地方标准等制定相应的质量标准，从性状、显微、薄层鉴别、含量测定等方法进行质量的控制，而不是仅从外观来分辨其优劣。再次，煮散可密闭小包装，以减少与空气、水分的接触，避免吸潮变质，还可以减少挥发性成分的损失。

（二）煮散产业化推动还需进行以下方面研究

煮散既然在节约药材、节省能源上显示出巨大的优势，将煮散这一传统用药形式进一步开发成新的中药形式并进行产业化则具有必要性。但笔者认为还需进行以下几个方面研究：首先考虑研究的品种，中药材的来源有植物、动物和矿物类，植物药根据药用部位又分为根、茎、叶、花、果实、种子等，品种多、性质差异大，且中药成分十分复杂，对于植物药中花、草、叶类，属于质地薄、轻的种类，有效成分易于煎出，则不用制成煮散，而根及根茎、果实种子、皮类、矿物类等质地坚硬、组织致密、不易煎透的药材，则可开发制成煮散，具体品种还有待筛选考察。其次，煮散的研究还包括粉碎粒度、粉碎机械和粉碎方法的选择，同时建立煮散制备工艺的标准操作规程。再次，对于煮散的质量优劣，则必须建立相应的质量评价方法，其质量检测包括：粒度、水分、灰分、酸不溶性灰分及重金属、砷盐、农药残留、浸出物与微生物限度等检查，以及显微鉴别、对照药材及指标成分的薄层鉴别，药效成分或指标成分的含量测定等，其质量标准体系的建立能确保产品的使用安全与有效。最后，煮散在临床使用时再制定相应的煎煮方法及操作规程，对于传统饮片多年来无量化的使用方法，可起着重要的指导作用。煮散还需制订适宜剂量调节原则：以《中国药典》各味药用量依据，根据文献研究、化学成分比较、药效学试验及临床对比研究结果，确定适宜剂量，以便于在临床推广使用。

综上所述，饮片改成煮散颗粒小包装，是实现中药处方调剂现代化的一项切实可行的措施，尽管在具体实施时会遇到一些问题，但仍不失为中药饮片改革的方法。中药煮散具有质量可控、安全有效、服用方便、节省药材的优势，对于保持中药临床配方、随症加减的特色，发扬中医辨证论治、疗效独特的优势具有重要作用，应用前景十分广泛，推动其产业化，对发挥中医药特色具有重大而深远的意义。

第四节　服散剂的应用亦可减少用量

中药材大多是一种天然物品，其生长具有一定的周期性，有的甚或是濒绝物种，可供使用的量极为受限。大多数天然中药材也并非是取之不尽,用之不竭的。中药散剂对于节约资源是行之有效的方法,有人估算,中药散剂比中药汤剂在同等疗效下,可节约药物2/3。蔡光先对宋代至清代各医家在汤剂与散剂中使用28味常用中药饮片的用量进行回顾性研究,结果表明,28味常用药物在散剂中用量明显减少,散剂中饮片用量较汤剂用量少,为20.9%~41.9%,即散剂与汤剂中药饮片剂量之比为1∶5~2∶5。因此将传统散剂进一步开发研究,以发挥其独特的优势,已逐步引起重视。

一、服散剂的应用历史

"服散"的应用早在《黄帝内经》中即有说明,如内经十三方中的泽泻饮,"以泽泻、白术各十分,麋衔五分,合以三指撮为后饭。"《伤寒杂病论》内服散中统计发现有38首,且方中大部分方剂为服散[41]。例如,五苓散,在《伤寒论》第71条五苓散方后注"上五味,捣为散,以白饮和服方寸匕,日三服,多饮暖水,汗出愈。"可知,即是用白米汤送服"药散";又如第141条文蛤散与桔梗白散方后煎服法"上一味为散,以沸汤和一方寸匕服,汤用五合。""上三味为散,内巴豆,更与臼中杵之,以白饮和服,强人半钱匕,羸者减之。"再如第152条十枣汤方后注"上三味等分,各别捣为散,以水一升半,先煮大枣肥者十枚,取八合,去滓,内药末,强人服一钱匕,羸人服半钱,温服之,平旦服。若下少,病不出者,明日更服,加半钱,得快下利后,糜粥自养。"《金匮要略·百合狐惑阴阳毒病脉证治》第8条百合滑石散方后注"上为散,饮服方寸匕,日三服,当微利者,止服,热则除"。其他如《伤寒论》中瓜蒂散、半夏散、四逆散、牡蛎泽泻散,《金匮要略》中瓜蒌牡蛎散、王不留行散、当归芍药散、枳实芍药散等。

此后,服散在各个时期皆有所继承与发展,如《卫生宝鉴》的九仙散、《本草演艺》的桑螵蛸散;《外台秘要》的发汗白薇散;《备急千金要方》的赤散、七味散;《集验良方》的诸葛行军散;《太平惠民和剂局方》的消风散、清神散;《鸡峰普济方》的芎辛散;《证治准绳·类方》的瓜蒌根散;《伤寒瘟疫条变》的升降散;《景岳全书·新方八阵》的玉泉散;《温热经纬》的甘露消毒丹;《温病条变》的薏苡竹叶散;《伤寒标本心法类萃》的六一散;《宣明论方》的鸡苏散、桂苓甘露散;《证治准绳·女科》海蛤散;《医学心悟》的止嗽散;《集验良方》的代赭石散;《活法机要》的金铃子散;《奇效良方》的石韦散。

近代章太炎、曹颖甫等医学大家都对服散有一定的运用,如章太炎以小剂量升麻鳖甲汤服散论治猩红热[42],曹颖甫遵经方原服法,以服散应用十枣汤等[43]。

二、适宜服散剂的中药类别

(一)贵重药

中药里有一部分中药具有特殊的疗效,无法用其他药物替代,而其价格又相当昂贵,此类名贵药材我们称其为细料药,如羚羊角、冬虫夏草、穿山甲、麝香、牛黄、鹿茸、熊胆、三七、灵芝等。采用服散的形式,主要目的在于节省药材量,且同时又不影响药物的功效。

以羚羊角而言，其咸寒，无毒，具有平肝息风、清肝明目、清热解毒等作用，对高热神昏、高血压等有较好疗效。煎服需用 1～3g，且羚羊角角质坚韧需单煎 2 小时以上，而研粉服用仅需 0.3～0.6g 即可[44,45]。《本经逢原》谓："镑碎，置胸前煨热令脆，研如粉，不则粘人肠胃。"《济生方》还以羚羊角为君药创制了方剂羚羊角散。服散这一过程，既节省了药材，又节省了煎煮过程。

（二）动物类（虫类）药

动物类药，指药用动物的干燥全体、除去内脏的动物体或部分、动物的分泌物、排泄物、生理或病理产物及虫类加工品[46]，尤以虫类药为代表。

虫类药乃血肉有情之品，补益与攻伐之性皆佳，补益能起到培本固元之功，如蛤蚧、龟板、鳖甲之类。攻伐多具有破血消癥、消痈散结、息风通络等功效[47]。《本草问答》谓其"动物之功利，尤甚于植物，以其动物之本性能行，而且具有攻性"，指出了虫类药优于植物药的特性，如水蛭、蜈蚣、全蝎、僵蚕、蝼蛄、地龙、蜜蜂（包括蜂子、蜂蜡、蜂蜜、蜂毒、蜂房）、斑蝥、鼠妇、虻虫、蜣螂、蛴螬、穿山甲、刺猬皮、蟾蜍、蚕砂、鸡内金、土鳖虫[48]。然而对于动物类（虫类）药的工艺形式仍更适用于服散，如张仲景运用蜘蛛散、滑石白鱼散等。动物类（虫类）药采用服散乃基于以下几点考虑：①动物类（虫类）主要成分多为动物蛋白，高温煎煮容易破坏其生物活性，降低疗效；②动物类野生资源少，人工饲养周期长，费用大。服散可以节省药材，避免资源浪费；③便于携带及服用。具体而言，如下。

水蛭，咸苦有小毒，能破血通经、逐瘀消癥。《伤寒论》运用抵挡汤治疗瘀热互结之证，以水蛭 30 个，相当于实测重量 108g，若采用煎服的方法如此大量才能起作用[49]。相关动物实验发现水蛭粉在抗凝血、抗血栓等方面优于传统水煎液[50]。吕文海研究发现水蛭 1/2 剂量的散剂，其抗凝效果优于汤剂[51]。现代药理研究发现，水蛭中主要含有水蛭素，它是迄今为止发现的最强的凝血酶特效抑制剂，但在碱性条件下加热容易失去活性，故水蛭水煎剂存在一方面失去活性可能性，另一方面也存在煎煮不充分、煎不透的情况[52]。孙思邈在《千金方》说："治漏下去血不止，水蛭治下筛，酒服一钱许，恶血消即愈"，可见水蛭服散疗效甚佳。近代中西医汇通大家张锡纯提倡生用服散，在其《医学衷中参西录》中言："近世方书，多谓水蛭必须炙透方可用，不然则在人腹中能生殖若干水蛭害人，诚属无稽之谈。曾治一妇人，经血调和，竟不产育。细询之，少腹有癥瘕一块。遂单用水蛭一两，香油炙透，为末。每服五分，日两次，服完无效。后改用生者，如前服法。一两犹未服完，癥瘕尽消，逾年及生男矣。"现今大量临床实践也发现，水蛭炙用效减[53]。再如地龙，具有良好的降低血液黏稠度、减少血小板聚集、改善微循环等作用。其主要成分为蚓激酶，具有很强的纤溶活性。但不耐高温，超过 60℃时，酶活性迅速降低，温度达到 70℃则酶完全失去活性[54]。

（三）不耐煎煮类药

不耐煎煮类药，或不耐高温，煎煮使药物有效成分变性，或不宜久煎，久煎易使药物活性降低，或药物含有挥发性成分，煎煮有损药效成分。

不耐高温药，如鸡内金，具有消食健胃、化坚消石之功。主含胃泌素、角蛋白及各种氨基酸、微量胃蛋白酶等，而胃激素、蛋白酶遇高热易于破坏，所以以生用服散为佳[55]。张锡纯曾治一患者“腹有积聚，久治不愈。予生鸡内金三两，柴胡一两，共为末，每服一钱半，日服三次，旬余全愈。”可见鸡内金生用服散效专力宏；鹤草芽，即仙鹤草的冬芽，擅于驱绦虫，主要成分鹤草酚能抑制虫体的糖原分解，甚至有杀死成虫的作用，但遇热易被破坏，且有效成分几乎不溶于水，故不宜入煎剂，以服散为佳；雷丸，微苦，有小毒，功擅驱虫消积。《本草求真》云：“虫积殆甚，腹大气胀，虫作人声音，服之即能有效。”主要成分乃一种蛋白水解酶，称雷丸素，加热60℃左右即易于破坏而失效，故亦不宜入煎剂，明清以后即开始以丸散服用。

不宜久煎药，尤以泻下类药为代表，如大黄、芒硝、番泻叶、芦荟、甘遂、京大戟、芫花、牵牛子等。传统用药亦多将此类药后下或打为散冲服即服散。例如，大黄，张锡纯在《医学衷中参西录》大黄解言“凡气味俱厚之药，皆忌久煎，而大黄尤甚，且其质轻，经水泡即软，煎一二沸药力即出，与它药同煎宜后下，若单用之，开水浸泡即可，如轧做散服之，一钱之力可抵煎汤者四钱。”近代药理研究也证明，大黄泻下的主要成分为结合性蒽醌，随加热时间的延长，温度的升高，大黄的泻下成分结合蒽醌遭到破坏，显著减少[56,57]。

药物含有挥发性成分，主要指挥发油类中药，而又以芳香类中药为代表，如砂仁、沉香、檀香、木香等。此类药物经过煎煮后，有效成分挥发油类物质明显减少。例如，香附，挥发油是香附的最主要成分之一，主要包括多种单萜、倍半萜及其氧化物等，现代药理学研究表明香附挥发油具有抗炎退热等的作用，若经过煎煮，挥发油成分挥发，药效降低。故此类药物不宜煎煮，亦适用于服散[58,59]。

（四）树脂类药

树脂类药，源于植物的渗出物、分泌物或通过简单的切割所得的固体或半固体，如乳香、没药、阿魏、安息香、儿茶、琥珀等[60]。因树脂类中药有效成分具有难溶于水的物理特性，故此类药不宜入汤剂，宜采用服散。

（五）其他类药

其他类药，因临床使用较少，故不单独分类，主要指毒性中药与汤散皆宜的中药。毒性中药，指临床中有一部分中药毒性剧烈，稍多服或使用方法不当即易引起中毒反应，如恶心、呕吐、腹痛腹泻、昏迷、甚至死亡等，然“毒剧猛药多起沉疴”，为使毒药变治病之良药，古今医家皆多以丸散入药，如朱砂、硫磺、雄黄、白矾、升药、轻粉、砒石、铅丹、巴豆、马钱子等毒性中药。

朱砂，甘寒有毒，能清心镇惊；安神解毒。《本草从新》云：“泻心经邪热，镇心定惊……解毒，定癫狂”，《本草备要》称“朱砂多服令人痴呆”。朱砂主要成分为硫化汞，高热煎煮可将汞析出，汞与人体蛋白质巯基有特别的亲和力，可抑制多种酶的活性，使代谢发生障碍，直接损害中枢神经系统。朱砂生用时毒性较小，遇热或火可产生游离汞或氧化汞，使毒性增大，故不宜入煎剂，宜入丸散生用。正如《本草经疏》所言：“朱砂无毒盖指生砂而言，若经伏火及一切烹炼，则毒等砒硇，服之必毙。”[61]

马钱子,苦寒有大毒,擅于散结消肿、通络止痛,因临床对药用剂量有严格的规范,故多以丸散入药,以便于调整剂量。例如,《急救应验良方》以麻黄、乳香、没药等与之配伍组成九分散,用于跌打损伤、骨折肿痛有奇效,现今以此方服散,用于糖尿病周围神经病变以疼痛为主的患者,疗效确切[62]。《救生苦海》亦是以马钱子与穿山甲等药物打散服用。现代药理研究表明,马钱子的主要成分为番木鳖碱,治疗剂量与中毒剂量接近,故宜丸散小剂量开始[63]。

汤散皆宜药,指既可煎汤以传统汤剂形式也可打散以服散形式服用的中药,如皂荚、瓜蒂、天麻、代赭石、刺蒺藜、生铁落、天麻、石榴皮等。

三、贵重药材的汤散用量对比

贵重药材包括用量少、价格贵、珍稀、濒危物种等药材,可以入汤剂煎服亦可吞服细粉,所含多种化学成分,如人参、西洋参、三七含皂苷类成分,石斛、川贝母主含生物碱类成分,羚羊角、蛤蚧、海马、海龙等属于动物类药材,沉香含挥发油成分。根据《中药学》、《中国药典》(2010 年版)一部、《中华本草》书中收载的贵重药材的用法用量,对比分析了以下 14 种贵重药材饮片在汤剂中的使用量及散剂的使用量,见表 10-7,可以看出散剂用量减少了 1/5 ~1/2,以散剂服用可以减少药量,降低药费,又有利于保护资源。

表 10-7　贵重药材饮片汤剂与散剂的用量对比

中药材	饮片汤剂用量	散剂用量	中药材	饮片汤剂用量	散剂用量
人参	煎服 3 ~ 9g	研末吞服 1 ~ 2g	羚羊角	煎服 3 ~ 6g	研末吞服 0.5 ~ 1g
西洋参	煎服 3 ~ 6g	研末吞服 1 ~ 2g	蛤蚧	煎服 5 ~ 10g	研末吞服 1 ~ 2g
三七	煎服 3 ~ 9g	研末吞服 2 ~ 3g	灵芝	煎服 6 ~ 12g	研末吞服 1.5 ~ 3g
冬虫夏草	煎服 6 ~ 10g	研末吞服 1 ~ 2g	金钱白花蛇	煎服 2 ~ 5g	研末吞服 1 ~ 1.5g
石斛	煎服 6 ~ 15g	研末吞服 2 ~ 6g	海马	煎服 3 ~ 9g	研末吞服 1 ~ 1.5g
川贝母	煎服 3 ~ 9g	研末吞服 2 ~ 3g	海龙	煎服 3 ~ 9g	研末吞服 1.5 ~ 3g
天麻	煎服 6 ~ 10g	研末吞服 2 ~ 3g	沉香	煎服 2 ~ 5g	研末吞服 0.5 ~ 1g

此外,以下品种历来多以散剂吞服或烊化服用,鹿茸 1 ~ 2g,珍珠 0.1 ~ 0.3g,血竭 1 ~ 2g,牛黄 0.15 ~ 0.35g,麝香 0.03 ~ 0.1g,紫河车 2 ~ 3g,鹿角胶烊化 3 ~ 6g,龟甲胶烊化 3 ~ 9g。而随着价格的上涨、资源的缺乏,当归、黄精、枸杞子、杜仲等地道药材是否亦适用于散剂是值得进一步研究探讨的问题。

参 考 文 献

[1] 黄璐琦,彭华胜,肖培根. 中药资源发展的趋势探讨. 中国中药杂志,2011,36(1):1
[2] 仝小林,张家成,穆兰澄,等. 恢复煮散,节省药材. 中国新药杂志,2012,21(5):470 ~ 474
[3] 方廷轶. "煮散"及其制备改进. 现代中医,1995,(4):47,48
[4] 李源. "轻舟速行"推煮散. 中国中医药报,2010,(004)
[5] 邢桂琴,常青. 中药汤剂煎服必读. 北京:中医古籍出版社,1996.7
[6] 李德敏. 散剂中成药临床应用与新药开发. 四川中医,2006,24(2):47 ~ 49

[7] 宋金斌,王亚娜,叶定江．中药汤剂改革的思考．中国中药杂志,1996,21(2):99~101
[8] 张静楷．银翘散及其制剂．中成药研究,1981,(9):22~24
[9] 沙汉玲,李艳华．消银1号煮散剂治疗银屑病120例．湖北中医,2000,22(10):24,25
[10] 张晓平．中药袋煮散治疗病毒性肝炎的临床研究．邯郸医学高等学校学报,2002,15(2):107,108
[11] 蔡光先,刘柏炎．28味常用中药饮片汤剂与散剂中用量的研究．中国实验方剂学杂志,2004,10(2):63,64
[12] 中医研究院．蒲辅周医案．北京:人民卫生出版社,2005.25,26
[13] 中医研究院．蒲辅周医疗经验．北京:人民卫生出版社,1979.27~45
[14] 裴莉昕,陈随清,纪宝玉,等．不同产地葛根药材的质量分析．中国实验方剂学杂志,2009,15(10):24~26
[15] 侯学智,张振秋,尤春雪,等．HPLC测定黄芩中6个成分的含量．中国现代应用药学,2012,29(11):1010~1014
[16] 钟国跃,黄小平,马开森,等．我国黄连(味连)质量评价研究．中国中药杂志,2005,30(7):495~497
[17] 刘雅茜,王梦月,史海明,等．高效液相色谱法测定甘草及其炮制品中5种活性成分的含量．中国药学杂志,2008,43(16):1268~1271
[18] 章军,薛翠娟,荆文光,等．HPLC测定葛根饮片中5个成分的含量．中国实验方剂学杂志,2012,18(7):108~111
[19] 国家药典委员会．中华人民共和国药典2010年版(一部)．北京:中国医药科技出版社,2010.282,283
[20] 章军,刘宇政,王跃生,等．HPLC同时测定葛根芩连汤中12个有效成分的含量．中国实验方剂学杂志,2011,17(15):58~62
[21] 国家药典委员会．中华人民共和国药典2010年版(一部)．北京:中国医药科技出版社,2010.80,81
[22] 林俊芝,傅超美,毛茜,等．黄柏饮片与煮散颗粒在不同煎煮时间点盐酸小檗碱含量和干膏收率的比较．中国实验方剂学杂志,2012,18(12):41~43
[23] 章宇宁,吕阳成,骆广生．根类中药材孔隙结构及其分形特征．高校化学工程学报,2009,23(2):199~204
[24] 高中洪,黄开勋,徐辉碧．黄芩中黄酮类生物活性的研究进展．中国药学杂志,1998,33(12):705
[25] 潘鹏飞,孙菲,李延雪．HPLC法同时测定黄芩中黄芩苷、黄芩素、汉黄芩素的含量．中国药师,2012,15(1):75
[26] 穆兰澄,曹京梅,牟继征,等．煮散与自动煎药机煎煮液的煎出率比较．中国实验方剂学杂志,2010,16(18):39,40
[27] 冯欣．麻黄汤煮散颗粒汤剂与麻黄汤传统汤剂的药学比较研究．成都:中医药大学,2008.34
[28] 胡晋红, 王忠壮, 黄爱琴．中药饮片种类及其发展．药学服务与研究,2004,4(3):224
[29] 罗刚,陈立庭,周晶．超微粉碎技术在中药研究中的应用．现代药物与临床,2011,26(2):108
[30] 任大伟,董霄汉,董海峰．中药煮散临床应用研究(三)—5种含挥发油类药材饮片和颖粒煎煮效果对比．河南中医,1989,5:37
[31] 马雪玮,傅超美,刘婧,等．干姜煮散颗粒与传统饮片在不同煎煮时间点干膏收率与6-姜辣素含量的对比研究．成都大学学报:自然科学版,2012,31(2):120
[32] 徐晓秋,傅超美,季宁平,等．星点设计-效应面法优化黄连煮散颗粒煎煮工艺及其与传统饮片化学计量对比研究．中药与临床,2012,3(6):20
[33] 周灿平,王伽伯,肖小河,等．饮片粒度对大黄药材蒽醌及鞣质类成分煎出量的影响．中医杂志,2009,50(增刊):221
[34] 郑为骞,傅超美,胡慧玲,等．陈皮现代饮片与传统饮片煎出效果对比研究．中药与临床,2011,2(3):36
[35] 程鸿齐,丁青龙,狄永良．黄芪生药袋包颗粒剂与免煎剂及汤剂的煎出效果比较．药学实践杂志,2000,18(6):384
[36] 刘汉清,丁青龙,苏林通．复方生药袋包颗粒生药饮片及配方颗粒汤剂的药效学研究．中医药学刊,2004,22(1):24
[37] 陈永辉,琚玮．麻杏石甘煮散的解热抗炎实验研究．中医研究,1995,8(5):20
[38] 李代英,李勇华,杨德全．浊毒清煮散剂的制备与临床应用．中成药,2010,32(8):1457
[39] 邓沂,于善哉,张士卿,等．于己百教授增食煮散治疗小儿厌食症62例．中医药学刊,2003,21(6):863
[40] 王力宁,冯春辉,陈金月,等．麻杏二陈汤煮散治疗小儿特禀质咳嗽的临床研究．中医儿科杂志,2012,8(5):32

[41] 仝小林,彭智平,焦拥政,等. 中药"散"的研究概况与述评. 中医杂志,2013,54(1):12~16
[42] 段晓华. 章太炎医学思想研究. 北京:北京中医药大学,2006.1~150
[43] 罗明宇. 近代经方家曹颖甫学术思想研究. 北京:北京中医药大学,2006.1~94
[44] 顾兆伯. 羚羊角粉加工工艺设备的技术改进. 中成药,1998,3(24):48
[45] 高学敏. 中药学. 北京:中国中医药出版社,2007.404,405
[46] 高想,朱良春. 虫类药的应用历史与展望. 中华中医药杂志,2010,25(6):807~809
[47] 钟洪,赵洁. 虫类药对临证精要. 中医杂志,2002,43(8):628,629
[48] 吴立明,程晓卫. 张仲景方剂中虫类药功用探析. 时珍国医国药,2010,21(12):3372,3373
[49] 仝小林,穆兰澄,姬航宇,等.《伤寒论》药物剂量考. 中医杂志,2009,50(4):368~372
[50] 祝晓雯,宋嫫,金若敏,等. 水蛭超细粉及水煎液活血化瘀作用的比较研究. 中药新药与临床药理,2011,22(1):33~37
[51] 吕文海,邱福军,王作明. 炮制与超微粉碎对水蛭药效影响的初步实验研究. 中国中药杂志,2001,26(4):241~244
[52] 陈华友,黄静,蒋芝君. 抗凝良药水蛭素的研究进展. 生物学通,2003,38(3):3~5
[53] 吕文海,王琦. 中药水蛙现代研究进展. 中国中药杂志,1994,19(12):755~759
[54] 闫峻,汤立达. 蚓激酶的研究与临床应用. 中草药,2006,37(2):295~298
[55] 李卫先. 从药效分析探讨鸡内金炮制工艺的优选. 中医药导报,2009,15(4):101,102
[56] 哈飞,李瑞明,张兰兰. 大黄中4个番泻苷类成分受热条件下转化关系的研究. 中草药,2012,34(11):2169~2173
[57] 朱诗塔,雷鹏,李新中. 掌叶大黄不同炮制品泻下、止血作用的比较研究. 中草药,2008,31(2):199~201
[58] 刘国卿,王秋娟,谢掉丘. 香附挥发油药理研究. 中国药科大学学报,1989,20(1):48~50
[59] 金晶. 香附挥发油提取工艺及主要成分的研究. 中药材,2006,29(5):490~492
[60] 陈孔荣,冯璟. 常用树脂类中药的鉴别. 浙江中医学院学报,1998,22(2):51
[61] 梁爱华,商敏凤. 朱砂的毒性研究. 中国中药杂志,2005,30(4):249~252
[62] 仝小林. 糖络杂病论. 北京:科学出版社,2010.102~104
[63] 许凤全,冯兴华. 马钱子中毒及其安全使用. 药物不良反应杂志,2008,10(6):426~431

第十一章 临床实践中的方药用量策略

在辨证准确、药材质量具有保障的前提下，病、证、方、药是影响用量最主要的因素。“因病施量、因证施量、因方施量、因药施量”是临证最基本的用量策略。

第一节 因病施量——病量效

一、理论探讨

因病施量，我们称之为与病相关的量效关系，简称“病量效”。

病，指疾病的种类及病势。“因病施量”的策略可概括为需要长期调理的慢性病、上焦病、轻浅的疾病，正邪相当，或病邪轻浅，小剂量用药即可收四两拨千斤之效，治疗这类疾病剂量宜小；而危重症、沉疴痼疾、病邪深重的疾病，一般邪实盛或正气虚极，故剂量宜大，正所谓以重剂起沉疴，小量则杯水车薪，恐于事无补。因病施量具体包含“随病施量”和“因势施量”两方面内容。

（一）随病施量

随病施量指根据疾病的种类施量，包括调整单味药物的剂量和整方剂量。

1.“病”决定药量

单味药在临床中具有多重功效，而功效的体现很多情况下取决于患者的疾病。大量的临床实践已经显示出中药这方面的功效，比如，清代温病大家吴鞠通就有半夏1两降逆止呕，2两安神催眠之说，并在其《吴鞠通医案》中得到了大量的体现，如在卷一中所论及李氏医案：“六脉阳微之极，弦细而紧，内而饮聚，外而瘰痛，兼之内苛，饮食减少，得食易呕，乃内伤生冷，外感燥金之气而然，以急救三焦之阳与阳明之阳为要。”处方中以姜半夏6钱至1两取其降逆止呕之效，后在治疗过程中出现昼夜不寐，给予《灵枢》所载半夏秫米汤，其中姜半夏用2两以取其安神催眠之效，而达到治疗不寐的目的[1]；柴胡小剂量升提，大剂量退热，所以李东垣在创制补中益气汤时，方中的柴胡用小量协助党参、黄芪升举清阳，而小柴胡汤用于治疗少阳病寒热往来或低热时，《伤寒论》中以柴胡为君药，用量最大为8两，今人用小柴胡汤退热虽不至8两亦取柴胡为君且量在方中较他药重；红花小剂量活血，大剂量破血。药物在不同剂量情况下发挥的功用有所不同，取其何种功效主要决定于所针对的疾病种类。观《伤寒论》第12条：“太阳中风，阳浮而阴弱，阳浮者，热自发，阴弱者，汗自出。啬啬恶寒，淅淅恶风，翕翕发热，鼻鸣干呕者，桂枝汤主之。”第21条：“太阳病，下之后，脉促胸满者，桂枝去芍药汤主之。”以及《金匮要略·血痹虚劳病脉证并治》第 13 条："虚劳里急，悸，衄，腹中痛，梦失精，四肢酸痛，手足烦热，咽干口燥，小建中汤主之。"与《金匮要略·妇人杂病脉证并治》："妇人腹中痛，小建中汤主之。"可知 12 条中桂枝汤为解表和营之方，白芍 3 两酸苦微寒具有敛阴和营的功效；21 条中桂枝汤去芍药即芍药零量，是因为太阳病误下后胸阳不振，去芍药是为了防止白芍酸敛之性不利于胸阳的伸展；《金匮要略》中小建中汤为桂枝汤中倍芍药即芍药 6 两，加饴糖组成，专治阴阳两虚虚劳里急的证治，此时白芍 6 两和营止痛。再如《伤寒论》第 149 条："伤寒五六日，呕而发热者，柴胡汤证具，而以他药下之，柴胡证仍在者，复与柴胡汤。此虽已下之，不为逆，必蒸蒸而振，却发热汗出而解。若心下满而硬痛者，此为结胸也，大陷胸汤主之。但满而不痛者，此为痞，柴胡不中与之，宜半夏泻心汤。"和第 157 条："伤寒汗出解之后，胃中不和，心下痞硬，干噫食臭，胁下有水气，腹中雷鸣，下利者，生姜泻心汤主之。"及第 158 条："伤寒中风，医反下之，其人下利日数十行，谷不化，腹中雷鸣，心下痞硬而满，干呕心烦不得安。医见心下痞，谓病不尽，复下之，其痞益甚。此非结热，但以胃中虚，客气上逆，故使硬也，甘草泻心汤主之。"半夏泻心汤治疗以心下痞、呕逆为主症的脾胃升降失调的疾病，其中干姜与甘草都用 3 两，并以半夏为君药；生姜泻心汤由半夏泻心汤减干姜 2 两，加生姜 4 两所组成，主要治疗胃虚兼有水饮内停，以腹泻、干噫食臭为主症的疾病，甘草亦 3 两，减干姜并重用生姜 4 两意在宣散水气；甘草泻心汤由半夏泻心汤加重炙甘草用量即炙甘草 4 两，治疗脾胃虚弱以心烦不安、痞利俱甚为临床表现的病症。三方虽药物组成基本相同，然方中干姜、生姜、甘草用量却有所不同，以致所治病证不同。

河北省名老中医、内科杂病专家刘沛然以擅用细辛治疗疑难杂病，在中医界广受关注。刘老亦认为"药量不同又能改变药的性能及方剂名称，并能转化定局与变局的关系。"所以刘老在用细辛的过程中 15～150g 不等，根据患者不同的疾病给予不同的用量，比如治疗寒厥吊阴腹痛，细辛用 15g 温经发表；治疗传导性耳聋，细辛用 30g 宣通耳窍；治疗静脉炎用 60～120g 温通血络[2]。

笔者在临证过程中，运用黄连治疗糖尿病降糖，一般用 15～45g。若出现酮症，则可用至 90g，甚至 120g，治疗一般疾病时黄连用 1.5～9g，取其或清热泻火，或清热燥湿，或与他药配伍起来辛开苦降，调理气机的作用；再如运用薏苡仁，取常规剂量 9～15g 渗湿健脾，若用于治疗黄色瘤，则用量为 60g，甚则 120g；再比如运用制川草乌，取常规剂量温经宣痹；若治疗糖尿病周围神经病变引起的疼痛，则以 30～60g，甚则 90g。

2."病"决定方量

单方在临床中亦具有多重功效，且功效的体现亦在很多情况下取决于患者的疾病。张仲景在《伤寒论》第 34 条论述葛根芩连汤时言："太阳病，桂枝证，医反下之，利遂不止，脉促者，表未解也，喘而汗出者，葛根黄芩黄连汤主之。"以葛根黄芩黄连汤为治疗协热下利而设，今人用之治疗痢疾或结肠炎方中药量多投以常规剂量，如王广芳[3]采用葛根芩连常规剂量治疗细菌性痢疾；苏东平[4]采用葛根芩连汤加减常规剂量治疗慢性泄泻；于涛[5]运用葛根芩连汤加味常规剂量治疗慢性溃疡性结肠炎。而根据笔者临床经验以葛根黄芩黄连汤治疗 2 型糖尿病（湿热蕴脾证）时，剂量较常规剂量大，通常葛根 27～120g、黄芩 15～45g、黄连 15～45g、甘草 15～30g，此时才能起到较好的降糖作用，若投以常规剂量恐杯水车薪，无济于事。在研究不同剂量葛根黄芩黄连汤治疗2型糖尿病中发现，大剂量葛根芩连汤降糖疗效较小剂量明显[6]。

可见，药物和方剂发挥何种功用在一定程度上取决于其所治疾病，而中药或方剂的用量在很大程度上，可以保证药物功效的发挥。

（二）因势施量

因势施量指根据病势缓急、轻重决定方药用量。一般病势急、病情重，用量宜大；病势缓，病情轻，用量宜小。

《伤寒论》第323条、第324条："少阴病，脉沉者，急温之，宜四逆汤。""若膈上有寒饮，干呕者，不可吐也，当温之，宜四逆汤。"和第317条："少阴病，下利清谷，里寒外热，手足厥逆，脉微欲绝，身反不恶寒，其人面色赤，或腹痛，或干呕，或咽痛，或利止脉不出者，通脉四逆汤主之。"两方中药物组成相同即皆是由甘草、附子、干姜3味药组成，不同的是四逆汤中附子用量为1枚，干姜用量是1两半，而通脉四逆汤中附子用量是大者1枚，干姜用量是3两。两方均用治少阴寒化证，其中四逆汤用于肾阳虚衰，阴寒内盛之证，通脉四逆汤用于阴寒内盛，格阳于外的病证，病势较四逆汤证危重，故加大附子和干姜的用量破阴回阳，通达内外。再如《金匮要略·痉湿暍病脉证治》第21条："病者一身尽疼，发热，日晡所剧者，名风湿。此病伤于汗出当风，或久伤取冷所致也，可与麻黄杏仁薏苡甘草汤。"和《伤寒论》第35条："太阳病，头痛发热，身疼腰痛，骨节疼痛，恶风，无汗而喘者，麻黄汤主之。"及第63条："发汗后，不可更行桂枝汤，汗出而喘，无大热者，可与麻黄杏仁甘草石膏汤。"麻杏石甘汤主治邪热壅肺，表现为汗出而喘、身热、口渴、脉数等病证，病势较重，故重用麻黄4两、杏仁50个以平喘；麻杏苡甘汤用于风湿在表伴有化热的湿病，病势相对较缓，故仅用麻黄半两，杏仁10个以解表化湿。再看《伤寒论》第154条："心下痞，按之濡，其脉关上浮者，大黄黄连泻心汤主之。"和第303条："少阴病，得之二三日以上，心中烦，不得卧，黄连阿胶汤主之。"大黄黄连泻心汤治疗胃热气滞，用黄连1两泻心胃之火，且以麻沸汤浸泡去滓服用，其证轻量小可见，而黄连阿胶汤主治阴虚火旺，心肾不交所致的不寐证，病势相对较重，故虽亦是清心火却重用黄连4两。

张锡纯乃近代中医大家，在其《医学衷中参西录》所载医案中，所用药物的剂量有常规剂量也有大剂量，随其病症的发展所决定，特别是在急危重症中积累了大量用重剂的经验，疗效突出，备受现代医家推崇。张锡纯言："用药以胜病为主，不拘分量之多少。""有所用之药本可除病，而往往服之不效，间有激动其病愈加重者，此无他，药不胜病故也。病足当以其药而绰有余力，药何以能除病乎？"可见有时药证相符，确不能收到预期的疗效，甚或加重疾病，皆因病重药轻所致[7]。

张锡纯论述石膏时谓："以微寒之药，欲用一大撮扑灭寒温燎原之热，又何能有大效。是以愚用生石膏以治外感实热，轻证亦必至两许；若实热炽盛，又恒重用至四五两，或七八量两，或单用，或与他药同用，必煎汤三四茶杯，分四五次徐徐温饮下，热退不必尽剂。"论述山萸肉时亦用大剂量救治脱证以及一些急危重症，如论述一少年"素患心疼，发时昼夜号呼。医者屡投以消通之药，致大便滑泻，虚气连连下泄，汗出如洗，目睛上泛，心神惊悸,周身瞤动,须人手按,而心疼如故。延医数人,皆不敢书方。寿田投以前方,将萸肉倍作二两,连进两剂,诸病皆愈,心疼竟从此除根。”又如重用山药治疗肺痨,重用代赭石治疗顽固性呕吐……可见张锡纯在治疗病势较重的疾病时通过加大药物的用量而收奇功[7]。

再观山西名老中医李可,以他善于运用附子而被推崇为火神派代表医家之一。特别是李老在运用大剂量附子抢救心衰患者时,令医家为此折服。李老在论述附子时说:“附子为强心主将,其毒性正是其起死回生药效之所在。当心衰垂危,病人全身功能衰竭,五脏六腑表里三焦,已被重重阴寒所困,生死存亡,系于一发之际,阳回则生,阳去则死。非破格重用附子纯阳之品的大辛大热之性,不以雷霆万钧之力,不能斩关夺门,破阴回阳,而挽垂绝之生命。”[8]可知重症需要重剂,而且对于药物的毒性与剂量之间没有绝对的界限,需要依据病情的轻重缓急而异,特别是对于急危重症,大剂量的中毒剂量也许就是病症的治疗剂量;北京中医医院关幼波以擅治肝病而闻名,观《关幼波临床经验选》时亦多见因病势而用量,如在论述治疗黄疸关于茵陈的用量时有“黄疸轻者可用30g,重者可用60~120g”[9]。

笔者在临床中,把因病施量作为用药法则之一。以单纯糖尿病而言,对于病情较轻病势较缓的患者,以药物的一般降糖剂量处方,对于糖化血红蛋白小于7%的患者,据实际情况甚至可将汤剂改为丸剂,缓缓图之。对于血糖较高的患者,则以大剂量迅速降低过高的血糖,以防止患者出现并发症。再如糖尿病并发严重胃瘫的患者,根据中医理论处以大剂量迅速控制患者的呕吐,待呕吐病势得到缓解,再调整处方或改成丸剂巩固疗效,同时兼顾控制血糖或防治其他并发症。

此外,慢性病治疗周期长,宜守法守方,切忌急功近利,提倡应用丸散膏丹剂。慢性病的治疗绝非朝夕之事,一些医家急于获效,或频繁改弦更张,或滥用大攻大补之品,结果适得其反[10]。慢性病的形成是一个由量变到质变的长久过程,决定了其治疗也是一个复杂的漫长过程。这个过程中不仅疾病的基本病机相对不变,病邪亦较顽固,因此,治疗获效非朝夕之事。这需要治疗时抓住疾病的基本矛盾,做到守法守方,在长期过程中,实现对病邪的逐步“蚕食”(称为“蚕食法”),而不可轻易改弦更张。在这种“持久战”中,丸、散、膏、丹剂是最有利的武器,李东垣言:“丸者缓也,不能速去也,其用药舒缓而治之意也。”并且,从药物经济学角度考虑,丸散膏丹剂型对药材的利用率相对较高,在长期应用的情况下,相对汤剂有利于药材的节约。

因病施量是临证数年来得出的关于药物如何用好剂量问题的理论之一,明确提出因病施量中病种和病势是解决因病施量的关键,所以在临证中明确病种与病势亦应成为医者掌握的关键之一,如此便可根据疾病运用好药物或方剂的剂量。

二、医案赏析

(一)随病施量

一病有一剂量阈。同一中药,主治疾病不同,用量亦当有别。因一药有多效,其在不同剂量范围内,发挥不同功效。

1. 同一药物治疗不同疾病，其用量可能不同

甘草

【病案1】 路志正治疗白塞综合征1例[11]。

患者焦某，女，20岁，1972年12月29日初诊。

主诉 口腔、阴部溃疡已6年余。

现病史 6年前患口腔，阴部溃疡反复发作，始终未愈，伴头晕，视力模糊，双膝关节疼痛，畏寒，发热，下肢浮肿。在某医院诊为口腔炎、风湿性关节炎，给予抗生素，维生素等治疗，未见显效。

刻下症 胃纳差，渴不欲饮，脉弦细，苔薄白，舌质稍红。

体格检查 咽不红，扁桃体不肿大，颈、颌、腹股沟淋巴结均不肿大，心肺无异常，肝大右肋下及0.5cm。口唇，舌及上腭可见小片状糜烂，呈浅在性溃疡，表面附有灰白色渗出物，有触痛。鼻腔黏膜亦发现有溃疡。妇科检查：大阴唇及阴阜可见3个豌豆大较深之溃疡，边缘不整齐，无明显红晕，表面有白膜覆盖。曾在首都医院做口腔或阴部溃疡分泌物涂片检查，未发现致病菌。

西医诊断 白塞综合征。

中医诊断 狐惑病。

中医辨证 湿热化浊，上下相蚀，湿热阻络，气滞血瘀。

治法 苦辛通降，清化湿热。

处方 甘草泻心汤与导赤散合方加减：

生甘草50g 川黄连6g 黄芩9g 干姜6g 制半夏6g 黄柏9g 黄芪6g 生地15g 木香12g 木通15g 肉桂1.5g 细辛1.5g 车前草9g

水煎服，日1剂。

二诊 服上方加减7剂后，诸症减轻，继服。

三诊 再服13剂，自觉症状消失，口腔、阴部溃疡愈合。嘱仍服前方6剂，以巩固治疗。1975年9月随访病未发。

【病案2】 邓铁涛治疗心肌炎、心律失常1例[12]。

患者雷某，女，40岁，1997年7月1日入院。

主诉 心慌心跳，胸前区憋闷半月。

现病史 患者于1997年5月1日因受凉感冒，头痛鼻塞，自服康泰克等，上述症状消失，但仍有咽部不适。至半个月前因过度劳累后始出现心慌心跳，胸前区憋闷不适，心电图提示偶发室性早搏，服用心血康、肌苷等，症状未见缓解。

刻下症 心悸、胸闷时作时止，疲倦乏力，面色晦滞，准头欠光泽，眠差，纳一般，二便调，神清，舌淡黯边有齿印，苔少脉结代。

体格检查 心界不大，心率66次/分，律欠齐，可闻及早搏2~3次/分，未闻及病理性杂音。

辅助检查 心脏超声：心肌炎改变。ECT：静态心肌显像示心肌前壁病变。

西医诊断 心肌炎、心律失常、频发室性早搏。

中医诊断　心悸。

中医辨证　气阴两虚，痰瘀内阻。

治法　扶正祛邪，补益气阴，养心安神，祛瘀通脉。

处方　炙甘草汤加减：

炙甘草30g　生地20g　麦冬15g　阿胶9g（烊化）　桂枝12g　党参30g　麻仁20g（打碎）　大枣6枚　生姜9g

水煎服，日1剂，共服5d。

另配合中成药宁心宝、生脉液、滋心阴口服液、灯盏花素片（按制剂说明剂量用药）治疗。

二诊　经上述治疗，精神好转，偶有心慌心跳胸闷，纳眠可，无口干，二便调，舌淡黯边有齿印，苔薄白脉涩。查体：心率81次/分，律欠齐，可闻早搏1～2次/分。心电图大致正常。气阴已复，痰瘀渐显，治法以益气养阴，豁痰祛瘀通脉为法，原方去生姜，加法半夏、茯苓、丹参、桃仁，加强豁痰、祛瘀、通脉之力。处方：

炙甘草30g　生地20g　麦冬15g　阿胶9g（烊化）　桂枝12g　党参30g　麻仁20g（打碎）　大枣6枚　法半夏12g　茯苓30g　丹参20g　桃仁12g

水煎服，日1剂，共服4d。

三诊　患者精神好，心慌心跳胸闷偶作，纳、眠尚可，二便调，舌淡黯苔稍腻脉细涩。心率78次/分，律欠齐，可闻及早搏1～2次/分，上药养阴太过，痰瘀更明显，当改予益气、健脾、涤痰、祛瘀、通脉为主。处方：

竹茹10g　枳壳6g　橘红6g　茯苓15g　法半夏10g　太子参30g　白术15g　田七末3g（冲）　火麻仁24g（打碎）　炙甘草10g　五爪龙30g　丹参20g

水煎服。

患者守方服20d，诸症消失，纳、眠可，二便调，舌淡红苔薄脉细，心率80次/分，律齐，24h动态心电图示：窦性心律，偶发室性早搏，仅见原发室早4次，出院。

笔者按　以上两例是分别重用生、炙甘草的病案。甘草性平、味甘，具补脾益气、清热解毒、调和诸药等功效，其中生甘草偏于清热解毒，炙甘草偏于补益。病案1中路志正老重用生甘草50g为君，清热解毒，治疗久治不愈之狐惑病。现代药理研究显示甘草中的部分有效成分对溃疡有明显保护作用。病案2中邓铁涛老用炙甘草30g甘温补脾益气，通经脉，利血气，为本方主药。

众所周知，甘草又名“国老”，一般调和诸药，以甘草为佐使药，常用3～6g。而甘草泻心汤和炙甘草汤，甘草均为主药，故重用至30g以上。而临证用生甘草解毒时，更常用大剂煮水，方可见效。可见，同一种药物在不同剂量区间，其功效可能不同，临证治疗疾病，可根据调整药物剂量选择适合的治疗窗。

黄连

【病案3】　仝小林治疗肝源性糖尿病1例[13]。

患者何某，男，44岁。2009年3月1日初诊。

主诉　发现血糖升高1年。

现病史　患者1年前发现血糖升高，未服用西药治疗，血糖水平控制不佳。

刻下症　头晕,口干,口苦,多饮,时有胸闷气短,肝区时有胀满不适。纳眠可。小便色黄,大便调。舌黯,苔黄厚腐腻,舌底络脉瘀滞,脉滑数。

体格检查　身高175cm,体重95kg。

辅助检查　AST:91U/L,ALT:67U/L,GGT:137U/L,LDL:4.17mmol/L,10.3mmol/L,HbA1c:9.3%。腹部B超:肝实质弥漫性病变,胆囊壁毛糙,脾大。

既往史　酒精性肝硬化病史6年。

个人史　既往饮酒30年,每日饮酒300ml左右。

西医诊断　肝源性糖尿病。

中医辨证　痰热互结,瘀血阻络。

治法　清化痰热,活血化瘀。

处方　小陷胸汤加味:

黄连45g　清半夏30g　瓜蒌仁60g　五味子30g　赤芍30g　地龙30g　藏红花2g(分冲)　生姜18g

二诊　服上方2个月,头晕、口苦减轻,胸闷好转,仍觉乏力、口干,大便偏干。舌黯,苔黄腻,脉略弦滑。AST:69.7U/L,ALT:56.9U/L。HbA1c:7.9%,空腹血糖:7.1mmol/L。患者肝功能已接近正常,考虑其便干,为津液受损较重之象,原方加入知母45g、天花粉30g,同时嘱定期检测肝功能及血糖水平,观察病情变化。

【病案4】　仝小林治疗慢性浅表性胃炎1例。

患者贺某,女,53岁。2009年7月22日初诊。

刻下症　胃胀,进食后加重,反酸,有食管烧灼感,胃怕凉。纳眠可,大便时干时稀,伴腹痛,便后得解,小便调。舌暗、底瘀滞,脉弦略硬。

辅助检查　胃镜:慢性浅表性胃炎。

既往史　高血压病4年。现血压控制正常,一般130/70mmHg。

西医诊断　慢性浅表性胃炎。

处方　枳术汤加味:

黄连9g　生姜15g　蒲公英30g　白及15g　枳实30g　炒白术30g　柴胡9g　香附9g

汤剂,水煎服。

患者服上方14剂,诸症大为减轻。原方加减继服。

笔者按　病案3患者为肝源性糖尿病,就诊时血糖控制不良,糖化血红蛋白达9.3%,然患者仍未服用降糖西药,因此,治疗以降糖为首要目地,兼顾保肝、降酶。现代药理学研究表明,黄连有明确的降糖作用,本方重用黄连45g,以降糖为主,兼奏清热泻火解毒之功,患者服药1个月,肝功能及血糖水平均有所下降。病案4为治疗慢性浅表性胃炎之病例,与病案1不同,本方黄连,其旨不在清热解毒,而是与他药配伍,以取辛开苦降之功,调畅中焦气机,因此,剂量较小,仅用9g。

笔者认为黄连调治脾胃病,一般用1.5～9g足矣,其目的不在苦寒清热,而是与他药配伍以收辛开苦降之功,盖脾胃乃中焦枢纽,气机通畅为治疗根本之一。如苏叶黄连汤,治疗湿热呕恶,黄连仅用1g左右。而黄连治疗糖尿病,一般用15～45g,血糖过高时甚至可用至90～120g，专取其清火泄热解毒之功。

附 全小林用黄连治疗糖尿病的临床用量经验谈[14]

一、临床剂量

(一) 糖尿病本病不同阶段黄连用量不同

糖尿病的发展过程大致可分为郁、热、虚、损四个阶段，郁、热阶段以实证为主，火热偏盛，黄连用量宜大；虚、损阶段以虚证为主，或虚实夹杂，火热不甚，黄连用量不宜偏大。

早中期火热内盛用量宜大。糖尿病早、中期多处于郁热阶段，虚证不甚，表现为肝热、胃热、肠热、湿热、痰热、毒火等一派火热内盛之象，故治疗应以清泄火热为主。黄连，其清火泄热功著，同时兼具降糖功用，对于早中期肝胃郁热、胃肠实热、痰热互结、三焦火毒等火热炽盛者尤为合宜，且剂量宜大，一般30～45g。对于血糖极高，甚至出现糖尿病酮症者，亟须清泻火毒，直折火势，此时黄连用量可达60～120g，方能迅速消解火势，缓解危急。

后期火热不甚用量宜小。随着病情进展，火热之势渐消，虚象渐显，表现以气虚、津亏、阴虚等虚证为主，甚则病至晚期，可见一派阳虚内寒之象。因此，糖尿病后期，火热不甚者，黄连剂量不宜偏大，一般15g左右，而阳虚征象明显者，黄连可不用，或配伍辛热之品，如干姜、吴茱萸、肉桂等，去其苦寒之性而取其降糖之用。另外，血糖控制达标后，痰热、火毒等病理基础基本已清除，故以小剂量长期缓慢调理。此时一般改汤剂为丸、散剂，黄连平均每日用量3～6g，意在长期维持治疗，非取其迅速降糖之功。

我们曾对1321例门诊有效降糖病例处方中黄连剂量进行统计，结果显示，黄连降糖的常用剂量范围为15～45g；并对黄连剂量与空腹血糖水平进行相关性分析。结果显示，黄连剂量与空腹血糖之间存在显著正相关，其剂量随空腹血糖水平升高而增大[15]。因此，需要什么样的剂量应根据糖尿病的病程、病证及血糖水平决定，早期、中期及血糖偏高者，剂量需大；病至晚期或血糖平稳者，剂量可小。

(二) 糖尿病并发症黄连用量不同

黄连除用于降糖外，亦常用治胃肠功能紊乱、失眠等糖尿病并发症。如治疗糖尿病胃轻瘫呕吐的苏叶黄连汤、半夏泻心汤；治疗糖尿病腹泻的生姜泻心汤、甘草泻心汤；治疗反酸、胃脘嘈杂的左金丸、反左金丸；治疗失眠的交泰丸、黄连阿胶汤；治疗糖尿病汗证的当归六黄汤等，均是以黄连为主或含黄连的治疗糖尿病杂病常用方。这些处方中，主要取黄连调理肠胃、微除热气、交通水火等功效，非取其清泄火热，直折火势之功，故用量一般较小。如治疗胃肠功能紊乱，泻心汤方中黄连与半夏、干姜、黄芩等配伍以辛开苦降，斡旋气机；苏叶黄连汤中黄连与紫苏叶配伍以降逆顺气；左金丸、反左金丸中黄连与吴茱萸配伍以和胃制酸，从而达到调理胃肠的目的，其用量一般为3～6g。若取其微除热气，治疗糖尿病汗证，黄连用量一般9～12g；用于交通心肾，治疗糖尿病并发失眠，黄连用量一般3～9g。因此，黄连治疗糖尿病的临床剂量主要取决于黄连所主治病证，用于降糖，剂量需大，治疗杂病，小剂量足矣。

二、应用经验

(一) 脏腑热、经络寒，仍可重用黄连

临床中，不少糖尿病周围神经病变患者表现出口干、口苦、血糖偏高，而肢体发凉、怕冷、麻木疼痛等寒热并存的矛盾，这种情况实际属于脏腑热经络寒，即肝热、胃热等脏腑内热与寒凝经脉，络脉瘀阻并存。部分医生虑于清热之品有加重寒证之嫌，临床较少应用甚至不用黄连等清热泻火之药，降糖与并发症治疗常常难以兼顾。我们发现，黄连等苦寒清热药与(制)川乌、(制)草乌等温经通络药同用并不矛盾，两类药物各司其职，清热与温通互不干扰。若存在脏腑内热，仍可用黄连。

(二) 短程大剂量及长期应用黄连的技术问题

黄连性味苦寒，大剂量或长期应用有“苦寒败胃”之虞，且其口感甚苦，不少患者难以坚持服用。这些也是影响黄连在糖尿病临床治疗中广泛应用的主要原因。我们经过反复实践后，最终通过配伍、服法、煎煮等方法解决了黄连的临床用药矛盾。

1. 巧妙配伍，去性取用　方药配伍是中医的特色，经过适当配伍，黄连可能导致的不良反应将大大减少。我们常配伍一些辛温的药物，如干姜、生姜、吴茱萸、肉桂等。"苦寒伤胃"主要指败伤脾胃阳气，阳气一伤，中焦冰伏，气机不得运转，从而变生种种病证。配伍辛温之品，一方面，以辛温佐制苦寒，是谓去其性而取其用，另一方面，辛温与苦寒并用，是辛开苦降之意，对于开畅气机、调理中焦尤为合宜。因姜善走胃经，故临床尤其常用干姜或生姜与黄连配伍。我们经过长期实践，摸索出黄连与干姜的常用比例为6∶1，黄连与生姜的常用比例为4∶1，脾胃虚弱的患者可增加生姜或干姜的用量，使黄连与姜比例达到2∶1甚则1∶1。另外，通过在处方中配伍臣药知母、黄芩一类清热之品，能够协同增强黄连清热泻火之功，黄连用量可相对减少。总之，恰当的配伍是解决黄连短程大剂量及长期应用过程中苦寒伤胃问题的关键所在。

2. 服法讲究，少量多次　服药方法也是保证大剂量黄连用药安全的关键。一次服用大剂量黄连，尤其是黄连用量超过60g，用于快速降糖时，我们一般采取一剂药分4～6次饭后少量频服，这样，平均单次服用黄连的剂量相对较小，甚至接近常规用量，从而避免了因一次性服用大剂量黄连可能造成的急性毒性反应。同时少量频服，也保证了一定的血药峰浓度，对于维持药效也有重要作用。对于部分脾胃相对虚弱的患者，少量频服法还可减轻药物对脾胃的刺激，在一定程度上解决了其临床用药的矛盾。

3. 浓缩煎煮，饭后服用　一般建议患者将黄连汤药浓缩煎煮至60～100ml，每次服用30～50ml，并尽量饭后服用。有助于减轻汤液的苦感，同时对胃黏膜也有一定保护作用。

三、备选名方

大黄黄连泻心汤：治疗糖尿病中焦火热内盛证基础方。主要表现为大渴、汗多、舌红、血糖高等；小陷胸汤：适用于痰热互结证，主要表现为形体肥胖，血糖升高伴随血脂、血压异常等代谢紊乱。葛根芩连汤：适于肠道湿热证，主要表现为大便黏滞不爽，舌苔黄腻等症状。干姜黄连黄芩人参汤：适于热伤气阴证，主要表现为口渴、汗出、乏力等症状。乌梅丸：适用于寒热错杂证，表现为口苦，胃脘灼热，手足或腹部寒冷等症状。黄连阿胶汤：适用于阴虚火旺之失眠，表现为心烦、失眠等症状。交泰丸：适用于心肾不交之失眠，表现为失眠、盗汗、五心烦热等症状。当归六黄汤：适用于阴虚火旺之汗证，表现为汗出多、心烦、口渴、舌红等症状。左金丸：适用于肝火犯胃证，表现为反酸、胃脘嘈杂等症状。泻心汤方：即半夏泻心汤、生姜泻心汤、甘草泻心汤，多用于糖尿病胃肠功能紊乱，表现为呕吐、腹泻、胃胀等症状。苏叶黄连汤：多用于糖尿病胃轻瘫呕吐症。

柴胡

【病案5】　仝小林治疗糖尿病周围神经病变1例。

患者柳某，女，55岁，2007年10月初诊。

主诉　间断乏力，发热8年。

现病史　8年前因乏力，下半身发热，至当地医院查空腹血糖9mmol/L，予格列吡嗪治疗，血糖控制不佳。1年前血糖升高，难于控制，空腹血糖12～14mmol/L，周身皮肤瘙痒，下肢灼热难忍，右侧大腿根部刺痛，静坐时明显。上肢关节时有疼痛，无明显口干口渴。

刻下症　双下肢内侧烧灼感明显，惧怕穿衣，夜间不能覆被，坐立难安，平素常以冰袋敷于下肢，双侧大腿根部刺痛。舌淡苔白，脉沉细略弦数。

辅助检查　空腹血糖 8.8mmol/L。

个人史　身高 163cm，体重 47kg，BMI：17.7kg/m^2。

西医诊断　糖尿病周围神经病变。

中医诊断　内伤发热。

中医辨证　阳气郁遏体表。

治法　发散郁火。

处方　升阳散火汤加减：

柴胡 9g　升麻 6g　防风 9g　羌活 15g　独活 30g　葛根 30g　生甘草 9g　炙甘草 9g　白芍 30g　党参 15g

汤剂，水煎服。

患者服药 1 个月后复诊，自诉下身热减轻 50%，大腿刺痛减轻 60%。就诊时餐后血糖已由 1 周前 9.8mmol/L 降至 6.9mmol/L，疗效明显。故原方中加鸡血藤 30g、首乌藤 30g 增强养血活血通络之力，继续守方治疗。以上方加减治疗 3 个月后，双下肢内侧烧灼感及大腿刺痛已基本消失，未再反复。

【病案 6】　仝小林治疗糖尿病周围神经病变 1 例。

患者郭某，男，52 岁，2006 年 12 月初诊。

主诉　血糖升高 12 年，双足热 2 年。

现病史　患者 12 年前体检时发现血糖升高，空腹血糖：9.2mmol/L。当时未服降糖药，仅予以饮食运动控制，因饮食控制差，1 年后开始服用二甲双胍、消渴丸等。2004 年开始出现双足发热，日渐严重，血糖亦波动较大，空腹血糖控制于 9～10mmol/L。现口服二甲双胍 0.5mg，1 日 3 次，拜唐平 1 片，1 日 3 次，格列喹酮 1 片，1 日 3 次。

刻下症　自觉双足发烫，时值寒冬腊月仍不欲穿鞋袜，终日赤足，仅穿拖鞋。胃脘胀满，心烦易怒，眠差，心慌，晨起时汗出甚，二便调。舌红干少津，苔少，脉沉弦。

体格检查　身高 172cm，体重 91kg，BMI：31kg/m^2。

辅助检查　空腹血糖 10.5mmol/L。

既往史　轻度脂肪肝，乙肝小三阳 30 年。

西医诊断　糖尿病周围神经病变。

中医辨证　阳气郁表。

治法　升阳散火，辛开苦降。

处方　升阳散火汤加减：

柴胡 9g　升麻 6g　防风 9g　羌活 15g　独活 30g　葛根 15g　白芍 30g　炙甘草 9g　枳壳 9g　黄连 30g　黄芩 30g　干姜 6g　鸡血藤 30g　首乌藤 30g　炒枣仁 30g　五味子 9g

水煎服。

二诊　患者服药 14 剂复诊，双足发烫减轻 80%，自诉胃脘胀满消失，心烦易怒减轻 80%，睡眠好转 70%。血糖较前下降，空腹血糖 8～9mmol/L。上方加减继服。

三诊　双足发烫已基本消失，未再反复发作。

【病案 7】　仝小林治疗胆石症并发慢性胆囊炎急性发作 1 例[16]。

患者狄某,男,56岁。

主诉 右上腹疼痛反复发作11年,伴高热、呕吐、黄疸1天。

现病史 因右上腹疼痛反复发作11年,发作并伴高热、呕吐、黄疸1天,由门诊以胆石症并发慢性胆囊炎急性发作收入院。入院前一日,进食油腻后出现右上腹剧烈疼痛,向右肩背部放射,往来寒热,体温39.5℃。

刻下症 往来寒热,体温39.7℃,恶心呕吐,口干口苦不欲饮,巩膜及全身皮肤黄染,小便黄赤,大便两日未行,唇红干裂,舌红苔黄,脉滑数。

辅助检查 B超示:胆囊多发结石,慢性胆囊炎。

西医诊断 胆石症并发慢性胆囊炎急性发作。

中医辨证 发热。

中医辨证 胆腑郁热,结石盘踞。

治法 清热排石。

处方 大柴胡汤合茵陈蒿汤加减:

柴胡50g 黄芩24g 姜半夏15g 白芍30g 枳实18g 生大黄6g(后下) 大叶金钱草30g 海金砂30g 鸡内金12g 广郁金12g 茵陈60g 滑石30g(包煎) 生甘草6g 生姜20g 大枣5枚

汤剂,水煎服。

急煎1剂顿服,次晨体温37.8℃,大便2次,腹痛大减,继进1剂,体温复常,后以原方加减调理2周,黄疸退净后,行胆囊切除术。

【病案8】 仝小林治疗左肝叶切除术后积脓患者发热1例[16]。

患者孙某,男性,63岁。

主诉 左肝叶切除术后低热2个月。

现病史 患者B超发现左肝内结石,遂行左肝叶切除术。术后引流不畅,有较多积脓,经多次排脓,仍有少量脓液无法抽出。患者术后低热2个月余,体温晨起正常,下午升至37.5℃左右,伴轻度畏寒,晚6时左右汗出热退。

刻下症 低热,乏力,小便微黄,大便偏稀,舌淡红,苔白厚腻微黄,脉沉弦略滑数。

既往史 胆石症,于1994年底行胆囊切除术。

西医诊断 发热。

中医辨证 胆腑郁热,少阳枢机不利。

治法 和解少阳。

处方 大柴胡汤加减:

柴胡30g 黄芩18g 清半夏6g 枳实15g 赤芍15g 大叶金钱草30g 蒲公英30g 鲜荷叶30g 生姜3片 大枣5枚

汤剂,水煎服。

患者服上方1剂,体温复常,5剂服完,体温一直未再升高。因舌苔仍厚,上方加佩兰叶9g、淡竹叶6g,减柴胡、黄芩用量,继用5剂,舌苔亦退。复查B超积脓消失。

笔者按 病案5、病案6均为升阳散火汤治疗糖尿病周围神经病变,患者出现下肢皮肤温度异常,此为阳气郁遏体表不得发散,以致足发热、烧灼难耐,故予李东垣之升阳散火汤，升散郁火，治阳气郁表，肢热肌灼。方中柴胡为君药，发散少阳之火，一般用量不大，常用9～12g。病案7、病案8发热，且均有往来寒热之象，其病机切合《伤寒论》大柴胡汤证“伤寒十余日，热结在里，复往来寒热者，与大柴胡汤”，仲景在原方中重用柴胡至8两，柴胡为和解少阳之要药，独其能入半表半里之地，清退邪热，若不重用，难以见效。两方重用柴胡为君，病案7甚则用之50g，意在取其专清郁热，此谓量宏而力专。

现柴胡临床用量多在6～12g。但笔者在临证中发现，如遇发热患者，上述剂量难以奏效。应用柴胡和解少阳退热时，一般用量在30g左右，如遇高热不退(39～40℃)，则可用至50g，并同用大枣、生姜，以防其苦寒疏泄太过，可保无虞。柴胡用量不同，则各有攻专，小剂量长于升提引经，一般剂量用以升散解郁，大剂量则重在清热。

半夏

【病案9】 仝小林治疗糖尿病自主神经病变(呕吐、腹泻)1例。

患者高某，女，38岁。2008年4月28日初诊。

主诉 反复恶心呕吐5年，1型糖尿病史12年。

现病史 患者12年前无明显诱因出现消瘦、多饮、多尿，在当地医院检查发现血糖升高，诊断为1型糖尿病。2002年开始出现恶心呕吐并诱发多次酮症酸中毒，严重时出现昏迷，当地医院胃镜检查后考虑为自主神经功能紊乱(胃轻瘫)，予胰岛素泵治疗，血糖控制尚可，恶心呕吐、腹痛腹泻症状未除。

刻下症 恶心呕吐，晨起尤甚。反酸，嗳气味臭，不伴烧心。腹痛腹泻，约1周发作1次，每次发作，日泻10余次。纳眠差。舌淡，苔白，舌底瘀滞，脉细弦涩。

西医诊断 糖尿病自主神经病变。

中医诊断 呕吐、下痢。

中医辨证 中焦虚寒，胃虚气逆。

治法 温中降逆止呕。

处方 附子理中汤合小半夏汤、苏叶黄连汤加减：

附子30g(先煎8h) 干姜30g 茯苓60g 苏藿梗各9g 黄连15g(单包) 白芍30g 炙甘草15g 红参15g(单煎兑入) 清半夏15g

汤剂，水煎服。

二诊 2008年5月5日。服上药7剂，腹泻减轻，腹泻由每日10余次减至2～3次，晨起呕吐程度及次数减轻，进食后呕吐次数明显减少，仍反酸、胃脘烧灼痛，呕吐后减轻。纳眠好转。舌淡红，苔白，舌底瘀滞，脉细弦紧数。

处方 原方加减继服：

附子30g(先煎8h) 干姜30g 藿梗9g 煅瓦楞子30g(先煎) 黄芪45g 桂枝30g 白芍60g 炙甘草15g

汤剂，水煎服。

三诊 2008年5月20日。服上药14剂。腹泻基本缓解，现每日1～2次，多成形，呕吐减轻明显，已1周未发生呕吐。反酸及胃脘烧灼痛消失，纳眠可。上方可继服。以上方加减服用3个月，患者复诊时诉3个月内未发生呕吐，已无不适症状。故可停服中药，以胰岛素治疗为主。

【病案10】 仝小林治疗焦虑伴失眠1例[16]。

患者刘某，女，57岁。2010年5月28日初诊。

主诉 焦虑伴失眠28年，加重10个月。

现病史 患者28年前因事出现焦虑、失眠，于当地医院服用中药及间断服用艾司唑仑治疗。10年前患者焦虑失眠症状加重，终日忧心忡忡，惶恐而不能自已，伴有易汗出，易怒，遂每日睡前服用艾司唑仑治疗，效果一般。4年前因焦虑失眠症状加重，遂于某院精神科就诊，诊断为焦虑症，口服奥沙西泮片25mg，每日1次，多塞平片25mg，每日1次，服用后出现恶心呕吐，头晕症状，遂停用多塞平片，改奥沙西泮片为12.5mg，每日1次，服药期间焦虑失眠症状未见明显改善。3年前出现下肢深部刺痛、烧灼感，夜间卧床时症加重，患者踢腿、活动关节或者按摩腿部后减轻，于某院诊断为不安腿综合征。2009年8月份以来焦虑失眠症状加重，烦躁、出汗，伴有自杀倾向，开始于某院服用中药加氨溴酸西酞普兰片20mg，每日1次，仍终日焦虑不安，夜难成眠。

刻下症 焦虑，急躁易怒，心烦不寐，甚则彻夜难眠，咽中有异物感，心慌，易汗出，头晕，头痛发紧，如戴帽状，双手指麻木疼痛，双下肢遇冷抽筋，有灼热感，大便次数多，食后即泻，小便调，夜尿1次，舌质暗红，苔白厚，舌底瘀，脉弦涩。

西医诊断 焦虑症、失眠。

中医诊断 郁病、不寐。

中医辨证 心肝血虚，痰热内蕴。

治法 养心安神，清化痰热。

处方 黄连温胆合酸枣仁汤加减：

炒枣仁180g 黄连12g 枳实30g 竹茹30g 清半夏30g 白芍45g 炙甘草15g 桃仁12g 生姜5大片

汤剂，水煎服。晚饭后及睡前半小时各服1次。

服药2个月后，患者抑郁症状有所缓解，遂将氨溴酸西酞普兰片改为每日10mg，配合中药治疗。1个月后电话随访，患者失眠情况基本消失，睡眠踏实，晚上能连续睡5h左右，精神较前大有好转，其他症状亦好转。

笔者按 经有云“半夏一两降逆止呕，二两安神催眠”。病案9患者为1型糖尿病自主神经病变，出现呕吐、腹泻等症，方用附子理中汤合小半夏汤温阳降逆止呕，其中半夏1两（经方1两折合今13.8～15.6g），与附片合用，止呕止泻疗效颇佳。本案的最大特点在于半夏与乌头的配伍，尽管“十八反”中明载半夏反乌头，但笔者经过多年临床实践，并认真随访，未发现两药同用引起的毒副作用，且附子长时间煎煮，同时配伍干姜、炙甘草则可制其毒性而留温阳之性。然在此提醒读者，临证若非必须，且无十分把握，还应以安全为先，避免应用反药。病案10患者常年失眠、焦虑，故以大剂量酸枣仁迅速养血安神，现代研究证明，酸枣仁有明显的镇静、催眠作用。方中用半夏30g（约2两），清热化痰，半夏又为调和阴阳之圣品，旨在交通阴阳，使阳入于阴而寐。

【病案11】 吴鞠通治疗失眠1例。

患者秀氏，32岁。产后不寐，脉弦，呛咳，与《灵枢》半夏汤。先用半夏1两不应，次服2两得熟寐。又减至1两，仍不寐；又加至2两，又得寐；又减，又不得寐。于是竟用2两，服七八帖后,以《外台秘要》茯苓饮收功。

评析　半夏具有化痰安神、促进睡眠的功效。最早应用半夏治疗失眠的经验见于《灵枢·邪客》:"……饮以半夏汤一剂,阴阳以通,其卧立至。""其病新发者,覆杯则卧;汗出则已矣。久者,三饮而已也。"然而用半夏治疗失眠时,用量必须足够。本案吴鞠通始用半夏1两(37.5g)无效,于是他将半夏的用量增至2两(75g),患者服药后得熟寐。吴鞠通知道,半夏毕竟为有毒之品,如此大的用量,应当中病即止,或中病即减。所以次日吴鞠通将半夏用量减回1两。但患者服药之后,不能入睡,失眠重又出现。这种变化充分说明半夏的用量不够,于是吴鞠通再次将半夏的用量增至2两。患者服药以后能够熟睡。这时吴鞠通又将半夏减至1两。可是1两半夏再一次显示无效。吴鞠通不得不第3次将半夏的用量增至2两,患者服药后又能够安然入睡。经过这几次加减反复,吴鞠通掌握了最佳有效剂量,于是每剂用半夏2两,让患者服至七八帖,其病告愈。前面几次共用7两半夏,与后面七八帖相加,本案累计起来,患者在十三四天的时间里共服半夏21～23两(787.5～862.5g)。本案不仅说明用半夏治疗失眠,必须大量应用,也说明在诊断、辨证、选方准确的基础上,准确控制药量是取得良好治疗效果的十分重要的一个环节。

有不少医家撰文谈重用半夏治疗失眠的经验。例如,有一位医生在《内经》半夏秫米汤的启发下,学习吴鞠通重用半夏治疗失眠的案例,谨慎地从15g用起,效果不显著,后来增至每剂30g,开始见到疗效。经过多年实践,摸索出半夏治疗失眠的有效剂量在每剂45g以上。而对于严重病例,一般用90～120g,几无不效者,如一糖尿病顽固失眠者,整日整晚不能入睡,屡用各种中药不效。每剂用清半夏120g,当晚熟睡6h。接着连续用药1个月余,失眠顽疾告愈。

常常遇到有人提出这样的问题,说《内经》记载用半夏秫米汤治疗失眠,可以获得"其卧立至"、"覆杯而卧"的效果,可是为什么他用半夏治疗失眠,却见不到很好的疗效呢?当我们读了吴鞠通的这则医案,以及记载用大剂量半夏治疗失眠的文献,才意识到问题可能出在用量上。《灵枢·邪客》记载半夏秫米汤中半夏的用量为"五合",亦即半升。我们曾取半夏半升(100ml)进行实物称重,得64g。这个用量与上面吴鞠通医案中半夏的用量相近。原来人们之所以用半夏治疗失眠罔效,主要是因为药量不够。由此联想到青蒿治疗疟疾的问题。《肘后备急方》记载了用青蒿治疗疟疾的方法,可是后人用青蒿治疗疟疾多无效。难道是葛洪的记载有误?其实是后人没有掌握好用量。按照《肘后备急方》记载:"青蒿一握,以水二升渍,绞取汁,尽服之。"青蒿一握,用的是青蒿的地上部分,即青蒿的茎叶。青蒿茎圆柱形,上部分枝,长30～80cm,直径0.2～0.6cm。由于《肘后备急方》记载的制取方法是"水渍绞取汁",所以它用的应该是鲜青蒿。青蒿地面部分高30～80cm,估计一握青蒿的重量可能为300～500g。后世用干燥的饮片治疗疟疾,每剂用量常常为10～30g,难怪不效。笔者认为古人记载的医药经验都是从实践总结出来,必有事实基础,"古人不我诬也"。

现代药理学研究证明,半夏能显著抑制中枢神经系统的兴奋性。虽然不少人提出用半夏治疗失眠,需要大剂量应用,但亦有不少报告,在治疗失眠时,采用较小剂量的半夏(10～15g)治疗失眠,也能取得疗效。另外,由于半夏有一定毒性,所以有临床医生指出,半夏若用蜜炙,可使其毒性大为降低。

大黄

【病案12】 仝小林重用大黄治疗糖尿病肾病1例。

患者荀某,男,62岁。2007年11月15日初诊。

主诉 糖尿病20年,糖尿病肾病5年。

现病史 1987年因多饮、多食、多尿伴消瘦查,查FBG:13.764mmol/L,先后服用甲苯磺丁脲片、格列本脲、二甲双胍、中药自制剂,血糖控制不佳,最高达20mmol/L,因酮症住院治疗。2002年改用猪胰岛素治疗,血糖控制仍不佳,2006年改用诺和灵,血糖控制在7mmol/L左右。

刻下症 时乏力,视物模糊,手足麻木,耳鸣。纳眠可。便秘,需服泻药方得便,2~3日1行,小便泡沫多,夜尿2次。舌淡红、苔黄厚腻,脉弦硬略数。

既往史 高血压病2年,视网膜血管瘤3年。

家族史 母亲、妹妹均患糖尿病。

辅助检查 FBG:5.96mmol/L,BUN:11.42mmol/L,Cr:218.6μmol/L,Na^+:133.2mmol/L。尿常规:尿蛋白:(++),尿酮体:(+)。BP:185/100mmHg。

西医诊断 糖尿病肾病。

中医辨证 肾阳虚损,肾络瘀阻,开阖不利,生湿生浊,久则蓄积成毒。

中医治疗 活血化瘀,利湿泻浊。

处方 大黄附子汤加味:

生大黄15g(单包) 水蛭粉9g(分冲) 泽兰30g 泽泻30g 益母草30g 金樱子30g 山茱萸30g 黄芪30g 当归30g 蝉蜕9g 僵蚕9g

水煎服。

嘱患者若大便一日3次以上,便稀,则生大黄用量自行减半。

二诊 近期出现低血糖,每周1次,凌晨易发,胰岛素减半。辅助检查:FBG:4mmol/L,2hPG:10mmol/L,HbA1C:5.8%。BP:130/80mmHg。处方以上方加生山楂30g、生大黄20g(单包)。

三诊 2008年2月18日。左侧肢体麻木,双下肢水肿,纳眠可,大便日行2~3次、不成形,小便有泡沫,夜尿1次。处方以初诊方加淮山药30g、芡实30g、鸡血藤30g、水蛭粉15g。

四诊 2008年3月17日。左侧肢体木好转,双下肢仍水肿。乏力明显,排便不爽、日行1次、质可,小便泡沫减少、夜尿3~4次。处方以初诊方水蛭粉增至15g,茯苓增至60g,生大黄增至20g,黄芪增至45g,加元明粉6g(分冲)。

五诊 2008年4月28日。肢体麻木基本消失。乏力好转。双下肢仍有水肿。眠可。大便日行2次,夜尿2~3次,小便有少量泡沫,自行将黄芪减为30g,左下肢溃疡1个月余。

处方 黄芪30g 党参15g 鸡血藤30g 当归15g 水蛭粉6g(分冲) 金樱子30g 生大黄20g 泽兰5g 泽泻5g 茺蔚子30g

水煎服。

六诊　2008年6月2日。服上方后口渴，饥饿感消失。双下肢微有浮肿，较前明显改善。舌黄微腻、舌底瘀，脉弦硬滑数。处方以上方加荷叶30g、黑附片6g，生大黄减为15g、水蛭粉加至15g（分冲）。

七诊　2008年7月7日。服上方35剂，效果堪佳。双下肢轻微浮肿，大便日行2次，夜尿2次。BP：140/70mmHg。辅助检查：HbA1C：6.4%，BUN：11.62mmol/L，Cr：168.3μmol/L。舌底瘀滞、舌根部苔厚腻，脉偏弦滑数硬。

处方　生大黄15g（单包）　附子6g　鸡血藤30g　水蛭粉15g（包煎）　黄芪30g　当归15g　熟地15g　山茱萸15g　茺蔚子30g　泽兰15g　泽泻15g

水煎服。

八诊　2008年8月11日。周身乏力好转。纳眠可。大便调、日行2次。余无明显不适。舌底瘀，苔厚腐略干，脉弦滑。辅助检查：BUN：11.05mmol/L，Cr：172.8μmol/L，24h尿蛋白定量：2.303g/24h。

处方　生大黄15g（单包）　附子6g　茺蔚子30g　泽兰30g　泽泻30g　钩藤30g（后下）　地龙30g　黄芪30g　当归15g　肉桂15g　山茱萸15g

九诊　2008年9月8日。周身乏力好转，下肢轻微水肿。纳眠可。便色深、不成形、日行2～3次，小便总量约2000ml，夜尿2次。9月6日于当地医院接受眼底激光治疗2次，未觉不适。舌底瘀斑、中部苔厚，脉弦硬略滑数。

处方　生大黄30g　附子10g　黄芪30g　党参30g　丹参30g　鸡血藤30g　肉桂15g　山茱萸15g　益母草30g　泽兰15g　泽泻15g　芡实30g　金樱子30g　淮山药30g

制粉剂，一次9g，一日3次，服1个月。

【病案13】 仝小林治疗糖尿病肾病1例。

患者，男，47岁。

主诉　腰酸痛，蛋白尿1年。

现病史　患者12年前诊为糖尿病，1年出现蛋白尿，腰酸痛，诊为糖尿病肾病。

刻下症　腰部酸痛沉重，下肢无水肿，夜尿频，3～4次/晚。舌暗，舌底瘀闭，脉沉弦滑数。

辅助检查　24h尿蛋白定量1.37g，三酰甘油：2.54mmol/L，糖化血红蛋白：6.2%，Cr、BUN均在正常范围。

西医诊断　糖尿病肾病。

中医辨证　肾络瘀损，精微泄漏。

治法　疏通肾络，固涩精微。

处方　抵当汤加减：

酒大黄6g（包煎）　水蛭粉3g（分冲）　丹参30g　黄芪45g　三七9g　红曲15g　芡实30g　金樱子30g

水煎服。

复诊　患者服药2个月，腰酸痛缓解，查24h尿蛋白定量：0.405g，三酰甘油：1.54mmol/L，糖化血红蛋白：6.3%。

笔者按 病案11患者罹患糖尿病20年,糖尿病肾病5年。基本病机为久病后肾阳虚损,肾络瘀阻,开阖不利,生湿生浊,久则蓄积成毒。遣以大黄附子汤,其为《金匮要略》方剂,原治中阳不足,寒结成实之腹痛,因其切合阳虚并有实邪停滞之病机,故以之为治疗糖尿病肾病的主方。重用生大黄其意不在通下热结,而在排泄浊毒,使邪有出路,以尽快减轻浊毒对肾络的损伤。《药品化义》云:"大黄气味重浊,直降下行,走而不守,有斩关夺门之力,故号将军。"药理学研究表明,大黄能有效减轻氮质血症,可用于慢性肾衰竭的治疗。在用大剂量大黄时必须注意观察患者大便的次数和形态,若出现腹泻,需嘱患者及时减量甚至停药。与病案11比较,病案12患者的糖尿病肾病较轻,Cr、BUN均在正常范围,此处用大黄6g,并非荡涤胃肠、排泄浊度,而是与水蛭粉配伍活血化瘀,故用量较轻。

经长期临床实践,笔者认为不同剂量大黄其功效有所不同,治疗糖尿病并发微血管病变(肾病、眼底病变等),以大黄活血化瘀,用于抵当汤中常用3~6g;用大黄通便,常用9~15g;若治疗糖尿病肾病即将透析的患者时,用大黄附子汤,大黄15~30g。

2. 同一处方治疗不同疾病,其用量可能不同

半夏泻心汤

【病案14】 仝小林治疗痤疮1例[17]。

患者,女,23岁。

主诉 面部痤疮5年,便秘3年。

现病史 面部痤疮5年前出现,逐渐加重,月经期间更加严重。

刻下症 乏力,精神疲惫。眠差,无食欲,大便4~5日一行。舌淡红,苔微腻,脉弦细沉偏弱。

西医诊断 痤疮。

中医辨证 脾虚胃滞。

治法 调理脾胃。

处方 半夏泻心汤加减:

清半夏15g 黄连6g 黄芩9g 党参15g 厚朴30g 枳实30g 酒大黄15g 炙甘草15g 生姜5大片

汤剂,水煎服。

患者服药14剂,自诉面部痤疮减轻80%,便秘明显好转,大便日行1次,精神转佳,睡眠改善。

【病案15】 仝小林治疗糖尿病1例[17]。

患者,女,57岁。

主诉 血糖升高6年。

现病史 6年前因呕吐至医院查空腹血糖(FBG)9.6mmol/L,诊断为糖尿病,服格列喹酮片,血糖控制不理想。

刻下症 胃胀,无食欲,时眠差,多梦,大便干,1~2日一行。舌细颤,苔薄白,舌底瘀,脉沉略弦。

辅助检查　空腹血糖:12.14mmol/L,餐后2h血糖:16mmol/L,糖化血红蛋白:8.9%。

西医诊断　2型糖尿病。

中医辨证　脾虚胃滞。

治法　补脾清胃。

处方　半夏泻心汤加减:

清半夏15g　黄连45g　黄芩30g　干姜12g　党参30g　知母30g　枳实15g　炒白术30g　酒大黄6g　炒酸枣仁30g　炙甘草15g

汤剂,水煎服。

患者服药45剂,胃胀基本消失,睡眠正常,大便正常,每日1次。查空腹血糖:7.8mmol/L,餐后2h血糖:9.8mmol/L,糖化血红蛋白:7.2%。

以上方加减,继续服用2个月余,血糖控制达标。

笔者按　上述两案虽均以半夏泻心汤调和脾胃,然病案14所治之病为痤疮,黄连、黄芩小剂量调理即可收功,病案15所治之病为糖尿病,调和脾胃同时,重在清胃热,降血糖,黄连、黄芩若用以小剂量则于降糖无益。中药与化学药物一样,在剂量与疗效之间存在着一定的规律。很多中药只有当达到一定剂量时才能发挥某种功用。

(二)因势施量

吴鞠通言"治外感如将,治内伤如相",因外感病,其来疾,其变速,病势较急,故治外感"兵贵神速,机圆法活,去邪务尽,善后务细,盖早平一日,则人少受一日之害"。内伤病,其来渐、其势缓,故治内伤"坐镇从容,神机默运,无功可言,无德可见,而人登寿域"。不仅提示了外感病与内伤病的不同治疗原则,也提示了不同病势决定不同治则,因而用药策略不同。危笃重症,需防顷刻间病势突变,故而对急重症,关键是要迅速扭转病势,一两剂可化险为夷,以冀生还的希望,用量往往要大,方能力挽狂澜。如少阴病三急下,用大黄四两、厚朴半斤、芒硝三合急下以存阴,防止阴津枯竭;通脉四逆汤证,阳微欲亡,故以附子大者一枚、干姜三两急以回阳通脉救逆。而病势和缓者,病情相对稳定,甚至较长一段时间内不会发生变化,故用量亦可平缓,求缓慢之中而渐收其功。如肝硬化,在较长一段时间内病情平稳,治疗取效亦非朝夕之事,需抽丝剥茧,故宜以和缓剂量长期调理。

1. 重剂治疗急危重症病案赏析

【病案16】　曹颖甫用大剂大黄牡丹汤治疗肠痈1例[18]。

姜佐景按:史惠甫先生,住上海城内方浜路七七五号三楼。史惠甫君前以病来诊,曰:我时患腹痛,药则少瘥,隔日辄发。医者以为疝气,常用理气之剂云云。腹痛偏右,瘥而复发,便燥结。

余细诊之,乃肠痈也,即西医所称盲肠炎、腹膜炎之类是。当用药攻之。稍瘥,数日又发。处方大黄牡丹汤。

生川军钱半,元明粉三钱(冲),桃仁二钱,丹皮二钱,败酱草三钱,生苡仁,熟附块一钱,枳实炭二钱,大白芍二钱,佛手钱半。

此四月十八日方也，服三剂，所下甚多，腹痛大减。至二十五日，仅觉患处隐隐作痛矣。

易医治之，与以疏泄厥气之剂，方为：

软柴胡钱半，枳实炭二钱，大白芍二钱，青陈皮各钱半，茯苓三钱，香附二钱，金铃子三钱，炙乳没各八分，小茴香八分，炙枸橘三钱，青橘叶钱半，路路通三钱。

服后一日，病无进退。二日，腹胀转剧，又来请诊。察之，向之腹偏右胀痛者，今则满腹左右皆胀矣，隐隐痛，按之不甚有反抗力，大便不爽，病者蹙相告曰：将如之何？

余曰：无虑，前方尚可用。经文中"腹皮急，按之濡"六字，确是形容尽致，不能更易。乃书曰："肠痈旋瘥旋发，刻诊小腹四围作胀，按之濡，隐隐痛，大便不爽"，再拟原法：

生川军三钱，粉丹皮三钱，冬瓜子四钱，芒硝三钱（冲），桃仁三钱，败酱草三钱，熟附块钱半，大白芍四钱，焦楂炭三钱，细青皮钱半。

此方午刻服下，下午无动静，至夜半方欲便，下秽物甚多。次日又来诊，曰：下后腹中略舒矣。余视之，病虽减其一二，殊不了了。曰：昨方虽合，尚嫌轻也。史君曰：然则如之何？曰：当请吾师用重方，君有胆量服之否？曰：愿听命。乃谒师，作初诊。

曹颖甫师医案：初诊肠痈屡经攻下，病根未拔。昨由姜君用大黄牡丹汤，腹胀略减。

以证情论，仍宜攻下，仍用原法加减，大黄牡丹汤加当归、赤豆。

生川军五钱（后入），冬瓜仁一两，桃仁八十粒，粉丹皮一两，当归五钱，芒硝三钱（冲），杜赤豆四两（煎汤浓，后入前药）。

姜佐景按：史君持本方至药铺配药，铺中人有难色。曰：安用若许剧药耶？史君曰：毋虑，此种药予已屡服之矣。铺中人曰：然则此郎中年几何矣？曰：七十余龄矣。曰：然，是诚有经验学问之医也。乃慨予药。据史君言，服后四小时即得便下，较向之服予方用大黄三钱，须逾十小时方得下者，爽快多矣。其夜所下最多，皆黑色臭秽之物。更衣频数，至不可数。而快下之后，腹痛大减，肿胀亦消，次日乃来二诊。

二诊　昨用大黄牡丹汤加当归、赤豆。服汤后，肠中有水下行，作漉漉声。所下黏腻赤色之物，非脓非血。

此种恶浊久留肠中，必化为黑色之河泥状。盖此证肠中必有阻塞不通之处，故谓之痈。痈者，壅也。然则不开其壅，宁有济乎？病根未拔，仍宜前法减轻。

生川军三钱，丹皮五钱，桃仁五十粒，当归五钱，冬瓜仁一两，赤芍五钱，芒硝二钱（冲），败酱草五钱，杜赤豆四两（煎汤，后入前药）。

姜佐景按：史君服此方凡二日，计二剂，夜间皆大下，甚至疲于奔波床第与便具之间。所下除河泥状污物外，更有白色之脓水。下此水时，每作剧痛。史君自曰：计吾三日夜所下之物，当已满一器有半。吾腹虽大，乃何来若许污物，斯亦奇矣！

第三日，史君服此原方，余亲访之于其私宅。史君曰：我昨未告老师以所下之物如何泥状，而老师立案，乃径曰："必化为黑色之河泥。"噫，何其神也！余笑颔之。因忆某日有徐先生（先生亦尝从师游）者尝来谒师，曰："家慈以肠病弃养矣。时余以事远羁他方，未克侍侧。中医以药攻之不下。西医剖开肠之一角，见肠中所蓄，非为燥矢，乃尽属如河泥状之物。于是施术取去污物，病暂愈。乃不幸又二月余而弃养。"于此可见西医之治疗肠痈，虽见效于一时，而终不足恃，忽其本而务其末，倘死者有知，能不饮恨九泉乎？

坐谈有顷，因询史君以得病之由。曰："昔年患病，常不服药。家严笃信仙佛，每以香灰令服，病因其在此乎？"但斯时史君所下者，已由黑色渐变为紫红之咖啡色矣。

三诊　两进加味大黄牡丹汤，肠中宿垢渐稀。唯脐右斜下近少腹处按之尚痛，则病根尚未尽去也。

仍用前法减硝、黄以和之。

粉丹皮一两、冬瓜子一两、生苡仁一两、桃仁泥五钱、败酱草五钱、京赤芍六钱，生甘草二钱，当归五钱，桔梗三钱，杜赤豆四两(煎汤代水)。

姜佐景按：史君服此凡六剂，所下之物，渐由咖啡色转为绿色。而绿色之中更杂有如蚕砂之黑粒。少腹痛处较瘥，唯上行之筋反觉微微牵引不舒。六剂之后，停药二天，乃行四诊。

四诊　肠痈近已就痊，唯每日晨起大便，患处尚觉胀满，时时头晕，脉大。

患处尚觉胀满，恐系夙根未除。然下经多次，血分大亏，时时头晕，脉大，虚象也。当以补正主治，佐以利下焦水道。

大川芎一两，全当归五钱，大熟地四钱，春砂仁一钱，赤白芍各三钱，猪苓三钱，明天麻四钱，陈皮三钱，泽泻二钱，生白术五钱，冬葵子五钱。

姜佐景按：史君服此补正分利之剂后，前之大便时痛者，今已不痛矣。且其前色绿者，今亦转黄矣。唯七分黄之中，仍有三分绿耳。史君前有遗精宿恙，此时又发，唯遗后绝不疲劳。

或系本方分利药太重之故欤？唯遗后绝不疲劳，则亦无妨焉。

瘥后，史君踵予道谢。曰：承先生等诊视，吾之恶疾已痊愈矣。溯我未遇先生之前，历访中外名医，祈祷远迩神祇，二年于兹，所费时间金钱，不可数计。顾又以此辞业，未获小效。苟早知先生，则二年之劫运岂非可免乎？虽然，今日若是，亦不幸中之大幸矣。史君又曰：我以老师之方，示我亲友，亲友无不咋舌。以剧药而用剧量，彼辈未之前睹也。余曰：剧药所以治剧病，方今举世滔滔，病家之讼医家者，日有所闻，故时流习为轻剂，驯至剧药无敢尝试，剧病无由以起，悲夫！

姜佐景又案：惠甫曾大病三次，皆属于肠，本案所载乃第一次也。其后二次，亦由吾师生共愈之。嗣是惠甫识医药之保身，乃毅然弃业，从师习医。寒暑尚未三易，而惠甫已成医界通人矣。故我称惠甫或曰先生，或曰君，或曰师兄者，先后关系不同故也，兹姑悉仍其旧。

笔者按　如曹颖甫先生言"剧药所以治剧病"，在治疗急危重症时剂量和疗效的关系更加密切。在《经方实验录·麻黄汤证其一》篇中，曹颖甫用麻黄一钱、桂枝一钱、炙草八分、杏仁三钱，治疗形寒、发热，无汗而喘之外感一例，姜佐景按："此吾师早年之方也，观其药量之轻，可以证矣。师近日所疏麻桂之量，常在三五钱之间，因是一剂即可愈疾。师常诏余侪曰：予之用大量，实由渐逐加而来，非敢以人命为儿戏也。夫轻剂愈疾也缓，重量愈病也迅。医者以愈病为职者也，然则予之用重量，又岂得已也哉？"可见，方药剂量与病情轻重和愈病时间紧密相连，正所谓"该出手时就出手"，迅速撼动病势，已收全效。

【病案 17】　吴鞠通用麻黄附子甘草汤治疗周身水肿 1 例。

初五日，经谓病始于下而盛于上者，先治其下，后治其上；病始于上而盛于下者，先治其上，后治其下。此病始于上肿，当发其汗，与《金匮要略》麻黄附子甘草汤。

麻黄二两(去节)，熟附子一两六钱，炙甘草一两二钱。

煮成五饭碗，先服半碗，得汗，止后服，不汗再服，以得汗为度。

此方甫立未分量，陈颂帚先生一见云："断然无效"。予问曰："何以不效?"陈先生云："吾曾用来"。予曰："此在先生用，诚然不效，予用或可效耳"。王先生名谟云："吾甚不解，同一方也，药止三味，并无增减，何以为吴用则利，陈用则否，岂无知之草木，独听吾兄使令哉?"予曰："盖有故也。陈先生性情忠厚，其胆最小，伊恐麻黄发阳，必用八分；附子护阳，用至一钱以监制。又恐麻黄、附子皆剽悍药也，甘草平缓，遂用一钱二分，又监制麻黄、附子。服一帖无汗，改用八味丸矣。八味阴柔药多，乃敢大用，如何能效?"病者乃兄陈荫山先生入内室，取二十八日陈颂帚所用原方分量，一毫不差，在座者六七人，皆哗然笑曰："何先生之神也。"予曰："余常与颂帚先生一同医病，故知之深矣。于是麻黄去净节用二两；附子大者一枚，得一两六钱，少麻黄四钱，让麻黄出头。甘草一两二钱，又少附子四钱，让麻黄、附子出头；甘草但镇中州而已"。众见分量，又大哗曰："麻黄可如是用乎?"予曰："人之畏麻黄如虎者，为其能大汗亡阳，未有汗不出而阳亡于内者。汤虽多，但服一杯，或半杯，得汗即止，不汗再服，不可使汗淋漓，何畏其亡阳哉?"但此证闭锢已久，阴霾太重，虽尽剂未必有汗，予明日再来发汗。病家始敢买药。而仙芝堂药铺竟不卖，谓想是"钱"字，先生误写"两"字，主人亲自去买，方得药。服尽剂，竟无汗。

初六日，众人见汗不出，佥谓汗不出者死，此证不可为矣。余曰："不然，若竟死症，鲤鱼汤不见效矣。"予化裁仲景先师桂枝汤用粥发胃家汗法，竟用原方分量一帖，再备用一帖。又用活鲤鱼一尾，得重四斤，煮如前法，服麻黄汤一饭碗，即接服鲤鱼汤一碗，汗至眉上；又一次，汗出上眼皮；又一次，汗至下眼皮；又一次，汗至鼻；又一次，汗至上唇。大约每一次，汗出三寸许，二帖俱服完。鲤鱼汤一锅，喝一昼夜，亦服尽，汗至伏兔而已，未过膝也，脐以上肿俱消，腹仍大。后间用五苓散、五苓散加人参调理旬月而愈。(清·吴瑭《吴鞠通医案》中国医药科技出版社.2012年1月第1版，110～112页)

评析 此案记录十分全面、详细，充分反映了药物用量的重要性，反映了明显的量效关系。案中对临床表现记载不详，不过从案中可以看得出是周身水肿，遍及头面四肢，始发于头面。按照内经和张仲景的原则，当发汗消肿。陈颂帚先生治之于前，采用《金匮要略》的麻黄附子甘草汤，方用麻黄八分(3.0g)，附子一钱(3.7g)，甘草一钱二分(4.4g)，无效。本案后面的治疗经过证明，陈先生立法选方正确，但其人"性情忠厚，其胆最小"，他担心麻黄发越人体阳气太过，所以仅用八分；另外用附子一钱，监制麻黄发越阳气的反应。因为麻黄发越阳气，有汗多亡阳之虞。而且，陈先生认为麻黄、附子都是性质剽悍的药物，所以又用甘缓的甘草来监制之，而且用量为一钱二分，超过麻黄和附子的用量。我们知道，甘草甘缓，能够缓和药性，麻黄得之，发汗之力减缓；大黄得之，泻下之力减缓。所以，《伤寒论》麻黄汤中的麻黄用三两，桂枝用二两，甘草仅用一两，如此安排用量，才能发散太阳寒邪。像陈颂帚先生这样的用量，显然不能发散在表的水气，服后自然无效。

吴鞠通认为陈氏辨证、选方无误，但是用量不够，遂改用麻黄二两(75g)，熟附子一两六钱(60g)，炙甘草一两二钱(45g)。这里有两点要指出：其一，吴鞠通用的是去净节以后的麻黄，用量更大于未去节的麻黄。其二，吴鞠通对于剂量的斟酌，使麻黄的用量大于附子，充分发挥了麻黄作为君药的作用。而甘草的用量最小，“但镇中州而已”，用甘草仅仅是为了保护中焦脾胃。吴鞠通这样的药物用量是很大的。开始写处方的时候，吴鞠通没有给出药量。待到他把剂量写出来，众人一见哗然，说“麻黄可如是用乎？”麻黄可以用这么大的剂量吗？吴鞠通回答说，人们好像畏惧老虎一样畏惧麻黄。人们之所以畏惧麻黄，是因为麻黄有可能引起大汗，进而导致亡阳。可是如果根本就没有引起出汗，或者汗出很少，那怎么会引起亡阳？药物用量虽然很大，可是吴鞠通认为该病例表闭日久，阴邪太重，即使把1剂药全部服下，亦未必能够出汗。如果是这样，次明继续用药发汗。

吴鞠通本案麻黄附子甘草汤诸药用量甚大，不过他并非孟浪之人，在服法上对药量进行了控制。“汤虽多，但服一杯，或半杯，得汗即止，不汗再服，不可使汗淋漓。”全方药物总量约180g。从本案记载，我们看不出来加水量多少，煮取多少，不过估计应该在3～5杯以上。案中记载每次仅服1杯，或者仅服半杯，也就是每次服用全部药液的1/5～1/3，或者甚至仅仅服用全部药液的1/10。如果仅仅服用全部药液的1/10，则单次麻黄服量仅为7.5g。虽然是超大量用药，但是分为多次服用，这样就从全过程把握了药物用量，既可以进行性地逐步取得疗效，以至于获得最佳疗效，也能够保证用药安全。这是控制临床药物用量的一个很好的方法，张仲景的著作多次用到这个方法。

麻黄等药物的用量虽然如此之大，然一剂服尽，竟如吴鞠通所言，根本就没有发出汗来。下一步应该如何处理？吴鞠通这时学习张仲景桂枝汤啜粥鼓舞脾胃、补充汗源的办法，仍用原方分量，准备好了二帖药，先煮服一帖，另一帖备用。此外用活鲤鱼一尾（重四斤，约2.4kg）煮汤。让患者先服一碗汤药，接着服一碗鱼汤。服完以后，患者眉毛以上的头部出了汗。又让患者依次服一碗药汤、一碗鱼汤。服完以后，汗出就到了眼皮。接着第三轮、第四轮服汤药和鱼汤，汗分别到了鼻、唇。大约每一轮服药，汗出部位往下进三寸许。把全部二帖药和一锅鲤鱼汤喝完，花了整整喝一昼夜的时间，汗出部位才到大腿，止于膝关节上方，没有过膝；这时脐以上部位的水肿全部消失了，但腹部仍然是肿胀的。计算起来，患者在一日24小时里服下的麻黄为150g，熟附子120g，炙甘草90g。

脐以上部位的水肿消失，腹部仍然肿胀，这说明外表的水气消退了，但是还有里水。所以吴鞠通没有再用麻黄发汗消肿，而是转方用五苓散，或五苓散加人参，调理旬月，病告痊愈。

本案说明在病重的情况下，药物用量宜大；即使辨证选方无误，但是如果药量太小，也不会取得疗效。不过，由于是超大量用药，所以还会分为多次服用才好，这样就能够很好地把握药物用量，既能取得最佳疗效，又能保证用药安全。顺便说一句，今人对于“经方药物计量采用东汉官制，1两约合今13.8g”的观点往往不能接受，以为如此计量，药物用量太大。其实汉唐汤剂都是大剂量，即庞安时所谓的“大汤剂”。不接受大汤剂的人们，如果看到吴鞠通的这则医案，其中麻黄的日服量达到75g之重，或许就会放下观点上的执着。

【病案18】 吴鞠通用桂枝汤治疗太阳中风1例

丁丑年六月十三日，吴，四十岁。

先暑后风，大汗如雨，恶寒不可解。先服桂枝汤一帖。为君之桂枝用二两，尽剂，毫无效验。次日用桂枝八两，服半帖而愈。（鞠通自医）

评析 这是吴鞠通治疗他自身疾病的一则医案。感受风邪，用桂枝汤治疗，桂枝用量为 2 两(75g)。这个用量虽然很大，但是服药后，没有出现任何效果。第二天，吴鞠通将桂枝的用量增至 8 两(300g)。这一次他仅仅服了半剂，桂枝服量为 150g，病就好了。从这则医案可以看出：其一，医生只要确认辨证无误，那么在用药无效的情况下，一般应该增大药量。其次，桂枝汤的日用量范围很大。张仲景《伤寒论》桂枝汤，如果按一般情况下每日 1 剂计算，桂枝的日服量为 3 两合今约 41.4g。在病情特别严重的情况下，桂枝的日服量可以到达 124.2g。吴鞠通在本案中的桂枝用量，即使按他的半剂计算，也突破张仲景的用量。本案不仅证明桂枝的起效剂(阈剂量)有时很高，而且也证明桂枝的安全用量范围很广。

【病案 19】 岳美中重用金钱草治疗尿路结石并左肾功能消失 1 例[19]。

患者，男，61 岁。1962 年 1 月 26 日就诊。

主诉　尿路结石 3 年余，左肾功能消失 2 个月。

现病史　“石淋”(尿路结石)频发，1958 年曾排出过结石，1961 年又排出小结石 9 块；同年 10 月肾造影检查，左肾功能消失，疑仍有结石存在，不显影。主张摘除左肾，患者不同意，要求中医治疗。

刻下症　左下腹常有时隐时现的轻度不适感，晚喜敞户而睡，腰以下不欲覆衣被，饮食嗜食辛辣，体格虽丰硕，因年来事物日繁，并多内宠，常赖药物维持精力。脉象左寸弱，关大，尺重按不足；右寸力小，尺浮大，重按空豁；舌苔白腻。

西医诊断　泌尿系结石。

中医诊断　石淋。

中医辨证　老年命火偏亢，耗损真阴，并蕴有湿热，致使下焦熬炼结石，肾功能消失。

治法　清热化湿。

处方　金钱草 60g　海金砂 15g　六一散 18g(包煎)　冬葵子 15g

汤剂，水煎服。

二诊　2 月 8 日。服药后小便畅多，左下腹不适见轻，舌苔白腻见化，两脉视前为数，右尺仍大于左，感觉疲倦。前方加入补肾之品。处方：

金钱草 120g　冬葵子 15g　六一散 24g(包煎)　杜仲 9g　川牛膝 9g

三诊　2 月 15 日。疲倦稍好，小便畅多，左下腹仍有隐约不适感，舌苔薄白，左脉视前有力，右脉亦趋缓和，原方加入滋阴之味以平亢阳，并杜绝长期服分利药物之弊。处方：

金钱草 120g　六一散 24g(包煎)　冬葵子 15g　川杜仲 9g　川牛膝 9g　车前子 12g　大生地 12g　麦门冬 12g

四诊　2 月 24 日。左下腹不适一度转为疼痛，左下腰部有痛感，旋即消失，小便畅多，3d 前左脉转大带弦；刻诊左下腹又转为不适，左脉弦象已不明显，舌苔根部略腻，舌前半部有薄黄苔，精神情绪均好。意目前脉象及下腹疼痛，可能是结石下移之征兆。前方加味并增重其量再进。处方：

金钱草 150g　海金砂 30g　滑石 30g　川牛膝 9g　杜仲 9g　车前子 9g　瞿麦 9g　萹蓄 9g　大生地 15g　南沙参 12g　甘草梢 3g

五诊　3月3日。上方3剂后，小便内一度有沙粒呈现，7～8颗，如蚕矢般大，储便器内之小便尚有极细小泥沙样沉淀。左下腹不适并未因此消失，精神形色俱佳，左尺脉已现有力，舌中根部苔浊尚未全清。前方消息进治。处方：

金钱草180g　海金砂45g　滑石30g　川牛膝9g　川杜仲9g　车前子12g　南沙参18g　石韦9g　甘草梢3g

六诊　3月7日。服药后未见有沙粒出现，小便畅多。因事繁忙，精神略感疲乏，两脉未有变化，胃纳尚佳。前方略减药力再进。处方：

金钱草180g　海金砂45g　滑石18g　甘草梢3g　杜仲9g　车前子24g　石韦9g　南沙参18g

七诊　3月10日。昨起感冒，稍有鼻塞、咳嗽，站立过久左下腹仍感不适，小便畅多，胃纳尚佳，睡眠好，唯两脉略呈数大。前方去沙参再进。

八诊　3月20日。旬日来小便畅多，有时夜尿3～4次，左下腹不适已消失。3日来左手背旧风湿痛又起，手指活动稍受影响，自觉身热，稍有咳嗽，舌苔薄白，两脉数。用西药与针刺调理身热兼风湿痛，中药仍宗前方加减治之。处方：

金钱草180g　海金砂45g　块滑石18g　甘草梢3g　川牛膝9g　川杜仲9g　大生地15g　石韦9g　车前子24g

九诊　3月22日。身热已退，咳嗽亦减，左手背风湿痛未痊愈，手指活动已能自如，小便畅多，左下腹又复不适，两脉数象已去，舌苔中部略白腻，夜睡仍须敞户，下肢不盖衣被。前方平安，拟向前迈进一步。处方：

金钱草210g　海金砂30g　块滑石12g　甘草梢3g　小木通3g　车前子12g　瞿麦9g　萹蓄9g　石韦9g　川楝子9g　川牛膝9g　川杜仲9g　王不留行9g　大生地15g　沉香1.5g（为末冲服）（今按：肾功能不全之患者，应禁用木通）

十诊　3月29日。小便畅多，左下腹不适消失，唯会议频繁，睡眠时间减少，精神略呈倦息。据述上方第3剂后，性功能减弱，恐系久服苦寒直折盛阳所致。刻两脉缓和，右尺仍大于左，肝胃两部脉略旺。前方减去苦寒之味。对阳事痿弱，不敢加入燥热兴奋之品，仅入当归以振衰起痿，免致虚阳过亢。处方：

金钱草210g　海金砂30g　块滑石12g　甘草梢3g　杜仲12g　川牛膝12g　石韦9g　车前子12g　萹蓄9g　木香3g　全当归9g　王不留行9g　大生地15g

十一诊　4月6日。近4日来左下腹有疼痛下坠感，脐左部同时亦疼痛1次，以服药后1h较重，均不剧，可忍受，持续约数分钟，以后逐渐缓解，小便畅多，精力充沛，性功能已恢复正常，两脉缓和协调，左尺亦渐有力，舌苔薄白，胃纳睡眠均佳。前方再增益其量。处方：

金钱草210g　海金砂30g　块滑石12g　甘草梢3g　川杜仲18g　川牛膝12g　石韦9g　车前子12g　萹蓄9g　广木香4.5g　全当归12g　王不留行12g　大生地15g

十二诊　4月12日。上方服后颇适，左下腹疼痛仍于药后约1h出现，持续数分钟，有下坠感，尿畅多，精神健旺，眠食均佳。下坠感，尿畅多，可能是结石下移之征。前方再扩大续进。处方：

金钱草210g　海金砂30g　块滑石12g　甘草梢3g　杜仲18g　川牛膝9g　石韦9g

车前子 12g　汉防己 9g　木香 4.5g　当归尾 15g　王不留行 12g　制酒军 4.5g　生地 15g

十三诊　4 月 16 日。3 日前曾因多食油腻致作恶便泻,服西药即愈。刻间尿畅量多,左下腹痛仍于药后出现,精神佳,舌苔薄白,两脉缓和,拟分利通达为法。处方:

金钱草 210g　海金砂 30g　块滑石 12g　甘草梢 3g　川牛膝 9g　石韦 9g　车前子 12g　汉防己 9g　木香 4.5g　当归尾 15g　王不留行 12g　制大黄 3g　生蒲黄 6g　元明粉 3g(后下)　大生地 15g

十四诊　4 月 25 日。小便畅多,左下腹疼痛时间较前延长,服药 1h 后痛感开始,少刻即停,旋即又起,如是反复 3 ~ 5 次,大便溏薄,精力旺盛,眠食均佳,两脉缓和,左尺有力,右尺仍浮大,舌苔薄白。处方略予增损。处方:

金钱草 150g　海金砂 30g　滑石 12g　甘草梢 3g　川牛膝 9g　杜仲 18g　石韦 9g　汉防己 9g　木香 4.5g　当归尾 15g　制大黄 3g　王不留行 12g　生蒲黄 6g　元明粉 3g　小青皮 3g　大生地 15g

十五诊　5 月 1 日。3 日前因腹泻未服药。腹泻每日 3 ~ 4 次,现在已痊,小便持续畅多,左下腹仍不时有疼痛下坠之感,两脉缓和,舌苔薄白。不日将做肾造影摄片,以测验治疗之效果如何,暂停用药。

5 月 4 日早 9 时做肾造影,左肾功能基本恢复,病人非常高兴。但结石未见排出,因拟长期用方陆续服之。处方:

金钱草 60g　川杜仲 9g　大生地 9g　川当归 9g　块滑石 9g　木香 3g

上方持续服至 9 月间,排出如花生米大结石 1 颗(X 线摄片结石未曾显影)。总结此次治疗,共进行了 91d,服药 91 剂(方中共用金钱草 15 000 余克),配合针刺治疗 24 次。

笔者按　本案患者为老年男性,泌尿系结石经久未愈,以至左肾功能消失,影像学检查无法显影结石,西医建议手术摘除左肾。泌尿系统结石属于中医"石淋"范畴,然此案与普通石淋不同,患者已出现左肾功能消失,又无法判断结石位置,故可视为重症疑难疾病。岳美中教授重用金钱草,同时密切观察患者服药后的反应,未见异常,其用量由 60g 逐渐增至 210g,病情稳定后又以 60g 维持,连续服用 4 个月,最终左肾功能恢复、结石排出。金钱草味甘、咸,性微寒,是利尿通淋之要药,善消结石,尤适用于治疗石淋。2010 版《中国药典》规定煎服时金钱草的用量为 15 ~ 60g,本案中金钱草的初始剂量即为 60g,最大用至 210g,前 91 剂处方已经使用金钱草总计 15 000g 有余,且较长时间连续重用之,正所谓"大病须用大药"、"急病重症,非大剂无以拯其危"。

【病案 20】　仝小林重用莪术治疗子宫肌瘤 1 例

患者周某,女,35 岁。2010 年 1 月 25 日初诊。

主诉　月经紊乱 3 年余,子宫肌瘤 5 年余。

现病史　患者 2005 年体检 B 超检查发现子宫肌瘤,共 6 个,最大的 10mm×9mm。2006 年行人流术后,月经紊乱,排卵期少量出血,月经 1 月 2 次或 2 月 3 次,无痛经,色暗,量少,夹有少量血块。经期 15 天漏而不止,伴阴道时有疼痛不适,左下肢抽搐,骶髂关节时有不适。

刻下症　前胸后背有皮疹,足踝部有少量青色瘀斑,右足跟痛,腰痛困重,怕冷,大便偏稀不成形，小便正常，纳食可，眠差，梦多，舌暗红，边尖有瘀斑，苔黄干，脉偏数。

既往史　良性乳腺纤维瘤切除术后17年。

月经史　末次月经2010年1月3日至1月18日。

个人史　患者曾大量饮酒，现已戒酒，无吸烟史。孕5产0，行5次人流术。

辅助检查　2009年11月10日B超检查结果：子宫前后壁多发低回声（肌瘤？）；宫颈多发囊肿；子宫内膜增厚。

西医诊断　子宫肌瘤、宫颈多发囊肿。

中医诊断　癥积。

中医辨证　瘀血积结，肾虚血热。

治法　消癥散结，补肾活血。

处方　莪术合清经两地汤加减。

莪术30g　生地榆30g　生地黄15g　生蒲黄15g　香附9g　三七9g　炒杜仲60g。汤剂，水煎服。另配六味地黄丸，1次6g，1日3次。

二诊　2010年5月20日。服上方60剂。患者诉月经周期基本正常为26天，经期4天，但近两次停经不彻底，偶有小腹牵扯疼痛感，发根、背部有绿豆样大小的大片皮疹，小便调，大便不爽，日两次，纳可，梦多，舌红，苔微黄稍干，脉偏沉略弦数。

处方　上方加王不留行60g，莪术加量至45g。

三诊　2010年6月21日。服上方30剂。患者诉月经已转正常，子宫肌瘤已消失，囊肿亦缩小。服中药时偶觉舌尖发麻，小腹部有牵拉痛，头皮、胸、背部易发皮疹，纳眠可，小便调，大便有排不尽感，舌红，苔微黄。

辅助检查　2010年6月18日于河南省肿瘤医院查B超：子宫宫颈小囊肿；双侧附件区未见明显异常；甲状腺未见明显异常。

处方　香附12g、三七15g、莪术30g、王不留行30g、炒杜仲30g、生地30g。制水丸，1次9g，1日3次。

笔者按　子宫肌瘤属中医“癥瘕”范畴，癥积的形成多与气血失调、气滞血瘀有关。本案患者曾行多次人工流产术，离经之血留而不去，聚成癥积。《金匮要略·妇人妊娠病》云：“妇人宿有癥病，……所以血不止者，其癥不去故也，当下其癥。”本案遣以治疗子宫肌瘤之特效药莪术，专破血逐瘀，消癥积，笔者临床重用至30g方见明显疗效。

【病案21】　仝小林重用制川草乌治疗糖尿病周围神经病变1例[16]。

患者冯某，男，47岁，2007年3月26日初诊。

主诉　患2型糖尿病10年，近觉双下肢持续剧烈疼痛难忍。

现病史　患者于1997年1月因感冒至医院诊治，检查发现血糖升高，空腹血糖12mmol/L，诊断为2型糖尿病。口服二甲双胍治疗，血糖控制尚可，空腹血糖7～8mmol/L。现饮食控制，间断口服二甲双胍。近觉双下肢剧烈疼痛，夜间常因下肢持续剧烈疼痛无法入睡，不堪忍受，几欲轻生。曾用水杨酸、布洛芬、卡马西平等多种止痛西药治疗，效果不佳。亦曾用中药蜈蚣、全蝎等治疗，止痛时间较短，不久即失效。

刻下症　双下肢疼痛麻木，手足及双下肢冰冷，夜间明显，覆盖2～3层棉被仍无法缓解，如浸寒冷冰水之中，周身乏力，视物模糊，大便干，口干口渴，胃脘痞闷不舒，舌暗红、苔薄黄,脉沉细略弦。

辅助检查　空腹血糖10.1mmol/L,餐后2h血糖19.1mmol/L。

既往史　高脂血症1年,未服药治疗。

西医诊断　糖尿病周围神经病变。

中医诊断　痹证。

中医辨证　寒凝经络,中焦热结。

治法　温经通络止痛,泻热消痞。

处方　乌头汤合黄芪桂枝五物汤、大黄黄连泻心汤加减:

制川乌、制草乌各15g(均先煎4h)　黄芪、桂枝、白芍、鸡血藤、夜交藤、黄连、黄芩、肉苁蓉各30g　水蛭、生大黄各6g　干姜9g

每天1剂,水煎服。

二诊　4月26日。服上方30剂,近1周加服降糖西药诺和龙,每次2mg,每天3次;格列本脲,每次2.5mg,每天3次。口干渴及胃脘痞闷不适消失,但双下肢疼痛、麻木发凉及手足冰冷改善不明显,大便干好转,日行1次。当日空腹血糖7.9mmol/L,餐后2h血糖6.8mmol/L。调整处方:制川乌、制草乌各30g(均先煎8h),黄芪、桂枝、白芍、鸡血藤、夜交藤、肉苁蓉各30g,生大黄6g。每天1剂,水煎服。嘱查下肢血管超声波及肌电图。

三诊　5月10日。服上方14剂,四肢疼痛、麻木发凉仍改善不明显,仅左足背凉感减轻,大便干较前明显好转。近期血糖控制良好。查下肢血管超声波未见异常,肌电图提示糖尿病周围神经病变。守上方制川乌、制草乌各增至45g,加干姜9g、炙甘草15g,煎服法同前。患者连服上方近2个月,自觉效果始终不显。

四诊　8月23日。仍觉下肢疼痛剧烈,无法忍耐,痛不欲生,下肢麻木发凉如浸冰水改善不明显。近期血糖控制较差,8月22日查空腹血糖7.8mmol/L,餐后2h血糖12.2mmol/L。7月26日查生化全项,肝肾功能均正常:ALT:20U/L,AST:17U/L,BUN:5.27mmol/L,Cr:86μmol/L。细辨全身仍见一派寒象,辨证确系无误。但上方制川乌、制草乌已增量至各45g仍未显效,思病久寒入骨髓,根深蒂固,因寒而瘀,此时唯重用温经散寒止痛之品或可取效。故易方为九分散合乌头汤、黄芪桂枝五物汤加减:

生麻黄、白芍、鸡血藤各30g,制乳香、制没药各9g,制马钱子粉1.5g(分冲),制川乌、制草乌各60g(均先煎8h)、黄芪、桂枝各60g。每天1剂,水煎,嘱分5次少量口服,随时观察服药后反应,一旦出现口麻、胃部不适、恶心或多言某一项反应时,可停药并及时与医生联系。

五诊　8月30日。患者服药7剂,自诉严格按医嘱煎服中药,服至第3剂时,下肢疼痛即减轻大半,肢体凉、麻缓解60%左右,手足已有温暖感。7剂尽,疼痛、凉、麻等顽固之症竟全然消失,且服药期间未出现任何不良反应。疼痛明显缓解后,血糖亦随之下降,8月29日查空腹血糖5.9mmol/L,餐后2h血糖7.5mmol/L。复查肝肾功能:ALT:21U/L,AST:16U/L,BUN:4.9mmol/L,Cr:83μmol/L。

后患者多次复诊,疼痛、凉、麻等顽固之症未再复发。

笔者按　此案是典型的"寒入骨髓",因寒而瘀,肢体疼痛、麻木、发凉等均是寒凝血结所致。沉寒积冷痼结络中,血凝为瘀,非大温大热不能拔除痼结,非散瘀破结不能化其凝瘀。

前几诊虽亦着力于温经散寒止痛，然相对病之深重而言，用量不免偏小，犹若杯水车薪。细察其几诊情况，制川乌、制草乌用量虽不断增加，病情却进步不显，但亦未出现任何毒副作用，故考虑继续增大制川乌、制草乌用量，或可见顿挫之效。患者下肢疼痛顽固剧烈，恐一般止痛方药已无法胜任，故以外科止痛良方九分散破积散瘀，通络止痛。因生麻黄、制马钱子、制乳香、制没药等其性峻烈，有耗伤正气之弊，加之患病日久，正气恐已亏伤，故以大剂量黄芪益气扶正，合桂枝、白芍、鸡血藤养血活血通络。此方制川乌、制草乌各用至60g，制马钱子用至1.5g，生麻黄用量达30g，其毒峻之性可见一斑，然患者服药7剂，非但未出现任何毒副作用，反获奇效，除配伍技巧外，关键在于药物的煎服方法得当。制川乌、制草乌均煎煮8h，其毒性成分乌头碱已被破坏，而每剂药分5次频服，则实际每次服用量仅为原方的1/5，频服还可使体内血药浓度始终保持高峰状态，从而最大程度发挥药效。此案的启示主要有二：一是立法处方确系无误却收效惘然，似山穷水尽之时，可考虑增大主药剂量，或可收佳效；二则毒峻药使用得当，反可成为治病利器，无需畏之如虎。

2. 随病势轻重缓急施不同剂量病案赏析

小半夏汤治疗糖尿病并发自主神经病变

【病案22】 仝小林治疗糖尿病自主神经病变(重度)1例。

患者，男，33岁。

主诉　呕吐4年，加重1年。

现病史　4年前诊断为1型糖尿病，同年，出现呕吐。近1年来，呕吐反复发作。

刻下症　持续呕吐已3个月，食入则吐，伴呃逆频频，不能进食任何水谷，仅靠静脉高营养维持。平素仅能进食少量流食，喜热食，腹痛腹泻，近半年内体重下降30余斤(1斤=500g)，由原65kg降至48kg。舌淡苔白舌底瘀滞，脉细弦涩。

西医诊断　糖尿病自主神经病变(胃肠病变)。

中医辨证　中阳虚衰、胃虚气逆。

治法　温中，降逆，止呕。

处方　小半夏汤合附子理中汤加减：

附子30g(先煎8h)　干姜30g　红参15g(单煎兑入)　白芍30g　炙甘草15g　清半夏15g　茯苓60g　旋覆花15g(包煎)　代赭石30g(先煎)

水煎服，每日1剂，分多次饮用。

患者服至第2剂呕吐即止，连服14剂，期间仅发生1次呕吐，发作时症状较前明显减轻，体力恢复快。上方去旋覆花、代赭石，加炒白术30g、黄芪30g，治疗2个月，未再发生呕吐，食欲较前明显增加，体重已增至58kg，体力大胜从前，已无不适症状，故停用中药，仅以胰岛素泵控制血糖。

【病案23】 仝小林治疗糖尿病自主神经病变(轻-中度)1例。

患者，女，25岁。

主诉　呕吐2年，血糖升高8年。

现病史　8年前诊为1型糖尿病，2年前出现频繁呕吐，诊为糖尿病胃轻瘫，曾住院治疗。

刻下症　胃胀，嘈杂不适，反酸烧心，晨起时有恶心呕吐。大便干结。舌淡，苔薄黄，脉沉细。

辅助检查　胃镜：反流性食管炎、胃潴留、十二指肠溃疡。

西医诊断　糖尿病自主神经病变（胃肠病变）。

中医辨证　肺胃不和。

治法　清热降逆。

处方　小半夏汤合苏叶黄连汤加减：

清半夏15g　干姜9g　枳实15g　炒白术30g　苏叶9g　黄连12g　酒大黄3g

水煎服14剂。

患者服药14剂后，呕吐未再发生，继服半月，胃胀、嘈杂消失，反酸、烧心明显减轻。故上方加吴茱萸9g，由汤剂改为粉剂，诸药研粉，一次9g，一日2～3次，继服3个月。

笔者按　病案22为重症胃轻瘫，病势急重，治疗当务是迅速止呕，以减轻病者痛苦，故用重剂以短时内速转病势，缓解危急；病案23病势不急，呕吐、胃胀等胃脘不适症状相对较轻，故以平和剂量调理即可。

酸枣仁治疗失眠

【病案24】　仝小林治疗重度失眠1例[16]

患者王某某，女，76岁。2009年6月3日初诊。

主诉　彻夜难眠数月。

刻下症　彻夜不眠，上半身出汗，下肢凉，时心慌，纳可，夜便频，夜3次，大便可，舌苔厚，质紫暗，舌底瘀，脉弦数。

既往史　糖尿病1年，甲减5年。

西医诊断　失眠。

中医诊断　不寐。

中医辨证　心肾不交，心神失养。

治法　交通心肾，养心安神。

处方　炒枣仁合交泰丸加减：

炒枣仁120g　黄连30g　肉桂6g　山萸肉30g　五味子15g　煅龙牡各30g（先煎）

二诊　2009年6月10日。服上方7剂。每日睡眠3h左右，仍入睡困难，多梦易醒，上半身汗出减少，畏寒，心悸减轻，小便频略减，大便质稀，日行1～2次，舌暗苔薄黄，脉沉细弦。FBG：4～10mmol/L，2hPG：5.7～8.8mmol/L。加强养心安神之力，处方以上方中炒枣仁加至150g。

三诊　2009年6月17日。服上方至第4剂时睡眠明显改善，每日睡眠4～5h。近来乏力较明显，余无不适。

【病案25】　仝小林治疗轻中度失眠1例。

患者袁某，女，55岁。2009年9月23日初诊。

主诉　贫血、失眠10余天，纳差2个月。

刻下症　纳差，纳呆，胃不胀，失眠，难以入睡，情绪低落。大便稀，小便黄，夜尿6次，肛门下坠感，关节疼痛（类风湿）。舌质暗淡，苔白底瘀。BP：135/95mmHg。

既往史　类风湿关节炎,高血压病 2 年。

西医诊断　失眠。

中医诊断　不寐。

处方　炒枣仁 30g　夜交藤 30g　柴胡 9g　枳实 15g　白芍 15g　党参 15g　炒白术 30g　炙甘草 15g

笔者按　炒枣仁一药,《本草备要》谓之“补而润,敛汗,宁心,甘酸而润,专补肝胆,敛汗,宁心,疗胆虚不眠。”因其补心胆功效卓越,故被用作治疗失眠之主药,又为药食同源之品,可大剂量应用。病案 24 患者彻夜失眠,病势急重,酸枣仁用量宜重,以求迅速扭转病势,重用至 150g,辅以交泰丸交通心肾。病案 25 病势相对较缓,用量可较轻,平和调理。

第二节　因证施量——证量效

一、理论探讨

因证施量,我们称之为与证相关的量效关系,简称“证量效”。

证,包括症状、体征、体质、年龄、性别等。辨证论治是依据患者症状、体征、体质等因素对病理本质的个体化辨别,因证施量强调的是在理法方药确定后,对量的准确把握。同一疾病,症状重者,用量宜大,症状轻者,用量宜小。如大、小青龙汤,因表证轻重不同,故麻黄用量不同。证势不同,用量亦不同。危重证候,用量宜大,轻浅证候,用量宜小。如通脉四逆汤证与白通汤证。此外,患者的体质、年龄等因素也是用量的参考因素。一般,中青年、体质强者,用量可大,年老体衰。妊娠及幼儿,用量宜轻,重则有戕伐正气之虞。如桂枝附子汤、去桂加白术汤方后注曰:“附子三枚恐多也,虚弱家及产妇,宜减服之”。因证施量概括包含“随症施量”和“因人施量”两部分内容。

二、医案赏析

(一)随症施量

根据症状的轻重或变化决定用量。一般,同一疾病,症状轻者,用量宜轻,症状重者,用量宜重。《伤寒论》中大青龙汤证、小青龙汤证均有表寒症状,然大青龙汤证“脉浮紧”、“身疼痛”、“不汗出”等表寒症状较小青龙汤证更重,故大青龙汤麻黄用 6 两,而小青龙汤麻黄用 3 两。而药物组成相同的处方,由于治疗症状不同,同一药物剂量也会不同。如厚朴三物汤、厚朴大黄汤和小承气汤,三者药物组成相同,均为厚朴、大黄、枳实,但厚朴三物汤证以痛而闭症状突出,故以厚朴、枳实为君,行气除满为主,方用厚朴 8 两、枳实 5 枚,大黄 4 两;小承气汤证以便秘为主症,故以大黄为君,泻下荡积,方用大黄 4 两,厚朴 2 两,枳实 3 枚;而厚朴大黄汤证以胸满症状为主,治疗更偏重理气,故以厚朴 1 两为君,大黄 6 两、枳实 4 枚为臣。

1. 制川草乌治疗糖尿病周围神经病变

【病案1】 仝小林治疗糖尿病周围神经病变(轻症)1例[17]。

患者,女,58岁。

主诉　下肢疼痛发凉1年。

现病史　10年前体检发现血糖升高,1年前出现双下肢疼痛,发凉,间断发作。

刻下症　双下肢时有疼痛,发凉,伴浮肿,偶有双手麻木。大便不成形,3~4次/日。

辅助检查　糖化血红蛋白:6.2%。

西医诊断　糖尿病周围神经病变。

中医诊断　痹症。

中医辨证　血虚络瘀。

治法　养血通络止痛。

处方　乌头汤加减:

制川乌9g　制草乌9g　桂枝30g　白芍30g　生黄芪30g　鸡血藤30g　炙甘草15g

汤剂,水煎服。

上方加减服用3个月,双下肢疼痛、发凉,双手麻木症状基本消失,未再发作。

【病案2】 仝小林治疗糖尿病周围神经病变(重症)1例[17]。

患者,男,50岁。

主诉　双下肢疼痛、发凉3年,加重1年。

现病史　15年前发现血糖升高,3年前出现双下肢疼痛、发凉,近1年来逐渐加重。

刻下症　双下肢疼痛难忍,酸困乏力,伴麻木发凉,冰冷冒风感,夏日三伏季节包裹两条厚裤仍无法缓解,天气稍凉则冷痛加重,常因冷痛难耐彻夜不眠。

辅助检查　肌电图:周围神经损害(轴索损害)。血管造影无异常。

西医诊断　糖尿病周围神经病变。

中医诊断　痹症。

中医辨证　血虚络瘀,寒入骨髓。

治法　温经养血,通络止痛。

处方　乌头汤加减:

制川乌30g(先煎8h)　制草乌30g(先煎8h)　黄芪90g　川桂枝30g　白芍30g　鸡血藤30g　葛根30g　生姜3片

汤剂,水煎服。

二诊　患者服药30剂,双下肢发凉明显好转消失,夜间已无需厚被覆盖。下肢疼痛缓解,原每日疼痛无休止,现隔日疼痛,天气变化时疼痛加重。上方制川乌、制草乌增至各60g(先煎8h)。

三诊　继服药1个月,下肢疼痛缓解约70%,疼痛持续时间缩短,现仅3~5日一次。双腿酸困程度及范围缩小,自觉下肢较前有力。

笔者按　此两例均是糖尿病周围神经病变,病案2与病案1均属血虚络瘀之证,然病案2患者肢体疼痛、怕冷症状较病案1更加严重,可见病案2患者兼见寒入骨髓之病机，非大温大热不能拔除痼结，制川草乌初始用30g，服用平安后，继续加量，最终以各60g收官，终缓解病情，疗效显著。

2. 干姜黄芩黄连人参汤治疗2型糖尿病

【病案3】 仝小林治疗2型糖尿病(血糖控制较好)1例。

患者崔某某，女，58岁。2008年9月3日初诊。

主诉　患糖尿病10年。

现病史　十余年前因口渴、消瘦于当地医院检查确诊为2型糖尿病。服用消渴丸、参芪降糖胶囊，血糖控制不佳，后服用二甲双胍及格列美脲(万苏平)，血糖控制尚可，其后出现尿黄，现来就诊。

刻下症　小便色黄，有泡沫，无尿频、尿热、尿痛。胃胀，大便干、2~3日一行，纳眠可。舌有裂纹、苔厚腻，脉偏弦略数、涩。

辅助检查　空腹血糖：7.3mmol/L，糖化血红蛋白：6.3%；三酰甘油：6.0mmol/L，低密度脂蛋白：4.31mmol/L。

西医诊断　糖尿病。

中医辨证　脾虚胃热。

处方　干姜黄连黄芩人参汤加减：

干姜6g　黄连30g　黄芩45g　太子参15g　苍术15g　生大黄6g(单包)　水蛭粉3g(分冲)

汤剂，水煎服。

复诊　患者服上方30剂，胃胀减轻，大便好转，每日1次，小便色黄减轻，血糖控制量化。空腹血糖7mmol/L左右。嘱患者查尿微量白蛋白。原方加减继服。

【病案4】 仝小林治疗2型糖尿病(血糖较高)1例。

患者陈某，男，36岁。2010年7月9日初诊。

主诉　血糖升高1个月。

现病史　患者1个月前因口渴明显查空腹血糖：20mmol/L，诊断为糖尿病，注射几天胰岛素后因工作较忙未再继续治疗。

刻下症　口干、口苦甚，饮水多，乏力明显，汗出多，小便频数。舌红，苔黄，脉滑数。

辅助检查　空腹血糖：22.1mmol/L，餐后2h血糖：34.99mmol/L。

西医诊断　糖尿病。

中医辨证　虚实夹杂。

处方　干姜黄连黄芩人参汤加减：

干姜20g　黄连90g　黄芩30g　西洋参9g　知母60g　桑叶30g　怀山药30g　山萸肉30g

汤剂，水煎服。

笔者按　此两例病案均为干姜黄连黄芩人参汤治疗糖尿病，病案3患者脾虚胃热明显，一直服用西药，血糖控制良好，因此治疗重点在于清内热，故黄连、黄芩用量分别为30g及45g，黄芩用量超过黄连。病案4患者初诊糖尿病时血糖颇高，空腹血糖

22.1mmol/L,餐后竟达34.99mmol/L,迅速降糖便为治疗的重中之重,故重用黄连至90g。可见症轻药轻,症重药重,亦为临证常用之策略。

3. 不同剂量葛根芩连汤治疗糖尿病

【病案5】 仝小林应用大剂量葛根芩连汤治疗患者糖尿病1例[14]。

患者董某,男,37岁。

主诉 血糖升高1个月。

现病史 患者1个月前因欲行肛周脓肿手术,检测血糖为20mmol/L,HbA1c:12.2%。使用胰岛素早14U,晚8U治疗1个月。

刻下症 口干多饮,怕热,运动出汗较多,余未见特殊不适。纳眠可,大便调,日2次,小便黄,量多。

辅助检查 空腹血糖:9mmol/L左右,HbA1c:8.9%。

西医诊断 糖尿病。

中医辨证 湿热困脾。

治法 清热利湿。

处方 葛根芩连汤(大剂量):

葛根120g 黄芩30g 黄连45g 苍术15g 龙胆草15g 生姜5大片

汤剂水煎服。

二诊 患者服药28剂后,仍有口干、多饮,纳眠可,二便调。自诉服药后胃部不适,恶心。上方减苍术、龙胆草、生姜、加炙甘草30g,干姜7.5g,竹叶30g,黄芩加为45g。嘱患者根据血糖控制水平逐渐减胰岛素用量。

三诊 服药28剂后,胃胀恶心基本消失,无明显不适。查HbA1c:6.2%,血糖控制平稳。肝肾功、血脂正常。胰岛素减量为4U。上方减竹叶,加生牡蛎120g先煎。

四诊 服药28剂后,胰岛素停用,患者无不适症状,FBG在5~6mmol/L,餐后2h血糖在6~9mmol/L。

【病案6】 仝小林应用中剂量葛根芩连汤治疗糖尿病1例[14]。

患者王某,男,47岁,2010年4月21日初诊。

主诉 血糖升高8年。

现病史 患者8年前体检检查空腹血糖:8mmol/L,诊断为2型糖尿病。2008年查空腹血糖14mmol/L,口服二甲双胍1片,每日2次至今。体重3年内下降6kg。

刻下症 多饮,头晕不痛,视物模糊,平卧时偶有心悸,纳眠可,大便调。尿频量多有泡沫,夜尿2~3次。苔厚腐腻,有齿痕,脉弦。

辅助检查 空腹血糖:8mmol/L。血压:130/100mmHg。

既往史 高血压病史4年余,未用降压药。轻度脂肪肝1年余。

个人史 吸烟、饮酒史20余年。

家族史 母亲患高血压病。

西医诊断 糖尿病。

中医辨证 湿热困脾。

治法　清热利湿。

处方　葛根芩连汤(中剂量):

葛根72g　黄芩27g　黄连27g　炙甘草18g　干姜4.5g　清半夏30g

汤剂,水煎服。

二诊　患者服上方3周,停用二甲双胍,继服原方3周。口干,乏力,视物模糊,时有头晕,均有所减轻,纳眠可,夜尿1次,空腹血糖控制在6~7mmol/L,三酰甘油:1.88mmol/L。上方加红曲6g、苍术15g、三七6g,继观。

【病案7】　仝小林应用小剂量葛根芩连汤治疗糖尿病1例。

患者张某,男,57岁,2010年2月3日初诊。

主诉　血糖升高4年余。

现病史　患者于4年前体检发现血糖偏高,空腹血糖6.1mmol/L左右,给予饮食、运动控制未服药。2009年8月份开始血糖升高明显,开始服格列吡嗪1片,1日3次,服用至今。

刻下症　口干渴,多饮,时有胸闷不适,略有畏寒,体重无明显改变,眠差,早醒多梦,饮纳可,大便日行3~4次,便黏。小便可。

辅助检查　HbA1c:7.2%,FBG:9.07mmol/L,ALT:45U/L,余正常。血压:135/85mmHg。

既往史　高血压病发现2个月余,服厄贝沙坦和美托洛尔。

西医诊断　糖尿病。

中医辨证　湿热内蕴。

治法　清热利湿。

处方　葛根芩连汤(小剂量):

葛根24g　黄芩9g　黄连9g　炙甘草6g　干姜1.5g　炒枣仁30g　生薏仁米30g

汤剂,水煎服。

二诊　服药28剂后,口干渴,心慌,大便略黏,视力下降,眠差。空腹血糖:4.5mmol/L,餐后2h血糖:7mmol/L。上方减炒枣仁,加五味子30g、苍术9g。

三诊　服药28剂后,纳眠可,心慌消失,口干,双目干涩,视物模糊,大便日行3次。口服糖耐量试验(OGTT):空腹血糖6.2mmol/L,餐后半小时血糖10.13mmol/L,1h血糖12.41mmol/L,2h血糖9.09mmol/L。HbA1c:6.1%。血压控制稳定,停用美托洛尔。

笔者按　在临床实践中发现,组方中葛根芩连汤中整方的剂量与临床效果密切相关。大剂量(1两=15g)葛根芩连汤对血糖偏高的患者疗效明显,如病案5董某采用大剂量组方治疗,最终停用胰岛素,仅服中药治疗,血糖维持平稳。中剂量(1两=9g)疗效次之,病案6对合并西药二甲双胍血糖控制不佳的患者王某,服药1个月半,可在停用二甲双胍1片的情况下,用中药使血糖控制平稳。而小剂量(1两=3g)在临床上主要用于血糖控制欠佳,通过中药维持或小幅度降低血糖水平,减轻症状的糖尿病患者。

4. 石膏治疗发热

【病案8】　仝小林用重剂治疗重型流行性出血热1例[20]。

患者,男,32岁,农民,1986年12月3日入院。

主诉 发热、头痛、眼眶痛、腹痛、腰痛6d,少尿2d。

现病史 患者因发热、头痛、眼眶痛、腹痛、腰痛6d,少尿2d,于1986年12月3日入院。入院查体:体温37℃,脉搏100次/分,呼吸20次/分,血压110/92mmHg,精神委靡,醉酒貌,球结膜充血、水肿Ⅲ度,两腋下皮肤及软腭黏膜可见出血点,心音低钝,肾区叩痛阳性。实验室检查:血色素血红蛋白100g/L,白细胞13.6×10^9/L,中性0.5,淋巴0.5,血小板70×10^9/L,尿蛋白(+++)。镜检:尿红细胞少许,颗粒管型(+)。西医诊断:流行性出血热(重度)。入院第2d,体温39.2℃,全身中毒症状加重,球结膜下出血,皮肤注射部位出现小片瘀斑。24h尿量640ml。此后,尿量继续减少(24h,390ml),多言谵语,躁动不安。经西药利尿、导泻,病情有所缓解,体温复常。入院第4d,病情急剧恶化,体温陡升至40℃,狂躁欲起,目直骂詈,不识亲疏,多人按压不住。满面通红,口鼻气热,腹胀,二便失禁。当即针刺人中、二间、合谷、劳宫行强刺激,三阴交透绝骨,内关透外关,留针40min,躁动减轻,患者安静。但1h后又复躁动,大喊大叫,一夜未宁。次日早晨,体温39.6℃,仍神昏谵语,全身发绀,尤以面、唇及肘、膝以下皮肤为著,爪甲青紫,四肢不温,双侧手背、左上臂大片瘀斑,球结膜下出血严重。呼吸喘憋,痰多而黏,颈静脉怒张,双肺满布湿啰音,心率150次/分。尿闭,膀胱区叩诊浊音。口鼻气热,鼻尖如烟熏,口干大渴,口臭口苦、胸腹灼热。舌有裂纹,红绛无津,尖边芒刺,前部无苔,中后薄黄,脉细滑数无力。此时已发展至多系统脏器衰竭。肾衰竭、心衰竭、脑衰竭、呼吸衰竭、DIC等同时存在,刻下尿闭告急,故先予导尿(导出尿液600ml)。

西医诊断 流行性出血热(重型)。

中医诊断 疫疹。

中医辨证 水毒凌心犯肺。盖由热毒深入下焦营血,肝肾大伤,疏泄、开阖失司,水蓄膀胱,毒浊滞留,上凌心肺兼有气分实热。

处方

1号方:

生地200g 丹皮20g 生石膏粉300g(先煎) 知母30g 龙胆草20g 生龙牡各100g(先煎) 灵磁石50g(先煎)

1剂浓煎成半碗顿服。

2号方:

黄芩30g 黄连3g 全瓜蒌30g 淡竹茹20g 葶苈子10g 桑白皮20g 杏仁10g 白芥子15g 姜半夏10g

2剂浓煎成半碗顿服。

另配鲜竹沥水(每支30ml)7支,兑生姜汁合为大半碗频频饮服,一日内服完。十枣汤:甘遂、大戟、芫花各1g,共研细末。用大枣10枚煎汤,入上药,煮沸1min,温顿服。紫雪散9支,1日分3次服完。

嘱中午服1号方1剂,下午服2号方2剂,十枣汤2剂。

二诊 患者每次服十枣汤后1h左右,均有稀水样便排出,2次共约700ml,全天服紫雪散9支,鲜竹沥生姜汁大半碗,服药后,遍身汗出。次日上午体温降至38.3℃,心率114

次/分，血压112/90mmHg，喘憋明显减轻，面部发绀转红，神清语明，双肺湿啰音减少，心音低钝。24h尿量猛增达3100ml，大便1700g，舌象同前，但脉较前有力，病见转机，守前法不变。

鉴于患者热毒、阴伤、血瘀明显，1号方加广角粉3g(冲服)、赤芍30g、红花10g、北沙参100g、生鳖甲50g(先煎)，生地加至400g，减生石膏粉至200g。2号方加桔梗3g以调理肺气，黄芩加至50g，瓜蒌加至100g以加强清肺化痰之力。服加减后的1号方2剂和2号方1剂，至23点，面、唇变红，四肢转暖，心率86次/分，湿啰音减少，呼吸平稳，安静入睡。

三诊 1986年12月10日入院第7d。右肺啰音消失，仅左中、下肺可闻及少量湿啰音，体温37.0℃，舌质由绛转红。热毒之势已退。原方均减量继进，病趋向愈。

【病案9】 仝小林用重剂治疗晚期尿毒症并发全身性药疹及高热症1例[20]。

患者张某，男，44岁。1991年4月28日入院。

现病史 患者因慢性肾炎、慢性肾功能不全(尿毒症晚期)、尿毒症性心包积液、肾性贫血、肾性高血压病入院治疗。给予血液透析及药物治疗，病情改善，准备接受肾移植。症见：发热、寒战，体温38℃，咽部充血扁桃体Ⅱ度肿大，尿中白蛋白满视野，给予头孢哌酮静点。5月1日，胸部开始出现红色稀疏丘疹，渐及上肢及背部，考虑为药疹，先后换用头孢他啶及万古霉素，皮疹愈增。予氢化可的松、维生素C及葡萄糖酸钙治疗，药疹及体温均未能控制。5月8日，体温升至40℃，血象示：白细胞1.5×10^{10}/L，中性粒细胞0.8，未见中毒颗粒，尿检发现大量霉菌。遂停用所有西药，改用中药治疗。

刻下症 除头面部外，周身分布鲜红及深红交杂的大片丘疹，全身发热，无伴汗出。烦躁，时有谵语。口干不欲饮。小便量少色黄，大便干。舌质淡红、苔厚腻微黄，脉滑小数。

西医诊断 慢性肾功能不全(尿毒症晚期)。

中医辨证 气营两燔，以营分为重，兼挟下焦湿热。

治法 凉血清气，淡渗利湿，解毒止痒。

处方 清营汤加减：

羚羊角粉6g(冲服) 丹皮30g 玄参30g 细生地120g 赤芍60g 紫草24g 茜草根30g 重楼30g 金银花60g 连翘60g 生石膏120g(先煎) 白茅根60g 芦根60g 淡竹叶12g 白鲜皮60g 地肤子30g

1剂，水煎3次，浓缩取汁300ml，频频饮服。

复诊 患者自下午1点开始服药，至夜10点左右，自诉两耳至面颊胀痛，张口困难。检查发现，两耳根部明显肿胀，耳周及外耳道有较多黄色黏液流出。急请耳鼻喉科会诊，查中耳及内耳完好，黄色黏液系从外耳道渗出。从中医学角度考虑，此为外感的温毒之邪与下焦湿热秽浊之邪上泛，乃向愈之佳兆。遂嘱病人将所余中药继服，至夜里2点服完。服药后周身汗出，热稍退，皮疹明显消退，颜色由深红转暗，无伴发痒，双耳有黄色黏液大量渗出。翌日晨，颜面高度肿胀，形如狮面，睁眼困难，触之颜面皮肤，如面具样板硬。体温38.6℃。上方又进1剂，体温恢复正常，皮疹逐渐消退，颜面肿胀减轻，黏液渗出停止。1周后，全身大量脱屑，药疹告愈。

【病案10】 仝小林治疗湿温高热症1例[20]。

患者王某，女，31岁。1997年7月25日初诊。

主诉　发热1周。

现病史　1997年6月22日无明显诱因出现发热，每日体温39～42.3℃，热至高峰后出汗热退，退后复发。近1周腹泻，日行6～7次，便质黏。咳嗽，无痰。舌红、苔白厚腻，脉滑数。

西医诊断　胃肠型感冒。

中医诊断　发热。

中医辨证　中焦湿温。

治法　清热利湿。

处方　三仁汤加减：

藿香9g　佩兰9g　荷叶15g　大豆卷9g　芦根30g　生石膏30g　滑石30g　生甘草6g　茵陈15g　杏仁12g　白蔻仁9g　生薏仁18g

2剂，水煎服。嘱咐下午3点服1剂，夜间11点服半剂，明日晨起服半剂。

复诊　患者7月25日下午9点体温退至36℃，7月25日上午9点体温37.4℃，10点体温38.3℃，下午3点体温37℃，全天体温未超过38.3℃。在上方基础上加减：

藿香9g　佩兰9g　荷叶30g　大豆卷9g　黄芩9g　桑白皮30g　桔梗18g　杏仁18g　芦根30g　生石膏60g　滑石30g　生甘草6g　茵陈15g　白蔻仁9g　生薏仁18g

增强清肺热力量，3剂药后热已退至正常。

【病案11】　刘渡舟治疗表郁内热轻证1例[21]。

患者刘某，女，10岁。

现病史　患者深秋感受寒凉之气，发热恶寒，每日发作好几次，拖延数月未愈。

刻下症　发热恶寒，饮食及大小便基本正常；脉浮无力，舌质红，苔薄白。

中医辨证　风寒郁表，日久不解，寒将化热之轻证。

处方　桂枝二越婢一汤：

麻黄3g　桂枝5g　白芍5g　生姜3g　大枣4枚　生石膏6g　炙甘草3g　玉竹3g

水煎服，日2剂。得微汗出而解。

笔者按　病案8至病案11均为治疗发热的病案，其疾病的严重程度和热势由重至轻。病案8最重，为重型流行性出血热并发多脏器衰竭，病案11最轻，为风寒郁表之发热轻症。治疗处方虽有不同，然所有处方均用了清热解毒之石膏，且不论从整方剂量或石膏剂量上都明显体现出，疾病越危重、患者体温越高，石膏用量及整方多味药物的用量均更重，相反，病情越轻，发热不甚，用药越轻灵。此4则医案较好体现了因症势施量的策略。

5. 桂枝治疗外感、鼻炎

【病案12】　郭子光治疗过敏性鼻炎1例[22]。

患者黄某，女，47岁，干部。2002年10月17日初诊。

现病史　自诉整日鼻涕长流不断，鼻痒、鼻塞、鼻鸣，喷嚏时作，近日加重。

刻下症　鼻涕不断，伴鼻痒、鼻塞、鼻鸣，喷嚏，全身不适，左眼眶频频跳动，心烦，口和；苔白润，脉浮缓。

中医辨证 风邪外感，营卫失和。

治法 祛风和营。

处方 桂枝15g 白芍20g 炙甘草8g 生姜15g 大枣10g 防风15g 蝉蜕20g 僵蚕15g 辛夷10g

水煎服2剂，日1剂。

患者服2剂上述诸症迅速缓解，感到效果甚佳。

原书按 上方用桂枝汤调和营卫，但其祛风之力不足，故加蝉蜕、僵蚕、防风、辛夷之类。

【病案13】 班秀文治疗外感1例[23]。

患者黄某，女，35岁。

主诉 外感1日。

现病史 一年来经行周期基本正常，色量一般，但每逢经行之时则感冒。

刻下症 现经行第1天，头晕痛，鼻塞，泛恶欲吐，肢节腰脊酸疼，苔薄白，舌质淡润，脉沉不浮。

中医辨证 营卫失和。

治法 调和营卫。

处方 归身12g 川芎5g 桂枝5g 白芍5g 生姜5g 炙甘草5g 大枣5g

每日水煎服1剂，连服3剂，嘱经前服3剂，防病重于治病。坚持半年，病不再发。

原书按 桂枝汤本为太阳中风表虚证而设，本例取其解肌发汗，调和营卫而收功，所以加入归、芎者，妇女以血为主，治经不离血，归、芎温而辛窜，温则生血，辛则通血脉，桂枝汤得之，则其效益彰。

笔者按 病案12证属外感风邪，营卫不和而致鼻涕长流不断，伴鼻痒、鼻塞、鼻鸣、喷嚏，症状较重。病案13患者因经行体虚，卫强营弱，致邪得虚而入，较病案12症状轻。两案均遣以桂枝汤，以祛风和营，病案12患者旨在治病，整方施以常剂；病案13患者意在调理，整方用量、君药（桂枝）用量均小于病案12之用量。

（二）因人施量

临证用量应因人而异，根据患者的性别、年龄、体质等因素做到个体化用量。一般情况下，对老人、小儿的用量要小于中青年，老人用量一般为青年人2/3，3～6岁小儿用量为成人量1/3，6～12岁为成人量1/2。体质强壮者，耐受力强，用量宜大；体质虚弱者，不胜药力，故用量宜小。对孕产妇用药，剂量更应谨慎。

1. 小剂量治疗孕妇或产后疾病医案

【病案14】 丁甘仁治疗胞阻1例[24]。

患者，女。

现病史 妊娠4个月，忽然腰痛坠胀，腰酸漏红，脉细小而弦。

中医诊断 胞阻。

中医辨证 胎气不固，营失维护。

治法　养血保胎。

处方　胶艾四物汤：

阿胶珠6g　生白术4.5g　厚杜仲6g　大白芍4.5g　广艾炭2.4g　炒条芩4.5g　川断肉9g　苎麻根6g　当归身6g　生地炭12g　桑寄生6g

笔者按　本案患者怀胎4个月，出现先兆性流产，故丁甘仁先生不仅在胶艾汤中加入了黄芩等安胎药物，且全方用药轻灵，可见处处从保胎入手。

【病案15】　蒲辅周治疗产后恶露不尽1例[25]。

患者陈某，女，已婚。1963年5月7日初诊。

现病史　患者自本年3月底足月初产后，至今4旬恶露不尽。

刻下症　恶露量不多色淡红，有时有紫色小血块。并从产后起腰酸痛，周身按之痛，下半身尤甚，有时左少腹痛，左腰至大腿上1/3处有静脉曲张，食欲欠佳，大便溏，小便黄，睡眠尚可，面色不泽。舌淡红无苔，脉上盛下不足，右关弦迟，左关弦大，寸脉俱沉涩。

中医诊断　产后恶露。

中医辨证　产后调理失宜，以致营卫不和，气血紊乱，恶露不化。

治法　调和营卫，和血消瘀。

处方　桂枝茯苓丸加减：

桂枝4.5g　白芍6g　茯苓9g　炒丹皮3g　桃仁3g(去皮)　炮姜2.4g　大枣4枚

水煎服5剂。

复诊　服药后恶露已净，少腹及腰腿痛均消失，食欲好转，二便正常，脉沉弦微数，舌淡无苔。瘀滞已消，宜气血双补，十全大补丸40丸，每日早晚各服1丸，服后已恢复正常。

附　“因人施量”中的特殊原则——有故无殒亦无殒

【病案16】　任继学治疗乳痈并发肠梗阻1例[26]。

患者杨某，女，24岁，服务员。

主诉　产后乳痈50余日，全腹胀痛伴呕吐、便秘4日。

现病史　患者产后乳痈50d不愈，近4d全腹胀满疼痛难忍，呕吐，大便秘结，多次用滋阴通便剂无效，故于1982年8月3日入我科治疗。入院第2d，病情加重。

刻下症　全腹绞痛拒按，呕吐频作，不大便、无矢气，舌质红、苔黄腻，脉弦数有力。腹痛加剧时，呈阵发性绞痛，彻夜难眠。

辅助检查　白细胞：2.16×10^{10}/L，分叶粒细胞：0.73。

西医诊断　急性化脓性乳腺炎、肠梗阻。

中医诊断　乳痈、肠结。

治法　理气，通闭，泻实。

处方　厚朴三物汤加减：

厚朴40g　川军5g　枳实15g　木香5g　皂角3g　白芷5g　桃仁5g　柿蒂15g　川楝子5g　羌活10g

水煎服。

二诊　服1剂，阵阵腹痛，有排便感，但欲便不得。故上方去羌活、白芷，加枳核、桔核各50g，附子10g，生地、元参各25g，投3剂。

三诊 服后排出黑褐色便多次、量多，腹痛大减，病情大有好转。查白细胞：$9.8\times10^9/L$，遂前方去皂角、附子、川椒、枳核、橘核，加石斛30g、玉竹15g、扁豆15g，以生津养胃。再以党参、白术、茯苓、甘草善后。1周后，饮食增进，二便复常，痊愈出院。

笔者按 本案患者虽为产后妇人，任继学先生治疗时仍重用厚朴等行气导滞药物，体现了“因人施量”中的一个特殊原则——有故无殒亦无殒。该思想出自《素问·六元正纪大论》：“黄帝问曰：妇人重身，毒之何如？岐伯曰：有故无殒，亦无殒也。帝曰：愿闻其故何谓也？岐伯曰：大积大聚，其可犯也，衰其大半而止，过者死”。“有故无殒亦无殒”的原意旨在回答妇人怀孕后是否可以用“毒药”来治病？岐伯回答皇帝：只要有需要用“毒药”治疗的疾病，就不会出现危险。换言之即妊娠时如确有病邪存在，使用峻烈的药物也不会伤害母体和胎儿。但在用药过程中必须“衰其大半而止”，切不可过用。推而广之，即有其病用其药，即使是“毒药”（有毒或峻猛之药）也难以伤害人体，但在针对特殊体质人群时，要求医生胆大心细，遵循“衰其大半而止”的原则，“中病即减”、“中病即止”。

2. 小剂量治疗儿科疾病医案

【病案17】 蒲辅周治疗急性中毒性痢疾1例[21]。

患者陈某，男，4岁半。

现病史 患者1963年8月15日突然发热，恶心呕吐，4h内抽风2次，因昏迷而急诊入院。患儿大便呈脓血样，有里急后重现象，当时诊为急性中毒性痢疾，用冬眠药物及温湿布裹身。翌日，面色转灰暗，寒战高热，呼吸微弱，经人工降温16h，方得呼吸均匀。复温后第2d开始，每日上午发生寒战，且有发绀，肢凉，午后高热（42～43℃），无汗，时有谵妄躁动，每日下利脓血便20余次，腹胀，里急后重，无呕吐，食欲尚可。血液检查：白细胞逐渐减少，出现粒细胞减少征（白细胞总数$6\times10^8/L$，中性粒细胞0.3）。大便培养：福氏痢疾杆菌阳性。耐药试验：对多种抗生素等药物不敏感，于26日请我院中医会诊。

刻下症 患儿呼吸促迫，唇色淡红，腹满不硬，午前寒战，午后高热，右脉沉滞，左脉弦大而急，舌质色淡，苔薄白而腻。

西医诊断 急性中毒性痢疾。

中医诊断 脓血痢。

中医辨证 证由暑湿内伏，新凉外加，表郁里结，以致升降阻滞，营卫不通。若单治其里，则伏邪不得外越，内结必然更甚，病为正虚邪实。幸胃气尚存，津液未竭，急宜升阳明，和营卫，开玄府之闭，达邪外出而解里急。

处方 桂枝加葛根汤：

葛根6g 桂枝3g 白芍3g 炙甘草3g 生姜2片 大枣2枚

用文火煎取180ml，每4h服30ml。药后另服荷叶、炒粳米煎汤。仿桂枝汤服法以助汗。

药后当夜絷絷汗出，但小腿至足无汗，体温渐降，四肢转温，今晨无汗，但仍有脓血便及里急后重。前方去桂枝、白芍，加健脾化湿之品调理一周而愈。

3. 小剂量治疗体虚（年老）患者医案

【病案18】 张灿玾治疗咳嗽1例[27]。

患者王某，男，中年。

现病史　昔有慢性咳病，偶因伤风，咳嗽有加。

刻下症　咳嗽，无痰，寒热往来，无汗，胁部刺痛，大小便正常，面容憔悴，食少乏力，舌红苔白薄，脉浮弦而数。

中医诊断　咳嗽。

中医辨证　此旧日患咳，肺气本虚，复因外感，外邪束于皮毛，则肺气尤为不畅，病及足太阳及足少阳两经为患矣，故寒热发，胁痛作。

治法　和解少阳，轻开肺气。

处方　小柴胡汤加减：

柴胡3钱　黄芩1钱　制半夏2钱　陈皮2钱　茯苓2钱　枳壳1钱　桔梗1钱　麦冬3钱　川贝2钱　沙参3钱　生甘草1钱

水煎温服。

复诊　服上药1剂便知，诸证均减，脉亦不数，唯浮而无力，遂继服2剂而愈。

原书按　本案以小柴胡汤为主者，和解少阳也，以沙参易人参者，以气阴两虚，再加麦冬以甘寒，益其气也，加枳、桔者，开胸以利气也，具二陈汤之药，肺、胃兼顾也，川贝化痰，免其阻滞胸中也。本方用量较轻者，以体本虚弱，邪亦不甚重，既可轻取，不可重伐。夫用药如用兵，若强虏顽敌，非具扛鼎之力，雷霆之势，安能制胜，若弱体微邪，轻取可也。故用药之道，亦在于巧取而已。若欲强本健身，则另当别议。

【病案19】　张灿玾治疗足部脓疡1例[27]。

患者张某，男，80余岁。

现病史　时值寒冬，保暖条件不足，两下肢厥冷，左大趾端冷尤甚，其尖端破溃，特来求诊。

刻下症　双下肢厥冷、左足大趾端色紫黯，不肿，尖端破溃，有一小脓头，脓液极少。身体衰老，脉沉迟。

中医诊断　脓疡。

中医辨证　此因年老，阳气久衰，又值冬季，寒气凝聚，气血阻滞不行，故化为脓疡。

治法　当予温经通阳之法，少佐以解毒之药以治之。

处方　当归四逆散加减：

当归5钱　白芍3钱　通草2钱　桂枝3钱　细辛1钱　金银花5钱　炙甘草2钱　生姜3片　大枣(去核)3枚

水煎温服。

二诊　服上方2剂后，两腿稍温，大趾肿疡亦见消。可继服前方。

三诊　继服上方3剂后，两腿温暖，脓头亦已收口，嘱以保温护理，遂愈。

原书按　本案原非感染热毒所致，唯因年老阳衰，寒结阴凝，气血运行不畅，经脉不通，不可用大剂攻毒破瘀之药，故仿仲景先生当归四逆汤方义，温经通阳，外加金银花以解毒。金银花性平和，虽为解毒之药，无碍于温经通阳。

【病案20】　仝小林治疗糖尿病肾病1例[17]。

患者，男，78岁。

主诉 全身乏力,行动不便半年余。

现病史 患者16年前诊为糖尿病,半年前出现肾功能异常,诊为糖尿病肾病。唇舌紫暗,舌体细颤,脉沉弦硬数。

刻下症 周身乏力,行动不便。胸闷憋气,急躁易怒。

辅助检查 血肌酐(Cr):119μmol/L,尿素氮(BUN):11.17mmol/L,三酰甘油(TG):2.17mmol/L,HbA1c:8.0%。

西医诊断 糖尿病肾病。

中医辨证 肾络瘀损证。

治法 通络益肾。

处方 抵当汤加减:

酒大黄3g(包煎) 水蛭粉3g(分冲) 丹参15g 黄芪30g 三七6g 红曲6g 山萸肉15g 黄连15g 生姜3片

水煎服。

复诊 患者服药1个月,自诉乏力改善70%,胸闷憋气,急躁易怒减轻50%。Cr:107μmol/L,BUN:9.98mmol/L,TG:1.87mmol/L,HbA1c:7.6%。

笔者按 考虑此按患者年老,体质较虚,对药物的耐受性差,用大剂量恐有损伤正气之嫌,故以常规剂量治疗。

第三节 因方施量——方量效

一、理论探讨

纵览中医史发展历程,可见医家对处方药物组成的研究远远大于对剂量的研究,早在《五十二病方》、《内经》十三方中可见处方已初步形成,东汉末年张仲景"勤求古训,博采众方"撰写《伤寒杂病论》,共收方113首,把方剂学的发展推向了一个历史的高潮,至今对中医的发展产生着巨大影响,再经过历代名医的发展,给后世留下了许多经典名方。然而剂量乃处方的关键之一,甚至一首方的剂量关乎着整个处方的疗效,可剂量的研究远远滞后于处方药物组成的研究。

正因"剂量"存在的诸多问题,所以处方中的剂量一直是困扰中医发展的一个谜。处方的剂量是否存在剂量阈,是否随着剂量的增加疗效亦随着增加,多大剂量乃是合理剂量仍需要进一步展开研究。小剂量与大剂量谁更合理?以小剂量为代表的孟河学派,如丁甘仁、曹颖甫;以大剂量为代表的如云南擅用姜附的名中医吴佩衡。临证处方如何选择剂量才是合理剂量已成为中国传统医学发展道路上亟待解决的问题。

(一)制方大小定用量

笔者认为以药少而精为特点,可称之为精方;以药多而广为特点,可称之为围方。精方与围方的用量特点总体而言:精方量大,围方平和[28]。

精方药味精简,通常药味数在4~5味,药少力专故作用目标明确,适用于急危重症,而急危重症非大剂量不足以撼动病邪，故用量宜大，以求短时间内迅速收效。

《伤寒杂病论》中的经方多属精方范畴，观《伤寒论》第175条：“风湿相抟，骨节疼烦，掣痛不得屈伸，近之则痛剧，汗出短气，小便不利，恶风不欲去衣，或身微肿者，甘草附子汤主之。”方中由炙甘草2两、炮附子2枚、白术2两、桂枝4两组成，药仅4味，所治病症乃风湿并重，表里阳气皆虚的重症，虽药少然每味药量皆偏大，故能专攻一致起到温阳补中，散风除湿之功；再观《伤寒论》第317条：“少阴病，下利清谷，里寒外热，手足厥逆，脉微欲绝，身反不恶寒，其人面色赤，或腹痛，或干呕，或咽痛，或利止脉不出者，通脉四逆汤主之。”方由炙甘草2两、附子大者1枚、干姜3两、强人可4两组成，方中仅3味药且药量皆偏大，重拳出击方能克敌制胜，故能起到破阴回阳，通达内外的功效；再如《伤寒论》中吴茱萸汤证，第243条言：“食谷欲呕，属阳明也，吴茱萸汤主之。”第309条“少阴病，吐利，手足逆冷，烦躁欲死者，吴茱萸汤主之。”第378条“干呕，吐涎沫，头痛者，吴茱萸汤主之。”方由吴茱萸1升、人参3两、生姜6两、大枣12枚组成，此4味药皆量大，其中生姜用量大至6两，故能用于中阳不足的呕吐、干呕以及头痛吐涎沫；再如《金匮要略·痰饮咳嗽病脉证并治第十二》第25条：“心下有支饮，其人苦冒眩，泽泻汤主之。”方由泽泻5两，白术2两组成，用两味药且大剂量治疗支饮上泛，蒙蔽清阳的冒眩。

围方药多而广，药味数通常在十几至三十几味，靶点众多，适于慢性病调理，故用量平和，主要以常规剂量为主，全面兼顾，以期长期调理，缓慢见功。

《伤寒杂病论》中亦能见少许的围方，如《金匮要略·疟病脉证并治第四》第二条：“病疟，以月一日发，当以十五日愈；设不差，当月尽解；如其不差，当如何？师曰：此结为症瘕，名曰疟母，急治之下，宜鳖甲煎丸。”方由鳖甲12分、乌扇3分、黄芩3分、柴胡6分、鼠妇3分、干姜3分、大黄3分、芍药5分、桂枝3分、葶苈子1分、石韦3分、厚朴3分、牡丹5分、瞿麦2分、紫葳3分、半夏1分、人参1分、䗪虫5分、阿胶3分、蜂巢4分、赤消12分、蜣螂6分、桃仁2分，全方达23味药，皆药量甚少，因“癥瘕”乃痰瘀互结长期所致，《素问》所谓“急则治其标，缓则治其本”故需缓慢图之，且寒热并用，攻补兼施，理气活血，化痰消癥全方位调理以治其本；又如《金匮要略·血痹虚劳病脉证并治第六》第18条：“五劳虚极羸瘦，腹满不能饮食，食伤，忧伤，饮伤，房室伤，肌伤，劳伤，经络营卫气伤，内有干血，肌肤甲错，两目黯黑。缓中补虚，大黄䗪虫丸主之。”方由大黄10分、黄芩2两、甘草3两、桃仁1升、杏仁1升、芍药4两、干地黄10两、干漆1两、虻虫1升、水蛭百枚、蛴螬1升、䗪虫半升共12味药组成，炼蜜和丸小豆大。服用方法中每次“酒饮服五丸，日三服”，小豆大的5个蜜丸，可见每次服用药量之少，虚劳之疾非缓慢调理不能见功，故予多方位药且少量缓缓图之。

围方虽在经方中为数不多，可至唐以后，方剂的组成多由药味多，药量平和组成，剂量与经方几近相差5倍。

观金代脾胃大家李东垣，他创制了如补中益气汤、升阳散火汤、升阳益胃汤等经典名方。以补中益气汤而言，原方以黄芪1钱、炙甘草5分、人参3分、当归身2分、橘皮2分或3分、升麻2分或3分、柴胡2分或3分、白术3分，全方较经方药味稍增，然药量皆偏小，用于内伤杂病之中焦不足，以气分、血分缓慢调理以收奇功[29]。古之圣贤再则如唐代孙思邈的《千金要方》和《千金翼方》；明代张景岳的《景岳全书》；清代王清任的《医林改错》皆留有许多旷世围方于世。

现代医家对围方的认识和运用又有了进一步的发展，并且也出现了许多流派以及学术争鸣的现象。

北京四大名医之一的施今墨以及蒲辅周老中医等著名医家皆善于运用围方。江苏邳州炮车中心卫生院薛振声老中医亦对围方的经典运用有自己独到的认识，他是一位70多岁的农村家传中医，从事中医临床工作30余年，撰写的《十年一剑全息汤》中描述了自创方剂"全息汤"为什么以及如何以全息汤为基础方的整体辨证论治和系统治疗，其方药组成如下：

柴胡12g 桂枝10g 白芍10g 瓜蒌10g 薤白10g 枳实10g 苍术10g 陈皮10g 厚朴10g 白术10g 茯苓10g 猪苓10g 泽泻12g 生地10g 丹皮10g 甘草10g 生姜10g 大枣10g

全方共18味药，且皆处以常规剂量，薛老谓："系统疗法以和解少阳为轴线，取小柴胡汤基础药：柴胡、甘草"；"表证最基本的病理特征是风寒，治疗表证首选桂枝汤"。"上焦证最基本的病理特征是痰凝气滞，治疗上焦证首选枳实薤白桂枝汤"。"中焦证最基本的病理特征是湿困，治疗中焦证首选平胃散"。"下焦证最基本的病理特征是水停，治疗下焦证首选五苓散"。"血分证最基本的病理特征是血热、血瘀，治疗血分证首选生地、丹皮"。全方升阳理气、疏风散寒、调和营卫、开胸化痰、化湿运脾、利水清血等多种功能，薛老以全息汤方为基础加减治疗传染病、呼吸系统疾病、循环系统、消化系统、代谢及内分泌系统等各种病证，可谓将围方的特色运用展现得淋漓尽致[30]。

笔者认为精方与围方之间没有绝对的界限，全凭医者。或医家善用精方，或善用围方，或兼而有之。近代名医张锡纯可谓精方与围方的大家，如在《医学衷中参西录》中论述"十全育真汤"时，原方以野台参4钱、生黄芪4钱、生山药4钱、知母4钱、玄参4钱、生龙骨4钱、生牡蛎4钱、丹参2钱、三棱钱半，莪术钱半皆小剂量治疗长期所致的五脏虚损病症，张氏在其方后注又言："若其汗过多，服药仍不止者，可但用龙骨、牡蛎、萸肉各一两煎服，不过两剂其汗即止。"可见张锡纯善于以小剂量的围方治疗诸如"虚劳"类的慢性病，又善于用大剂量的精方治疗急危重症。笔者在临床过程中既运用精方也运用围方，但以运用精方为主，比如以大剂量山萸肉配伍红参抢救元气欲脱证[31]，大剂量葛根汤治疗斜颈[32]，大剂量黄芪桂枝五物汤、猪苓汤以及乌头汤等治疗不同类型糖尿病周围神经病变，以常规剂量或小剂量自拟"参芪丹鸡地黄汤"治疗糖尿病肾病终末期[33]。《伤寒杂病论》中的"经方"大、中、小剂量分别为15g、9g、3g，且指出围方亦需分清君臣佐使而施以不同的剂量，并按照《素问·至真要大论》"主病之为君，佐君之为臣，应臣之谓使。"以及大方以"君一臣三佐九"中方"君一臣三佐五"的原则而施量。

（二）处方剂型定用量

中药的剂型主要有汤剂、散剂、颗粒剂、袋泡剂、丸剂、膏剂、丹剂[34]，临床过程中根据患者的不同情况而处以不同的剂型。在临床过程中处方剂型决定用量的三大特点：第一，汤剂用量最大；第二，煮散用量次之；第三，丸散（服散）膏丹用量最小。

首先,我们来看现今临床常用的汤剂与丸剂这两种剂型。所谓“汤者,荡也”以其去病最速;“丸者,缓也”乃是缓慢图之。如《伤寒论》之抵当汤与抵当丸,两方药物组成完全相同,但剂量不同。抵当丸中虽增加了5个桃仁,却把破血逐瘀的虫类药水蛭和虻虫较抵当汤各减少10个,且抵当汤的煎服方法为“以水五升,煮取三升,去滓,温服一升。”抵当丸的煎服方法乃“捣为四丸,以水一升,煮一丸。”即服用方法变成了煮丸,即使在两方剂量完全不变的情况下,抵当丸服用量则约为抵当汤的1/4,故抵当丸攻逐瘀血的作用较抵当汤缓和,变成了逐瘀泻热的平和之剂。《伤寒论》中麻子仁丸、乌梅丸亦属此类丸药用量极小的类型。笔者在临床中常运用丸剂,比如,门诊糖尿病患者经过一段时间调理,当HbA1c<7.0%稳定后,以每次丸药服用量9g,一日3次,每天用量27g进行处方用量,以此稳定血糖,或进一步缓慢调理以控制在正常水平。

其次,面临中药材资源紧缺的现状,散剂的运用越来越受医家的关注。散剂同汤剂一样能够因人辨证施治、随证化裁,还具有自身独特的优势,如制作工艺和设备简单;用量少,煎煮时间短;使用方法多样,既可服散,又可煮散,还可外用等。蔡光先[35]等通过研究28味常用中药饮片汤剂与散剂的用量,结果发现28味常用药物在散剂中用量明显减少,约为汤剂用量的1/5~1/3。张晓平[36]通过对中药袋煮散治疗病毒性肝炎的临床研究,其中袋煮散制备按汤剂药量的1/3~1/2量处方,结果表明中药袋煮散治疗病毒性肝炎疗效与汤剂相当。李冀湘[37]六味地黄汤的煮散和传统汤剂的煎出率进行比较研究,通过比较两种剂型总浸出物的煎出率以及用高效液相测定两种剂型中的马钱苷煎出率。结果发现六味地黄汤煮散的总浸出物量及马钱苷的煎出率都高于传统汤剂,结论表明应用中药煮散可达到节约药材,提高中药使用率的目的。

笔者认为煮散将成为未来中医药发展的趋势,为此展开了煮散的相关研究。在已经展开的葛根芩连汤煮散研究中,取得了一定成果,明确了煮散确实具有比汤剂独特的优越性,从相关的实验数据初步得出煮散可以有效地节约汤剂药材的1/3~1/2,节省中药材、节省能源具有重要的作用。根据临床经验,丸、散(服散)、膏、丹剂型用量乃汤剂剂量的1/10。

二、医案赏析

(一)制方大小定用量

制方小者,药味精简,可称之为精方,通常药味数在4~5味,药少力专故作用目标明确,适用于急危重症或病机单一之疾病。急危重症非大剂量不足以撼动病邪,故用量宜大,以求短时间内迅速收效;而病机单一之疾病,可能病情较轻,用精方针对病机,既是剂量轻灵亦可见奇效。制方大者,药味繁多,作用广泛,可称之为围方,围方药多而广,药味数通常达十味以上,靶点众多,适于慢性病调理,故用量平和,主要以常规剂量为主,全面兼顾,以期长期调理,缓慢见功。

1. 精方医案

【病案1】 裘沛然治疗肾病综合征1例[38]。

患者,儿童。

现病史　某患儿感冒后浮肿、蛋白尿,由宁波来沪求医,在某医院诊为肾病综合征,用激素、环磷酰胺等西医治疗,2 个月余未效,已发病危通知。家长急求诊于国医大师裘沛然教授。

刻下症　面色皖白无华,眼睑虚浮,气促神委,腹大如鼓,阴囊肿大如球,下肢浮肿,小便不利,口不渴,纳不馨,泛恶多,舌苔薄质淡,脉沉细。

辅助检查　蛋白尿(+++),尿量 1d 仅百余毫升。

西医诊断　肾病综合征。

中医辨证　脾肾气虚,水湿壅盛。

处方　生黄芪 40g　生牡蛎 40g　泽泻 1.5g　黑大豆 30g　大枣 7 枚

1 剂,水煎服。

复诊　患者服 7 剂奏效,守方再进 7 剂,患儿明显好转,效不更方,2 周后病情缓解,出院返家治疗。2 个月后患儿康复。

原书按　观本案脉证,病机的关键是脾肾气虚,水湿壅盛。脾气虚弱,健运失职,水湿内停,溢于肌肤则见眼睑虚浮、下肢水肿;水湿壅滞于中,三焦不利,则见腹部胀大如鼓,阴囊肿大如球,小便不畅;脾虚失运,胃纳欠佳,则见口不渴,纳不馨,泛恶多;脾虚失运,水谷不能化为精微,营血失充,则见气促神委,面色皖白无常,舌苔薄质淡。脉沉细,主里,主虚,故此证为里虚证。本证既非阳水之明显表现,亦非阴水之典型证候,乃系三焦气虚又水湿泛滥所致。肺虚不能制其上源,脾虚不能运化水湿,肾虚则气化无权。故治宜升脾阳,健脾气,升三焦,利水道。所以,裘老在方中重用黄芪 40g 补气升阳,利水消肿为君药。牡蛎亦用至 40g,平肝益阴,敛精固锐,降气利水为臣药。泽泻益气健脾,渗湿利尿;黑大豆,善治水,消胀下气;两者共为佐药。大枣,补脾益气,缓和药性为使药。

笔者按　上方药味虽少,仅有 5 味,却药力专宏,诸药合用,共奏健脾益肾,通利三焦,利水消肿之功,患儿服药仅服 7 剂但见疗效。

【病案 2】　吴佩衡治疗狂证 1 例[21]。

患者,男,20 余岁,体质素弱。

现病史　始因腹痛便秘而发热,医生诊为瘀热内滞,误以桃仁承气汤下之,便未通而病情反重,出现狂证。

刻下症　发狂奔走,言语错乱,大便不通。脉沉迟无力,舌红津枯但不渴,微喜热饮而不多,气息喘促而短,有欲脱之势。

中医诊断　狂证。

中医辨证　阴证误下,逼阳暴脱。

处方　四逆汤加肉桂:

附子 130g　干姜 50g　肉桂 13g(研末,泡水兑入)　甘草 10g

服后,当天夜间鼻孔流血,大便亦下黑血,次日复诊则见脉微神衰,嗜卧懒言,神识已转清。嘱照原方再服 1 剂。服后,衄血便血均未再出,口微燥,此系阳气已回,营阴尚虚,继以四逆汤加人参连进 4 剂而愈。

原书按　初病属阴寒冷结,但当温阳启闭可愈,而反用桃仁承气攻下瘀热,此误也,得汤致血脱阳亡，虚阳上奔而发狂。必以大剂四逆汤温下元阳气而方能愈。加肉桂在于引火归原，使阳回神敛，气血畅运，则离经之败血夺路而出，之后，诸症若失。

作者按 本案病证单一且病机明确，故吴佩衡先生选择用药精而专之方剂治疗。全方仅4味药，用附子130g、干姜50g以重拳出击、温阳启闭，治疗目标明确，攻其一点，故收效甚捷。

【病案3】 仝小林应用干姜黄芩黄连人参汤治疗糖尿病（胰岛素抵抗）1例。

患者曹某，女，69岁。2010年8月2日初诊。

主诉 血糖升高8个月。

现病史 患者8个月前体检时发现血糖升高，诊断为糖尿病，至今未服降糖西药治疗，现至我处就诊。

刻下症 无明显不适，夜尿2～3次，纳眠可，小便可，大便日2～3次，舌苔根部厚腻，舌底瘀，脉略弦。

体格检查 身高153cm，体重58kg，BMI：24.78kg/m^2。

辅助检查 2010年6月18日查总胆固醇：6.11mmol/L，三酰甘油：2.88mmol/L；糖化血红蛋白：7.1%；2010年7月13日查空腹血糖：5.82mmol/L，餐后2h血糖：8.66mmol/L。

既往史 高脂血症、轻度脂肪肝、肝血管瘤。

西医诊断 糖尿病。

中医辨证 脾虚胃热。

处方 干姜黄芩黄连人参汤：

干姜12g　黄连30g　黄芩30g　西洋参9g　三七9g

煮散，早晚各1次，每次27g。

二诊 2010年10月25日。服3个月煮散后，无明显不适，纳眠可，二便调，舌苔根部厚腻，舌底瘀，脉略弦。实验室检查：2010年10月14日：糖化血红蛋白：6.9%；空腹血糖：5.88mmol/L，餐后2h血糖：8.66mmol/L；空腹胰岛素：122.15pmol/L。胰岛素抵抗指数：2.3%，胰岛素敏感指数：42.9%。处方以上方加苍术30g、滑石粉30g、生甘草15g。

煮散，早晚各1次，每次27g。

三诊 2011年1月24日。服3个月煮散后，无明显不适，纳眠可，二便调，舌苔根部稍腻，舌底瘀，脉略弦。实验室检查：2011年1月13日：糖化血红蛋白：6.2%；空腹血糖：5.7mmol/L，餐后2h血糖：9.27mmol/L；空腹胰岛素：66.89pmol/L。胰岛素抵抗指数：1.3%，胰岛素敏感指数：77.6%。

处方 初诊方加肉桂15g、山萸肉30g。煮散，早晚各1次，每次27g。

笔者按 此案患者就诊时血糖控制良好，无特殊不适，病情较轻，且病机单一，为脾虚胃热证，用干姜黄芩黄连人参汤加三七治疗。全方仅5味药，配伍精当，黄连、黄芩苦寒，清泄壅盛之胃热，干姜、人参温热补虚，同时制约芩、连之苦寒。药物搭配寒热并用、升降相因、切合病机，加三七以增强活血化瘀之作用。值得注意的是本案剂型是煮散，煮散完全保留了汤剂的所有特点，只是将汤剂的饮片粉碎成颗粒。煮散既遵循了中医药的基本理论，又保持了汤剂的固有特点，疗效肯定，并具有节省药材，节省经费等优点。

【病案4】 全小林应用半夏泻心汤治疗糖尿病1例。

患者陈某,男,59岁。2009年11月18日初诊。

现病史　患者于1999年因“口渴多饮、消瘦”入院,查血糖升高,诊断为2型糖尿病,患者1999年发病前体型偏胖,70kg左右,现仅51kg。患者自行饮食控制加运动疗法,同时不规律服用格列本脲治疗,血糖控制不佳求诊。

刻下症　口干多饮,消瘦,近1个月体重减轻4kg,纳食可,无多食易饥,胃脘痞满,时有肌肉掣动,睡眠安,二便正常;舌淡红,苔薄黄,脉偏数。

辅助检查　FBG:10.29mmol/L,餐后2h血糖:20.05mmol/L,HbA1c:8.9%。BP:130/70mmHg。血脂正常,肝肾功能正常,眼底查无异常。身高:165cm,体重:51kg,BMI:18.73kg/cm^2。

西医诊断　糖尿病。

中医诊断　脾瘅。

中医辨证　湿热伤脾。

处方　半夏泻心汤:

清半夏15g　黄连30g　黄芩30g　党参30g　炙甘草15g　生姜5大片

水煎服。

复诊　患者服上方56剂后,查HbA1c:6.6%,体重2个月增加3.5kg。

笔者按　患者虽以“口渴、消瘦”为主诉,但发病前最初表现为肥胖,而非消瘦,究其病因,由于过食肥甘,饮食自倍,则脾胃乃伤,肥甘厚味郁久化热,消烁肌肉,从而导致继发性消瘦。针对病机,以辛开苦降为法,全方由6味药组成,黄芩、黄连两味苦寒药与半夏、生姜两味辛温药的配伍是辛苦相配,寒温并用。又合人参、甘草益气养阴以补虚,虚实兼顾。

2. 围方病案

【病案5】 周仲瑛治疗食管中下段鳞癌术后1例[39]。

患者,男,66岁。2008年8月20日初诊。

主诉　胸膈胀塞、吞咽困难半年。

现病史　患者自2008年春节开始进食时吞咽困难,呈渐进性加重,经查诊为食管癌,2008年6月24日在某院行食管中下段鳞癌根治术,术中见胃左淋巴结转移2/2,因血小板低(30×10^9/L)而无法化疗,故至我处求诊。

刻下症　形体瘦弱,面黄不华,食后胸膈胀塞不适,大便1~2日一行、质稀,舌苔薄黄腻,舌质暗红有裂纹,脉细。

辅助检查　2008年7月22日CT复查:食管癌术后改变,左侧胸腔中等量积液伴左下肺压缩性膨胀不全,右肺中叶、左肺舌叶陈旧性结核灶,脾大,胆囊壁稍增厚。辅助检查:白细胞:3.47×10^9/L,血红蛋白:115g/L,血小板:42×10^9/L。肿瘤标志物:CA-125:155.57U/ml,余均正常。

西医诊断　食管中下段鳞癌术后。

中医辨证　脾胃虚败,生化乏源,痰气瘀阻。

治法　扶脾补虚，和胃降逆，顺气化痰，祛瘀消肿。

处方　香砂六君子汤加减：

党参 12g　焦白术 10g　茯苓 10g　炙甘草 3g　仙鹤草 20g　鸡血藤 20g　薏苡仁 15g　肿节风 20g　地榆 12g　红景天 12g　灵芝 5g　法半夏 12g　花生衣 15g　当归 10g　炒枳壳 10g　木香 5g　砂仁 4g(后下)　炙鸡内金 12g　地骷髅 15g　公丁香 3g

14 剂水煎服，每日 1 剂。

二诊　2008 年 9 月 3 日。药后可食面条，然胸膈阻塞不下，食入约 1～2h 可通畅，大便时干时稀，舌苔黄薄腻，舌质黯红，脉略滑。处方以上方去地骷髅，加旋覆花 6g(包煎)、代赭石 25g(先煎)、急性子 10g、炒莱菔子 12g、八月札 12g。

14 剂，服法同前。

三诊　2008 年 9 月 17 日。饮食吞咽梗塞感减轻，腹胀好转，食纳知味，无嗳气，无泛酸，大便基本正常，仅腹泻 1 次，舌苔黄薄腻，舌质黯红隐紫，脉小滑。处方以上方加石见穿 20g、炙刺猬皮 15g、煅瓦楞 20g、南沙参 10g。

继服 14 剂。服法同前。

四诊　2008 年 10 月 15 日。食管已通畅，餐后胃胀嗳气不多，大便多烂或干，舌苔中薄黄，舌质暗红、有裂纹，脉弦滑。处方以 8 月 20 日方加石见穿 20g、炙刺猬皮 15g、煅瓦楞子 20g、南沙参 12g、山药 12g、炒六曲 10g。

维服 14 剂。服法同前。

五诊　2008 年 10 月 29 日。饮食吞咽顺畅，餐后胃中隐有痛胀，无胸闷咳嗽，稍有嗳气，大便正常，舌暗红，苔薄白，脉弦滑。辅助检查：CA-125：53.53U/ml，铁蛋白：90.60ng/ml。胸腹部 CT 示：食管癌术后，左侧胸腔积液，右肺中叶及左下肺纤维灶，脾略大。血常规检查示：白细胞：3.53×10^9/L，血红蛋白：120g/L，血小板：60×10^9/L。处方：

上方加泽漆 15g　冬瓜子 10g　冬瓜皮 15g　桑白皮 15g

继服 14 剂。

六诊　2009 年 4 月 15 日。饮食可进干饭一小碗，餐后气滞不舒，吞咽顺畅，嗳气，二便调。辅助检查：2009 年 3 月 18 日查血常规示：白细胞：3.83×10^9/L，血红蛋白：141g/L，血小板 64×10^9/L。肿瘤标志物示：CA-125：39.42U/ml，余均正常。

2009 年 7 月 15 日及 2010 年 1 月 27 日复查肿瘤标志物均(－)，胸片示右侧胸膜增厚。患者能食米饭，口不干，吞咽顺利，无梗塞感，精神状态亦可。

原书按　本案患者手术时原发肿瘤具体情况不详，但有区域淋巴结转移，术后 1 个月 CT 复查见左侧胸腔中等量积液，无其他原因可解释，有可能为胸膜转移所致，因此病情当属中晚期，预后不良，又因血小板极低而难以化疗。本案患者在周仲瑛教授处服用中药达 2 年之久，病情得到有效控制，肿瘤标志物转阴，胸水吸收，自觉症状消失，精神状态可，生活质量明显提高。根据饮食吞咽困难、咽下有梗阻感等临床表现，食管癌应属中医“噎膈”范畴。因内伤饮食、忧思郁怒、脏腑功能失调，三者相互影响，互为因果，导致气滞、痰阻、血瘀，而发为本病，日久可兼津亏、阴伤、气虚等。《素问·通评虚实论》云：“隔塞闭绝，上下不通，则暴忧之病也。”《医宗必读·反胃噎塞》云：大抵气血亏损，复因悲思忧恚，则脾胃受伤，血液渐耗，继服 7 剂。2000 年 4 月 14 日三诊。患者口疮几近消失。

纳可,眠安,二便调,舌红,苔黄,脉沉滑。继服上方7剂后,口疮痊愈。

本案患者手术后出现血小板低,左侧胸腔中等量积液伴左下肺压缩性膨胀不全,形瘦面黄,餐后胸膈胀塞不适,大便时溏,舌苔薄黄腻,舌质黯红有裂纹,脉细。初诊时,周师从脾胃虚败,生化乏源入手。盖脾胃为后天之本,气血生化之源。食管癌病位又主在胃,脾胃一虚,诸证由起。故治以四君子汤合薏苡仁健脾益气和胃以补后天之本,加半夏、木香、砂仁和胃降逆、行气化痰;合参、术、苓、草为香砂六君之意,炒枳壳、炙鸡内金、地骷髅、公丁香加强和胃降逆、理气化痰之力,仙鹤草、鸡血藤、肿节风、生地榆、红景天、灵芝、花生衣、当归养血活血止血、解毒消肿抗癌。全方合用,健脾胃、益气血、和胃降逆、顺气化痰、活血止血、消肿抗癌。之后根据病情变化,或合旋覆代赭汤、八月札、莱菔子、炒六曲降逆和胃、顺气化痰,或加石见穿、炙刺猬皮、煅瓦楞子、急性子、泽漆、冬凌草、老鹳草、白花蛇舌草解毒抗癌,或加黄芪、山药加强健脾益气之功,或合沙参麦冬汤滋阴润燥。通过扶正补虚,祛邪抗癌,缓缓图治,患者血小板升高,肿瘤标志物转阴,胸水吸收,病情得到有效控制。患者带病延年,生活质量明显提高。周师善用复法大方辨治恶性肿瘤亦由此可见一斑。

笔者按　周仲瑛教授针对病情,辨证施治、随症化裁,首诊用大方遣数药,其作用靶点众多,用量尚平和,主要以常规剂量为主,全面兼顾病情,长调效稳。

【病案6】　施今墨治疗子宫颈癌(癥瘕)1例[40]。

患者赵某,女,46岁。

现病史　患者于1954年4月发现阴道少量出血,无任何感觉,即往协和医院妇科做活体组织检查,诊断为子宫颈癌2~3期,骨盆组织亦受浸润,已不宜做子宫摘除术,于当年5月深部X线治疗1个半月,后又住院做镭放射治疗,住院10日,全身症状逐渐出现,无力、衰弱、消瘦、阴道分泌增多,大便时肛门剧烈疼痛,以致大汗,痛苦异常,自此每日注射吗啡两次,以求缓解。患者因惧怕疼痛而不敢进食,每日只吃流食,配合葡萄糖、维生素、肝精等注射,如此维持一年,病情愈益加重,身体更加衰弱。

刻下症　危重病容,形瘦骨立,气息微弱,面色苍白而浮肿,呻吟床第,呼号无力,每于痛剧难忍时,辄注射吗啡,饮食大为减少,仅以流质维持。舌苔光嫩而有齿印,脉沉细无力。

西医诊断　子宫颈癌。

中医诊断　癥瘕。

中医辨证　积病已久,自未觉察,一旦发作,恙势已重,所谓蚁穴溃堤,积羽折轴,形势已难控制。脉沉细而无力,乃气血俱虚,心力将竭,血液损耗之象。

治法　脉症综合,险象环生,图治非易,先拟调气血,冀减痛楚,未悉能否奏效。

处方　青皮炭10g　盐橘核10g　广皮炭10g　晚蚕砂10g(皂角子10g炒焦,同布包)　盐橘核10g　川楝子10g(醋炒)　炒枳实5g　杭白芍12g(柴胡6g同炒)　绿升麻3g　炒枳壳5g　党参10g　当归12g　炙绵芪20g　淡苁蓉15g　台乌药6g　紫油朴5g　仙鹤草25g　炙甘草5g

另用槐蘑30g、苏木30g煮汤代水煎药。

二诊　服药3剂痛楚有所缓解,余症同前,而吗啡注射仍不能停,脉象舌苔无改变,再以前方加力。第一诊原方继续服用，加开丸药方。处方：

瓦楞子 30g　晚蚕砂 15g　牡蛎 30g　台乌药 15g　酒杭芍 30g　柴胡 8g　朝鲜参 15g　广木香 5g　绵芪 45g　鹿角胶 30g　紫油朴 12g　莪术 12g　京三棱 12g　白术 25g　醋元胡 15g　淡吴萸 8g　沉香 3g　炙甘草 27g　酒当归 15g

共研细末，炼蜜为丸，早晚各服 6g。

三诊　服汤药 2 剂，疼痛继续减轻，2d 来只在大便后注射吗啡 1 次，葡萄糖及维生素等未停，脉象虽仍沉细，较前有力，精神已显和缓，虚羸太极，不任攻补，希望气血调和，本元稳固，除旧即可生新。处方：

盐橘核 10g　青皮炭 6g　晚蚕砂 10g(皂角子 10g 炒焦同布包)　盐橘核 10g　广皮炭 6g　炒枳实 5g　川楝子 10g(醋炒)　制乳没各 6g　炒枳壳 5g　台乌药 6g　炒远志 10g　云茯苓 6g　炒地榆 10g　醋元胡 10g　云茯神 6g　木蝴蝶 15g　野于术 10g　瓦楞子 25g(海浮石 10g 同布包)　杭白芍 10g(醋柴胡 5g 同炒)

四诊　服药 3 剂(二诊所配丸药已开始服用)疼痛大减，自觉较前轻松舒适，已停止注射吗啡，当服完第三剂药后，觉阴道堵塞感，旋即挑出核桃大球形糜烂肉样组织一块，状如蜂房，质硬，饮食略增，可进半流食物，脉象已有起色，光嫩之舌质已转红润，元气已有来复之象，调气血，扶正气，尚觉合度，再从愿意治疗，调摄冲任，去瘀生新。处方：

盐橘核 10g　炒枳实 5g　川楝子 10g(醋炒)　盐橘核 10g　炒枳壳 5g　醋元胡 10g　青皮炭 6g　炒地榆 10g　炒萸连各 5g　陈皮炭 6g　炒远志 10g　漂白术 6g　云茯苓 10g　云茯神 10g　油当归 12g　威灵仙 12g　杭白芍 10g(柴胡 5g 同炒)　台乌药 6g　五味子 6g　炒山楂 10g　炙甘草 5g

五诊　四诊处方共服 3 剂，症状继续好转，排便时之痛苦，大为减轻，唯大便中仍有时带血及黏液，阴道分泌显著减少，饮食仍以半流为主，食量增加，葡萄糖等仍继续注射，脉象由沉细转而有力，枯荣肤色已见活润，除继续服用丸剂之外，另备汤剂方随症服用，以冀徐徐图治，并嘱慎自调摄。处方：

青皮炭 6g　云茯苓 10g　车前草 12g　广皮炭 6g　云茯神 10g　旱莲草 12g　盐橘核 10g　金铃子 10g(醋炒)　蕲艾炭 6g　盐荔核 10g　醋元胡 10g　紫油朴 5g　炒枳壳 6g　米党参 10g　漂白术 10g　沉香曲 6g(炒)　台乌药 6g　杭白芍 10g(醋柴胡 5g 同炒)　半夏曲 6g　蓬莪术 6g　炙甘草 6g

六诊　汤药只服 6 剂，服丸药半年，葡萄糖注射全停，诸症大为好转，大便已基本正常，便时尚觉坠胀，并无血及黏液，食欲增加，已可吃普通饭，脉象不似以前沉细，略带弦意，舌质基本正常，齿饮亦消，脉症参合，病情稳定，或有获愈可能。改处丸方，适当投入培元之品，继续巩固。处方：①每日早服逍遥丸 6g，下午服当归龙荟丸 5g，晚服参茸卫生丸 1 丸。先服 10 日，白开水送服。②每日早服柏子养心丸 9g，午服逍遥丸 6g，晚服人参归脾丸 6g。继续服 10 日白开水送服。

七诊　先后服丸药 1 年，在此期间，偶有大便带血及黏液现象，除感觉坠胀之外，已无任何症状，体重增加，颜面浮肿完全消失，干瘦皮肤已大见润泽，至 1957 年 5 月 1 日能自己下床活动，脉象平和，再更丸方及汤药备用方，于祛瘀生新之中，注意恢复体力。

处方

（1）汤剂：白石脂10g（赤石脂同打同布包） 血余炭6g（禹余粮10g同布包） 陈阿胶5g（另炖分2次兑服） 黑升麻5g 二仙胶6g（另炖分2次兑服） 怀山药30g（打碎炒） 黑芥穗5g 白薏仁18g 台乌药6g 西党参12g 广皮炭6g 云茯苓10g 杭白芍10g（醋柴胡3g同炒） 青皮炭6g 云茯神10g 炙黄芪24g 苍术炭10g 白术炭10g 炙甘草2g

（2）丸剂：元胡索30g 晚蚕砂30g 台乌药30g 蓬莪术30g 威灵仙30g 酒杭芍60g 广木香18g 真沉香12g 木蝴蝶30g 酒当归30g 小青皮15g 京三棱15g 绵黄芪90g 二仙胶60g 陈阿胶30g 软柴胡30g 小枳实30g 皂角子30g（炒焦） 桃杏仁各30g（去皮尖炒） 何首乌30g 炙甘草30g

共为细末，炼蜜为丸，重10g，早晚各1丸，白开水送服。

在此期间，再去肿瘤医院妇瘤组检查，据述宫颈癌已完全治愈，自此每年检查一次，迄今未发现转移病灶及复发现象，现已照常操持家务，从1957～1964年，7年以来定期随访，仍健康如常。

笔者按 本案中，施今墨先生以围方治疗子宫颈癌。初诊时病情危重，患者全身不适症状十分明显，正所谓"险象环生，图治非易"。肿瘤是一种复杂性疾病，发病机制不清，患者在接受放化疗后常会出现明显的全身不适症状，严重影响生存质量。肿瘤可归属中医"癥瘕"范畴，变证丛生，病机复杂，因此治疗时少数几味药物不足以解决问题，宜使用多种药物组合，各自发挥功用，以期多方兼顾。围方药味多，方中常出现功能相似的一组药物，因此，单味药剂量多为常规用量。此案中的汤剂较好体现了围方的特点，处方药味数在20味上下，扶正祛邪兼顾，单味药用量平和，多在10g以内，最终抽丝剥茧，于长期调治中渐收全功。

【病案7】 仝小林治疗糖尿病并发多种并发症1例[41]。

患者王某，男，74岁。2007年10月25日初诊。

主诉 血糖升高5年，伴心悸4年余。

现病史 2002年体检发现FBG：8.0mmol/L，诊断为2型糖尿病，口服格华止、诺和龙，血糖控制不佳。4年前发现风湿性心脏病（简称风心病）、二尖瓣狭窄、间断房颤，未予系统治疗。

刻下症 胸闷心悸，易汗。行走无力，自觉如踩棉花，双腿偶抽搐，双下肢水肿。左足前掌麻木疼痛。皮肤瘙痒。眠差，梦呓或梦游。大便干，1～2d一行，夜尿2～3次。舌红少苔，脉结代。

既往史 高血压病史4年，血压波动为120～140/90～100mmHg。

辅助检查 FBG：8.0mmol/L，2hPG：10.4mmol/L，UA：578mmol/L。

西医诊断 糖尿病、糖尿病周围神经病变、风湿性心脏病、房颤、高尿酸血症、失眠。

处方 生地黄45g 火麻仁30g 黄连30g 肉桂15g 天花粉30g 生牡蛎30g（先煎） 女贞子30g 猪苓30g 泽泻30g 金樱子30g 首乌藤30g 鸡血藤30g 土茯苓30g 川草薢15g 威灵仙30g 秦皮15g

水煎服。

二诊　2007年11月22日。患者服上方后足麻、下肢水肿好转，双下肢胫外侧偶有刺痛。视物不清。上午偶有心悸，服速效救心丸得缓解。眠可，大便质偏干，1～2d一行，小便调，夜尿2次。舌红少苔、中有裂纹、舌下青筋增粗色暗，脉结代。处方：

玄参30g　生地黄30g　山萸肉30g　制首乌30g　猪苓30g　泽泻30g　天花粉30g　生牡蛎30g

水煎服14剂。

三诊　2007年12月25日。患者服方后双下肢浮肿明显改善，足部发麻、疼痛均减轻。头晕。大便质仍偏干。舌嫩红、少苔，脉结代。BP：130/90mmHg。处方：

生地黄45g　山萸肉30g　火麻仁30g　郁李仁30g　猪苓60g　泽泻30g　葛根30g　怀牛膝30g　地龙30g　天花粉30g

水煎服14剂。

泡足方：

生麻黄30g　川桂枝30g　透骨草30g　生艾叶30g　川芎30g　生姜50g　葱白2段

用水煮沸，凉至30℃，熏、蒸、泡洗双下肢。

四诊　2008年1月17日。用药后头晕减轻，双下肢麻木改善，纳眠可。大便调，夜尿2～3次。舌红、少苔，脉结代。现口服卡博平、诺和龙。辅助检查：FBG：6.1mmol/L，2hPG：9.6mmol/L，UA：556.5mmol/L。处方：

炙甘草45g　生地黄60g　火麻仁45g　阿胶珠9g　太子参30g　桂枝15g　秦皮30g　威灵仙30g　生姜3片

泡足方：

白鲜皮30g　地肤子30g　生麻黄30g　川桂枝30g　透骨草30g　艾叶30g　川芎30g　制草乌30g　制川乌30g

用水煮沸，凉至30℃，熏、蒸、泡洗双下肢。

五诊　2008年2月21日。用药后双足麻感减轻50%，双腿抽搐未见明显缓解。眠差。夜尿2～3次，大便日行一次。舌红苔薄，脉结代。处方：

(1) 2008年1月17日口服方去秦皮，加白芍药45g、琥珀粉2g（分冲）、朱砂粉1g（冲），炙甘草改为15g。14剂，水煎服。备用蜡矾丸。

(2) 外洗方：2008年1月17日方加白矾15g、樟脑15g。

六诊　2008年5月8日。服药后头晕、双足麻减轻80%；舌红、舌底暗红、舌下络脉怒张、苔薄，脉结代。辅助检查：FBG：7.8mmol/L，2hPG：9mmol/L，BP：125/80mmHg。处方以2008年1月17日口服方去秦皮、威灵仙，加天花粉30g、生牡蛎30g（先煎）、鸡血藤30g、首乌藤30g，改为丸药调理。

后患者多次复诊，血糖控制平稳，胸闷心悸症状基本消失，仅偶有发作，查心电图较前有改善。

笔者按　该案患者病情十分复杂，故以围方抽丝剥茧，逐个击破。眠差、大便干结、血尿酸增高，均是导致血糖难以控制的重要因素，故为首诊调治要点。治疗怔忡不宁或烦躁不眠，笔者习用交泰丸以交通心肾。方中黄连大苦大寒，主入心经，生用且用量重，意在清心降火除烦；肉桂辛甘大热，主入肾经，性主下行，引火归元，化气生津，既制黄连之苦,又无助火之弊。药理研究表明黄连、肉桂不仅降血糖,还可以治疗心律失常,于病情甚合。笔者常选用黄连降糖,因其“苦能制甜”。方中加生地黄、麻仁滋阴通便;瓜蒌、牡蛎对药出自《金匮要略》瓜蒌牡蛎散,原治“百合病,渴不差者”,牡蛎咸寒入肝、肾,既能重镇安神,还可收敛止汗、潜阳补阴。针对下肢水肿,血尿酸高,用猪苓、泽泻、萆薢、土茯苓、威灵仙、秦皮,清化下焦湿热。二诊时,舌红少苔中有裂纹,提示患者已从气阴不足转为肝肾亏虚。故选用生地黄、玄参滋补肝肾,增液行舟,生地黄、山萸肉相配,不仅可滋补肝肾,亦能降低血糖。三诊时,头晕、血压偏高,用葛根、牛膝、地龙等调治。临床观察发现,高血压病患者多伴有颈项僵硬等症状,据《伤寒论》用葛根治疗“项背强几几”,同时结合现代药理研究,葛根能直接扩张血管,有明显的降压作用,同时还能降低血糖。故此处加用葛根,实为一举两得。为加强降压效果,配以怀牛膝、地龙引火(血)下行。四诊时,重点治疗胸闷心悸,脉结代等风心病症状。按仲景所论,选用炙甘草汤加减。其中生地黄、阿胶、麻仁,有润经益血、复脉通心之功,生姜、桂枝辛温走散,温心阳,通血脉,使气血流畅以助脉气接续,阴阳相合,共奏复脉之功。重用甘草45g、生地黄60g、能迅速养阴复脉。泡足处方皆为辛香温通之品,可使局部发汗,能较好地改善下肢麻木不仁的症状。后期若出现脚挛急,则用芍药甘草汤,酸甘化阴,收敛肝风。五诊用琥珀甘平,重镇安神;朱砂甘寒,泻心经邪热,镇心定惊。白矾,《金匮要略》用治脚气冲心,内服化痰,外用止痒。蜡矾丸中黄蜡甘温,白矾酸涩,并能固膜护心,解毒定痛,托里排脓,使毒气不致内攻。

【病案8】 仝小林治疗代谢综合征1例[42]。

患者闯某,男,52岁。2007年9月3日初诊。

主诉　血糖升高4个月。

现病史　4个月前无明显诱因出现乏力,体检发现血糖16mmol/L,口服阿卡波糖血糖控制尚可。

刻下症　双足背肿痛,双指尖时有麻木。面红赤。眠差。大便略干,夜尿3次。舌质红,苔厚微腐,舌下脉络增粗发黑,脉沉略滑数。

既往史　高脂血症,痛风20年反复发作。

个人史　身高174cm,体重86.5kg,6年前为100kg。

西医诊断　代谢综合征(肥胖、糖尿病、高脂血症),痛风。

中医辨证　痰热互结。

处方　小陷胸汤合自拟痛风方加减:

瓜蒌仁30g　半夏30g　黄连30g　干姜6g　黄柏30g　苦参15g　威灵仙30g　秦皮30g　生大黄6g　水蛭面6g　五谷虫30g　红曲9g　生山楂30g　土茯苓30g　萆薢30g　金樱子30g　怀山药30g

40剂,水煎服。

二诊　2007年10月15日。患者服上方40剂,双足背肿痛消失。纳眠可,二便调。舌苔厚腻,舌底红。为巩固疗效,改用丸剂。处方:

瓜蒌仁45g　半夏15g　黄连45g　干姜9g　茯苓45g　五谷虫30g　红曲9g　生山楂30g

配水丸,口服,1次9g,1日3次。

随访半年病情无反复(表 11-1)。

表 11-1　病案 8 患者就诊前后化验结果比较表

	HbA1c/%	CHO/(mmol/L)	TG/(mmol/L)	HDL/(mmol/L)	LDL/(mmol/L)	UA/(μmol/L)
初诊	8.2	6.23	8.49	1.92	4.82	671
二诊	5.5	3.14	2.18	2.20	3.82	487

笔者按　“饮食自倍,肠胃乃伤”。过食伤脾,生湿生痰生浊,蕴而生热。痰(湿)热互结,痰热阻遏气机致腑气不通而便秘,湿热下注则双足肿痛。患者体胖、颜面红赤,舌质红苔厚微腐,舌下脉络增粗发黑,脉沉略滑数,考虑为痰热体质,加之 20 年反反复复发作的痛风现正为急性发作期,故给予小陷胸汤合自拟痛风方加减。黄连苦以制甜、清半夏清化痰热、瓜蒌仁清热化痰散结、水蛭活血通络、大黄推陈出新、生山楂消膏解脂,红曲、五谷虫化浊降脂、秦皮、威灵仙二药现代药理学。证实能降低血尿酸,黄柏、苦参、土茯苓、萆薢清热利湿功效强,伍用干姜,辛开苦降,制约诸苦寒药伤胃,金樱子、怀山药用之实为补肾以增驱邪之动力。二诊时各项化验检查较初诊时均有下降明显,双足背肿痛消失,故减治疗痛风药物,针对患者痰热体质主用小陷胸汤,配成丸剂,丸药缓图,以收改善体质之长效。

【病案 9】 仝小林治疗甲亢 1 例。

患者齐某,女,55 岁。2007 年 6 月 28 日初诊。

主诉　甲亢 3 个月。

现病史　3 个月前查 B 超:双侧甲状腺弥漫性病变并发实性小结节,后于中国人民解放军总医院确诊为甲亢。

刻下症　口干、口渴、口苦。乏力、头晕,时伴有胸闷、心悸。足底疼痛,双拇指麻木,怕热,纳眠可,二便调;舌暗红、苔薄黄,脉沉细。

既往史　糖尿病前期半年,颈椎病,多发性腔隙性脑梗死、脂肪肝、慢性结肠炎、心律失常。

家族史　家族糖尿病史。

西医诊断　甲状腺功能亢进。

处方　生山楂 300g　红曲 150g　柴胡 150g　香附 150g　当归 150g　黄连 300g　知母 300g　干姜 60g　黄柏 300g　白芍 150g　炒枣仁 300g　夜交藤 300g　炮甲珠 90g　漏芦 90g

制水丸,口服,每次 9g,每日 3 次,服用 3 个月。

二诊　2007 年 12 月 3 日。诉头晕、胸闷、心悸较前好转。大便调,日行 1～2 次,舌淡红、苔白腻。处方:

干姜 6g　黄芩 30g　黄连 30g　知母 30g　当归 12g　乌梅 9g　生山楂 30g　红曲 6g　香附 9g　制首乌 15g　广郁金 9g　漏芦 9g　炮甲珠 6g　黄药子 6g　王不留行 15g

制水丸,口服,每次 9g,每日 3 次。

三诊　2008 年 11 月 3 日。诉夜间口苦,口黏,喜饮。双下肢劳累后浮肿,双足趾疼痛,活动后明显。近日乳房胀痛,左腋下至胸前放射性疼痛。纳眠可。小便频数,小便有泡沫，夜尿2～3次。脉沉细。辅助检查：甲状腺功能：游离甲状腺素：14.6pmol/L，FT_3：4.84pmol/L，甲状腺素：6.53mg/dl，TSH：3.24μU/ml，抗甲状腺球蛋白抗体：152.3U/ml，三碘甲状腺原氨酸：150.18U/mol，抗甲状腺过氧化物酶抗体：35.6U/mol。生化：GLU：6.59mmol/L，ALT：14U/L，AST：17U/L，BUN：4.23mmol/L，LDL：2.78mmol/L，HDL：1.47mmol/L，Cr：68μmol/L，CHO：4.73mmol/L，TG：1.16mmol/L。处方以12月3日方减黄药子，加鸡血藤30g、络石藤30g，柴胡减为9g。制水丸，口服，每次9g，每日3次，服用3个月。

四诊　2009年3月30日。服水丸3个月，停药1个月。食后自觉舌灼热，偶有下肢浮肿。双足趾、足底偶有疼痛，口干欲饮，偶有头晕，眠差，醒后不易入睡，尿频，停药后大便不成形；舌底瘀、舌根苔黄厚腻，脉沉弱。处方：

柴胡9g　香附15g　广郁金15g　漏芦15g　王不留行30g　炮甲珠9g　玄参30g　浙贝母30g　黄连30g　知母30g　莪术30g　雷公藤30g　葛根30g　鸡血藤30g

制水丸，口服，每次9g，每日3次，服用3个月。

五诊　2009年8月24日。服药后便稀，日行1次。醒后阵发烘热汗出，夜间、晨起口苦，时有头晕，伴耳鸣，易惊，听音心悸，易外感，眠差，易醒，醒后不易入睡，舌淡、底瘀，脉弦细弱。辅助检查：FBG：6.59mmol/L，2hPG：13mmol/L。甲状腺功能：T_3：(－)，T_4：(－)，FT_3：(－)，FT_4：(－)，TSH：(－)，抗甲状腺球蛋白抗体：163.4U/ml，抗甲状腺过氧化物酶抗体：63.4U/mol。处方以3月30日方，减黄连、葛根、知母，加三七30g、川贝母30g，制水丸口服，每次9g，每日3次，继服。

笔者按　甲状腺功能亢进为慢性病，非一日之功可收效，且患者就诊时病情尚稳定，遣以围方丸药调之。围方药味数多，药广力和，加之配以丸药，嘱长期服用，可谓力缓效长，求以稳中得效。

（二）处方剂型定用量

剂型不同，用量不同。一般汤剂用量较大，煮散次之，丸散（服散）膏丹，用量较小。

1. 病情稳定或减轻后，由汤剂改丸剂

【病案10】　蒲辅周治疗前列腺增生1例[43]。

患者张某，男，86岁。

刻下症　腰背酸痛，足冷，小便短而频，不畅利，大便难，口干口苦，饮水不解，舌淡少津无苔，脉象右洪大无力，左沉细无力。

中医辨证　阴阳两虚，水火皆不足。

治法　温肾阳滋肾阴。

处方　八味地黄丸加减：

熟地9g　茯苓6g　怀山药6g　杜仲9g（盐水炒）　泽泻4.5g　熟川附子4.5g　肉桂1.5g（去粗皮，盐水炒）　怀牛膝6g　补骨脂9g

水煎服，加蜂蜜30g，兑服，连服3剂。

二诊　服前方，腰背酸痛，口苦口干均减，足冷转温，大便溏，小便如前，舌无变化，原

方再服3剂。

三诊 因卧床日久未活动，腰仍微痛，小便仍频，西医诊断为前列腺肥大，其余无不舒感觉，高年腰部疼痛虽减，但仍无力，宜继续健补肾气，以丸剂缓服。处方：

熟地90g 山萸肉30g 淮山药60g 泽泻30g 熟川附片30g 肉桂18g 怀牛膝30g 破故纸60g 菟丝子60g 巴戟天30g

各研细末和匀，炼蜜为丸，每重9g，每服1丸。

并每早服桑椹膏一汤匙，开水冲服，连服2剂恢复健康，至5年多未复发。

【病案11】 路志正治疗干燥综合征1例[44]。

患者马某，女，55岁，干部，2004年4月18日初诊。

主诉 口眼干燥5年，伴全身关节疼痛3年。

现病史 患者发病无明显诱因，初起仅唾液减少、眼睛干涩，后逐渐加重，以致不能进干食，需饮水方能吞咽。于3年前出现全身关节疼痛，以手指关节为主，伴双膝、双踝、双肩及腕关节等疼痛，手指关节肿胀变形，其他关节时有肿胀，行走时酸痛无力。曾按类风湿治疗，病情始终未能控制。2003年5月到北京某医院就诊，查类风湿因子阳性、ANA阳性、血沉34mm/h，腮腺ECT检查显示腮腺无功能，诊断为干燥综合征。予泼尼松等治疗，口干稍有减轻，但全身关节疼痛仍无缓解。

刻下症 症如上述，兼见畏寒肢冷、四末不温，每遇寒冷或阴雨天加重，但干燥症状稍有好转；遇热或晴朗天气疼痛稍缓，但干燥症状加重；渐致手指屈伸受限，日常生活难以自理；伴头晕目眩、胸闷不舒、口渴不多饮、纳食欠佳，大便溏薄、3~4次/天，双下肢微肿，形体瘦弱，舌红有裂纹，无苔而干，脉沉细。

中医辨证 患者素体气阴两亏，复因风寒湿邪痹阻肌肉骨节，郁久化热而成诸症。

治法 温经祛风除湿，益气滋阴清热。

处方

(1) 桂枝芍药知母汤加减：桂枝10g 赤芍12g 白芍12g 炒白术15g 炮附子10g(先煎) 防风10g 干姜10g 麻黄6g 生石膏20g 知母10g 生地15g 黄芪20g 五爪龙20g 乌梢蛇10g 羌活10g 制乳香6g 制没药6g 炙甘草10g

7剂。每日1剂，水煎分2次服。

(2) 外用方：制乳香15g 制没药15g 威灵仙20g 伸筋草20g 透骨草30g 制川乌10g 制草乌10g 防风15g 防己15g

煎水，洗手泡足，30分钟/次，2次/天，每剂洗4次。嘱避风寒湿，少量频饮温开水。

二诊 药后诸症无明显变化，舌红有裂纹无苔，脉较前有力，上方再进15剂。

三诊 诸关节疼痛明显减轻，口、鼻、眼干燥症状稍减，大便仍不成形，2~3次/天，余症皆有好转，舌红有裂纹，苔少而干，脉弦细。原方去羌活，加南沙参15g，继进30剂。

四诊 关节疼痛基本消失，畏寒肢冷大减，口鼻眼干燥诸症明显好转，但大便仍不成形，2~3次/天，宗上法调理2个月。

五诊 口眼干燥明显减轻，关节疼痛缓解，活动自如，舌偏红，苔薄少津，脉弦细。按上方配制蜜丸，口服，20g/次，2次/天，以善其后。半年后随访，病情稳定，已能做家务劳动。

笔者按　“汤者荡也，丸者缓也”，汤剂、丸剂各有特点及适用范围，以丸代汤，可减小方药的每服剂量，同时丸剂也可缓和药效、延长作用时间，丸剂较汤剂更有便于服用和携带方便等特点，适于巩固病情或慢病调理。以丸剂代替汤剂收官、巩固疗效，在许多名老中医的医案中都可看到，然而，目前将汤剂改为丸剂续服的临床处方已不常见，现代医生更喜使用中成药。选择以上病案的目的在于提示医生，除直接增减处方中药物的剂量外，改变剂型也是控制方药用量的方法之一，是十分重要的用量策略，若能灵活应用便可获事半功倍之效。

【病案 12】　仝小林治疗尿频、尿急 1 例。

患者刘某，男，62 岁。

主诉　尿急、尿频 2 年余，间断口干、乏力半年。

现病史　2 年前自觉尿急、尿频，经前列腺 B 超诊断为前列腺增生。半年前查出餐后 2h 血糖 11.1mmol/L，血糖有所升高。

刻下症　尿急、夜尿频，尿不尽，尿中断，5～6 次/夜，色黄。口干、口渴、乏力。纳眠可，大便调。舌暗苔、少有齿痕、舌底瘀滞，脉略数。

辅助检查　糖化血红蛋白：6.3%，空腹血糖：5.3mmol/L，餐后 2h 血糖：7.9mmol/L，前列腺 B 超：前列腺大小 49mm×50mm×56mm。

西医诊断　前列腺增生。

中医辨证　本虚标实，肾阴亏虚伴瘀血阻滞为本，下焦痰瘀阻塞为标。

治法　健脾益肾，化痰散结。

处方　枯矾 9g　五倍子 9g　山楂核 15g　橘核 15g　丹参 30g　荔枝核 15g　生蒲黄 15g　三七 15g　炒杜仲 30g

汤剂，水煎服。

二诊　服上方 1 个月后，尿急、尿频明显改善，尿不净、尿等待症状缓解，口渴、乏力好转。辅助检查：HbA1c：6.2%。处方：

五倍子 15g　枯矾 12g（包煎）　乌梅 15g　丹参 30g　生蒲黄 15g　三七 9g　黄芪 45g　山萸肉 30g　琥珀粉 3g（分冲）

服上方 3 个月余。

三诊　口干乏力明显好转，排尿困难减轻，尿频、尿急症状基本消失，夜尿次数较之前减少为 1 次。辅助检查：HbA1c：6.1%，空腹血糖：5.0mmol/L，餐后 2h 血糖：6.4mmol/L。前列腺大小 40mm×48mm×45mm。处方：

生地 30g　山萸肉 30g　五味子 15g　枯矾 9g　仙灵脾 15g　枸杞子 15g　丹参 30g　五倍子 9g　生蒲黄 15g　三七 6g　黄芪 30g　金樱子 30g　白果 15g

制水丸，口服，1 次 9g，每日 2 次。

服上方 1 个月余，诸症减轻，继服水丸。

笔者按　患者初诊，主诉为尿急、尿频，施用枯倍散，遣以围方，药广力和，加之配以丸药，力缓效长，稳中得效。

【病案 13】　仝小林治疗不安腿 1 例[45]。

患者尹某，男，37 岁。

主诉　糖尿病4个月,左下肢静息痛半年余。

现病史　患者半年前无明显诱因出现左下肢、左臀酸痛,静息痛。4个月前因有典型“三多一少”症状去医院检查,发现血糖升高,餐后血糖20.13mmol/L,诊断为糖尿病,予二甲双胍肠溶片,阿卡波糖胶囊及中药治疗,目前血糖控制平稳。

刻下症　左下肢、左臀酸痛,静息痛,行走时缓解。盗汗,乏力。口周生疮。纳可,眠差。大便干,2日1行。夜尿2~3次。舌质暗、苔少、舌略胖,脉沉略弦。

辅助检查　空腹血糖:5.94mmol/L,餐后2h血糖:9.5mmol/L。

既往史　脂肪肝病史。

西医诊断　糖尿病、不安腿综合征。

处方　以芍药甘草汤合黄芪桂枝五物汤加减:

白芍30g　炙甘草15g　黄芪30g　川桂枝30g　鸡血藤60g　当归30g　黄连30g　生姜3大片

汤剂,水煎服。

二诊　服药1个月后,左下肢疼痛、静息痛好转。乏力消失,自觉肌肉放松。辅助检查:空腹血糖:5.87mmol/L,餐后2h血糖:6.4mmol/L。处方以芍药甘草汤合当归补血汤加减:

白芍45g　炙甘草15g　黄芪30g　当归12g　知母15g　煅龙牡各30g(先煎)　炒枣仁90g　肉桂30g　山萸肉15g

汤剂,水煎服。

三诊　睡眠好转50%~60%,左下肢疼痛消失、双下肢皮肤瘙痒、多汗等症状消失。辅助检查:空腹血糖5.9mmol/L,餐后2h血糖6.4mmol/L。处方以上方炒枣仁增至120g,去煅龙牡、肉桂、山萸肉、知母。加白鲜皮30g、地肤子30g、黄柏30g,生姜5大片。

四诊　左下肢疼痛稍有反复,余无明显不适。FBG:6.7mmol/L。处方:

白芍45g　炙甘草15g　当归15g　黄芪20g　黄连15g　黄芩30g　山萸肉15g　肉桂9g　生姜3片

服上方14剂后,腿痛消失,无明显不适。开始服原方所配水丸巩固疗效。随访3个月腿痛未犯。

笔者按　患者素体虚弱,肝肾不足,气血亏虚,失于濡养固涩则见乏力,夜尿频多,夜间多汗。治宜柔肝舒筋,养血通络,益气温阳,以芍药甘草汤合黄芪桂枝五物汤加减治疗。白芍、炙甘草两者相合育阴柔筋,养血通络。黄芪益气健脾;桂枝温通血脉;鸡血藤行血养血,舒筋活络;当归养血活血,配伍黄连、生姜增强控制血糖之力。二诊气血亏虚,肝肾不足明显。故以黄芪合当归,取当归补血汤之意,使气旺血生。芍药合甘草酸甘化阴,舒肝缓急止痛,仍为君药。知母泻火养阴,山萸肉滋阴、肉桂温阳,煅牡蛎、炒枣仁敛汗安神,全方益气养血,滋补肝肾,活血通络,三诊诸症明显好转,效果显著。故去煅龙牡、肉桂、山萸肉、知母;加用白鲜皮、地肤子、黄柏。四诊腿痛略有反复,既以当归补血汤合芍药甘草汤加减治疗,汤剂后改为水丸,长期服用,作用缓和,巩固疗效。

糖尿病并发不安腿,证属本虚标实,燥热内结,营阴被耗,煎灼津液,常致脏腑功能不足,气血亏虚,气虚血运无力,血虚筋脉失养,风寒湿邪乘虚而入,客于皮肤肌腠,阻膈脉络,气血瘀滞,肌肉经络失养而致小腿酸困不适、疼痛等症。临床主要特点为“抽搐挛急”、“疼痛”、“麻木感”以及小腿发凉等。临证时当根据其辨证要点,以芍药甘草汤为基础方,加减论治。以小腿肌肉抽搐挛急为主症时,重用芍药、甘草,并加鸡血藤等药活血通络解痉;以疼痛为主症时,多从血瘀论治,治疗时配以活络效灵丹,以制乳没活血祛瘀、消肿定痛;以麻木感为主症时,多从气血不足着手,配以当归补血汤合黄芪桂枝五物汤治疗;以下肢或小腿发凉为主症时,配以大乌头汤加减化裁。而对于下肢血管斑块、瘀浊阻于经脉形成的不安腿,多配以大黄䗪虫丸,祛瘀化浊通络。遣药组方应谨守病机,或补、或温、或清,药证合拍,方能获效。白芍养血敛阴,柔肝止痛,平抑肝阳;甘草补中益气,泻火解毒,缓急止痛,缓和药性。白芍味酸,得木之气最纯;甘草味甘,得土之气最厚。两药配伍,有酸甘化阴之妙,共奏敛阴养血,缓急止痛之效。现代药理认为,芍药甘草汤对横纹肌、平滑肌的挛急,无论是中枢的还是末梢的均有镇静作用,在临床广泛用之于治疗各种拘挛、疼痛,用量常达 30～120g,疗效显著,尤其对糖尿病引起的不安腿综合征,屡获良效。

【病案 14】 仝小林治疗小便失禁 1 例[20]。

患者房某某,女,45 岁。2008 年 4 月 21 日初诊。

主诉　小便失禁 4 年余。

现病史　患者 4 年前,无明显诱因时出现小便失禁的症状。

刻下症　小便自出,不得控制,听水声即欲如厕,未及已遗。无伴尿频。尿急,自觉小腹胀满。伴有手足不温,畏冷喜暖,腰腹冷痛,月经量少。纳眠可,大便调。舌淡暗红,脉沉弱。

西医诊断　小便失禁。

中医辨证　脾肾阳虚,肾气不固。

治法　温补肾阳,益气缩泉。

处方　缩泉益肾煎加减:

熟地 30g　山萸肉 30g　黄芪 30g　炒杜仲 30g　川续断 30g　芡实 30g　制首乌 30g

水煎服,每日 1 剂。

二诊　服用上方 16 剂后,小便失禁症状明显改善。上方加入附子 15g,紫河车 30g。

三诊　服用上方 16 剂,已能自控排尿,腰腹冷痛等症亦减,手足回温,月经不调亦明显改善。处方:

黄芪 30g　山萸肉 30g　当归 30g　制首乌 30g　炒杜仲 30g　怀牛膝 30g　金樱子 30g　芡实 30g

制水丸,口服,每次 9g,每日 2 次。

笔者按　“小便失禁”是指在意识清楚的情况下小便失去控制而自出的症状。小便失禁,古有论述,《内经》称之为“遗溺”,并认为是“膀胱不约”所致。本例小便失禁为脾肾阳虚,肾气不固,膀胱约束无力,开阖失司,以致小便不能自控所致,如《诸病源候论》曰:“小便不禁者,肾气虚,下焦受冷也。肾主水,肾虚下焦冷不能温制其水液,故小便不禁也。”治当温补脾肾阳气,固摄缩尿为主,使肾气复、脾气健,肾阳温脾阳,水道通利,气化如常,膀胱约束有权,开阖有度,小便失禁自除。本案方用熟地、山萸肉、炒杜仲、川续断、制首乌以益肾;黄芪一味以补脾;芡实缩泉止遗,诸药合用,共奏温振下元,固涩止遗之功,进而温肾化气,缩泉强关。16剂后尿失禁明显改善,加附子、紫河车增温肾益气之力,再服药16剂后,已能自控排尿,腰腹冷痛等症亦减,故改用丸药巩固疗效。

【病案15】 仝小林治疗流行性腮腺炎发热1例[20]。

患者周某,女,34岁。2008年6月2日初诊。

主诉 发热1日。

现病史 2008年6月1日晚左侧头疼难以入眠,晨起发热体温38.5℃,继而双侧腮腺肿大。

刻下症 双侧腮腺肿大。头痛如裂,不能转侧,仅能平躺,纳眠差,二便调。舌淡、少苔,脉浮。

西医诊断 流行性腮腺炎、发热。

中医辨证 邪气炽盛。

处方 龙胆泻肝汤加减:

龙胆草15g 炒栀子15g 柴胡9g 黄芩30g 土茯苓30g 板蓝根30g 紫花地丁30g 野菊花30g 车前草30g 干姜9g

3剂,水煎频服,每日4~6次。

外用如意金黄丹,每日8~10次。

二诊 服上方1剂药后体温正常,3剂药后偶有头顶痛,渐次出现牙痛、耳内痛、左侧听力受限,鼻塞,鼻音极重,去耳鼻喉科就诊,诊断为鼻炎、中耳炎。患者平素怕冷甚,气虚懒言。行经前易腹泻,腰膝酸软。刻下面色萎黄、神情倦怠、少气懒言。舌淡红、舌体胖大、边有齿痕。处方以封髓丹加黄柏15g、砂仁30g、炙草15g、川桂枝15g、附子15g(先煎)。

水煎服6剂,每日早晚服用。

三诊 服用上方1剂药后鼻音明显减轻,6剂药后上述诸症消失。为改善虚寒体质特嘱其在同仁堂配半年丸药每日晨服。处方:

附子100g(先煎) 干姜30g 炙草20g 生晒参30g 白术30g 茯苓30g 肉桂15g 枸杞子30g 菟丝子30g 杜仲15g

制水丸,每次9g,每日晨起服用。

笔者按 流行腮腺炎归属中医“痄腮”范畴,是由风热时邪引起的急性疾病,且邪气炽盛,故患者头痛剧烈,因痛在头侧部,为少阳胆经循行部位,证当属肝胆湿热,因此治疗以龙胆泻肝汤化裁,以龙胆草、炒栀子、柴胡、黄芩清肝胆湿热,土茯苓祛湿毒,同时加入板蓝根、紫花地丁、野菊花加强清热解毒。车前草淡渗利湿使湿邪从下焦而出,配以干姜之意为固护胃气以防苦寒伤胃。3剂后邪去热退,但出现牙痛、耳内痛,听力减退,患者平素畏寒肢冷,少气懒言、经行前易腹泻、腰膝酸软、面色萎黄、神情倦怠、少气懒言,舌淡红舌体胖大有齿痕为脾肾阳虚。脾土太弱,不能伏火,火不潜藏,真阳之气外越。则知牙痛、耳内痛,听力减退为虚火所致,故以封髓丹(黄柏、砂仁、炙草)补土伏火,加入桂枝附子温补脾肾之阳。6剂后诸症消失。后以附子理中汤加减制作成水丸以善其后,调理其体质。

【病案 16】 仝小林治疗甲亢 1 例[46]。

患者杨某,女,37 岁。2010 年 12 月 13 日初诊。

主诉　甲亢 1 周。

现病史　患者 2 周前,因生气情志不畅,继而出现胸闷、汗出,后就诊于当地医院,查 TT_3:1. 16ng/ml,TT_4:14. 3μg/dl,TSH:0. 007μU/ml,诊断为甲状腺功能亢进,未予治疗。

刻下症　胸闷心慌,易汗出,双眼发胀,急躁易怒。右上肢不自主震颤伴活动欠利。纳可,眠差。大便次数增多,日行 2～3 次。舌质偏红、苔黄厚,脉数细弦。BP:110/80mmHg。

西医诊断　甲状腺功能亢进。

处方　消瘰丸加味:

玄参 30g　浙贝 15g　生牡蛎 120g(先煎)　夏枯草 45g　苦参 15g　郁金 30g　枳壳 30g　生姜 30g

28 剂,水煎服,每日 1 剂,分两次服。

二诊　2011 年 1 月 10 日。服用上方 28 剂,觉前述诸症好转。现偶有休息不好时眼睛不适。眠差,多梦,纳可,大便偏干。于 2010 年 12 月 20 日查甲状腺功能,TSH:0. 025μU/ml 异常,其余指标均正常(图 11-1、图 11-2);另查乳腺 B 超提示乳腺增生。舌红、苔薄黄,脉略数。上方去苦参、枳壳,加莪术 30g、王不留行 30g(包煎)。

三诊　2011 年 2 月 14 日。服上方 20 余剂,曾出现服药后胃脘不适、纳食减少,现眠可,二便调,余无明显不适;2 月 8 日复查甲状腺功能各项指标均正常(图 11-1、图 11-2)。2010 年 12 月 13 日方去苦参、枳壳,水煎服,3 日 1 剂。

四诊　2011 年 6 月 27 日。患者服上方 7 剂后觉无不适症状,故自行停药至今。现偶有心慌汗多,阵发烘热,心烦易怒,纳眠可,大便偏干;6 月 13 日复查甲状腺功能各项指标均正常(图 11-1、图 11-2)。舌淡红、苔薄黄,脉弦数。2010 年 12 月 13 日方去生姜,生牡蛎减为 30g,制水丸,每次服用 9g,每日 3 次,服 3 个月。

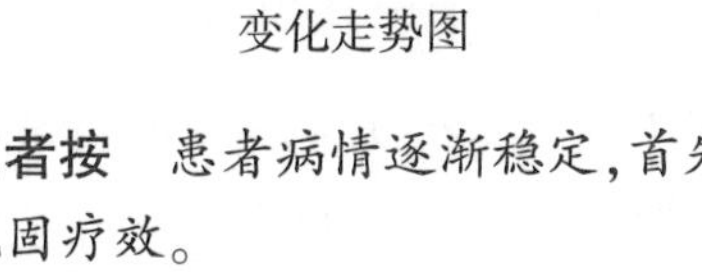

图 11-1　患者四次就诊 TT_4 变化走势图

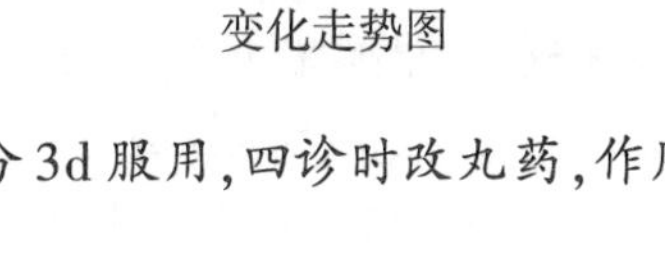

图 11-2　患者四次就诊 TSH 变化走势图

笔者按　患者病情逐渐稳定,首先减量,1 剂药分 3d 服用,四诊时改丸药,作用缓和,以此巩固疗效。

* TT_4 国际标准单位换算关系为 1μg/dl=12. 9nmol/L。

【**病案 17**】 仝小林治疗糖尿病并发早搏 1 例[41]。

患者刁某,男,47 岁。2007 年 12 月 13 日初诊。

主诉 发现血糖升高 7 年余,伴心悸 5 年余。

现病史 2000 年体检发现 FBG 12.5mmol/L,诊断为糖尿病,予以二甲双胍、万苏平治疗,血糖仍高于正常水平。

刻下症 心慌,足大趾麻木。视物模糊,伴右耳鸣。口干口渴,伴多饮,汗出。阴雨天腰腿痛。易饥。小便频数,淋漓不尽。舌暗,苔花剥,脉弦滑略数。

既往史 前列腺肥大。

个人史 烟酒史。

辅助检查 心电图:频发室性早搏。FBG:9.2mmol/L,2hPG:14mmol/L,HbA1c 9.4%。

西医诊断 糖尿病、频发室性早搏。

处方 当归 15g 贝母 15g 苦参 9g 五味子 9g 知母 30g 黄连 30g 葛根 30g 天花粉 30g

14 剂,水煎服,每日 1 剂,分 2 次服。

二诊 2008 年 3 月 6 日。服药后饮次数、小便次数减少,视物模糊、易饥等症明显好转。手脚关节疼痛减轻。刻下咽干,夜间身热,时有心慌心悸。大便质稀,小便不畅。舌暗少苔,脉微滑数,尺肤润。辅助检查:HbA1c:7.3%。处方:

黄连 30g 苦参 15g 知母 45g 黄柏 30g 天花粉 30g 生牡蛎 30g(先煎) 葛根 30g 车前子 30g(包煎)

14 剂,水煎服。每日 1 剂,分 2 次服。

三诊 2008 年 4 月 10 日。服药后咽干好转,饮水量减少,关节痛消失,心慌心悸缓解,大便转调,小便通畅。舌下裂纹,脉弦。辅助检查:HbA1c:6.8%。2008 年 3 月 6 日方去车前子,苦参改为 30g,加生姜 5 片、琥珀粉 3g(分冲),14 剂,水煎服。

四诊 2008 年 7 月 21 日。5 月开始服上方后偶有腹泻,胃脘不适,胃胀,恶心欲吐。舌胖大色暗,苔腻,脉弦滑数。处方:

黄连 30g 苦参 15g 干姜 9g 黄芩 45g 太子参 30g 车前子 30g(包煎)

水煎服 7 剂。

五诊 2008 年 8 月 25 日。服上方后腹泻止,胃脘不适消失,心慌心悸明显得解。自觉偶有早搏,夜间 1~2 次。舌暗、苔薄,脉弦。辅助检查:心电图:偶发室性早搏。处方以 2008 年 7 月 21 日方去苦参、车前子,加制川乌、草乌各 15g,川芎 30g,麝香 0.2g。

制水丸,口服,1 次 9g,1 日 3 次。

后多次复诊,早搏未再发生,血糖控制理想。

笔者按 黄连、苦参相配是笔者治疗早搏的常用药对,牡蛎、天花粉治疗糖尿病阴分不足;知母、黄柏配伍治疗更年期烘热(包括男性);黄连、葛根为常用降糖药对。首诊中当归贝母苦参丸出自《金匮要略》,用以治疗妇人"妊娠小便难",用此方治疗前列腺肥大,可化痰散结、清热燥湿、活血化瘀。患者夜间有潮热感,故在二诊时选用知母、黄柏坚阴泻火;车前子通小便以实大便。在四诊时以干姜黄芩黄连人参汤为主方加减。该方用于治疗脾胃升降失常,脾寒胃热格拒,出自《伤寒论》第 359 条:"伤寒本自寒下,医复吐下之，寒格更逆吐下，若食入即吐，干姜黄芩黄连人参汤主之。”用此方治疗瘦型糖尿病，即患者的体型多偏瘦。方中黄连、黄芩苦寒燥湿和胃，佐干姜以防其寒伤及脾胃之患。五诊用川乌、草乌补火助阳，因其早搏发生在夜间，为阴盛阳不足以抗邪之故，改为服用水丸，以求巩固其疗效，宜患者长期服用。

【病案 18】 仝小林治疗代谢综合征 1 例[42]。

患者韩某，男，41 岁。2007 年 7 月 23 日初诊。

主诉　血糖升高 2 年。

现病史　2 年前体检时发现血糖升高，空腹血糖 9.07mmol/L，诊断为 2 型糖尿病，无明显异常症状，曾口服消渴丸、六味地黄丸，未服用过西药，未经系统治疗。平素嗜食肥甘。

刻下症　现乏力、出汗多、舌质红苔黄，脉沉滑略数。

既往史　高血压病 3 年，未服药控制血压。

个人史　身高 167cm，体重 91kg。每日饮酒 5 两，吸烟 20 支。

家族史　母家族史：母亲患 2 型糖尿病。

西医诊断　代谢综合征。

中医辨证　痰热互结。

处方　小陷胸汤加减：

瓜蒌仁 30g　清半夏 9g　黄连 30g　干姜 6g　黄芩 30g　红参 6g（另煎）　知母 30g　炒枣仁 45g　生山楂 45g　红曲 9g

水煎服，每日 1 剂，分 2 次服。

二诊　2007 年 8 月 24 日。服上方 30 剂后，乏力明显好转，减轻 90%。刻下眠差，足心热，二便调。上方减红参，加钩藤 30g（后下）、夏枯草 30g、地龙 30g、怀牛膝 30g，水煎服，每日 1 剂，分 2 次服。

三诊　患者服上方 15 剂后，血压、血糖皆降至正常，嘱患者将二诊用药研成粉末，每次 9g，每日 3 次，冲服。

随访半年病情无反复。二次就诊前后检查结果见表 11-2。

表 11-2　二次就诊前后检查结果列表

	HbA1c/%	CHO/(mmol/L)	TG/(mmol/L)	HDL/(mmol/L)	LDL/(mmol/L)	BP/(mmHg)
一诊	9.7	8.77	11.86	1.09	3.25	150/90
二诊	5.8	4.75	1.35	1.15	2.98	130/70

笔者按　患者有肥胖、糖尿病、脂肪肝、高脂血症、高血压病等之疾实为不良生活方式所致，其平素喜好饮酒吸烟，喜吃肥肉，长期膏粱厚味使中焦气机壅滞，膏脂痰浊堆积充溢则生肥胖，膏浊入血则见血脂增高，蓄积肝脏则成脂肪肝，痰浊郁则化热而成痰热互结之证。初诊药用黄连苦寒泄热，瓜蒌仁清化痰热；清半夏、干姜、黄芩、黄连辛开苦降，恢复中焦大气运转，红参、知母生津益阴，炒枣仁安神，生山楂、红曲消膏降脂化浊；二诊诸症未见明显变化，守方守法继续调治加怀牛膝、地龙平肝降压；三诊时嘱咐患者将二诊

用药研成粉末，每次9g，每日3次，冲服，除病祛邪，亦节约药源，提高药物使用率。

2. 单用丸散剂以调慢病

【病案19】 仝小林治疗多囊卵巢综合征1例。

患者高某，女，19岁。2009年2月18日初诊。

主诉　间断月经不调3年。

现病史　3年前因闭经、伴体重增加10kg，至医院检查，诊断为多囊卵巢综合征及高胰岛素血症，予以艾汀、泰白、格华止治疗，3年来月经周期约30～50d。

刻下症　无明显不适，纳眠可，二便调。舌苔微腻，脉细略弦滑。BP：100/70mmHg。

月经史　11 $\frac{6-7}{30-50}$ 2009.1.25。第1d经色暗红发黑，无血块、质可，经量正常。

辅助检查　PRL：8.09ng/ml，FSH：4.52mU/mol，LH：4.46mU/mol，E_2：155pmol/L，T：1.92nmol/L，PRG：1.01nmol/L。尿常规：尿胆原3.2μmol/L。

西医诊断　多囊卵巢综合征。

中医辨证　瘀血阻络。

治法　活血化瘀。

处方　桂枝茯苓丸加减：

川桂枝15g　茯苓30g　桃仁9g　酒大黄3g　当归15g　炙甘草9g　黄连30g　干姜3g

口服，制水丸，每次9g，每日3次，服用3个月。

二诊　2009年8月19日。服方近半年，月经周期31d，质、色、量可，无伴痛经。纳眠可，二便调。舌边有齿痕、苔腻。处方以2月18日方加莪术30g、苍术15g、生麻黄9g、黑附片15g、细辛15g、鹅不食草15g。

口服，制水丸，每次9g，每日3次，服用3个月。

按　本案遣用丸药，药效缓和，长期服用，以收稳效。

第四节　因药施量——药量效

一、理论探讨

因药施量，我们称之为与药相关的量效关系，简称“药量效”。

药包含的内容较多，包括药性、药物功效、方药配伍、服药反应及服药方法等。因此，因药施量包括“因药性、药效施量”、“因配伍施量”、“因服药反应施量”、“因服法施量”四部分内容。中药，有上、中、下三品之分。上品药多是养生延年之药，可多服久服，不少药物属药食同源之品，如酸枣仁、淮山药、葛根、茯苓等，多用亦无大害；中品无毒或有毒，主养性，具补养及治疗疾病之功效，用量可酌情放宽；下品药多是有毒或峻猛之品，为除寒热、破积聚之药，主治病，如甘遂、马钱子、巴豆等，用量应谨慎，用之不当可伤正甚或伤身。药物配伍也影响方药用量。不少毒性或偏性药物经过适当配伍，毒性降低，偏性纠正,去其性二存其用,此时用药剂量可增大。如乌头汤、乌头煎、乌头桂枝汤,乌头用五枚,然均以蜜煎乌头,以减轻乌头毒性。服药反应可影响用量。临床中,常常需要根据患者服药后反应,调整用量。如不效增量,中病即止或中病即减等。麻子仁丸方后注:“饮服十丸,日三服,渐加,以知为度。”乌头桂枝汤方后注:“初服二合,不知,即服三合,又不知,复加至五合。其知者,如醉状,得吐者,为中病。”尤其一些毒剧药根据服药反应调整用量,能够有效保证用药安全。此外,服药方法不同,用量也有差别。方药的服量是最终进入人体的药量,并不一定等于一剂药的总量。服药有多种:一次顿服,分两次服,分多次服,亦有一剂分两日服等。相同剂量采用不同服法,形成的血药浓度将有不同,最终疗效也有差别。如乌头煎方用乌头大者五枚,而方后注:不差,明日更服,不可一日再服。生姜半夏汤方后注:分四服,日三夜一服。麻黄连轺赤小豆汤方后注:分温三服,半日服尽。处方用量较大者,可分多次服用,使每次平均服药量不至过大,且可保持一定的血药浓度。

二、医案赏析

(一)因药性、药效施量

一种药物有多效,欲取何种功效决定于其所治疾病。如半夏1两降逆止呕,2两安神催眠。另外,以《神农本草经》药物三品分类法为据,中药有上、中、下三品之分,类似上品的药物多为药食同源药物,可多服久服,亦无大害,如山药;类似中品的药物无毒或有毒,具补养及治疗疾病之功效,用量可酌情放宽,如半夏;类似下品的药物多有毒或药性峻猛,主治病,用量应谨慎。

此外,我国卫生部2002年公布的《卫生部关于进一步规范保健食品原料管理的通知》收录了部分可用于食品(或保健食品)的药物(“既是食品又是药品的物品名单”、“可用于保健食品的物品名单”、“保健食品禁用物品名单”)。对于此类既是食品又是药品的药物,临床用量可较宽泛,如酸枣仁治疗失眠可用至180g等。

1. 药食同源之品

茯苓

【病案1】 全小林治疗心力衰竭1例。

患者,蔡某,女,44岁。2008年3月3日初诊。

现病史　胸闷、气短数日。曾进行强心、利尿、扩血管等西医常规治疗,诸症无缓解。

刻下症　胸闷喘憋,心慌气短,不能平卧。双下肢浮肿、疼痛。腹部振水声明显,双目失明。眠差,不易入睡,大便干,排便困难,小便量少。舌淡有齿痕,苔水滑,舌下络脉瘀滞。脉结代、沉略滑。BP:135/80mmHg。

既往史　糖尿病、糖尿病肾病、脑血栓、高血压病、痛风20年。

辅助检查　FBG:5.3mmol/L,2hPG:6.7mmol/L,TG:2.51mmol/L,CHO:6.86mmol/L。尿常规:PRO(+++)。B超示:左室松弛功能降低,二尖瓣轻度反流。

西医诊断　心力衰竭。

处方　真武汤加减：

茯苓150g　附片30g（先煎4h）　干姜30g　炒白术60g　川桂枝30g　肉苁蓉60g　酒军15g（单包）　丹参30g

急煎1剂，嘱分4次服用。

二诊　2008年3月4日。胸闷、气短明显好转，遂予原方继服，日1剂分2次服。

【病案2】　仝小林治疗糖尿病自主神经病变1例。

患者周某，男，43岁。2006年12月20日初诊。

主诉　血糖升高5年余，呕吐半年就诊。

现病史　患者于2003年发现空腹血糖升高，当地医院诊断为糖尿病，间断口服药物治疗，平日未规律用药，未监测血糖。半年前无明显诱因出现呕吐，反复发作不愈。半年内体重下降15kg。

刻下症　呕吐，食入或饮水即吐，伴恶心、反酸，无腹胀，乏力、口苦甚，纳少，舌底红苔腐，脉弦。

西医诊断　糖尿病自主神经病变。

处方　小半夏加茯苓汤合苏叶黄连汤加减：

茯苓60g　清半夏30g　干姜15g　黄连30g　苏叶15g　炒白术30g　枳实12g　酒军3g

服上方2剂后，已基本止吐，服5剂后呕吐得愈，无恶心、反酸，略有腹胀，纳眠可。体重较服药前增加1.5kg。后多次复诊，患者未发生呕吐，门诊治疗以控制血糖为主。

笔者按　病案1患者呈现心肾阳衰，水湿泛滥之象，病情危急，须于一两剂间扭转病势，方中重用茯苓150g，急以治标，力挽狂澜，以求迅速利水之效。病案2患者脾不升清，胃不降浊，升降逆乱，以致恶心、食入即吐，方用茯苓60g以健脾和中，脾气健运，则痰饮蠲除，呕吐止。茯苓为药食同源之品，剂量不拘泥小剂轻剂，即是大剂重剂亦可放心应用。

酸枣仁

【病案3】　仝小林治疗失眠1例。

患者，男，47岁。

主诉　失眠3年，加重1年。

现病史　因工作压力大，经常熬夜致睡眠不佳，近1年来失眠加重。

刻下症　入睡难，易醒，每晚仅睡2～3h。双目干涩，大便偏干，易心悸。

西医诊断　失眠。

中医诊断　不寐。

中医辨证　心肝血虚。

治法　养血柔肝。

处方　酸枣仁汤：

炒酸枣仁90g　川芎30g　知母30g　茯神30g　五味子30g　炙甘草15g

水煎服，晚饭后及睡前服用。

服药7剂，睡眠明显改善，入睡较前容易，每晚可睡4～5h。继服药14剂，不适症状消失，基本痊愈。

笔者按　酸枣仁为药食兼用中药，《伤寒论》原方中酸枣仁用量2L，笔者曾实物称量2L酸枣仁重量为188g[47]，于此类中药，临床用量可相对较大，本案即是重用90g以治疗失眠。

2. 毒剧之品

半夏

【病案4】　仝小林治疗失眠1例[48]。

患者赵某，女，23岁，中国农业大学学生。2009年1月12日初诊。

主诉　眠差、多梦10余年。

现病史　患者自诉自幼眠差、多梦，晨起对梦境记忆清晰，劳累则多梦明显。近10年症状加重。

刻下症　眠差、多梦。食后呃逆阵作，无伴反酸，时伴有腹胀腹泻。怕热，多汗。月经愆期，有血块，经量少。时心烦易怒，精神不振，注意力不集中。纳差。面色红赤。舌淡苔白、边有齿痕，脉沉。

既往史　无。

个人史　身高160cm，体重67.5kg。

西医诊断　失眠。

中医诊断　不寐。

处方　清半夏30g　黄连9g　黄芩15g　红参6g(单煎兑入)　炒枣仁60g　诃子15g　生姜3片

水煎服，每日1剂。

二诊　患者服上方14剂后诸症改善。处方以上方改黄连为15g、黄芩为30g、炒枣仁加倍至120g、红参至9g。

患者继服28剂后复诊，诸症缓解，体健神佳。

【病案5】　仝小林治疗糖尿病自主神经病变1例。

患者颜某，女，25岁。2008年3月6日初诊。

主诉　糖尿病自主神经病变2年。

现病史　患者2年前出现频繁呕吐，就诊于当地医院，诊断为糖尿病自主神经病变。住院治疗，出院诊断为糖尿病、上消化道出血、急性胃黏膜变病、急性上呼吸道感染，现患者使用质子泵抑制剂治疗。

刻下症　胃部胀，嘈杂不适，晨起频繁呕吐，反酸烧心，不得进食。大便干结，1日1行，眠可。现口服莫沙比利、奥美拉唑、中草药。

既往史　无。

辅助检查　胃镜：反流性食管炎、胃潴留、十二指肠球炎。FBG：3.5mmol/L。

西医诊断　糖尿病自主神经病变。

处方　清半夏15g　干姜9g　枳实15g　炒白术30g　艾叶9g　黄连12g　酒大

黄 3g

水煎频服。

笔者按 经有云“半夏一两降逆止呕,二两安神催眠”。病案 4 患者以“眠差”为主症,兼有劳累则加重,伴腹泻、呃逆、口淡、纳差、舌边齿痕等为脾胃虚弱,乃太阴脾不升,则坤阴不升;兼见面红、时心烦乃阳明胃不降,则乾阳不降。坤阴不升,乾阳不降,致阴阳失和,眠差不寐,病在阳不交阴也,盖病机总为寒热错杂、虚实相兼,半夏泻心汤主之。半夏固有和胃化痰之功,因其喜半阴半阳,能和胃气而通阴阳,为调和阴阳之圣品,在此方中即举交通阴阳之功,使阳入于阴而寐,遣以半夏 2 两(30g)为君。病案 5 患者消渴日久,脾胃运化功能受损,脾不升清,胃不降浊,以致两年来反复呕吐,进食困难。《伤寒杂病论》:“呕而肠鸣心下痞者,半夏泻心汤主之”。本案遣此方奏以温胃降逆止呕,半夏 1 两(15g),配以干姜即收辛温除寒,和胃止呕之功,全方补中有泄,降中有升,寒温并用。此外,在服法上,患者呕吐,长期无法正常进食,故嘱其少量频服使药物逐步吸收。

马钱子

【病案 6】 仝小林治疗糖尿病重症周围神经病变 1 例[17]。

患者,男,47 岁。

主诉 双下肢剧烈疼痛 1 年。

现病史 10 年前诊断为糖尿病,1 年前出现双下肢剧痛,逐渐加重。

刻下症 双下肢疼痛麻木,因疼痛无法入睡,服布洛芬、卡马西平等西药及中药蜈蚣、全蝎等无效。手足及下肢冰冷,如浸冷水。

西医诊断 糖尿病周围神经病变。

中医辨证 寒凝血瘀,经络不通。

治法 温通止痛。

处方 乌头汤合黄芪桂枝五物汤加减:

制马钱子 1.5g(分冲) 制乳香 9g 制没药 9g 生麻黄 30g 制川乌 45g(先煎) 黄芪 60g 川桂枝 45g 白芍 30g 鸡血藤 30g

水煎服,1 剂药分 5 次服用。

笔者按 制马钱子属剧毒之品,其剂量范围较窄,不宜重用,且用量应谨慎,笔者在临床中曾用最大剂量为 3g。

(二) 因配伍施量

君药剂量改变,君臣药剂量改变,整方近似比例调整药物剂量,均会对原方的功效产生影响,或完全改变,或增强减弱。此外,不少毒性或偏性药物经适当配伍、炮制可降低毒性、纠正偏性。

1. 君臣药配伍

黄连、生姜

【病案 7】 仝小林治疗糖尿病 1 例。

患者赵某,女,45岁。2009年6月10日初诊。

主诉 糖尿病半年。

现病史 2008年11月偶然发现血糖升高,于友谊医院诊断为糖尿病。

刻下症 口干,胸痛,纳眠可,大便偏稀、日行1次,小便调;舌暗、底瘀、苔黄白相间,脉沉。

既往史 子宫肌瘤切除术后1年。

家族史 母亲患糖尿病。

辅助检查 FBG:6.3mmol/L,2hPG:8.2mmol/L。生化:GLU:6.67mmol/L,ALT:91U/L,AST:41U/L,LDL:4.84mmol/L,CHO:6.7mmol/L

西医诊断 糖尿病。

处方 葛根60g 黄芩30g 黄连30g 生山楂30g 红曲9g 五味子30g 生姜3大片(约10g)。

14剂。

【病案8】 仝小林治疗糖尿病1例。

患者卞某,男,37岁。2009年6月24日初诊。

主诉 糖尿病2年。

现病史 2007年体检时发现血糖升高,FBG:16mmol/L,于北京工业大学医院诊断为2型糖尿病,现血糖控制在约7.8mmol/L。

刻下症 偶腹泻,日2次,余无不适。舌干、舌底暗红瘀滞、苔薄黄,脉偏数。BP:120/90mmHg。

家族史 父亲患糖尿病。

辅助检查 FBG:8.8mmol/L,2hPG:11.4mmol/L。

西医诊断 2型糖尿病。

处方 葛根120g 黄芩30g 黄连30g 天花粉30g 生姜5大片(约15g)

14剂。

【病案9】 仝小林治疗糖尿病1例。

患者,男,36岁。

主诉 血糖升高1个月。

刻下症 口渴,口苦,易上火,乏力,小便频数,大便偏干;舌红、苔黄,脉滑数。

辅助检查 2hPG:34.99mmol/L。

西医诊断 糖尿病。

中医辨证 中焦热盛。

治法 清热泻火。

处方 大黄黄连泻心汤加味:

黄连90g 酒大黄3g 黄芩30g 知母60g 山萸肉30g 葛根30g 西洋参9g 桑叶30g 生姜30g

汤剂,水煎服。

上方加减,服药14剂,口渴尿频等症明显减轻。查空腹血糖:6~7mmol/L,餐后2h

血糖:9～12mmol/L。服药期间未现任何不适。黄连减为30g,以上方加减,继服1个月余,血糖控制基本达标。

笔者按 病案7、病案8患者证属痰热互结,遣以葛根芩连汤,清泄里热。施黄连、黄芩等大苦大寒之品以清热燥湿。病案9中焦火毒鸱张,遣以大黄黄连泻心汤加减方,非重剂黄连不能折其火势,否则犹如杯水车薪。然黄连性苦寒,自古多识其有苦寒败胃之虞,医家对其应用较为谨慎,《中国药典》对黄连的剂量亦规定为2～5g的较小剂量。"苦寒伤胃"主要指败伤脾胃阳气,阳气一伤,中焦冰伏,气机不得运转,从而变生种种病证。配伍辛温之品,一方面,以辛温佐制苦寒,是谓去其性而取其用,另一方面,辛温与苦寒并用,是辛开苦降之意,对于开畅气机、调理中焦尤为合宜。因姜善走胃经,故临床尤其常用干姜或生姜与黄连配伍。笔者经过长期实践,摸索出黄连与干姜的常用比例为6∶1,黄连与生姜的常用比例为4∶1,脾胃虚弱的患者可增加生姜或干姜的用量,使黄连与姜比例达到2∶1甚则1∶1。另外,通过在处方中配伍臣药知母、黄芩一类清热之品,能够协同增强黄连清热泻火之功,黄连用量可相对减少。恰当的配伍是解决黄连短程大剂量及长期应用过程中苦寒伤胃问题的关键所在,以上三病案重用黄连30g、90g不等,亦相配伍一定比例的生姜顾护中焦。

菊花

【病案10】 何任治疗高血压病1例[49]。

患者赵某,男,54岁。

现病史 患者患高血压病已久,近半年来感手足乏重,两腿尤甚。自觉心窝部发冷。曾服中西药未能见效。平素嗜酒。舌苔白,脉弱虚数。

辅助检查 BP:160/120mmHg。

西医诊断 高血压病。

处方 侯氏黑散加减:

杭菊花120g 炒白术30g 防风30g 桔梗15g 黄芩15g 北细辛3g 干姜9g 党参9g 茯苓9g 当归9g 川芎5g 牡蛎15g 矾石3g 桂枝9g

各药研细末和匀,每日2次,每次服3g,以温淡酒或温开水吞服,先服半个月。

1个月后复诊,患者自诉心窝头冷已很少见,手脚亦有力,能步行来城,血压正常。要求再配一料续服。

原书按 侯氏黑散出自《金匮要略·中风历节病脉证并治第五》,主治中受风邪,挟寒尚未变热,或正趋变热,四肢烦重,而心胸中有恶寒和空虚之感觉,适用本方,有祛风、除热、补虚、下痰作用。此方以菊花为君,其量数倍于他药,必按原方比例用之,方能捷效。仲景方不传之秘,极多在剂量比例上欤!又如防己地黄汤,徐灵胎谓:"此方他药轻而生地独重,乃治血中之风也。此等法最宜细玩。凡风胜则燥,又风能发火,故治风药中无纯用燥热之理。"

2. 毒剧药配伍

附子

【病案11】 张灿玾治疗湿热痹1例[27]。

患者诸某,男,青年。

现病史　患者初发热恶寒,关节疼痛,继而高热不退,卧床不起,关节活动困难,全身瘫软。经山东省中医进修学校几位老教师多次会诊,诊为“湿热痹”,服药十余日效果欠佳,示吾亦在校任教,再次复诊,三老约同去,病情十分严重。

刻下症　高热不退,卧床不能活动,面色憔悴,痛苦难耐,面红唇燥,大便不畅,小便黄,口渴,舌红,体胖大,苔黄腻布满全舌如豆渣状,底部似粉腻状,表面粗糙,脉沉而有力。

中医诊断　痹症。

中医辨证　湿遏热状,滞留不去,经络不通,湿气阻遏,真阳不布,高热者,邪火也,且真阳不布则湿气不化。

治法　通阳化湿。

处方　桂枝芍药知母汤:

桂枝 3 钱　白芍 3 钱　麻黄 1 钱　白术 5 钱　知母 4 钱　防风 3 钱　制附子 1 钱　生甘草 2 钱　生姜 3 片

水煎温服。

二诊　服 1 剂后,病情无恶化之势,患者自觉有舒适感,舌面粗苔有松动意。共议病情似有转机,此方之思路对证,我意附子可加 1 钱半,于是共议委我为治,遂按前方,将附子加至 1 钱半,余药不变。

三诊　继服 1 剂后,病情显示有转机,舌苔松动,体温略有下降,患者自觉舒适,遂将附子增至 2 钱,继服。

四诊　继服 2 剂后,体温逐步下降,舌面厚苔已开呈片状剥脱,患者可自行转动肢体,脉象亦渐转平稳。是则真阳已有布达之力,湿热之邪亦逐步转化,后方遂将附子逐渐加大,盖附子虽可扶阳,而终为辛热之药,为防其劫阴,遂将知母与白芍用量亦加大,继续服用。

经服上方,病情已明显好转,附子用量最后加至八钱,知母与白芍亦相应加大,服至十余剂时,舌上厚苔已成片脱落,体温亦降至正常,患者可以下地稍作活动,病情转入恢复期,逐步减少药量,终至完全恢复。

原书按　此病始以一般痹证施治,故不效,实则热痹也,今称风湿热,如《素问 · 生气通天论》所谓:“湿热不攘,大筋软短,小筋弛长,软短为拘,弛长为痿。”正合此义。患者高热而用附子者,真阳不布,邪热愈炽也,真阳布,则湿热化,陈修园所谓“太阳一出则爵火无光”,与此病亦合。

【病案 12】　仝小林治疗糖尿病自主神经病变 1 例[56]。

患者高某,女,35 岁。2008 年 5 月 13 日初诊。

主诉　1 型糖尿病 20 年,间断性恶心呕吐 8 年。

现病史　患者 1988 年发生酮症酸中毒,于大庆职工医院确诊为 1 型糖尿病,予胰岛素治疗,血糖控制不佳。2000 年 8 月因流产而出现恶心、呕吐,持续半年余,确诊为糖尿病自主神经病变(胃肠病变),后于山西广济服中药,病情好转。2005 年流产,病情反复,辗转山西、北京各地治疗 1 年半效果不理想。2008 年 1 月行胆囊息肉切除术,术后再次复发持续性恶心呕吐，遂来就诊。

刻下症　面色无华，神疲倦怠，形寒肢冷。恶心、呕吐繁作，呕吐物为胃内容物，食欲不振，胃脘部怕凉，自觉有凉感从心下上冲至咽喉，腹胀，矢气多，排气后腹胀缓解。腹泻，日行3～4次。眠差。舌黯淡、苔白腻，脉沉细略弦。

辅助检查　5月16日查眼底：双眼糖尿病性视网膜病变增殖期前期。

西医诊断　糖尿病自主神经病变、糖尿病视网膜病变。

治法　温中散寒，和胃降逆。

处方　附子理中汤合苏连饮加减：

黑附片30g(先煎8h)　干姜15g　红参6g　炒白术30g　黄连15g　苏梗6g　叶梗6g

二诊　2008年5月16日。服上方3剂，即觉睡眠改善，呕吐停止，胃纳增加，精神转好，手足温，腹胀减轻。刻下大便2日未行，矢气增多。胃脘部怕凉，仍觉有凉感从心下上冲至咽喉。舌质黯、苔微腻、舌底络瘀。处方：

2008年5月13日方加肉苁蓉45g、锁阳30g、水蛭粉9g(包煎)。

三诊　2008年5月26日。患者胃凉及周身怕冷症状明显改善，大便每日一行，质偏干，腹胀进一步缓解。处方：

上方肉苁蓉加至60g，水蛭粉加至15g，加川桂枝30g以加强温阳通便、温经祛瘀之力。

笔者按　附子辛、甘、大热，虽为回阳救逆第一要药，然有毒，《中国药典》规定其用量为3～15g，超量使用时必须十分谨慎。为确保临床用量安全，一般通过延长煎煮时间、与蜜或甘草等药物配伍等，减轻附子的毒性。病案11张灿玾先生用附子从3g起步，逐渐加量，由4.5g、6g，最大用至24g，配伍甘草及生姜减毒，同时为防止其辛热伤阴，与知母、白芍等养阴药同用，其剂量随附子的增加而增加，以确保整方药性平衡，避免药物的偏性损伤人体正气。病案12重用30g，为减轻其毒性，将之先煎8h。附子先煎减毒的时间一定要长，必叮嘱患者先煎足够长的时间后，口尝没有麻木感之后方可与他药同煎。长时间煎煮，使得药物的毒性被破坏，而它的温阳之性得以保留。

制川乌、制草乌

【病案13】　仝小林治疗糖尿病周围神经病变1例[14]。

患者王某，男，47岁。

主诉　下肢剧烈疼痛2年，血糖升高10年。

现病史　10年前诊断为糖尿病，间断服用二甲双胍控制血糖。2年前出现下肢疼痛，逐渐加重。

刻下症　双下肢剧烈疼痛伴发凉，如浸冰水，覆被不得缓解，夜间常因疼痛无法入睡。口干口渴，胃脘痞闷，视物模糊。大便干，2日一行。舌暗红、苔薄黄，脉沉细略弦。

既往史　无。

辅助检查　FBG：10.1mmol/L，2hPG：11.3mmol/L。

西医诊断　糖尿病周围神经病变。

中医辨证　血虚寒凝，经络痹阻。

处方　乌头汤、黄芪桂枝五物汤合大黄黄连泻心汤加减：

制川乌、制草乌各45g(先煎8h)　黄芪30g　桂枝30g　白芍30g　鸡血藤30g　夜交藤30g　黄连30g　黄芩30g　生大黄6g　干姜9g　肉苁蓉30g　水蛭6g

上方服用2个月余，下肢冷痛缓解，口干口渴、大便干、胃脘痞闷症状基本消失，FBG：6.5mmol/L，2hPG：6.8mmol/L。

【病案14】 仝小林治疗糖尿病并发不安腿1例[45]。

患者安某，女，61岁。

主诉　血糖升高14年，双下肢不适，抽搐不安1年余。

现病史　14年前因消瘦、乏力至医院就诊查FBG：9.4mmol/L，尿糖++++，确诊为2型糖尿病。于6年前开始胰岛素治疗，现以诺和灵50R早10U，晚8U，皮下注射，以控制血糖。1年前双下肢出现抽搐，伴有剧烈疼痛，难以忍受。

刻下症　双下肢不适，抽搐，夜晚尤甚，晨起下肢肌肉抽搐成团状，疼痛欲哭，持续时间约30min，活动或按揉后减轻，四肢凉，双下肢发软，行动无力，脱发，纳眠尚可。大便偏干，2～3d一行，小便调，夜尿1～2次；舌苔白厚腐，底瘀，脉偏沉细数。

既往史　无。

个人史　吸烟30年，无饮酒史。

辅助检查　FBG：9.9mmol/L。

西医诊断　糖尿病、不安腿综合征。

处方　芍药甘草汤合黄芪桂枝五物汤、大乌头汤加减：

白芍30g　炙甘草15g　制川乌15g(先煎4h)　制草乌15g(先煎4h)　黄芪30g　川桂枝30g　鸡血藤60g　三七9g　酒大黄9g(单包)

二诊　服药1个月后未再出现腿部肌肉抽搐，足趾可活动，四末发凉明显改善。处方以上方加黄连30g，干姜6g，三七15g，白芍、制川草乌、黄芪剂量调整为白芍45g，制川草30g，黄芪60g。

守方继服1个月。随访2个月，未出现腿部肌肉抽搐症状，继服中药控制血糖。

笔者按　制川、草乌性辛、苦、热，有毒，宜先煎、久煎。具有温经通络，止痛散寒之功，为制胜疼痛之要药。然两者毒剧，《中国药典》用量极为谨慎，规定用量1.5～3g。两者大热大毒，非其热非其毒不足以制痛清邪，非其重剂不得除疴拔病。故病案13、病案14遣两药以重剂，并将之先煎降其毒留其效，临床上或配伍甘草缓和其毒剧，以治寒凝经络，肢体疼痛。病案13重用至45g，病案14亦用到15g之多，随着用量的增加，煎煮去其毒性的时间亦随之增长。笔者临床上使用时超过30g者，先煎8h，未有此量者，先煎4h。

(三) 因服药反应施量病案

临床常需根据患者服药后的反应调整用量，如"不效增量"、"中病加量"、"中病即止"或"中病即减"等。

1. 不效增量

【病案15】 周仲瑛治疗雷诺病1例[50]。

患者陈某,女,61岁。2002年9月24日初诊。

主诉 雷诺病1年。

现病史 2001年冬以来两手清冷,肤色苍白,接触冷水加重,锻炼后身体虽热而两手清冷更甚,上海某医院检查示:IgA升高,抗核抗体1:1000,抗SSA(+),多家医院确诊为雷诺病,多方治疗无效。

刻下症 无明显不适,舌苔少,舌质淡隐紫,寸口脉细。

西医诊断 雷诺病。

中医辨证 寒凝血瘀,气血失调。

治法 温经通脉,益气活血。

处方 炙桂枝10g 当归10g 赤芍15g 细辛5g 炙甘草5g 红花10g 川芎10g 路路通10g 炙水蛭3g 生黄芪20g

14剂,常法煎服。

二诊 2002年10月8日。天气转凉,肢端青紫反复,接触冷水加重,肤色苍白,时有麻感;舌苔薄黄、舌质暗、脉细。同气相求,内外相引,寒凝血瘀,仍当温经益气通络。处方以原方加鸡血藤15g、丹参15g、青皮6g。

7剂,继进。

三诊 2002年10月15日。局部皮肤转红转温;舌苔薄黄腻,舌质红,脉细。处方以10月8日方加片姜黄10g,14剂。

四诊 2002年10月29日。天凉,肢端青紫又见明显,清冷不温,指端苍白;舌苔黄,舌质暗,脉细弦。内阳难御外寒。处方以10月8日方加淡干姜5g、制附片6g以温肾阳,14剂。

五诊 2002年11月12日。双手苍白清冷有减轻,手指色红不白,凉感不著,双手时有发胀,晨显;舌苔薄,舌质暗,脉细。药已中的。处方以10月8日方加干姜5g、制附片6g、大熟地10g,继进28剂。

六诊 2002年12月10日。两手食指苍白麻木虽有改善,但仍有发作,目前虽值冬季,亦无明显手冷,舌苔黄,舌质红偏暗,脉细。处方以10月8日方加干姜5g、制附片10g、大熟地10g、鹿角片10g(先煎),再求14剂。

七诊 2002年12月24日。两手苍白、怕冷现象显减,虽寒冷亦肢端温暖,接触冷水亦不明显发白;舌苔薄黄,舌质暗红,脉细弦。补通兼施,药终获效,当守方善后,巩固疗效。处方:

炙桂枝10g 赤芍15g 当归12g 生黄芪25g 细辛5g 干姜6g 制附片6g 炙甘草5g 熟地10g 鹿角片10g 炙水蛭5g 鸡血藤15g 青皮10g 红花10g 川芎10g

14剂。

次年冬随访,手足厥冷未发。

原书按 当归四逆汤出自《伤寒论·辨厥阴病脉证并治》:“手足厥寒,脉细欲绝者,当归四逆汤主之。”成无己注解云:“手足厥寒者,阳气外虚,不温四末;脉细欲绝者,阴血内弱,脉行不利。与当归四逆汤,助阳生阴也。”(《注解伤寒论》)可见本方主治阳虚寒凝致厥，手足厥冷、脉细为辨证之关键。本案陈某，手足清冷遇寒加重、寸口脉细正合于此，故周老投此方施治。方中当归味甘性温，入肝经，补血和血，能补能散，为温补肝经之要药；桂枝味辛甘性温，功能温经通脉，祛散经脉寒邪且能畅通血行；细辛味辛性温，外温经脉，内温脏腑，通达表里，以散寒邪，可助桂枝温经散寒，专司温经散寒而止痛；白芍专入肝脾，柔肝止痛，养血和营；黄芪味甘性微温，能补血中之气；川芎为血中气药，合红花、路路通活血理气，搜风止痛。在三诊疗效不显情况下，又合四逆汤、阳和汤方义，用附片、干姜温补肾阳，熟地黄温补营血，鹿角胶温肾助阳，填精补髓，强壮筋骨，并借血肉有情之品以助熟地养血。小剂量水蛭和血活血而无破血之弊。诸药合用，共奏温经通脉、行气活血之功。本案一诊、二诊、三诊未用附片、干姜而无显效，四诊、五诊加附片、干姜，六诊又加鹿角片，层层加码，稳中求进，补而不燥。

【病案16】 仝小林治疗周身疼痛、怕冷1例[17]。

患者，女，34岁。

主诉　周身疼痛怕冷2年。

现病史　2年前因产后受风致周身疼痛怕冷，多处求诊无效。

刻下症　周身针刺样疼痛，怕冷甚，暑伏季仍需穿两件厚衣裤，冬季不敢出门。活动易出汗。

中医辨证　血虚络瘀。

治法　养血通络止痛。

处方　乌头汤合黄芪桂枝五物汤加减：

制川乌30g(先煎2h)　黄芪45g　桂枝30g　白芍45g　鸡血藤30g　当归20g　羌活30g　防风12g　炙甘草15g　生姜3片

汤剂，水煎服。

服药1个月，症状无改善，仍周身疼痛怕冷明显。上方制川乌增量至45g，加独活30g。继服药1个月，症状改善仍不明显，继续将制川乌增量至60g。1个月后复诊，患者诉周身冷痛明显减轻，药已中病，继服已收全功。

笔者按　患者最初服药2个月，虽未见功，却也无其他不适，确系辨证无误，故将制川乌不断增量，终以撼病。此案是根据病者服药后的反应不断调整用量，系不效增量，以知为度。

2. 中病加量

【病案17】 仝小林治疗糖尿病1例[51]。

患者高某，男，48岁。2007年7月26日初诊。

主诉　糖尿病半个月。

现病史　患者半个月前无明诱因出现消瘦、乏力等症，查血糖升高，确诊为2型糖尿病，口服格列吡嗪、格列喹酮、阿卡波糖，空腹血糖波动在25mmol/L左右。

刻下症　消瘦，周身乏力。口干口渴，易汗出，胸闷，胃脘胀满，矢气增多，食欲不振，大便干结。辅助检查：空腹血糖22.5mmol/L。舌暗、边有齿痕、苔黄，脉沉略数。

西医诊断　糖尿病。

处方　半夏泻心汤合小陷胸汤：

半夏 9g　黄连 60g　干姜 9g　黄芩 60g　瓜蒌仁 30g　天花粉 30g　知母 30g　生石膏 60　生山楂 30g　生大黄 6g(单包)

水煎服 7 剂，每日 1 剂，分 2 次服。

二诊　2007 年 8 月 2 日。服上方后，自停服上 3 种降糖西药，控制饮食。空腹血糖 14.6mmol/L，餐后 2h 血糖 12.3mmol/L。口渴明显减轻，胃胀及矢气多症状已消除。仍觉周身乏力，纳差。处方以上方中黄连加至 90g、干姜加至 12g、知母加至 60g。

继服 1 个月后，患者诸症好转，空腹血糖已降低到 6.3mmol/L，餐后 2h 血糖为 5.6mmol/L。

笔者按　本案证属本虚标实，脾虚是本，胃热痰浊是标。治疗当健脾益气以固本，化痰清热以除标。患者服药 7 剂，又自停降糖西药后，空腹血糖由 22.5mmol/L 降至 14.6mmol/L，餐后 2h 血糖 12.3mmol/L，口渴、胃胀、矢气等症均有改善，确认辨证遣方无误，疗效可待，故一气呵成，乘胜追击，加量以收全效，黄连由 60g 用至 90g，正所谓重剂方起顽疾沉疴，服药 1 个月后查空腹血糖 6.3mmol/L，餐后 2h 血糖为 5.6mmol/L。

【病案 18】　仝小林治疗肥胖 1 例。

患者吴某，男，15 岁。2009 年 5 月 6 日初诊。

主诉　肥胖 10 年。

现病史　患者自幼肥胖，6 岁时体重已达 40kg。

刻下症　无明显不适，纳眠可，二便调；舌干、苔腻，脉沉细弱。

西医诊断　肥胖症。

中医辨证　痰热壅滞。

处方　小陷胸汤加减：

黄连 30g　清半夏 30g　瓜蒌仁 30g　生山楂 30g　薏苡仁 20g　化橘红 20g　酒大黄 5g(单包)　佛手 15g

二诊　2009 年 5 月 20 日。服上方 10 剂，体重减轻 6kg，现体重 142kg，精神可，汗多、乏力等症好转。舌苔厚，脉沉略滑。处方以 5 月 6 日方加茯苓 120g、泽泻 30g，黄连增至 45g。

三诊　2009 年 6 月 24 日。服上药 21 剂，体重减轻 5kg，现体重 134.5kg。舌苔厚腻，脉小滑略数。处方以 5 月 6 日方酒大黄增至 30g，加茯苓 120g、泽泻 30g、葶苈子 30g、莱菔子 30g。

四诊　2009 年 8 月 12 日。服上药 30 剂，体重减轻 9.5kg。舌苔黄厚，脉偏沉。守方继服。

笔者按　患者自幼肥胖，痰热互结，治以清热化痰，小陷胸汤主之。二诊患者体重减轻 5kg，可谓中病显效，以求效佳，遂酒大黄逐诊加量至 30g，四诊时体重已减轻 9.5kg。本案守以“中病加量”之用量原则，方得疗效。

【病案 19】　仝小林治疗失眠 1 例[52]。

患者娄某，女，58 岁。

主诉　失眠 20 余年。

现病史　患者20多年前出现失眠，逐渐加重，曾服枣仁安神口服液、温胆宁心颗粒等效果不佳，多方求诊无效。

刻下症　入睡困难，易醒，多梦，梦中紧张，醒后不得复睡，需服半片安定方得入睡，白日困倦，头昏沉，疲乏困倦，精神紧张，易怒，情绪不稳定，烘热汗出，口干口渴，盗汗心烦；舌瘦小，少苔，脉弦细。

西医诊断　失眠。

中医诊断　不寐。

处方　酸枣仁汤合当归六黄汤加减：

炒枣仁120g　知母30g　当归15g　黄芪30g　黄连30g　煅龙骨30g　煅牡蛎30g　石斛30g

汤剂，水煎服。晚饭后及睡前服。

二诊　服上方1个月，失眠改善约40%，入睡较前容易，睡眠质量提高，疲乏困倦减轻，口渴、烘热汗出、心烦盗汗、精神紧张等症均有改善。

处方　炒枣仁180g　知母30g　当归15g　黄连30g　黄柏15g　五味子9g　煅龙骨60g　煅牡蛎60g　生姜3片

汤剂，水煎服。晚饭前及睡前服。

服上方1个月，睡眠改善约80%，入睡较易，睡眠时间可达6h左右，偶有多梦。烘热盗汗、口干口渴消失，急躁易怒、心烦等症状减轻。服药2个月未见任何不适。

笔者按　此患者失眠多年，心神势必耗伤，当务之急应安神宁心，稳定情绪，故以大剂量酸枣仁为主，功专养血安神，兼顾清火滋阴，是标本同治之意。炒枣仁方用120g，即已得疗效，非但不减量，而乘胜使力加至180g，以求兵贵神速，疗效更佳，完收全效。

【病案20】　仝小林治疗胃癌术后1例。

患者宋某，男，60岁，2009年4月15日初诊。

主诉　胃癌术后半年余，化疗5次。

现病史　患者2008年8月14日发现并确诊胃癌，8月21日切除2/3胃，术后开始化疗，每隔21d化疗1次，共化疗5次，因副作用过于剧烈而停止化疗。

刻下症　饮食稍有不当则胃痛，术后刀口处有硬结。胃脘痞满胀痛。纳眠可，二便调。舌红，苔厚腐，底瘀，脉小滑数。BP：120～130/90mmHg。

西医诊断　胃癌术后。

处方

（1）大黄黄连泻心汤加味：

黄连15g　酒大黄6g（单包）　生薏仁120g　炒白术30g　干蟾皮9g　蒲公英30g　白及15g　生姜3片

14剂，水煎服，每日1剂。

（2）六味地黄丸，每次1丸，每日3次，含化服下。

二诊　2009年4月29日。服药后诸症改善，胃痛次数减少，乏力较前好转。视物模糊，怕冷怕热，后背酸痛，手指尖略有麻木，刀口处坐时疼痛，纳可，眠欠差，二便调，夜尿2次；舌苔厚腐、舌底瘀闭、脉细数。BP：115/75mmHg。处方以上方加三七30g、刺猬皮15g。

28剂水煎服,每日1剂。

三诊 2009年6月。服上方28剂,胃痛大减,乏力好转,怕冷怕热消失,后背酸痛消失,手指麻木减轻,刀口硬结减小50%,瘢痕减轻。纳眠可,二便调。舌可,脉沉。处方:

黄连30g 生薏仁120g 酒大黄6g(单包) 干蟾皮9g 莪术30g 三七30g 刺猬皮30g 生姜5大片

14剂,水煎服。每日1剂,服上方3个月,舌苔变薄,手术刀口愈合良好,自觉有力量。

笔者按 患者胃癌术后半年,化疗5次,即已正气亏虚,虚热内生。消化系统疾病,病理中心主要在"胃肠",治疗多以辛开苦降,通腑降逆为主,胃气以降为顺,以通为补,应用大黄黄连泻心汤以清热除痞,和胃止痛。此方中,"大黄苦寒以泻入里之紧,黄连苦燥以开虚格之气,而病证可除矣。"大黄虽有攻坚破结之功用,用麻沸汤渍之,取气弃味,变沉降为轻扬之性,亦非泻下有形之邪而功在泄热除痞,扬长避短,去其寒凉泻下之性而存其清热除痞之用,徐灵胎曰:"此服法之最奇者,不取煎而取泡,欲其轻扬清淡以涤上焦之邪。"仲景之良苦用心,可见一斑。黄连性大苦大寒,恐其配伍大黄矫枉过正,苦燥伤津,损及脾胃,故初用量15g以试其效,中病显效后遂加量至30g,方求一鼓作气,乘胜追击,拔其沉疴撼其重疾。笔者在治疗胃癌的过程中,注重患者主观症状以及客观检测异常指标。在治疗中结合现代药理作用,靶点治疗的同时特别注意顾护胃气,亦如经有云,"有胃气则生,无胃气则死"。此外,笔者在临床上用六味地黄丸治疗癌前病变,发现其具有预防食管癌,阻断食管、胃上皮细胞重度增生的作用。日本学者报道六味地黄丸有增强撕裂霉素的抗瘤作用,效果良好,舌下含服以缓缓图之,慢慢咽下使食管、胃部得以充分吸收药物。

3. 中病即止

【病案21】 仝小林治疗肝脏弥漫性病变并发右肾囊肿1例。

患者张某,男,68岁。2008年12月3日初诊。

主诉 肝脏弥漫性病变、右肾囊肿3个月余。

现病史 2005年退休前体检发现"小三阳",间断服药,未予以系统治疗。

刻下症 右肾疼痛,左膝关节受力时偶有疼痛,纳眠可,大便调、日行1次,夜尿3~4次;舌暗,脉弦硬偏数。

辅助检查 双肺、心、膈未见明显异常,CEA:(-),CA199:(-)。

处方 赤芍30g 丹参30g 酒大黄3g(单包) 水蛭粉3g(分冲) 香橼9g 虎杖9g 莪术6g 三棱6g

汤剂,水煎服。

二诊 2008年1月7日。服上方后,右肾疼痛减轻70%~80%,肝区针刺样疼痛,左膝时有发酸,纳可,眠差、每日4~5h,夜尿4~5次,大便日行3~4次、质稀;舌细颤,脉弦数硬。处方以2月3日方加干蟾皮9g、壁虎15g、黑蚂蚁10g。

三诊 2009年3月4日。右侧肾区疼痛基本消失,偶有肝区针刺样疼痛,眠差,大便调,夜尿3～4次;舌质暗、苔白厚、舌底瘀滞。辅助检查:腹部B超:肝弥漫性病变、胆囊壁毛粗糙、脾轻度肿大、右肾囊性占位。血常规:血红蛋白:168g/L,红细胞平均血红蛋白含量:33.8pg,红细胞平均血红蛋白浓度:380g/L,总前列腺抗原:0.846ng/ml,甲脂蛋白:2.74U/mol,癌胚抗原:0.94ng/ml,糖类抗原:199:25.58U/mol。肝功能:AST:45U/L,ALT:56U/L,球蛋白:37.3g/L。处方以2008年12月3日方加广郁金15g、五味子9g,莪术增至15g。

四诊　2009年6月17日。服上方后腹泻,日行3～4次、不成形,小便色黄,夜尿4～5次。余无明显不适。舌质暗、底瘀,舌根苔白厚,脉沉略滑偏虚。处方以2008年12月3日方减香橼、虎杖,加黑蚂蚁15g、灵芝9g、鬼箭羽30g。

笔者按　虎杖,性苦、酸、微寒。归肝胆经,具有活血散瘀、祛风通络、清热利湿、解毒等功效。香橼性辛、苦、酸、温。归肝、肺、脾经,具有理气降逆。本案患者肝脏弥漫性病变,用以上两药,清肝胆湿热,疏理肝气而止肝区疼痛,三诊、四诊方见起效,故减药,谨守"中病即止"用量原则。

4. 中病即减

【病案22】　仝小林治疗糖尿病并发腹泻1例[53]。

患者余某,女,65岁。

主诉　糖尿病5年,伴腹泻时作。

现病史　5年前发现糖尿病,未予任何降糖药物治疗,血糖维持尚可。5年间患者腹泻时作繁发。

刻下症　腹泻,日行3次,伴怕热,自觉手足心热,口干乏力,头晕头痛,皮肤瘙痒;舌黯红、边有齿痕、苔薄白,脉沉细弦数。

西医诊断　糖尿病、腹泻。

处方　葛根芩连汤汤加减:

葛根30g　黄连30g　黄芩30g　干姜6g　怀牛膝30g　天麻15g　地龙15g　柴胡9g

二诊　服药14剂后,便溏次数减少,日行1～2次。怕热、头晕头痛及皮肤瘙痒症状消失。

处方　上方黄连减为15g。患者再服药14剂后大便正常。

笔者按　患者脾失健运,水湿停聚,郁久化热,湿热之邪积于胃肠,使传化失常,故腹泻。热聚于内,易耗气伤津,故怕热,口干乏力,手足心热。热为阳邪,其性炎上,上扰神明,故头晕头痛。湿性黏滞,与热互结,留于肌表皮肤则皮肤瘙痒。方中葛根,味甘辛而性平,入脾、胃经,既能解肌热,又能清肠热,还可升发脾胃清阳之气而止泻;柴胡亦能升阳,与葛根相配升阳而止泻;黄连味大苦,性寒而燥,如徐灵胎所说"黄连至苦而反至寒,则得火之味与水之性,故能除水火相乱之病,水火相乱者湿热是也……唯黄连能以苦燥湿,以寒除热,一举而两得焉。"黄芩味苦性凉,能清胃肠之热,坚阴以止泻,方中配伍干姜顾护脾胃。二诊时,患者便溏次数减少至日行1～2次,可谓全方中病显效,谨守"中病即减"的用量原则,趁势落篷,减少黄连用量继服14剂以巩固药效,乃至药到病除。

【病案23】 仝小林治疗糖尿病1例。

患者杜某,男,35岁。2011年9月13日初诊。

主诉 糖尿病3年。

现病史 3年前体检发现血糖升高,经服药(具体药物及剂量不详)及饮食运动控制,血糖控制尚可。近来因工作忙,生活作息不规律,血糖再次升高,FBG:8.0~10.0mmol/L,故来求诊。

刻下症 腰膝酸软,全身乏力、脚后跟每至冬天则易干裂,性功能障碍,纳眠可,大便不成形,次数多,日行大于2次,小便调;舌体胖大、齿痕、苔厚、黄白相间、黏腻。

体格检查 身高173cm,体重85kg。

西医诊断 糖尿病。

处方 葛根芩连汤加减:

葛根72g 黄连27g 黄芩27g 炙草18g 干姜45g 炒杜仲30g 淫羊藿15g

水煎服,每日1剂。加减服上方3个月。

二诊 2011年12月20日。乏力好转,仍腰酸,久立则足跟痛,不可久行,足部发凉明显,足后跟仍有干裂,不欲饮水,纳眠可,二便调;舌有齿痕,脉沉略滑。辅助检查:HbA1c:8.34%,FBG:11.79mmol/L,CHO:5.09mmol/L,TG:2.57mmol/L。

处方

(1)葛根45g 黄芩45g 黄连30g 知母45g 天花粉45g 山萸肉15g 肉桂9g 淮山药30g 红曲6g 红花30g 生山楂15g 决明子30g

汤剂,水煎服。

(2)六味地黄丸,9g,一日2次,口服。

三诊 2012年1月31日。服上方28剂,整体感觉好转。乏力减轻,腰酸腿软症状消失,足跟痛减轻,性功能好转。刻下足部发凉明显,足后跟仍干未裂,大便调,质偏干;舌胖大、齿痕、舌质红、苔黄腻,脉弦略滑。辅助检查:HbA1c:8.00%,FBG:10.89mmol/L,CHO:6.17mmol/L,TG:2.05mmol/L,UA:452μmol/L。处方以2011年12月20日方去山楂,改红曲9g,加威灵仙30g。六味地黄丸继服。

四诊 2012年4月10日。服上方28剂,已停药1个月。现足跟痛已完全消失,双足发凉消失,腰膝酸软减轻。纳眠可,二便调。

笔者按 患者属肥胖2型糖尿病,舌体胖大,齿痕,苔厚,黄白相间,黏腻,中医辨证为消渴病,湿热证型。方用葛根芩连汤加减方清利湿热,以奏降糖之功,服用3个月后,血糖控制稳定,以知为度,中病即减方药用量,观其后效,诸症好转。本案合以补肝肾之药及六味地黄丸,旨在调补肝肾。

【病案24】 仝小林治疗甲亢1例。

患者王某,女,29岁。2008年8月13日初诊。

主诉 甲状腺功能亢进13d。

现病史 2008年8月1日因汗多,多饮,心悸,于医院检查。诊为甲状腺功能亢进,予甲巯咪唑、盐酸普萘洛尔、硫普罗宁。

刻下症 食多,汗多,偶睡眠中觉心慌,二便调。

既往史 无。

家族史 父亲、母亲患糖尿病。

辅助检查 TT_3:7.79nmol/L,TT_4:308.73nmol/L,TSH:0.001μU/ml,ALT:79.0U/L,AST:42.0U/L。

西医诊断 甲亢。

处方 玄参30g 浙贝30g 生牡蛎60g 黄芩30g 夏枯草45g 五味子15g

汤剂,水煎服。

二诊 2008年8月27日。服上方14剂,汗出多减少,颈部肿大、多食易饥等症好转。心悸近日发作1次,持续1min,月经周期正常,量少,色鲜红,无血块,眠可,二便调,余无明显不适,舌暗红、苔白、舌底滞、脉细弦略滑数。

处方

(1) 盐酸普萘洛尔。

(2) 8月13日方加广郁金12g、莪术9g、王不留行30g。

三诊 2008年11月12日。多汗易饥进一步改善,自觉颈部仍稍肿,余无明显不适;舌干红、苔薄黄,脉略沉滑弦。辅助检查B超示:甲状腺右叶肿大。处方以8月13日方上加黄药子9g、莪术9g、王不留行30g、漏芦9g、橘络9g。

四诊 2009年4月5日。服上方30剂后,出汗缓解80%~90%,余无不适,西药均停;舌下瘀,脉略弦。处方:

夏枯草30g 元参30g 浙贝30g 黄药子30g 广郁金30g 王不留行30g 黄芩30g 橘络15g 生牡蛎30g 五味子15g 莪术30g 化橘红30g

汤剂,水煎服。

五诊 2009年8月12日。服上方3个月,出汗基本痊愈。纳眠可,二便调。舌苔白,脉略滑。辅助检查:2009年8月12日B超示:甲状腺弥漫性变病。甲状腺功能五项均正常。处方以4月15日方加三七30g、丝瓜络30g。

六诊 2009年12月15日。服上方药3个月,症状均消失。于2009年10月16日,首都医院复查:甲状腺彩照示:甲状腺弥漫性变病。脉偏缓。处方以4月15日方,去黄药子、元参,加夏枯草120、清半夏30、生牡蛎120g。

笔者按 患者甲状腺功能亢进,颈部肿大,初诊即用生牡蛎60g以潜阴补阳,软坚散结,消癥除瘕。患者停用西药,守方服用近半年,病中效显,诸症基本消失,故减生牡蛎用量至30g,以观后效。

5. 综合策略,灵活施量

【病案25】 郭子光治疗心力衰竭1例[54]。

患者黄某,男,62岁。1994年1月9日初诊。

现病史 患者长期存在先天性心脏病,心房间隔缺损,未做手术治疗,继后又出现完全性右束支传导阻滞、频发室性早搏,因心功能不全发生浮肿,多次住院治疗。

刻下症 全身浮肿,下肢肿甚而厥冷,按之如泥,心悸、气短殊甚,不能行走,甚至无力完成洗脸、穿鞋等动作,胸闷胀作痛,咳嗽痰少,头晕,自汗出,不欲食,腹中痞满,小便少。察其面色苍暗，精神委靡，唇甲青紫，语音低而断续；舌质紫暗苔薄白腻，脉呈屋漏之象。

西医诊断　心力衰竭。

中医辨证　阳衰阴盛，寒凝血瘀，气虚欲脱。

治法　温阳益气，利水活血。

处方　真武汤合生脉散加味：

制附片 20g(先煎 1h)　茯苓 20g　白术 20g　白芍 15g　生姜 20g　红参 15g　五味子 12g　麦冬 20g　黄芪 60g　桂枝 15g　丹参 20g

水煎服，4 剂，嘱低盐饮食。

二诊　1 月 14 日。浮肿尽消，只足踝部尚有轻度浮肿，能下床在室内行走，小便量增加，诸证缓解；舌质紫苔薄白润，脉缓细沉而结代。参伍不调，未见屋漏之象，是气阳回复，阴寒消退之征，上方减黄芪为 40g，茯苓、白术为 15g，继续与服。

治疗观察 2 个月余，过程中浮肿两次反复，加重黄芪 60～80g，茯苓、白术各 20g，则尿量增多，浮肿又消退。唯脉象结代而参伍不调，始终如故，表明病根未除。

笔者按　患者因先心病未得治疗迁延发生心力衰竭，以至全身浮肿、难以活动。方中重用黄芪配伍茯苓、白术，益气补中、利水消肿，黄芪起始用 60g，治疗过程中浮肿消退，故减量，后病情反复，再次加重其用量。本案体现了“因服药后反应施量”这一策略，综合“中病减量”、“不效增量”之二策，以提醒医生在处方后应密切观察患者病情变化，及时调整处方或药量，尤其现代医生在门诊时，还需多与患者交流病情变化，嘱其按时复诊，避免“方不中病”或“量不中病”，才能进一步提高临床疗效。

【病案 26】　邓铁涛治疗急性阑尾炎 1 例[43]。

患者张某，男，30 岁。

主诉　腹痛 2d。

现病史　患者 2d 前腹痛，就诊于博济医院，欲得注射镇痛针。诊断为盲肠炎，需住院手术治疗。病人无钱交手术费，亦怕手术，邀为诊治。

刻下症　腹痛，右下腹发热，细按内有球形物，右足动则痛剧。

西医诊断　急性阑尾炎。

中医诊断　肠痈。

处方　大黄牡丹汤加味：

生大黄 12g(后下)　粉丹皮 12g　桃仁 6g　冬瓜仁 24g　芒硝 9g(冲服)

汤剂，水煎服。

二诊　翌日再诊时，患者诉服汤后，是晚腹痛仍剧，且觉球状物微隆起。大黄改为 15g、芒硝 12g，其他各味略增。服后 3h 乃下黑黄稀粪不少，是晚痛略减。

三诊　药量略减，大黄 12g、芒硝 9g，服后又下黑秽之粪，痛再减。

四诊至七诊　均依方加减，其痛渐减，球状物亦渐细，然身体疲倦无力。

八诊　将各药减至大黄 9g、芒硝 6g、丹皮 9g、桃仁 3g、冬瓜仁 15g，另加厚朴 3g。9 日晨 10 时不见消息，心中不安，岂知彼昨夜痛大减，能安睡，是日晨起，腹饥思食，食粥后再来。

九诊　将大黄减为6g,芒硝6g,各药亦减其量。是日大便乃成条状。

十诊　不用大黄、芒硝。

十一诊　停药,进高丽参9g,细按右腹角仍有条状如笔杆者。

十二诊　再服轻量大黄牡丹汤1剂。

十三、十四诊　再服高丽参9g,15日愈。

笔者按　邓铁涛老用大黄牡丹汤治疗肠痈,根据患者腹痛程度和大便情况及时调整(每日1诊)生大黄用量,若服药后大便不通、腹痛明显,生大黄用量可酌情加重,大便通后、腹痛减轻,逐渐减少其用量,直至痊愈。对于此类急性病,邓老在原案中亦指出“故肠痈之治,宜早用通下,失治误治,祸不旋踵。”

【病案27】　仝小林治疗强迫症并发滑精1例。

患者王某,男,25岁,身高195cm,体重120kg。2012年3月23日初诊。

主诉　强迫症10年,加重2个月。

现病史　10年前确诊为“强迫症”,近2个月卧床不起,全身乏力,失眠,焦虑,滑精劳累后加重。

刻下症　周身乏力,焦虑,失眠,强迫症状(包括强迫意念和强迫动作);舌红、苔黄白厚腻,脉细数、上鱼际尤甚。

西医诊断　强迫症、滑精。

处方　知柏地黄丸合黄连阿胶鸡子黄汤加减:

知母30g　黄柏30g　生地15g　滑石30g(包煎)　生甘草15g　黄芪45g　山萸肉15g　煅龙牡各45g(先煎)　炒枣仁30g　黄连6g　阿胶珠9g　白芍15g　生姜3大片

汤剂,水煎服。

二诊　2012年4月23日。服上方1个月。全身乏力减轻80%,焦虑减轻30%,强迫症状好转30%,失眠明显改善,精神状态可。刻下偶有耳鸣、盗汗,心慌、烦躁,伴有强迫意念和强迫动作。舌细颤、苔微腻,脉细数偏疾、尺弱、上鱼际脉动数。上方去滑石,改炒枣仁45g、白芍30g、煅龙牡各60g(先煎)。

三诊　2012年5月21日。服上方28剂。滑精消失,盗汗消失,强迫症状逐步好转,失眠、焦虑明显改善,白日汗出较多;舌尖红、苔黄,脉沉数弱。4月23日方改煅龙牡各120g、炒枣仁30g,加五味子30g、竹茹30g、胆南星15g。

笔者按　遗精的基本病理变化总属肾失封藏,精关不固。其病位在肾,与心、肝、脾三脏密切相关。患者滑精,乏力,失眠,盗汗,焦虑,且强迫症数年,舌红苔黄,脉细数,辨证为阴虚火旺,心肾不交,予知柏地黄丸合黄连阿胶鸡子黄汤,滋阴降火,交通心肾。本案以“随证施量”、“中病加量”、“中病即减”作为用量策略,逐诊根据服药后患者症状的变化,调整煅龙骨、煅牡蛎、炒枣仁用量,以求获佳效。患者服药后不仅滑精治愈,强迫症症状亦逐渐好转。

6. 服药不适、调方减药

【病案28】　仝小林治疗糖尿病自主神经病变1例[55]。

患者卫某,女,53岁。2007年9月15日初诊。

主诉　发现血糖升高11年，近1年加重伴呕吐。

现病史　1999年因消瘦、乏力于延庆医院就诊查FBG：19mmol/L，确诊为2型糖尿病，口服降糖药控制血糖，2003年开始使用胰岛素治疗。近1年时恶心、呕吐。

刻下症　消瘦，视物模糊，恶心、呕吐，呕吐为胃内容物、胆汁，呕吐严重时呕吐物呈咖啡色。

既往史　高血压病、高脂血症。

家族史　父亲、母亲患糖尿病。

辅助检查　FBG：5.9mmol/L，2hPG：9mmol/L。

西医诊断　糖尿病自主神经病变。

处方　附子30g（先煎8h）　干姜15g　茯苓120g　炒白术30g　红参15g（单煎兑入）　清半夏30g　旋覆花15g（包煎）　代赭石15g（先煎）　黄连30g　炙甘草15g　生大黄15g（单包）　肉苁蓉30g

4剂，水煎频服。

二诊　2007年9月17日。服上方后诸症状明显减轻。药后2日行便、先干后稀，今日行便、质偏稀，药后2日进食，至今未出现呕吐，纳可，时伴有烧心感；舌舌暗红、苔薄黄腻、舌下静脉曲张，脉沉细弦、重按无力。处方以9月15日方加锁阳30g、蜂蜜30g，生大黄减为9g。

笔者按　患者服药后大便质偏稀，据患者服药后的反应，调整处方用量，故将生大黄减至9g，防其苦寒太过而致泻。

【病案29】　仝小林治疗肠上皮化生1例。

患者彭某，女，62岁。2008年11月26日初诊。

主诉　肠上皮化生2年，伴有胃胀半年。

现病史　2006年9月30日查胃镜：慢性浅表性胃炎HP（-）；病理：（胃窦）轻度慢性胃炎，灶性腺体肠化生，近半年胃胀时作。

刻下症　胃胀，胃脘恶凉，无呃逆反酸，伴嗳气，无味，右眼视物模糊不清，咽干，晨起咯黄色黏痰。纳可，眠差，醒后难以入睡。大便时干时稀，每日1次，夜尿1次。舌体大有齿痕、舌质淡暗、舌底瘀、脉沉滑。

体格检查　身高160cm，体重45kg。

既往史　糖尿病6年余。

辅助检查　2006年9月30日查胃镜：慢性浅表性胃炎HP（-）；病理：（胃窦）轻度慢性胃炎，灶性腺体肠化生。

西医诊断　肠上皮化生、糖尿病。

处方

（1）枳术丸加减：附子9g　干姜9g　炒白术30g　枳实15g　黄芪30g　生薏苡仁30g　黄连3g

汤剂，水煎服。

（2）另予六味地黄丸含化，每日3次，每次1丸。

二诊　2008年12月31日。患者诉大便较前好转，偶有排便不尽感。咽干明显减轻,服药后晨起咯吐黄黏痰减轻,胃脘部胀满减轻50%左右,眠可。

处方 11月26日处方加入化橘红15g、生姜15g。

三诊 2009年1月14日。大便已正常。现口略干,有上火感,咽部不适,有黄痰,胃胀同前,偶有呃逆,纳眠可;舌暗红,苔黄厚,脉数略弦。

处方 上方去附子改干姜为6g、黄连为9g,加槟榔片9g,14剂。六味地黄丸继服。

患者服药后复诊,告之诸不适消失,痊愈。

笔者按 胃黏膜的肠上皮化生简称肠化生,现代医学对肠上皮化生没有特异性的治疗,传统中医认为其属于本虚标实,寒热错杂,治疗强调以健脾益胃为主,结合理气、活血、清热、祛湿等治法。患者出现胃胀、胃脘恶凉,眠差,大便时干时稀,舌体胖大有齿痕,辨证为脾肾阳虚,中焦湿滞,予枳术丸健脾行气,另六味地黄丸含化。由于三诊患者服药后出现热证,稍有矫枉过正之嫌,根据患者服药的反应,守以"随证施量",故去附子改用干姜。临床上因病情不同、个体差异等因素致病者服药后反应各有不同,故处方药物用量并非固定不变,当随病者服药反应而灵活调适。

(四)因服法施量病案

处方用量较大者,可分多次服,使每次平均服药量不至过大,可保持一定的血药浓度。服药方法决定了每次服药量和总服药量。如一剂药分多次频服,尤其是应用一些毒剧药,如马钱子,每次服量仅0.3~0.6g,或一些危重症,如胃瘫呕吐,少量多次频服,此种服药方法亦有试药之意,而且保证了较高的血药浓度。或处方药物剂量一般,但是一日内服多剂,总服量相对大得多,如桂枝汤,"病重者,一日一夜服,周时观之。服一剂尽,病证犹在者,更作服。若汗不出,乃服至二三剂。"这种服药方法多见于解表剂,目的在于集中药力顿挫病势,一旦邪祛七八,即减少或停止服药,所以临证时应考虑一日服多剂的可能斟酌每剂剂量。

1. 内分泌代谢疾病

糖尿病及糖尿病并发症

【病案30】 仝小林治疗糖尿病自主神经病变1例。

患者卫某,女,54岁,身高165cm,体重41kg。

主诉 糖尿病8年,伴间断呕吐2年。

现病史 8年前发现血糖升高,诊断为糖尿病,近2年出现呕吐。

刻下症 恶心,间断呕吐,饮食进水均会引起呕吐,呕吐胃内容物或胆汁。面色黯淡,形体消瘦,弓背垂颈,由家人背入诊室。

个人史 身高165cm,体重41kg,BMI:15kg/m^2。

辅助检查 FBG:5.9mmol/L,2hPG:9mmol/L。

西医诊断 糖尿病自主神经病变。

处方 附子理中汤、半夏泻心汤、旋覆代赭汤合方加减:

黑附片30g(先煎4h) 红参15g 茯苓120g 炒白术30g 干姜15g 代赭石15g(先煎) 旋覆花15g(包煎) 生大黄15g(包煎) 黄连30g 炙甘草15g 清半夏30g

肉苁蓉 30g　蜂蜜 50g

嘱少量频服。

二诊　服上方 2 剂后,呕吐即止,可以进食少许,大便亦行,质初干后稀。就诊时可自行步入诊室。服药期间检查肝、肾功能,各项指标均未见异常。

患者前后共服药 39 剂,服至 25 剂时,患者未再呕吐,偶有胃部不适及干呕,病入坦途,渐入佳境,此后面色转佳,行动自如,犹如常人。

笔者按　此患为糖尿病自主神经病变,属寒热互结、上热下寒之急危重症,症见饮水食入即吐,故嘱患者少量频服,旨在试药的同时,保证血药浓度,蜂蜜调补脾胃,缓急止痛,方中施量 50g 以助药消化吸收,补中悦脾。附子配人参,将相相和,刚柔互济,走守相辅,不可或缺。附子配大黄,药性尤为刚猛强悍,虽一热一寒,却同走不守,寒热并用,有攻补兼施之效。《景岳全书》中谓:"夫人参、熟地、附子、大黄,实乃药中四维……人参、熟地,治世之良相也;附子、大黄者,乱世之良将也。"另有代赭石配旋覆花降逆止呕,干姜配黄连,共达辛开苦降,寒热互调之功。笔者认为如自主神经病变(胃肠病变)等危重症,方药宜少量多次频服,能够保证入药后较高的血药浓度,以达药效;病程短暂、病势轻浅者,尽予一方往往多效;而病程长久,病机复杂者,则须与他方相合而取效。合方之时必先抓主症,主症不显时宜综合所见诸症分析,以断病机所在,务求病机相合,主症兼症相适。本案用附子理中汤、半夏泻心汤、旋覆代赭汤合方加减,以收全效。

【病案 31】　仝小林治疗糖尿病肾病 1 例[55]。

患者蔡某,女,44 岁。

主诉　糖尿病肾病。

现病史　20 年前确诊为 2 型糖尿病,糖尿病肾病确诊时间不详。

刻下症　胸闷喘憋,心慌气短,不能平卧。双下肢浮肿、疼痛,腹胀,眠差,不易入睡,大便干、排便困难,小便量少;舌淡、边有齿痕、苔水滑、舌下络脉瘀滞,脉结代、沉略滑。BP:135/80mmHg。

既往史　脑血栓、高血压病、痛风。

辅助检查　空腹血糖:5.3mmol/L,餐后 2h 血糖:6.7mmol/L,三酰甘油 2.51mmol/L,胆固醇:6.86mmol/L,尿常规:PRO(+++)。B 超示:左室松弛功能降低,二尖瓣轻度反流。

西医诊断　糖尿病肾病。

处方　真武汤加减:

黑附片 30g(先煎 8h)　干姜 30g　茯苓 150g　炒白术 60g　川桂 30g　肉苁蓉 60g　酒大黄 15g(包煎)　丹参 30g

急煎 1 剂,嘱分 4 次服用,次日气短明显好转,遂予原方再进 14 剂,每日 1 剂分 2 次服。

二诊　已能平卧,胸闷喘憋减轻 50%。刻下全身乏力,双下肢肿,腹胀振水声明显,食欲不振,舌淡苔腻,舌下瘀滞,脉沉细数。BP:140/90mmHg。处方以上方附子增至 60g,加入葶苈子 30g、淮山药 60g、芡实 30g、水蛭粉 6g(分冲)。

患者遵医嘱服上方 14 剂,效显,病情好转渐入佳境。

笔者按　患者症见胸闷喘憋,心慌气短,不能平卧;双下肢浮肿、疼痛难耐。病重症急,急煎方药1剂,药分服4次,保持体内一定的血药浓度以顿挫病势,亦旨在观其服药反应。次日患者病情好转,邪祛七八,中病显效,故原方继服,减少服药次数,以达长效。

2. 内科杂病

【病案32】 岳美中治疗崩漏1例[43]。

患者周某,女,51岁,河北滦县人,1960年5月7日初诊。

主诉　停经3年,漏下半年。

现病史　患者已停经3年,于半年前偶见漏下,未予治疗,1个月后,病情加重,经水淋漓不断,经色浅,挟有血块,时见少腹疼痛。经唐山市某医院诊为功能性子宫出血,经注射止血针,服用止血药,虽止血数日,但少腹胀满时痛,且停药后复漏下不止。又服中药数十剂,亦罔效,身体日渐消瘦,遂来京诊治。

刻下症　面色㿠白,五心烦热,午后潮热,口干咽燥,大便秘结;舌质淡红,苔薄白,脉细涩。

既往史　7年前小产1次。

西医诊断　功能性子宫出血。

中医诊断　崩漏。

中医辨证　冲任虚损,瘀血内停。

治法　温补冲任,养血祛瘀。

处方　温经汤:

吴茱萸9g　当归9g　川芎6g　白芍12g　党参9g　桂枝6g　阿胶9g(烊化)　丹皮6g　半夏6g　生姜6g　炙甘草6g　麦冬9g

水煎服。

二诊　服药7剂,漏下及午后潮热减轻,继服上方,随证稍有加减。

三诊　服药20剂后,漏下忽见加重,挟有黑紫血块,血色深浅不一,腹满时轻时重。病家甚感忧虑。诊其脉象转为沉缓,五心烦热、口干咽燥等症大为减轻,即告病家,脉症均有好转,下血忽见增多,乃为佳兆,系服药之后,体质增强,正气渐充而带血行之故。此瘀血不去,则新血不生,病亦难愈。并嘱继服原方6剂,隔日1剂。

四诊　药后连续下血块5日,之后下血渐少,血块已无。腹胀痛基本消失。又服原方5剂,隔日服。药后下血停止,唯尚有便秘,但亦较前好转,以麻仁润肠丸调理两周而愈。追访十年,未见复发。

笔者按　本案嘱患者隔日服用1剂,保证体内一定血药浓度的同时,使药物能更好得到吸收。并且减少了病人的服药次数和服药的副作用,提高了患者的依从性,常用于慢性疾病的调理。

【病案33】 仝小林治疗皮肤紫斑1例[17]。

患者,男,77岁。

主诉　四肢臂部散发紫斑半年。

现病史　半年前双臂无诱因出现散在紫斑,按之不退色,范围逐渐扩大。

刻下症　四肢臂部散发紫斑,压之不退色,手臂较重,无脱屑,无痒痛。

既往史　风湿性关节炎10年，银屑病3年。

中医辨证　阳虚表寒。

治法　温阳解表。

处方　麻黄附子细辛汤合桂枝汤加减：

生麻黄15g　黑附片30g(先煎8h)　细辛3g　桂枝30g　白芍30g　炙甘草15g　三七6g　生姜3片　大枣3枚

水煎服，1剂药分早中晚睡前4次服用。

服药1个月，皮肤紫斑减轻约50%，服药过程未见不适反应。

笔者按　此患者年事已高，单次用量不宜过大，然其疾顽杂，常规用量恐不宜获效。故1剂处方用量虽大，而分4次服用，令平均单次用量不致过大，同时1d内能保证一定的血药浓度。

【病案34】　汪承柏治疗急性肝炎1例。

患者杜某，男性，40岁，1981年7月3日入院。

主诉　乏力、尿黄2周。于1981年6月20日开始感乏力，伴有咽痛、流涕，同时发现尿黄。2周后查血，ALT>500U(正常<300U)，以"急性肝炎"收入院。其兄患过肝炎。

查体　有不典型肝掌，心肺未见异常，肝剑突下3.0cm，质中等，腹水征阴性。

化验　ATL>500U，TBiL 38mol/L，白蛋白/球蛋白(A/G)45/20g/L，比值为2.25，蛋白电泳EP中白蛋白64%，γ-球蛋白16.3%。HBsAg>1∶256，HBeAg(-)，抗-HBc 1∶1000。

辅助检查　B超提示肝脾大。

治疗经过　用清热解毒中药、6912注射液(由黄芩、黄连、黄柏等苦寒药物组成)、白蛋白、冻干血浆、输血600ml等治疗，但黄疸仍进行性加深(TBiL 401μmol/L)，PA 41.5%，出现重度腹胀、大量腹水，转入我科。

西医诊断　乙型慢性活动性肝炎，重症胆汁淤积，失代偿性肝硬化。

初诊　1981年9月14日。

中医症见　恶心未吐，脘腹胀满，纳少(餐食半两)，食后脘胀加重，腹胀，大便不爽，日行10余次，后重下坠，低热(午后体温37.5～37.8℃)，皮肤瘙痒，抓后有出血点，口不渴，不欲饮，小便不利，大量腹水(腹围79cm)。苔黄腻，脉弦滑。

中医辨证　湿邪弥散三焦。

处方　杏仁15g　滑石15g　生薏苡仁30g　赤芍30g　黄芩15g　豆蔻15g　葛根30g　丹参30g　石菖蒲15g　泽泻30g　香橼15g　车前草15g　升麻6g　木香9g

二诊　1981年9月25日。

服上方后诸症未缓解，TBiL升至453μmol/L，原方中将赤芍加至90g。

三诊　1981年10月12日。

大便日行1～2次，腹水消退，腹围68cm，餐食量二三两，TBiL 212μmol/L，PA 79%。续原方。

四诊　1981年12月17日。

诸症消失，TBiL 26μmol/L，ATL<30U。带原方出院继续治疗。

按语　本例虽有腹水，重度黄疸，但PA始终>40%，故诊断为慢性乙型肝炎，重症淤胆,失代偿肝硬化。该患者既往可能有慢性肝病史,但未被发现。此次发病于初夏,长夏季节病情加重。临床有典型的湿热弥散三焦症,但用三仁汤加减疗效不佳。因其顽固性腹水、便频、胃脘胀满皆系门脉高压所致,据同济医科大学过晋源教授实验研究证明,赤芍有降低门脉压作用,故在原方基础上重用赤芍90g。药后不仅诸症迅速改善,黄疸亦日渐消退,提示赤芍有消退黄疸的作用。这一发现纯属偶然。笔者查阅了有关文献,《本草图经》中说:"赤芍利小便,散血,并有泻下作用。"其后的实验研究证明,赤芍有降低血黏度、抗菌、消炎、解痉、解热、利尿、保肝等作用。这一偶然所得为重用赤芍治疗重度黄疸肝炎提供了重要证据[57]。

评析 本案主要是重用赤芍(90g)治疗重症淤胆性肝病。在开始治疗时,赤芍仅用30g,患者服药10剂,诸症未能缓解,于是在二诊时,汪承柏医生将赤芍的用量直接增大至90g。患者服药17日,腹水消退,餐食增加,总胆红素大幅度下降。效不更方。守原方再进2个月,诸症消失,临床痊愈。

从本案可以获得这样几个方面的认识:其一,专病有专药,然而治专病用专药,也必须达到有效剂量,否则专药亦不会有效。其二,在治疗有效而还没有彻底治愈的时候,需要守方,最好不要变换方剂,继续治疗一段时间,直至把疾病彻底治愈。其三,从本案我们也可以看出,如何充分借鉴现代医药研究成果,这对于中药临床应用,包括控制药物用量,都将是十分有益的。

【病案35】 李翰卿治疗心脏病1例

患者和某,女,35岁,风湿性心脏病,二尖瓣狭窄,反复咯血20年。2年前在某院手术后出现全心衰竭,全身浮肿,尿少,呼吸困难,心悸心烦,不得平卧。改请某医以中药治疗。医查其症见口渴身热,心悸心烦,气短而喘,不得平卧,脉数而结代,诊为心阴亏损。处方:人参10g,麦冬10g,生地10g,花粉15g,黄连10g,五味子10g,石斛10g,白芍15g,甘草10g。并继续配合服用地高辛等西药。服药后,是夜诸症更加严重,呼吸困难,神色慌张,有欲死之状。邀李老诊视。李老云:患者高度水肿,心悸气短,乃心肾阳虚,水气上逆,凌犯心肺之象,危证也,急宜真武汤加减治之。处方:附子1g,白芍1.5g,白术1.5g,人参1g,茯苓1.5g,杏仁1g。次日之晨,诊其浮肿减轻,尿量增多,呼吸困难明显改善。此时因李老公务繁忙,由学生代其诊治。患者家属云:"此方量小力微,病情深重,可否改加分量?"前医亦适在其侧,云:"兵微将寡岂能制大敌,不可也。"学生听后亦感颇有道理,乃在原方上加10倍量予之。次日,家属来邀云:"诸症加剧,请速前往诊治。"李老询诸症之后,云:"此患阴阳大衰,又兼水肿实邪,正虚而邪实,补其阳则阴大伤,而烦躁倍加;补其阴则阳气难支,浮肿短气更甚。其脉一息七至,且有间歇,乃阴不敛阳,阳气欲败,非热盛之实证,亦非阴虚有热之虚证,故治之宜小剂耳。君不知《内经》有'少火生气,壮火食气'乎!此病用药之量稍有不慎,则命在顷刻矣。"再以原方原量予之。1月之后,患者呼吸困难大见改善,浮肿消失,并能到户外活动[58]。

评析 李翰卿(1892~1972),字华轩,山西名医。舅父张玉玺乃当地有名的儒医,李氏自幼从其学医习文,日积月累,加之勤奋刻苦,终于尽得其传,15岁时即能治疗一般疾病。27岁时就读山西省立医学传习所,学习3年。1922年毕业,先后应邀在太原复成堂、体乾堂等行医。35岁始独立开业,悬壶并州,享有很高的声望,被誉为山西四大名医之一。

本案为水肿重症，患者阴阳大衰，正虚邪实，怔忡浮肿、水气凌心、口渴身热、心烦神慌，症状危急，为阴阳大衰之征象，邪实且正虚。李翰卿老医生认为补阳则可能损伤阴气，导致口渴、烦躁等症状加剧；而补阴又可能损伤阳气，导致浮肿、短气等症状转甚。前面的医生不明此理，见患者口渴身热，心悸心烦，气短而喘，不得平卧，脉数而结代，诊为心阴亏损，用麦、地、芍、连、五味、石斛等补阴，患者服药后心阳受损，诸症加重，呼吸困难，有欲死之状。李老医生用真武汤化裁，然处方仅用附子1g，白芍1.5g，白术1.5g，人参1g，茯苓1.5g，杏仁1g，总药量不过7.5g。此乃"重药轻投"，符合《内经》讲的"少火生气"的道理。服药次日，浮肿减轻，尿量增多，呼吸困难明显改善。他人不明白李老先生讲的道理，认为患者服药有效，说明立法选方正确，但病症深重，而此方量小力微，应该加大用量，于是将上方诸药增大10倍。可是患者服药后诸症加剧。李老仍用他给患者开的那张小方子，原方原量予之。1月之后，患者呼吸困难大见改善，浮肿消失，并能到户外活动。

一般来讲，疾病轻浅时，药物用量宜小；疾病深重时，药物用量宜大。但是，如果患者身体阴阳两损，正气大虚，那就有可能出现补阴伤阳、补阳伤阴，且正虚不任药力的情况。当此之时，重药轻投就是很好的一个用药策略。本案正好说明了这一点。

参考文献

[1] 吴瑭. 吴鞠通医案. 北京：中国中医药出版社，1997. 49，50

[2] 刘沛然. 疑难病症倚细辛. 北京：人民军医出版社，2011. 1～100

[3] 王广芳. 葛根芩连汤加味治疗细菌性痢疾42例. 中国中医急症，2004，13(1)：52，53

[4] 苏东平，宋俊建. 葛根芩连汤加减治疗慢性泄泻43例疗效分析. 实用中医内科杂志，2008，22(6)：29

[5] 于涛. 葛根芩连汤治疗慢性溃疡性结肠炎体会. 现代中西医结合杂志，2008，17(5)：763

[6] 赵林华，连凤梅，姬航宇. 仝小林教授运用不同剂量葛根芩连汤治疗2型糖尿病验案. 中国实验方剂学杂志，2011，17(2)：249～251

[7] 张锡纯. 医学衷中参西录. 石家庄：河北科学技术出版社，2002. 19～386

[8] 李可. 李可老中医急危重症疑难病经验专辑. 太原：山西科学技术出版社，2007. 1～3

[9] 北京中医医院. 关幼波临床经验选. 北京：人民卫生出版社，2006. 6～24

[10] 仝小林，刘文科. 论现代慢性病的特点及其中医诊治策略. 上海中医药大学学报，2010，24(5)：10～13

[11] 路志正，易瑞云. 五种泻心汤的临床运用和体会. 广西中医药，1984，7(02)：25～27

[12] 周文斌，尹克春，蒋丽媛. 邓铁涛调脾护心法治疗心悸的经验. 辽宁中医杂志，2005，32(8)：758～760

[13] 陈欣燕，仝小林. 肝源性糖尿病中医辨证论治总结及体会. 辽宁中医杂志，2010，12(10)：178～180

[14] 仝小林，刘文科，徐国良. 黄连治疗糖尿病的临床剂量及用药经验. 中医杂志，2011，52(18)：1604，1605

[15] 连凤梅，仝小林，白煜. 清热降浊方治疗超重2型糖尿病疗效分析. 中国中医药信息杂志，2009，16(2)：17，18

[16] 仝小林. 重剂起沉疴. 北京：人民卫生出版社，2010

[17] 刘文科，仝小林，王帅. 从病例谈方药用量策略. 环球中医药，2012，(06)：405～409

[18] 曹颖甫. 经方实验录：曹颖甫先生医案. 北京：学苑出版社，2008

[19] 岳美中. 岳美中医案集. 北京：人民卫生出版社，2006

[20] 刘文科，仝小林. 经典名方实践录. 北京：人民军医出版社，2010

[21] 陈明，张印生. 伤寒名医验案精选. 北京：学苑出版社，1998

[22] 黄学宽. 郭子光临床经验集. 北京：人民卫生出版社，2009

[23] 班秀文. 论脏腑学说与妇科的关系. 班秀文妇科医论案选，1987，(1)：21

[24] 丁甘仁. 丁甘仁医案. 北京:人民卫生出版社,2007
[25] 中国中医科学院. 蒲辅周医案. 北京:人民卫生出版社,2005
[26] 南征,温学义. 任继学副教授治验二则. 吉林中医药,1983(5):34
[27] 张灿玾. 张灿玾医论医案纂要. 北京:科学出版社,2009
[28] 仝小林,刘文科,焦拥政等. 论精方与围方. 中国中医药报,2011-06-10004
[29] 李东垣. 脾胃论. 北京:人民卫生出版社,2005. 33
[30] 薛振声. 十年一剑全息汤. 北京:中国中医药出版社,2004. 7 ~ 10
[31] 仝小林,李爱国,阿英等. 大剂量山萸肉配伍红参抢救元气欲脱证 1 例. 中国中西医结合急救杂志,1996,3(10)
[32] 吴义春,仝小林. 仝小林治疗痉挛性斜颈 1 例. 中医杂志,2009,50(11):1045 ~ 1046
[33] 仝小林. 糖络杂病论. 北京:科学出版社,2010. 94 ~ 127
[34] 宋金玉. 浅谈中药汤剂的剂型改进西藏科技,2004,(4):42,43
[35] 蔡光先,刘柏炎. 28 味常用中药饮片汤剂与散剂中用量的研究. 中国实验方剂学杂志,2004(02):63 ~ 64
[36] 张晓平. 中药袋煮散治疗病毒性肝炎的临床研究. 邯郸医学高等专科学校学报,2002,15 (2) :107 ~ 108
[37] 李冀湘,穆兰澄,牟继征,等. 六味地黄汤两种剂型煎出率的比较研究. 中国实验方剂学杂志,2009(7):47 ~ 49
[38] 刘淑红,高尚社. 国医大师裘沛然辨治肾病综合征验案赏析. 光明杂志,2011(4):654 ~ 656
[39] 高红勤,周仲瑛. 周仲瑛治疗食管恶性肿瘤验案 2 则. 中国中医药信息杂志,2012(7):87 ~ 88
[40] 祝谌予,翟济生,等. 施今墨临床经验集. 北京:人民卫生出版社,2006
[41] 吴义春,刘文科,仝小林. 仝小林辨治糖尿病并发心脏病验案举隅. 上海中医药杂志,2009,(08):5 ~ 7
[42] 周丽波,李敏,李修洋. 仝小林诊治 2 型糖尿病痰热互结证临证心得. 辽宁中医杂志,2010,(08):1582 ~ 1584
[43] 陈明. 金匮名医验案精选. 北京:学苑出版社,2002
[44] 高社光,刘建设. 路志正教授运用经方治疗风湿类病经验. 世界中西医结合杂志,2006,(3)
[45] 赵林华,刘文科,王强,等. 仝小林辨治糖尿病并发不安腿综合征验案两则. 中国中医基础医学杂志,2010,(04):340 ~ 341
[46] 王帅,仝小林. 仝小林教授应用消瘰丸加味治疗甲状腺功能亢进验案 1 例. 中国药学报,2011,(06):114 ~ 116
[47] 仝小林,穆兰澄,吴义春,等.《伤寒论》方剂中非计量单位药物重量的现代实测研究. 中医杂志,2009,50(S1):1 ~ 2
[48] 周强,仝小林,刘桂芳,等. 经方新用之仝小林教授运用半夏泻心汤医案四则. 中医药信息,2010,(04)
[49] 何任.《金匮》摭记(三). 上海中医药杂志,1984,(8):18 ~ 19
[50] 陈四清. 当归四逆汤加减治雷诺病. 江苏中医药,2005,26(5):30 ~ 31
[51] 孙鑫,仝小林. 泻心汤类方在糖尿病治疗中的应用. 中医杂志,2010,(02):114 ~ 116
[52] 金川,甄仲,仝小林. 仝小林运用大剂量酸枣仁治疗失眠经验举隅. 辽宁中医杂志,2012,(02):343 ~ 344
[53] 苏浩,翟翌,王皖洁,等. 仝小林辨治糖尿病性腹泻经验. 辽宁中医杂志,2009,(08):1273 ~ 1274
[54] 郭子光. 心律失常的凭脉辨治. 成都中医药大学学报,1996,(01)
[55] 周丽波,潘秋,段娟,等. 附子类方治疗糖尿病并发症验案举隅. 辽宁中医杂志,2010,(06):1130 ~ 1131
[56] 孙鑫,翟翌,仝小林. 仝小林治疗糖尿病胃肠功能紊乱经验撷菁. 辽宁中医杂志,2011,(04)
[57] 汪承柏 . 中西医集合论治重度黄疸肝病 . 北京:人民军医出版社,2011
[58] 招萼华 . 轻药重投与轻药重投 . 中医文献杂志,2006,(2)

第十二章　不同剂量古今医案荟萃赏析

第一节　古代医家小剂量用方验案荟萃赏析

一、元代医案赏

《卫生宝鉴》[1]案选

【病案1】　过汗亡阳变证治验

中山王知府次子薛里,年十三岁。六月十三日豪雨方过,池水泛溢。因而戏水,衣服尽湿,其母责之。至晚觉精神昏愦,怠惰嗜卧。次日,病头痛身热。腿脚沉重。一女医用和解散发之,闭户塞牖,覆以重衾,以致苦热不胜禁,遂发狂言,欲去其衾。明日,寻衣撮空,又以承气汤下之。下后语言渐不出,四肢不能收持,有时项强,手足蜷,搐急而挛,目左视而白睛多,口唇肌肉蠕动,饮食减少,形体羸瘦。命予治之,具说前由,予详之。盖伤湿而失于过汗也,且人之元气,起于脐下肾间,动气周于身,通行百脉。今盛暑之时,大发其汗,汗多则亡阳。百脉行涩,故三焦之气,不能上荣心肺,心火旺而肺气焦,况因惊恐内蓄。内经曰:恐则气下。阳主声,阳既亡而声不出也,阳气者精则养神,柔则养筋。又曰:夺血无汗,夺汗无血。今发汗过多,气血俱衰,筋无所养,其病为痉。则项强手足蜷,搐急而挛。目通于肝,肝者筋,之合也。筋既燥而无润,故目左视而白睛多。肌肉者、脾也……以人参益气汤治之。……人参益气汤方:黄芪(五分)、人参、黄柏(去皮)、升麻、柴胡、白芍药(各三分)、当归、白术、炙甘草(各二分)、陈皮(三分)、生甘草(二分)、上十一味咀,都为一服。水二盏半,先浸两时辰,煎至一盏,去渣热服。早食后,午饭前,各一服。投之三日后,语声渐出,少能行步,四肢柔和,食饮渐进,至秋而愈。

二、明代医案赏

1.《济阴纲目》[2]案选

【病案2】　济阴纲目·胎前门

予见贾氏妇,但有孕,至三月左右必堕,诊其脉,左手大而无力,重取则涩,知其血少也,以其妙年,只补中气,使血自荣。时正初夏,教以浓煎白术汤,下黄芩末一钱,服三四十帖,遂得保全其生。因而思之,堕因内热而虚者,于理为多,曰热曰虚,当分轻重,盖孕至三月,正属相火,所以易堕,不然何以黄芩、熟艾、阿胶等为安胎妙药耶!好生之工,幸无轻视。

【病案3】　济阴纲目·产后门

汪氏治一妇产未盈月,因怒气血流如水,三日方止,随又劳苦,四肢无力,睡而汗出,日晡潮热,口干,五心如炙,诸医皆用柴、芩、薄荷之类,其热愈炽。诊其脉弦大无力,此蓐劳也,以四物汤一两,入胡黄连、秦艽、青蒿各半钱,数服热退身凉,后以黄连八珍丸一料而安。

2.《慎斋遗书》[3]案选

【病案4】　痿证

那一妇因火起惊吓,遂痰升,遍体疼痛,左半身手足俱软不能动,心中或痛或战,腰疼,口干,头眩,便泄,四肢无力。方用白术、白茯苓、牛膝、川萆薢、杜仲(姜汁炒)各一钱,归身、甘草各五分,秦艽七分,姜、枣煎服愈。

【病案5】　胀证

一人六脉沉细而数,中气不足,已成胀证。方用人参七分,黄芪、甘草各五分,苍术八分,升麻、柴胡各三分,陈皮、木香各五分,姜二片,枣三枚。有痰加半夏,腹痛加吴茱萸,小便不利加牛膝,肿加薏苡。服此方痊愈甚多。

【病案6】　膈证

一人饮食能进,遇子时则吐泻。盖其人必苦忧思,思则脾气郁结,不能散精于肺,下输膀胱,故津液直入大肠而泻也。吐者脾不健运,不能传化幽门,宿食积于胃中,子时阳升冲动陈垢,故吐也。宜扶脾为主,用人参、茯苓、山药各一钱,炙甘草五分,附子、制首乌三分,生姜一片,煎服愈。

【病案7】　疟

一人疟疾初起,饮酒而睡,睡后即发热,甚至昏愦,至夜方止,小便赤少,间二日一发,先寒后热,呕吐痰涎,不喜饮食,胃口嘈杂,食即欲呕,体瘦手麻,口渴,喜饮热汤。方用柴胡七分,益智五分,甘草三分,人参、桂枝、半夏、茯苓、芡实各一钱,煎服效。

【病案8】　二便不通

一人厥阴肿痛,小腹作胀,医用承气下之,又用苓利之,遂大小便不通。予诊之,病在厥阴,真寒证也。误用下利,阴盛隔阳,大便空者,小便利。用干姜、肉桂、枳壳各一钱,升、柴各五分,吴萸三分,煎服,大便行;又用升麻、甘草梢各三分,吴萸二分,干葛、赤芍、炮姜、肉桂、槟榔、木通各一钱,小便通而愈。

【病案9】　胎前

一妇远行而归,胎上冲心而痛,坐卧不安,诸医作死胎,用草麻、麝香欲下其胎。予诊之,问医何证?曰:"两尺脉绝,死胎也。"予曰:"死胎有辨,如面赤舌青,子死母活;面青舌赤,吐沫者,母死子活;唇口俱青,母子俱死。今面不赤,舌不青,则胎不死;冲心而痛,乃子悬也。用川芎、白芍、归身、紫苏、陈皮各一钱,人参、甘草各五分,生姜三片,葱白七寸,煎服,胎下而安。"

3.《慎柔五书》[4]案选

【病案10】　一人吐血后,右关、尺洪,大便燥,口干,用白芍、甘草、人参、苏梗、归身各五分，枳壳五分，杏仁四粒，黄柏二分。二剂。下即润，诸症即退。

【病案 11】 一人头面俱痛，服寒凉药多，其脾胃脉细涩，左尺亦涩，左寸、关洪，此下焦寒而火邪逆上之故也。用羌活五分，酒炒防风五分，酒连一分，酒芩三分，白茯苓一钱，人参二钱，甘草五分，半夏一钱，破故纸一钱，枸杞子一钱。二服，脉即粗而不细，而头痛亦除。

【病案 12】 尝治一产后妇人，素有劳症，一年前，以八物汤愈，然连连绵绵，未为全去。次年得产，正癸亥，属戊癸化火之年，天气炎甚，时医虽用人参，仍以山楂能解参毒间之，致寒热作泻，余诊之，脉数九至，尚不短，用保元加干姜、熟附一分，四剂，数脉退减。再清晨诊之，按下浮缓，但去着骨，指下细弦如丝，数脉如故。（此又以浮缓中有一条为败脉矣，可知前卷一条之说，只是脉中之脊，非别一条也，神理全不同。）予曰：不可为矣。彼恳求不已，用桂制白芍五分，炙草五分，参、各五分，作建中汤之意，服至八剂，数脉退，几六至。又四剂，几五至。彼以为愈矣，遂止药。此四、五、六月后，脉转弦细而殁，此案有裨前论，故附之。

【病案 13】 一妇，年五旬。二寸浮洪，二尺小，右关弦，不思食，头眩。余曰：二寸浮洪，病主头眩，亦主上膈不清，此阳气虚而越上，不能归根复元，以致丹田气虚寒，不能养温脾胃，是以右关脉弦，饮食不消而少飧也。理宜敛阳气归于下焦丹田之内，下焦温暖，脾胃自健，水谷自化矣。用桂枝、白芍六分，五味子二分，白茯一钱，黑姜三分，人参五分，杜仲一钱，破故纸五分，炙草四分，汤泡半夏一钱，加煨姜，十余剂而愈。

【病案 14】 一妇素劳症，四月间，胸中作饱，腹亦胀，不饥，日夜泻十数次。诊之，肝肾脉弦而不和，此肝肾虚寒也。治以破故纸一钱，杜仲一钱五分，山萸三分，熟地三分，吴茱萸三分，甘草二分，乌药三分，沉香磨三分。四帖稍有转头，八帖能进汤水，二十帖痊愈。

【病案 15】 一贵介，年三旬。先因齿痛，用石膏三钱煎服，顷即满头皆肿痛，牙根上肿势尤甚，俟天和，定方各羌活散火汤，羌活酒炒五分，防风三分，酒连一分，酒芩二分，白茯苓一钱，人参二钱，甘草五分，半夏一钱，破故纸一钱，枸杞子一钱。二剂，其细涩脉即粗大，是阳气下行矣，头痛稍止，可见前头痛是下焦无阳，阴火上冲。服之八剂，头痛全止，齿根肿犹未退，脉则益和。余曰：将愈矣，此阳气已至羌所。果四五日出脓少许而瘳。

【病案 16】 左光禄丞，年及四十。两目俱瘀肉满珠，他医与以祛风散热之剂，不效。余谓：脾主肌肉，此脾胃肉滞也。以桃仁泥二钱，枳实一钱半，连翘一钱半，元明粉二分，白芷二分，山楂肉一钱半，晚上日服一帖，至十帖而痊愈。余以此方治数百人患此者，俱未尝不效。第先曾服多苦寒之剂，已伤脾胃，不思饮食者，禁不可与，如勉用之，则眼必坏，且致虚损。如患此症，服过寒凉，已伤中气，且宜静养守之，亦得渐退，不可造次，至于失明。盖此症医者罕识，阳明多血多气之经，而经云：血实宜决之，此方决之之意也。如患者脾胃素虚，必欲服之，或间日一帖，或间二日一帖可也，急服则损目伤脾也。

按 此方从桃仁承气套出，而叮咛告诫者，过服寒凉，胃血辟易，再用苦咸寒泄，即血不复能上荣。

三、清代医案赏

1.《古今医案按》[5]案选

【病案 17】 泄泻

东垣曰：予病脾胃久衰，视听半失，此阴盛乘阳；加之气短，精神不足，此由弦脉令虚，多言之故。阳气衰弱，不能舒伸，伏匿于阴中耳。癸卯六七月间，霖雨阴寒，逾月不止。时人多病泄利，乃湿多成五泄故也。一日体重肢痛，大便泄泻，小便秘涩。默思内经云：在下者，引而竭之，是利小便也。故经又云：治湿不利小便，非其治也，当用淡渗之剂以利之为正法。但圣人之法，虽布在方策，其不尽者，可以意求。今客邪寒湿之淫，自外入里而甚暴若以淡渗之剂利之，病虽即已，是降之又降，复益其阴而重竭其阳，则阳气愈削而精神愈短矣。唯以升阳之药为宜，用羌、独、升麻各一钱，防风、炙甘草各五分。水煎热服。大法云：寒湿之胜，助风以平之。又云：下者举之，此得阳气升腾故愈，是因曲而为之直也。

【病案 18】 痢

祝茹穹治部堂祖泽远，夏得痢疾，昼夜七八十次，疼不可言，便出仅血脓数点，饮食不进，已月余，瘦弱已极。诸医咸虑之，以为此毒瓦斯熏蒸清道，致胃口遏塞，闻食即吐，凶兆也。祝视之，面热身凉，脉大而滑。夫病久则邪气日盛，当身热，而今身凉，身凉不宜脉大而今脉大，细视胃脉，乍大乍小。茹穹豁然曰：此非噤口证也，因感寒不发散，故胃以上有积寒；冒暑不清凉，故胃以下有积热。宜以温药开胃口之寒，以凉药通谷道之热，久病虚甚，补之，四五日即可愈耳。闻者大惊。乃以吴茱萸制黄连、姜汁炒黄芩、煨干姜、白豆蔻各一钱，陈壁土炒白术八分，南枣包煨人参八分。煎服，是夜即减病之半，五六服而神气渐旺，饮食渐进矣。

【病案 19】 痉

一人身热至六七日。医用地黄汤，遂致身体强硬，六脉沉伏。目定口呆。气喘不能吸入。周慎斋曰：此能呼不能吸，病在中焦实也。中焦实，脾不运耳。方用远志、白茯神各一钱，附子四分，去白广皮六钱。磁石、苏梗各一钱五分，沉香二分。一帖身和，六帖而安。盖脾者为胃行其津液者也，脾不运则胃阳不行于肌肉，肌肉无阳，所以强耳。醒其脾，则胃阳通而身和矣。

【病案 20】 疝

罗谦甫治赵运使夫人，年近六十。三月间，病脐腹冷痛，相引胁下，痛不可忍，反复闷乱，不得安卧。乃先灸中庭穴，在膻中下寸六分陷者中，任脉气所发，灸五壮或二七三七壮。次以当归四逆汤：归尾七分，桂、附、茴香、柴胡各五分，芍药四分，茯苓、延胡、川楝各三分，泽泻一分。数服愈。

【病案 21】 虚损

东垣治一贫者，脾胃虚弱，气促，精神短少，衄血吐血。以麦门冬二分，人参、归身各三分，黄芪、白芍、甘草各一钱。五味五枚，作一服，水煎，稍热服愈。继而至冬，天寒居密室，卧大热炕，而吐血数次，再求治。此久虚弱，外有寒形，而有火热在内，上气不足，阳气外虚,当补表之阳气,泻里之虚热。夫冬寒衣薄,是重虚其阳,表有大寒,壅遏里热,火邪不得舒伸,故血出于口。忆仲景伤寒论云:太阳伤寒,当以麻黄汤发汗而不与之。遂成衄,却与麻黄汤立愈,此法相同,遂用之。以麻黄桂枝汤、人参益上焦元气而实其表,麦门冬保肺气各三分,桂枝以补表虚,当归身和血养血,各五分,麻黄去根节,去外寒,甘草补脾胃之虚,黄芪实表益卫,白芍药各一钱。五味三枚,安其肺气,卧时热服。一服而愈。

【病案22】 郁

东垣治一人。二月天气,阴雨寒湿,又因饮食失节,劳役所伤,病解之后。汗出不止,沾濡数日,恶寒,重添浓衣,心胸间时烦热,头目昏愦,上壅,食少减。此胃中阴火炽盛,与天雨之湿气相合,湿热太甚,则汗出不休,兼见风化也。以助东方甲乙之风药以去其湿,甘寒以泻其热,生芩、酒芩、人参、炙草、羌、独、藁、防、细辛、川芎、蔓荆子各三分,黄芪、生甘草、升、柴各五分。薄荷一分。煎服即愈。(摘自《古今医案按》卷四——汗)

周慎斋治一人,六脉涩滞,胁痛吐臭痰,恶心食不下。盖胁者,少阳之分也。清气不升浊气郁于少阳之络,故痛;浊气上逆,故吐臭痰而恶心;浊气。故臭也。食不下者,少阳清阳之气不升,则肝不能散精也。用柴胡、白蔻各二分,黑山栀、甘草各五分,白芍、丹皮各一钱,白茯苓、广皮各一钱五分,归身八分,麦冬二钱,十帖痊愈。

2.《临证指南医案》[6]案选

【病案23】 某舌白身热,溺不利。杏仁(一钱半)、桔梗(一钱)、滑石(三钱)、通草(一钱半)、连翘(一钱半)、芦根(一两)。(摘自《临证指南医案》)

王某日来便难溺涩,是下焦幽门气钝血燥。议东垣通幽意。(原书按:血液枯燥)咸苁蓉(一两)、细生地(二钱)、当归(一钱半)、郁李仁(二钱研)、柏子霜(一钱半)、牛膝(二钱)。

【病案24】 朱痧后痰多,咳嗽气急。(原书按:湿热郁肺)芦根(一两)、杏仁(一钱半)、桔梗(一钱)、飞滑石(一钱半)、桑皮(八分)、通草(一钱)。

【病案25】 赵劳倦,便后血。炒黑樗根皮(一两)、炒黑地榆(三钱)、炒黑丹皮(一钱)、五加皮(三钱)、炒焦银花(一钱半)、苍术(一钱)、茯苓(二钱)、炒泽泻(一钱)。

【病案26】 钱阴虚内热,肠红不止。炒黑樗根皮(一两)、炒生地(三钱)、炒银花(一钱半)、炒黑地榆(二钱)、归身(一钱半)、生白芍(一钱半)、炒丹皮(一钱)、茯苓(一钱半)。

【病案27】 某,二一(21岁)。诵读身静心动,最易耗气损营,心脾偏多,不时神烦心悸,头眩脘闷,故有自来也。调养灌溉营阴,俾阳不升越,恐扰动络血耳。淮小麦三钱(9g),南枣仁一枚,炒白芍一钱(3g),柏子仁一钱半(4.5g),茯神三钱(9g),炙草四分(1.2g)。

3.《兰室秘藏》[7]案选

【病案28】 丁未仲冬,郭大方来说,其妻经水暴崩不止,先曾损身失血,自后一次缩一十日而来,今次不止,其人心窄,性急多惊,以予料之,必因心气不足,饮食不节,得之大方。大方曰:无。到彼诊得掌中寒,脉沉细而缓,间而沉数,九窍微有不利,四肢无力,上喘气短促,口鼻气皆不调,果有心气不足,脾胃虚弱之证,胃脘当心而痛,左肋下缩急有积,当脐有动气,腹中鸣,下气,大便难,虚证极多,不能尽录,拟先治其本,余证可以皆去。安心定志,镇坠其经,调和脾胃,大益元气,补其血脉,令养其神。以大热之剂去其冬寒凝在皮肤内;少加生地黄,去命门相火,不令四肢痿弱。

黄连(一分)、生地黄(三分)、炒神曲、橘皮、桂枝(各五分)、草豆蔻仁(六分)、黄芪、人参、麻黄不去节(各一钱)、当归身(一钱五分)、杏仁(五个另研如泥)。

上咀作二服,水二大盏半,煎麻黄令沸去渣,煎至二盏入诸药同煎,至一大盏,于巳午之间食消尽服之一,服立止其胃脘痛,乃胃上有客寒。与大热药草豆蔻丸,一十五丸白汤送下,其痛立止,再与肝之积药,除其积之根源而愈。

【病案29】 白文举正室白带常漏久矣,服诸药不效。诊得心包尺脉极微,其白带流而不止。叔和《脉经》云:崩中日久为白带,漏下多时血水枯。言崩中者始病血崩不已,久下则血少复亡其阳,故白滑之物下流不止,是本经血海将枯,津液复亡,枯干不能滋养筋骨。以本经行经药为引,用为使;以大辛甘油腻之药,润其枯燥,而滋溢津液。以大辛热之气味,补其阳道,生其血脉。以苦寒之药,泄其肺而救其上。热伤气,以人参补之,以微苦温之药佐而益元气。名曰补经固真汤。

人参(二钱)、橘皮(不去白,半钱)、干姜(末,二钱)、白葵花(十六朵,去萼,碎)、柴胡、甘草(炙)、郁李仁(去皮尖,研)、生黄芩(各一钱,另锉)。

上除黄芩外,以水三大盏,煎至一盏七分,再入黄芩,同煎至一盏,去滓空心带热服,候少时,以早膳压之。

【病案30】 丁未年冬,曹通甫自河东来,有役人小翟,宿于寒湿之地,腰痛不能转侧,两胁搐急作痛,月余不愈。腰痛论中所说,皆为足太阳、足少阴血络中有凝血作痛,间有一二症,属少阳胆经外络脉病,皆宜去血络之凝乃愈。其《内经》有云:冬三月禁不得针,只宜服药通其经络,破其血络中败血,此方主之。

羌活(一钱半),柴胡(一钱),独活(五分),肉桂、苍术(各一钱),防风、汉防己(各三分),桃仁(五枚,去皮,另研如泥),归梢、甘草(炙)、川芎(各一钱),炒曲(五分)。

上咀,水、酒煎,去渣,食远热服。

四、近现代医案赏

1.《古今救误》[8]案选

【病案31】 家四叔祖延诊共第六子,为6个月婴儿,壮热,脉数,不啼不乳两日夜,气促鼻煽,目光无神。病家恐出疹子、以纸捻蘸油燃烛,照其面部,余以纸捻东西移动,其目珠乃不随光转,试以电灯亦然。初起发热,至是凡六日,第四日突然增重,则因是日曾服金鼠矢半粒,药后下青色粪,遂不啼不乳。初服金鼠矢,热势略杀;是日复壮热,始惊惶,来邀余诊。病儿才6个月,且气促鼻煽,目不能瞬,度少希望,因不敢处方。家叔祖固请,乃逐尽推敲,久之忽有所悟,因用生麻黄1.2g、葛根3g、黄芩2.4g、炙甘草1.8g,仅四味嘱尽剂。翌日复诊,诸恙悉差,目能动,啼且乳,微汗出,热且退矣,原方去麻黄加枳实、竹茹,霍然而愈。(摘自《古今救误·婴儿壮热案》)

2.《伤寒名医验案精选》[9]案选

【病案 32】 蒲辅周治疗急性中毒性痢疾 1 例[7]。

患者陈某,男,4 岁半。

现病史 患者 1963 年 8 月 15 日突然发热、恶心、呕吐,4h 内抽风 2 次,因昏迷而急诊入院。患儿大便呈脓血样,有里急后重现象,当时诊为急性中毒性痢疾,用冬眠药物及温湿布裹身。翌日,面色转灰暗,寒战高热,呼吸微弱,经人工降温 16h,方得呼吸均匀。复温后第 2d 开始,每日上午发生寒战,且有发绀,肢凉,午后高热(42 ~43℃),无汗,时有谵妄躁动,每日下利脓血便 20 余次,腹胀,里急后重,无呕吐,食欲尚可。血液检查:白细胞逐渐减少,出现粒细胞减少征(白细胞总数 6×10^8/L,中性粒细胞 0.3)。大便培养:福氏痢疾杆菌阳性。耐药试验:对多种抗生素等药物不敏感,于 26 日请我院中医会诊。

刻下症 患儿呼吸促迫,唇色淡红,腹满不硬,午前寒战,午后高热,右脉沉滞,左脉弦大而急,舌质色淡,苔薄白而腻。

西医诊断 急性中毒性痢疾。

中医诊断 脓血痢。

中医辨证 证由暑湿内伏,新凉外加,表郁里结,以致升降阻滞,营卫不通。若单治其里,则伏邪不得外越,内结必然更甚,病为正虚邪实。幸胃气尚存,津液未竭,急宜升阳明,和营卫,开玄府之闭,达邪外出而解里急。

处方 桂枝加葛根汤:

葛根 6g 桂枝 3g 白芍 3g 炙甘草 3g 生姜 2 片 大枣 2 枚

用文火煎取 180ml,每 4h 服 30ml。药后另服荷叶、炒粳米煎汤。仿桂枝汤服法以助汗。

药后当夜漐漐汗出,但小腿至足无汗,体温渐降,四肢转温,今晨无寒,但仍有脓血便及里急后重。前方去桂枝、白芍,加健脾化湿之品调理 1 周而愈。

第二节 古代医家大剂量用方验案荟萃赏析

一、明代医案赏

《济阴纲目》[2]案选

【病案 1】 崩漏门

薛氏曰:一妇人年将七十,素有肝脾之证,每作则饮食不进,或胸膈不利,或中脘作痛,或大便作泻,或小便不利,余用逍遥散加山栀、茯神、远志、木香而愈。后忧女孀居,不时吐紫血,其病每作,先倦怠而后发热,经曰:积忧伤肺,积思伤脾。肺布叶举,是令子母俱病,不能摄血归经而致前证,遂以前药加炒黑黄连三分、吴茱萸二分顿愈。复因怒,吐赤血甚多,躁渴垂死,此血脱也,法当补气。乃用人参一两,芩、术、当归各三钱,陈皮、炮黑干姜各二钱,炙草、木香各一钱,一剂顿止。

【病案 2】 赤白带下门

韩氏曰(飞霞医案):山妻年三十余,十八胎,九犊八夭,会先君松潘难作,贱兄弟皆西奔,妻惊忧过甚,遂昏昏不省人事,口唇舌皆疮,或至封喉,下部虚脱,白带如注,如此四十余日,或时少醒,至欲自缢,自悲不能堪。医或投凉剂解其上,则下部疾愈甚,或投热剂,及以汤药熏蒸其下,则热晕欲绝。四弟还,脉之,始知为亡阳证也,大哭曰,宗嗣未立,几误杀吾嫂。急以盐煮大附子九钱(27g)为君,制以薄荷防风,佐以姜桂芎归之属,水煎,入井水冷与之,未尽剂,鼾鼻熟睡通宵,觉即能识人。时止一嗣,子二女,相抱痛哭,疏戚皆悲。执友赵宪长惊曰,君何术也?弟曰:方书有之,假对假,真对真尔,上乃假热,故以假冷之药从之,下乃真冷,故以真热之药反之,斯上下和而病解矣。

二、清代医案赏

1.《寓意草》[10]案选

【病案 3】 答门人问蒋中尊受病致死之因。

吾尝治一孕妇伤寒,表汗过后,忽唤婢作申冤之声。知其扰动阳气,急迫无奈,令进参汤,不可捷得。遂以白术三两。熬浓汁一碗与服。实时安妥。

【病案 4】 辨痢疾种种受症不同随症治验。

朱孔阳年二十五岁,形体清瘦,素享安逸,夏月因讼,奔走日中,暑湿合内郁之火而成痢疾。昼夜一二百次,不能起床,以粗纸铺于褥上,频频易置,但饮水而不进食,其痛甚厉,肛门如火烙,扬手掷足,躁扰无奈。余诊其脉,弦紧劲急,不为指挠。谓曰:此证一团毒火,蕴结在肠胃之内,其势如焚,救焚须在顷刻。若二三日外,肠胃朽腐矣。于是以大黄四两,黄连、甘草各二两,入大砂锅内煎,随滚随服。服下人事稍宁片刻,少顷仍前躁扰,一昼夜服至二十余碗。大黄俱已煎化,黄连甘草俱煎至无汁。次日病者再求前药,余诊毕,见脉势稍柔,知病可愈。但用急法,不用急药。遂改用生地、麦门冬各四两,另研生汁,而以天花粉、牡丹皮、赤芍、甘草各一两,煎成和汁大碗咽之。以其来势暴烈,一身津液从之奔竭,待下痢止,然后生津养血,则枯槁一时难回,今脉势既减,则火邪俱退,不治痢而痢自止,岂可泥润滞之药,而不急用乎。服此药,果然下痢尽止,但遗些少气沫耳。第三日,思食豆腐浆。第四日,略进陈仓米清汁,缓缓调至旬余,方能消谷。亦见胃气之存留一线者,不可少此焦头烂额之客耳。

【病案 5】 袁聚东痞块危证治验。

袁聚东年二十岁,生痞块,卧床数月,无医不投,日进化坚削痞之药,渐至枯瘁肉脱,面黧发卷,殆无生理,买舟载往郡中就医,因虑不能生还而止,然尚医巫日费,余至则家计已罄,姑请一诊,以决生死远近耳,无他望也。余诊时,先视其块,自少腹至脐旁,分为三岐,皆坚硬如石。以手拊之,痛不可忍,其脉止两尺洪盛,余微细。谓曰:是病由见块医块,不究其源而误治也,初起时块必不坚,以峻猛药攻之,至真气内乱,转护邪气为害,如人打,扭结一团,旁无解散,故迸紧不放,其实全是空气聚成,非如女子冲任血海之地,其月经凝而不行。即成血块之比,观两尺脉洪盛,明明是少阴肾经之气,传于膀胱,膀胱之气,本可传于前后二便而出。误以破血之药。兼破其气。其气遂不能转运。而结为石块,以手摩触则愈痛,情状大露,若是血块得手,则何痛之有。此病本一剂可瘳,但数月误治,从上至下,无病之地,亦先受伤。姑用补中药一剂,以通中下之气,然后用大剂药,内收肾气,外散膀胱之气,以解其相结,约计三剂,可痊愈也。于是先以理中汤,少加附子五分,服一剂,块已减十之三,再用桂附药一大剂,腹中气响甚喧,顷之三块一时顿没,戚友共骇为神,再服一剂,果然痊愈。调摄月余,肌肉复生,面转明润,堆云之发,才剩数茎而已。每遇天气阴寒,必用重浓被盖覆,不敢起身,余谓病根尚在。盖以肾气之收藏未固,膀胱之气化未旺,兼之年少新婚,倘犯房室,其块复作,仍为后日之累,更用补肾药,加入桂附,而多用河车为丸。取其以胞补胞,而助膀胱之化源也,服之竟不畏寒,腰围亦大,而体加充盛。年余又得子,感前恩而思建祠肖像以报,以连值岁。姑尸祝于家庭焉,亦浓之道矣。

【病案6】 治叶茂卿小男奇证效验并详诲门人。

叶茂卿乃郎,出痘未大成浆,其壳甚薄,两月后尚有着肉不脱者,一夕腹痛,大叫而绝。余取梨汁入温汤灌之,少苏,顷复痛绝,灌之复苏。遂以黄芩二两煎汤,和梨汁与服,痛止。令制膏子药频服,不听,其后忽肚大无伦,一夕痛叫。小肠突出脐外五寸,交纽各二寸半,如竹节壶顶状,茎物绞折长八九寸,明亮如灯笼,外症从来不经闻见。余以知之素审,仍为治之,以黄芩阿胶二味,日进十余剂,三日后始得小水,五日后水道清利,脐收肿缩而愈。门人骇而问曰:此等治法,顽钝一毫莫解,乞明示用药大意。答曰:夫人一身之气,全关于肺,肺清则气行,肺浊则气壅,肺主皮毛,痘不成浆,肺热而津不行也。壳着于肉,名曰甲错,甲错者多生肺痈,痈者壅也,岂非肺气壅而然与。腹痛叫绝者,壅之甚也,壅甚则并水道亦闭,是以其气横行于脐中,而小肠且为突出,至于外肾弛长,尤其剩事矣。吾以黄芩阿胶清肺之热,润肺之燥,治其源也,气行而壅自通,源清斯流清矣。缘病已极中之极,唯单味多用,可以下行取效,故立方甚平,而奏功甚捷耳。试以格物之学,为子广之,凡禽畜之类,有肺者有尿,无肺者无尿,故水道不利而成肿满,以清肺为急,此义前人阐发不到。后之以五苓、五皮、八正等方治水者,总之未悟此旨,至于车水放塘,种种劫夺膀胱之剂,则杀人之事矣,可不辨之于蚤欤。

【病案7】 李思萱乃室膈气危症治验。

李思萱室人有孕,冬日感寒,至春而发,初不觉也,连食鸡面鸡子,遂成夹食伤寒,一月才愈,又伤食物,吐泻交作,前后七十日,共反五次,遂成膈症,滴饮不入。延诊时,其脉上涌而乱,重按全无,呕哕连绵不绝,声细如虫鸣,久久方大呕一声。余曰:病者胃中全无水谷,已翻空向外,此不可救之症也。思萱必求良治,以免余憾,余筹划良久,因曰:万不得已,必多用人参,但才入胃中,即从肠出,有日费斗金,不勾西风一浪之譬,奈何,渠曰:尽在十日之内,尚可勉备。余曰:足矣,乃煎人参汤,调赤石脂末,以坠安其翻出之胃。病者气若稍回,少顷大便,气即脱去。凡三日服过人参五两,赤石脂末一斤,俱从大便泻出,得食仍呕,但不呕药耳,因思必以药之渣滓,如糈粥之类与服,方可望其少停胃中,顷之传下,又可望其少停肠中,于是以人参、陈橘皮二味,剪如芥子大,和粟米同煎作粥,与服半盏,不呕,良久又与半盏,如是再三日,始得胃舍稍安,但大肠之空,尚未填实。复以赤石脂末为丸,每用人参汤吞两许。如是再三日,大便亦稀,此三日参橘粥内,已加入陈仓米,每进一盏,日进十余次,人事遂大安矣。仍用四君子汤丸调理,通共享人参九两痊愈。然此亦因其胎尚未堕。有一线生气可续，故为此法以续其生耳，不然者用参虽多，安能回元气于无何有之乡哉。后生一子，小甚，缘母疾百日失荫之故。

2.《古今医案按》[5]案选

【病案8】 中风

丹溪治浦江郑君，年近六旬，奉养膏粱。仲夏久患滞下，又犯房劳，一夕如厕，忽然昏仆，撒手，遗尿，目上视，汗大出，喉如拽锯，呼吸甚微，其脉大而无伦次部位，可畏之甚此阴虚而阳暴绝也。急令煎人参膏，且与灸气海穴，艾壮如小指，至十八壮，右手能动，又三壮，唇微动。参膏成，与一盏，至半夜后，尽三盏，眼能动；尽二斤，方能言而索粥；尽五斤而利止，十数斤全安。震按此种病，今常有之，医所用参不过一二钱，至一二两而止，亦并不知有灸法，无效则诿之天命。岂能于数日间用参膏至十余斤者乎，然参膏至十余斤，办之亦难矣，唯能办者不可不知有此法。

【病案9】 伤寒

张景岳曰：余在燕都，治一王生。患阴虚伤寒，年出三旬，而舌黑之甚，其芒刺干裂，焦黑如炭，身热便结，大渴喜冷，而脉则无力，神则昏沉，群医谓阳证阴脉，必死无疑。余察其形气未脱，遂以甘温壮水等药，大剂进之以救其本，仍间用凉水以滋其标。盖水为天一之精，凉能解热，甘可助阴，非若苦寒伤气者之比。故于津液干燥，阴虚便结，而热渴火盛之证，亦所不忌，由是水药并进，前后凡用人参、熟地辈各一二斤，附子、肉桂各数两，冷水亦一二斗，然后诸证渐退，饮食渐进，神气俱复矣。

【病案10】 温热病

又治黄以宽，风温十余日，壮热神昏，语言难出，自利溏黑，舌苔黑燥，唇焦鼻煤，先前误用发散消导药数剂，烦渴弥甚。张石顽曰：此本伏气郁发，更遇于风，遂成风温，风温脉气本浮，以热邪久伏少阴，从火化，发出太阳，即是两感，变患最速。今幸年壮质强，已逾三日六日之期，证虽危殆，良由风药性升，鼓激周身元气，皆化为火，伤耗真阴。少阴之脉，不能内藏，所以反浮。考诸南阳先师，元无治法，而少阴例中，则有救热存阴，承气下之一证，可借此以迅扫久伏之邪。审其鼻息不鼾，知肾水之上源未绝，无虑其直视失溲也。时歙医胡晨敷在座，同议凉膈散加人中黄、生地黄。服后下溏粪三次，舌苔未润，烦渴不减，此杯水不能救车薪之火也，更与大剂凉膈，大黄加至二两。兼黄连、犀角、三下方能热除于是专用生津止渴，多服而愈。

【病案11】 温热病

张路玉治范振麟，大暑中，患厥冷自利，六脉弦细芤迟，按之欲绝，舌色淡白，中心黑润无苔，口鼻气息微冷，阳缩入腹，而精滑如冰，问其所起之由。因卧地昼寝受寒，是夜连走精二度，忽觉颅胀如山，坐起晕倒，便四肢厥逆，腹痛自利，胸中兀兀欲吐，口中喃喃妄言。与湿温之证不殊，医者误为停食感冒。与发散消导药，服后胸前头项汗出如漉，背上愈，加畏寒，而下体如冰，一日昏愦数次。此阴寒挟暑，入中手足少阴之候，缘肾中真阳虚极，所以不能发热，遂拟四逆加人参汤。用人参一两，熟附三钱。炮姜二钱，炙甘草二钱，昼夜兼进。三日中进六剂，决定第四日寅刻回阳，是日悉屏姜、附，改用保元，人参五钱，黄芪三钱，炙甘草二钱，加麦门冬二钱，五味子一钱，清肃膈上之虚阳，四剂，食进。改用生料六味加麦冬、五味，每服用熟地八钱，以救下焦将竭之水，使阴平阳秘，精神乃治。

【病案 12】 温热病

一人夏月远行劳倦，归感热证，下痢脓血，身如燔炙，舌黑而燥。夜多谵语。林北海视之曰：此阳明病也，不当作痢治，但脉已散乱，忽有忽无，状类虾游，殆不可治。其家固请用药，林曰，阳明热甚，当速解其毒，在古人亦必急下之以存真阴之气，然是证之源，由于劳倦，阳邪内灼，脉已无阴，若骤下之，则毒留而阴绝，死不治矣。勉与养阴，以冀万一，用熟地一两，生地、麦冬、归、芍、甘草、枸杞佐之。戒其家曰，汗至乃活。服后热不减，而谵语益狂悖，但血痢不下，身有微汗，略出即止，林诊之，则脉已接续分明，洪数鼓指。喜曰，今生矣，仍用前方，去生地加萸肉、丹皮、山药、枣仁。连服六帖，谵妄昏热不减，其家欲求更方，林执不可。又二日，诊其脉始敛而圆，乃用四顺清凉饮子加熟地一两，大黄五钱，下黑矢而诸证顿愈。越二日，忽复狂谵发热，喘急口渴，举家惶惑，谓今必死矣。林笑曰，岂忘吾言乎，得汗即活矣。此缘下后阴气已至，而无以鼓动之，则营卫不洽，汗无从生，不汗则虚邪不得外达，故内沸而复也，病从阳入，必从阳解，遂投白术一两，干姜三钱，甘草一钱，归、芍各三钱。尽剂，汗如注，酣卧至晓，病良已。

【病案 13】 泄泻

徽人江仲琏，冒寒发热，两项臃肿如升大，臂膊磊块无数，不食不便，狂躁发渴。诊其脉浮数无序，医作伤寒发毒治。高鼓峰曰：误矣，此燥逐风生也。用大剂疏肝益肾汤，熟地加至二两许，五剂而肿退便解，十剂而热除食进，再用补中益气汤加麦冬、五味，调理而愈。

缪仲淳曰：金坛庄敛之，素壮实，善啖。仲夏忽患泄泻，一应药粥菜蔬入喉，觉如针刺下咽即辣，因而满腹绞辣，随觉腹中有气，先从左升，次即右升，氤氲遍腹，即欲如厕，弹响大泄，肛门恍如火灼，一阵甫毕，一阵继之，更番转厕。超时方得离厕，所泻俱清水盈器，白脂上浮，药粥及菜蔬，俱不化而出。甚至梦中大遗，了不收摄。诸医或云停滞，或云受暑，或云中寒，百药杂投，竟如沃石。约月余，大肉尽脱，束手待毙。予往诊之，脉洪大且数，知其为火热所生病，用川黄连三钱，白芍五钱，茯苓、扁豆、石斛、车前各三钱，橘红二钱。炙甘草一钱，煎成，将井水澄冷，加童便一杯。药甫入喉，恍如饮薄荷汁，隐隐沁入心脾，腹中别成一清凉世界。遂卧达旦，洞泻顿止，连服三剂，大便已实。前泄时药粥等物，凡温者下咽。……而时师所投黄连，不过七八分至钱许止矣，况一月之泻，未有不疑为虚寒者，敢用黄连至四钱乎。始知察脉施治，贵在神而明之也。

【病案 14】 疟

丹溪治一妇人久痢，因哭子变疟，医与四兽饮之类，一日五六作，汗如雨不止，凡两月。朱诊之，脉微数，食少疲甚，盖痢后无阴，悲哀伤气，又进湿热之药，助起旺火，正气愈虚，今汗已大出，无邪可治，阴虚阳散，死在旦夕，岂小剂之所能补。遂用参、术各二两，白芍一两，黄芪五钱，炙甘草二钱，浓煎频服。两日，寒热即止而愈。

【病案 15】 疟

李士材治相国沈铭缜，患疟，吐蛔，闷不思食，六脉沉细。李曰：疟伤太阴，中寒蛔动也。用理中汤加乌梅三个，黄连五分。四剂后，胸中豁然，寒热亦减，蛔亦不吐，去黄连，加黄芪二钱，生姜五钱，五剂而疟止。

【病案16】 疟

中翰金淳还乃郎，八月间患疟，发于辰戌丑未，而子午卯酉每增小寒热，直至初夏。石顽诊其六脉如丝，面青唇白，乃与六君子加桂、附。四服不应，每服加人参至一两，桂、附各三钱，又四服而辰戌丑未之寒热顿止，子午卯酉之寒热更甚。此中土有权而邪并至阴也，仍与前药四服，而色荣，食进寒热悉除，后与独参汤送八味丸，调理而安。

【病案17】 厥

李士材治吴门周复庵，年近五旬，荒于酒色，忽然头痛发热。医以羌活汤散之，汗出不止，昏晕不苏。李灸关元十壮而醒，四君子加姜、桂，日服三剂。至三日少康。分析家产，劳而且怒，复发厥。李用好参一两，熟附二钱，煨姜十片煎服，稍醒，但一转侧即厥。一日之间，计厥七次，服参三两。至明日，以羊肉羹糯米粥与之，尚厥二三次。至五日而厥定。李曰：今虽痊，但元气虚极，非三载调摄，不能康也。两月之间，服参四斤；三年之内，进剂六百帖，丸药七十余斤，方得步履如初。

【病案18】 恶寒

一人形瘦色黑，素多酒不困，年半百，有别馆。一日大恶寒，发战，自言渴，却不饮，脉大而弱，右关稍实，略数，重取则涩。此酒热内郁，不得外泄，由表热而下虚也。黄芪二两，干葛一两。煎饮之，大汗而愈。

【病案19】 虚损

吴门张饮光发热干咳，呼吸喘急，服苏子降气。不应，服八味丸，喘益急。迎士材视之两颊俱赤，六脉数大，曰：此肺肝蕴热也。以逍遥散用牡丹皮一两、苡仁五钱、兰叶三钱连进二剂而喘顿止；以地黄丸料用麦冬、五味煎膏，及龟胶为丸。至十斤而康。

【病案20】 喑

一男子五十余岁，嗜酒，吐血后，不食，舌不能言，但渴饮水，脉略数。与归身、芍、地各一两，参、术二两，陈皮一两五钱，甘草二钱，入竹沥、童便、姜汁少许。二十余帖，能言若此三脉。风热中之，则其脉弛纵，故舌亦弛纵，不能转运而喑。风寒客之，则其脉缩急，故舌卷而喑，在中风半身不收求之也。

【病案21】 头痛

一人患头风，自颐下左右，有如两蚯蚓徐行入耳，复从耳左右分上顶，左过右，右过左，顶上起疙瘩两块，如猪腰然。前后脑如鼓声然，冷痛甚，须重绵帕裹包，疼甚四肢俱不为用。医效罔奏，后得一方。用四物各一钱，皂角刺一钱，萆薢四两，猪肉四两。水煎，去药渣，将汁同肉食之。服至二十剂，减十之三；四十剂，减十之六；百剂乃安。江氏曰：此非头风也，其人曾患霉疮，头块坟起，皆轻粉结毒，故萆薢为君、四物养血、皂刺为引。其毒深，故多服取效也。

【病案22】 崩漏

高鼓峰治一产后恶露不尽，至六七日，鲜血奔注，发热口渴，胁痛狂叫，饮食不进，用养血及清肝行血药，无一效。高诊其脉，洪大而数。乃曰：此恶露未尽，留泊血海，凡新化之血，皆迷失故道，不去蓄利瘀，则以妄为常，曷以御之。用醋制大黄一两，生地一两，桃仁泥五钱，干漆三钱，浓煎饮之。或曰：产后大虚，药毋过峻否。高曰：去者自去，生者自生，何虚之有，服后下黑血块数升。诸病如失，再用补中益气调理而痊。

3.《疫疹一得》[11]案选

【病案23】 昏愦呃逆治验。

右营守府费公名存孝者，年近七旬，癸丑四月，病疫已八日矣。诊其脉，细数无至；观其形色，如蒙垢，头汗如蒸，昏愦如痴，谵语无伦，身不大热，四肢振摇且冷，斑疹隐于皮内，紫而且赤，幸不紧束。此疫毒内伏，症亦危矣。如斑不透，毒无所泄，终成闷症，毙在十四日。查看前方，不外荆、防、升、葛。不知毒火壅遏之症不清，内热不降，斑终不出，徒肆发表，愈增其势，燔灼火焰，斑愈遏矣。予用大剂，石膏八两，犀角六钱，黄连五钱，加大青叶三钱，升麻五分。使毒火下降，领斑外透，此内化外解，浊降清升之法。次日，周身斑现，紫赤如锦，精神若明若昧，身亦大热，手足遂温，间有逆气上冲，仍照本方加生地一两，紫草三钱，调服四磨饮。其侄惧逆气上冲，予曰：无妨，服此即止。进门时，见又帖有堂号，因问曰：又延医乎？其侄曰：相好请来，但诊其脉，不服药耳。予曰：予治此症，前人未有，昨日敢服此方令叔活矣。然见者必以为怪，君其志之。后医者至，果见予方，大叱其非，曰：一身斑疹，不按古法，用如许寒凉水注，斑疹如何能透？急宜提表，似或可救，即用荆、防、升、葛，更加麻黄，连服二煎，及至半夜，呃逆连声，四肢逆冷，足凉过膝。举家惊惶，追悔莫及。守城而进，叩门求见，问其所以，曰：变矣。问服何方？曰：他方。予曰：既服他方，仍请他治之。其侄见予不往，权将四磨饮原方，连灌二煎，呃逆顿止，手足遂温。转恳予素契者，登门叩恳，予怜其以官为家，又系异乡人，仍按本方大剂调治，二十一日痊愈。计用石膏五斤四两，犀角五两二钱，黄连四两八钱。此癸丑四月间事也。

按 温疫斑疹者，火之为病也。盖火之为患甚广，木遇之则焚；土遇之则焦，金遇之则熔，水遇之则涸，故《易》曰："燥万物者，莫熯乎火。"李东垣言内伤，谓阴火为元气之贼，故无论外感内伤之火，皆有伤乎正气。就痘疹而言，火为疹之根，疹为火之苗，若欲苗以外透，非滋润其根，何能畅茂？若误以发表，势必播灼火焰，火得风势，其焰愈炽，其苗必萎，故疹因表散而失治者，时可见之。此案温疫发疹。徒肆发表，毒火壅遏，内热不降，反增其势，不但斑疹不出，反愈遏矣。余氏急以大剂抑阳扶阴，泻火清里之品内化外解以救误，见斑泄如锦，间有呃逆者，此肝胃之火上逆，肺气肃降失能也，故加生地、紫草，调服四磨以导气下行，此治其标也。后医者至，更弦易法，投以辛散，更以麻黄连服二煎，遂致疾病转剧，后仍以原方救误，力挽险证，病遂痊愈。

【病案24】 鼻血泉涌治验。

癸丑冬月，国子监司业五公名格者，二令媳病疫，恶寒发热，头痛呕吐。请一医者，用表散药，加藿香、半夏、苍术，其症反极。又延一人，用清凉之剂稍安，次日加石膏三钱，犀角八分，黄连五分，脉转沉伏，四肢逆冷，昏迷若昧，医者认为转阴。谢以不治。五公满服愁怀，徘徊庭院。夫人曰：数年前活我者谁乎？五公恍然大悟曰：非此人断乎不可，邀余述其所以。予诊其脉，验其症色，曰：此易事耳。五曰：明系热症，投凉药反剧，更有何术？予曰：治病犹用兵也，小固不可以敌大，弱固不可以敌强，病大药小，反增其势，予按法治之，管教十四日而愈。未几二令郎亦病，诊其脉，观其色，曰：令郎之症，受毒已深，较令媳更重。即按法治之，七、八日，种种变症难以枚举，好在二十一日。两服后，周身斑点紫赤相间，有紧有束，有松有浮。五公骇然曰：君言较前更重，何其验也。即用大剂，石膏八两,犀角六钱,黄连五钱,更加生地一两,紫草三钱,归尾二钱,大青叶三钱。一服三煎,更以四煎熬水,次日煎药。一方服至六帖,紧者松,束者浮,但鼻血泉涌,谵妄无伦。五惧去血过多。予曰:此热血妄行,毒犹因此而得发越,止之甚易。即照本方加棕炭三钱,桑皮三钱,羚羊角三钱,两服血止,去桑皮、棕炭、羚羊。又二服,胃气渐开,色转淡红,渐有退者,用石膏四两,犀角四钱,黄连三钱,去紫草、归尾,减生地五钱,大青叶钱半。又二服,斑全消,用生地三钱,犀角三钱,黄连二钱,石膏二两八钱。又二服,饮食大进,自颈至胸。复泛红砂,此余毒尽透也,用生地三钱,犀角二钱,黄连钱半,石膏一两六钱。又二帖,精神渐长,仍用生地三钱,犀角钱半,黄连八分,洋参一钱,麦冬三钱,归身钱半,石膏八钱,酸梅二个。又三服而安。五公喜而言曰:小儿之生,先生再造矣。予曰,前治令媳,乃救令郎耳!此症若初服生姜、半夏、苍术、藿香,断不能救。斑乃胃热之症,诸药大能燥胃,火上添油,尚望生乎?嗣后一家连治七人,俱是大险,在我治之无难,五亦服之若素。

【病案25】 目闭无声治验。

世袭骑都尉常公,系户部郎中观公名岱者,中表弟也。癸丑五月病疫。观公素精医术,调治半月,斑疹暗回,而诸症反剧,已备后事。乃弟因一息尚在,复邀予治。诊其脉,若有若无;观其色,目闭无声,四肢逆冷,大便旁流清水。予谢以不治。阖家拜恳,但求开方,死而无怨。予见嘴唇微肿,紫而且黑,知内有伏毒,非不可救。热乘于心肺,故昏闷无声;乘于肝,故目闭;乘于脾,故四肢逆冷;乘于大肠,故旁流清水。查看前方,亦是清热化斑等剂。观公素性谨慎,药虽不错,只治其焰,未拔其根,当此危急之秋,再一探视,死在三七。予按本方,用犀角八钱,黄连六钱,加滑石一两,木通三钱,猪苓、泽泻各二钱,桑皮三钱,瓜蒌霜三钱,另用石膏一斤,竹叶一两,熬水煎药。连进三煎,次日脉起细数,手足遂温,旁流亦减,小水亦通,目开而声出矣。仍用本方去滑石、木通、猪苓、泽泻、桑皮、瓜蒌。又一服,以后逐日减用,七日而痊。观公登门道谢曰:舍表弟之症,一百死一百,一千死一千,君能生之,敢不心悦而诚服。

【病案26】 产后病

许竹溪室人,产后数日,发热自汗,面赤头痛,恶食不眠,恶露虽极少而淡,腹时胀痛,脉则洪大而数。曰:"此血虚也。腹胀面赤,其势欲崩,宜峻补。"或问故?曰:"面赤者,阳上越也。腹胀者,阴下陷也。阳上飞则阴下走,势所必然。"以熟地一两,杞子、枣仁各五钱,一剂。次日小腹之右,忽有一块如磐且硬,按之痛甚,于是疑为误补,欲更张。幸患者素服予药,姑再延。曰:"其块骤起即大如轸,虽瘀滞亦无如是之甚也。此正肝脾失血,燥而怒张,得补犹然,否则厥而崩矣。今脉大渐敛,面赤渐退,非药之误,乃药之轻也。"令前方加倍,再入炒白芍五钱,炙甘草一钱。一服,块渐平;再服,块如失。前方减半,数剂,诸证全安。此证若作瘀治,断无幸矣[12]。

评析　这则医案充分反映出方药临床用量的重要性。始而用熟地一两(37.5g),枸杞、枣仁各五钱(18.8g),结果患者服药1剂以后,不仅症状没有得到减轻,反而于次日忽然在右侧少腹部出现一个硬包块,按之痛甚。一般水平的医生便怀疑是误用了补药,可能考虑改换治疗方法。但本案主治医生判断腹部出现的硬块是由于"肝脾失血,燥而怒张",补药无误。他观察到有二点细微的改善:脉大渐敛,面色渐退,也就是说患者在服了1剂药以后,脉象已经不如此前洪大而数,面色也不如此前赤红。于是他判断"非药之误,乃药之轻”，药没有用错，只是药量过于轻小了。于是仍守前方，把药量加大一倍，则熟地二两(75g)，枸杞、枣仁各一两(37.5g)，另外再加白芍五钱(18.8g)、炙甘草一钱(3.8g)。事实证明魏之琇的判断是正确的，加大药物用量以后，仅服一次药，包块就变平了。服了第二服药以后，包块就完全消失。由于病症大减，正气明显恢复，魏之琇遂将药量减半。数剂，诸症全安。本案充分体现了魏之琇在临床上对药物用量的控制高超水平，或增量，或减量，都依据具体的病情做决定。

三、近现代医案赏

1.《医学衷中参西录》[13]案选

既济汤案

治大病后阴阳不相维系。阳欲上脱，或喘逆，或自汗，或目睛上窜，或心中摇摇如悬旌；阴欲下脱，或失精，或小便不禁，或大便滑泻。一切阴阳两虚，上热下凉之证。

处方　大熟地(一两)　萸肉(去净核，一两)　生山药(六钱)　生龙骨(捣细，六钱)

【病案27】　一人，年二十余，禀资素羸弱，又耽烟色，于秋初患疟，两旬始愈。一日大便滑泻数次，头面汗出如洗，精神颓愦，昏昏似睡。其脉上盛下虚，两寸摇摇，两尺欲无，数至七至。延医二人皆不疏方。愚后至为拟此汤，一剂而醒，又服两剂遂复初。

【病案28】　友人张寿田，曾治一少年，素患心疼，发时昼夜号呼。医者屡投以消通之药，致大便滑泻，虚气连连下泄，汗出如洗，目睛上泛，心神惊悸，周身动，须人手按，而心疼如故。延医数人皆不敢疏方。张寿田投以此汤，将方中萸肉倍作二两，连服两剂，诸病皆愈，心疼竟从此除根。

来复汤案

治寒温外感诸证，大病瘥后不能自复，寒热往来，虚汗淋漓；或但热不寒，汗出而热解，须臾又热又汗，目睛上窜，势危欲脱；或喘逆，或怔忡，或气虚不足以息，诸证若见一端，即宜急服。

处方　萸肉(去净核，二两)　生龙骨(捣细，一两)　生牡蛎(捣细，一两)　生杭芍(六钱)　野台参(四钱)　甘草(二钱，蜜炙)

【病案29】　一人，年二十余，于孟冬得伤寒证，调治十余日，表里皆解。忽遍身发热，顿饭顷，汗出淋漓，热顿解，须臾又热又汗。若是两昼夜，势近垂危，仓促迎愚延医。及至，见汗出浑身如洗，目上窜不露黑睛，左脉微细模糊，按之即无，此肝胆虚极，而元气欲脱也，盖肝胆虚者，其病象为寒热往来，此证之忽热忽汗，亦即寒热往来之意。急用净萸肉二两煎服，热与汗均愈其半，遂为拟此方，服两剂而病若失。

解毒生化丹案

治痢久郁热生毒，肠中腐烂，时时切疼，后重，所下多似烂炙，且有腐败之臭。

处方　金银花(一两)　生杭芍(六钱)　粉甘草(三钱)　三七(二钱捣细)　鸭蛋子(60粒，去皮拣成实者)

上药五味，先将三七、鸭蛋子，用白砂糖化水送服。次将余药煎汤服。病重者，一日须服两剂始能见效。

【病案30】 一人，年五十二，因大怒之后，中有郁热，又寝于冷屋之中，内热为外寒所束，愈郁而不散，大便下血。延医调治，医者因其得于寒凉屋中，谓系脾寒下陷，投以参、温补之药，又加升麻提之。服药两剂，病益增重，腹中切疼，常常后重，所便之物，多如烂炙。更延他医，又以为下元虚寒，而投以八味地黄丸，作汤服之，病益加重。后愚诊视，其脉数而有力，两尺愈甚。确知其毒热郁于肠中，以致肠中腐烂也。为拟此方，两剂而愈。

【病案31】 一妇人，年五十许，素吸鸦片。又当恼怒之余，初患赤痢，滞下无度。因治疗失宜，渐至血液腐败，间如烂炙，恶心懒食，少腹切疼。其脉洪数，纯是热象。亦治以此汤，加知母、白头翁各四钱，煎汤服。又另取鸭蛋子六十粒、三七二钱，送服。每日如此服药两次，三日痊愈。

天水涤肠汤案

治久痢不愈，肠中浸至腐烂，时时切疼，身体因病久羸弱者。

处方　生山药(一两)　滑石(一两)　生杭芍(六钱)　潞党参(三钱)　白头翁(三钱)　粉甘草(二钱)

【病案32】 一媪，年六十一岁，于中秋痢下赤白，服药旋愈，旋又反复。如此数次，迁延两月。因少腹切疼，自疑寒凉，烧砖熨之。初熨时稍觉轻，以为对证。遂日日熨之，而腹中之疼益甚。昼夜呻吟，噤口不食。所下者痢与血水相杂，且系腐败之色。其脉至数略数，虽非洪实有力，实无寒凉之象。舌上生苔，黄而且浓。病患自谓下焦凉甚，若用热药温之疼当愈。愚曰：前此少腹切疼者，肠中欲腐烂也，今为热砖所熨而腹疼益甚，败血淋漓，则肠中真腐烂矣。再投以热药，危可翘足而待。病患亦似会悟，为制此方。因河间天水散(即六一散)，原为治热痢之妙药，此方中重用滑石、甘草，故名之天水涤肠汤。连服四剂，疼止，痢亦见愈。减去滑石四钱，加赤石脂四钱，再服数剂，病愈十之八九。因上焦气微不顺，俾用鲜藕四两，切细丝煎汤，频频饮之，数日而愈。

通变白虎加人参汤案

治下痢，或赤、或白、或赤白参半，下重腹疼，周身发热，服凉药而热不休，脉象确有实热者。

处方　生石膏(二两，捣细)　生杭芍(八钱)　生山药(六钱)　人参(五钱；用野党参按此分量，若辽东真野参宜减半，至高丽参则断不可用)　甘草(二钱)

上五味，用水四盅，煎取清汤两盅，分两次温饮之。

【病案33】 一叟，年六十七，于中秋得痢证，医治二十余日不效。后愚诊视，其痢赤白胶滞，下行时，觉肠中热而且干，小便亦觉发热，腹痛下坠并迫。其脊骨尽处，亦下坠作痛。且时作眩晕，其脉洪长有力，舌有白苔甚浓。愚曰：此外感之热挟痢毒之热下迫，故现种种病状，非治痢兼治外感不可。遂投以此汤，两剂，诸病皆愈。其脉犹有余热，拟再用石膏清之，病家疑年高，石膏不可屡服，愚亦应征他往。后二十余日，痢复作。延他医治疗，于治痢药中，杂以甘寒濡润之品，致外感之余热，永留肠胃不去，其痢虽愈，而屡次反复。延至明年仲夏，反复甚剧。复延愚延医，其脉象、病证皆如旧。因谓之曰，去岁若肯多服石膏数两，何至有以后屡次反复，今不可再留邪矣。仍投以此汤，连服三剂，病愈而脉亦安和。

赭遂攻结汤案

治宿食结于肠间，不能下行，大便多日不通。其证或因饮食过度，或因恣食生冷，或因寒火凝结，或因呕吐既久，胃气冲气，皆上逆不下降。

处方　生赭石（二两，轧细）　朴硝（五钱）　干姜（二钱）　甘遂（一钱半，轧细药汁送服）

热多者，去干姜。寒多者，酌加干姜数钱。呕多者，可先用赭石一两、干姜半钱煎服，以止其呕吐。呕吐止后，再按原方煎汤，送甘遂末服之。

【病案34】 乙卯之岁，客居广平，忽有车载病患，造寓求诊者。其人年过五旬，呻吟不止，言自觉食物结于下脘，甚是痛楚，数次延医调治，一剂中大黄用至两半不下。且凡所服之药，觉行至所结之处，即上逆吐出，饮食亦然。此时上焦甚觉烦躁，大便不通者已旬日矣。诊其脉，虽微弱，至数不数，重按有根。知犹可任攻下，因谓之曰：此病易治，特所服药中，有猛悍之品，服药时，必吾亲自监视方妥。然亦无须久淹，结处即通下矣。遂用此汤去干姜，方中赭石改用三两，朴硝改用八钱。服后须臾，腹中作响，迟两点半钟，大便通下而愈。后月余，又患结证如前，仍用前方而愈。

镇逆白虎汤

治伤寒、温病邪传胃腑，燥渴身热，白虎证俱。其人胃气上逆，心下满闷者。

处方　生石膏（三两，捣细）　知母（两半）　清半夏（八钱）　竹茹粉（六钱）

用水五盅，煎汁三盅，先温服一盅。病已愈者，停后服。若未痊愈者，过两点钟，再温服一盅。

【病案35】 一妇人，年三十余，得温证。始则呕吐，五六日间，心下满闷，热而且渴。脉洪滑有力，舌苔黄浓。闻其未病之先，曾有郁怒未伸，因得斯证，俗名夹恼伤寒。然时当春杪，一得即不恶寒，乃温病，非伤寒也。为疏此方，有一医者在座，疑而问曰：此证因胃气上逆作胀满，始将白虎汤方，另为更定。何以方中不用开通气分之药，若承气汤之用浓朴、枳实，而唯用半夏、竹茹乎？答曰：白虎汤用意，与承气迥异。盖承气汤，乃导邪下行之药，白虎汤乃托邪外出之药。故服白虎汤后，多有得汗而解者。间有服后未即得汗，而大热既消，其饮食之时，恒得微汗，余热亦由此尽解。若因气逆胀满，恣用破气之药，伤其气分，不能托邪外出，将邪陷愈深，胀满转不能消，或更增剧。试观《伤寒论》多有因误下伤其气分，成结胸，成心下痞硬证，不可不知也。再试观诸泻心，不轻用破气之品，却有半夏泻心汤。又仲景治“伤寒解后，气逆欲呕”有竹叶石膏汤，半夏与石膏并用；治“妇人乳、中虚、烦乱、呕逆”有竹皮大丸，竹茹与石膏并用，是半夏、竹茹善降逆气可知也。今师二方之意，用之以易白虎汤中之甘草、粳米，降逆气而不伤正气，服后仍可托邪外出，由汗而解，而胀满之证，亦即消解无余。此方愚用之屡矣，未有不随手奏效者。医者闻言省悟，听愚用药，服后，病患自觉胀满之处，如以手推排下行，病亦遂愈。

荡胸汤

治寒温结胸，其证胸膈痰饮，与外感之邪互相凝结，上塞咽喉，下滞胃口，呼吸不利，满闷短气，饮水不能下行，或转吐出。兼治疫证结胸。

处方　蒌仁(二两,新炒者捣)　生赭石(二两,研细)　苏子(六钱,炒捣)　芒硝(四钱,冲服)

用水四盅,煎取清汁两盅,先温服一盅。

【病案 36】　一媪,年六十余。当孟夏晨饭之际,忽闻乡邻有斗者,出视之,见强者凌弱太甚,心甚不平;又兼饭后有汗受风,遂得温证。表里俱热,胃口堵塞,腹中疼痛,饮水须臾仍吐出。七八日间,大便不通。其脉细数,按之略实。自言心中燥渴,饮水又不能受,从前服药止吐,其药亦皆吐出。若果能令饮水不吐,病犹可望愈。愚曰:易耳。为开此汤,加生石膏二两、野台参五钱,煎汤一大碗,分三次温饮下。晚间服药,翌晨大便得通而愈。当大便未通时,曾俾用山萸肉(去净核)二两煎汤,以备下后心中怔忡及虚脱,及大便通后,微觉怔忡,服之即安。

【病案 37】　一室女得温病。两三日间,痰涎郁塞,胸膈满闷异常,频频咳吐,黏若胶漆,且有喘促之意,饮水停滞胃口,间或吐出,其脉浮滑。问之微觉头疼,知其表证犹未罢也。遂师河间双解散之意,于荡胸汤中加连翘、蝉蜕各三钱。服后微汗,大便得通而愈。

镇逆承气汤

治寒温阳明府实,大便燥结,当用承气下之,而呕吐不能受药者。

处方　芒硝(六钱)　赭石(二两,研细)　生石膏(二两,捣细)　潞党参(五钱)

上药四味,用水四盅,先煎后三味,汤将成,再加芒硝,煎一两沸。取清汁二盅,先温服一盅。过三点钟,若腹中不觉转动,欲大便者,再温服余一盅。

【病案 38】　一邻妇,年二十余。得温病已过十日,上焦燥热,呕吐,大便燥结,自病后未行。延医数次服药皆吐出。适愚自他处归,诊其脉,关前甚洪实,一息五至余,其脉上盛于下一倍,所以作呕吐。其至数数者,吐久伤津液也。为拟此汤,一剂热退呕止,大便得通而愈。或问:此证胃腑热实大肠燥结,方中何以复用党参?答曰:此证多有呕吐甚剧,并水浆不能存者,又有初病即呕吐,十数日不止者,其胃气与胃中津液,必因呕吐而大有伤损,故用党参补助胃中元气,且与凉润之石膏并用,大能滋胃中津液,俾胃中气足液生,自能运转药力下至魄门以通大便也。愚用此方救人多矣,果遇此等证,放胆投之,无不效者。

【病案 39】　一人,年四十许。二便不通,呕吐甚剧,不受饮食。请人询方。疑系外感之热所致,问其心中发热否?言来时未尝言及。遂为约略疏方,以赭石二两以止其呕吐,生杭芍一两以通小便,芒硝三钱以通大便。隔日,其人复来,言服后呕吐即止,二便亦通,此时心中发热且渴如故。既曰如故,是其从前原有热渴之病,阳明之腑证已实,特其初次遣人未尝详言也。投以大剂白虎加人参汤,一剂而愈。

镇肝息风汤

治内中风证(亦名类中风,即西医所谓脑出血证),其脉弦长有力(即西医血压过高),或上盛下虚,头目时常眩晕,或脑中时常作疼发热,或目胀耳鸣,或心中烦热,或时常噫气,或肢体渐觉不利,或口眼渐形歪斜,或面色如醉,甚或眩晕,至于颠仆,昏不知人,移时始醒,或醒后不能撤销,精神短少,或肢体痿废,或成偏枯。

处方　怀牛膝(一两)　生赭石(一两,轧细)　生龙骨(五钱,捣碎)　生牡蛎(五钱,捣碎） 生龟板（五钱，捣碎） 生杭芍（五钱） 玄参（五钱） 天冬（五钱） 川楝子（二钱，捣碎） 生麦芽（二钱） 茵陈（二钱） 甘草（钱半）

心中热甚者，加生石膏一两。痰多者，加胆星二钱。尺脉重按虚者，加熟地黄八钱、净萸肉五钱。大便不实者，去龟板、赭石，加赤石脂（喻嘉言谓石脂可代赭石）一两。

【病案40】 刘铁珊丁卯来津后，其脑中常觉发热，时或眩晕，心中烦躁不宁，脉象弦长有力，左右皆然，知系脑充血证。盖其愤激填胸，焦思积虑者已久，是以有斯证也。为其脑中觉热，俾用绿豆实于囊中作枕，为外治之法。又治以镇肝息风汤，于方中加地黄一两，连服数剂，脑中已不觉热。遂去川楝子，又将生地黄改用六钱，服过旬日，脉象和平，心中亦不烦躁，遂将药停服。又：天津于氏所娶新妇，过门旬余，忽然头疼。医者疑其受风，投以发表之剂，其疼陡剧，号呼不止。延愚为之诊视。其脉弦硬而长，左部尤甚。知其肝胆之火上冲过甚也。遂投以镇肝息风汤，加龙胆草三钱，以泻其肝胆之火。一剂病愈强半，又服2剂，头已不疼，而脉象仍然有力。遂去龙胆草，加生地黄六钱，又服数剂，脉象如常，遂将药停服。

固冲汤

治妇女血崩

处方 白术（一两，炒） 生黄芪（六钱） 龙骨（八钱，捣细） 牡蛎（八钱，捣细） 萸肉（八钱，去净核） 生杭芍（四钱） 海螵蛸（四钱，捣细） 茜草（三钱） 棕边炭（二钱） 五倍子（五分，轧细药汁送服）

脉象热者加大生地一两；凉者加乌附子二钱；大怒之后，因肝气冲激血崩者，加柴胡二钱。若服两剂不愈，去棕边炭，加真阿胶五钱，另炖同服。服药觉热者宜酌加生地。

【病案41】 一妇人，年三十余。陡然下血，两日不止。及愚诊视，已昏愦不语，周身皆凉，其脉微弱而迟。知其气血将脱，而元阳亦脱也。遂急用此汤，去白芍，加野台参八钱、乌附子三钱。一剂血止，周身皆热，精神亦复。仍将白芍加入，再服一剂，以善其后。子某曾治一妇人，年四十许。骤得下血证甚剧，半日之间，即气息奄奄，不省人事。其脉右寸关微见，如水上浮麻，不分至数，左部脉皆不见。急用生黄一两，大火煎数沸灌之，六部脉皆出。然微细异常，血仍不止。观其形状，呼气不能外出，又时有欲大便之意，知其为大气下陷也。遂为开固冲汤方，将方中黄芪改用一两。早十一点钟，将药服下，至晚三点钟，即愈如平时。

和血息风汤

治产后受风发搐。

处方 当归（一两） 生黄（六钱） 真阿胶（四钱，不炒） 防风（三钱） 荆芥（三钱） 川芎（三钱） 生杭芍（二钱） 红花（一钱） 生桃仁（钱半，带皮尖捣）

此方虽治产后受风，而实以补助气血为主。盖补正气，即所以逐邪气，而血活者，风又自去也（血活风自去方书成语）。

【病案42】 一妇人，产后七八日发搐，服发汗之药数剂不效。询方于愚，因思其屡次发汗不效，似不宜再发其汗，以伤其津液。遂单用阿胶一两，水融化，服之而愈。

【病案43】 一妇人，产后十余日，周身汗出不止，且发搐。治以山萸肉（去净核）、生山药各一两，煎服两剂，汗止而搐亦愈。

【病案44】　东海渔家妇，产后三日，身冷无汗，发搐甚剧。时愚游海滨，其家人造寓求方。其地隔药局甚远，而海滨多产麻黄，可以采取。遂俾取麻黄一握，同鱼鳔胶一具，煎汤一大碗，乘热饮之，得汗而愈。用鱼鳔胶者，亦防其下血过多，因阴虚而发搐，且以其物为渔家所固有也。

【病案45】　一妇人，产后发汗过多，复被三层皆湿透，因致心中怔忡，精神恍惚，时觉身飘飘上至屋顶，此虚极将脱，而神魂飞越也。延愚诊视，见其汗出犹不止，六脉皆虚浮，按之即无。急用生山药、净萸肉各一两，生杭芍四钱，煎服。汗止精神亦定。翌日药力歇，又病而反复。时愚已旋里，病家复持方来询，为添龙骨、牡蛎（皆不用）各八钱，且嘱其服药数剂，其病必愈。孰意药坊中，竟谓方中药性过凉，产后断不宜用，且言此证系产风，彼有治产后风成方，屡试屡验，怂恿病家用之。病家竟误用其方，汗出不止而脱。夫其证原属过汗所致，而再以治产后风发表之药，何异鸩毒。斯可为发汗不审虚实者之炯戒矣。

【病案46】　妊娠呕吐案

某妇。

症诊：月信不见五十日。五六日间连连呕吐，勺水不存，大便不行，自觉下脘疼结，药入亦吐。脉滑，上盛下虚，怀妊。

证治：结证不开，危在目前。《内经》谓："有故无殒，亦无殒也"，治以开结通便。

处方：赭石二两。

煎汤饮下，觉药力至结处不能下行，复返而吐出。

又方：赭石三两，煎汤，调赭石细末一两，服下。

其结遂开，大便亦通，自此安然无恙，至期方产。[1]

按　本案药简力专，单用一味赭石，重镇降逆，和胃止呕。不过本案患者非普通患者，乃一怀妊2个月的孕妇。张锡纯首诊用代赭石二两。张锡纯生活于1860～1933年。1928年，民国改革度量衡制度，采用万国公制，确定1斤之重为500g，仍用十六两制，其一两合今约31.5g。所以，本案一两的量值或为37.5g，或为31.5g，二者皆有可能。张锡纯首诊用代赭石二两，重约63～75g，效果不佳。从随后的治疗结果来看，二两代赭石，用量是不够的。但对于妊妇，谨慎用药是应该遵行的原则。首诊处方剂量用二两，也有试探身体反应性与耐受性的目的。在用二两无效，也没有发生任何不良反应的情况下，张锡纯于二诊将代赭石用量增至三两（112.5g），而且另外还调服一两（37.5g）代赭石细末。孕妇服药以后，"其结遂开，大便亦通，自此安然无恙"。《本草蒙筌》言"孕妇忌服"，所以孕妇服代赭石有一定风险。不过，正如《内经》所言"有故无殒，亦无殒"的道理，有病则病受之，孕妇在胃气上逆、肠道结实的情况下服代赭石，对孕妇本人和胎儿不会产生损害。

笔者读吴鞠通、张锡纯等名家医案，见他们在辨证无误、病重药轻的情况下，需要增加药量时，往往一两、二两地增加。吴鞠通时代的权衡，一两合今约37.5g。唯有如此大幅度的增减，才会产生明显的量效变化。像今日临床医生，3～5g的增量或减量，是否能够带来身体反应上的变化，需要我们认真思考和观察。

2.《古今救误》[8]案选

【病案47】 子痫前驱目血案。

患者管某,女,30岁。症状:孕近十月,忽然足甲剧痛,同时两目流血,头痛。医以外感施治,头痛更甚,目血更多,呕吐大汗,神迷肢掣,目吊口噤,脉虚弦劲急。舌淡,苔薄。辨证:阴虚火炽,肝风内动,属子疯前驱证。法用:养阴濡液,平息肝风。

处方 犀角尖0.9g(磨冲) 细生地、熟枣仁、旱莲草、女贞子各24g 阿胶珠、钩藤、滁菊、天冬各9g 沙参12g 仙鹤草60g

服上方3剂后,复诊。肢掣渐平,目血已止,神志渐洁。仍感胃气上逆,咽干,头痛,失眠。系大病后亏损未复,余波未静,再予和胃、养阴、安神之剂。沙参、茯神、玉竹、石解、麦芽、生白芍各9g,白术、藿香各6g,女贞子、旱莲草各24g;连服4剂,全证获愈。届期分娩,母子平安。

按 本证虽见双目出血,实非血证,而是子痫前驱之兼见证两患者肝肾阴成,临盆期近,子在母腹,阴虚火炽,经脉空疏、精不养神,气不养筋,肝风内动,此即子痫发动之源。肝开窍于目,足厥阴属肝,足甲属肾,肝肾阴虚火识,亦即目出血,足甲痛致病之根。证虽少见,但与妇女经不下行,反从鼻腔、乳头、眼中流血者,其理正同。

【病案48】 胞衣不下案。

一妇半产,胎衣不下,连服行血催衣之剂,点血不行,胸痛瞀乱。黎曰:“此脾失职也。”先与黄芪、当归各30g。下咽,瞀乱顿减。随用大剂参、术、归、芍、甘等药,一服而恶露渐至。众皆惊曰:“恶露不行,胞衣不下,女科书中并无参、芪之方,君独以补奏功何耶?”黎曰:“君等忧血之不下,吾正忧血不止,故相反耳。盖此病本气血大亏而致半产,脾失统血之职,水淹土崩,冲决将至,故生瞀乱。不为之修筑,而反加穿凿,是虚虚也,乌可乎!”曰:“今从子法,遂得免乎?”曰“不能也。穿凿过当,所决之水已离故道,狂澜壅积,势无所归,故必崩。急服吾药,第可固其堤岸,使不致荡没耳。”至第三日,诊尺内动甚,甚夜子时以前必崩。用补中益气加参、芪各60g,嘱以血至即服。至黄昏果发如黎言,得无恙。次用调补脾肾而。

按 此案半产之妇,气血大亏,脾气已衰,无力运行胞衣外出,故见胞衣不下。前医失察,叠进行血催衣之剂,而犯虚虚之戒。正虚之体,连服攻剂,势必导致正气更虚,不但胞衣不下,反致胸痛瞀乱。黎氏急以黄芪、当归救误,瞀乱顿减,虽女科书无参芪之方,但有是证则有是药也,继以大剂补中益气之属,而恶露渐至,其用药之妙,使众皆惊赞叹。本案深究病机,精通脉理,预测病势,别具卓识,非对妇科深有精研者所不能。

【病案49】 伤风恶阻案。

吴女,年19岁。病伤风兼恶阻,缘由体弱多痰,腊月行经。后感冒风寒,咳嗽发热,因食贝母蒸梨,以致寒痰凝结胸中。延医调治,投以滋阴降痰之品。复患呕吐,饮食下咽,顷刻倾出。更换多方,暂止复吐。群医束手无策,而病者辗转床褥,已越三月,骨瘦皮黄,奄奄一息。其友人肖氏力荐余治,吴君乃延余往。定候:呕吐不止,饮食罕进,咯痰稀白,大便干燥。细按脉象,滑数有力,此孕脉也。何以有此久病?盖因受孕不知,旋因伤风咳嗽,以为贝母蒸梨可以治咳,不知适以凝痰。而医者不查脉情,泛用治痰通用之轻剂以治之，痰不下而气反上逆，遂成呕吐。所幸腹中有孕，虽呕吐数月，尚无大碍，否则殆矣。疗法：用大半夏汤，先治其标以止呕，盖非半夏不能降胃气之逆，非人参不能补中气之虚，非白蜜不能润大肠之燥。开方后，吴曰："孕有征乎？"余曰："安得无征？征之于脉，脉象显然，征之于病，若非有孕，君见有呕吐数月少纳饮食而不毙者乎？"吴固知医，见余执方不疑，欣然曰："君可得此中三味，余亦爱岐黄，略识一二，曩亦曾拟用半夏汤，群医非之而止。"乃急以药进，至夜呕止酣睡。次日吴见余曰："非君独见，吾女几殆"。乃立保胎和气之方，以善其后。

处方　仙半夏90g　白蜜90g　人参45g　河水扬240遍

煎服。

又方安胎：

净归身9g　抚川芎2.4g　高丽参9g　漂於术6g　酒条芩4.5g　真阿胶9g　大熟地6g　法半夏4.5g　蜜甘草5g　墨鱼30g(熬水，去鱼)为引

水煎服。

初方服1剂量，呕吐即止，便亦略润，并无痰嗽，乃服次方4剂而胎安。嘱用饮食调养，而体健生子。

按　此案幸患者中气尚实，急以大半夏汤救误，降逆润燥，和胃补虚，故1剂呕止便润，再以安胎调理。诸证悉除，体健生子。案中半夏用至90g，且又为孕妇禁忌，而量之大却毫无顾忌者何也？《内经》云："有故无殒亦无殒也。"

【病案50】　燥咳案。

病者陈某，男性，年近四旬，身体强盛，患燥咳。现因时值秋燥司令，先房事，后宴会，酒罢当风而卧，醒则发咳。现症为干咳无痰，胸膺极闷，胃脘拒按，口干喜冷，日晡发热，夜不安寐。诊断：六脉强直有力，舌苔黄燥，合病因脉象断之，乃肺燥胃实也。先以清燥豁痰药投之，不应。继以消导豁痰药治之，转剧。此由时值燥令，胃肠积热化燥，燥火横行，宜其无济也。治疗：大承气汤和调胃法，君以苦寒荡积之大黄，佐以咸寒润燥之芒硝，以苦辛开泄之厚朴，少加甘草以缓硝黄之峻为使。

处方　川锦纹30g(酒洗)　川卷朴9g　炒枳实9g　玄明粉9g　生甘草4.5g

上药先煎，后纳玄明粉，候玄明粉溶化，去滓顿服。效果：服1剂，下燥屎数十枚，其病霍然。改用清燥救肺汤2剂，以善其后。

按　石寿棠《医原·百病提纲论》云："燥邪大肠，多有结粪，必咸以软之，润以通之。"三一承气汤苦温平燥，咸苦达下，直攻胃肠燥屎，故一击而中，下窍既通，上窍自开也，继以清燥救肺，用药先重后轻，善后而愈。

3.《吴佩衡医案》[15]

【病案51】　阴证误下救逆案。

昔诊一男，20余岁，系一孀妇之独子，体质素弱。始因腹痛便秘而发热，医者诊为瘀热内滞，误以桃核承气汤下之，便未通而病情反重，出现发狂奔走，言语错乱。延余诊视，脉沉迟无力，舌红津枯但不渴，微喜热饮而不多，气息喘促而短，有欲脱之势。据此诊为阴证误下，逼阳暴脱之证。遂以大剂回阳饮(四逆汤加肉桂)：

附片 130g 干姜 50g 上肉桂 13g(研末,泡水兑服) 甘草 10g

服后,当天夜晚则鼻孔流血,大便亦下黑血。次日复诊则见脉微神衰,嗜卧懒言,神识已转清。其所以鼻衄及下黑血者,非服温热药所致,实由桃核承气汤误下后,致血脱成疾,今得上方温运气血,既已离败坏之血,不能再行为经,遂上行而下注。嘱照原方再服 1 剂。服后,衄血便血均未再出,口微燥,此系阳气已回,营阴尚虚,继以四逆汤加人参,连进 4 剂而愈。方中加人参者,取其益气生津,养阴以配阳也。

按 此案为阴结便秘误下逼阳暴脱之证。故吴氏投以大剂回阳饮救失,力挽险证,一剂知,2 剂证见转机。随即乘势改服四逆汤加人参,益气生津,养阴以配阳,四剂而愈。本案附片、干姜、肉桂之用量大于常用剂量,诚吴氏辨证精当、胆识俱举之例证。

【病案 52】 瘟疫病热深厥深阳极似阴证。

患者马某,男,30 岁,成都人,住四川省会理县北街。1920 年 3 月患瘟疫病已七八日,延余诊视,见其张目仰卧,烦躁谵语,头汗如洗,问其所苦不能答,脉象沉伏欲绝,四肢厥逆,遍身肤冷。唇焦齿枯,舌干苔黑,起刺如铁钉,口臭气粗。以手试之,则口气蒸手。小便短赤点滴,大便燥结已数日未通,查其前服之方,系以羌活、紫苏、荆芥、薄荷、山楂、神曲、枳实、厚朴、栀子、黄连、升麻、麻黄及葛根等药连进 4 剂,辛散发表过甚,真阴被劫,疫邪内壅与阳明燥气相合,复感少阴君火,热化太过,逼其真阴外越,遂成此热深厥深阳极似阴之证,苟不急为扑灭,待至真阴灼尽,必殆无救,拟下方治之。

处方 大黄 26g(泡水兑入) 生石膏 30g 枳实 15g 厚朴 15g 芒硝 10g 知母 12g 生地 60g 黄连 10g

服 1 剂,病情如故。服 2 剂后大便始通,脉息沉而虚数,但仍神识朦胧,问不能答。照方再服 2 剂,连下恶臭酱黑粪,臭不可当,其后口津略生。又照原方再服 2 剂,大便始渐转黄而溏,舌钉渐软,唯舌中部黑苔钉刺尚硬,唇齿稍润,略识人事,始知其证索饮而渴。进食稀粥少许,照前方去枳实、厚朴,加天冬、麦冬各 15g,沙参 20g,生地 12g,甘草 6g,将大黄分量减半。连进 4 剂后,人事清醒,津液回生,苔皮渐退而唇舌已润,唯仍喜冷饮。继以生脉散加味:

人参 15g 寸冬 15g 当归 10g 生地 15g 杭芍 15g 五味子 3g 生石膏 10g 黄连 5g 甘草 6g

连服 3 剂而愈。

按 阳明急下之证,患者已严重昏愦不省人事,不能询及渴饮与否,如证见壮热面赤,口气蒸手,唇舌焦燥,鼻如烟熏等则实热证情已具,即当急下,切勿迟疑,以免贻误病机,证变难挽。

参考文献

[1] 罗天盖. 卫生宝鉴. 北京:中国中医药出版社,2007

[2] 武之望著. 济阴纲目. 李明康,等整理. 北京:人民卫生出版社,2006

[3] 周慎斋著. 慎斋遗书. 上海:上海科学技术出版社,1959

[4] 胡慎柔著. 慎柔五书. 郑金生整理. 北京:人民卫生出版社,2006

[5] 余震著. 古今医案按. 苏礼,等整理. 北京:人民卫生出版社,2007

[6] 叶天士著. 临证指南医案. 苏礼,等整理. 北京:人民卫生出版社,2006

[7] 李东垣著. 兰室秘藏. 文魁,等整理. 北京:人民卫生出版社,2005
[8] 徐复霖. 田维君,吴仕九. 古今救误. 长沙:湖南科学技术出版社,1985
[9] 陈明,张印生. 伤寒名医验案精选. 北京:学苑出版社,1998
[10] 喻昌. 寓意草. 艾军注释. 北京:中国中医药出版社,2008
[11] 余霖. 疫疹一得. 北京:人民卫生出版社,1956
[12] 武进,徐衡之,嘉定,等. 宋元明清名医类案. 长沙:湖南科学技术出版社, 2006. 309
[13] 张锡纯著. 医学衷中参西录. 柳西河等重订. 北京:人民卫生出版社,2006
[14] 吴佩衡. 吴佩衡医案. 北京:人民军医出版社,2009

附1　迷失的经方剂量

仲景方由于组方法度严谨、临床疗效确切，对后世影响巨大，被后世誉为“经方”。但因为年代久远，度量衡屡经变易，代有所改，悬殊极大，后世对经方剂量的折算众说纷纭，历代医家谓之“不传之秘”。现就近20多年来对经方剂量的几种主要观点进行讨论、剖析。

一、经方剂量换算考证

1.1两相当于1.6g左右

梁朝陶弘景[1]《名医别录》中记载“古秤唯有铢两而无分名，今则以十黍为一铢，六铢为一分，四分成一两，十六两为一斤”。王伊明氏[2]依据“十黍为一铢”之说，称量240粒黍的重量后，认为汉代1两合今之1g左右，最大不超过1.6g。此观点一直被日本汉方学家所遵循，如丹波元简、大家敬节、粟岛行春多持此论，为目前日本汉方的常用量。此说的依据是“神农秤”。“神农秤”肇始于陶弘景，定名于孙思邈。孙思邈在《千金要方》[3]中认为陶氏所言“古秤”是“神农之秤”：“陶隐居撰《本草序录》，一用累黍之法，神农旧秤为定，孙思邈从而用之。”并指出“吴人以贰两为壹两，隋人以叁两为壹两，今依肆分为壹两称而定”。笔者认为，“神农秤”有名无实[4]，如果存在也只是专门用于称一些贵重或有毒之品，如朱砂。笔者据现有资料认为并不存在与“官定法物”缩小比例的小药秤，只是精确化的需要可能存在专用于称贵重药品的小秤。

2.1两相当于3g左右

1964年成都中医学院编写的《伤寒论讲义》[5]指出：“关于剂量之标准，古今不一，汉时以六铢为一分，四分为一两，即二十四铢为一两。处方应用时，一方面根据前人考证的量制折算，更重要的是依据临床实践。凡论中云一两者，折今约一钱。”据此1两折合今之一钱，约3g。此后的教材，包括五版教材(全国高等中医学院最早版统一教材)《伤寒论讲义》均采用了此说。

此说影响颇广，有一定的历史根源。宋时多用散剂，剂量偏小，如宋代王怀隐《太平圣惠方》“每次取三至五钱”(宋代衡制与今变化不大，钱制一直沿用至今)，以致明代李时珍《本草纲目》[6]曰：“今古异制，古之一两，今用一钱可也。古之一升，即今之二合半也。”由于李时珍很有名，其观点也影响甚广。今之教材，时下处方，多遵此说。如果按此说折算经方，我们会发现药水比明显不合逻辑。仲景方剂的服法，一般为煮取3升，每次1升，和目前每次服200ml的药量也是相符的。如此，即使按1两合9g计算，小柴胡的药量不过210g左右(半夏亦按3两计)，茵陈蒿汤不过72g再加14枚栀子，而以上用水均高达一斗二升，这是很难像的。

这种以临床经验为依据折算经方1两为3g，柯雪帆[7]认为：“医生对某一药物的习惯用量是一回事，东汉时1两折合现在多少克是另一回事，两者不能等同起来。”

3.1两相当于8g左右

陈家骅等[8]根据《金匮要略·腹满寒疝宿食病脉证并治》篇中乌头桂枝汤方后“以蜜二斤，煎减半，去滓，以桂枝汤五合解之，令得一升……”有关煎服法的记载，认为1斤蜜的容积为0.5升（五合），按东汉1升折合198ml，10.5升为99ml，同时又测得生蜜比重为1.27g/ml。推测东汉1斤合126g，1两合8g弱。柯氏等[7]认为：“以蜜二斤，煎减半”之说，只是约略之辞，事实上是不可能的，而且经煎煮后的蜂蜜是不可能再以生蜜比重为标准的。因而陈氏推算的基础是不可靠的。并且这个引文，各版本在文字上就有差异，如《千金方》为“白蜜一斤，煎减半”，《金匮要略心典》为“以水一升，煎减半”。以这种有争议的文字作为推算依据，其意义不大。

4.1两相当于13.92g或6.96g左右

吴承洛[9]将清末吴大澄以货币校得新莽1两为13.674 644g与刘复以新莽嘉量测得新莽1两为14.166 6g两个数值进行平均，认为新莽1两为13.92g，且东汉承新莽之制。吴氏的考证结果对近代影响较大，中医研究院、广州中医学院合编的《中医名词术语选释》、江苏新医学院《中药大辞典·附篇》等均引用了上述数据。同时，中医研究院编著的《伤寒论语译》[10]一方面引用吴承洛《中国度量衡史》关于东汉1两合今之13.92g的标准，一方面根据唐代苏敬《新修本草》：“古秤皆复，今南秤是也。晋秤始，后汉末以来，分一斤为二斤耳，一两为二两耳。金银丝绵，并与药同，无轻重矣。古方唯有仲景而已涉今秤，若用古秤作汤，则水为殊少，故知非复秤，悉用今者尔”的记载，认为东汉时期有药秤，是当时常用秤的1/2，将《伤寒论》中的1两折合今之6.96g。

而多数学者对这种考证结果提出异议，认为以货币考度量衡误差较大。如丘光明[11]认为，假借有文献记载的人造物与实测数据印证来考证各时代度量衡，只能作为旁证；经济学家彭信威[12]在《中国货币史》中多次举例说明，以货币考历代度量衡的方法不可取。吴氏《中国度量衡史》成书于20世纪30年代，限于物证的匮乏，难免结论有所局限。

5.1两相当于15g左右

柯雪帆等[7]根据国家计量总局《中国古代度量衡图集》中“光和大司农铜权”的有关资料进行了核算。此权现藏中国历史博物馆，高7.6cm，底径10cm，重2996g，权呈半圆形，权身有一镶“检封”的方穴。器身有铭文“大司农以戊寅诏书，秋分之日，同度量，均衡石。棉斗桶、正权概，特更为诸州作铜秤，依黄钟律历，九章算术，以均长短、轻重、大小。用齐七政，令海内都同。光和二年闰月廿三日，大司农曹桂臣淳于宫，右库曹掾朱音，史韩鸿造，青州乐安郡寿光金曹椽胡吉作”。“光和”为汉灵帝刘宏年专，光和二年为公元179年，与张仲景为同年代。从铭文可知，此权为当时中央政府为统一全国衡器而颁布的标准。铜权，按秦汉密制的单位量值和权的量级程序，此权当为12斤权，标准重量当为3000g。据此东汉1斤合今之250g，1两合今之15.625g（或缩简为15.6g）。

此值与范文澜主编的《中国通史简编》所列各代衡值基本一致。柯氏的考证结果也得到了部分医家的认可。如贾氏[13]通过出土文物的考证，得出东汉1斤合250g，1两合15.6g；畅氏[14]通过称量经方中以个、枚、升等计量的药物，比较1两折合3g和15g的用药比例，认为柯氏的考证结果较符合实际；李氏[15]结合经方的组方规律，以麻黄汤为例，经药物实测，认为柯氏考证结果可靠。

当然，有些学者还进行了其他的探讨。如丘光明[11]据多件东汉时期出土衡器考证东汉1斤约定为222g，1两为13.875g；渠氏[16]经出土实物考证赞同丘氏之说；王氏[17]综合分析仲景用药剂量的近代研究概况后认为丘氏考证结果可信度最高；程先宽等[18]亦赞同丘氏考证结果；程磐基[19]经考证后认为东汉的1斤应为220～250g，1两为13.75～15.625g。这些结论与传统、常用的1两折合3g相差数倍，预示着经方大剂量越来越得到证实。

后世医家为确保经方疗效，使用经方时均需考虑剂量折算问题，对仲景用药本源剂量的研究从未间断。有的依据临床用药经验和一般用药剂量，但经不起出土实物及历代文献的考证；有的以神农秤为依据,将其1两折合为1~2g,亦无出土文物可证,日本汉方学家常用此剂量,在我国则应用较少。《伤寒论》被奉为"方书之祖",其方剂在后世应用广泛,然其剂量众说纷纭,逐渐成为一宗悬案。

二、迷失经方剂量及其影响

总结中医方药剂量应用的现状,可以用"误、乱、惑"三个字来概括。误是指经方剂量传承认识不一,正误难辨;乱是指临床剂量应用混乱,实际上是由误引起;惑是指有关中药剂量论述,散落于大量的古今文献之中,临床上缺乏剂量理论的指导。

经方本源剂量以及剂量的演变和沿革规律的不明确,导致经方在目前普遍理解的剂量下,单纯使用疗效却不理想的现象普遍存在。有人遂说,经方不灵。或者通过增加相似功效的中药来达到提高疗效的目的,于是处方越来越大,药味越来越多。经我们调查[20],《伤寒论》经方平均单剂药味数为4.18味,药味分布在1~14味,由4~8味药组成的方剂最为常见;中国中医科学院广安门医院100首汤剂处方的平均单剂药味数为18.28味,药味分布于16~22味,方剂多由12~20味中药组成;文献报道现代中医汤剂处方平均单剂药味数为15.55味,药味分布于1~42味,方剂多由10~20味中药组成(附表-1)。可见,现代中医汤剂处方的平均单剂药味数是《伤寒论》经方的3倍以上,无论单剂的药味数范围,或常见的单剂药味数均较《伤寒论》经方有所扩大。

附表-1 《伤寒论》经方与现代中医汤剂处方单剂药味数比较

处方来源	平均单剂药味数	单剂药味数范围	常见单剂药味数
《伤寒论》经方	4.18味	1~14味	2~8味
中国中医科学院广安门医院门诊处方	18.28味	16~22味	12~20味
文献报道	15.55味	1~42味	10~20味

药味之多,品种之杂,势必互相牵制,往往影响疗效的发挥。正如汪昂所言:"古人立方,分量多而药味寡,譬如劲兵,专走一路,则足以破垒擒王矣。后世无前人之朗识,分量减而药味渐多,譬犹广设攻围,以庶几于一遇也。然品类太繁,攻治必杂,能无宜于此,而不宜于彼呼?"出于安全,"广设攻围",或亦取效。这种大处方,看似单味药剂量减少,但每剂汤药的总量往往并没有减少。基于以上分析,我们认为,"分两减而药味渐多"并不是提高疗效的最佳途径,而引起分歧的主要问题就在于剂量。所以要想寻求突破,提高疗效的关键也应该从深入研究剂量着手。试想仲景面对来势凶猛之大疫,必然要求立方贵精贵狠,所谓"乱世用重典,重剂起沉疴",方能挽狂澜于倾倒、扶临危于即倒,也只有量大、药简,方能力专效宏,才最能阻断病势传变,挽救危亡。如果剂量过小,则杯水车薪,无济于事。李可在"恢复仲景用药特色,攻克世界医学难题"也认为:剂量问题是方剂治病的核心,没有特定的"量",便不能突破特定的"质"[21]。而用小剂量救急,虽有四两拨千斤之说,但诚如岳美中[22]强调的,有人说用轻药吃了不坏病,不会出乱子,其实一莛撞钟则不响,以寸草起重木草必折,泛用这种方法不但不能治病,反能误病,故必须区别对待。有一首七言说得好:"临证施治细参详,加倍剂量使单方。君臣分清稍加佐,钥入锁开效非常。"一语概括出:"加倍剂量"与"效非常"的关系,所谓重剂起沉疴;同时还点出重剂用药的关键。

所以,笔者认为,将仲景1两折合13.75~15.6g,经得起实物及古代文献的考证推敲,较符合仲景用药剂量的原貌。然而目前文献考据与临床应用脱节。经方剂量考据结果,多停留在文献上。即使认为经方的本源剂量,远较现代教科书记载的剂量为大,但临床中却很少去实际应用。提倡经方大剂量,适用于什么情况?如何保证大剂量的用药安全,值得我们进一步深入研究和探讨。

参考文献

[1] 陶弘景. 本草经集注. 北京:群联出版社,1955. 33
[2] 王伊明. 为古方权量正本清源. 北京中医学院学报,1986,9(2):10
[3] 孙思邈撰,刘更生,张瑞贤点校. 千金要方. 北京:华夏出版社,1996. 3 ~ 4
[4] 仝小林,崔勿骄,崔新有,等. "神农秤"质疑. 中华医史杂志,1996,26(4):251
[5] 成都中医学院. 伤寒论讲义. 上海:上海科学技术出版社,1964. 30
[6] 李时珍. 本草纲目(校点本). 北京:人民卫生出版社,2004. 53
[7] 柯雪帆,赵章忠,张玉萍,等.《伤寒论》和《金匮要略》中的药物剂量问题. 上海中医药杂志,1983,(12):36 ~ 38
[8] 陈家骅,姜建国. 经方药量管窥. 浙江中医杂志,1981,16(5):204
[9] 吴承洛. 中国度量衡史. 上海:商务印书馆,1957. 73
[10] 中医研究院. 伤寒论语译. 北京:人民卫生出版社,1974. 8
[11] 卢嘉锡,丘光明,丘隆,等. 中国科学技术史:度量衡卷. 北京:科学出版社,1996. 43,250
[12] 彭信威. 中国货币史. 上海:上海人民出版社,1965. 38
[13] 贾文成.《伤寒论》和《金匮要略》用药剂量初考. 辽宁中医杂志,1985,12(4):38
[14] 畅达,郭广义.《伤寒论》药物中非衡器计量的初探. 中成药研究,1985,(8):44
[15] 李玉胜,李丰年,尚晓东,等. 经方剂量及煎服方法研讨. 中国民间疗法,2000,8(9):4 ~ 5
[16] 渠敬文. 伤寒论方药剂量古今折算考・附录. 南京中医药大学学报,1999,3(15):2
[17] 王忠,王新佩. 张仲景用药剂量近代研究概况. 中医药学报,2005,33(6):51 ~ 53
[18] 程先宽,韩振蕴,陈志刚,等.《伤寒杂病论》剂量折算研究思路探讨. 北京中医药大学学报,2006,29(1):11 ~ 13
[19] 程磐基. 汉唐药物剂量的考证与研究. 上海中医药杂志,2000,34(3):38 ~ 41
[20] 仝小林,吴义春,姬航宇,等. 发现经方剂量. 上海中医药杂志,2009,43(11):1 ~ 4
[21] 李可. 李可老中医急危重症疑难病经验专辑. 太原:山西科学技术出版社,2002. 403
[22] 岳美中著,陈可冀编. 岳美中中医学文集. 北京:中国中医药出版社,2002. 16

附2　中国医用度量衡发展概况

计量是用数和单位表示事物的物理量，在中国，计量曾被称为“度量衡”（度即长度、量即容量、衡即重量），是划分土地、征收赋税的依据。“中医不传之秘在药量”，方药剂量是决定疗效的重要因素之一。张仲景之方被誉为“经方”，应用甚广，是中医发展中极为重要的环节，具有承上启下的重大意义。晋·皇甫谧指出[1]：“汉张仲景论广《汤液》，为十数卷，用之多验。”仲景在《伤寒卒病论集》开篇亦自云“勤求古训，博采众方”。然而《伤寒论》至今已1700余年，其本源剂量在中国古代度量衡的发展中逐渐迷失。经方1两究竟折合今多少克，历代医家争议不断。故研究《伤寒论》药物剂量，有必要梳理中国医用度量衡的发展历史。

一、汉代前医用度量衡概况

《五十二病方》是现存最早的方书，专家认定其成书年代不晚于秦汉[2]（战国晚期）。该书的药物计量单位多为非度量衡计量单位，如：挺、束、把、撮等；体积单位也有合、斗、升。

《黄帝内经》成书于春秋、战国时期[3,4]，记载了13个方剂。如《素问·病能论》：“以泽泻、术各十分，麋衔五分，合以三指撮为后饭”，《灵枢·邪客》治疗失眠的半夏汤：“火沸，置秫米一升，治半夏五合，徐炊，令竭为一升半，去其滓，饮汁一小杯”。

与经方比较，《五十二病方》、《黄帝内经》中的方剂，其药物计量单位和剂量都不及经方精确。

二、汉代医用度量衡概况

秦始皇统一六国，也统一了中国的度量衡制度。汉承秦制，《汉书·律历志》以黄钟累黍法对度量衡制做出了明确规定：“度者，分、寸、尺、丈、引也，所以度长短也。本起黄钟之长，以子谷秬黍中者一黍之广度之……”“量者，龠、合、升、斗、斛也，所以量多少也。本起于黄钟之龠，用度数审其容，以子谷秬黍中者，千有二百实其龠……”“权者，铢、两、斤、钧、石也，所以秤物平施知轻重也。本起黄钟之重，一龠容千二百黍，重十二铢，两之为两，二十四铢为两，十六两为斤……”

《伤寒杂病论》是汉代最著名的医学著作，其方药使用的计量单位包括两大类：度量衡计量单位尺、斗、升、合、斤、两、铢等，和非度量衡计量单位个、枚、片、把、茎、鸡子大、钱匕、方寸匕等，其中的铢、两、斤等单位在现存汉前方书中尚无，可见，汉代的医用度量衡更加精确，其制度也日益完备，然经方中也出现了如竹叶两把、石膏鸡子大等估量性的计量单位，故汉代的药物剂量与汉前仍是一脉相承的。

目前，有学者认为汉代度量衡制度存在大小两制。吴氏[5]认为汉代有一种特殊小量器，如只容1.2ml的小铜勺[6]，推测汉代存在大小两制，除上述特殊小量器外还可能存在特殊小衡器。后世文献也反映出汉代可能存在两种度量衡制，而医用度量衡可能采用特殊小制。陶弘景认为古有药升：“以药升分之者，谓药有虚实轻重，不得用斤两，则以升平之。药升合方寸作，上径一寸，下径六分，深八方。内散勿按抑，正尔微动令平调耳。而今人分药，多不复用此。”亦认为：“古秤唯有铢两，而无分名。今则以十黍为一铢……虽有子谷秬黍之制，从来均之已久，正尔依此用之。”[7]此处“十黍为一铢”是《汉书·律历志》、《隋书·律历志》等记载的“千二百黍重十二铢”的1/10。依陶氏所云，秦汉之际即可能存在大小两制。孙思邈[8]认为古有神农秤:“陶隐居撰《本草序录》,一用累黍之法,神农旧秤为定,孙思邈从而用之。”若根据据陶弘景和孙思邈的标准折算,汉代医用度量衡1两约折合1g,与后世学者对秦汉衡制的考证结果比较,差异较大。

对汉代医用度量衡认识的争议导致了对经方剂量的争议,后世以神农秤[9]、药秤[10]、临床经验[11~13]、出土度量衡器[14~16]、货币[17]、特殊药物实测[18]等为考证依据,将经方1两折算为1~1.6g[9]、6.96g[10]、3g[11~13]、13.75g[14,15,19]、15.6g[16,18]、13.92g[17]等。

可见将仲景1两折合3g主要依据临床经验,现代多数高等中医院校《方剂学》、《伤寒论》教材均将1两折为3g,《中华人民共和国药典》规定的药物剂量也主要以此为标准,在临床中得到广泛应用;若依据神农秤,将1两折合1~2g,日本汉方学家常用此量,我国应用较少。经作者考证,经方1两应折合13.75~15.6g[20],最符合仲景用药剂量的原貌,经得起实物及古代文献的考证推敲。

三、汉代后医用度量衡概况

经方剂量的迷失与汉代后医用度量衡的变化密切相关,汉代后医药学家对秦汉时期的医药度量衡制度有传承,亦有误解。

三国、魏晋、南北朝时期,中国度量衡制度变化较大,影响了后世对秦汉医用度量衡的准确继承。《晋书·律历志》载:“元康中,裴頠以为医方人命之急,而称两不与古同,为害特重,宜因此改治权衡。”《晋书·裴頠传》载:“药物轻重,分两乖互,所可伤夭,为害尤深。古寿考而今短折者,未必不由此也。”

梁·陶弘景“十黍为一铢”之说与《汉书·律历志》、《隋书·律历志》等“千二百黍重十二铢”的记录不一致,除解释为秦汉时特殊医用小制外,亦可能是“十黍为一累,十累为一铢”传抄讹误,尚待进一步考证。

陶氏“六铢为一分、四分为一两”中的“分”,并不同于宋代及以后十进制衡制单位毫、厘、分、钱中的“分”。陶氏之分为1/4两,宋及以后的分为1/10两。早在《金匮要略》中就有单位分;晋·葛洪《肘后备急方》中载有两、分并用的药方“干姜、附子各一两,桂皮二分”。唐代孙思邈的《备急千金要方》,王焘的《外台秘要》中也有单位分。故陶氏之分,是魏晋南北朝时期盛行的医药用量单位,其衡制是“四分为一两”,沿用至隋唐。此“分”与丸散药方中的“分”亦不同,后者应理解为“份”,是药物配伍的比例。

魏晋南北朝存在的大小两制,对医用度量衡传承有重要影响。医用度量衡常用小制,即秦汉之制,若使用大制,一般标明“大两”、“大升”等。如葛洪《肘后备急方卷八》“治牛马六畜水谷疫疠诸病方”中某些药物剂量单位即使用“大两”;《外台秘要》收录的北周《集验方》,煎煮药物有“升”亦有“大升”。

隋唐大小制并用,医用度量衡一般用小制。《唐六典》[21]云:“凡积秬黍为度量权衡者,调钟律、测晷影、合汤药及冠冕之制则用之,内外官司悉用大者。”《通典》卷六《食货·赋税》记载诸郡进贡的药材,计量采用小制,如“上党郡贡人参二百小两”。唐代大制已为古之3倍,孙思邈[8]云:“今之用药,定以三两为今一两、三升为今一升。方中虽皆复有用尺寸处,旧例已有准折斤两法,今则不复重述也。”然而,唐·王焘编著的《外台秘要》乌麻地黄酒方“六月六日曲四升,忘斯油麻六斗五升,生地黄四斗,前三味并用大斗大升……”;另“代茶新饮方”要求“右十四味并拣择……然后称大斤两。”可见,实际上唐代医用度量衡大小两制并用,医家处方若用大制,会注明“大两”、“大升”,若用古方,即折为小制。

宋代改制度量衡,以忽、丝、毫、厘、分、钱的十进制单位取代了黍、累、铢。政府对医用度量衡进行了规范。官修《太平惠民和剂局方》[22]载:“古方药味多以铢、两,及用水皆言升数。年代绵历浸远,传写转见乖讹,或分两少而水数多,或水数多而分两少,轻重不等,器量全殊。若不别其精粗,何以明其取合。今则加减合度,分两得中,削旧方之参差,合今时之行用。”并规定:“其方中凡言分者,即二钱半为一分也。凡言两者,即四分为一两也。凡言斤者,即十六两为一斤也。”而《圣济总录》[23]云:“吴人以二两为一两,隋人以三两为一两。今以新法斤两为则。”宋代医用度量衡仍是大小两制并存。《太平惠民和剂局方》的桂枝汤:桂枝、芍药各1两半、甘草1两,煎服法改为“上为粗末。每服二钱,以水一盏,入生姜三片,枣三枚、擘破,同煎取七分,去滓,温服。”此剂量约是仲景原量的一半,当为折算剂量;《太平圣惠方》的桂枝汤:桂枝1两、赤芍药1两、炙甘草半两,煎服法改为捣筛为散。每服4钱。以水一中盏。入生姜半分。枣3枚。煎至六分,去滓。此剂量约是仲景原量的1/3。而《圣济总录》收录的桂枝汤,所载剂量与仲景剂量相同,然剂型变成了煮散。值得注意的是,宋代方药最常用的剂型由汤剂变为煮散,药物计量单位也以分、钱为主,随着剂型的改变,药物剂量也发生了很大变化,宋代药物剂量为历代最小。

明清两代,度量衡制度基本一致,无大小制之分,医用度量衡基本沿用宋代。现藏于中国历史博物馆的明万历年间制造的两把戥秤[24],专用于称量贵重药材或金银丝帛,称量后其平均1两合36.3g,可反映当时的药物衡制;此时量制1升约合1000ml,大约5倍于秦汉。对于古方的应用,此期医家重视折算,而各医家的折算结果,差异甚大。李时珍在《本草纲目》[25]中云:“今古异制,古之一两,今用一钱可也。古之一升,即今之二合半也。”此折算方式对后世影响极大。张介宾《类经图翼》[26]认为“今之六钱为古一两”即仲景1两等于明代6钱。徐灵胎《医学源流论》[27]曰:“自三代至汉晋,升斗权衡,虽有异同,以今校之,不过十分之二。”

此后,1929年及1959年的两次度量衡制度改革,均规定中医药计量承袭旧制不变。直至1979年中药计量才改用米制,与国际接轨。

小结

中国古代度量衡的量值,总体看来在逐渐增大。秦汉后医用度量衡出现了较大变化。后世应用经方多进行剂量折算,然折算标准不一,造成经方本源剂量的迷失。

汉至隋唐,虽存在大小两制,医用度量衡一般沿用秦汉之制,即“古制”或“小制”;由于宋代度量衡进制的变化及药物剂型的改变,医用度量衡出现较大变化,宋代是药物剂量最小的朝代。明清两朝,度量衡变化不大,然仲景本源剂量已湮没在历史的长河中,成为悬案一宗。

纵观汉代后诸医家、学者对《伤寒论》药物剂量的研究,作者认为:第一,后世医家十分重视经方药物剂量,认识到了如果经方药物剂量不足、或者不准确,会大大影响经方的疗效;第二,历代对经方剂量的折算很不一致,临床上,医家多以自己的临床经验为标准选择药量。第三,后世对经方剂量的继承,主要表现在历代医家著书引用经方时,对药量的记录多为仲景原剂量,若有折算,多会在文献中标明。第四,汉代以后,经方应用十分广泛,许多医家根据患者病情、药材、方药剂型等因素的不同,对经方进行加减,可谓对仲景本源药量的实践和发展。

参考文献

[1] 张仲景.伤寒论.北京:人民卫生出版社,2005.11,13
[2] 张正霞,辛波.帛书《五十二病方》成书年代考证.文物春秋,2007,(6):68~70
[3] 王平.从语言学方面研究探索《内经》的成书年代.中国实用医药,2010,(26):258
[4] 高也陶.《黄帝内经》的成书年代新议.江西中医学院学报,2009,(2):27~30
[5] 吴惠.新编简明中国度量衡通史.北京:中国计量出版社,2007.81
[6] 国家计量总局.中国古代度量衡图集.北京:文物出版社,1984.92
[7] 尚志钧,尚元胜辑校.陶弘景本草经集注.北京:人民卫生出版社,1994.36~37
[8] 刘更生,张瑞贤点校.孙思邈撰.千金要方.北京:华夏出版社,1996.3~4
[9] 王伊明.为古方权量正本清源.北京中医学院学报,1986,(2):10
[10] 中医研究院.伤寒论语译.北京:人民卫生出版社,1974.8
[11] 成都中医学院.伤寒论讲义.上海:上海科学技术出版社,1964.30
[12] 李培生.伤寒论讲义.上海:上海科学技术出版社,1985.228

[13] 广州中医学院. 方剂学. 上海. 上海科技出版社,1979. 14
[14] 丘光明,邱隆,杨平. 中国科学技术史 · 度量衡卷. 北京:科学出版社,2001. 217
[15] 渠敬文. 伤寒论方药剂量古今折算考 · 附录. 南京中医药大学学报,1999,3(15):2
[16] 柯雪帆,赵章忠,张玉萍,等.《伤寒论》和《金匮要略》中的药物剂量问题. 上海中医药杂志,1983,(12):36 ~ 38
[17] 吴承洛. 中国度量衡史. 北京:商务印书馆,1957. 73
[18] 畅达,郭广义.《伤寒论》药物中非衡器计量的初探. 中成药研究,1985,(8):44
[19] 程先宽,韩振蕴,陈志刚,等.《伤寒杂病论》剂量折算研究思路探讨. 北京中医药大学学报,2006,29(1):11 ~ 13
[20] 仝小林,穆兰澄,姬航宇,等.《伤寒论》药物剂量考. 中医杂志,2009,(4):368 ~ 372
[21] 李林甫等. 唐六典 · 尚书户部. 北京:中华书局,1992. 81
[22] 太平惠民合剂局编. 太平惠民和剂局方. 北京:人民卫生出版社,1958. 211
[23] 赵佶. 圣济总录. 北京:人民卫生出版社,1962. 173
[24] 吴承洛. 中国度量衡史. 北京:商务印书馆,1957. 37
[25] 李时珍. 本草纲目(校点本). 北京:人民卫生出版社,2004. 53
[26] 张介宾. 类经图冀. 北京:人民卫生出版社,1965. 129
[27] 曹炳章. 中国医学大成 · 医学源流论. 上海:上海出版社,1990. 435

附 3　经方药物剂量溯源

《伤寒论》之经方是对东汉前中医方剂理法方药的总结、继承和发展。仲景在《伤寒卒病论集》[1]开篇亦自云“勤求古训，博采众方，撰用《素问》、《九卷》、《八十一难》、《阴阳大论》、《胎胪药录》并平脉辨证，为《伤寒杂病论》。”《伤寒论序》援引了晋代皇甫谧之说[1]：“伊尹以元圣之才，撰用《神农本草》以为《汤液》。汉张仲景论广《汤液》，为十数卷，用之多验。”钱超尘教授考证认为：《伤寒论》源于《汤液经法》[2]。

《辅行诀脏腑用药法要》(以下简称《辅行诀》)记载了50余首《汤液经法》中的方剂，与仲景《伤寒论》112首方剂对照后发现，《伤寒论》中有12首方剂与《辅行诀》记载的《汤液经法》方剂从主治、药物组成、药量、煎服法等方面都非常相似。具体对照如下(《辅行诀》方剂之主治、组成、煎服法均参照丛春雨主编的《敦煌中医药全书》[3])。

《伤寒论》与《汤液经法》相似方剂对比

桂枝汤与《汤液经法》小阳旦汤：桂枝汤与小阳旦汤药物组成相同；桂枝汤生姜多一两，余药剂量相同；煎服法基本相同。

黄芩汤与《汤液经法》小阴旦汤：药物组成黄芩汤较小阴旦汤少生姜；药量黄芩汤芍药少一两；煎服法中加水量黄芩汤增加，服法略有不同。

小柴胡汤与《汤液经法》大阴旦汤：药物组成小柴胡汤较大阴旦汤少芍药；药量小柴胡汤甘草多一两；煎服法基本相同。

麻黄汤与《汤液经法》小青龙汤：两方药物组成一致；药量麻黄汤杏仁剂量用70个、小青龙汤用半打，麻黄汤甘草少用半两；煎服法两方加水量及煎煮水量不同，服法基本相同。

小青龙汤与《汤液经法》大青龙汤：两方药物组成、剂量、煎服法均一致。

白虎汤与《汤液经法》小白虎汤：两方药物组成相同；药量白虎汤石膏用1斤、小白虎汤用如鸡子大；煎服法基本一致。

竹叶石膏汤与《汤液经法》大白虎汤：药物组成上竹叶石膏汤去生姜、加人参2两；药量竹叶石膏汤用竹叶2把、石膏1斤、粳米半斤，麦门冬用量增加了半升，大白虎汤用竹叶三大握、石膏如鸡子大、粳米六合；煎煮法中加水量不同，服法基本一致。

黄连阿胶汤与《汤液经法》小朱鸟汤：两方药物组成一致；药量阿胶剂量单位不同，余相同；煎服法基本一致。

真武汤与《汤液经法》小玄武汤：药物组成真武汤将干姜换为生姜1两；药量真武汤茯苓、芍药剂量均减至1两，余相同。

真武汤、理中丸合方与《汤液经法》大玄武汤：从药物组成及药量上看，大玄武汤是真武汤和理中丸的合方。

四逆汤、通脉四逆汤与《汤液经法》小写脾汤：药物组成上，四逆汤和通脉四逆汤将炮附子换为生附子一枚；药量上，仲景依病情轻重对干姜和炙甘草的剂量做了调整。

小结

从以上12首方剂的对照中可看出,《伤寒论》经方与《汤液经法》的方剂,不论主治、药物组成、药物剂量或煎服法等,均一脉相承。仲景"述"《伤寒论》,的确是对东汉前中医方剂理论与方药的继承和发展。钱超尘[2]教授认为:"《辅行诀》所载张仲景13首方,其药量药味有些与宋本不同。据陶弘景所云,这些不同,乃张仲景根据病情和他自己的医疗经验所增减。""《伤寒论》对诸方药量药味之增减,主要出自张仲景本人。此即皇甫谧《甲乙经序》所云'论广'之一端。"

药物剂量是方剂的重要组成部分,仲景论广《汤液》述《伤寒论》,应用的药物剂量是早于东汉的《汤液经法》时代的剂量,还是与仲景同年的东汉剂量?尚值得做更进一步的考证。笔者认为:

1.《伤寒论》继承并发展了《汤液经法》的药物剂量

从以上《伤寒论》经方与《汤液经法》方剂的药物计量单位看,《伤寒论》对药物的计量方法更为精确,即在《汤液经法》的药物计量法上有所发展。如:《汤液经法》12方中石膏剂量的单位均为鸡子大,为非度量衡计量单位,不够精确;而《伤寒论》方中的石膏剂量虽也出现过"鸡子大"的计量单位,但上述13方中均用"斤"计量,属于度量衡计量单位,更加精确。

2.《汤液经法》至迟为西汉时代的医学著作[2]

《汤液经法》32卷著录《汉书·艺文志》,证明《汤液经法》至迟也是西汉时代的医学著作。而《汤液经法》究竟为何时、何人所著,学界尚未定论。杨绍伊先生在其考次的《伊尹汤液经》[4]中云:"《汤液经》为伊尹所做,伊尹商周人,其所著书,宜用商制。所以《汤液经》中之两数,自宜为二百四十黍重之神农秤,而非二千四百黍重之东汉秤也必矣。"在附录《论方药分量》中,杨绍伊云:"兹取二百四十黍,用今秤称之,其重为三钱。"杨氏所云3钱可能折合11.25g(清末1斤=600g)或9.375g(民国1斤=500g)。此处杨氏未说明其选择黍的种类及具体测量方法。

黍米有许多不同品种,其大小质量均不同;即使同一品种之黍米,也有大小轻重之分。王伊明[5]研究了马王堆一号墓出土的汉代黍子标本,其形状大小与现代黍子基本一致,经风干法实验,测得240粒饱满的黍重1.5~1.6g,不饱满者重0.8~0.9g,平均重1g左右。丘光明[6]测量3种不同品种、不同大小的黍米后得出以《汉书·律历志》记载的"千二百黍重十二铢"之累黍法测量,取平均值,1两重15.49g。杨绍伊测量240粒黍即重9.375~11.25g;而现代之王氏、丘氏等测量2400粒黍,重量为10~15.39g,即240粒黍的重量只应该为1~1.5g。杨氏与现代学者的测量结果相差约10倍,故杨绍伊的考证结果:"所以《汤液经》中之两数,自宜为二百四十黍重之神农秤,而非二千四百黍重之东汉秤也必矣"。"兹取二百四十黍,用今秤称之,其重为三钱"值得商榷。

陶氏之"古秤"以"十黍为一铢",孙思邈将其定名为"神农秤"。陶弘景云古有药升:"以药升分之者,谓药有虚实轻重,不得用斤两,则以升平之。药升合方寸作,上径一寸,下径六分,深八方。内散勿按抑,正尔微动令平调耳。而今人分药,多不复用此。"[7]亦认为:"古秤唯有铢两,而无分名。今则以十黍为一铢,六铢为一分,四分成一两,十六两为一斤。虽有子谷秬黍之制,从来均之已久,正尔依此用之。"[7]孙思邈[8]认为古有神农秤:"陶隐居撰《本草序录》,一用累黍之法,神农旧秤为定,孙思邈从而用之。"该秤恰为《汉书·律历志》、《隋书·律历志》等记载的"千二百黍重十二铢"的1/10。若据陶弘景和孙思邈的标准折算,汉代医用度量衡1两约折合1g,与后世学者对秦汉衡制的考证结果比较,差异较大。现代对《伤寒论》常用药物的实测结果显示,《伤寒论》非"衡"单位计量药物,其用量颇大,不难发现若按"十黍为一铢"即1两折合3g量折算经方药量,大枣等佐药的剂量,会远远大于处方中君药,如麻黄、桂枝等的剂量,不符合中医组方规律[9]。

3.《汤液经法》采用商制，此说值得商榷

杨绍伊先生认为伊尹是商周人，即《汤液经法》著于商周时期，采用商制，此说值得商榷。吴承洛教授在《中国度量衡史》中指出："中国度量衡之制，创始于黄帝，下及三代以前，为中国度量衡发生后尚未至阐明之时。"古代文献中有对商周之前度量衡历史的零星记载：如《大戴礼记·五帝德》称黄帝时设有"衡、量、度、亩、数，谓之五量"；《世本·帝系》记载少昊"同度量，调律吕"，《夏书》载："明明我祖，万邦之君，有典有则，贻厥子孙，关石禾钧，王府则有"，其中"典"和"则"代表法度，"石"和"钧"指计量单位；《史记·夏本纪》有："身为度，称以出"，即以禹的身高为长度标准，以其体重为重量标准；而今"度量衡"一词最早见于《尚书·虞书·舜典》："协时月正日，同律度量衡"，即指统一音律和度量衡。现已出土的度量衡器具文物中，最早可见殷商时期的骨尺和牙尺。直至西周："周公制礼、作乐，颁度量而天下大服"（《礼记·明堂位》），才建立了各级官吏来管理度量衡，如：内宰、大行人、质人、合方氏等，保证诸侯国度量衡的统一。春秋时期，传世的齐国右伯君铜权，荆州出土的楚国铜环权等，说明一些诸侯国的单位衡重已相对稳定。到了战国，齐国的陈氏把容量单位由四进制改为五进制，并制发了标准量器。

公元前356年，商鞅变法，"平斗桶、权衡、丈尺"，现藏上海博物馆的"商鞅铜方升"，经考证为商鞅在秦孝公十八年（公元前344年）制造，是我国最早由国家颁发的标准量器。由此可见，中国的度量衡制度在商周时期只是基本建立，而到了春秋战国时期，度量衡器具和制度才基本完备。《五十二病方》是现存最早的方书，一般认为其成书不晚于秦汉时期。《五十二病方》所载方剂，不论药物组成还是药物剂量，都不及《汤液经法》及《伤寒论》的方剂系统，《五十二病方》药物剂量的单位多是非度量衡计量单位，以估量性单位为主，未出现"铢""两"等计量单位。可以认为，《汤液经法》成书早于《伤寒论》，但晚于《五十二病方》。纵观中国古代度量衡的发展历史，商代的度量衡制度是否已发展到《汤液经法》的水平，值得进一步研究。

4. 后世医家对经方剂量的继承主要有两种形式

后世医家引用经方，剂量不变，一般情况下，作者会在开篇言明作者所处年代的药物剂量如何与经方剂量折算；医家按当时的剂量折算经方剂量后，再引用经方。以此为例，研究《伤寒论》对《汤液经法》剂量的继承，以《辅行诀》为证，仲景并没有折算《汤液经法》的剂量；观察《伤寒论》112方，其剂量的应用十分严谨，桂枝汤衍生的一系列方剂及桂枝汤与麻黄汤、越婢汤合方的方剂，不仅药味加减严谨，剂量加减也丝毫不差。由此可推测：仲景所处年代的医用度量衡与《汤液经法》使用的度量衡差别不大，两者可能都采用了秦汉时期的度量衡制度。

综上，《伤寒论》继承了《汤液经法》的药物剂量，两书成书年代虽不同，但两个年代的医用度量衡制度可能基本一致，均为秦汉之制。

参考文献

[1] 张仲景. 伤寒论. 北京：人民卫生出版社，2005
[2] 钱超尘.《伤寒论》源于《汤液经法》考. 世界中西医结合杂志，2007，12(2)：683～685
[3] 丛春雨. 敦煌中医药全书. 北京：中医古籍出版社，1994. 116
[4] 钱超尘. 中华经典医书·第二集. 北京：中国医药科技出版社，2002. 879～967
[5] 王伊明. 为古方权量正本清源. 北京中医学院学报，1986，2：10
[6] 丘光明. 中国古代度量衡标准. 考古与文物，2002，(3)：90
[7] 尚志钧，尚元胜辑校. 陶弘景本草经集注. 北京：人民卫生出版社，1994. 36～37
[8] 刘更生，张瑞贤点校. 孙思邈撰. 千金要方. 北京：华夏出版社，1996. 3～4
[9] 仝小林，穆兰澄，姬航宇，等.《伤寒论》药物剂量考. 中医杂志，2009，50(4)：368～372

附 4　药品注册所需的量效关系资料

一、前　　言

1. 量效关系资料的目的

了解药品剂量、血药浓度以及临床反应（有效性及不良反应）之间的关系对于每个患者能安全有效地用药是十分重要的。这方面的资料有助于确定合适的初始剂量、按患者的特殊需要调整剂量的最佳方法以及确定一个最大剂量，即超过此剂量不增加受益，或产生不能接受的副作用。剂量一浓度、浓度一和（或）量效关系资料用于注释药品标签中的用量及使用方法。此外，对量效关系的了解还可使多个管理部门根据一个共同的数据库做出批准决定，这对全球药品开发提供了经济的途径。

从历史上来看，药物开始投放市场时的剂量往往后来被认识到是过大的（即超过出现期望疗效时的量效曲线平台剂量），有时会带来不良后果（如抗高血压病的噻嗪类利尿药所致的低血钾和其他代谢紊乱）。虽然通过不断努力地寻找最小有效剂量或疗效不再增加的最大剂量后，上述情况已有所改善，但是能够精确确定这些剂量的实用研究方法并不存在。进一步地说，不断增长的知识表明，最小有效剂量及最大有效剂量的概念不足以说明个体差异，也不能在不同剂量间比较出有益的和非期望的作用。任一给药剂量能同时产生期望和非期望的作用，因此，没有一个剂量能适合所有患者。

2. 剂量选择中量效关系数据的应用

对选择初始剂量最有帮助的方法是了解期望和非期望作用的人群（群体）平均量效曲线的形状及位置。剂量的选择最好以此资料及期望和非期望作用的相对重要性的判断为基础。例如，相对较高的初始剂量（位于或接近有效性量效曲线平台）可推荐用于剂量安全范围大的药物，或用于治疗需快速有效干预的进展性疾病的速效药物。较高的初始剂量对剂量安全范围小的药物可能不适用。这种情况下药物的初始剂量最好从较低剂量开始（这一剂量能在一部分患者人群中出现临床显著疗效即可），只要药物能被很好耐受，以后可逐渐增加剂量。初始剂量的选择，亦可能受到所给定血药浓度下个体间潜在的药效学差异的影响，或受到可预知的个体间药代动力学（药动学）差异的影响，如非线性动力学、代谢多样性或药动学意义上药物间相互作用的可能性。在这种情况下，给予较小的初始剂量有助于保护那些血药浓度较高的患者。对于相同的数据，不同的医生甚至不同的管理当局根据其对风险和受益关系的不同理解，完全有可能选择不同的初始剂量、剂量调节步骤和最大推荐剂量。合理的量效关系数据允许采用这种判断。

通常个体量效曲线的形态与群体的平均量效曲线不同，了解患者个体量效曲线的形态，将有助于在观察到患者对初始剂量的反应后进行剂量调整。因此可进行个体量效曲线评估的研究设计对于指导剂量调节十分有用，但目前这类研究的经验和有关的分析十分有限。

使用量效关系资料时，尽可能确定引起个体间药动学差异的因素非常重要，这些因素包括：人口学特征（如年龄、性别、种族）、其他疾病（如肝肾衰竭）、饮食、伴随治疗或个体特征（如体重、体形、其他药物的使用、代谢差异等）。

3. 血药浓度-效应数据的应用

若只能在血药浓度监测下才能安全有效使用药物时,血药浓度一效应资料的价值是显而易见的。其他情况下,虽然通常不需确定血药浓度-效应关系,但倘若确定则可能有助于明确下列情况所具有的临床意义的重要性:①如由药物一疾病(如肾衰竭)或药物间相互作用等所导致的药动学差异;②地区法规允许不需附加临床数据而评估新剂型(如控释剂型)或新给药方法所导致的药动学改变的效应。前瞻性的随机血药浓度一效应关系研究对于确立治疗浓度的监测“窗”是至关重要的,在患者间药动学差异很大的情况下也有意义。在后一种情况下,明确血药浓度一效应关系的前瞻性研究总的来说所需的受试者数量较少,而标准量效关系研究则需要较多的受试者。需注意的是,血药浓度一效应资料的收集,并不意味着只有监测治疗时的血药浓度才能正确使用药物。血药浓度一效应关系资料可转换成量效关系资料,换句话说,如果血药浓度与观察到的药效(如期望的或非期望的药理作用)这两者之间的关系得以确定,即可调节患者的反应而不需要进一步监测血药浓度。血药浓度一效应资料,也有助于选择最有可能达到满意效应的剂量(根据其达到的浓度范围)。

4. 剂量调节设计中的问题

在一般证实疗效的研究设计中,通常采用剂量调节的方法来研究有效性或安全性的终点。如果缺乏细致的分析,那么这种剂量调节设计对于量效关系的确定是没有意义的。在很多研究中发现、随着时间延长,疾病有自发好转的倾向,这种好转与增大剂量及药物蓄积所引起的效应增大难以区别。这会导致将研究中所使用的最大耐受剂量作为推荐剂量的倾向。以往,这种方法常使得实际应用剂量超过需要的剂量,引起非期望作用的增加,如治疗高血压病时使用大剂量利尿药。有时,特别是急需看到早期疗效时,这种调至最大耐受剂量的研究方法是可接受的,因为其所需的病例数最少。例如,最先上市的治疗 AIDS 的药物 Zidovudine(AZT)就是基于大剂量研究,以后的研究发现更低的剂量同样有效且耐受更好。因急切需要第一个有效抗-HIV 药物;所以批准时缺乏量效关系资料是合理的(前提是在上市后应获得更多的资料),如不急需,则不鼓励采用这种方法。

5. 量效关系与时间的相互作用

用药剂量大小的选择常与给药次数密切相关。一般认为,如果给药间隔长于药物的半衰期,应根据其药效学原理决定给药间隔。例如,相同剂量的药物可采用长短不同的给药间隔进行比较,如可能的话,观察整个给药间隔内所期望作用的持续性以及与血药浓度峰值有关的不良反应。在单个给药间隔内,血药浓度处于峰值和其他水平时的量效关系可能不同,量效关系将取决于所选择的给药间隔。

量效关系的研究还要在许多其他方面考虑到时间因素。一个给定剂量的研究时间应足够长,不管药效的滞后是由药动学还是药效学因素所造成的,都能够了解其全部的药效。早上或晚上用药时的量效关系可能不同,同样,早期用药与以后维持用药期的量效关系也可能不同。药效可能与蓄积剂量,而不是每日应用剂量有关,此外还可能与用药时间长短(如快速免疫法、耐受、或滞后)或进食与给药的关系有关。

二、获得量效关系资料

1. 量效关系评价应是药物开发的一个组成部分

量效关系的评价是药物开发中必不可少的组成部分,量效关系的研究是确定药物安全性和有效性评定的固有部分。开发过程中包括量效关系研究与忽视量效关系研究相比,前者不会浪费时间且只需最小的额外精力。

2. 危及生命疾病中的研究

在一些特殊的治疗领域中,逐渐形成了不同的治疗和研究行为,对经典的研究方法产生影响。安慰剂对照的平行量效关系研究或剂量调节研究设计,在心绞痛、抑郁症、高血压病等研究中是很有效的典型的研究设计,但可能不适用于另一些情况,如危及生命的感染或可能治愈的肿瘤,尤其是已知有效的治疗方案。再者,在这些治疗领域中,毒性相当大也是可接受的,为快速达到最大可能的有益效果,常选用相对较大的剂量。如此得出的推荐剂量,可能使某些患者因其毒性过大而停药,从而失去获得治疗效果的机会。但另一方面,采用疗效可能较低的低剂量,或逐渐调节剂量直至期望作用出现的方法并不可取,因为在这种情况下,患者可能因早期治疗的失败而永远失去治疗机会。

然而,即使是针对危及生命的疾病,药物开发人员仍需要经常权衡不同给药方案所带来的收益及不利影响,考虑如何选择最合适的剂量、给药间隔和剂量逐步增加的步骤。即便对危及生命的适应证,最大耐受剂量或在替代指标上表现出最大作用的剂量也不总是最合适的剂量。在单剂量研究中,常因药动学差别而表现出明显个体差异的血药浓度数据可回顾性地对可能的血药浓度一效应关系提供线索。

因为需要的样本量很大,在大范围的干预性研究(如心肌梗死后的研究)中,单剂量研究常是经典方法。设计干预性研究时,必须考虑多剂量研究的潜在优势。有时可简化研究,减少针对每个患者收集的资料,从而能在不明显增加费用的情况下在更大的人群中进行多剂量研究。

3. 量效资料不完善时管理当局的考虑

即使是很好的计划也不一定总能成功。在一个设计很好的量效关系研究中,可能因使用的剂量过大或彼此过于接近,以至于结果看上去都是一样的(尽管都优于安慰剂)。尽管在此情况下,有可能最小研究剂量仍超过药物最大有效作用剂量,但权衡观察到的非期望作用和有益作用后,仍可选择一个合理的研究剂量投放市场。当药物有特殊意义时,这种决定最易做出;如若不然,在已部分确定适当剂量范围的研究基础上,应在药物上市后进一步进行剂量研究。同样,尽管量效资料研究是药物开发项目的目标之一,但如新的治疗方法确能有效地治疗或预防一种严重疾病,可根据固定单剂量或确定的剂量范围内的研究资料(但缺乏可依据的量效资料)给予批准。

4. 整个量效资料数据库的细查

除了通过专门设计的研究确定量效关系外,还应深入细致地检查整个数据库,以便发现其他可能的量效关系。应注意某一研究设计特点所具有的局限性,例如许多研究中,因考虑安全性原因而从低向高逐渐增加剂量,但由于多数药物的副作用在早期出现,并可随继续治疗而消失,这就可能导致较低剂量时非期望作用的假性高发生率。同样,在逐渐增加剂量直至取得期望作用的研究中,那些对药物作用较不敏感的患者往往可能需接受较大的剂量,从而导致一个显而易见却是错误的倒“U”形量效曲线。尽管存在这些局限性,仍应通过多变量分析法或其他方法分析所有来源的临床资料以明确剂量相关协变效应,即使这种分析只能提供假设而非肯定的结论。例如,药物作用与体重或肌酐清除率的负性相关关系能反映其剂量相关性。如果开展药动学筛查(在大多数进行Ⅱ、Ⅲ期试验的患者中得到少量稳态血药浓度测定值),或在研究中采用其他可获得血药浓度的方法,则有可能了解药物作用(期望或非期望的)与其血药浓度的关系。这一关系本身就可能很好地描述浓度效应,或提示进一步的研究。

三、评价量效关系的研究设计

（一）总论

量效关系研究中，研究设计和研究人群的选择取决于药物开发时期、所研究的治疗适应证及研究人群中疾病的严重程度。例如，当可能产生不可逆后果的危及生命的疾病或严重情况尚无适当的抢救措施时，伦理学要求不允许进行低于最大耐受剂量的研究。在均一患者人群中，给予每种治疗时，都只需少量受试者即可达到研究目的。另一方面，在变异较大的大样本研究人群中可发现重要的潜在协变效应。

一般来说，量效关系资料最好从专门设计的不同剂量间进行比较的试验中得到。有时，如当对照组类似时，从两个或多个单次固定剂量对照试验的结果比较中也可获得一些信息，但即便如此，在独立的试验中发生的许多交叉研究差异仍常使这种方法不能令人满意。有时也可从得自一个固定剂量试验的不同浓度中回顾性地推知血药浓度一效应关系。尽管疾病的严重程度或其他患者因素可能影响上述分析，但资料仍可被利用并用以指导进一步的研究。在临床开发早期阶段进行量效关系研究能减少Ⅲ期临床试验的失败率，加快药物开发进程，节约开发资源。

药动学资料可用于选择合适的剂量，保证所获得的血药浓度一效应值足够分散，并减少或消除量效关系试验中浓度的重叠现象。当药物的药动学变异很大时，所选择的剂量应更分散。或者，应根据药动学协变量（如对体重、瘦体质或肾功能的修正）对剂量组进行个体化，或进行血药浓度对照研究。

实际上，如果效应能通过连续的或确定的变量测得，且治疗开始后能迅速取得而治疗结束后能迅速消失（如血压、疼痛缺失、气管扩张），则比较容易获得有效的量效资料。这种情况下，可选用更宽范围的研究设计，小而简单的研究也可提供有用的资料。安慰剂对照个体剂量调节设计作为药物开发早期阶段的典型研究设计，如能恰当地实施和分析（建立和确定群体和个体量效关系的定量分析），可为更可靠的平行的、固定剂量的量效关系研究提供指导，甚至其本身就可确定量效关系。

相反地，如研究的终点或不良反应滞后、持续或不可逆转时（如中风或心脏意外的预防、哮喘的脱敏治疗、有迟发性反应的关节炎治疗、癌症的生存率、抑郁症的治疗），剂量调节和同步的效应评价通常是不可能的，常需要进行平行量效关系研究。平行量效关系研究可避免因倒“U”形（伞形或钟形）量效曲线导致的有效剂量缺失，倒“U”形（伞形或钟形）量效曲线下大剂量反而可能不如小剂量有效，例如同时有激动-拮抗作用时发生的效应。

用于评价量效或血药浓度一效应的试验应良好对照，并采用随机和盲法（除非盲法是不必要或不可能的）来保证治疗组间的可比性，并减少潜在的因患者、研究者及分析者造成的偏倚，此外还应有足够的样本量。

重要的是，应在符合实际情况并考虑到患者安全性因素的前提下，选择尽量大的剂量范围以了解任何有临床意义的差别。当缺乏药理学的或可能有效的替代终点来提供有关剂量的最初指导时，这一点尤为重要。

（二）特定的研究设计

一些特定的研究设计可用来评价量效关系，同样的设计也可用于确定血药浓度一效应关系。尽管未能尽述，下述方法都能用于推知有效的量效关系资料。本指导原则述及的部分方法可能优于其他方法，但所有的方法都值得考虑。这些设计可在已建立临床终点或替代终点的研究中采用。

1. 平行量效关系研究

随机分为若干个固定剂量组（随机平行量效关系研究）的设计概念简单，使用广泛且有效。固定剂量是指最终剂量或维持剂量;患者可直接给予该剂量,或逐渐调至该剂量(通过预定的“强制的”调节方案),后者似乎更安全。无论何种情况,最终剂量均应维持足够的时间来进行量效关系比较。尽管在量效关系研究中设安慰剂组是合乎需要的,但理论上并不是所有研究都需要;当药物作用随剂量增加而递增时,在没有安慰剂组的情况下,也能说明药效。但如要了解药物确切的作用,则必须使用安慰剂或对终点影响极小的对照药。进一步说,既然安慰剂组和治疗组间的差异能明确表明药物有效,那么设立安慰剂组后,只要看到所有剂量的作用均超过安慰剂即可,这样有时就能部分避免因选择的所有剂量均过大以致看不出量效曲线斜率。原则上,不必要求在剂量间的成对比较中均检测出统计学上有意义的差异,只要使用所有数据后,能看到各剂量的统计学差异倾向(即上行的斜线)即可。但是,需证实拟推荐的最低剂量有显著的统计学意义及有意义的临床效应。

平行量效关系研究能得出组均值(群体-平均)量效关系,而不是个体量效曲线的分布或形态。

在平行量效关系研究结束时,常发现所有剂量都太大(在量效曲线的平台上),或都不够大。正规的有计划的中期分析(或其他多阶段设计)能发现这类问题,以使得在合适剂量范围内进行研究。

如同安慰剂对照研究一样,使用一个或多个阳性药物对照也会有帮助。将安慰剂和阳性药物对照组均包括进来就能进行“敏感性”评价,以区别是药物无效抑或是研究本身无效。比较试验药物与对照药物的量效曲线目前还不是一种常用的设计方法,但相对于两个药物单个剂量间的比较,它是更有效的并能提供更多资料的一种比较疗效和安全性的研究方法。

析因分析试验是平行量效关系研究中的特殊情形,常用于联合治疗的评价,尤其是两种药物都可能作用于相同的反应变量(如利尿剂和其他抗高血压病药)时,或者一种药物的作用可能减轻另一药物的不良反应时。这类研究可显示(联合用药中各种成分所产生的)效用,且提供其单独用药或联合用药的剂量资料。

析因分析试验是一种平行分组、剂量固定的设计,每个药物都有一定的剂量范围,然后某些或全部不同剂量的药物进行组合。由于所有的数据都可用来推算出单个药物和联合用药时的量效关系,即一个量效关系面,因而其样本量可小于用于区分每个药物的成对比较时所需的样本量,即中等大小的样本量就已足够。批准上市的剂量及组合不必仅限于研究中实际采用的,而可以是试验中实际采用剂量和组合之间的。选择剂量时除完全依赖量效关系面分析之外,还可有例外。处于剂量范围的低限时、如果药物的使用剂量小于单独用药时的已知有效剂量,则应具有足够的证据在成对比较中将其与安慰剂区别开来。析因分析研究中,一种方法是最低剂量组合组和安慰剂组采用大于其他组的样本量;另一方法是进行低剂量组合的单独研究。同样,在剂量范围的上限,也必须证实每个药物在整体效应中分别所起的作用。

2. 交叉量效关系研究

如果药物起效很快且治疗结束后患者迅速回到基线状态,如果反应并非不可逆(治愈、死亡),如果患者疾病相当稳定,那么,可采用不同剂量的随机多重交叉研究。但这种试验设计存在着与其他交叉试验相同的潜在问题:中断治疗的病例较多会造成分析上的问题;单例患者治疗时间太长;以及滞后作用(长时间治疗可弱化此作用)、第一阶段治疗后患者基线的可比性和各治疗期间的相互作用常不确定。采用不要求所有患者均接受每个剂量治疗的设计可缩短试验时间,例如用平衡的不完全区组设计。

这一设计方法的优点是每个患者接受多个不同的剂量,因而可估计出个体量效曲线的分布和群体平均量效曲线,与平行分组设计比较,它要求的患者数较少。另外,与剂量调节设计不同,它在剂量和时间方面不那么混乱,并能更好地评价滞后作用。

3. 强制剂量调节

强制剂量调节研究,也就是所有的患者接受一系列逐渐增加的剂量,其概念及限制性与随机多重交叉量效关系研究相似,所不同的是前者剂量是按给定的水平指定而非随机的。如果大多数患者完成了所有剂量的治疗,如果设立了平行安慰剂对照研究,强制剂量调节研究与平行固定剂量研究一样,可允许进行接受多种剂量的完全随机组与并行的安慰剂组间的比较。这种研究设计的一个主要缺点是它本身不能将因剂量增加引起的效应与治疗时间增加或药物蓄积作用引起的效应相区别。因而除非每个剂量的治疗时间都延长,否则当药物作用滞后时,这种设计方法不能令人满意。即便是用药后能短时间内达到效应(其他数据提供)的情况下,这种方法也不能很好地提供有关不良反应的资料,因为有些不良反应具有时间依赖性特征。尽管可通过安慰剂对照组来反映十分常见的自发好转倾向,但仍然是强制剂量调节研究方法的一个缺陷,因为随时间的延长,较大剂量的应用已没有显示更好疗效的余地了。如果药物的蓄积作用(时间依赖性)很少,并且中断治疗的患者不多,强制剂量调节研究能合理地初步给出近似的群体平均量效关系和个体量效关系的分布。与平行量效关系研究比较,它需要的患者数少,并且能通过延长研究时间而使之适用于较大的剂量范围内的研究,成为合理的首次研究。如设立并行安慰剂对照组,强制剂量调节研究方法能明确提供有效性证据,对平行量效关系研究的剂量选择尤为有用。

4. 非强制剂量调节(安慰剂对照调节至终点)

在本设计中,按方案中描述的给药原则调节剂量直至出现某种具有明确特征的好或不好的效应。它最适用于起效迅速且患者不会发生如死亡、中风等不可逆事件的情况。对这些研究的粗略分析,如在调节至不同剂量的亚组间进行疗效比较常得出错误的倒"U"形曲线,因为只有效应最弱者才会被加至最大剂量。不过,较复杂的统计分析方法,如建立模型和评估群体及个体量效关系曲线,可纠正这类错误,并能计算出有效的量效关系资料。通过非强制剂量调节方法来获得量效关系资料的经验仍然有限,研究中设立并行安慰剂组对纠正自发变化和研究者倾向等十分重要。如同其他几种同一患者使用不同剂量的研究方法一样,本设计比具有同样统计学效能的平行固定剂量研究所需的患者数少,并能提供群体平均量效关系及个体量效关系资料,但易混淆时间和剂量效应,并在探索不良反应的量效关系时会出现某些特定的问题。正如强制剂量调节设计,非强制剂量调节设计能用于大剂量范围的研究,且能在设立并行安慰剂组时明确提供有效性证据,尤其有价值的是,它能作为一种早期研究,为最终的平行量效关系研究选择剂量。

(三) 指导和建议

(1) 几乎任何进入市场的新化学药品都需要量效关系资料。这些资料都必须出自合理、科学的研究设计;多种不同设计可提供有效的资料。研究必须有很好的对照,使用可接受的方法来减少偏倚。除了进行正规的量效关系研究,申办者应检验整个数据库以寻找可能存在的量效资料。

(2) 通过特定的研究及对整个数据库的分析得出的资料可被申办者用于:①确定合理的初始剂量。最理想的是针对患者的体型、性别、年龄、伴随疾病及伴随治疗进行调整(或是有确定的证据表明不需要调整)以反映药效学和药动学差异的整体情况。根据环境因素(如疾病、药物的毒性)、初始剂量的范围可以从具有某些有效作用的低剂量至几乎获得全部作用的剂量。②确定合理的、由药物效应所指导的剂量调节步骤及调节的间隔,并根据患者的特征进行适当的调节。如果能够得到个体量效数据,那么,这些步骤将以典型的个体量效曲线形态(对期望的和非期望的作用而言)为依据;如果不能得到个体量效数据,则将以群体(组)平均量效曲线形态为依据,同时要考虑测定这些药物作用变化所需的时间。应该指出,目前用于建立群体(组)平均量效曲线的方法比建立个体量效关系的方法要好得多。③确定一个剂量或效应(期望的或非期望的)。超过此剂量时,因为没有更多的益处或可能引起非期望作用的增加,所以通常不应尝试高于此剂量的剂量调节。

(3) 较谨慎的做法是在药品开发的早期及后期阶段都进行剂量范围及浓度效应关系的研究,以避免Ⅲ期临床研究的失败，或避免主要由无效剂量或过量剂量产生的数据积累。试验的终点在药物开发的不同阶段有所不同。例如，研究治疗心衰竭的药物时，药效学终点（如心排血量、楔压）可在早期使用，中期终点（如运动耐量、症状等）可在其后使用，而死亡率或不可逆发病率的终点可作为最终的评价（存活、新的心肌梗死）。应该估计到这些终点所对应的量效关系有可能不同。当然，对于为获准上市而进行研究的终点的选择，将视具体情况而定。

（4）应用3个或更多剂量（其中一个为零剂量，即安慰剂）的随机平行量效关系研究，是一种广泛使用的、成功的并可接受的用于获得群体平均量效关系数据的方法，但并不是唯一的方法。通过这种方法，如果试验剂量选择得好，应能确定临床受益或非期望作用与药物剂量或药物浓度之间的关系。

上述研究需要使用多个剂量，除安慰剂以外至少还应有两个剂量，但一般来说，应要求研究采用的剂量数多于3种。单剂量药物与安慰剂之间的对比试验能检验药物和安慰剂间无差异的无效假设，但不能确定量效关系。同样的，虽然从两种活性剂量（无安慰剂）也能得到一个线性关系，但这种近似结果常不能提供足够的资料。研究设计的重点应放在阐明量效关系函数上，而不是个别的成对比较。如果曲线上某一特定点存在疑义，例如，一个很低的剂量是否有用，则这个问题应进行单独研究。

（5）有益的及非期望作用的量效数据可提供具有适宜的受益和风险比的可批准剂量范围的信息。一个良好对照的量效关系研究可作为有效性的主要依据。

（6）管理部门和药物开发者应接受新的方法和概念，即合理并记录完整的、在量效关系研究中现有或将有的数据分析概念。管理部门还应接受各种不同的统计学方法及药物测定技术，例如贝叶斯（Bayesian）和群体方法、建立模型和药动学-药效学方法。但是这些方法不能否定对从前瞻性随机多剂量临床试验中得到量效关系数据的要求。对用于其他目的的数据库进行Post-hoc数据分析以期获得量效关系数据，往往会产生新假说，但只能偶尔提供确定的量效关系评价。

数据分析技术的多样性，包括日益增长的回顾性群体分析的应用，以及新的设计（如序贯设计），可有助于确定量效关系。例如，若将剂量按毫克/千克（mg/kg）换算，或按肾功能或瘦体质等调整，则固定剂量设计可以按一个连续的剂量水平重新进行分析。同样的，量效关系研究中得到的血药浓度水平也能用于估计浓度—效应关系。以可靠的药物使用依从性资料为基础，可对用药量进行调整。在所有这些情况下，必须意识到各种复杂因素，即存在一种可改变经换算的药物剂量与效应、血药浓度与效应，或用药依从性与效应等方面的因素。

（7）应对数据库子集中人口学特征如年龄、性别及种族等可能存在的差异进行量效关系的探索性研究。要做到这一点，了解各组间是否有药动学的差异，如代谢差异、体形及身体组成差异等是十分重要的。

（8）是否做出批准的决定基于对有关药物资料的全面考虑。尽管量效关系资料必须切实可用，但根据药物所呈现的有效性种类和程度，如果在获准后将进行进一步的研究，则数据的不完备性亦是可接受的。因此，正如特殊人群效应、长期用药、潜在的药物间和药物—疾病间关系的资料一样，尽管量效关系资料是预期要求的，但在较大的治疗受益或迫切需要，或观察到毒性极低的情况下，提交量效关系资料的时间可推迟。

附 5　卫生部关于进一步规范保健食品原料管理的通知

各省、自治区、直辖市卫生厅局、卫生部卫生监督中心：为进一步规范保健食品原料管理，根据《中华人民共和国食品卫生法》，现印发《既是食品又是药品的物品名单》、《可用于保健食品的物品名单》和《保健食品禁用物品名单》(见附件)，并规定如下：

(1) 申报保健食品中涉及的物品(或原料)是我国新研制、新发现、新引进的无食用习惯或仅在个别地区有食用习惯的，按照《新资源食品卫生管理办法》的有关规定执行。

(2) 申报保健食品中涉及食品添加剂的，按照《食品添加剂卫生管理办法》的有关规定执行。

(3) 申报保健食品中涉及真菌、益生菌等物品(或原料)的，按照我部印发的《卫生部关于印发真菌类和益生菌类保健食品评审规定的通知》(卫法监发[2001]84 号)执行。

(4) 申报保健食品中涉及国家保护动植物等物品(或原料)的，按照我部印发的《卫生部关于限制以野生动植物及其产品为原料生产保健食品的通知》(卫法监发[2001]160 号)、《卫生部关于限制以甘草、麻黄草、苁蓉和雪莲及其产品为原料生产保健食品的通知》(卫法监发[2001]188 号)、《卫生部关于不再审批以熊胆粉和肌酸为原料生产的保健食品的通告》(卫法监发[2001]267 号)等文件执行。

(5) 申报保健食品中含有动植物物品(或原料)的，动植物物品(或原料)总个数不得超过 14 个。如使用附件 1 之外的动植物物品(或原料)，个数不得超过 4 个；使用附件 1 和附件 2 之外的动植物物品(或原料)，个数不得超过 1 个，且该物品(或原料)应参照《食品安全性毒理学评价程序》(GB15193.1-1994)中对食品新资源和新资源食品的有关要求进行安全性毒理学评价。

以普通食品作为原料生产保健食品的，不受本条规定的限制。

(6) 以往公布的与本通知规定不一致的，以本通知为准。

附件

1. 既是食品又是药品的物品名单
2. 可用于保健食品的物品名单
3. 保健食品禁用物品名单

附件 1　既是食品又是药品的物品名单(按笔画顺序排列)

丁香、八角茴香、刀豆、小茴香、小蓟、山药、山楂、马齿苋、乌梢蛇、乌梅、木瓜、火麻仁、代代花、玉竹、甘草、白芷、白果、白扁豆、白扁豆花、龙眼肉(桂圆)、决明子、百合、肉豆蔻、肉桂、余甘子、佛手、杏仁(甜、苦)、沙棘、牡蛎、芡实、花椒、赤小豆、阿胶、鸡内金、麦芽、昆布、枣(大枣、酸枣、黑枣)、罗汉果、郁李仁、金银花、青果、鱼腥草、姜(生姜、干姜)、枳椇子、枸杞子、栀子、砂仁、胖大海、茯苓、香橼、香薷、桃仁、桑叶、桑椹、橘红、桔梗、益智仁、荷叶、莱菔子、莲子、高良姜、淡竹叶、淡豆豉、菊花、菊苣、黄芥子、黄精、紫苏、紫苏籽、葛根、黑芝麻、黑胡椒、槐米、槐花、蒲公英、蜂蜜、榧子、酸枣仁、鲜白茅根、鲜芦根、蝮蛇、橘皮、薄荷、薏苡仁、薤白、覆盆子、藿香。

附件 2　可用于保健食品的物品名单(按笔画顺序排列)

人参、人参叶、人参果、三七、土茯苓、大蓟、女贞子、山茱萸、川牛膝、川贝母、川芎、马鹿胎、马鹿茸、马鹿骨、丹参、五加皮、五味子、升麻、天门冬、天麻、太子参、巴戟天、木香、木贼、牛蒡子、牛蒡根、车前子、车前草、北沙参、平贝母、玄参、生地黄、生何首乌、白及、白术、白芍、白豆蔻、石决明、石斛(需提供可使用证明)、地骨皮、当归、竹茹、红花、红景天、西洋参、吴茱萸、怀牛膝、杜仲、杜仲叶、沙苑子、牡丹皮、芦荟、苍术、补骨脂、诃子、赤芍、远志、麦门冬、龟甲、佩兰、侧柏叶、制大黄、制何首乌、刺五加、刺玫果、泽兰、泽泻、玫瑰花、玫瑰茄、知母、罗布麻、苦丁茶、金荞麦、金樱子、青皮、厚朴、厚朴花、姜黄、枳壳、枳实、柏子仁、珍珠、绞股蓝、葫芦巴、茜草、荜茇、韭菜子、首乌藤、香附、骨碎补、党参、桑白皮、桑枝、浙贝母、益母草、积雪草、淫羊藿、菟丝子、野菊花、银杏叶、黄芪、湖北贝母、番泻叶、蛤蚧、越橘、槐实、蒲黄、蒺藜、蜂胶、酸角、墨旱莲、熟大黄、熟地黄、鳖甲。

附件3 保健食品禁用物品名单(按笔画顺序排列)

八角莲、八里麻、千金子、土青木香、山莨菪、川乌、广防己、马桑叶、马钱子、六角莲、天仙子、巴豆、水银、长春花、甘遂、生天南星、生半夏、生白附子、生狼毒、白降丹、石蒜、关木通、农吉痢、夹竹桃、朱砂、米壳(罂粟壳)、红升丹、红豆杉、红茴香、红粉、羊角拗、羊踯躅、丽江山慈菇、京大戟、昆明山海棠、河豚、闹羊花、青娘虫、鱼藤、洋地黄、洋金花、牵牛子、砒石(白砒、红砒、砒霜)、草乌、香加皮(杠柳皮)、骆驼蓬、鬼臼、莽草、铁棒槌、铃兰、雪上一枝蒿、黄花夹竹桃、斑蝥、硫黄、雄黄、雷公藤、颠茄、藜芦、蟾酥。

附6　小剂量应用辨析

临床处方，必须结构严谨、针对性强、主攻明确，用药精准。遣方用药除精专之外，还应注意调整剂量，有些药用至1两至数两，有些药只用1钱或数分，或大或小，或多或少，必有规范。方药施量，是在辨证、选方选药确定之后。王孟英虽说："急病重症，非大剂无以拯其危。"但他在《温热经纬》中对薛生白以"川连三四分，苏叶二三分治疗湿热证呕恶不止欲死者"的按语中又说："此方药止二味，分不及钱，不但治上焦宜小剂，而轻药竟可愈重病，所谓轻可去实也。"可见，大小剂量各有所宜，盲目强调经方大剂量也是不可取的[1]。

一、大小剂量各有所宜

经方剂量传承错误的一个客观结果是扩大了汤方小剂量的应用，即增加了剂量阈的实践范围。对剂量理解的不同，客观上导致了经方医家出现了两大派别：本原剂量（大剂量）派和改变剂量（小剂量）派。金元以降，丸散膏丹的盛行，可能是经方改变剂量的滥觞。剂量变小、药味增加是历史上一种现象，临床疗效有所降低也是事实。从提高疗效出发，历代医家对剂量问题进行不断探索，如张锡纯[2]"尝思……乃有所用之药本可除病，而往往服之不效，间有激动其病愈加重者，此无他，药不胜病故也。病足以当其药而绰有余力，药何以能除病乎？"他说："用药以能治病为宗旨，医者疏方，恒至二十多味，其分两皆在二三钱之间，即将愈病，亦不知何药之力。"而"行医之道，贵视病之本源，而为提纲挈领之治法，故其疏方也，不过紧要之药数味，以直捣病之要冲而扫除之。"他推崇孙思邈"智欲圆而行欲方，胆欲大而心欲小"之名言，在前贤投用石膏重剂疗疾取效的启悟下，治病每投重剂，屡获捷效。冉雪峰在《冉雪峰医案》称："凡大病须用大药，药量得当力愈大而功愈伟。"新安医家程文囿认为"攻病当取其偏"，即"大病须用大药，毒药治其偏姑息养奸是不能取效的"。余无言擅治疑难重病和伤寒、温病，崇尚经方，治伤寒、温病用石膏、大黄者亦多不胜数，在辨证基础上用量大而效验卓著，被称为"石膏大黄先生"。广东陈伯坛善用大剂，"取效神速"[3]，他考虑经方药味少，以用量重取效，故有"陈大剂"之美誉，如桂枝生姜之属动以两计，大锅煎熬，药味奇辣。百岁名老中医熊寥笙介绍缪仲醇治章衡阳热病案[4]：用大剂白虎汤加麦冬、竹叶，医骇药太重，仲醇曰：虏荆非六十万人不可，李信二十万则奔还矣。别后进药，天明遂瘥。总之，临床务使药病相当，并根据患者不同的体质与病情，应重则重，以免因循致变；应轻则轻，适可而止。当然，小剂量也能治大病。如蒲辅周先生[5]认为，用药当灵活之中有法度，稳妥之下寓变化，轻灵有法而不失之轻药，才能药与证合，丝丝入扣。大凡用药如用兵，贵精不贵多，他用药很简练，通常六七味，少则二三味，至多不越十一二味，反对杂乱无章，甚则相互抵消。先生处方用量极轻，常谓治病犹轻舟荡桨，着力不多，航运自速，他称赞李东垣补中益气汤每味药量不过几分，而转运中焦气机，功效极大；相反，如果用量太大，药过病所，不唯无益，反而有害。张仲景五苓散，亦只以钱计；某些药物，如砂仁、豆蔻、丁香之类，小量则悦脾化湿、醒胃理气，大量则燥胃伤津而耗气。全国名老中医李翰卿喜用经方、小剂，每能救危难、起沉疴而得心应手[6]。李氏之于疑难杂症，尤其重视辨其夹杂证情，他认为治疗之关键在于辨别夹杂的比例多少，开方用药，务求药证相投；疑难杂病，难在虚实寒热夹杂之间，解难之法，功在孰多孰少下药之中；主张审证入微，精析夹杂比例；用药精当，计较一分一厘，临证以"起沉疴于妙用小剂之中，救危难于精析夹杂之间"著称，组方用药，严密灵巧。如其曾治一心力衰竭病例：附子0.3g、白芍药

0.6g、茯苓0.3g、人参0.3g、白术0.3g、杏仁0.3g。如此小量，竟能起沉疴于顷刻。医患均不明，遂求教其理。李曰："此患阴阳大衰，又兼水肿，乃阳虚至极也，虚不受补，补其阳，则阴液易伤而烦躁倍加，补其阴则阳气难支，浮肿短气更甚。故治之宜小剂耳，取《内经》：'少火生气，壮火食气'之意也。"但他在应用泻下之剂时，有胆有识，对一些里实较重，病势较急者，采用峻攻急下，且剂量不宜过小，大黄之类更是重用。

二、小剂量的适应病症

小剂量即轻剂，中医有"轻可去实"之理论。"轻可去实"源于徐之才《药对》，指麻黄、葛根清扬宣散之属，如元代王好古在《汤液本草》指出："轻可去实，麻黄、葛根之属是也。"后世医家不断发展拓宽其内涵，特别是清代医家善用轻剂，如叶天士在《温热论》中提出："在表初用辛凉轻剂。"一般认为"轻可去实"即用轻清疏解的药物以治疗风温初起的表实证。如吴鞠通在《温病条辨》中指出"治上焦如羽，非轻不举"，并认为银翘散取其轻清宣透之品，以轻宣肺卫之邪，故该方能纯然清肃上焦，不犯中下，无开门揖盗之弊，有轻以去实之能；并对治疗温毒咽痛喉肿之普济消毒饮作以评论："此方之妙，妙在以凉膈散为主，而加化清气之马勃、僵蚕、银花，得清可去实之妙。"王孟英在《温热经纬》解释其机制曰："轻药竟可以愈重病，所谓轻可去实也。盖气贵流通，而邪气挠之，则周行窒滞，失其清虚灵动之机，反觉实矣。唯剂以轻清，则正气宣布，邪气潜消，而窒滞者自通。"丁甘仁在《丁甘仁医案》中治疗风温袭入肺胃，湿热蕴蒸气分，病势非轻，而见身热及旬，咳嗽痰腥，大便不实，白疹布而未透，舌红苔黄脉滑数者，用金银花、象贝母、薏苡仁、桑叶各9g，连翘、前胡及赤芍药各4.5g，蝉衣2.4g，甘草1.5g，鲜荷叶1角，金丝荷叶5张，轻清宣解，可谓经典应用。对小剂量比较推崇的还有李东垣。他生活在战火纷飞、满目凄凉的时代，那时因为战争和瘟疫，老百姓饥寒交迫、流离失所、饥饱失常，脾胃受损，疾病丛生。在这样的时代背景之下，李东垣先生强调从脾胃入手，用药轻巧量小减轻脾胃负担，如出自其手的清胃散以黄连、生地黄、当归身各3分，牡丹皮5分，升麻1钱，治疗胃有积热之牙痛、龈肿出血等症，主张轻药缓图。张氏[7]总结轻可去实的临床应用范围为：①风火之邪，上犯清窍；②胃肠道疾病；③慢性消耗状态，一方面因势导邪不伐无辜，另一方面少量频服，对胃没有副作用，又能渐运复苏之功，无滞呆伤克之弊；④妇科疾病。妇科有不少病症，属于功能性疾患，多从月经不调而来，调经之方也是以轻剂量为好。可见"轻可去实"主要用于风温初起的表实证和慢性消耗性疾病。再如，河南张磊[8]认为小剂量主要应用于：①反佐宜用小量；②升提气机宜用小量；③疏利气机宜用小量；④醒脏腑之困宜用小量；⑤引火归元宜用小量等。岳美中教授主张"治急性病要有胆有识，治慢性病要有方有守"[9]。岳老治疗急性高热，他用石膏曾达一剂240g；治疗慢性脾胃病，砂仁、陈皮常用1.5g。他常以轻剂取卓效，把握的原则是："中医治病的巧处在分量上。用量的大小要因人因病而定，以适合病人的体质和病情为宜。"用小剂量他的心得是：其一是上焦病，所谓"上焦如羽，非轻不举"，重则过病所；其二是皮表病，如桑菊饮、九味羌活汤、升阳散火汤，应区别风热、寒湿、火郁之不同分别予之；其三是慢性病，如慢性肺病、胃肠病、肝肾病等，何绍奇先生概括为"慢病轻治"[10]。岳老特别强调有人认为用轻药不坏病，不会出乱子，其实一莛撞钟则不响，以寸草起重木草必折，泛用这种方法不但不能治病，反能误病，故必须区别对待。所以，一定要明确"轻可去实"的适用范围，一定要注意临床并非所有病都是轻剂能奏效，凡遇病情复杂，非复方、大方不能为功；病邪深重，非重剂不能取效的症候，都要因症而施，勿犯病重药轻，杯水车薪之弊，以免贻误病机。

临床上用小剂量大致分两种情况：其一是"分量减而药味渐多"，出于安全，或亦取效。这种大处方，看似单味药量减少，但每剂汤药的总量往往并没有减少。其二是有些经方医家，按照1两=3g治病，也能取效。但比较发现，大小剂量在治疑难重症、在取效的速度，尤其在挽救重症时还是存在差异的。李可老中医[11]认为：剂量问题是方剂治病的核心，没有特定的"量"，便不能突破特定的"质"。

参考文献

[1] 仝小林,吴义春,罗辉,等.小剂量应用辨析.上海中医药杂志,2010,(03)
[2] 张锡纯.医学衷中参西录.石家庄:河北人民出版社,1974.614
[3] 陈坤华.陈伯坛先生学术经验简介.广东中医,1963,(5):11
[4] 熊寥笙.熊寥笙伤寒名案选新注.北京:人民军医出版社,2008.50
[5] 薛伯寿.蒲辅周学术医疗经验继承心悟.北京:人民卫生出版社,2000.154~155
[6] 王象礼,赵通理.中国百年百名中医临床家丛书·李翰卿.北京:中国中医药出版社.2001
[7] 张玉波,关淑芳,魏婷婷.试论轻可去实与临床应用.中华中医药杂志,2006,21(7):415
[8] 张磊.张磊临证心得集.北京:人民军医出版社,2008.38
[9] 岳美中著.陈可冀编.岳美中中医学文集.北京:中国中医药出版社,2002.16
[10] 何绍奇.读书析疑与临证得失.增订版.北京:人民卫生出版社,2005.100
[11] 李可.李可老中医急危重症疑难病经验专辑.太原:山西科学技术出版社,2002.403

附 7　常用药不同剂量档的功效一览

A

艾叶　常用量能温经止血，大剂量可使肝细胞损害，出现中毒性肝炎。3～5g 可开胃，8g 左右温经止血、止痛，大量则引起胃肠道炎症。

B

槟榔　用以消积、行气、利水，常用剂量为 6～15g；而用以杀姜片虫、绦虫时，即须用到 60～120g。

白果　定喘汤白果用量在 21 枚（约为 25g），动物实验证实，定喘汤中白果重用的定喘效果优于常规剂量。

半夏　止呕、除湿 10～15g；开胃 15～30g；安神大于 30g。

薄荷　在逍遥散中仅用 3g，以疏达肝木；而在苍耳子散中就重用至 15g，以发散风热，清利头目。

白术　常用量能健脾止泻；大剂量用至 30～60g，则能益气通便，则可通泻。

白芍　6～30g，有养血敛阴、柔肝止痛、平抑肝阳之功效。30～45g，有利尿作用，用于热病后期，阴液耗损，小便不利等症。白芍长于养血敛阴，虽有利尿作用而不伤阴。用量若在 30g 以上，对大量吐血的确有较好的止血效果（《岳美中医话集》）。

C

川芎　外感头痛，用量宜轻：最多不超过 4g；高血压病之肝阳头痛，用量宜重：习用 9～12g；瘀血头痛，宜重剂量：可用至 30～40g。

按　*历代认为是治疗头痛之要药。前人有谓“头痛必用川芎”。然头痛一症，病因殊多，川芎性味辛温，功能活血行气、祛风止痛，临床常用以治疗血瘀头痛。用王清任血府逐瘀汤治疗血瘀头痛，方中川芎常重用 15～30g。清陈士铎《百病辨证录》散偏汤治偏头痛，疗效明显，方中亦重用川芎，用量达 30g 之多，若减少川芎的用量，则疗效不佳。若用川芎治高血压病之头痛时，亦应大剂量使用，可用 10～15g。无论高血压病或低血压病所引起的头痛，只要是血中有滞，放胆使用川芎，不但止痛效果良好，同时对血压也有相应的调节作用。据近代药理研究认为，大剂量使用川芎能降低血压，小剂量使用能使血压上升。有人认为川芎辛温香窜，上行头目，高血压病患者宜慎用。但中医认为本品有上行头目，下行血海的双向性作用。*

蝉蜕　常用量为 5～6g；治破伤风时需用 25～30g。

柴胡　仲景“大、小柴胡汤”每剂用柴胡用半斤（折合约为 112g），一剂分 3 服，每服约 37g，临床用柴胡汤每按此量用，没见有什么不良反应，前提条件是有柴胡证，多用解表，少用疏肝。2～5g 用于升举阳气，适用于清阳不升、浊阴不降或中气下陷之病证；5～10g 用于疏肝解郁，如情志不畅、肝气郁滞所致的胸胁胀痛等症；10～30g 主要用于解肌退热，临床用于治疗外感六淫之邪而致的寒热往来等症。

按　*柴胡在小柴胡汤中为君药，用量大于其他药味一倍有余，意在透邪外出；而在逍遥散中为臣药，用量与各药相等，起疏肝解郁作用；在补中益气汤中为佐药，用量极小，意在取其升举清阳的功能。柴胡之大量运用还可通大便及行月经。详见章次公医案。*

苍耳子　少量则轻而上至巅顶，重用则通下走足膝。

赤芍　胆红素代谢障碍一般用 30～60g，也可用 90g 以上，有凉血活血，通腑利胆利尿，降门脉压。

苍术、麻黄　两药用量配伍不同其作用有异；如两药相等，临床常见能发大汗，剂量是 10g∶10g；苍术倍于麻黄则小发汗;苍术3倍于麻黄,常见尿量增多,有利尿之作用,剂量是18g∶6g;苍术4倍于麻黄,虽无明显之汗利,而湿邪能自化,剂量是12g∶3g。关键在于药物之间的比例,并非药量越大,疗效越好。许先生经过长期观察,总结出各组药物疗效最佳的用量比例:如柴胡与白芍为6g∶9g,人参与白术为10g∶9g,桑叶、薄荷、牛蒡子为9g∶6g∶6g。

D

当归 小剂量应用则补血,大剂量应用则活血。

按 当归补血汤即由黄芪30g,当归6g组成,后世在应用补血的总方四物汤时,当归用量也不超过10g;归脾汤、八珍汤中,当归的用量仅3g。而具有清热解毒,活血止痛作用治疗脱疽的四妙勇安汤,当归的用量竟达60g,主要是取其活血止痛;治妇女产后瘀血内阻的恶露不行、小腹疼痛的生化汤,当归的用量为24g,也取其活血止痛,祛瘀生新之效能。再如治妇人胎前产后气郁血瘀诸疾的佛手散,当归用2~3两者,乃取其活血之用,使瘀去新生、血有所归。由此可见,当归用于活血,剂量宜大,可用至15g以上。前人谓其气味俱厚,行则有余,守则不足,故重用则行血之力更甚。若用于补血,剂量宜轻,3~9g即可。血虚者每致阴虚,阴虚则生虚热,当归气味辛温而主动,重用则每致动血,切不可重用,否则适得其反,病家服后每致口干、烦躁、失眠、头晕更剧,甚则鼻衄。

丹参 大剂量治疗失眠。(上海姜春华[1])

代赭石 9~18g有镇胃降气、止呕止噫之功,适用于胃气虚弱的呕吐、呕逆、呃气、胃脘满实等;24~30g用于治疗实证气喘及肝阳上亢所致头晕、目眩等证。

大黄 1~5g有致泻作用,3~6g可止泻,9~15g可泻下。

按 治疗肝炎,随用药量增加而各项指标复常时间缩短,认为30g可作为常规剂量。大黄粉0.3g以下有止泻作用。其机制为大黄鞣酸的收敛作用掩盖了含量甚少的致泻成分的作用。鞣质的*D*-儿茶精抑制大肠内细菌生成酶,阻断吲哚类的产生而止泻。

F

茯苓 研究结果发现,在25g以下无明显利尿作用,至少达30g才有利尿作用,认为100g时利尿作用最强。

附子 1枚,轻量,阳虚;2~3枚,重量,祛风湿、止痛。(《伤寒论》1枚炮附子的重量约12g)

防己 小量能使尿量增加,而大量则作用相反。汉防己小量则增加尿量,大量尿量反减少。

G

桂枝 在桂枝汤中用9g,取其温经散寒、解肌发表之功,以祛除在表之风邪;而在五苓散中用量不到5g,则取其温通阳气,增加膀胱气化功能的作用。

关木通 常用量能利水通淋,用量60g以上可导致肾衰竭,小便不利。

H

合欢皮 量小可以安神,量大可以化痰。

红花 少用可养血,稍多则活血,再多则能破血。0.9~1.5g用于调养气血。在温补剂中加入少量红花,用于治疗产后血晕、头晕、眼花气冷等;12~15g用于冠心病、心绞痛,取其有破瘀通经之功。表现为兴奋子宫、降压、扩张血管。

黄芪 常用量为9~15g,在王清任的补阳还五汤中重用至120g;10g以下升压,15~30g降压;40g以上调节血压的动态平衡;15g以下能升血压,30g以上可降血压,气虚难汗者用之可汗,表虚多汗者用之可止。其利尿作用在20g以内明显,30g以上就趋向抑制;其对血压的影响,量在15g以内可升高血压,35g以上反而降压。

黄连、龙胆草 用1~2g能健胃,增进食欲;3~6g可燥湿泻火解毒,大量则会刺激胃壁引起恶心、呕吐。

厚朴 多用则破气,少用则通阳。(叶天士)

J

决明子 3~6g治疗急性结膜炎、睑腺炎、角膜云翳、虹膜炎等;9~12g治疗老年性哮喘、胃炎、胃溃疡、急性肾炎、急性泌尿道感染;20~30g治疗急性胆道感染、胆囊炎、慢性胰腺炎、高血压病等。

鸡内金粉 3g用于治疗体虚遗精、遗尿等,尤其对肺结核之遗精有较好疗效;4.5~12g用于调理脾胃、消食祛积,尤其适用于因消化酶不足而引起的胃纳不佳、积滞胀闷,反胃呕吐等;15~18g有化坚消石之功,可用于泌尿系结石及胆石症。

K

苦参 5~8g有利尿消肿作用,用治肾炎性水肿、肝硬化腹水、心脏性水肿等,并有平喘止咳作用,可治疗支气管哮喘发作;10~15g治疗细菌性痢疾、钩端螺旋体病及各种皮肤病;30~60g可用于外治感染、各种原因所致的失眠症。

L

连翘 诸家皆未言其发汗,而以治外感风热,用1~2两,必能发汗,且发汗之力甚柔和,又甚绵长。曾治一少年风温初得,俾单用连翘一两煎汤服,彻底微汗,翌晨病若失。(《医学衷中参西录》[2])

龙胆草 小剂使用有开胃建胃之功,大剂则清肝胆湿热效著。

龙骨、牡蛎 6~10g有摄汗作用,对鼻衄、月经过多者有止血作用,治疗高血压病有潜阳之功;12~15g,对支气管哮喘有定喘作用;20g,有安神作用。

M

麻黄 少用通阳消癥,多用发汗利水。

马兜铃 常用量能止咳,用量15g时可致呕吐,30g以上可使呼吸抑制,血压下降。

麦芽 催乳、回乳有以下几种情况:生麦芽通乳,"生"取其"生发"之意,量在30g以下;炒麦芽回乳,"炒"取其"炒枯"之意,量在60g之上;生、炒麦芽均可单独用于回乳,量60~120g;生麦芽、炒麦芽混用用于回乳,量各为60g。

P

胖大海 1~4枚,有开肺解表、清热利咽之功,用于风火犯喉而致的声音嘶哑;12~15枚有通便之功,可用于头目风热疾患,并发有大便热结者。

Q

牵牛子 少用可泻下通便,祛除肠中积滞;多用则峻下逐水,攻逐腹中积水。

R

人参 常用量为5~10g,用于复脉固脱时可用至15~30g。

肉苁蓉 6~12g有补肾助阳、益精血之功。适用于阳痿不孕、腰膝冷痛、筋骨无力等证;15~18g有润肠通便之功,用于肠燥津枯之大便秘结之证。本品助阳而不燥,滑而不寒,是一味既补阳又益阴的药物。

S

升麻 少用(6g以下)有清热解毒之功;多用(10g以上)有升阳举陷之效。3~10g,有发表透疹、升阳举陷之功。用于风热头痛、中气下陷、斑疹不出等;30g时,有报道治疗面神经麻痹有较好的疗效。

苏木 量小和血,量大破血。

桑白皮 6~9g有退热作用,10~12g有祛痰镇咳之功,15g有利尿及轻泻作用。

水蛭 1.5g研末吞服,1日2次,主治肺心病;5~10g治疗急性支气管炎、高血压病所致头晕;12~15g,治疗脑出血后遗症、原因不明的癥瘕痞块,本品破瘀血而不伤新血。

石菖蒲 1.5～3g作药引，有明目、开音之功。用于治疗角膜溃疡、声音嘶哑等；4.5～7.5g用于开窍。治疗湿温病之湿浊蒙蔽清窍者以及狂躁型精神分裂症；9～12g有通利小便之功能，可用于治石淋或热淋；3g治疗冠心病；6～10g治疗老年性慢性支气管炎及梅核气（神经官能症）；30g可治疗中风后遗症偏瘫、慢性肠炎所致的久泻。

山楂 6g祛瘀力强；9～12g温通力强，用于治疗慢性肝炎；15～30g治疗慢性胆囊炎、萎缩性胃炎。

三棱 常用剂量的上限为9g，但临床上以该药配合其他中药主治各类晚期恶性肿瘤病时，其每日用量达到45～75g，相当于权威规定剂量上限的5～8.33倍。

生地 大剂量治疗类风湿。

熟地 凡下焦虚损，大便滑泻，服他药不效者，单服熟地就可止泻，然须日用四五两，煎浓汤服之亦不作闷（熟地少用则作闷，多用转不闷），少用则不效（《医学衷中参西录》[2]）；90～120g对糖尿病晚期尿液浑浊有特效。

山茱萸 常用量为5～10g，急救固脱时用至25～30g。

W

五味子 大剂量，100～150g治疗慢性疲劳综合征有奇效（四川刘祯吉）；1.5～3g时有敛肺镇咳之功。用于治疗肺虚咳嗽，如老年慢性气管炎、肺气肿等；6～9g有滋补益肾之功，用于肾虚型咳嗽、遗精、滑精及久泻久痢等；12g以上有降低血清谷丙转氨酶作用，可用于慢性肝炎恢复期转氨酶过高。

X

豨莶草 6～9g，对慢性风湿及类风湿关节炎有较好疗效；9～15g，用治疗肝阳上亢型高血压病兼有四肢麻木、腰膝无力、头痛、头晕者较宜。

玄参 9～12g，有滋阴降火、清热润肺之功效。可用于治疗虚火上炎所致的咽喉肿痛、牙痛，以及肺热咳嗽等；18～30g，有祛虚热，除烦躁之功、用于热病伤阴、阴虚火盛出现的烦躁不安者；30～90g，有软坚散结的作用。用于治疗瘰疬、脉管炎等。玄参苦甘而咸寒，用于热证有清热滋阴、消炎解毒作用。虚热实热均可应用，但以滋阴见长。

小蓟 大剂量能降血压。（上海姜春华[1]）

夏枯草 常用剂量上限是15g，治疗甲状腺瘤时，用量一般都超过30g。

Y

元胡 少用止痛，多用安神。

薏苡仁 系药食两用中药，其常用剂量的上限为30g，而治疗风湿、腰腿痛等病证时，该药的用量达到45～90g。

洋金花 止咳平喘或止痛，一般只用0.3～0.6g，每日用量不超过1.5g，若用作麻醉药时可用到20g。

郁金 3～10g，有疏肝解郁止痛的作用，用于慢性肝炎和肝硬化所致的肝区痛、泌尿系疾患引起的肾区痛、妇科血瘀痛经等；10～15g有行气利胆的作用，用于治疗传染性肝炎，能升高血清蛋白，促进胆汁分泌和排泄，增进患者食欲；30～60g有较好的排石作用，可用于治疗各种结石。本品入气分以行气解郁，入血分以凉血破瘀，善治肝胆，善行下焦。

Z

枳壳 3～12g，有行气宽中、除胀之功效。用于脾胃功能失调所致气滞诸证；15～30g可用于子宫脱垂，或久泻脱肛等脏器下垂证。药理研究证实，枳壳对胃肠、子宫有兴奋作用，能使肠蠕动增强，子宫收缩。

枳实 常用量为3～10g，用治脏器下垂时可用至60～100g。

炙甘草 1～2g有调和药性的作用，5～10g温肾养心，30g以上有类似激素样作用。

知母　大剂量能控制血糖。(上海姜春华[1])

泽泻　治眩晕非30g不为功;6~10g治疗黄疸型肝炎、急性肠炎(暴泻)、自主神经功能失调所致的多汗;15~20g,可治疗乳汁不通、急慢性湿疹;25~30g,治疗梅尼埃病、高血压、低血糖所致的眩晕等。

浙贝母　9~15g,有清肺热、润肺燥、清热化痰之功。用于外感及内热咳嗽。18~30g,有解毒散结之功,用于治疗肺痈、乳痈、瘰疬、发背及一切痈疡肿毒。

制附子　120~300g水煎3~5h有甘温补脾肾之阳,温补中下焦元阳之气,无辛燥热之弊。

参考文献

[1] 姜春华.伤寒论识义.上海:上海科学技术出版社,1985
[2] 张锡纯著.医学衷中参西录.柳西河等重订.北京:人民卫生出版社,2006

致　　谢

在本书结尾，衷心感谢以下同道，为本书的编写工作做出了贡献！以下排名不分先后，以姓氏汉语拼音为序：

阿　英　白　煜　曹京梅　陈建新　程慧平　邓慧敏　段　娟　顾成娟　何昕徽
贺宏波　胡义扬　黄璐琦　金末淑　李爱国　李冀湘　李君玲　李修洋　李玉虎
刘　平　刘　阳　罗　辉　牟继征　穆兰澄　潘　秋　逄　冰　沈　鸿　汪　芳
王　涵　王　凌　王　强　王皖洁　王　昕　王燕平　武梦依　夏　乐　肖明良
许　杼　闫韶花　杨　帆　叶　茹　翟　翌　章　军　赵宇峰　甄　仲